身体知と言語

対人援助技術を鍛える

奥川幸子

中央法規

はじめに

私はこの本を10年前から書き始めました。前著『未知との遭遇〜癒しとしての面接』は、身の内にたぎっていた25年分のほとばしる想いを、ほぼ半年足らずの時間で一気に放出した作品です。その後取り組むことになった本書は、ライブの人である私自身が最も苦手としている論考する作業を積み重ねてきました。本書の第1部は何度も何度も書き直し、推敲を重ねながらゆっくりと書き記してきましたが、父の看取りと私自身の体調の加減から2〜3年は書き貯めたまま封印していた時期もありました。ですが、本書の第3部第3章「臨床実践家の熟成過程」を現在の私が納得できる〈かたち〉として表現し終えたときにつくづく思いました。「やはり、私自身の熟成を待たなければならなかった10年だったのだ」と。昨年12月末のことでした。

私が本書を踏ん張って書き続けた原動力は、本書のなかでもいたるところで綴っていますが、とくに第3部第3章に集中しているように感じます。対人援助実践のなかでも、私が切磋琢磨してきた「相談援助実践」で身につけた〈身体知〉を未完成ながら言語化し、志を同じくする実践家仲間たちに「臨床実践家の熟成過程」としていくつかの指標をお渡しすることにありました。

その〈こころ〉は、他者に自分の人生や生活のことを相談せざるをえない状況に陥っておられる相談者のすべてが「水準の高い相談援助職者」に出会ってほしいことにあります。また、志の高い対人援助職者に私が獲得してきた〈身体知〉をライブによる伝達も含めて〈かたち〉としても伝達可能であることをお示しし、この仕事を専門職として洗練されたものに仕立て上げてほしいと強く願う気持ちもあります。

本書のすべてが、対人援助実践に就いておられる実践家に向けて実践的な視点から実践言語で書いたものです。本書はお読みいただくかたの関心や熟成課題によってどこから読み始めるかは異なると考えます。3部構成になっていますが、どの章からも入れるようになっています。まず、〈序〉に目を通していただき、必要な部・章からお読みいただければ、と思います。

実践一筋できた私が本書を完成させ、刊行できましたのはたくさんのかた達との出会いや教え、たくさんの愛や卓越した〈技〉のおかげと感謝しています。

私が出会ったすべての相談者・クライアントの皆様、個人や自主グループスーパーヴィジョンやさまざまな研修の場でお目にかかった対人援助（職）者のかた達、東京都老人医療センター時代の同僚たちをはじめとして共に励み歩んできた医療ソーシャルワーカー仲間など、たくさんのかた達との協働作業が私を鍛えてくださったと感謝しています。とくに、スーパーヴァイザーの深澤道子先生と故荻島秀男先生には私の今を築く基盤を与えていただきました。私が今年還暦を迎えることができたのも、私の身体を優れた腕でケアしてくださった上田慶二先生や松下哲先生、私の心臓を再度生き返らせ、フリーランスの対人援助職トレーナーとして出発するきっかけをくださった相澤忠範先生の神技のおかげです。とくに東京都を辞めたとき、不安で一杯だった私にさりげなくクリニックの合鍵を渡してくださってスーパーヴィジョン実践の場を提供してくださった小笠原道夫先生には格別のご恩を受けました。いまは天国で見守ってくださっている紅林みつ子さんとともに感謝します。

さらに奥川グループスーパーヴィジョンのメンバー、私にとって永遠の同志でありこころの友である相原和子さん、菊田知恵子さん、渡部律子さん、金井純代姉、いつも手続きに疎い私を支援してくれ、今回の本の完成を支援してくださった山下興一郎さん、ときに専門的な助言を仰いだときに惜しみなくその知見をくださった山崎美貴子先生にもこころから感謝しています。我が家ではからきし頼りない私を支えてくれた8歳下の妹にも支えてもらってきました。

また、本書の熟成に向けて刺激となった人形浄瑠璃文楽最高峰の太夫であり、人間国宝の竹本住大夫師には義太夫修業についての拙文にお忙しいなか、目を通していただきましたことを御礼申し上げます。

最後にこの10年辛抱強く本書の脱稿を待ってくださり、気持ちを入れて完成へと協働作業をしてくださった編集担当者の松下寿さんと前著に続き素敵な装幀を創ってくださった上村浩二さんに御礼申し上げます。

そして、本書をお読みくださる皆様へは、私の〈臨床実践における身体知の言語化〉への試みを汲みとっていただけましたら、ぜひとも私の未分化な思案や提案に対して磨きをかけていただきたいとこころから願っています。

2007年1月31日深夜　〈感謝の気持ちをこめて〉奥川幸子

身体知と言語——対人援助技術を鍛える

目次

目次◎『身体知と言語――対人援助技術を鍛える』

序 〈相互交流〉を基盤として実践される対人援助

第2部 図2「臨床実践家が身体にたたきこまなければならない枠組みと組み立て」

身体化のための実際的な枠組み

第1章 図2を構成している各枠組みの概要……279

第3部　臨床実践家としての熟成

図2　臨床実践家が身体にたたきこまなければならない枠組みと組み立て

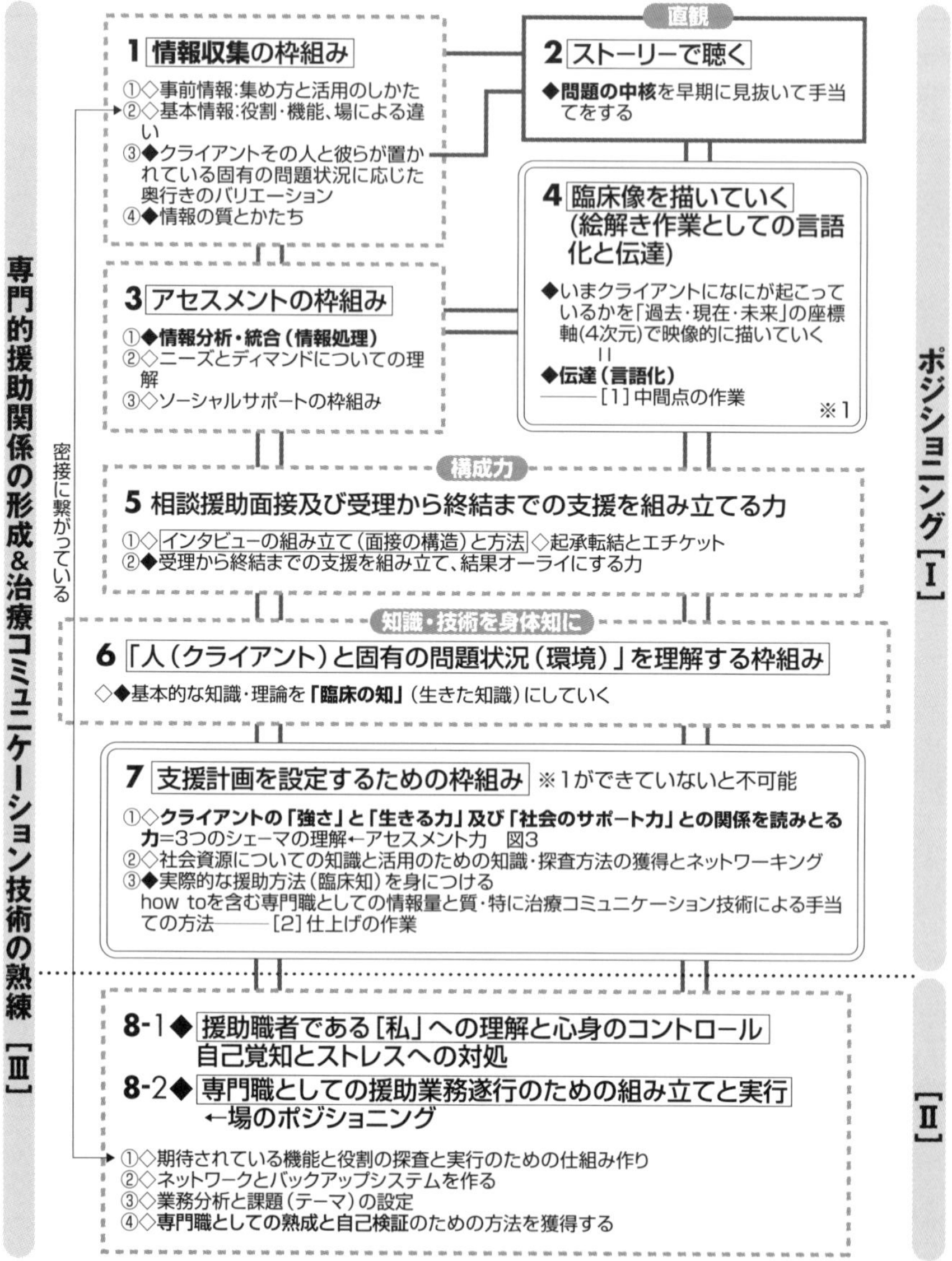
直観
1 情報収集の枠組み
①◇事前情報:集め方と活用のしかた
②◇基本情報:役割・機能、場による違い
③◆クライアントその人と彼らが置かれている固有の問題状況に応じた奥行きのバリエーション
④◆情報の質とかたち
2 ストーリーで聴く
◆問題の中核を早期に見抜いて手当てをする
3 アセスメントの枠組み
①◆情報分析・統合(情報処理)
②◇ニーズとディマンドについての理解
③◇ソーシャルサポートの枠組み
4 臨床像を描いていく(絵解き作業としての言語化と伝達)
◆いまクライアントになにが起こっているかを「過去・現在・未来」の座標軸(4次元)で映像的に描いていく
=
◆伝達(言語化)
——[1] 中間点の作業
※1
密接に繋がっている
構成力
5 相談援助面接及び受理から終結までの支援を組み立てる力
①◇インタビューの組み立て(面接の構造)と方法 ◇起承転結とエチケット
②◆受理から終結までの支援を組み立て、結果オーライにする力
知識・技術を身体知に
6「人(クライアント)と固有の問題状況(環境)」を理解する枠組み
◇◆基本的な知識・理論を「臨床の知」(生きた知識)にしていく
7 支援計画を設定するための枠組み ※1ができていないと不可能
①◇クライアントの「強さ」と「生きる力」及び「社会のサポート力」との関係を読みとる力=3つのシェーマの理解←アセスメント力　図3
②◇社会資源についての知識と活用のための知識・探査方法の獲得とネットワーキング
③◆実際的な援助方法(臨床知)を身につける
how toを含む専門職としての情報量と質・特に治療コミュニケーション技術による手当ての方法——[2] 仕上げの作業
8-1◆ 援助職者である[私]への理解と心身のコントロール
自己覚知とストレスへの対処
8-2◆ 専門職としての援助業務遂行のための組み立てと実行
←場のポジショニング
①◇期待されている機能と役割の探査と実行のための仕組み作り
②◇ネットワークとバックアップシステムを作る
③◇業務分析と課題(テーマ)の設定
④◇専門職としての熟成と自己検証のための方法を獲得する
専門的援助関係の形成&治療コミュニケーション技術の熟練【Ⅲ】
ポジショニング【Ⅰ】
【Ⅱ】

◇→基本的な前知識として獲得可能である.

◆→自分でその場で組み立てなければ使えない.(いずれも臨床の知として援助者自身の身体にたたきこむ)

- - - - →知識として伝達可能であるが、実践の場では援助者自身が組み立てなければならない.

——→知識として伝達不可能な部分、すべてダイナミクスのなかで組み立てるもの.
8つの枠組みをつなぐ ══ 線も同じ

══ →本来は —— に近いが「アセスメント」と「支援計画」の上がりの意味

★8つの枠組みすべてを自在に駆使し、伝達可能な〈かたち〉にできることを目指す.

本書で使用する図表

（図１～４と表１は、巻末にも折り込みとして入っています。巻末の折り込みは切り離すことができますので、適宜ご活用ください）

図1　対人援助の構図：援助者自身が置かれている状況の理解

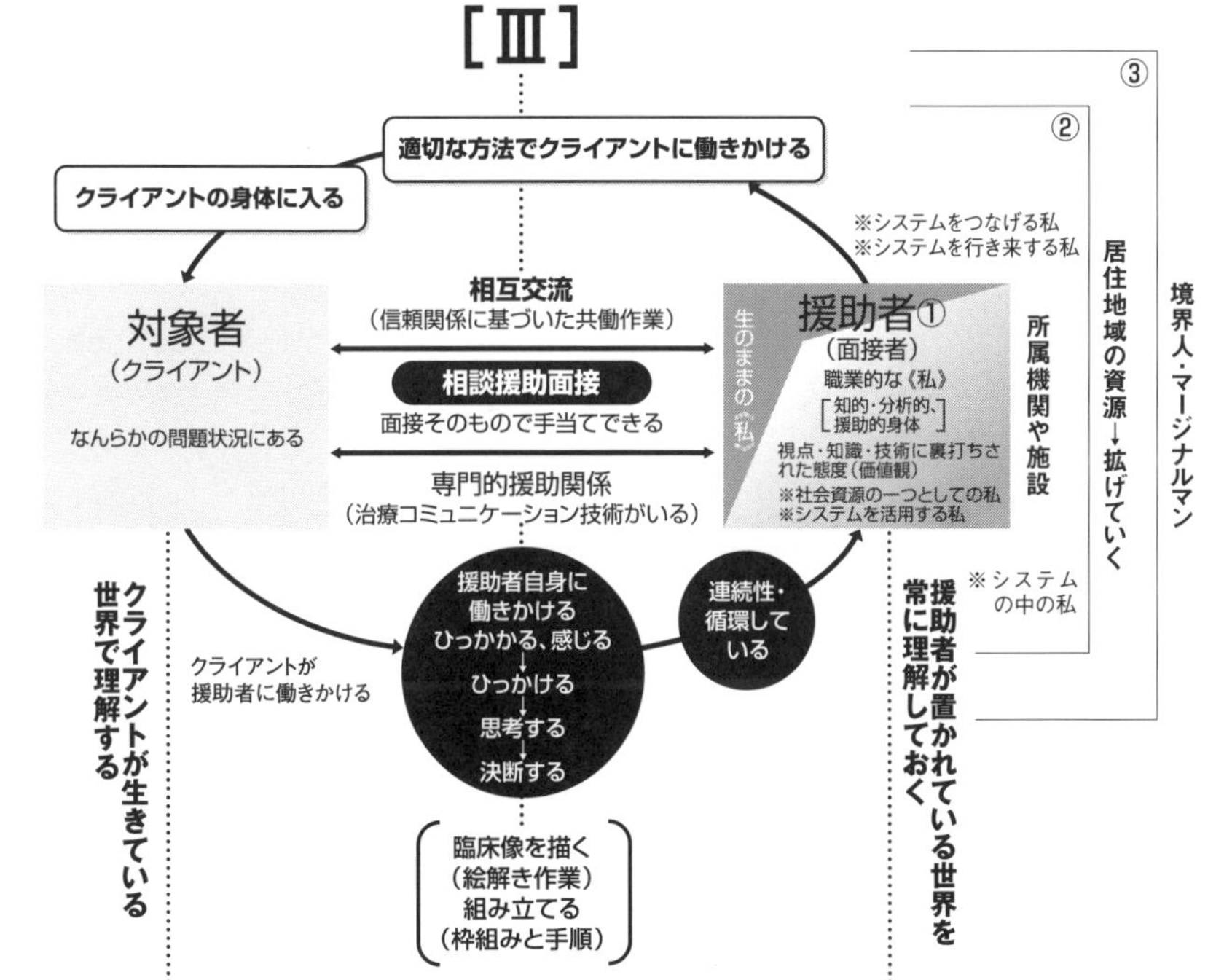

[Ⅰ] クライアントが置かれている状況を的確に把握し、分析する。

いま、目の前の人はどこにいるか
～過去・現在・未来の座標軸（4次元）でみる

・ひととその人固有の問題状況を理解する。
・どのような問題状況にいるか。
（明らかにして対処課題（ニーズ）を引き出し、共通認識する）
・相談援助面接の場合は
（[Ⅲ]を遂行するための確かな知識と技術を磨く必要がある）

[Ⅱ] 援助者としての自分が置かれている状況を明確に洞察し、分析しておく。

場のポジショニング

・私は、誰に対して、どこで、何をする人か。
・どこまで責任をもてるか
※システムの中の私、社会資源の一つとしての私、システムをつなげる私、システムを活用する私、システムを行き来する私

・私のバックアップシステムがいる
（コンサルテーションのネットワークをもつ）

図4 〈受容的・共感的理解〉から〈自己決定を支える基盤を整え、支える〉ための援助の構図

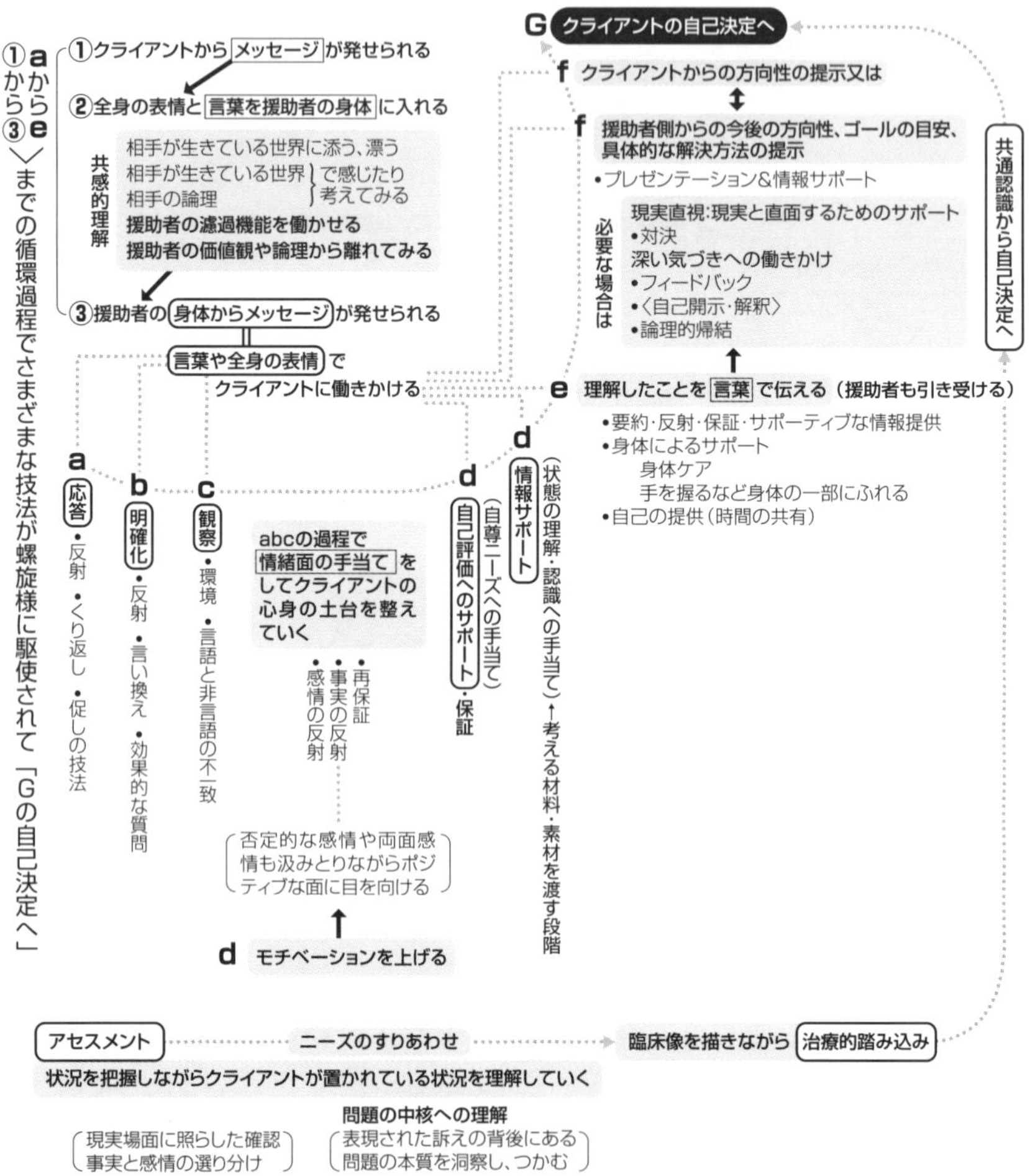
G クライアントの自己決定へ
①クライアントから メッセージ が発せられる
②全身の表情と 言葉を援助者の身体 に入れる
共感的理解
相手が生きている世界に添う、漂う
相手が生きている世界 相手の論理 で感じたり 考えてみる
援助者の濾過機能を働かせる
援助者の価値観や論理から離れてみる
③援助者の 身体からメッセージ が発せられる
言葉や全身の表情 で クライアントに働きかける
①a から③e から〉までの循環過程でさまざまな技法が螺旋様に駆使されて「Gの自己決定へ」
a 応答 ・反射 ・くり返し ・促しの技法
b 明確化 ・反射 ・言い換え ・効果的な質問
c 観察 ・環境 ・言語と非言語の不一致
abcの過程で 情緒面の手当て をしてクライアントの心身の土台を整えていく
・再保証 ・事実の反射 ・感情の反射
否定的な感情や両面感情も汲みとりながらポジティブな面に目を向ける
d モチベーションを上げる
d 自己評価へのサポート・保証 (自尊ニーズへの手当て)
d 情報サポート (状態の理解・認識への手当て)←考える材料・素材を渡す段階
e 理解したことを 言葉 で伝える (援助者も引き受ける)
•要約・反射・保証・サポーティブな情報提供
•身体によるサポート
身体ケア
手を握るなど身体の一部にふれる
•自己の提供(時間の共有)
必要な場合は
現実直視:現実と直面するためのサポート
•対決
深い気づきへの働きかけ
•フィードバック
•〈自己開示・解釈〉
•論理的帰結
f 援助者側からの今後の方向性、ゴールの目安、具体的な解決方法の提示
•プレゼンテーション&情報サポート
f クライアントからの方向性の提示又は
共通認識から自己決定へ
アセスメント ニーズのすりあわせ 臨床像を描きながら 治療的踏み込み
状況を把握しながらクライアントが置かれている状況を理解していく
現実場面に照らした確認
事実と感情の選り分け
問題の中核への理解
表現された訴えの背後にある問題の本質を洞察し、つかむ

**図3　ケアを必要としているクライアントに対するアセスメントの視点
～生活課題（ニーズ）に対応（解決または対処）するための支援計画を設定する際の勘案要素～**

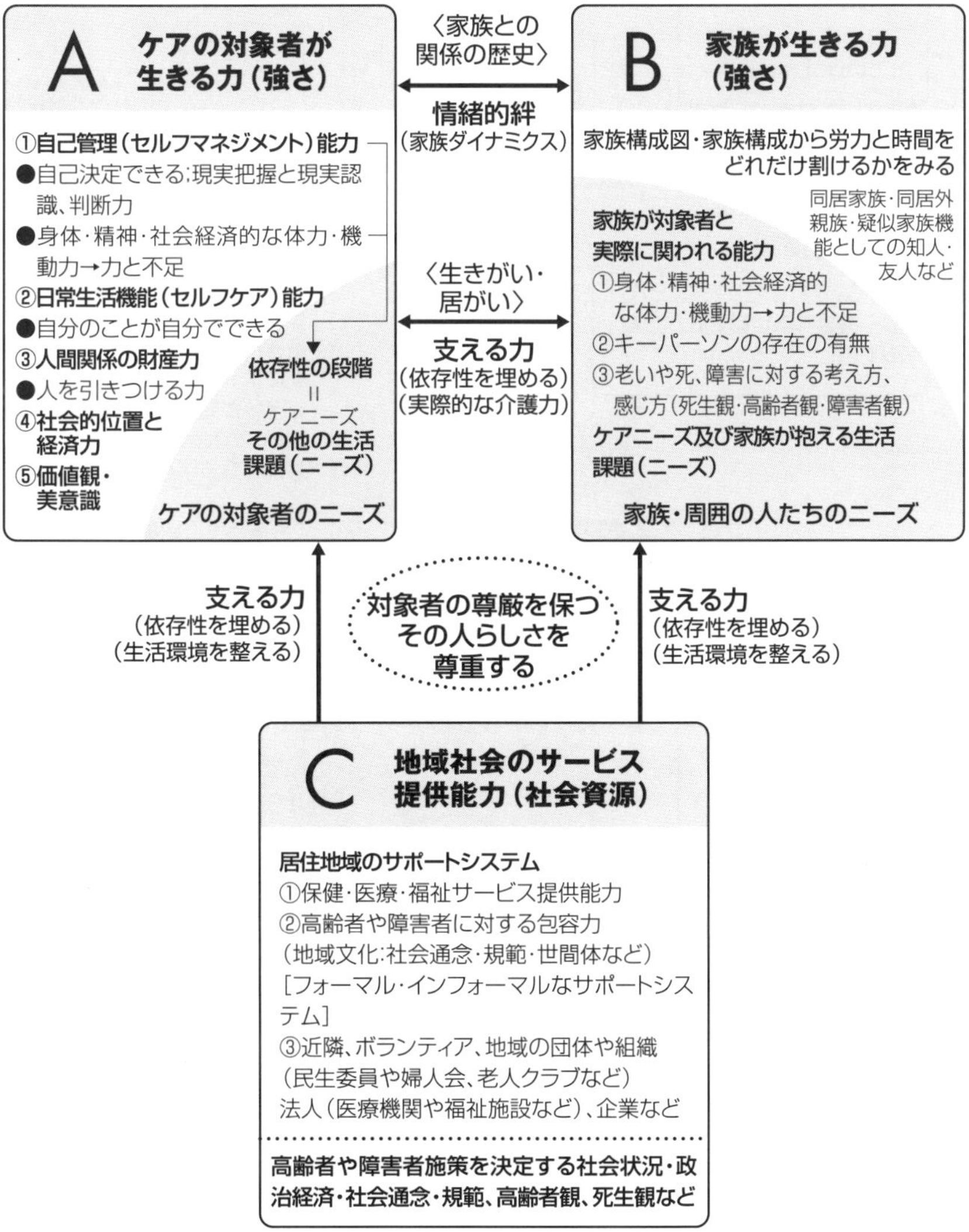
A ケアの対象者が生きる力（強さ）
①自己管理（セルフマネジメント）能力
●自己決定できる;現実把握と現実認識、判断力
●身体・精神・社会経済的な体力・機動力→力と不足
②日常生活機能（セルフケア）能力
●自分のことが自分でできる
③人間関係の財産力
●人を引きつける力
④社会的位置と経済力
⑤価値観・美意識
依存性の段階
=
ケアニーズ
その他の生活課題（ニーズ）
ケアの対象者のニーズ
〈家族との関係の歴史〉
情緒的絆
（家族ダイナミクス）
〈生きがい・居がい〉
支える力
（依存性を埋める）
（実際的な介護力）
B 家族が生きる力（強さ）
家族構成図・家族構成から労力と時間をどれだけ割けるかをみる
同居家族・同居外親族・疑似家族機能としての知人・友人など
家族が対象者と実際に関われる能力
①身体・精神・社会経済的な体力・機動力→力と不足
②キーパーソンの存在の有無
③老いや死、障害に対する考え方、感じ方（死生観・高齢者観・障害者観）
ケアニーズ及び家族が抱える生活課題（ニーズ）
家族・周囲の人たちのニーズ
支える力
（依存性を埋める）
（生活環境を整える）
対象者の尊厳を保つ
その人らしさを
尊重する
支える力
（依存性を埋める）
（生活環境を整える）
C 地域社会のサービス提供能力（社会資源）
居住地域のサポートシステム
①保健・医療・福祉サービス提供能力
②高齢者や障害者に対する包容力
（地域文化：社会通念・規範・世間体など）
［フォーマル・インフォーマルなサポートシステム］
③近隣、ボランティア、地域の団体や組織
（民生委員や婦人会、老人クラブなど）
法人（医療機関や福祉施設など）、企業など
高齢者や障害者施策を決定する社会状況・政治経済・社会通念・規範、高齢者観、死生観など

図6　コラム4「〈カタルシス〉を呼び込む情報サポート」の例にみる問題の中核への踏み込み

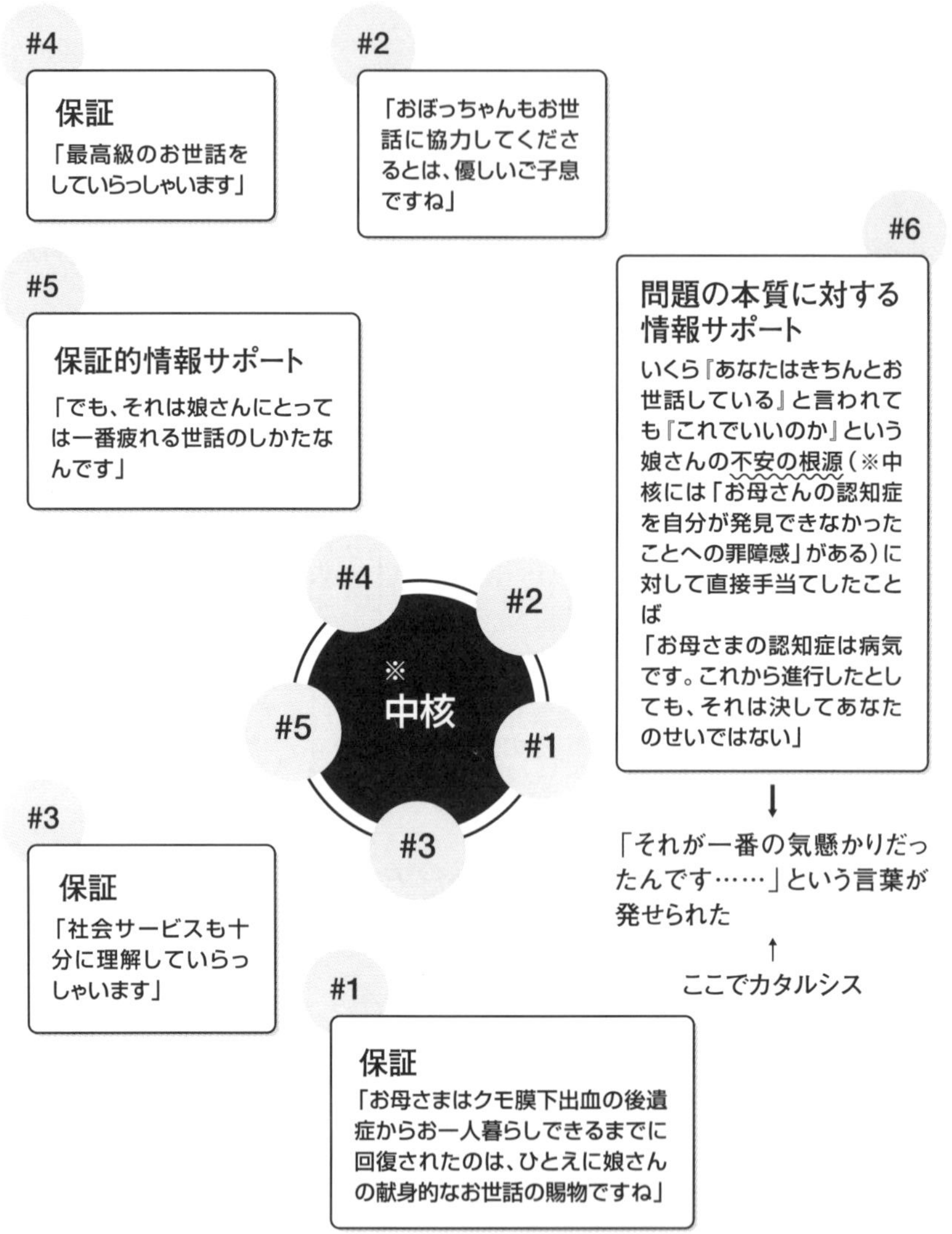
#4
保証
「最高級のお世話をしていらっしゃいます」
#2
「おぼっちゃんもお世話に協力してくださるとは、優しいご子息ですね」
#5
保証的情報サポート
「でも、それは娘さんにとっては一番疲れる世話のしかたなんです」
#6
問題の本質に対する情報サポート
いくら『あなたはきちんとお世話している』と言われても『これでいいのか』という娘さんの不安の根源（※中核には「お母さんの認知症を自分が発見できなかったことへの罪障感」がある）に対して直接手当てしたことば
「お母さまの認知症は病気です。これから進行したとしても、それは決してあなたのせいではない」
「それが一番の気懸かりだったんです……」という言葉が発せられた
ここでカタルシス
#4
#2
※
中核
#5
#1
#3
#3
保証
「社会サービスも十分に理解していらっしゃいます」
#1
保証
「お母さまはクモ膜下出血の後遺症からお一人暮らしできるまでに回復されたのは、ひとえに娘さんの献身的なお世話の賜物ですね」

※1　二重枠の中心が〈問題の中核〉で、二重枠および周縁全体を含めて鍵になるクライアントの想いや状態像を繋げていくと、臨床像として描いていけます。→第2部第1章第2節に強調文字で記載

※2　#1〜#5までの言葉（実際はもっとサポートの言葉や表情を渡しています）によって得られたクライアントからの反応は「これでいいのか、いつも不安でした。話を聴いてほしかった」という言葉でしたが、こころなしか表情がいまひとつふっきれていませんでした。

図5　業務の範囲とグレーゾーン及び逸脱,自分の実力及びバックアップの必要性

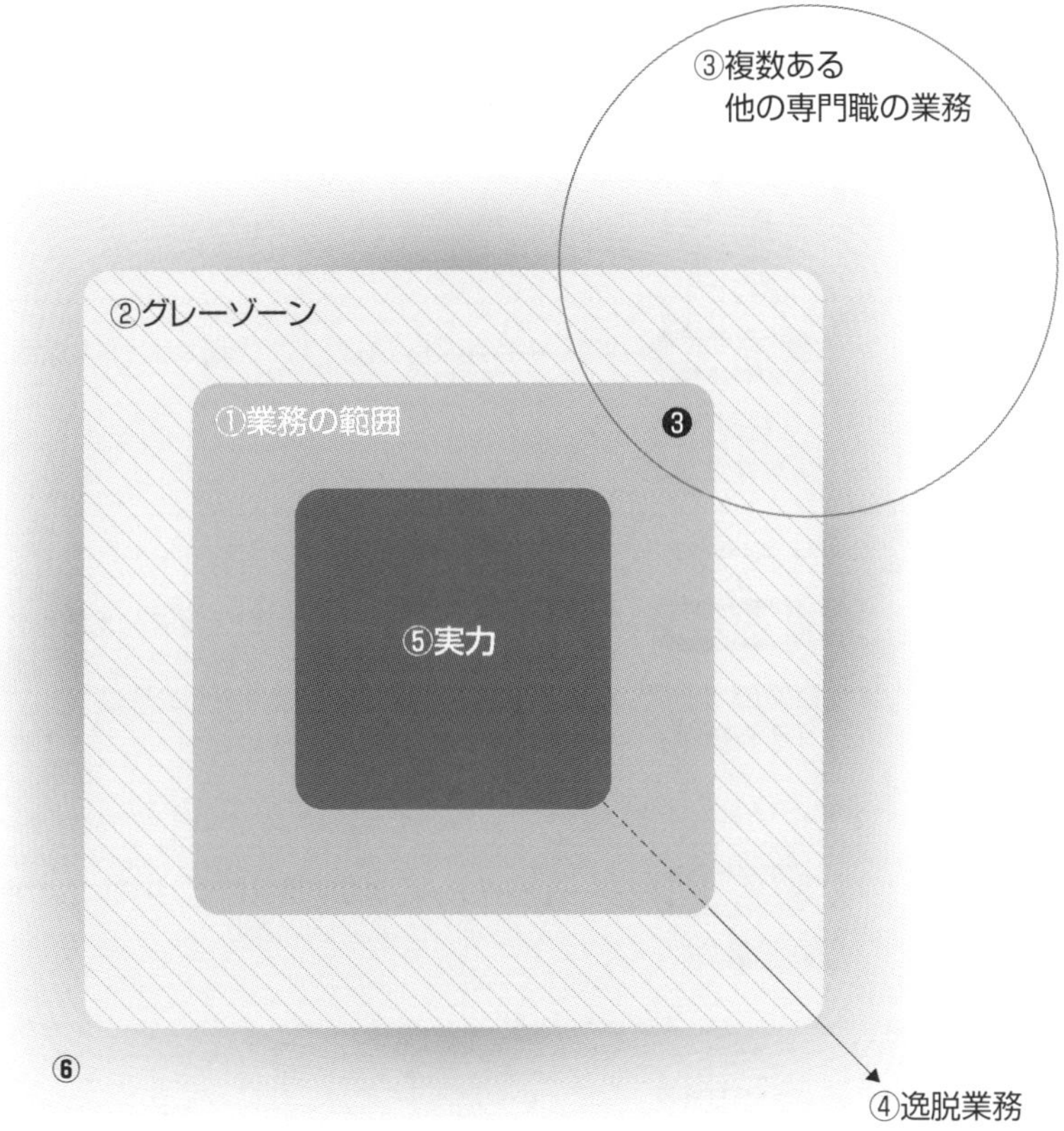

①現在の役割・機能・専門性からみた業務の範囲
②グレーゾーンはどのぐらい拡がっているか
③他専門職との重複業務は?
④クライアントのニーズであっても逸脱業務であることを意識できているか ⟸ 責任と組織の了解,コンサルテーションのバックアップの必要性チェック

⑤職業的対人援助者のスタートラインの実践力 ⟸ 超えた業務に対してはバックアップの態勢を要する

⑥業務を超えていても援助者が有している能力を使っていい場面と使ってはいけない場面を理解できているか

ex.クライアントのニーズ
他に対応する人がいない
緊急時
］対応⟷ルーティンの業務量との関係

図7−2　A.H.マズローによるニーズの階層制

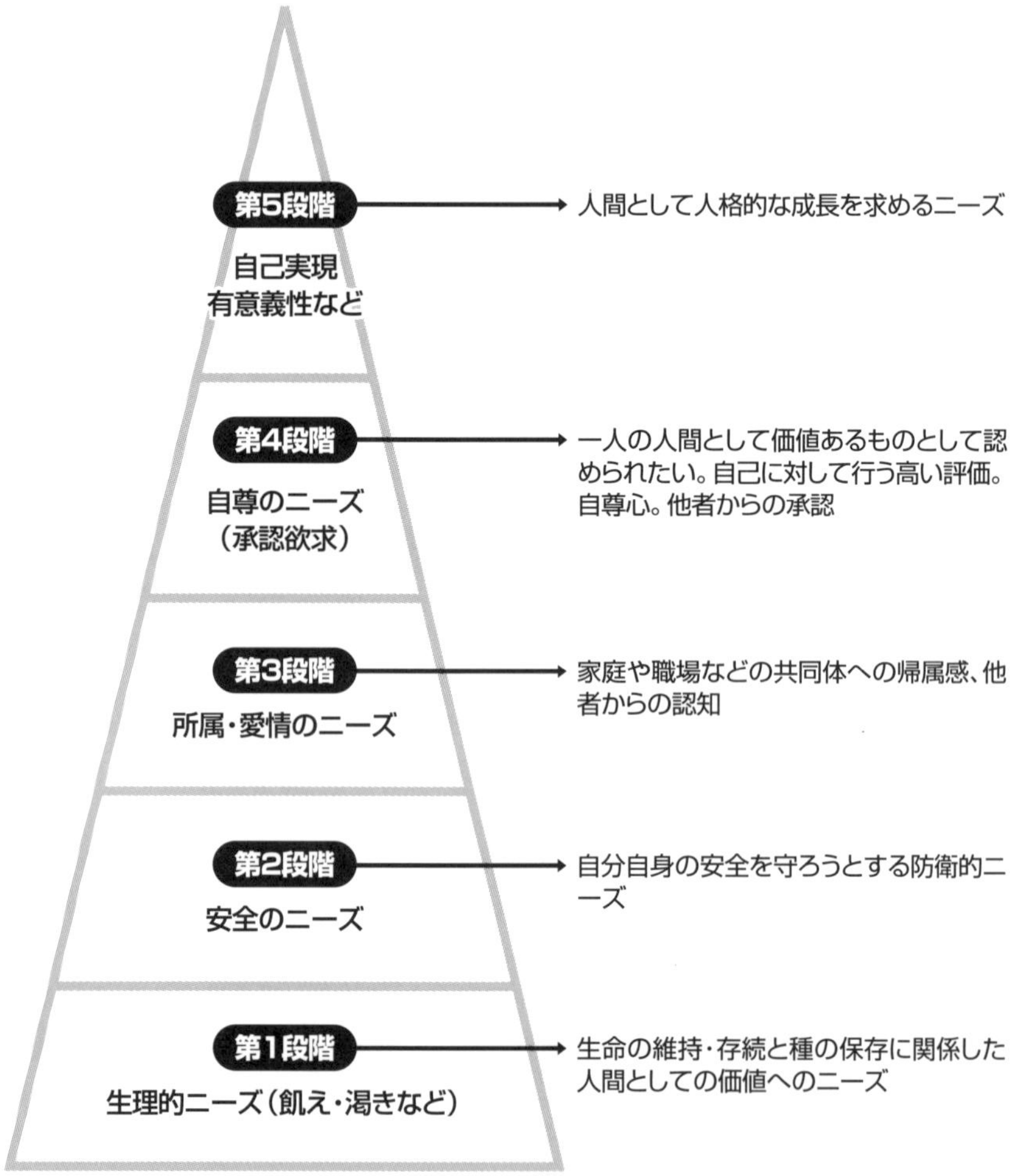

※第4段階までは基本的なニーズであり、社会福祉（専門的な援助活動の場）では、少なくとも第4段階までのニーズに対応していくことが必要である。
→しかし、マズロー（1908～1970・アメリカの心理学者）の没後から約36年後の現在では、第5段階への視座が重要になる

図7ー1　相談援助面接におけるニーズの考え方

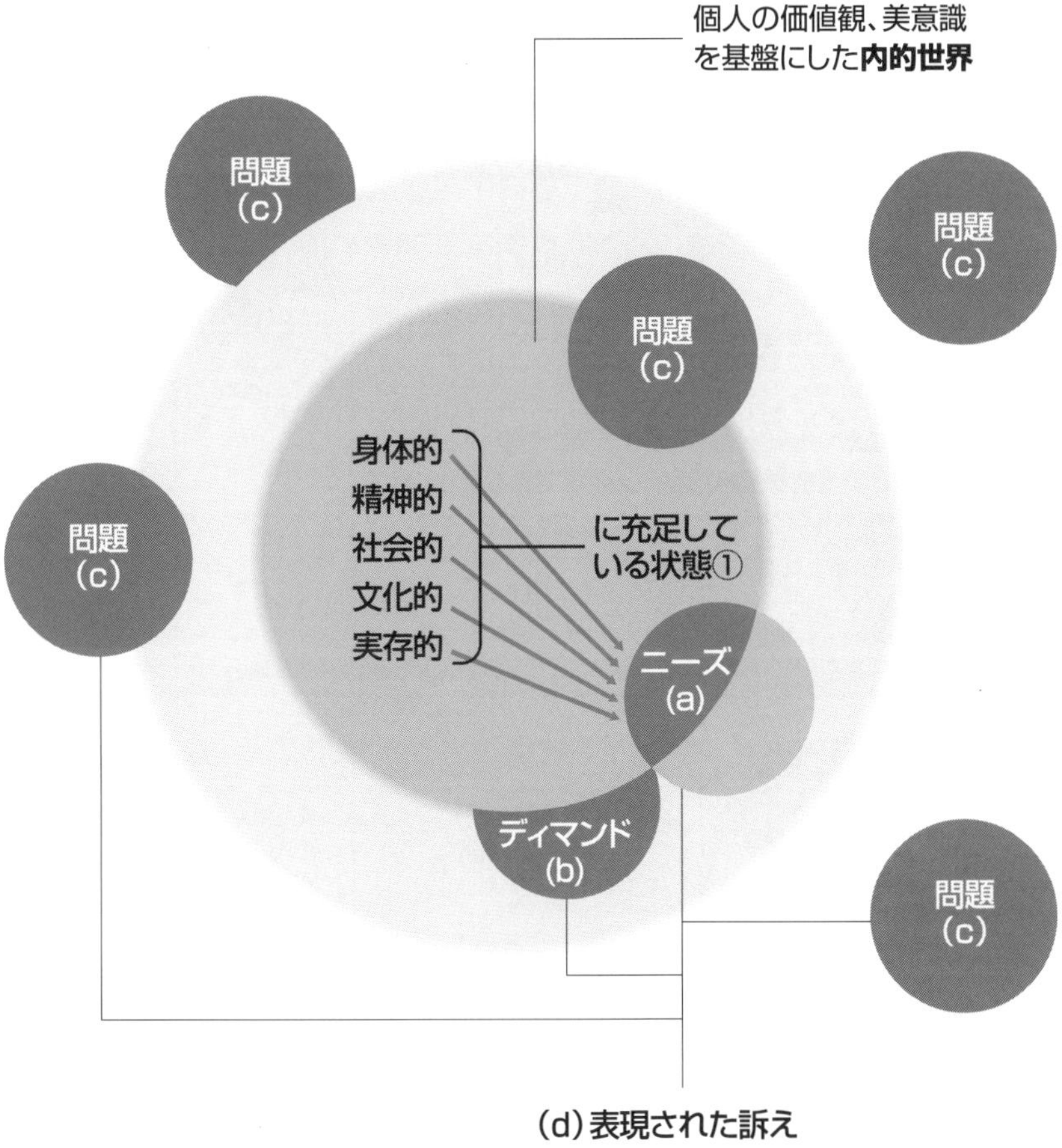

フェルトニーズへの感受性を磨き
ノーマティブニーズを描ける

・1各発達段階に応じた生活課題についての知識をもつ. ・2各々の生活課題に応じた社会復帰の課題と年齢・疾病・障害に応じた社会復帰プログラムの体系についての知識を手に入れる. ・3社会資源の体系や内容と探査のしかたを覚える.(知と技) ※しかし,ニーズがわからなければ,探査のしようがない. ・4アセスメントマニュアルがあれば,使いこなせるように目指す.(知と技)図1では[Ⅰ],図2では1.	・3クライアントの「問題ではなくひと的な部分」とくに情緒的な側面や人間関係などについてはかなり奥行きの深いところまで汲みとれるが,職業レベルの情報解析装置ができていないので,自分の価値観や社会常識に左右されがちである. また,クライアントが陥っている状況と援助者の体験などが重なりあったときに過剰同一視が生じる. ・4<相互交流>の基本を身につけていない援助者で火事場のアドバイスしか受けた経験のない人は,応用がきかないので,基本を点検しながら実践していくことが必要	焦り ・3過剰同一視 ・4<私>の傷へのチェック←私の側に抵抗が生じたとき ↑ 《私》ばかりが先行してしまう<強み> ・1キャラクターや素質で得をしている人 →しかし,第2段階までで行き詰まる!	**★4対人援助職に要求されている「基本的な視点,知識・技術」を手に入れる努力を惜しまない.** **★5いい役割モデルを探して出会い,技と態度を盗む.**
→・クライアントに<結果オーライ>の支援ができることもある. ⇄	・<わたくし的《私》>の内面の琴線にふれるもの ・またはがむしゃらに勘を頼りにクライアントにアタックした結果 ⇄	クライントの方が「生きる力」を発揮して助けてくれる. →大当たりすることもある.(100点以上の結果) ⇄	・熱意とクライアントに対する畏敬の気持ちをもつ
☆1所属機関・施設内における他の専門職とのネットワークの形成ができるようになる. ※ただし,プレゼンテーション能力を身につけないと困難			

1 所属機関内での役割・機能を理解し,発揮できるようになる.

<早く枠組みを身体に入れてしまう> ☆2道具(社会資源サービス)レベルでクライアントが置かれている状況を把握できる. ※図1では[Ⅰ],図2では6. ※クライアントの内的世界への個別化はまだまだ先だが#2,社会資源活用レベルのノーマティブニーズを描ける.#1			

aもはや初心者ではない.
b点と点をつなげることができるようになる.

☆3相談援助業務に関わる外部のシステムとのネットワークの範囲が拡がる.(社会資源の量の確保) **☆4マニュアルは完全に身体のなかに入っている.** **☆5社会資源の質も吟味でき,活用できる.** **☆6クライアント理解の基盤となる<臨床知>も増えてくる.** **☆7期待されている専門職としての役割や機能が一応の水準にまで達する.#1**	**☆1自分の世界観と合うクライアントや得意な分野は可能になる.** しかし,思い込み(先入観)などをまだ排除しきれない.	→交互作用 ・部分的に可能	←言語技術の習得 ←知識や理論との照合 ←効率性と効果

職業的な自動人形(援助ロボット)レベル1へ到達

←ここまでが初心者の到達目標

(通常2〜3年)

2 職場内での認知とアイデンティティをもった存在として位置(存在)できるようになる.

→職場内のマージナルマンレベル

#1介護支援専門員であれば→第3章第2節参照　ケアプランレベル

#2感覚的・直観的な理解・アセスメントに依ったケアプランなので,最低限クライアントの不利益にはならない.が,クライアントその人への根拠だてた理解はまだできていないので,表層的な手当てで終わってしまう.←ただし,勘のいい人の場合。つまり,カタルシスレベルの水準にはほど遠い。もちろん,専門職レベルでもない.

■:大きな達成目標　　1 2:課題達成目標
★:未達成の熟成目標　　☆:手に入れているか、入れつつある熟成目標
◉:現実の実力・熟成度　　→←※:但し書きや方向性

表１−１　臨床実践家の熟成過程〜相互交流の成立と面接による手当て及び実践の自己検証と言語化を目指して

［第１段階］

段階 a	対象者理解のレベル b	＜職業的な《私》＞の形成 知的・分析的、援助的身体 c	＜わたくし的な《私》＞の制御と活用 d	相互交流（交互作用）のレベル e	必要なもの ・自己検証と実践の言語化 f

1　対人援助専門職としての背骨作りその1:基本の習得と他者の人生へ介入することへのエチケットを身につける.

＜畏敬の念と謙虚な気持ちを常に忘れない＞

★スタート地点：クライアントに対しておおいに役に立たなくても、大きな不利益を渡さない.
＜援助職者としての最低限の心得・エチケットを守る＞
※マナーと他者を惹きつける魅力を身につける.
＜最低限クライアントの生命と生活の安全を守れる＞
※マズローの第2段階まで;生命と安全,上位のニーズは逃がしてしまうことあり.

a 初心者
b 平面的;点情報の段階で,まだ有機的に繋げられない.
c 出来上がっていない.
d 制御の対象
e 一般会話に留意
f 他者の人生と生活に介入することへの留意

■第１段階の目標;所属機関内での役割・機能を理解し,発揮できるように目指す.

c（なし）ゼロからのスタート　　d **生のままの私**　　e **一方通行**　　f

★社会人としての常識を身につける.　★一般教養を磨き,個人生活を充実させる.

c	d	e	f
★1図2の臨床実践家が身体にたたきこまなければならない「8つの枠組みと組み立て」の輪郭を手に入れるよう努める. **★2施設内での役割や機能の探索と確認** ※図1では［Ⅱ］,図2では8. ＜私は,誰に対して,何をする人か＞ ＜自分の業務展開の方向性を定める＞ →＜場＞のポジショニングをする. 場を読む力を鍛える.※自己学習課題←第1部第2章第1節	◉1それまで生きてきた○○歳の<私>が他者を理解できる「容量」で勝負せざるをえない.が,相談援助業務開始年齢及び相談援助の基本を意識しだしたときからがスタートなので,かなりのバラツキが生じている.	◉1プロとしての会話は成立していない.（一般会話に近い）	**★1人間,他者に対する尊敬とエチケットを身につける.** ・1プロ意識と謙虚な態度 ・2スーパーヴィジョンとコンサルテーションのバックアップ態勢を整える. ・3「ひっかかった」感覚を大切にして「ひっかけて」意識し,自分に問いかけ,考え,何が起こっているのか,何が足りないのかなどを探してみる←振り返り作業を試みる習慣をつける.→第2段階のc☆3へ
・1専門職としての拠って立つ地点を明確にする. ＜クライアントは誰か＞を意識する. ※1声の大きいほうや権力に流され,動かされてしまう. ※2対象の理解も必要 ・2業務を遂行するための土台づくり ・3社会人としての常識を身につける **★3業務を遂行するために必要なクライアント理解のための知識や技術を身につけていく.** ※図1では［Ⅰ］,図2では1〜7. →クライアントの発達段階に応じた支援計画を立てられることを目指す	**★1「私」への理解** ＜若い援助者＞ ・1まだ,表面的で"生"に近いところでの関わりで,自己を深くは関与させることができない（ので,深いレベルでの「転移」は意識できない） ・2しかし,勝手に傷つくことはある.となると,＜相互交流＞ゆえにクライアントにも影響する. **＜相互交流を基盤とした相談援助業務に年齢を経てからスタートする援助者＞**	＜危険因子＞ ・1援助者側の感情,価値観や美意識で支援しようとする傾向 ↑ クライアントに対する押しつけが無礼や非礼になることに留意する ・2達成感や成就感への	←クライアントに対して悪さをする援助者自身の内にある＜危険因子＞に対する感受性をもつ. **★2援助者の感情はすべて制御の対象** **★3援助者自身への理解**＜自己の覚知＞

ベーション＞機能もかなり発揮できるようになり，資源活用に関わる＜情報サポート＞機能についてはほぼ完成域に到達する．

☆6クライアントの真のニーズに添った支援が可能になる．

・1将来予測をふまえたニーズ把握と支援が可能になる．

・2フェルトニーズへの対応はクライアントとのあいだで共働作業可能※→

・3ノーマティブニーズは隠し味で加味できる．

・4専門職としてのクライアントに対する方向づけも強引ではなく可能になる．

★3しかし，分析・統合過程を言語化できない．

＃[2]へ

☆3信頼関係に基づいた共働作業が可能になる．

※ただし，難易度の高いクライアントに対しては困難がある．

[1]クライアントそのひととその人が置かれている固有の問題状況を的確に理解できる

・1共感的理解に近づける．

・2クライアントの強さを発見し，引き出し，実際の社会生活のなかで「生きる力」にまで高めることを目指せるようになる．＝意識できる．

・3自己決定を支える基盤づくりをしたうえで，クライアントの自己決定を支援できることを目指せるようになる．→図4「〈受容的・共感的理解〉から〈自己決定を整える基盤を整え、支える〉ための援助の構図」

→第3段階で完成域へ

→クライアントシステム全体ではまだ不足はあるが，さまざまなシステム間におけるマージナルマンレベルに到達する．

[2]支援システムも十分に使いこなせ，的確な支援も可能になるが，あくまでも直観（暗黙知）レベルであり，状況の言語化・絵解きができない．

→これができないと**自分の支援を信頼できない**で，これでいいのか，という不安が常につきまとう

↑

何故かという理由や根拠を見いだせなくて悩む．

この段階で困ってしまう援助職者が多く見られる．

職業的な自動人形（援助ロボット）レベル2へ到達　通常5～10年

ここから先も長い！

★自己検証と言語化を継続していかないと「職場の魔法使い」で終わってしまい，同僚や後輩にその優れた知見を伝達できない．※

・職業的には第3段階の支援が可能になっている場合でも，アセスメントを言語化できないので，第3段階を終了できない．

※「職場の魔法使い」はセンスがよく，同じ実践現場で対人援助の仕事に専心してこられたかた達に多いようです．彼らの高い実践能力は，出会えたクライアントは幸運なのですが，暗黙知レベルの実践知に止まっているので，その貴重な＜技＞を後輩に伝えられない点が残念です．この無念さは，外科医の“神の手”も例外を除いては同様のようです．

表1−2

［第2段階］

段階 a	対象者理解のレベル b	＜職業的な《私》＞の形成 知的・分析的、援助的身体 c	＜わたくし的な《私》＞の制御と活用 d	相互交流（交互作用）のレベル e	必要なもの ・自己検証と実践の言語化 f

2 対人援助専門職としての背骨作りその2:真のプロフェッショナルの道へ
＜ここからが長い!＞

★第2段階から第3段階へ;基本の見直しと熟成期で,徹底した自己検証と言語化作業の時期

■第2段階の大きな達成目標;クライアントが生きている世界で理解できることを目指す.

→常に基本に戻る.振り返り作業を自分に課さないと,一丁上がりの援助に陥り,それから先の熟成は止まってしまう.

■第2段階の目標その1;クライアントシステムの全体像を直観レベルで理解でき,結果オーライの支援が可能になる.が,効率性はまだ悪く時間がかかる.

→この時期は,注意しないと落し穴に陥る;クライアントシステム全体のなかで強化すべき人を見落としてしまうことがある.

■第2段階の目標その2;所属している組織及び組織外のシステムとより質の高いネットを繋げられる.

→異なる機関や施設との連携および異なるシステムにいる専門職ネットを拡大していく.

f: **徹底した言語化作業**
※

a 中堅者
b 立体的;点情報に意味をもたせることができる.

c	d	e	f
★1クライアントとのあいだのマージナルマンレベルを目指す.	☆1若年から開始した人の場合は＜わたくし的な《私》＞が成熟していく.	交互作用 ☆1かなり可能になる	**☆1基本の習熟**
☆1真のニーズの探査を目指す. ・1 ノーマティブニーズを描ける. ☆2＜臨床像＞の輪郭を描けるようになり,＜問題の中核＞を意識できるようになる. ※図2では2&4		←面接中に手当てができるようになる. （反射レベル） しかし,まだ表層的なレベルで,核心には届かない.	**★1基本をさらに確かで奥行きのある技術に磨く.**
★★2一つひとつの状況は分析できるが,さらに突っ込んだ全体状況の分析・統合までできるようになるには先が長い! →みながここで苦しむ! **大きな壁**となって立ちはだかっている. ☆3援助過程で生じた微妙な援助関係の変化を意識でき,ひっかかりがもて,後で検証を試みようとする姿勢が身につく.	＜警告・危険因子＞ ★1自分の深層にある感情とフィットするクライアントに対しては,＜逆転移＞が生じる. ・1深くかかわると,自分自身ではまだコントロールできない. ・2クライアントに対して心理的抵抗が生じても,そのことをまだ自己点検できない.	←深層感情のコントロールはまだ不可能	←のめり込んだり,抱え込んだりしてしまうクライアントに対する自己点検とスーパーヴィジョンが必要 ←第1段階の★1ー・3で試み始めた実践の振り返り作業が身についてくる.
☆4経験知に基づいた対処策は的確にうてるようになる. ☆5クライアントが生きている世界で聴くことができるようになる.	☆2クライアントの深層にある感情を理解できるようになる.	☆2ソーシャルサポート機能のなかで＜自己評価＞及び＜モチ	

できる.		可能 ☆3対象者に見合った自己決定を支えられるようになる.	
☆5＜知的・分析的、援助的身体＞になる.	←どのような私的状況においても一定水準の仕事を遂行できるだけの安定度を有している.		**ここから先も長い!♯**
☆6ときには業務の範囲を超えた「逸脱」した支援を意識してできる.←図5参照 ☆7他の臨床領域の分野にも応用できるだけの「対人援助の基本的な視点,知識・技術」レベルに到達する.	←それでも私的な部分を安定させることが可能である. 自家発電装置をもっている		
[臨床実践家としてのゴールに到達]			
1 図2の8つの枠組みが身体に入り,8つの枠組みを縦横に駆使できる.	☆どのような状況でも,〈わたくし的〉な部分にゆらぎは生じても,専門職としてのブレが最小限に押さえられる.		

↓
↓
↓ ＜スーパーヴァイザーを目指すためにさらに精進を＞
↓
↓
★2 図2の8つの枠組みすべてを伝達可能な＜かたち＞にできることを目指す.

※自己検証の作業を積み重ねながら気づきのタイムラグを縮めていく.

＜実践の振り返り=後作業での発見から臨床実践の場面で意識的に軌道修正が可能になるように＞

1 実践の振り返りその1;支援過程終了後に,ひっかかったり不全感が残った実践を検証した結果,次の支援に生かせる発見をする.←後作業で発見できる.
→スーパーヴィジョン(基本を身につけた他者の目)は必要

2 実践の振り返りその2;支援過程の途中でひっかかりが生じたときに即自己検証でき,クライアント理解や支援の不足や過ちに気づき,軌道修正して結果オーライにできる.←ひっかかり,ひっかけて,確認できる.
→さらなる技術力向上のためにはスーパーヴィジョンが必要
↑
長い!♯
↓
↓

3 実践の振り返りその3;実践中,例えばアセスメント面接の途中でチェック機能が即作動して軌道修正がその場でできるようになる.
→自己検証レベルに到達,

2 臨床実践のダイナミクス(目に見えない,かたちにならない世界)を根拠だてて映像的に言語化でき,異なる職種や領域への伝達が可能になる.

職業的な自動人形レベル(援助専門職)レベル3へ到達

職業的レベルの完成=スーパーヴィジョン実践が可能なレベルに到達

♯第3部第3章第1節に記述

表1－3

［第3段階］

段階 a	対象者理解のレベル b	＜職業的な《私》＞の形成 知的・分析的、援助的身体 c	＜わたくし的な《私》＞の制御と活用 d	相互交流（交互作用）のレベル e	必要なもの ・自己検証と実践の言語化 f

3 対人援助専門職としての背骨作りその3:真のプロフェッショナルへの到達
→後進が尊敬し,目指す目標となる.質の高い役割モデルとして存在できる.
→働く場で一定の地位・存在を獲得でき,安定した環境を築くことが可能になる.

★職業的なレベルの完成域へ;第3段階の中段に入ったら,スーパーヴィジョン実践をしながら自分の臨床実践能力もさらに磨きをかけ,高めていく.

■第3段階の大きな達成目標その1;クライアントや関与しているシステムが置かれている全体状況をポジショニングできるようになる（状況の俯瞰的な理解が可能になる）ことを目指す.

■第3段階の大きな達成目標その2;臨床実践のダイナミクス（目に見えない,かたちにならない世界）を根拠だてて映像的に言語化でき,異なる職種や分野への伝達も可能になる.

a 中堅者から上級者へ
b 4次元的理解;情報を重層的・多角的（構造的）につなげられる.

c

★1真のマージナルマンとしての自在性を獲得する.

☆1プロフェッショナルレベルでクライアント理解が可能になる.

・1細部をみて,全体をみる.

・2支援過程で意識化できていなくても,クライアントへのアセスメントや支援方法を修正できる.

・

★★★・
ここから先も長い!

・

・

☆2＜問題の中核＞をはずさずに＜臨床像＞を描ける.したがってかなり深いレベルでの理解をクライアントにフィードバックできる.

＜真の共働作業が可能になる＞

☆3面接そのものでクライアントの＜手当て＞ができる.

＜カタルシスレベル＞

＜高次なニーズへの対応も可能になる＞

＜高度な言語技術＞

☆4＜媒介者・メディエーター＞として複雑なシステムに介入できる.

・1多問題・複雑・深い家族病理への理解が可能になり,実際の支援ができる.

→図3の構造が完全に身体に入り,自在に自分を触媒として活用

d

★1＜わたくし的な《私》＞を制御できるようになる

・1自分とはほど遠い世界で生きているクライアントでも水準以上の理解が可能になる.

・2＜逆転移＞が生じそうなクライアントを意識しながら自分の感情を制御できる.

↑

※cが第3段階の完成レベルに近づいても,この点をクリアできていないと「ひっかかり」「これでいいのか」が身体感覚として残る.

e

相互交流（交互作用）のレベルへ

図4の構図にある螺旋を駆使できる.

↓

☆1クライアントの＜カタルシス＞への関与が可能になる.

・1問題の本質や発想の転換に関わる＜情報サポート＞機能の完成

☆2自在に活用できる（出たり入ったり）→共感完成レベル

・1図4の構図にある螺旋を駆使できる

・2家族調整も

f

★1言語化作業に磨きをかける.

←ここを後作業で自己検証できるレベルまでもっていく

★2臨床実践を根拠だてて言語化できるように努める

☆3さまざまな言語技術による支援方法を獲得する.

・1治療コミュニケーション技術にさらに磨きをかける.

↑カウンセリング能力に磨きをかける.

☆4家族療法や行動療法などのような技法も駆使できる.

表2　専門的援助関係と一般的援助関係　［第1部第3章第2節］

一般的援助関係	専門的援助関係 （治療的なコミュニケーション技術が必要）
①自然発生的に始まる.	①特定の目的がある. 個別的な援助目標と最終ゴールがある. 契約概念が入る.
②ふたりまたはそれ以上の人々の間の暗黙上の契約と理解→愛情,関心,思いやり,精神的支援などのかたちで表現される. （たとえば,夫婦,親子などの家族関係,年長者,同年配の友人などとの関係）	②クライアントに焦点が当てられる. 関心の中心はクライアントにある. （たとえば,医師や看護師と患者の関係,弁護士と依頼人,ホームヘルパー,リハビリテーションスタッフ,ソーシャルワーカーなどの援助専門職とクライアントなど）
人間関係の距離や質が異なる	
◉相互の友情を目的としている. （友人関係の場合）	◉友情に基づくのではなく,相互的な人間関係でもなく,ほとんどの場合,報酬がある.
③個人や集団が情緒的,社会的,精神的,認知的,身体的に成長することを助ける.→すべてか,または一面の成長を助ける.	③クライアントのニーズに基づく. 客観的なやり方で自分を惜しみなく提供する（気持ちも入れる）. ・容量は大きければ大きいほどいい. ・訓練と経験で容量は大きくなっていく.
④双方が同等に自分たちについての情報を与え合い,互いに助けたり助けられたりする. ・普通の会話ならgive&takeの関係.めいめいが自分のことを喋ってもいい	④被援助者が個人的な情報を提供するのに対して,援助者はそれを聴き,専門的な役割や知識に基づいて情報やサービスを提供する. ・話は一方の方向に向かう. ・クライアントに集中する.
⑤期間;援助期間は不定（たとえば,親子の関係は一生涯にわたって続くが,友人関係の場合は一時的であるかもしれないし,永遠に続くかもしれない） 頻度;かかわり合いの一貫性は不定.	⑤援助関係の時間,場所,期間,範囲が限定されている. ⑥専門職基準と倫理綱領による指針のなかで,独自な人間として自己を表現するように努める.
共通の要素;ケア,関心,信頼感の促進と成長の達成,行動・態度・感情にあらわれる変化など. →参考文献②	

註）ボランティアや住民参加型在宅福祉サービス提供者などの援助者は,一般的な援助関係と専門的な援助関係のあいだに位置すると考えられます.両者とも一般的な援助関係のよさ（たとえば,仲間意識・まったくの平等性・援助関係における自由度の大きさなど）を生かすことが大切ですが,同時に,専門的な援助関係にみられるほとんどの要素を求められています.

（参考文献）表2は①を参照して作成しています

①『援助の科学（サイエンス）と技術（アート）』（カロリン・クーパー・ヘームズ,デール・ハント・ジョーゼフ著／仁木久恵・江口幸子・大岩外志子訳　医学書院　1985）
②『ケアの本質～生きることの意味』（ミルトン・メイヤロフ著／田村真・向野宣之訳　ゆみる出版　1993）
③『ケースワークの原則～援助関係を形成する技法・新訳版』（F・Pバイステック著／尾崎新・福田俊子・原田和幸訳　誠信書房　1996）

表1−4

[第4段階]

段階 a	対象者理解のレベル b	<職業的な《私》>の形成 知的・分析的、援助的身体 c	<わたくし的な《私》>の制御と活用 d	相互交流（交互作用）のレベル e	必要なもの ・自己検証と実践の言語化 f

4 対人援助専門職を超えた世界へ:自由なわたくし&わたくしの個性をのばす.

1 <職業的な《私》>と<わたくし的な《私》>を融合させながら,自在にクライアントに関与できる.<もうひとりの《私》=チェッカー>の誕生により,自分自身の支援に信頼を持てる.

a 超弩級;職人芸の段階へ
b 直観に根拠をつけられる.
c 芸の世界←一芸に秀でる.
d cと融合させながら,自在に活用可能になる.←この段階で初めて<わたくし的な《私》>を自在に使えるようになる.
e 自在
f 実践時に可能

☆1 クライアントの「転移」を意識でき,かつ,専門的な援助関係も活用できる.その際に援助者自身の「逆転移」を制御できる.

c
・さらに深いレベルの理解が可能になり,それも瞬時,かつ根拠も言語化できる.

d
・1<わたくし的《私》>を監視できる.
・2自在に自分を提供でき,つぶれない.
・3最終的には人間としての総合力・容量の大きさになるので,<わたくし的《私》>を成熟させ続ける.

e
→交互作用
・自在・巫女的

f
★他者を受け容れる容量をさらに大きくしていく.
・1自分の芸を磨き続けなければ腕は低下しなくとも鈍る.

<存在そのものがプロフェッショナル>の段階へ

☆2 ここまでの段階に到達すると,相談援助面接や援助過程の絵解きが可能ですが,デジタル的な想起はできなくなるので、第2段階から第3段階にかけて課してきたような自己検証のしかたではなくなる.

→きわめて精度が高い情報解析装置つきのアナログ思考へ

2 巫女的なるものに言語化能力がつけば最強の援助者になる.しかも,「さにわ」の存在は必要としない.※1
‖
「絵解き」の解説者はいらない.自分自身で可能になる.

※1 ここでは,「巫女」も「さにわ」も象徴的な意味で使っています.
「巫女」の別名はシャーマンで、本来の意味は「自らをトランス状態（忘我・恍惚）に導き,神・精霊・死者の霊などと直接に交渉し,その力を借りて託宣・予言・治病などを行う宗教的職能者.」（『広辞苑』）
「さにわ」の本来の意味は,「神慮を審察する人.神命をうけたまわる人」（『広辞苑』）
→シャーマンの言葉の通訳者で,現実社会とのつなぎ役

7**心理的・精神的なサポート**ができること:**共感**・尊重・受容・保証
①『共感』も『受容』も技術がなければ近づけない.
②『共感的な理解』『受容的・非審判的な態度』だけでもクライアントは「サポートされた」と実感し,自己評価を高められる.
③『再保証』『保証』は積極的なサポートになり,クライアントの自己評価とモチベーションを高め,クライアントが潜在的にもっている個人の強さや生きる力を引き出す.

8**クライアントのもつ強さ(内的な資源)**を活用する:
①クライアントがもっている潜在的な強さと力を見積もり,クライアントが生きる力を引き出す.
②クライアントの対処能力を正確に見積もる.

9**情報提供・助言の時期としかたを考える**.
①的確な「情報提供」は,クライアントの現実対処(解決)能力を高める「情報サポート」になり,クライアントの不安や問題の軽減に役立つ.
②情報提供には,クライアントに必要な道具としての「社会資源サービス情報」を提供する方法と,クライアントに生じている問題状況や問題の本質をクライアント自身が探り,発見し,深く認識できるように,援助専門職が各々の専門性に応じてその専門的な知識や対処策に関する情報を提供しながら,クライアントに考える材料を適時提供していく方法がある.後者の場合は,援助者自身が「社会資源としての私」を道具として相手に提供することになる.
③そのためには,「1主訴・1対応」の援助をしない.
④「情報提供」は,クライアントの事実に即して提供される援助行為であるが,「助言」は,面接者の専門的な知識や専門職としての価値観に基づいて提供される援助行為である.
したがって,後者はクライアントの利益を考えて実行されなけば,援助者の押しつけの助言や説教面接になってしまう危険性がある.

10**自己決定の原則を守る**:バイステックの7原則⑥
①クライアントが自己決定できるような状況を整え,それを支える.
②最終的な決定は,援助者ではなく,あくまでもクライアント自身である.
③そのことは,援助者とクライアントの責任を分担することでもあるが,問題解決や対処に際しての達成感はクライアントのものである.

11面接はプロセスも大事であるが,**結果オーライ**でなければならない.
①クライアントの生きる力を引き出し,面接で癒しの機能を発揮できることが目標である.
②現実が動く,あるいは具体的に何も動かなくても,せめて「光明がみえる」くらいの終了のしかたができる.つまり,面接終了時にはなんらかのおみやげを渡せる.

12基本的姿勢の確保:**常に腕を磨こうという姿勢**
①面接技術は学習できる→実践記録(ときに逐語)を書く.
考察する:にらめっこしながら考える・感じる.
事例検討:他人の事例を読める.もちろん自分の実践を他者の目にさらす.
模擬面接(ロールプレイ):安全な環境で技術を習得する.
スーパーヴィジョン:ある期間,自分を仕事漬けにする.
②練習を積み重ねて,自己点検し,学習していこうという態度が必要である.

表3　相談援助面接の基本・心構え　[第2部第1章]

項目
1面接にはすべて**目的**と**目標(ゴール)**がある. ①そのことを双方が了解していること ②面接は契約に始まり,契約で終わる. ③ゴールの目安を立てて援助する.
2面接には,**始め**と**終わり**がある:「起承転結とエチケット」 ①起承転結があり,しっかりした組み立てと流れ・構造がある. ②導入と終了のしかたはとくに大切である.
3**短時間でくつろいだ援助関係**をつくれること ①人を対象としている仕事に一番大切なことでもある. ②初めて出会う相手とのあいだに信頼関係を築き,継続させる技倆をもつ. ③築いた援助関係が面接終了時および終了後も余韻として残る. ④専門的な援助関係を構築でき,その関係を崩さないこと.つまり,一般的な援助関係に流れない. ◉クライアントは最初から誰にでも大切なことを話すわけではない,援助者との信頼関係が築かれてから初めて話し始める. 4面接で引き出される**個人情報**の意味: ①面接でクライアントから引き出す情報は,クライアントを理解するためのものである. ②誰のために,何のために手に入れるのか→クライエントの利益になる. ③必要最小限の情報収集で問題の本質を理解する. ④点と点を有機的に結んで,全体像をつかんで臨床像を描く.
5クライアントが置かれている状況を**正確にアセスメント**する: ①「ニーズ」といわれているものは,アセスメントによって自ずから引き出されてくる. ②アセスメントは,「クライアントの問題状況の絵解き」によって引き出された「対処課題・ニーズ」を「クライアントのもつ強さと力」および「クライアントの世界観(価値観・美意識)」と「周囲の人たちや居住地域のサービス提供能力」に照らし合わせながら見積もっていく分析・統合的な作業過程である.→**特にケアに関する面接** ③アセスメントに当たっては「事実」と「感情」を分けながら聴いていく. ④クライアントのリアリティと問題の中核をつかむ.問題の中核とは,問題状況を引き起こしている核であり,ニーズや問題点が発生している根っこでもある. ⑤そのためにはクライアントの話をストーリーで聴きながら,問題状況を絵解きできることが重要である. ⑥これらの作業を行なうためには,クライアントから情報を引き出しながら,解析作業を加え,さらに情報を収集し,という螺旋様に統合していく作業過程を援助者の身体にたたきこむ訓練が必要である.さらに,全過程において治療的コミュニケーション技法を駆使して,アセスメント過程そのものが援助的であることが望ましい.
6**傾聴**する:豊かな情報をもらうために,クライアントとの信頼関係を築くために必要な技術である. ①相談援助面接においては,静かな「傾聴」と積極的な「傾聴」を使い分けることが必要である. ②「傾聴」はただ「ふんふん」「そうね,そうよね」と聞くことではない.面接者はメリハリをつけて,その存在を全身センサーにして身体で聴くことである. ③真の傾聴はクライアントの抱えている問題や不安を軽くする. ④面接の極意は,クライアントのほうから自然に言葉が流れてくること. ⑤そのためには,『傾聴の技術』を磨き,「面接者の容量』を大きくしていく. ⑥つまり,腕を磨く.

6 **状況を把握しながら,クライアントの生きる力を引き出す** ※4
①情報提供や助言,保証などの治療的なコミュニケーション技術をもつ.
②オリエンテーションとプレゼンテーション

※4この箇所はインタビューの各プロセスで要求されている.

転　【ターニング・ポイントを確実につかんで展開させる】

7 問題を明確にする.
①問題の中核と周辺の問題をはっきりさせる→ニーズの発見
②決めどころをはずさないように留意する.

8 共通認識をする.
①クライアントと面接者の問題のとらえ方や**ニーズ**をすりあわせて,双方がクライアントの問題状況やニーズを共通認識する. ※5

※5 この場面は面接者が描いた＜臨床像＞をクライアントに伝達して,問題の共有化をはかる.

9 支援目標［課題］を設定する.
①いま解決すべき問題と将来起こりうる問題をはっきりさせる.
②ニーズの優先順位を決める（多問題の場合）
③援助・介入の是非を決定する.
④暫定的か最終かを判断する.
⑤クライアントとのあいだで共通認識する.
⑥**危機予測とオリエンテーション**（問題解決型・困窮度が高いクライアント）
⑦最終的には,クライアントの自己決定を尊重する.

結　【引き締めつつ,サポーティブに終わる】

10援助方法を設定する（契約を結ぶ）.
①誰が,どの課題を,どのような方法で,いつまでに解決するかを見積もる.
②まだ,解き明かされていないか,保留にしてある問題について明らかにしておく.

11終結または今後の援助計画を確認する
①1回で終了するか.
②次回の面接を予約するか,それはどの時点で.
③定期面接を組む必要があるか.
④将来予測される問題が起こったときの再相談の予約をしておくか.

12記録及び他職種や他機関への報告

《定期面接やケアマネジメントの場合》
①＜モニタリング＞課題達成の進展に添って評価し,そのつど軌道修正する.
＜再アセスメント＞

②お別れ
・専門家の援助には必ず時間的制約と一定ルールがあり,別れ上手であること.

★面接はプロセスも大事であるが,結果オーライでなければならない★

表4　インタビューの枠組み：面接の起承転結　［第2部第1章］

起　**【導入と場面の設定】**

《面接室で行なう場合は,待合室の様子からアセスメントは始まる》
1 自己紹介をする.
①面接者と面接者が所属する機関が提供できるサービスを案内する.
②面接者の業務（役割）と,何ができるか（機能）を説明する.

2 紹介経路と主訴を確認する→クライアントはどこから来たのかを確認する.
①主訴（クライアントが表現した訴え）を明らかにする.
②クライアントは紹介者からどのようにオリエンテーションされてきたか,または自ら来たのかを確認する.
③クライアントは誰かを確認する.
④照会内容（文書がある場合）を確認する.

※1 通常は,3が2の前に行なわれる.

3 場を設定する.※1
①面接の場所を考慮する.
②クライアントと面接者の位置どり（座る角度や距離など）を決める.
③クライアントが複数で来室した場合は、援助の対象者を（面接者の側がひそかに）見極める. ※2
④導入のしかたに細心の注意を払う.

※2 通常はここから始まることが多いので,クライアントが複数の場合、どのような位置どりでお座りになるかをしっかり観察すると,家族力動が表現されていることが多い.

※3【起】から【承】へは,すみやかに,自然に移行される.

承　**【情報収集と状況の把握】※3**

4 情報を収集する.
①**誰から**,どのような事項を何のために聴くかを意識する.
②**インタビューの枠組み**・・・必要最小限聴き取らなければならない情報
・基本的な情報とクライアントの問題状況に応じて必要な奥行き情報
③**聴く（傾聴する）,観察する**
（言語および非言語コミュニケーション両方の情報に注意を払う）

［対象者のポジショニングをする］
5 状況を把握する.
①目の前にいる人はいま,どこにいるか:焦点を当てる.
・問題の中核を意識する.
・ストーリーで聴くように努める.
・問題を4つに腑分けしながら状況を把握する.
・認識されているものと隠れているものをつかむ.
・クライアントのリアリティをつかむ.
・現実に起こっていること（事実）と感情（クライアントの心の叫び）を理解する.
［**Key Word**をキャッチする］
②クライアントがもつ強さ（個人的な資源）や家族がクライアントを支える力をみる.

4.道具的サポート<物質的サポート>

実際的な課題の援助の提供を通じたサポート

・毎日の生活の営みを,必要なときに,サポートしてくれる人がいるかどうかで,たいていの人は安心できたり不安になったりする.

*給食サービス,入浴サービス,デイケア,ホームヘルパーの派遣などの援助

5.社会的コンパニオン

共に出かけたり,何かをしたりする相手,社交活動のサポート

*ボランティアや援助者がクライアントを「介護者の会」などの場にともなっていくこと

6.モチベーションのサポート

多くの社会的なストレスの原因は長期的で慢性的である.このような場合,簡単に問題解決がつかない.そのようなとき,根気よく継続する解決の道のりを選べるように相手のモチベーションを高めるサポート.

→このサポートは

「問題の解決のために努力を続けるように励ます」

「努力がいつかは報われ,成功することの再保証」

「きっとよいことがあると将来に希望を見いだすようにすること」

「フラストレーションを乗り切る手伝いをすること」

「一緒に乗り切ろうというメッセージを送ること」

*長期的・継続的にクライアントの問題解決のために援助を続け,クライアントが苦しいときには励まし,また,うまく問題を乗り切ったときには賞賛していくといったかたちで,クライアントのそのときどきの経験を共有することは,クライアントが問題と関わり続けていく「モチベーション」を高めるサポートになる.

(出典)渡部律子:「援助面接技術のステップアップ:面接・相談の技法」(『月刊　総合ケア』Vol.6 No.11・1996.11・28頁)

同:『高齢者援助における相談面接の理論と実際』(医歯薬出版・1999・49〜70頁)

奥川註:相談援助面接そのものでクライアントを直接手当てできるサポートは,「情報」,「自己評価」,「モチベーション」が考えられます.

ケアに関わる専門職は,まず「情報サポート」が主要なケアの手だてとなります.しかし,「自己評価」や「モチベーション」のサポートをしながらでないと,正確で的確な「情報」がクライアントには届きません.そのためには,治療コミュニケーション技術が必要になります.

表5　ソーシャルサポートの機能別6分類

1.自己評価サポート

自分の能力,社会的魅力や仕事でのパフォーマンスに疑いをもったときに有効に働く.

・他の呼び方としては,「情緒的サポート」「評価サポート」「ベンチレーション」「信頼関係サポート」とも呼ばれる.

・自分がマイナスに考えていた自己像の側面を打ち明けることで,自分の評価を再度高めることができる.

・自分の問題を打ち明けて話せる人をもっている人とそうでない人との間には,症状に大きな違いがあることが現在までの研究でわかっている(Cohen&Wills, 1984)

・支持的な関係を相手ともつことが効果を生む.

→支持的な関係「注意深く人の話を聴くこと」
「相手の話したことに反射すること」
「共感と再保証をすること」
「個人的な経験をわかちあうこと」
「批判や訓戒的な忠告を避けること」

＊父親の介護で疲れ果て,援助を求めてきた娘さんを受容し,その人の今までの頑張りを認めていく(保証)ことで,クライアントとなったその娘さんの「自分は介護を続けていけない敗北者だ」といった見方を改めていく

→「自己評価サポート」と「地位サポート」

2.地位サポート

自分は何かの役割を果たしているということで得られるサポート

・たとえば,クラブのメンバーや組織の一員であることで,自分が社会から承認され重要視されていることが確認できる.

3.情報サポート

問題の本質,問題に関係している資源に関する知識,代替的な行動の道筋に関する情報を得ることで,「自分の欠陥によって,問題が起こされたのではないことを確認」したり,「直面している問題が固有なものではないことを確認」したりすることで安定する.

・サポートネットワークをもっていることが必要となる.このネットワークを通じて情報を得られる人や場所が見つかる.

＊クライアントに現在利用可能なサービスの情報を提供すること.

10**クライアントのどのようなニーズや欲求が満たされないためにこの問題が起こっているのか?**	図7−1&2参照
11**だれが,どんなシステムがこの問題に関与しているか?**	視覚的に捉える方法がエコマップです.
12**クライアントのもつ技術,長所,強さは何か?**(クライアントのもつ資源)	第1部第1章
13**どのような外部の資源を必要としているか?**　←11と連動	図3では「C」
14**クライアントの問題に関する医療・健康・精神衛生などの情報**(高齢者の場合はとくに,クライアントのADLと,実際に何ができるのか?　何ができるようになる可能性があるのか?　認知・感情障害や問題行動の有無と状態,医療に関する情報とクライアントの住環境などに焦点を当てる)	第2部第1章 図2−「1情報収集の枠組み」参照
15**クライアントの生育歴**(成長過程で起こった特記すべき事項や家族・近親者との関係も含む)	生育歴から理解できる事柄については本書第1部第1章
16**クライアントの価値観,人生のゴール,思考のパターン** ←ここを抜きにした支援計画はありえません.	

※『高齢者援助における相談面接の理論と実際』(渡部律子著・医歯薬出版)78〜87頁の記述を引用して奥川が作成しました.一部奥川の表現もあります.

強調・傍点は奥川によるものです.

★アセスメント面接における分析・統合作業は,表中の16項目の構造を視点としてもち,図2の「1情報収集の枠組み」や「2問題の中核を早期に見抜く」および「4臨床像を描いていく」と重ね合わせていけるようになると,「支援計画」が必然的に出来上がります.

★クライアント理解や援助過程に不安や疑問が生じたとき,この16項目を埋めていくことによって振り返り作業が可能になり,自分自身でかなりの発見・気づきを得ることができます.本書の第3部第4章の「臨床実践事例を自己検証するための一方法」と合わせてご活用ください.

表6：一般アセスメントに必要なクライアントのデータ；アセスメント16項目

アセスメント16項目	備考
1 **何がクライアントの問題なのか？**（問題の特徴：クライアントが述べた言葉で記述のこと）←クライアント自身は何を問題としているかを本人の口から聞く.	聞き方に工夫がいります.
2 **問題の具体的な説明**：(a)問題は**いつ**始まったか,(b)問題はどれぐらいの**期間**続いているのか,(c)問題の起こる**頻度**はどれくらいか,(d)問題が起こるときは**いつ**で**場所**はどこか.←状況の絵解きのヒントになりますので,強調傍点箇所は重要です.	明確化の質問が生きてきます.
3 **この問題に関するクライアントの考え,感情および行動は何か？** ←この事項を確認していない援助者が案外多いようです.	ここを確認してこなければ共働作業にはなりません.
4 **この問題がどのような発達段階や人生周期に起こっているのか？**（例：児童期,青年期,老年期など）←クライアントの抱えている問題が,個人または家族の発達段階や人生周期から,予測可能なものか,あるいはまれにしか起こり得ないものかを見極める有効な手段になります.	ここは,援助者が判断できる箇所です.
5 **この問題はクライアントが日常生活を営むのにどれほど障害になっているのか？**	図3では「A」および「B」に該当
6 **この問題を解決するためにクライアントが使える人的・物質的資源**	図3では「B」と「C」に該当
7 **この問題解決のためにどのような解決方法あるいは計画がすでに考えられたり,とられたりしたか？**	クライアントの対処能力や方法から強さや生きる力が見えてきます.
8 **なぜクライアントは援助を受けようと思ったのか？　進んで援助を受けようと思っているのか？**	表4の導入箇所
9 **問題が起こるのに関係した人や出来事,それらの人間や出来事は問題をより悪くしているか,あるいはよくしているか？** （現在抱えている問題以外のストレッサーの存在） ←クライアントや家族のストレス量の変化に関連する人物や出来事を把握しておくことは重要です.	

序　〈相互交流〉を基盤として実践される対人援助

第1節 対人援助実践には〈相互交流〉が不可欠

「人がひとを、職業として、あるいはある特定の目的をもって援助を行なう実践」は、「クライアント・相談者」と「対人援助者」とのあいだで双方向に作用する〈相互交流〉に基づいて行なわれています。

私がここで語りかけている対人援助者の範囲は、ケアの領域で働いている多くの職業的な援助職者と、ある特定の目的のもとで活動しているかた達です。

職業的な援助職者とは、医療や保健領域、社会福祉領域で働くさまざまな援助専門職をいい（※1）、ある特定の目的のもとで活動しているかた達とは、住民参加型の在宅福祉サービス団体やボランティア団体などで活動されたり、民生委員・児童委員などの地域で活動しているかた達を想定しています。

対人援助は、各々の専門性や活動目的に応じて、さまざまな領域や手法で実践されます。職業的な対人援助職者が有している専門性の高い知識や技術、またはさまざまな領域で対人援助実践をしている実践家がそれまでの人生経験や実践体験によって手に入れた知識や人間力を、最大限クライアントに活用していただくためにも、支援の目的を達成するためにも、対人援助者とクライアントとのあいだで信頼関係に基づいた〈相互交流〉が行なわれることが、その結果や効果に大きく影響してきます。（図1の［Ⅲ］）（※2）

たとえば、医師や看護師などの専門性が高いとみなされている専門職でも、その医学的な知識や技術を患者に提供する際には、必ず双方の合意が必要ですし、専門職側が圧倒的に有している疾病や治療方法や日常生活上の留意点など、患者にとって利益になる情報ともいえる知見を患者側に伝えるための手段としては、言語によるコミュニケーションを媒介としています。医師による患者への病状説明を意味する「ムンテラ」が「言葉による治療」であるように、言語によるコミュニケーションが必須であることは明らかです。いくら豊富な医学的知識を有していても、患者のそのときの心身の状態に合わせた言葉を使用できなければ、患者には理解できませんし、サポーティブな態度から発信された言葉でなければ、ただでさえ痛んでいる患者の心身にさらなる傷・ダメージを与えることになってしまいます。

〈相互交流〉の成立を阻むもの

1 情報の非対称性

この、専門職側が圧倒的に有している臨床的な知識と技術が、患者とのあいだで時として感情面の軋轢をもたらしてしまう事態は、医師や看護師のみならず、対人援助職者と支援の対象であるクライアントとのあいだで頻繁に生じています。これは、「情報の非対称性」といわれている現象で、クライアントの自己決定を支える支援を考える際に第一に配慮されなければならない留意点です。

対人援助の専門家は、クライアントが生きる過程で生じている、対処しなければならないさまざまな問題状況に常に直面させられています。たとえば、身体的・精神的な疾病やそれらに伴って生じる社会生活上の問題や心理的な悩みや苦しみなどを、たくさんのクライアントとの関わりのなかでその身に浴びています。これらを理解することが治療や支援の第一歩ですから、専門職として働くために学んで手に入れた基本的知識に加えて、実践経験を積み重ねたぶんだけ、そうした悩みや苦しみをカテゴライズされたものとして理解していきます。ですから、なんらかの問題状況に直面しているクライアントの心理的な反応や、現実的な問題への対処のしかたのバラエティなどについても、その時々で相手は異なるとはいえ、すでに職業的に体験済みです。

実は、この〈職業的に〉という点がくせものです。〈職業〉だからたくさんの症例に出会えますし、たくさんのクライアントの辛さや苦しみとも向かい合うことができます。（※3）そして、時間と労力の蓄積が臨床実践の経験に裏打ちされた確かな〈知見〉と〈腕〉を作り出します。したがって、多くのクライアントにとっては初めての体験であり、困惑の極みにあっても、専門家にとっては、ある種の似た体験をしていらっしゃる他のクライアントをたくさん見ていますから、ここで「ああ、このかたは……のような状況にいて、……のように悩んでいる」と、これまで整理してあった「範疇」の問題状況として見做してしまいがちになります。（※4）

クライアントにとっては——例外はありますが——初めての体験ですから、その身体的・心理的な傷が大きいほど動転しておられますし、家族をはじめとする周囲のかた達も含めた人間関係や社会生活にも大きな影響が生じています。多くのかたが、これまで生きてきた過程のなかで経験したことがない新しい対処課題に直面しており、それらに対処していくための新しい情報が必要な状況にあります。そのことに加えて加齢や疾病、それに伴って生じた身体的・情緒的・認知的・社会的障害によって、これまで生きてきた過程のなかで培ってきた対処能力にかげりが生じているか、その能力を十分に発揮できない状況にあります。

一方で、専門家は職業上の経験からたくさんの対処策をもっています。ですから、専門職が煩雑な業務に追われて忙しいとき、あるいはまだ未熟な段階にあるときは、クライアントの個別の感情や思考様式、固有の障害や環境状況を吟味せずに、表面上に現われた現象面をかいつまんで把握してしまい、即そのための対処策が先に浮かんできて、「事」や「解決」を急ぎがちになります。クライアントが置かれている個々の状況とそのかた達の固有の世界観を十分に理解しないままに性急に対処策を提示しがちになります。

このような「からくり」が働きますと、専門職の側からすばらしい情報や助言、あるいは、ほれぼれするような対処・解決策を提示しても、クライアントの内面には届かない、といった現象が生じるのです。専門職の側からの一方的な情報伝達になってしまいますと、クライアントは自分の身体で考えたり感じたりする時間をもてず、提示された情報を十分に吟味できないまま、専門職のいいなりに動く傾向に陥りがちです。そのように、自分の問題に自らの意思を関与させないままに、専門職が示した解決策を採用した結果、その対処過程で生じるさまざまな心理的・現実的な障壁にぶつかったとき、当の支援計画を提示した側とそれを採用した側の間にさまざまな齟齬が生じ、「事」がうまく進まない、といった状況になりがちです。

もしかすると、クライアントにとっておおいに役に立ったはずの〈情報〉も、彼らのニーズに添い、彼らが理解できるような〈かたち〉で提供されなければ、支援にはならないのです。（※5）

または、自己像・セルフイメージの高いクライアントであれば、疾病や諸々の社会的問題が重複して発生したために彼らの自己評価にかげりが生じて不安になっているところへ、そこへの手当てもなしに一方的に専門職側の意向を伝えられると抵抗を示しがちです。専門職が提示した解決策の内容が自尊のこころを痛めつけられるような類のものであれば、なおさらその抵抗は激しくなり、ときによっては悲鳴をあげ、それが〈拒否〉というかたちで現われる事態を招く結果になります。（※6）

援助者側の働きかけはクライアントの主体性に訴えるものでなければ、クライアントは自分の人生をご自分の足で踏み出しません。

各々のクライアントの問題に対する個別の感情や思考様式、問題への対処のしかたなどは、クライアントのこれまでの「歴史的身体・身体に刻印してきたものの経験の総体」（※7）によって一人ひとりが実に個性的です。ですから、対人援助専門職には、クライアントが「生きてきた～生きている～生きていく」世界に添った理解が要求されます。その理解のためには、相手から必要な事柄・情報を引き出し、理解したことを正確に伝えるためのコミュニケーション技術を手に入れることが必須になります。援助者が「このようにあなたの世界を理解した」とクライアントに伝えたとき、それがクライアントの内的世界に添ったものであればなおさら、双方のあいだに確固たる信頼関係が結ばれます。

この双方の信頼関係の形成が対人援助の基盤となります。そのためには、一方通行の会話ではなく、双方がお互いの身体を通過させながら行なわれる〈相互交流〉の成立が不可欠なのです。

この際の伝達方法は、言葉が主になりますが、援助者側の全身の表情のほうが、より多くを物語ります。（※8＆9）

2 ニーズ認識の乖離《かいり》

この「情報の非対称性」を考えるにあたり、もうひとつの重要な留意点は、クライアントと対人援助職者とのあいだで生じている「ニーズへの認識をめぐる両者の乖離」の問題です。

先にも述べましたように、まっとうな対人援助職者であれば、職業として毎日目の前に現われるクライアントの問題状況を観たり聴いたりしながら、彼らが対処しなければならない真の課題・ニーズを抽出して寄り添っています。臨床実践を積み重ねた対人援助職者には、クライアントの問題状況を理解するための視点や知識、および彼らが直面している対処課題を解決するためのさまざまな方策についての知識や技術なども身についています。ですから、ある程度の実践経験を経れば、「一目で」とはいいませんが、かなり早期の段階で、目の前のクライアントに生じているニーズや対処策が方程式のように頭に浮かんできます。

この際の対人援助職者の側で見做されたニーズを「ノーマティブニーズ」といい、専門職によって「このクライアントは……が必要である」と考えられたニーズ、または社会の常識に照らし合わせた規範的・お手本的なニーズです。専門職であるならば、この「ノーマティブニーズ」を想起できるだけの諸々の基本的な知識や、そのときの社会の水準に照らした人間理解の基盤は必要です。

しかし、一方で、クライアント側には、そのかた達がそれまで生きてきた歴史的身体と、そのときに彼らが置かれている状況から生じている「フェルトニーズ」が存在しています。クライアントが漠然と感じている「……したい、……することを願っている」、あるいは「私が生きるためには、（これが）欲しい、必要なんだ」と確固として抱いているニーズです。

双方のあいだには、往々にして〈すきま〉があいています。とくに、援助職者のほうがクライアントの表層的な言動のみを問題視して、クライアントの表現された訴えやその奥に潜んでいる〈こころの叫び〉を汲みとるだけの心構えや力量がありませんと、双方の会話は一方通行に陥り、双方に行き交う〈思い〉や〈考え〉には絶望的なまでの〈乖離〉が生じてしまいます。

対人援助職者が見做したニーズを優先し、クライアントが感じたり、願っているニーズを汲みとってすりあわせる過程（※10）を経ないで対処策や支援計画を提示しますと、クライアントの拒否に出会ったり、いったんは受け入れても、後日その方策や支援計画を活用しなくなったりする事態を招くことが多いようです。または、クライアントのほうがいいなりになったり、我慢していることも多々みられます。このような現象は、クライアントが困難な問題に直面していて、他者に相談したり他者の助力を得なければその状況を乗り越えられないゆえに、本来有しているはずの潜在的な〈生きる強さや力〉を発揮できずにいるために、ただでさえ優位な立場になりがちな援助者側が、結果的に強権を発動していることになります。ここでは、相談する側と相談を受ける側とのあいだに共働作業の成立はありません。(※11)

以上は、援助者側にある程度の実践経験と力量がある場合に生じやすい盲点・落し穴といえます。援助者のほうが初心者であったり、対人援助実践の基本的な視点や知識・技術およびそれに裏打ちされた態度(倫理・価値)が身についていませんと、逆にクライアントとの一方通行の会話が続けられたまま、生の感情や常識的な判断で相手のいいなりに動かされてしまう傾向に陥りがちです。初めての電話や面接時の紹介者やクライアントの第一声〈表現された訴え〉に流されて、背景にある状況を明確に理解しないまま、紹介者やクライアントが依頼してきたことばのままに動いてしまいます。(※12) 現実には紹介者の依頼内容がクライアントのニーズに添っていない場合も多々ありますし、悩みや迷いが多かったり、他者の助言にのせられて依頼してこられたクライアントであれば、真のニーズとかけ離れた〈訴え〉を表現してくる場合も多いのです。そのような段階にある援助者は、〈ノーマティブニーズ〉を思い浮べる以前の援助水準にあることを心すべきです。

〈すきま〉の融合

対人援助職者がクライアントを支援するために実施する初回のアセスメント面接では、この「情報の非対称性」によって生じる「ノーマティブニーズ」と「フェルトニーズ」の乖離に目を配り、双方のあいだにある〈すきま〉を吟味しながら慎重に融合させていく作業が必要で、そのためにはクライアントとのあいだで信頼関係に基づいた〈相互交流〉が成立していることが重要なのです。

援助者は、クライアントがいま置かれている状況をどのように感じていて、「いま、ここで、何を、どのようにしたい」と考えているのか、または、パニック状況に陥っていて、そのせいでいまは何も考えられないほど混乱しているのかなど、クライアントがそのときに置かれている状況やそのときに有している、または潜在的に隠しもっている対処能力に応じて、クライアントの状況や気持ちにチャンネルを合わせながら、忍耐強く状況把握に努めます。(※13)

その過程で、クライアントが直面している問題に対する考え方や方策について、対人援助専門職が有している情報をクライアントの内的な世界に届く方法で提供しながら、彼らがご自分の問題に立ち向かえるような土壌を、身体的に、精神的に、社会環境面も含めて整えていきます。ですから、道具的な社会資源を紹介するに際しても、たとえば、ただホームヘルパー派遣を勧めるのではなく、ホームヘルパーを活用すれば、「あなたの生活は……のようになると考えられます」と、個々のクライアントの固有の問題状況に即した情報提供のしかたになるはずです。私たち対人援助職者が提供する情報は、すべての場面でクライアントが自分の人生の途上で起こっている問題状況をみつめ、理解し、対処していくための考える材料となるよう心すべきです。(※14)

身体性が強い職種の〈相互交流〉

ただし、医師の場合は、患者の病気が快癒したり軽快すれば、「万事、めでたしめでたし」で終わり、それまでの療養過程で医師による病状や治療上の説明が理解できなかったり、十分な説明を受けないままの手術であったり、また言葉の暴力を被ったと患者や家族の側が感じたとしても、そのことは不問にされがちですので、「医術の腕がよい」ということがかなりの比重を占めていると思います。ですが、その逆の結果が生じた場合は、悪い結果に至る過程で形成された人間（援助）関係の善し悪しがかなり影響してきますし、かりに人間関係そのものは良好でも、医師に対する期待やみせかけの信頼が高かった場合には、患者の側に感情の反転（※15）が起こりますので、援助者側が厳しい状況に陥る危険性は高いといえます。

この点は、看護師やリハビリテーション専門職、ホームヘルパーなどの、身体に直接触れて実践する身体性がより強いケア職種の場合にも同様の現象が生じます。直接身体に働きかける技術が高い専門職であれば、クライアントの苦痛が強いほど感謝される度合いが大きくなりますが、その苦痛が癒えないか、専門職が身体をいじったあとに偶然かその行為ゆえに苦痛が増したりすると、へぼ扱いされたり、拒否される度合いも大きくなります。

一方で、そうした感謝や称賛と苦情や感情の反転の境界に身を置いて実践する専門職ほど、その身体ケアの技術が高ければ、ケアを受ける側に病状や障害の軽減や身体をいじられるときのここちよさを提供できますので、身体ケア行為そのもので〈相互交流〉が成立し、相手の信頼を得ることが可能です。そこに言葉による「ストローク（愛撫）」が加われば、最強の支援者になります。

そのようなケアワーカーは、身体ケアによって相手に気持ちよくなってもらえるだけの技術水準に到達するまでの過程で、その領域のプロフェッショナルになるための基礎的な訓練に加えて、「ここをこのようにさわったら、気持ちいいかな？」「このかたの身体は、こういうふうに動かしたら痛まないですむかな？」「どうすれば……苦しくないのか」など、相手の身体状況に応じて相手の身体とこころに語りかけながら考え、援助者自身の身体に問いかけ、考え、感じ、さらに工夫を重ねてきているはずですから、身体的なコミユニケーション技術は相当磨かれ、優れたものになっているはずです。言葉は身体から発します。身体ケアに秀でているケア職の言葉は当然、相手に真っすぐに届き、相手を癒すはずです。

［註］

※1　職業的な対人援助職者：保健医療福祉機関や施設で働くソーシャルワーカー、社会福祉士、精神保健福祉士、介護支援専門員（ケアマネジャー）、臨床心理士、介護施設や機関の相談指導員、社会福祉事務所のケースワーカー、社会福祉協議会の地域福祉権利擁護事業の専門員や窓口の相談員、医師、保健師、看護師、助産師、リハビリテーションスタッフの理学療法士、作業療法士、言語聴覚士、技師装具士など、歯科医師や歯科衛生士、臨床検査技師や核医学の放射線技師、薬剤師や栄養士など、その他介護福祉士やケアワーカー、ホームヘルパーや保育士など

※2　図1「対人援助の構図：援助者自身が置かれている状況の理解」

※3　『臨床の知とは何か』（中村雄二郎著・岩波新書・1992年）中村氏は本書のなかで、「臨床の知」について〈フィールドワークの知〉でもあり、「〈演劇的知〉〈パトスの知〉さらには〈南型の知〉」とも呼び、「〈経験〉ということが大きな役割を演じることになる」（9～10頁）と述べています。また、「受動的あるいはパトス的とは、身体性を帯びていることであり、受動的行動あるいはパトス的行動とは身体性を帯びた受苦的な行動にほかならない」（118頁）と述べています。こうした中村氏の着想は、バリ島の魔女ランダの「バロン劇」からヒントを得ています。

※4　専門的援助関係について論述された「バイステックの7原則」が、まず第一にクライアントのニーズとして「クライアントはある範疇に属したものとしてみなされたくない、ひとりのかけがえのない人間として遇されたい」ということをあげ、援助者の心得として「個別化の原則」を打ち出しているのもうなづける点です。（『ケースワークの原則［新訳版］～援助関係を形成する技法』F・P・バイステック著／尾崎新・福田俊子・原田和幸訳・誠信書房・1996年）33～50頁

※5　渡部律子氏は、情報提供が〈情報サポート〉になるためには、①ニーズにあったものであること②相手の理解力にあったものであること③相手が利益を得るものであること④新たな解決策がみえることの4つの条件をあげています。（中央法規出版主催の『ビデオ・面接への招待～核心をはずさない相談援助面接の技法』（奥川幸子・渡部律子監修）発刊記念セミナー講演より、2002年6月）。

※6　第1部第1章第4節&コラム3参照

※7　『未知との遭遇～癒しとしての面接』（奥川幸子著・三輪書店・1997年）第2部第3章-Ⅱ「ポジショニングのための視点―(1)発病前の発達、生活の歴史―こころとからだと社会（職業、家庭など）生活の歴史、人間関係の歴史［発達をみる―身体・精神・社会（経済・職業）的な財産をみる］の『これまでの身体（からだ）とこころ（魂）に刻印されてきた経験の総体をみる』の項123～132頁参照

※8　第1部第3章第1節&コラム8参照

※9　「コミュニケーションの専門家のバードウステルは、人が話し合いをしているときに、言葉で通じるのは35%、残りの65%は話し言葉以外のもので伝わると言っています。話し言葉以外のものというと、その言葉がどのように言われたか、どんな声音で言われているか、ピッチはどうか、大きな声か小さな声か、どのような姿勢で言われたか、どのようなゼスチュアを伴っていたか、こういうことが全部含められるのです。したがって、相手をきちんと見ることが大事であり、また、相手をきちんと見て話しているかいないかは印象形成にもつながって、あなたがどういう方かという印象を相手に与える際に大きく関係しているということです」（「医療場面におけるコミュニケーション・スキル」深澤道子・（財）ライフ・プランニング・センター・健康教育サービスセンター・2000年1月20日）

※10　アセスメント面接について：コラム1参照

※11　相談をする側と受ける側の共働作業：コラム1参照

※12　『ビデオ・面接への招待～核心をはずさない相談援助面接の技法』（奥川幸子・渡部律子監修・中央法規出版・2002年）の「電話によるインテーク面接」A・B・Cとエキスパート編を比較してご覧ください。特にAとBでは、相談の電話をしてこられたかたが相談員の早すぎる焦点化に応じた対応策の提示に流されてしまう光景が描かれています。

※13　ただし、クライアントの生命が危機にあるときは、例外を除いて専門職が必要であるとみなした判断を優先させることがあります。

※14　『ビデオ・面接への招待』第2巻、近藤ソーシャルワーカーがクライアントとのアセスメント面接の終盤で「今後の方向性」を提示している、〈情報サポート〉ともいえる箇所をご参照ください。

※15　感情の反転：ことば通り、気持ちが引っ繰り返ること。対人援助の場面では、患者やクライアントが治療者や援助者に対して初めは〈陽性の感情転移・好感をもつ、場合によっては疑似恋愛感情にまで発展しがち〉を抱く場面がよくみられます。ですが、彼らにとって不本意な出来事が起こったりすると、その感情は一転してしまい、攻撃的な感情を援助者に陰に陽に向ける

ことが多々あります。私は対人援助における援助関係でよく起こるこの現象は、愛憎紙一重と同じ現象だと思っています。だからこそ、本書でしつこく申し上げているように〈専門的援助関係の形成力〉が大切なのです。

第2節 〈相互交流〉と〈交互作用〉

とくに言葉を中心にして言葉以外の全身の表情も含めた相互的な交換は、双方の出会いのとき、お互いを理解するために実施する「初回のインタビュー」や、ケアの過程で生じる各局面に応じた言葉を介在させた支援場面で行なわれます。

「初回のインタビュー」は、対人援助職者の専門や配置された場によって〈インテーク面接〉〈アセスメント面接〉〈アナムネーゼ〉〈問診〉など、その呼び方は異なります。しかし、その後のケアの過程で生じるクライアントとのあいだの意思の疎通も含め、クライアントの訴えや彼らが置かれている状況の理解のためには〈援助面接〉が要求され、いずれも〈相互交流〉を基盤としています。

とくにアセスメント面接を実施する立場にある援助者は、この〈相互交流〉を可能にするための「相談援助面接」に必要な視点、知識・技術を磨くことが必要になります。

〈相互交流〉には「相談援助面接」の力が必須

これまで申し上げてきましたように、相談援助実践で勝負している専門職は無論のこと、対人援助者として実践する際に対象者が生きている世界に添って問題状況を理解するために必ず必要とされるアセスメント面接を実施する立場にあるものには、相談援助面接の能力が要求されます。コラム2でご紹介する保育士の例をみても、子育て相談の場面では、乳幼児を手で抱きしめるのではなく、子育てに悩み、惑い、困難な状況に陥っている親や祖父母を相談援助者はその身体から発せられる言葉と全身の表情で抱きしめるのです。そのうえで、必要であれば、さまざまな社会サービスを活用していきます。（※1）

相談援助面接は、そのものずばり、この〈相互交流〉を主たる「手立て」として、クライアントに生じている社会生活上の問題や心理的な悩みの軽減や解決をめざすための手法です。相談援助面接実践では、その目的と実践される場、面接の形態や実践方法、クライアントと面接者の組み合わせなどの違いがどうであれ、面接そのものがクライアントへの援助の手立てとなり、ひいては面接そのものによってクライアントを〈手当て〉できることが求められています。

そのためにはまず、面接者が「援助者」としての基本的な視点、知識や技術に裏打ちされた態度や価値観を有していることが重要であり、図1「対人援助の構図：援助者自身が置かれている状況の理解」であらわしたような「相談援助面接」を構成している全体像を構造的に理解しておく必要があります。そのうえで、図2であらわした「臨床実践家が身体にたたきこまなければならない8つの枠組みと組み立て」と照らし合わせながら、援助者である自分がどこまで基本的な技術を確かなものとして獲得しているか、どこを強化していかなければならないかを点検し続ける必要があります。

相談援助面接は、生きる過程でなんらかの問題状況にある支援の対象としてのクライアントと、援助者である面接者とのあいだに構築された信頼関係に基づいた共働作業が行なわれなければ歪んだ結果を招くことになりがちです。ほとんどのクライアントは、なんらかの問題状況にあるから面接者の前においでです。相談援助面接では、クライアントその人と、彼らに生じている問題状況やニーズに焦点が当てられます。クライアントが面接者に語り、あるいは面接者によってクライアントから引き出され、観察された言葉や全身の表情のすべては情報であり、クライアントに帰属する個人情報なのです。双方のあいだに信頼関係が形成されていなければ、クライアントは安心して彼らの身体の一部である言葉と全身の表情として表出される内的外的な個人的な問題（これも身体の一部）を、面接者の前にさらせません。

相談援助面接は、クライアントが抱えている悩みや困難な状況を一方的に援助者に話すことでも、面接者が一方的にクライアントを支援することでもありません。クライアントと面接者とのあいだで形成された「専門的援助関係」（※2）を基盤にして、面接者自身が有している専門的な知識・技術に裏打ちされた態度で、鍛え抜かれた臨床実践技術と臨床知をクライアントにできるかぎり提供していく過程で、クライアント自身が本来有している〈強さ〉や〈生きる力〉を探り、それを引き出し、必要があれば強化して、これから生きていく社会生活の実際場面で発揮できることを目標に、お互いがもっている力を十分に関与させながら展開されます。

これらのことは対人援助の基本でもあるのですが、相談援助面接の場合は、面接者の側に確かな意思的な言葉と、その言葉を発しているときの言葉と一致している身体表現（※3）、その奥に漂う「存在」そのものが発しているメッセージ（※4）があり、そのパフォーマンス（※5）がクライアントが潜在的に有している〈生きる力〉を引き出せるか否かが重要で、そのためには、面接のすべての過程でクライアントをいかに〈手当て〉できるかが鍵になってきます。（※6）

〈相互交流〉への階梯《かいてい》＝カタルシス

ここでいう〈手当て〉とは、治療的な側面も含んでいます。それを、お互いが言葉と言葉以外の全身の表情による〈相互交流〉で行なうのです。

たとえば、クライアントの「問題の中核」（※7）が、そのかたの感情面の混乱や将来の方向が見えないことに対する不安にあるときなどは、そのかたが置かれている状況を、まず理解するために実施する〈アセスメント面接〉時に、面接そのものを道具にして、ということは援助者自身を道具として、クライアントが抱えている問題への対処や解決の方向を見いだしていく過程のなかで、相手に〈カタルシス・感情の浄化作用〉が生じなければ、相手のためにいくら善かれと考えた方法を提示して必死でかき口説いても、相手のこころには届きません。このような現象は、ケアマネジメントにおける道具的な社会資源の利用を介護支援専門員（ケアマネジャー）が勧める場面で多く生じていますし、訪問看護やホームヘルプサービスなどの実際的なサービスを提供する側が実施する個別支援計画作成時にも数多くみられます。

その理由は、クライアントの問題、それも援助者側からみた問題ばかりに注目し、相手が〈生きている世界〉で何がニーズなのかを確認しないままの一方通行の会話がまかり通っているからです。〈サービス主導〉、〈ノーマティブニーズ優先〉といわれている事象ですが、援助者に相手の気持ちや考えを確認するか、それらを相手から引き出す技術がないと、どうしても相手の〈フェルトニーズ〉を理解できません。さらに相手の気持ちを手当てしてからでなければ、相手がこれからの生活を考えたり、これからのためにいま、最優先に対処しておかなければならない課題までたどりつけません。それを行うためには、相手が感じたり考えたりしている漠然としたニーズを浮き彫りにしていきながら、相手が認識できる段階にまで引き上げる作業が必要になります。この作業が、相談援助面接におけるアセスメント過程のもっとも重要なポイントになります。（※8）

クライアントに力があって、ご自分やご自分の周囲に生じている困難な問題状況を自分の力や周囲の人たちの支援によって解決できれば、対人援助職者を必要としません。何らかの問題状況に陥っておられるかたは、その問題の種類や性質、程度に応じて、そのかた自身の身体や精神的な状態、あるいは、そのときの人間関係の財産力が低下していることが多いのです。平素であればご自身や周囲の親しいかた達の力で解決できることでも、重篤な疾病にいくつかの社会生活上の問題が重なると、その対処能力は低下しているか、平素のように発揮できない環境にあることが多いのです。（※9）

援助者がクライアントを手当てしながら相手の気持ちや考えを引き出し、確認できるインタビュー技術をもっていなければ、クライアントに〈強さ〉がないか、〈生きる力〉が弱まって自分の実感に添わない支援計画を受け容れるだけのエネルギーの余力がない場合、「サービス拒否」というかたちで抵抗する場面が多くみられます。対人援助者側からみると「問題のあるクライアント」として問題視されがちなかた達です。このような場合のクライアントの〈拒否〉は、実は〈悲鳴〉に近いものなのですが、一方通行の会話ですと、双方にはこれだけの認識の乖離が生じます。（※10）

実際のところ、「多問題ケース」として「処遇困難事例」と称され、援助者側から多問題視されているクライアントの多くは、援助者側から不当に評価され、彼らに生じている問題に伴うストレスを援助者側からさらに強化されていることが多々みられるのです。本来ならば〈支える人〉である援助者が、〈ストレスをもたらす人（ストレッサー）〉と化しているのです。このような場合は援助者側の理解不足や無能力によることが多いのではないでしょうか。かつて臨床現場にどっぷりと漬かっていたころの我が身を振り返ってみても、私の現在の職業である対人援助者に対するトレーニングの実践のなかでも最も痛感する点であり、常にこのことは自戒したい留意点でもあります。

また、相談援助面接の場面では、クライアントが一見、苦情を申し立てているように見受けられても、実は〝私を見て、私を理解して、手を差し伸べて！〟と、こころで叫んでいるような事態もたくさん起こっています。

このように、面接者がクライアントから発信された〈表現された訴え〉（※11）の裏にぴったりはりついている〈こころの叫び〉を理解できないと、いつまでたってもお互いの気持ちや認識が相互に行き交わないまま、大方は相談をする側が身を引いて事態を収拾してしまうか、先ほどの〈悲鳴〉や〈強烈な訴え〉を援助者に発信し続けることになるのです。あるいは、聞き手の側が、クライアントから発せられた〈苦情〉は、本当は辛い想いを素直に他者に吐露できずに〈苦情〉というかたちで相手にぶつけて訴えているのに、表現された言葉どおりに〈苦情〉として受理してマニュアルに従って処理したりすると、苦情の内容によっては、クライアントが引くに引けずに追い込まれるような事態を招いてしまうこともあります。

ここが、〈相互交流〉を媒介として行なう対人援助実践の落し穴でもあります。面接者側がクライアントの〈問題〉だけではなく、〈人となり〉やその人の〈こころ・気持ち〉にも身体を寄せないと、クライアントが生きている世界に添った理解には届かないからです。

相談援助場面で生じる〈カタルシス〉は、まず第一にクライアントが陥っている状況を〈そのかたが生きている世界・リアリティ〉に添って理解したということが、援助者側の言葉や全身の表情によって相手に伝わった段階で生じます。また、クライアントにかなりの力があれば、援助者側が〈聴く〉プロセスで、彼らのほうがご自分でご自身の状況理解と感情の整理を同時にしてくださいます。そのような面接は、ほとんどの時間がクライアントが語ることに費やされ、援助者側は傾聴に専念し、多くは一言か二言、クライアントが状況を打開するための言葉をご自分で発するための促進作用になる言葉を返すのみで終了します。

さらに、「将来の不安」がクライアントの〈問題の中核〉になっているときは、これからの方向性について、援助者側が今後クライアントに起こりうると考えられるいくつかの事態とそのための対処策を、〈情報サポート〉（※12）を交えながら提示すると、それだけでクライアントの不安が解けてしまい、すっきりされることがかなりあります。相談援助面接における〈方向づけ・オリエンテーション機能〉としてとても重要な技術です。（※13）その他にも、援助者側の的確な〈情報サポート〉やここ一番の場面で発する〈再保証・保証〉や〈フィードバック〉などの治療的コミュニケーション技法を用いることによっても、クライアントのカタルシスを引き寄せられます。

このような場面での相互交流は、表面的なものではなく、クライアントの「生きてきた～生きている～生きていく世界が入っている〈身体〉」と援助者の「生きてきた～生きている～生きていく世界が入っている〈身体〉」が、〈言語〉と〈言語以外の全身の表情・非言語〉を交互に作用させながら、クライアントそのひととその人に生じている個人的な問題やそのひとを取りまく人達などを中心とした環境面との関係から生じている問題などを、援助者が構造的に理解する過程を通して、原則としてはクライアント自身がその解決策や対処策を見いだしていく共働作業の過程でもあります。ここでいう〈構造的〉理解とは、〈多角的・重層的〉理解を意味しています。

したがって、援助者には、支援の対象者そのひと達と彼らが置かれている固有の問題状況を多面的に理解するための基礎知識が必要ですし、クライアントに生じている問題状況を探り出し、解決・対処したほうがよいと考えられる課題を絞りだしていくアセスメント過程においては、クライアントから個人情報をできるだけ自然に語ってもらえるような技術、そして対処課題が明らかになったところでは、実際的な解決方法に直結する実践的な知識や手立てについての臨床的な知識や技術をできるだけたくさん有しているなど、臨床実践能力が要求されています。

しかも、相談援助者から発信される〈言語と全身の表情〉の総体としての態度は、支援過程と結果のすべてにおいて〈援助的であること〉が要求され、そのことが、クライアントへの直接的な〈手当て〉や〈癒し〉につながるのです。

本書の目的と構成

〈相互交流〉を〈手立て〉とした実践は、クライアントと援助者がお互いの存在を関与させながら交わされるコミュニケーションの循環を媒介とした〈交互作用〉を基盤として行なわれるともいえます。その作業は、双方のあいだで行き交う〈ダイナミクス・関係の動き〉のなかで、「かたち」に表しにくく目に見えない世界にあるものとクライアントに生じている現実的な問題を〈感情面の手当て・カタルシス〉を伴った整理または処理をするか、あるいは少なくともその見通しを立てていく循環過程なのです。

ですから、その動きや関係性のなかで構築する過程と結果を〈絵解き〉されたものとして「言葉や文章」

で他者に伝えることがなかなか難しいとみなされてきた実践でした。したがって、ライブそのもので一回性が強い実践技法を伝達するための実践的枠組みの提示も困難でした。

そこで本書では、私の相談援助実践およびスーパーヴィジョン実践を通して湧き上がってきた相談援助実践過程で私たちが駆使していると考えられる知識や技術を、クライアントとの〈相互交流〉を通してどのように身体化していくかに力点を当てて考えていく作業過程を書き綴ることを試みました。

第1部では、私たちの対人援助のしくみ全体を、図1で著したように3つの要素から成り立っている「対人援助の構図：援助者自身が置かれている状況の理解」をもとにして全体構造を眺めたうえで、［I］［II］［III］の3つのシェーマの各々について詳しく吟味しながら、対人援助実践のなかでも相談援助面接実践に照準を当てて、必要な知識や技術を身体化していくためのさまざまな視点や方法について考えや試みを提案しています。

第2部および第3部は、〈実践の身体化〉についてプロフェッショナルの観点から2つの側面に分けて記しています。

まず第2部では、私たち対人援助職者が身体化させておく必要がある〈知と技〉を便宜上8つの枠組みに分類し、その概念的な大枠を各枠組み間の関係、個々の枠組みの実践的な内容と意味づけなどの大筋をお示しします。

そのうえで、第3部では〈臨床知としての技術の身体化〉を主題に、私たちの対人援助実践に加え他分野のフィールドワークも参考にしながら、さまざまな角度から考察を加えてみました。↓第1章と第2章

第3章では、職業として対人援助実践を行なうものが、スタート地点からはじまり、各々の成熟度に応じて何を到達目標にして職業的な自己を研鑽していけばいいのかについて、4つの段階に分けて指標を提示す

る作業に取り組んでみました。現段階における私の思案として「臨床実践家の熟成過程モデル」をお示しし、相互交流を基盤として実践する対人援助実践をより確かな実体あるものとして後進に伝達できることをめざしています。

なお、本書を構成している概念的な枠組みの柱は、以下の図表になります。

図1「対人援助の構図：援助者自身が置かれている状況の理解」→第1部序章～第3章

図2「臨床実践家が身体にたたきこまなければならない枠組みと組み立て」→第2部第1章～第2章

図3「ケアを必要としているクライアントに対するアセスメントの視点」→第2部第2章

図4「〈受容的・共感的理解〉から〈自己決定を支える基盤を整え、支える〉ための援助の構図」→第1部第1章第1節

表1「臨床実践家の熟成過程」→第3部第3章

これらの図表はすべて角度や比重を変えて著しているものなので、各々が深く関連しあっています。したがって便宜上3部構成にしてありますが、各所に同じような視点、知識・技術の身体化について、しつこいか、くどすぎる記述箇所があることを申し上げておきます。

［註］

※1　コラム2：保育士の身体ケアと子育て支援における相談援助の違い

※2　専門的援助関係：表2&第1部第3章第2節参照

※3　言葉と一致している身体表現：クライアントとの面接場面では、双方が全身の表情と言葉を相互に交流させながら進んでいきますが、その際に全身の表情のほうが微妙に言語より先に表出されてしまうために、援助者のほうは両者が一致していなければ、クライアントに見透かされてしまいます。

※4　「存在」そのものが発しているメッセージ：援助者自身の存在そのものと考えてもいいでしょう。オーラともいえますが、決して面接者の意のままにクライアントを方向づけようとするわけではありません。↓コラム19&巻末事例参照

※5　パフォーマンス：中村雄二郎氏は『臨床の知とは何か』（岩波新書）のなかで、〈臨床の知〉は「コスモロジーとシンボリズムとパフォーマンスの三つを特性あるいは構成原理とする」（135頁）とし、〈パフォーマンス〉については、以下のように述べています。「パフォーマンスであるためには、なによりも、行為する当人と、それを見る相手や、そこに立ち合う相手との間に相互作用、インタラクションが成立していなければならない。／しかも、そのような相互作用が成立するのは、なにかの特別な挑発がなされているからではない。そうではなくて、人間が身体性を帯びて行為し、行動するからであり、そのときひとは、おのずと、わが身に相手や自己を取り巻く環境からの働きかけを受けつつ、つまり自己のうちにパトス的（受苦的）な在り様を含みつつ、行為し、行動することになるからである」（135頁）

※6　コラム19&巻末事例参照

※7　問題の中核：第2部第1章第2節参照

※8　インタビューの「起承転結」：第2部の図2の説明および表4参照。一般的には「起承転結」の「承転」の箇所で行ないますが、熟練してくると「起」の導入場面にチャンスを見出せるようになります。

※9　拙著『未知との遭遇』（三輪書店）参照。概念的には第2部第2章「対象者が置かれている状況をポジショニングする」のⅢ「対象者のポジショニング……いま、目の前にいる人はどこにいるか」107～116頁をご参照ください。さらに実際の例としては、第2部第4章「対人援助の基盤〈相談援助に必要な視点〉」のⅡ「問題の種類と程度を理解し、問題に影響を与える個人の経験と社会の影響を理解する」の『⑵問題の種類を四つに分ける～なぜ、この腑わけが臨床で生きるか／目の前の人（被援助者）が〈生きる〉意味と結びつかなければ、ニーズとは言えない～』の項に紹介した《事例：ムッとしていた看護婦さん》『八〇〇円と二一万円の違いはクライエントのニーズに関係してくる』182～192頁および『⑷事例を参照しながら、問題を四つに分けて考える』の《ケーススタディ――死を目の前にした七五歳の男性の問題》208～234頁をご参照ください。

※10　コラム3参照

※11　表現された訴え：第2部第1章第3節および『未知との遭遇』193～198頁参照

※12　情報サポート：表5&コラム4参照

※13　相談援助面接におけるオリエンテーション機能は、とくにアセスメント面接時に行なうと有効な技法です。

コラム01

アセスメント面接は共働作業

フェルトニーズとノーマティブニーズのすりあわせ

私のところへ遠方から定期的に個人でスーパーヴィジョンにおいでになっていた優秀なケアマネジャーのかたが、スーパーヴィジョンを受けるに至った動機を次のようにおっしゃいました。

「私はこのごろ、クライアントのお宅へアセスメント面接に伺ったとき、話をききながら自動的に『ああ、ヘルパーがこの時間帯に何回使えるな、デイサービスは……』と、一週間のプランが浮かんでくるんです。自分でもうまくできて、ほれぼれするようなケアプランを作ったと思っているのに、なぜか相手がうまく利用してくれないんです」と、そのかたは悩まれ、自分に足りないものはクライアントとのあいだで〈相互交流〉を可能にするための〈コミュニケーション技術〉であることに思い至って、私のところへ身銭を切っていらっしゃるようになりました。

このようにご自分の対人援助職者としての課題を明確に設定したうえで、スーパーヴィジョンの申し込みをされてこられるかたは極めて稀な部類に入ります。どちらかといえば、「援助者である自分の現段階で実践能力はどこまで到達できていて、何がこれからの熟成のための課題であるかを、まずスーパーヴァイザーである私に査定してほしい」、そしてその課題に添って自己鍛練を重ねて「正真正銘のプロといえるような実力を身につけたい」という申し込みが圧倒的に多いからです。

そこで、実際に個人スーパーヴィジョンを開始したところ、そのかたの場合は、アセスメント力はかなり高いレベルでした。ですからクライアント理解もニーズ把握も確かなものですし、その結果作成した支援計画もなかなか見事なものでした。クライアントが置かれている固有の状況や人となりも理解できていて、固有のニーズ把握も確かで、支援計画も立派なのに、クライアントがいつのまにかそれを使ってくれないのです。

ここが対人援助実践の難しいところです。

結論からいえば、そのかたの場合は、クライアント理解もニーズ把握も速すぎ、しかも活用できる社会資源も熟知していましたので、頭のなかでコンピューターがはじくような速度でケアプランが表として出来上がってしまう身体構造になっていたのです。

専門職が考えるノーマティブニーズといっても、非熟練者やアセスメント力のない援助者と、実力がある援助者とでは雲泥の差があります。そのかたの場合は後者の実力派でしたから、クライアントにとって真に有用なノーマティブニーズをもとにしたケアプランでした。

では、支援の対象者が感じているフェルトニーズはどうなのか。そのかたの場合は確かなアセスメント力があるのですから、当然のこと、支援の対象者のフェルトニーズも〈直観レベル〉で察知できてはいました。しかし、それだけでは、クライアントは援助者から提示されたケアプランを上手に利用してくれません。

その理由は、そのかたが「スーパーヴィジョンを受けなければ」との決心に至った自己発見のなかにありました。それほど能力の高いかたでした。クライアントとのあいだで、察知・直観レベルで理解したことをきちんと相手に返して確認をとっていなかったのです。というよりは、そのことができなかったのです。その理由は、第3部の第3章でもふれている「職場の魔法使い」レベルの直観力があり、情報解析装置が高性能すぎて、あまりにも情報の分析・統合の速度が速すぎるために、そのかた自身がその過程を〈ことば〉という〈かたち〉に変換できなかったからです。（※1）

ある意味では贅沢な悩みでもあるのですが、クライアントがそのかたと同じレベルの情報解析能力をお持ちであれば双方の会話・面談は小気味よく進行しますし、相手も十分に理解してくださいます。ですが、クライアントは置かれている状況も、そのときに発揮できる生きる強さや力も、人によってさまざまです。（※2）彼らのそのときの状況や想いや思考方法、生きる力などにチャンネルを合わせてコミュニケーションをはからないと、どんなに素晴らしいケアプランでも、「彼らの身体には届かない！」といった事態が生じるのです。

つまり、相談援助面接におけるアセスメント過程では、クライアントが感じているフェルトニーズを〈ことば〉として引き出して〈かたち〉として俎の上に置いて、そのうえで援助者側が考えるノーマティブニーズをクライアントの理解力に合わせた情報サポートのかたちで提示していく過程で、クライアントの気持ちや考えとすりあわせていくという〈相互交流〉に基づいた共働作業のなかでニーズを抽出していくことが望ましいのです。

そのかたの場合は、クライアントが漠然と、あるいは確信的にもっているフェルトニーズの確認作業をはしょっていたのです。というより、あまりにも察知速度が速すぎて、必要な作業過程を〈ことば〉にすることに困難を感じていらしたようです。

そのかたのスーパーヴィジョンの課題は、コミュニケーション技術というよりも〈直観で察知したものの言語化〉になりました。（※3）

※1　表1「臨床実践家の熟成過程」の第2段階の終了レベルに記載。また、第3部第2章第1節「〈職場の魔法使い〉と言語化作業」参照

※2　第1部第1章第4節参照

※3　表1「臨床実践家の熟成過程」でみると、第2段階から第3段階終了までの中核をなしている課題に該当しています。

コラム
02
ことばと全身の表情で抱きしめる。

これまでの専門職教育のなかでは、相談援助面接の必要性を教えられてこなかった対人援助専門職種がほとんどといっても過言ではありません。とくに身体性の強いケア職に多く見受けられます。

たとえば、身体性が強い援助専門職のなかでも、保育士を例にして考えてみます。保育士は、乳幼児の発達に関する知識や技術を有しており、保育園などの場で乳幼児が身体的・情緒的な発達に加えて、社会性を獲得していけるようさまざまな支援技術をもっています。さらに家族や社会構造の変化に伴う時代や社会状況の要請から、近年では子育て支援のための相談需要が増え、乳幼児の親などの養育者との面接を実施する必要が生じています。

乳幼児の発達に対する理解は一般的な発達指標が目安になりますし、出生前から定期的な検診が実施されていますので、身体的・認知的・情緒的・社会的な発達障害が疑われたときには療育施設などで判定や訓練を受けられるしくみが整っています。しかし、幼いこどもたちに生じている心身のストレスに関してはどうでしょうか。

たとえば、幼いこどもが家庭内で若すぎる結婚や出産ゆえに生じた両親の離婚問題から、たえず強い緊張状態にさらされていて、これも最高潮のストレス下にいる母親によって時間に遅れて保育園に連れてこられたとします。このこどもが、すでにその日のプログラムに添って活動しはじめている他の園児たちの集団に入るにも足がすくみ、固まってしまい、母親も自分のこころで一杯いっぱいになっていて我が子が置かれている心身の状態を察知することもできず、ましてやケアできる力もないとき、保育士さんたちは、勤めに出かける母親に立ち去られたまま、心身が固まってしまっている幼児をどのように手当てするのでしょうか。私はベテラン保育士さんたちの研修会で、この点について伺ってみたことがあります。応えは間髪入れずに返ってきました。

「**こどもを（この身体で）抱きしめます**」

これは、身体で直接的に愛撫する、身体性の濃い行為です。そのうえで、保育士は「1対1対応」でこどもと遊び、関わりながらこどもの身体（とこころ）を解きほぐし、集団に入れる準備段階に達するように動機づけながらケアしていくそうです。

しかし、乳幼児を養育している親たちに子育て上の問題が生じていたり、悩んでいたりしたとき、どのようにしてケアできるのでしょうか。こどもたちに対して行なっているように、いきなり親を抱きしめるわけにはいきません。親や養育者の相談に応じるためには、乳幼児と養育する親たちに何が起こっていて、子育てに支障をきたしているのかについての根源的理解が先になります。そのためにはまず、彼らが置かれている固有の問題状況を的確に把握すること、まさしくアセスメントからスタートします。

その際には、乳幼児とは異なり、親などの養育者に対してはコミュニケーションのなかでも言語技術が特に重要になり、アセスメントは相談援助面接によって実施されます。

この相談援助面接も後述するように身体的行為でもあるのですが、こどもたちに対して保育士さんたちがその心身を溶かすために身体で抱きしめるようなわけにはいきません。直接抱きしめないで、相手と援助者とのあいだで言葉と全身の表情の相互交流を通して、相談援助者はその身体から発せられる「ことばと全身の表情でクライアントを抱きしめる」のです。

コラム 03

クライアントの〈拒否〉は、実は〈悲鳴〉

相談援助面接や日常的な生活面へのサービス提供時にクライアントの拒否に遭う場面は、対人援助実践では多々みられます。ここでは、入浴介助や家事などのホームヘルプや訪問看護サービスを提供する場面でよくみられる〈拒否〉について考えていきます。

たとえば、訪問看護サービス部門に医師から「入浴させてあげてください」という指示書が届いたとき、勤勉で真面目な訪問看護師とヘルパーさんたちが、入浴介助に必要な道具を一式そろえてクライアント宅に伺います。ところが、当のクライアントはかたくなに入浴を拒否するのです。このような場合、クライアントの多くは、平素往診してくれる主治医に対しては、「ありがとうございます」と頭を下げているはずですから、医師にはクライアントの不安は見えていないことが多いようです。そこがすれ違いの始まりなのですが、これは現代社会における医師のステータスの高さと、生命に関わる専門職に対する患者側のひるみや主体性を発揮できるまでに成熟していない受療態度から生じていると考えられます。このすれ違いは、本人からではなく、家族からの強力な依頼があったときにも生じています。

なによりも、現代の社会では、風呂に入ることはさまざまな効用があり、回数の違いこそあれ、当たり前とされていますし、気持ちがよいことでもありますから、入浴介助は在宅サービスのなかでも一番ありがたがられるサービスのひとつでもあるようです。通常、入浴はよいことで、他人に体臭や垢で不快感を与えることはいけないこととされています。なによりも身体の「清潔」は現代社会の常識です。ですから、〈拒否〉や〈逡巡〉に出会うと、その当人は〈問題ケース〉にみなされがちです。

では、私がこれまで遭遇した数多くのケースから組み立てたものを例としてあげてみます。その理由はさまざまで、個人の事情によっても異なりますが、〈拒否する〉クライアントの側からみてみます。

ホームヘルパーと訪問看護師が、家族からの要請で入浴介助の目的で初回訪問をしました。家族の悲鳴に近い要請の内容は、おじいさんが部屋に閉じこもりきりで、おばあさんが食事を届けに行くときぐらいしか部屋を開けない。昔から怒鳴ったり手を上げたりする人だったのでそのままの生活をしていたら、最近、玄関に入るだけでおじいさんの部屋から漂ってくる臭いがたまらない。私たちではとても近寄れないので、ぜひ風呂に入れてほしい、その間に部屋の掃除と布団やシーツを替えたいということでした。2階で同居している次男一家の嫁からの依頼でした。すると、ヘルパーや訪問看護師たちは張り切って、入浴介助と掃除が訪問の大きな目的になり、初回訪問の際、導入時に行なわなければならない約束事など、どこかにふっとんでしまいました。そして……。

まさか、そのクライアントが「こころの準備をするまで、待ってくれ」なんて主張するとは思ってもいませんでした。当初予測していたような認知症ではなかったのです。はっきりと自己主張します。ですが、バイタルも正常でしたので、そのかたを二人してなだめすかしながら、風呂場へお連れしました。クライアントはそこで、「トイレに行きたい」と言い出しました。緊張してのことだったのでしょう。寒い時期で、薄着のままだったこともあり、あっという間に呼吸苦と頻脈、およびチアノーゼが出て、今度は訪問看護師のほうが吃驚してしまいました。そのかたに肺気腫の持病があることは主治医から聞いて知ってはいたものの、安静時はまったく普通でしたので、動転したのでしょう。かなり症状が進んだ肺気腫のかたの場合は、ご自分のペースで身体を動かさないとすぐに呼吸が苦しくなって動けなくなったり、呼吸が荒くなったりして、あっという間に苦悶の表情を見せることがあります。そのかたの場合は、二人の健康な身体の持ち主である専門職のペースで動かされた結果だったのでしょう。

二人の身体ケアの専門職は、入浴介助と掃除という役割意識が先に立ってしまい、まず、初回訪問の際にはクライアントへのアセスメントを実施して、訪問看護とホームヘルプの支援計画をクライアントと共働で作成することを抜かしてしまったのです。しかも、アセスメント面接に入る前に「(突然、闖入してきた)私たちは、どこで働いていて(あなたに対して)何をさせていただくものか」という自己紹介がきちんとなされていたかも疑問です。

このように文章で書いてしまうと、「そんなことをするなんて、ありえない」と思われるでしょうが、実際の臨床場面では実は行なわれているのです。このクライアントのように、援助者側に合わせるだけの余裕がなければ、身体が悲鳴をあげることでサインを出すのですが、多くはクライアントのほうが援助者に合わせてくれるので、援助者側が気がつかないままで通り過ぎているのです。

ですから、そのかたの「こころの準備をするまで、待ってくれ」という〈表現された訴え〉に援助者の身体を寄せて、その言葉の裏にある事情や気持ちに耳を、心を澄ませる〈センサー〉が必要なのです。この〈センサー〉は、第1部第3章の「相互交流のしくみ」およびコラム9で熟考していますが、援助者の身体に備わっている〈ひっかかり〉〈ひっかける装置〉と連動して作用します。家族からの要請内容による状況からみて、「なんで、このかたが『こころの準備ができるまで……』というような訴え方をするのか」、そのセリフが援助者の〈身体・内的世界〉にひっかからないと、もうアウトです。

案の定、そのかたは、その後2年間に及ぶ支援過程のなかで、一度も入浴させてくれませんでした。何事も初回、それも初回の導入部の重要性を顕著に教えてくださった事例でした。

コラム 04

〈カタルシス〉を呼び込む情報サポート

相談援助面接では、面接そのもので〈手当て〉することができます。その〈手当て〉の方法はいろいろです。専門職が圧倒的に有している疾病や障害、それらに付随して生じている社会生活上の問題や心理的な悩みなどについての知見を、クライアントとの〈相互交流〉によって伝えることで〈手当て〉できるのです。そのなかでも、面接行為そのものでサポートできるものとしては、表5で紹介した〈ソーシャルサポート〉の〈自己評価〉および〈情報〉〈モチベーション〉のサポートです。

ソーシャルワークをベースにした対人援助実践において要求される技能としては、まず、〈カウンセリング手法を取り入れた援助面接能力〉〈情報サポートができること〉〈媒介者・良質な触媒になれること〉(※1)があげられますが、なかでも〈情報サポート〉は、専門職による臨床実践のなかで最も頻繁に使用する場面が多いと考えられます。

情報サポートには、表5にもありますように、①社会資源に関する情報、②問題の本質に関わる情報、③発想の転換を促すための情報などがありますが、これらを場面に応じて有効に提供できれば、クライアントが心理的な負担を軽くできたり、自身が置かれている問題状況を論理的・心理的に整理できるようになるための支援になります。

ここでは、クライアントが悩まれている問題状況の本質に関する情報を援助者側が最後に伝えたことによって、クライアントの〈カタルシス〉を呼び込んだ実践を紹介します。

【事例】脳血管性認知症の実母を介護している娘さんへの情報サポート

83歳になる脳血管性認知症の実母を自宅で介護している48歳の娘さんからの依頼により、ソーシャルワーカーである私がかつて訪問面接をした事例です。娘さんの主訴は、「私が元気なあいだはいいが、これから母の認知症が進むにつれてどうなるのか不安なので、相談したい」という内容でした。

このような家族からの「訴え」は認知症高齢者のみならず、高齢者や若年でも種々の重度障害者を抱えている家族の共通の不安で、臨床現場では数多くみられます。

訪問による相談援助面接によって援助者が把握した状況とアセスメントおよび支援の内容は以下の通りです。

〈認知症の始まりと病歴〉

娘さんは脳血管性認知症の実母を介護して、もう5年ほどになります。しかし、娘さんの介護には、13年前から1年余に及ぶ母親との格闘の歴史があったのです。

母親は13年ほど前、くも膜下出血のために緊急手術を受け、その後2カ月のあいだに水頭症のために計3回もシャントを入れる開頭手術を受けていました。３カ月あまり入院した後で自宅に退院したのですが、３カ月間は異常行動が続きました。たとえば、水風呂に入ってしまう、ポットをガスレンジに置いて湯を沸かそうとする、夜、雨戸を開ける、素裸になって『イタリアへ行くんだ』と叫び、外に出ようとするなど、かなり激しいものでした。娘さんが自宅で必死に世話をした結果、１年後、母親は信じられないほどの回復をみせ、その後の7年間はひとりで暮せるまでになりました。娘さんは母親が発病する直前に購入してあった近くのマンションに転居し、ご主人とお子さんたちと一緒に暮らしていました。

しかし、母親のボケ症状が顕在化してきたために、娘さん一家は再び母親と同居し、現在は娘さんが主として介護にあたっています。ここまでの話のなかで、援助者の直観にひっかかった事柄は、母親のボケを近隣の老人会の仲間によって指摘された点でした。

『お母さんは、最近配達されてくる牛乳を他の家の分まで飲んでしまう。そろそろ同居なさったほうがよろしいのでは？』と言われたことが再同居のきっかけだったからです。

〈日常生活と介護の様子〉

母親は、通常歩いて3分ほどのところにある近医へ、10～12分かけて一人で通院しています。娘さんは母親を送り出した後、洗濯物を干すなどの家事をこなし、頃合を見計らって道路に出て、母親が無事に医院に入るのを見届けるという配慮をしていました。

母親は治療的には、「脳循環改善剤と循環改善剤」を服用し、毎週1日デイサービス（そのときに施設入浴・送迎あり）を利用していました。

日常生活はかなりの部分を娘さんの介護に依っています。食事はテーブルの上に用意してあげれば自力で摂取、排泄は誘導されて（声かけ）歩いてトイレへ、衣服の着脱は衣類を娘さんが準備しておかないと着替えない（しかも、着ていた衣類はすぐに隠さないと同じものを着てしまう）、入浴はシャンプーのみ介助といった状況です。ここでも娘さんの自立への介護は繊細でした。たとえば、排泄も失敗しはじめたときに「トイレに行くのが間に合わないのか、またはもう排尿感がなくなってしまったのか」を十分に観察したうえで現在の介護方法をとっていたのです。入浴行為も母親が十分に身体を洗えていないかもしれないが、まだ自分で洗おうとしているので、「デイサービスで週1回ピカピカにみがいてもらっていると信じて」毛髪のシャンプーのみ介助しているという配慮をしていらっしゃいました。家族の状況は、娘さんのご主人は地方都市に単身赴任中で、子どものうち大学生の次男（孫）と母親の3人暮らしでした。娘さんの兄（母親にとっては長男）一家は他県に住んでいますが、娘さんの長女（孫）が東京の大学に入学した際に、新生活の準備を手伝うために娘さんも上京することにしたため、1カ月間（援助者の訪問時点からほぼ1年前）兄の家で母親の世話をしてもらったところ、言葉が出なくなり、娘さんの家に連れ帰ってから見当識障害がひどくなって、とても苦労をしています。その後1回ショートステイを利用していますが（訪問時点から2カ月前）、このときは大丈夫だったようです。

近くの民生委員は「あなたが疲れるから、共倒れになるから」と、月に1回はショートステイを利用したらどうか、と勧めてくれましたが、娘さんはその助言に対しては、疑問を抱いている様子が伺えました。近くに母親の実妹が住んでいるので、ときどき遊びに行ったり、その妹から電話をしてもらって刺激をしてもらえるような考慮もしていました。ここでも娘さんの介護は行き届いていました。

〈介護者である家族の心理的ストレスと〈問題の中核〉に対するサポート〉

母親は、面接中の援助者の問いかけに対してはほとんど、うなずき程度の反応しか見せませんでしたが、その表情はとても穏やかであり、娘さんの繊細な介護により自立度もかなり維持されていました。

娘さんは専業主婦ですが、徐々に低下していく母親の自立度をはかりながら、強迫的とまで思えるほど神経細やかにお世話しておられ、かなりストレスが高い状況にあることが伺えました。

援助者は「○○さん（娘さん）は認知症があるお母さまにとっては最高のお世話をしていらっしゃいます。お母さまの自立度をはかりながら、ご自分ではできないところのみ手を出されていらっしゃる点です。ですが、お母さまにとっての最高の介護は、それだけ○○さんにとっては一番お疲れになるお世話のしかたなんですよね」と、娘さんの介護を正当に評価しました。

娘さんは社会資源も必要に応じて的確に活用しており、緊急時の相談窓口も心得ていました。体力的には十分余力を残していると判断したうえでの専門職による〈保証〉をしてサポートしたのです。すると、娘さんは「これでいいのか、いつも不安でした。話を聞いてほしかった」と言い、心なしか安心したような表情はお見せになられたものの、今一つふっきれていない印象でした。ここまでは、認知症のある母親との同席による面接です。（※2）

このままでは、援助者は帰れません。（※3）

そこで、帰る援助者を玄関まで見送ってくれた母親を残して、門までついてこられた娘さんに次のような言葉を贈ってみました。先の傍線の箇所、娘さん自身が母親の認知症を自分で発見できずに、近所の老人会の人に指摘されたことに由来している娘の罪障感への対応でした。ここが、介護者である娘さんの〈問題の中核〉になっていて、これだけ最高級の介護をしていても、お母さんがその介護に応えているかのように穏やかで、ゆったりとした表情をお見せになっていても、援助者である私が〈自己評価を高めるサポート〉である〈再保証〉（※4）をしても、娘さんのこころの奥にある〈ひっかかり〉は解消されていなかったのです。（※5）

「先ほども申し上げましたように、○○さんはお母さまの自立度に応じてとても上手にみていらっしゃいます。だからこそ、お母さまの生活機能は維持できているんです。でも、お母さまの認知症は病気なんです。どんなに最高のお世話を受けていらしても、いずれは坂道を転げ落ちるようにどんどん悪くなるときが来るんです。

でも、それは決してあなたのせいではないんです」

それまで、じっと援助者を見つめていた娘さんは、一時間半あまりの面談の終了時に初めてぐっとこみあげてきたものをこらえながら、ふりしぼるように次の言葉を吐き出しました。

「それが一番の気がかりだったんです。私が悪いんじゃあないか、世話のしかたが悪いんじゃあないか、それで、母の認知症が進んでしまったんじゃあないかと思っていたんです」

と、涙ぐんだのです。

これで、やっと娘さんの胸のつかえが多少はとれたと考えられました。この援助者のサポートが、専門職による〈情報サポート〉です。「脳血管性認知症は病気であり、進行するものであること」は、対人援助専門職にとっては当たり前の知識であり、娘さんも認知症に関する知識はかなり有していると考えられます。しかし、娘さんの〈こだわり〉や〈気がかり〉をストーリーで聴きとる過程で、改めて専門職から〈保証〉や〈情報〉として知識を得ることが、娘さんの気持ちを浄化させたのです。このような支援が、介護している家族の不安の軽減や今後の介護への力を強化する援助につながるのです。

※1　媒介者・良質な触媒になれること：対人援助実践では、さまざまな場面で要求されている機能です。まず、クライアントのニーズと社会サービスを繋げるケアマネジメント実践では必須の技術です。単にサービス提供を調節するだけでなく、さらにさまざまなシステムを行き来してサービス提供者間とクライアントシステムを繋げてケアをコーディネートしていくとき、各システムのあいだに入ってクライアントの状態像や支援方針などの共通認識をはかり、調整機能を発揮する際に的確なポジショニングのもとで媒介者として機能できることも必要とされています。

もう一点は、クライアントシステムに関与・介入する必要があるとき、媒介者として質のよい触媒になれることが要求されています。たとえば、巻末事例で紹介している紅林みつ子さんは、癌の末期状態で自宅療養をされているご主人と介護者である奥様とのあいだに生じている不安やストレスが軽減されるよう、媒介者としてさまざまな配慮をされています。結果としてご主人も鬱々とした状態のなかにあって、食欲が出てきました。一方で奥様も一生懸命に食べるものに気を遣ってこられたことを評価してもらって、ご主人が召し上がっている現実を再認識できました。紅林さんがご夫婦のあいだに入って媒介者となり、化学反応が生じてご夫婦の気分はよくなっています。まさしく質のよい触媒といえます。そのためには、お二人のあいだに座る位置への配慮や高いアセスメント力、行動療法的な接近のしかたなど、高い技術に裏打ちされていることがわかります。

その他、ケアを必要としている要介護状態にあるかたと家族とのあいだでケアをめぐる想いや考えがずれていたり、逆方向の訴えをされるクライアントも多くみられます。家族メンバー各々の思惑が真っ向から対立している場合もあります。そのようなとき、援助者が支援目標や方法を策定できない事態が生じます。援助者は本人と家族のあいだに入ってできるだけお互いが折り合えるような方向性を探していきます。このようなときの関与・介入は、対象が〈家族〉であるがゆえに、そのシステムのなかに媒介者として関わるためには、繊細かつ率直な態度およびかなり高い知識・技術を要します。

なお、第3部第3章の表1「臨床実践家の熟成過程」からこの媒介者機能をみますと、第3段階「c領域☆4〈媒介者・メディエーター〉として複雑なシステムに介入できる」ところまでの熟成度が要求されています。

※2　私は、認知症高齢者のみならず、失語症や障害の重い高齢者などのケアをめぐる相談援助場面では、基本的にはケアを受ける側とケアの担い手である家族メンバーとは同席して面接することにしています。ただし、表1「臨床実践家の熟成過程」の第3段階到達以前にある援助者は、家族内で意見が異なったり、家族内に情緒的な軋轢が強く深い問題があると予測される場合は、別々に面接したほうが無難です。同席面接の際は、家族内で直面しなければならない課題については手や口を出さないよう配慮します。いずれにしても、家族内の問題に入らなければ主たるクライアントの現実が動かない、といった場合は、熟練者やスーパーヴァイザーの支援を要します。

※3　相談援助面接の場面では、クライアントの不安に対して一定水準の対応をして終了するのが原則ですから、クライアントの晴れていない表情をキャッチした以上は、当然のことです。訪問してクライアントからお話をたくさん伺った以上は、なんらかの「お返し」をしてくるのが専門職のエチケットです。

※4　表3の7参照

※5　問題の中核に対するクライアントと援助者双方のひっかかりと援助者によるサポートについては、第2部第1章第2節の〈問題の中核〉の項を参照してください。

第1部 対人援助の構図:
相談者と援助者が置かれている
状況の理解

序章 援助者が置かれている状況の全体像を概観する

第1節

図1「対人援助の構図：援助者自身が置かれている状況の理解」を構成する要素

図１「対人援助の構図：援助者自身が置かれている状況の理解」は、相談援助面接の場面ではどのような構図のもとで実践が行なわれているのかを、これまでの私の臨床実践を踏まえて概念化したものです。ねらいは、援助者自身が「どのような状況に置かれていて、何をめざして自分の臨床実践の力量を高め、プロフェッショナルとしての熟成をめざして自己を鍛練していくのか」を念頭において作成しています。

相談援助面接は、図１に示したような［Ⅰ］［Ⅱ］［Ⅲ］の３つの図式・シェーマから成り立っていると考えられます。相談援助業務に携わり、プロフェッショナルをめざすかた達は、まず、この３つの側面からなる対人援助の全体像を、構造的に理解できるようになることが必要であると考えます。

ここでは、図の全体像および３つの要素について簡単に説明していきます。各々の構成要素については第１章以降で詳しく考えていきます。

図1で使用している記号・ことば

■対象者（クライアント）

支援の対象者であるクライアントは、一人とは限りません。対人援助実践者に要求されている役割・機能、

図1　対人援助の構図:援助者自身が置かれている状況の理解

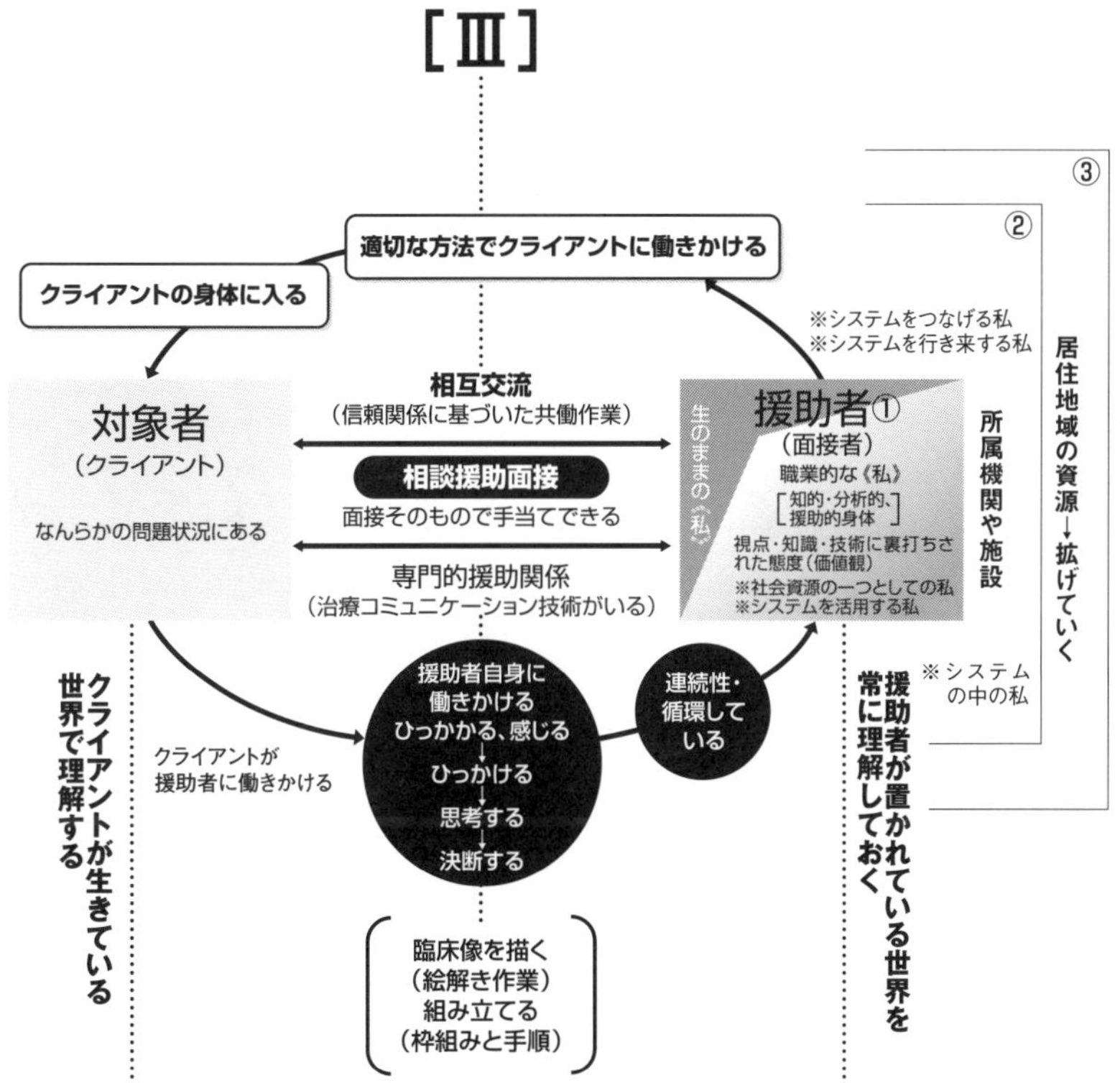

[Ⅰ] クライアントが置かれている状況を的確に把握し、分析する。

いま、目の前の人はどこにいるか
～過去・現在・未来の座標軸(4次元)でみる

・ひととその人固有の問題状況を理解する。
・どのような問題状況にいるか。
(明らかにして対処課題(ニーズ)を引き出し、共通認識する)
・相談援助面接の場合は
([Ⅲ]を遂行するための確かな知識と技術を磨く必要がある)

[Ⅱ] 援助者としての自分が置かれている状況を明確に洞察し、分析しておく。

場のポジショニング

・私は、誰に対して、どこで、何をする人か。
・どこまで責任をもてるか
※システムの中の私、社会資源の一つとしての私、システムをつなげる私、システムを活用する私、システムを行き来する私

・私のバックアップシステムがいる
(コンサルテーションのネットワークをもつ)

実践している場および実践力によって、支援対象の枠はかなり流動的です。支援を直接要している対象者と密接に関係している家族・親族などを中心とした周囲のかた達もクライアントの範囲に入ることがあります。（図3「ケアを必要としているクライアントに対するアセスメントの視点」では、AおよびBが該当します）ここでは、クライアントをシステムとして考えます。

対人援助は、クライアントを理解することから始まります。私たち対人援助者の前に現われるかた達は、なんらかの問題状況にあるから目の前にいらっしゃいます。その問題も自分自身で、あるいはご家族や周囲の親しいかた達の支援によって解決できれば、それが一番です。ご自身や周囲のかた達の力だけでは対処できない課題を抱えているから対人援助者の前においでになります。ここが肝要です。

「対象者」とあえて記した理由は、職業的な援助者がクライアントを理解しようと努め、［Ⅱ］の部分の①に該当する「職業的身体」が稼働するとき、その理解のしかたは、目の前におられるかたを〈分析・統合〉作業を通して客体視し、一定の距離を置いて関わっていくという、いってみれば冷静な行為から生じているからです。この点は、本書で一貫して申し上げている「臨床実践の言語化」が、身体的実践を対象化する作業と同様の行為であることと通底しています。つまり、道具としての援助者の身体内で感受・思考したものを、言葉というかたちにして身体の外へ出す行為は、己れの身体内実践を距離をおいて点検していくことになります。

ですから、図1の右の囲み内の「援助者」のなかの「職業的な《私》」の枠内にある〈知的・分析的、援助的身体〉とは、クライアントから発せられるすべての表現に対して〈知的・分析的＝冷静〉な身体であること、さらに援助者から発するすべての表現は〈援助的であること〉を意味しています。〈援助的身体〉とは、対人援助において一貫して求められる態度・価値観と通底するものです。

■［Ⅰ］クライアントが生きている世界で理解する

［Ⅰ］はクライアントに生じている問題状況をクライアントが生きている世界に照らし合わせて理解する部分、専門用語でいう〈アセスメント〉に該当し、ひととその人が置かれている固有の問題状況のなかで、解決しなければならない対処課題・ニーズを見積もる部分です。つまり、「いま、目の前にいる人は身体的に、情緒的に、認知的に、社会関係のなかでどのような状況にあるのか」を、過去・現在・未来の座標軸のなかで4次元的にとらえ、その人の〈いま〉を構造的に理解し、その人が置かれている問題状況をとりまく環境との関係も含めて、できるだけその人の内面世界に添って位置づけしたうえで、クライアントの対処課題・ニーズを抽出し、しかもそのことを援助者とクライアントとのあいだで共通認識できることが援助の第一歩になります。

ここでいう「ひと」への理解は、先に述べたクライアントの生きる価値観や美意識にかかわってくる彼らの内的世界と、彼らの問題が生じている〈いま〉対処しなければならない課題・ニーズに対してどれだけの対処・解決能力を有しているかの2点にあります。

これらの理解について一定の水準に到達するためには、［Ⅱ］の①にあたる援助者が対象者の「人：どのようなひとか」と「問題：どのような問題状況にあるのか」を理解する枠組みや、さまざまな問題状況のなかから、その人固有のニーズを抽出するための枠組みなどに関する〈視点・目のつけどころ〉などの基本的な知識をもっていることが前提になります。（※1）

しかし、相談援助面接場面での人間理解は、限られた時間のなかで、限られた場と手段によって、初めて出会う他者を、それも人生の過程でかなり困難な状況に陥っていて、悩みが深かったり、ときにはパニック状態にあるかた達を理解するという途方もない課題を突きつけられています。その課題がクライアントのニーズに焦点を合わせる、という限定されたもの（※2）であったとしても、臨床実践はすべて応用です。応用問題を解くためには、教科書や机上で学んだ知識や技術を実践場面で自在に適用できる〈臨床知＝経験知・身体知〉の段階にまで引き上げて、生きた知識にしておくことが必須になります。

そのためには先の諸知識を身体化させたものに加えて、図1の［Ⅲ］に関連する知識や技術などを自在に駆使できるよう、援助者自身の身体を〈知的・分析的、援助的身体〉に仕立てあげ、視点、知識・技術に裏打ちされた態度（価値観）を有した存在としてクライアントの前に立てるために、日々の自己訓練および自己検証の時間が必要になります。（※3）

■①援助者（面接者）、②所属機関や施設、③居住地域の資源

援助に携わる人を「援助職者」ではなく「援助者」と称した理由は、序で述べたとおりです。対人援助行為は、専門職であろうが、職業としてサービス提供をしようが、ボランティアとして行なおうが、「人がひとを援助する仕組み」は同じだからです。

図1の［Ⅱ］の①、②、③への査定と理解は、援助者としてクライアントの前に立つときの前提となるものです。①は援助者としての私自身を常に理解し、把握しておく枠組みです。（※表1および第3部第3章）②および③は、援助者としての私が実践している場・環境および実際のサービス提供能力を、クライアント支援の前にあらかじめ理解し、把握しておく枠組みになります。（※第1部第2章）

①の囲み内の実践的内容については、本書のすべての記述になります。

②および③は、援助者が所属し、実践している場・環境を理解しておく部分になります。対人援助は援助者ひとりで行なうものではなく、たくさんの専門職の叡知や経験知を寄せ集めて、クライアントの福利のために実践されるものです。つまり、ひとりの援助者（面接者）は、たくさんの社会資源の一つにすぎません。次に簡単に説明しますが、第1部第2章でも詳述しています。

■[Ⅱ]援助者が置かれている世界を理解する

［Ⅱ］はクライアントに対する援助者が、援助者としての自分が置かれている状況を常に理解しておく必要がある領域です。つまり、自己の専門職としての役割や機能、態度や価値観を理解し、専門職としての熟成や役割遂行のために何を獲得する必要があるのかを理解する側面です。①、②、③の3つの側面から構成されています。

①は、「社会資源の一つである私（援助者）」の、現段階での援助実践能力を理解し、援助者としてのスタート地点で、またはプロフェッショナルとしての熟成の過程で、自分の援助実践能力をさらに高めるためには何を目標にして、何を手に入れ、強化していかなければならないかを見積もる部分です。

この部分は、正確に述べれば、これまで生きてきた〈わたくし的《私》〉の身体に〈職業的な《私》〉をどのように構築していくのか、という職業的課題を含んでいます。職業として対人援助を実践するものは、〈職業的な《私》〉を実践の出発点からある段階にまで作り上げ続けることが倫理的目標になり、それまでは〈わたくし的《私》〉の部分は制御・点検の対象になります。（これらの点については、第3部全体で詳

述しています）

②は、援助者が所属している機関・施設のなかでの自分の役割・機能および施設・機関のサービス提供能力を個々の組織や人などのシステム全体から見積もる部分です。

③は、基本的には援助者および所属機関・施設が所在し、クライアントが居住している地域全体のサービス提供能力を見積もる部分です。この部分は機関や施設の特性に応じて、いくらでも拡がります。

ここでの援助者の課題は、①に［Ⅰ］の対象者を加えたうえで、援助者が②および③のなかでどのような〈場〉にいるかを俯瞰的に位置づけ、援助専門職としての立脚点・スタンディングポイントを確かなものにしておくために〈場のポジショニング〉（※4）を行なうことです。さらに、自分が働くフィールドでは、専門職としての熟成のために何が手に入れられるかを見定める部分でもあります。

この［Ⅱ］の部分、つまり「私は、誰に対して、どこで、何をする人か。どこまで〈クライアントに対して〉責任をもてるのか」を、まず見積もっておくことが、援助者としてクライアントの前に立つときの前提になりますし、最低限のエチケットでもあります。私の現在の主たる実践である対人援助職者に対するスーパーヴィジョンも、通常はここから入ります。

その理由は、対人援助職者、なかでも相談援助職に就いているものが主として用いる実践の方法が、直接的な支援としての面接を手立てとした［Ⅲ］の相互交流によってクライアントを理解する過程で彼らを手当てすることと、［Ⅰ］および［Ⅱ］の（主として）②と③にある諸々のシステムを行き来しながら、クライアントの福利のために道具としての社会資源の活用をはかることに集中しているからです。

つまり、相談援助実践は、道具としての援助者自身そのものと、クライアントの生活基盤を整えるために活用する社会サービス〈社会資源〉との2つの道具を駆使して対象者を支援していきます。これらの〈道具〉

がいま、目の前においでになるクライアントそのひと達と彼ら固有の問題状況に対してどれだけの援助水準にあるかを常に意識したなかで実践される必要があるのです。

道具としての援助者については、たとえば、いくら実践経験豊かだと自負している援助者でも、一生の職業生活のなかで、クライアントのあらゆる年齢・疾病・障害に応じて発生する社会生活上の問題や心理的な悩みに遭遇できるはずはありませんし、個々の課題に対応できる社会資源のすべてに通じることは不可能です。ましてや職業的対人援助者の場合は、自分自身が実生活で「似たひと」に出会ったこともなく、彼らに生じている問題や事柄もほとんど体験したことがないといった事態に直面させられることが少なくありません。

だからといって、自分が個人的にも職業的にも出会ったことがないクライアントや彼らが直面している問題に対する支援ができなければ、専門職とはいえません。相談援助実践に必要な基本的な視点、知識・技術を日々の自己訓練によって獲得している援助者であれば、そこで〈類推力・想像力・分析力〉などを発揮しながら、必要な知識を補完してクライアントを理解していくことは十分に可能です。基本がしっかり身についていれば、職業上経験していなくとも、さらには援助者個人の人生のなかでほとんど未経験でも、ある他者に生じている人生の問題を理解できます。また、そうでなければ専門職とはいえません。そして問題が理解できれば、実際の（相手にとって有用な）支援についても、〈道具〉としての援助者自身のもっている力を正確に理解できていれば、自分が他の領域の専門家の支援を受けながら担当するか、しかるべきその道のプロフェッショナルに紹介するかの判断もできます。しかし、〈道具〉の理解が不十分な援助者ですと、自分および自分が所属している機関・施設（図1の［Ⅱ］の②）が、二度とやり直しのきかない対象者の対処課題に十分に対応できるだけの力量があるのか否かの吟味をすることなく、気持ちだけで引き受けてしまい、結果的に相手に不利益を渡してしまう事態を招きがちです。そこで相手に不利益を渡していることに気づけるだけの最低限の感度をもっていれば、気がついた時点で踏み止まり、打開策を講じようと躍起になれます。しかし、時期が遅ければ、クライアントにとって失われた時間は取り戻せません。（※5）

対人援助者は、自分ひとりで支援をすることはありません。所属する機関や施設内の他領域の専門職とチームを組み、あるいは、地域の他のサービス提供機関・施設のサービスや対人援助専門職などと協力してクライアントのニーズに対して支援していきます。そのほうがたくさんの叡知を結集でき、より質の高いサービス提供が可能になります。したがって、対人援助職にあるものは、さまざまなサービス提供システムの人と機関・施設を熟知し、活用することが必須になります。（そのことを表している［Ⅱ］の四角囲み内の※印「システムの中の私、社会資源の一つとしての私、システムを活用する私、システムをつなげる私、システムを行き来する私」および右外枠に記してある「境界人・マージナルマン」の意味と内容については、第2章第2節「マージナルマン・境界人としての立脚・ポジショニング」で詳述しています）

これらの点は、相談援助職者に要求される機能のなかでも〈媒介者・メディエーター〉的な機能を発揮するために整えておく基盤のひとつになります。（ここでは資源と資源を結びつける意味になりますが、家族調整時に必要な家族力動への介入は、もっと高い技倆・機能が要求されます）

つまり、対人援助者は、現時点での〈道具〉としての自分の支援能力の見極めと、さらによりよい〈道具〉に自分を磨き上げていくためにも、まずクライアントの前に立つ前に、図1の［Ⅱ］の見積もりをしておくことが援助者としての出発点として重要なのです。自分が責任をもってできることとできないことを明確に意識できていることです。

そのうえで、自分の力量を超えた対象者に出会ったときに、クライアントおよび彼らのニーズに対して誠実に対処できるだけの「私＝援助者のバックアップシステム～コンサルテーションのネットワーク」を形成しておくことが大切になります。（※第3部第3章）

■「相談援助面接～面接そのもので手当てできる」および対象者と援助者とのあいだを循環する曲線について

この部分は、〈相談援助面接〉の手法が対人援助者に必要な技術であることをふまえ、実際の支援場面で対象者と援助者とのあいだで営まれている行為のしくみをあらわしています。

まず、対象者の囲み下から右方向に向かう線上に「クライアントが援助者に働きかける」とあります。この方向は、クライアントが自分に生じている諸々の問題を、援助者に訴えることから支援が始まる場合を想定したものです。

クライアントは、全身の表情と言葉で援助者に自分の想いや問題を表出します。その表出のしかたは、クライアントによってさまざまです。（第1部第1章第4節）

援助者は、その瞬間〈知的・分析的、援助的身体〉になって対象者から発せられた訴えを「援助者自身の身体」に入れます。そして、援助者自身に働きかけます。この中央下の囲みは、援助者が身体で感受したことを考える、という知的・内省的作業を意味しています。ここが〈分析・統合〉の大切な過程で、実際は、右四角内の「①援助者」の身体内で行なわれています。

そして、援助者の身体は、瞬時に〈分析・統合〉した結果、その場で一番適切な方法でクライアントに働きかけていきます。このとき、知的・分析的な行為は、援助的身体のなかで行なわれています。

援助者の身体に入り、全身の表情と言葉で返ってきた応えは、即座に「クライアントの身体」に入ります。

実は、対象者は、訴えた瞬間から援助者の全身の表情を腹の底まで観察・分析しています。(※コラム8)つまり、援助者と対象者は、目的は微妙に異なりますが、同じ作業をしていると考えられるのです。

そして再びクライアントが援助者に働きかけて、相互に作用しあいながら循環していきます。とくに対人援助専門職が行なうこの循環行為は、お互いの身体に食い込み、作用しあいながら理解し、クライアントに生じている課題を螺旋様に絞り上げ、共通認識していくという特徴をもっています。

クライアントがどのように反応するかは、援助者の理解の度合いや彼らの気持ちを愛撫する援助者の言葉や表情によって異なってきます。面接の成否や方向性は、クライアントの第一声や初期の訴えを援助者がどのように感受して応答するかによって、かなり左右されます。

■[Ⅲ]相互交流〜信頼関係に基づいた共働作業

[Ⅲ]は、[Ⅱ]の①、相談援助者である自分が[Ⅰ]のクライアントそのひととその人が置かれている状況を理解し、適切な支援をするために用いる方法をあらわしています。つまり、支援の対象者と援助者とが相互に交流しながら信頼関係に基づいた共働作業を通して対象者の〈解決課題・ニーズ〉に対処していくための必要な手段として、援助者がクライアントとのあいだに〈専門的・職業的な援助関係〉を形成でき、〈治療的なコミュニケーション技術〉(※6)を駆使しながら、相談援助面接そのものでクライアントを手当てしていくための手法をあらわしています。相談援助者に要求される機能のなかでも〈インタビュー能力〉〈カウンセリング機能〉および〈情報サポート機能〉におおいに関係しています。

中央下の「臨床像を描く〈絵解き作業〉」と「組み立てる〈枠組みと手順〉」は、[Ⅲ]で行なう作業をあらわしたもので、対象理解の方法と面接の構造および支援計画の組み立てを意味しています。つまり、相談援助面接では、状況の構造的理解と支援全般を組み立てることができる構成力を身につけることが求められます。

図1の全体像について

〈相互交流〉については後で詳しく考察していますので、ここでは詳述を避けますが、なぜ［Ⅱ］をしっかり見積もることが重要なのでしょうか。［Ⅰ］のところでも述べたことと重複しますが、相談援助者は、職業とはいえ、初めて出会った他者を、それも彼らが生きている世界に照らし合わせて彼らに生じている問題状況を理解するという作業を、限られた時間のなかで、限られた場で、限られた方法で行なうのです。それも双方向でお互いを関与させながらという〈相互交流〉を基盤にして、というのですから実にやっかいです。というのは、この〈相互交流〉は、双方の心をもった身体にお互いの感情や思考を通過させていく循環過程でもありますから、援助者側が自分の感情や性格、価値観や美意識をしっかり理解しておかないと、クライアントそのひとや彼らに生じている問題によっては、どうしても援助者の感情のおもむくまま、あるいはクライアントへの好き嫌いや援助者側の価値観、美意識で動いたり、場合によってはクライアントとその問題に魅せられて、いつのまにか自分を見失う事態が生じるからです。（※7）この点は、援助者自身の生身の身体を通してクライアントを理解する臨床実践家が陥りやすい宿命的な課題でもあります。

クライアントが生きている世界を理解する作業は、彼らの〈プライヴァシー・個人の秘密〉である個人情報を、いくら職業とはいえ、援助目的のためとはいえ、一方的に引き出す行為を伴いますので、援助者側にはクライアントを尊重し、クライアントの利益を守るためのさまざまな技術的なエチケットともいえる〈専門的援助関係〉を形成するだけの力量が要求されます。相談援助面接を主たる手段としているもののみならず、あらゆる対人援助職者が目の前のクライアントを理解しようとする行為そのものが、相手のプライヴァシーを侵襲する行為でもある（※8）ということを心すべきです。ですから、クライアントとの交流過程において、援助者には常に自分自身の〈生の感情や価値観の制御〉およびクライアントに対して〈援助的であること〉が要求され、治療的コミュニケーション技術の習得・熟練に努めることが必須なのです。

また、先に述べたような事象は、クライアントに不利益を渡したり、援助者自身も結果的に傷ついたりする事態を招くことも多々あるので、自分自身をしっかり見つめて、自分の現段階での援助能力を見極め、必要に応じて同僚や先輩、異なる領域の専門職による相談・コンサルテーションの後方支援・バックアップが必要になります。〈場のポジショニング〉は、これらの後方支援態勢を整えるためにも必要です。だれでもはじめは素人か、それに近い地点から出発します。たとえその道でプロフェッショナルの域に到達したとしても、人間理解、それもさまざまな人たち、さまざまな困難状況にあるかた達への理解や実際的な支援方法などは、無限に近いものがあります。ですから、「餅は餅屋」と心得、他領域のその道のプロとのネットワークをどれだけ構築しておくかが鍵になります。つまり、自分の得意分野を超えていて、援助水準を超えた問題を有しているクライアント理解や彼らが置かれている問題状況の理解と解決策を見いだしていくために、他領域のその道の専門家から引き出せる知恵の蔵が質的・数的に多ければ多いほど、援助職者の容量を大きくすることができます。

また、相談援助職者は、〈相互交流〉を基盤にした〈相談援助面接〉を武器にした専門職ですが、一方で、社会資源活用に熟練しているネットワーカーでもあります。ですから、さまざまな「人」と「サービス」の社会資源をクライアントの問題解決に活用できるよう、日頃からさまざまなシステムとネットを繋いでおくことが重要になります。［Ⅱ］の②に所属していても、所属している施設や機関の役に立ちつつ、どっぷりとつかるのではなく、クライアントとクライアントが活用できる［Ⅱ－③］の領域に属する他のさまざまな社会資源のシステムとのあいだに援助者自身の身体を置いていませんと、システム活用が上手にできません。機動力を発揮するためには、身体に加えて心理的なフットワークのよさも必要なのです。ですから、［Ⅱ］の横に境界人・マージナルマンとありますが、これは、〈共感能力〉に加えて〈媒介者・メディエーター〉的な役割機能（※9）を担っている相談援助職者の立脚点・スタンディングポイントでもあります。この点については後で詳述します。

以上、図１の対人援助の構図から、３つのシェーマが密接に絡み合って作用していること、とくに相談援助を専門とする場合には、この構図の全体を理解できるようになることが重要であるということが明らかになったと思います。この「対人援助の構図」は、あらゆる対人援助職者・対人援助活動家にとって共通基盤になるものと考えています。（※10）

コラム５でご紹介しましたように、法律関係の専門家の場合は、「できること・していいこと・してはいけないこと」の業務が明確に分担されていますので、クライアントとのインタビューでも各々の専門職としての範疇に限った情報収集と分析・統合であり、提供するサービスの範囲がはっきりしています。この点が私たちのようにソーシャルワークを基盤としてクライアントの社会生活上全般の問題やニーズなど、間口の広い相談窓口と健康面および社会生活の維持・遂行を支援の対象としている相談援助職者との大きな違いです。相談援助職者も「できること・していいこと・してはいけないこと」は明確にされていなくてはいけないのですが、相談の間口が広く、業務範囲の境界線がはっきりしていないことに加えてグレーゾーンの領域も広いので、インタビューの際の情報収集の枠組みもかなり広範囲になります。そのなかからクライアントの個別性・固有性に合わせて〈問題の中核〉に添った分析・統合作業を行なっていきますので、どのような状況にあろうともブレない援助者側の背骨・土台作りと常にポジショニング（立脚）を確認しておかないと相談援助専門職としては成り立ちません。

このように、私がこれまで実践してきたソーシャルワークによる相談援助業務は、その「目的」や「業務の範囲」「専門職としての価値」によって自ずと形成される職業的態度や必要とされる「知識」および「求められる結果」に、他の領域とのあいだに大きな相違点があると考えられます。しかし、その行為の基底にある構造やその過程で駆使されるメカニズムや「技法」については、かなり普遍性があると実感しています。（※11）

では、第1章からは、図1の各々の要素について考えていきます。これから申し述べることは、すべて図1－［Ⅱ］－①援助者自身、とくに〈職業的な《私》〉の枠内にかかわり、援助者自身を鍛え上げていくものをあえて機能的に分けて論考しています。ですから、相談援助実践の場面では、実践されているときに作動しているメカニズムを角度を変えて論考していくことになりますので、同じことを手を換え品を換え申し上げる箇所が多くなります。

［註］

※1　人と固有の問題状況を理解するための視点：図2の6に該当。拙著『未知との遭遇』（三輪書店）第2部第2章～第3章－101～170頁「対象者が抱えている心理・社会的な問題を構成する要因」問題状況にあるクライアントを理解するために必

要な視点、目のつけどころを中心に項目をあげて解説しています。アセスメントの大枠としても重要な視点。

※2　専門的援助関係において実践される課題：第1部第3章第2節&表2参照

※3　臨床実践家の自己訓練：第3部第1章&第3部第4章参照

※4　場のポジショニング：第1部第2章第1節参照

※5　第3部第3章第2節1－②に、あるケアマネジャーの例を紹介しています。

※6　治療的コミュニケーション技術：巻末の「参考」を参照

※7　逆転移については第3部第3章の熟成過程で簡単にふれています。

※8　他者を理解するための行為そのものが、相手のプライヴァシーを侵襲する行為でもある、ということについて：この点について深く考えさせてくれる本があります。２０００年に翻訳出版された『朗読者』です。著者はベルンハルト・シュリンク（松永美穂訳・新潮社）。出版時とても評判になりましたので、お読みになられたかたも多いと思います。法律を専攻している学生「ぼく」の一人称からなる小説です。15歳のときに出会ったハンナ・シュミッツさんと「ぼく、ミヒャエル・ベルク」は、性的な関係に陥ってから、ベッドに入れてくれるまで、30分間ハンナにせがまれるまま毎回本を朗読していました。ここが、この小説のそれから始まる物語の伏線になっています。ある日、忽然と姿を消したハンナと「ぼく」は、ナチス時代とそれに関連する裁判を研究していた教授のゼミのために傍聴した法廷で再会しました。かつてナチスの強制収容所で働いていたというハンナはそのとき、43歳でした。彼女の公判を熱心に傍聴し続けた「ぼく」は、彼女があるひとつの「事実」を隠し通していることが彼女の裁判の行方に不利に働いていることに気がつきました。彼女が必死で守ろうとしているものが、彼女の刑務所何年分もの価値がある、ということにも気づいた「ぼく」が、哲学者である父親に相談する箇所があります。「いや、君の問題に快適な解決はないね。（中略）最後の決断はその人に任せるとしても、その人と話さなくちゃいけないよ。その人の知らないところで他の人と話すんじゃなくて、その人自身とね」（１３７頁）結果は、これから本をお読みになられるかたもおられるでしょうから、これ以上は書けません。ですが、ハンナの守ろうとしていたもの、そのことを、かつて共有した時間を振り返り、現在と重ね合わせることによって知ってしまった「ぼく」の苦悩が描写されていて、「他者の秘密を知ってしまうことの重さとおののき」が理解できます。（２００３年には文庫版（新潮文庫）が刊行されました）

※9　マージナルマンについては第2部第2章第2節参照。媒介者・メディエーターについては、第3部第3章表1「臨床実践家の熟成過程」の第3段階で記述しています。

※10　コラム5の弁護士の援助面接事例を参照

※11　コラム10の文化人類学との類似点を参照。また、都市ウオッチングの手法との共通性は、『未知との遭遇』付録「異界のフィールドワーク――『日本妖怪巡礼団』を読む」（257～264頁）参照

第1部 対人援助の構図：相談者と援助者が置かれている状況の理解

第1章 クライアントが生きている世界に添った理解のために

第1節

アセスメント面接とクライアントの自己決定

「人がひとを職業として、またはある特定の目的をもって援助を行なう行為」はまず、援助者が〈いま、目の前においでになっているクライアントが置かれている固有の問題状況を見積もる過程で、その問題に対処、または解決するための強さや生きる力をクライアントがどれだけ潜在的に有しているかを同時に見積もりながら、クライアントが生きている世界に添って支援の対象者・相談者を理解していくこと〉から始まります。（図1の［Ⅰ］）

図1の［Ⅰ］は、いわゆる〈アセスメント〉の部分なのですが、このアセスメントは実践過程では、〈支援計画策定〉と同時並行で行なわれています。したがって、ここでは、クライアントが置かれている〈問題状況〉への見積もりも、アセスメントによって抽出された〈対処課題・ニーズ〉も、クライアントが実際の生活のなかで生きている意味に添った4次元的理解が求められます。つまり、クライアントが「（これまで）生きてきた～（いま）生きている～（これから）生きていく」世界を時系列的に押さえたうえでの〝いま〟を立体的に浮き彫りにしていく作業を通して、クライアントの固有性・個別性への視点が最重要になります。（※1）

援助者は、まずクライアントが生きる意味に添ったニーズの探求と理解をクライアントとの共働作業を通して行ない、両者間で共通認識できることを目指します。

さらにニーズを充足するための〈支援計画〉策定の際には、クライアント固有の問題状況の見積もりに応じて必要な対処・解決のために要求される数々の能力を、クライアントが本来どれだけ有しているかも探りながら、クライアントが本来、または潜在的に有している強さや生きる力を、現在と将来に向けて十分に発揮できるような視点や働きかけが必須になります。

援助者は、クライアントに生じているニーズが充足されるために、クライアント自身および周囲をとりまく家族を代表とする私的な支援者たちが実行できることを査定していきます。その過程と並行して彼らが本来、または潜在的に有しているはずの強さや生きる力を見つけて引き出し、働きかけて〈強さや生きる力〉への強化・エンパワーメントを行ないます。そのうえで、足りない箇所に社会サービスを手当てすることによって、クライアントが生命を保ち生活する力を取り戻して、できるだけよい状態でこれからの生活を維持・遂行できるように努めます。その際にも、両者間には共働作業を通した目標設定と解決策への共通認識が必須になります。

ですから、アセスメント面接では、双方のあいだで共働作業や共通認識を成立させられるよう、クライアントその〈ひと〉と、その人に生じている〈問題・情緒的な側面も組み込んだ固有の生活課題〉への統合的な理解と、彼らが本来潜在的に有している強さや生きる力をクライアント自らが発見し、実際の生活場面で発揮できるように、援助者側はそれらを見つけて引き出すことが求められます。そして彼らがご自身で自分の強さを発揮し、実際の生活場面で力を出せるような土壌を整えていきます。そのために、まず面接で情緒的な側面への〈手当て〉を行なう必要があるのです。

アセスメント面接において、何故に情緒的な土壌を整える必要があるのか

アセスメント面接の段階で、何故にクライアントの情緒的な側面への手当てが必要なのでしょうか。その理由については、「彼らが潜在的に有している強さや生きる力を引き出すために」あるいは、「相談援助面接においてその目的の共有や内容を共通認識できるような情緒的な土壌を整えるために」という点をこれまでに強調してきました。

ここでは、私たちが相談援助実践のなかでも、常に意識し続けていなければならない最重要課題でもある、〈クライアントの自己決定を支える〉という視点から考えていきます。なぜなら、これまでにも強調してきましたように、アセスメント面接では、クライアントが置かれている状況への理解と同時に、クライアントに対する支援計画の策定も並行して行なっています。場合によっては初回のアセスメント面接終了時に、ニーズ・対処課題の確認、支援計画の提示を行なうことが望ましく、仮に諸々の状況から2～3回の面接を要するにしても、初めての面接で、暫定的であっても現在クライアントに起こっている諸問題について明確になった事柄の確認や今後の課題、進路の目安などの確認をする必要があります。これらの諸問題や確認事項などを、クライアントがすべて明確に認識したり確認したりするためには、情緒的にそれらの現実を直視できるだけの身体的な基盤が要求されます。

また、支援計画を提示するということは即、「私たち（クライアントと援助者）はどのようにニーズを定め、どこに向かって目標設定し、誰が、何をどのような方法で、いつを目安として対処・解決していくか」ということを双方で共通認識したうえで、クライアントの側が最終的に「その方針や方法でいきます」と承

諾するということになります。その際にクライアントは、ニーズの決定から解決方法までの過程で自己決定する作業を課せられています。

この〈自己決定を支える〉ためには、まず相手の自己決定能力がどれだけあるかを査定することが前提になります。自己決定能力は、第２部第２章で概観している図３「ケアを必要としているクライアントに対するアセスメントの視点」のなかにある「A：ケアの対象者が生きる力（強さ）」のなかの「①自己管理（セルフマネジメント）能力・自己決定できる：現実把握と現実認識、判断力」の項目に関わってきます。（※2）

クライアントの自己決定能力については、第２部の図３の説明でも申し上げていますように、実践的目安としては次の３つの段階で考えていきます。

①自分が置かれている問題状況を解決・対処していくために、自分の考えや意思をもち、表明できること

②自分が置かれている問題状況を周囲との関係のなかで十分に把握できるだけの認識力および判断力があること

③自分が置かれている問題状況から生じている課題（ニーズ）を把握できていて、解決または対処するための方策を考えたり、現実生活で実行するために必要な機動力を発揮できること

クライアントにとって、私的な支援者の有無や情緒的絆を基盤とした関係性の強弱、およびキーパーソンの有無や支える力の強弱によって、上記の①②③のどの段階の自己決定能力が要求されてくるかは異なります。いずれにしても、目の前のクライアントの自己決定能力を見積もる際には、問題状況の裏に隠されているクライアントの潜在能力を見い出し、それを引き出し、強化することが必須です。そのためには相談援助面接を行なう側は、図４「〈受容的・共感的理解〉から〈自己決定を支える基盤を整え、支える〉ための援

助の構図」でお示ししたような〈受容的・共感的理解〉から〈自己決定を支える基盤を整え、それを支える〉ためのさまざまな技法を螺旋様に駆使していきます。図4は、あくまでも私の実践を踏まえた思案ですが、支援計画の提示までに対人援助職者がどのような支援をしているかを図解した概念的な枠組みです。（※3）
では、アセスメント面接の段階でかなりの面接技法を駆使して支援を行なう点について確認したところで、本論に移ります。

【註】
※1　4次元的理解とは、クライアントが生きている世界に添った理解の方法で、クライアントが置かれている状況を多面的・重層的に立体化した3次元的なものに、過去・現在・未来の時間・空間軸を加えて映像的に描くことになりますので〈4次元〉と唱えています。私たちの対人援助は、クライアントにいま（現在）生じている、解決しなければ生命や生活を維持・遂行できないか、あるいはより快適に過ごすための対処課題に対して必要な支援を行ないます。そのためには、クライアントにいま生じているニーズをインタビューによって抽出していきます。その際のニーズは、クライアントがこれまで生きてきた歴史の過去のいずれかの時期に起こった出来事による身体的・心理的・社会的な打撃によって形成されています。ですから、クライアントの現在を理解するためには、〝いま〟と関係している〝過去〟の出来事およびそのことで生じたさまざまな関連事項を理解することが必須になります。そのうえで、これからどのように生きていかれたいのか、つまり〝将来〟についての意向が〝いま〟生じている対処課題への取り組みに反映されてきます。ですから、時間・空間軸でクライアントが〝生きてきた〜生きている〜生きていく〟世界への4次元的理解が必要ということになります。本章第2節の「人の理解＝問題に影響を与える個人の経験と社会の影響への理解」も参照
※2　第2部第2章参照
※3　図4「〈受容的・共感的理解〉から〈自己決定を支える基盤を整え、支える〉ための援助の構図」参照

第2節　クライアントの統合的理解へのポイント

クライアントの統合的理解へのポイント（キーワード）は、以下の3点です。

①クライアントが置かれている固有の問題状況をクライアントをとりまく環境全体から見積もる（システム理解）

②クライアントが本来有しているはずの対処能力を見積もる（潜在的な強さや力への理解）

③クライアントが生きる意味に添って理解する（内的世界への視座）

クライアントの統合的理解に関連した記述は、第2部の図2「臨床実践家が身体にたたきこまなければならない枠組みと組み立て」の1～4および6、7でクライアント理解のためのさまざまな枠組みをまとめてあります。（※1）

さらにクライアント理解は対人援助の要でもあり、そのために必要な手段であるアセスメントのための技術的側面については、第1部第3章第1節および第2節、第3部の第1章と第2章でもかなりふれていますので、ここでは先の3つのポイント全体を、クライントの強さや生きる力および価値観や美意識など、クライアントに本来属しているものと、彼らが直面している現実の問題状況との関係から眺めていきます。とくに本章の第4節では、アセスメント実施時に要求される援助者側の対応についても加えています。この点も第1部第3章第1、2節と第3部第1章で詳述する図1の「Ⅱ」の①援助者自身のサービス提供（支援）能力とも関係しています。

本章を通してお読みいただいた後で、図2の7－①にお示しした図3の「ケアを必要としているクライアントに対するアセスメントの視点」であらわした概念図の「A：ケアの対象者が生きる力（強さ）」と「B：家族をはじめとするインフォーマルなサポーターが生きる力（強さ）」と双方の関係の絆および支える力についての説明にも目を通していただき、図3「ケアを必要としているクライアントに対するアセスメントの視点」と照らし合わせながらお読みくださると、より理解を深めていただけると思います。

また、図2「臨床実践家が身体にたたきこまなければならない枠組みと組立て」全体についても目を通していただきながら、再度本章の記述と照合させていただくこともお勧めします。

私たちの実践は、さまざまな理論や知識などの枠組みや数多くの技術を駆使して、支援目的に添って対象者に関わる情報を組み立てながらまとめていきます。クライアント理解と支援のために行なうアセスメント面接は初回、とくに導入部がとても重要で、これればかりは〈やりなおし〉がききません。（※2）初回に発せられるクライアントの第一声に対してどのように応答するか、援助者が感受性をぎんぎんに研ぎ澄ます瞬間でもあります。

クライアントとの関わりの過程で援助関係の再構築や見積もりの修正も可能ですが、軌道修正のためには、場合によっては一度立ち止まって見直しをしたり仕切り直しをしたりと、途方もない労力と時間が必要になります。（ただし、アセスメント面接の過程で、援助者自身がクライアントとのあいだのやりとりのなかで齟齬や食い違いが生じていると気がつければ、その場で軌道修正できます）

対人援助者は、クライアントの前に身を置いた瞬間、自らを即〈援助者の身体・全身センサー〉に変身でき、職業的な〈自動人形レベル〉（※3）で支援できるようになることをめざします。クライアントにとって役に立つためには、そして真のプロフェッショナルをめざすには、職業レベルの視点、知識・技術の習得に努めることが求められます。

クライアント理解に関する枠組みとしては、先にも述べましたように図2の概念図のなかでは「1234 6」、同じく「7」の枠組みでお示ししている図3の「A：ケアの対象者が生きる力（強さ）」および「B：家族が生きる力（強さ）」が対人援助者の身体に組み込まれていることが重要です。さらにそれを支えるものが、どのような状況にあっても面接を自在に組み立てられる「インタビューの枠組み」（図2の5）がしっかりしていること、図2の左側でお示ししている〈専門的援助関係の形成力〉および〈基本が身についた治療コミュニケーション技術〉、図2の「8」に該当する援助者自身の心身の健康と安定、援助者が働きやすいように整えられた業務基盤などになります。

問題の種類と性質、程度や深さと対象者が有している強さ・生きる力への理解

相談場面においでになられるかた達は、なんらかの問題状況に遭遇しているから、援助者の前にお見えです。そして、そのときに彼らに生じている問題の種類や性質、程度や深さと、相談者がそのときに有している強さや生きる力によって、相談者が援助者に求める支援の内容と強度が異なってきます。つまり、援助者にとっては一見同じような問題でも、相談者個々人によってその意味も大きさも異なります。

本項では、クライアントが生きている世界への理解について概観していきます。

対人援助専門職が実施するアセスメントの目的は、いうまでもなくクライアントに生じている身体や精神、心理的な側面も含めた社会生活上の問題を見積もって、彼らのニーズ・対処課題を抽出することによって、適切な支援計画を策定することにあります。ここでの重要な留意点は、クライアント自身に本来ならあるの

かもしれない〈対処・解決能力〉への視座です。

相談者として相談援助職者の前に現われるかた達の多くは、大きな問題が起こっているために、その人たちがご自身で対処できない状況にあります。その問題とは、疾病や障害に伴う身体的精神的な問題であったり、社会生活上に生じる家族の問題や人間関係、経済的な問題であったり、職業や学業に伴う諸々の問題であったりします。それらが、彼らが社会生活を遂行していくうえで、ご自分や周囲のかた達で対処でき、将来の生活に支障をきたさない程度のものであれば、対人援助者に相談する必要はありません。私たちの前に現われるクライアントの多くが、それらの問題に遭遇したことで社会生活の維持・遂行を妨げられ、なおかつご自分や身内や親しいかた達では対処できない状況にあるから、解決するためのヒントや知恵、実際の援助を求めて相談にお見えになるのです。

ですから、私たち援助者は、そのかた達に生じている問題状況の査定と同時に、そのかた達の何が損なわれてしまったのか、何を失ったのかにも目を向けることによって、その相談者に生じている問題が、そのかた達が生きるうえでどれほどの痛手になっているかを見積もる作業から支援態勢に入ります。この最初の作業が〈アセスメント面接〉になるのですが、その際にそのかた達がいま、どのぐらいの力を残しているのか、大きな問題が起こるまでどのぐらいの力をもっていたのか、いまはどのぐらい隠された能力があるのか、それを探り出すことが要になります。

そうしますと、私たち対人援助者はクライアントの前に立ったときに、相手にいま何が起こっているのか、このかたはどのようなかたで、いままではどのようなひとで、そして、そのかたの身に何がいつ頃から起こったからいま、このかたが力を出せないでいるのだろうか。そして、そのかたがこれからまた生活をしていくためには、何が必要なのか（これがニーズになります）。いま必要なもの、これから必要なもの、そこのところをきちっと相手が生きている世界で見積もる、理解することが〈アセスメント〉になります。

クライアントに生じている問題状況を分析し、ニーズを抽出していくためには、いま起こっている問題に対する彼ら自身の対処能力と切り離しては考えられません。あるかたにとっては問題にならないことが、別のかたにとっては大きな問題になります。そこが問題やニーズを個別化して見積もらなければならない所以であり、実際的な支援に入る際にインタビューを通して対象者に生じている問題状況を見積もる過程では、固有のニーズの見積もりが要求され、そのニーズ抽出に際しては対象者そのひとへの理解が必要になります。〈ひとへの理解〉が要求される理由としては、個々人によって生きるうえで大切にしている事柄の優先順位や生活文化、身体感覚が異なり、さらに個々の問題に対する感受性や耐性（トレランス）も生きてきた歴史のなかでどのように培われてきたかが異なるからです。

問題とするか否かを吟味する

ですから、問題状況を見積もる作業の第一歩は、対象者にとって、いま起こっていることを〈問題とするか否か〉について、以下のような吟味をすることです。問題状況の種類や性質、程度や深さを査定する過程で、一見してたくさんある問題のなかからクライアントにとって解決・対処すべき課題を絞りだして優先順位をつけていきます。その際には、同時に対象者のそれらの問題に対する対処・解決能力を見積もる必要が生じます。

ａ　その問題は対象者ご自身で解決できるか否か。

ｂ　その問題はご家族や周囲のかた達に代表される私的な関係にあるかた達の助力や生活の知恵で対応でき

るか否か。

c　その問題は専門的な知識や技術を必要としているか否か。

aおよびbの場合は、面接でクライアントが有している強さや生きる力を探りながら引き出し、ときに強化していきます。相談援助者の支援は、主として相談援助面接による治療的なコミュニケーション技法を効果的に駆使することによって、本人や周囲のかた達の強さを発揮できるように心理的状況や環境を整えることが可能です。（※4）

cの場合は、前記の面接技法による直接的な〈手当て〉に加えて、必要に応じた専門職への紹介や社会サービスの効果的な活用をはかることによってニーズへの対処・解決をはかります。

問題を4つに分けて考える

アセスメント面接で実施するインタビューでクライアントに生じている問題を的確に把握し、隠されたニーズを引き出すためのひとつの方法として、拙著で問題を〈表現された訴え・悩み、困っていること、必要（不可欠）なこと、要求〉の4つに腑分けして分析しながら聴き取る方法をお示ししていますので、ご参照ください。（※5）

この方法は、後述する〈問題の中核〉を早期に見つけられないときに有効です。なお、〈問題の中核〉は、クライアントが自然に物語れるようなインタビュー能力をもった面接者であれば、面接の初期の段階で直観的に察知できるようになります。クライアントにとってのこの〈問題の中核〉はニーズの発生源ともいえる問題の本質的な理解につながりますし、さらにクライアントの強さや生きる力を引き出す際のヒントや実際に手当てする箇所と一致している場合がほとんどですので、アセスメント面接にとってとても重要なポイントになります。（※図6「コラム4「〈カタルシス〉を呼び込む情報サポート」の例にみる問題の中核への踏み込み」（第2部第1章第2節）参照↑第2部図2－2ニーズについての記述および図7－1で説明）

クライアントの対処能力を見積もる

次項で詳しく述べますが、援助者がクライアントを支援する際に、どの問題・ニーズに対してどのような援助関係・距離をとって、援助者自身がどこまで関与・介入していくか、この支援の強弱や濃淡は、対象者が有しているニーズに対する対処・解決能力に応じて変化します。ですから、アセスメント面接では、クライアントのもつ性格の強さや社会で生き抜いていくための技倆、生きる意欲や強靭さ、それらを社会関係のなかで現実に発揮できる実力などの〈個人的な資源〉と〈限界〉をきっちりと見積ります。

個人的な資源は、どなたでもそれまで生き抜いてこられたのですから、たくさんもっています。ただし、ケアに関わる相談援助の場面では、多くのクライアントが身体面・精神面、社会関係や経済面などの〈対象喪失〉に見舞われています。それまで使ってきた対処能力では通用しない、新たな対処方法を獲得しなければならない問題に遭遇しています。また、疾病や障害、加齢などによる急激な問題状況発生時には、それらの問題に対する当事者の心的耐性や感じかた、認識のしかたなどは、そのときにそのかた達が置かれている状況によって微妙に、あるいは劇的に変化しています。ですから、私たち対人援助者は、そのときの対象者の表面上の姿や訴えだけで「ああこういうかたなんだ」「力がない」「この程度の問題でこんなになってしまうなんて……」などと単純に見做さないで、過去・現在・未来の時空のなかでの〈いま〉を理解し、彼らが有しているはずの強さや生きる力を発見し、引き出し、現実の生活のなかで発揮できるように当事者を強化し、生きる環境を整えて支援して、個人的な資源を最大限活用できることを目指します。

人の理解＝問題に影響を与える個人の経験と社会の影響への理解

4次元的理解について：対象者の強さや生きる力は〈過去〉にヒントがある

いま、目の前にいらっしゃるかたはどこにいるのか——。過去・現在・未来の座標軸でみることは、4次元的理解につながります。ご自分たちで対処できない事柄がどの時点から始まり、何が本質的な原因でどのような経過をたどって〈いま〉のような状況になっているか、そして将来的にはどのように生きていかれたいのかという、クライアントの問題状況が発生したとき、およびその発生源と考えられるときまで遡った時点から現在までの経過と将来の生活を見据えた〈時間軸〉を意識しながらクライアントから聴き取りをしていきます。

先ほど申し上げた「対象者が有しているはずの潜在的な強さや生きる力」は、〈過去〉に隠されています。つまり、過去、目の前にいらっしゃる対象者はどれだけの力をもっていたのか、どのような生き方をされてこられたのか、どのような価値観や美意識をもって生きてこられたのか、それは過去の生活のなかでどのようにして作られてきたのか。これらは、これまでの生きてきた歴史・生活史を聴くことから明らかになってきます。いいかえれば、クライアントが人生の過程において何を大切にして生きてこられたのかは、これまでに遭遇してきた重要な出来事に対してどのように対処してきたかを知ることにより、理解することができます。その〈過去〉のなかに、クライアントが潜在的に有している強さや生きる力を探るヒントが隠されていることになります。

このことは〈ひとへの理解〉の中核的視点です。彼らがこれまでに生きてきた歴史のなかで何を身体とところに刻印してきたか、その経験の総体として身体に刻み込んでいるものへのまなざしがクライアント理解への端緒となります。（※6）

ニーズはクライアントが生きるうえで大切にしている核を形成しているものとは切り離せませんし、その核は生まれてからの家庭や土地、その時代と地域の文化や文明や社会などの時代精神および、どの人生周期・ライフステージにどのような個人的・家庭的・社会的な出来事に遭遇してどのような影響を受けてきたか、そしてどのような方法で乗り越えてきたか、仮に同時代に生きてこられた同じ世代に属するかた達でも、生まれ育った環境によって、出会った事件・出来事によって身体に刻印された経験の総体の中身は異なります。ですから、個別的な聴き取りが重要なのです。

なお、私たち対人援助者が個々の対象者がたどってこられた厚みのある人生の途方もない歴史のなかから、何を中核にして聴き取るのかというと、そのかたに起こったこれまでの出来事・事件のなかでもそのかたに大きく影響している事柄と推察される出来事に対して、そのかたが乗り越えるために使った〈対処のしかた〉に注目します。なぜならば、そこにそのかたの強さや生きる力が発現していますし、何を大切にしていらしたかがほの見えてくるからです。

生活史の読み取り方

生活史は、履歴書にあるような最終学歴や結婚歴、職業、お子さんは何人で、などの項目を埋めることが大事なのではありません。これらを通して何を聴き、何を探っていくのかというと、その行間にたくさんの対象者理解のヒントが隠されています。つまり、どこで生まれて、何人きょうだいの何番目で、どこの学校を出て、といった個々の事実ではなく、その事実と事実の背景にある〈意味づけ〉が大事なのです。

たとえば、どこそこの高等女学校を出ている、何々県で生まれて、何人きょうだいの長女だったり次女であるといった情報は、そのままでは単なる〈点としての情報〉です。しかし、何々県の何々市で生まれ育った女性がいま80歳だとしたら、80年前のその地域はどのようなところや文化だったのか？　80年前の時代や地域の価値観がパッとくっついてでてくると、情報に深みがでてきます。さらに、何人きょうだいの何番目という存在は、その時代と地域ではどのような環境に置かれていたのだろうか……もし、生まれた家が農家であったり元士族であったり、そのような環境のなかで長女として生まれたら、きょうだいが多かったら、このかたはどのような子ども時代を過ごしていらしたのか、親はどのような仕事をしていたのか……、そういったことがわかると、いま80歳の女性が当時その地方で高等女学校を出たという事実に〈意味〉がくっつきます。農村や山村などでしたら、比較的余裕がないと高等女学校には行けなかった時代ですから、では、地主だったのかな？　いや親が教育熱心だったのかな？　と、ここで地域や家庭の文化や親の考えなどがほの見えてきます。（※7）

さらに結婚歴の有無に加えて結婚年齢を伺えば、〈あくまでも時代の水準からみて〉当時としては普通かなとか、ちょっと行き遅れてるかなとか、そのあいだにさまざまな事情があったのであれば、その事実などがでてくることによって、そのかたが育った環境や文化や価値観などが見えてきます。

心理学や医学的知見について

ところで、精神分析や心理療法の領域では、もっと遡って幼児期や意識下にあるものを扱っています。つまり、無意識の領域でつくられたもの、乳幼児期に母子を中核として親子・兄弟姉妹の関係のなかで意識下に組み込まれた、そのひとの生きていく態勢や実際の行動に深く関わっているものが、成長過程で社会生活や社会関係に重大な支障をきたしたときに問題になってきます。たとえば、どのような親子関係であったか、どれだけ親から愛情をもらっているか、どのような子ども時代を過ごしてきたか……育ってきた環境のなかで、どのような自分を守るための〈防衛機制〉（※8）が出来上がったか。

つまり、まだ親に全面的に依存しなければならない時期に次の子どもが生まれてしまったとき、なんらかの理由で親がいなくなったとき、そのようなとき、子どもなりに乳幼児でも自分を守るための行動にでます。欲しいものを欲しいと表現したときの親や周りの対応から、欲しいものを欲しいと言ったら罰が待っているから逆のかたちで表現したり行動に出す、あるいは、欲しいものがあっても叶えられないから〈抑圧〉しがちになる、欲しいものは欲しいと言うなど、ある行動を起こせば手に入れられるから徹底して望むものを手に入れるまで踏張るなど、さまざまなかたちで人との関わりかたや欲求の充たし方やなんらかの対処のしかたを身につけています。たとえば、欲求を充たすための努力をしないで諦めるとか、欲求そのものを抑えこんだり、なんらかの理由をつけて諦めたりします。またはぐずぐずと屈折した表現をして、欲しいものを手に入れようとしたり他の行動にすり替えたり、別の意義ある行為に振り替えたりと、私達が生きる過程でなんらかの解決課題に直面したときの対処のしかたの根源は、幼い時期に醸成され、成長につれて反復しながらかたちづくられていきます。

私たちは、親に問題があって、子どもを無自覚に象徴的に食い殺してしまうような関係のなかに幼児期から取り込まれ、成年期まで自立できないで生きてきた人が、さまざまな精神的な問題を抱えて苦しむ姿も相談の場でたくさんみています。

ですが、意識下の問題や家族関係のなかで生じている複雑な問題についての臨床的な知識や技術の基本を身につけ、なお職業的な訓練を受けて熟練した臨床技術を身につけた専門職以外は、意識下の問題をいじることは許されません。しかし、相談援助場面では、いま目の前におられる問題を抱えているかたの自我の守りかた、心理的社会的な問題への対処のしかたなどは、危機的なきわどい渦中にあるほどその言動や行動に先鋭化してあらわれます。ですから、目のつけどころとしては重要で、クライアント理解の手立てにはなります。(※9)

また、ソーシャルワーカーや介護支援専門員(ケアマネジャー)のところに母親の介護上の問題で初めて相談に見えた娘さん達が、現実問題の実際的対策をテーマとしてお話ししていても、感覚的に鋭い面接者ですと、相談者のほうに平素は意識下に封じ込めていた幼いときの母親をめぐる姉妹間の葛藤が意識にのぼってきてしまい、面接目的や課題と強固に結びついているとはいえ、面接の流れが思わぬ方向に向かってしまう事態に遭遇することがあります。このようなときのクライアントは情緒的に動揺したり、ときに不安定になってしまって、その存在は現実に目の前に控えている生活課題からはるかに遠退き、現実直視や実際的な生活課題に集中できなくなります。ですから、そのような事態が生じたときは、いま面接の最中に何が起こっているのかを面接者が理解できていなければなりませんし，自分がその場で何ができるか，自分の面接による援助能力と限界についても自覚できていることが求められます。クライアントの意識下にある葛藤や未解決な課題が思いがけず出現したときの面接者の対処は重要で，その場の〈手当て・ここでは情緒的にしかるべき地点に収めること〉ができないと困ります。そのうえで，必要と判断したら，その道のプロへ紹介します。

ですから，直接深層心理に着目したり治療するためでなくとも，クライアント理解のために発達心理学や家族病理などの専門書には目を通しておくことが大切です。他に直接情報を提供したり助言するためではなく，理解のための医学的な知識や介護に関係するもろもろの知識に加えて，歴史や社会学的な知識，時代精神や社会的な思潮などへの知見も要求されます。

ここで留意したい点は，相談援助者が精神疾患や神経症に関する病理や社会生活に影響する障害についての臨床知を手に入れておくことは必要ですが，診断名そのもので片をつけてしまってはいけないということです。そのかたの価値観とか，なんらかのストレスや問題が生じたとき，どのような対処のしかたをしてきたのか，どのようなやり方で乗り越えてきたのか，今回そのやり方ができないのはなぜか，それは病気の影響が大きかったからか，今までは助けてくれた人がいたのが，いなくなってしまったからか……つまり〈対象喪失〉しているんだな，連れ合いがそのかたのこの部分を守ってくれていたんだな，これまでは……，その人がいなくなったから，この人はいま途方にくれているんだな，などいろいろな理解のしかたがあります。私たち相談援助者にとっては，性急に疾病や障害に理由を求めて帰結させないで，〈どうしていま，こうなっているのか〉の絵解きのほうがクライアント理解と支援のためには重要です。

なぜならば，例外的に疾病のせいにしてもらうほうが救いになるクライアントもおいでですが，〈何故いま、このような状況になっているのか〉の原因と過程を情緒的な動きも合わせて理解してくれる他者がいることがクライアントには必要なことが多く、その〈核〉に迫った理解と「理解したこと」への的確な表現が〈手当て〉になるからです。

相談にお見えになるかたの気持ちやしこりを手当てしてからでなければ、相手はご自分に生じている課題を俎の上に乗せられませんし、現実処理もできません。本書で何度も申し上げているとおり、アセスメント面接に情緒的な手当ては必須です。

註

※1　図2「臨床実践家が身体にたたきこまなければならない枠組みと組み立て」については、第2部で詳述しています。

※2　拙著『未知との遭遇』（三輪書店）第1部第2章「面接とは一期一会」14〜37頁。また、面接の導入部の重要性については、『ビデオ・面接への招待』（中央法規）で詳しく解説しています。とくに電話における初回面接をインテーク面接と位置づけて、クライアントの第一声を相談員がどのように受けとめていくかがその後の面接の展開やクライアントとの信頼関係形成などを左右することを、面接者の熟練度に応じた4段階の面接でみられるようになっています。また、インテーク面接についての留意点についてもふれています。

※3　自動人形レベル：第3部第3章の表1「臨床実践家の熟成過程」参照

※4　本章第4節参照

※5　『未知との遭遇』第2部第4章-Ⅱ「問題の種類と程度を理解し、問題に影響を与える個人の経験と社会の影響を理解する」の『⑵問題の種類を四つに分ける』180〜206頁、『⑶なぜ、問題の分解にこだわるのか』（206〜208頁）、以降では、実際のケーススタディのなかで問題を四つに分けてみる試みをしています（224〜229頁）。

※6　『未知との遭遇』123〜132頁参照

※7　『未知との遭遇』132頁〈生活史の聴き方〉参照。なお、生活史を聴くには相当な配慮が必要です。個人の秘密中の秘密に

類する情報ですので、どのようなクライアントに生活史をとくに伺う必要があるのか、その根拠を面接者の側がくっきりともち、クライアントからなぜ聞かれるのかを問われたときに、その理由を明晰に説明できることが前提です。

※8

防衛機制　Defense Mechanism

『キーワードコレクション　心理学』（重野純編・新曜社・1994年）「　」内はV-65　232～235頁より引用

「人は外部環境から危険が迫れば、自己をなんとか守ろうとする。不快な状況に直面した場合や内的な衝動を満足できない場合も同様である。これを防衛といい、防衛の際に人々が採用する主として無意識的な手段を**防衛機制**（defence mechanism）という。一般的にいえば、危険・不安・不快を回避して状況に適応するための手段と考えられるので**適応機制**（adjustment mechanism）とも呼ばれる。

防衛機制の概念を最初に明らかにしたのは**精神分析**（psychoanalysis）を創始した**フロイト**である。（中略）フロイトやそれに続く研究者が明らかにした防衛機制には以下のようなものがある。①抑圧、②否定、③投射、④合理化、⑤知性化、⑥抑制、⑦補償、⑧反動形成、⑨置き換え、⑩昇華、⑪同一化、⑫逃避、⑬退行、⑭隔離、⑮打ち消し（各項目の解説は略）」

右記の概念は、過度のストレスや不安に見舞われているクライアントがどのような方略を用いて自我を守ろうとしているのかを理解するための方法のひとつとして参考になる考え方です。

※9

フロイトは偉大です。相談援助職者が苦戦している事例として、「認知症の父親を理解できない家族への支援をどのようにしたらいいのか」という類の表題がよく登場します。あきらかに認知症による日常生活能力の低下を、息子さんは「昔から依存的な親父だったから甘やかさないでください」「リハビリテーションの訓練をもっとケアプランに組み込んでください」などとケアマネジャーに要求してきます。ケアマネジャーからみれば、「常識的にはひとり暮らしは無理な状態なのに、同居か施設入所の時期なのに」と内心は思っていても、いくらそのことをお話ししても、当のキーパーソンである息子さんには理解してもらえません。

このような現象は実践現場ではよくみられます。第1章でもふれた〈専門職が考えるノーマティブニーズ〉と〈クライアントが感じているフェルトニーズ〉の乖離、あるいは、〈クライアント（ここでは家族）の疾病や障害への非受容〉の問題と片付けられがちな現象です。ですが、その前に「なにゆえ、息子さんは父親の老いや認知症を受け容れられないのか」という事実への理解が必要です。そこのところを理解できていないと、いくら息子さんに対して「専門職の見解としての〈情報提供〉をしても、その情報は息子さんの身体の奥深くには届きません。

このようなとき、フロイトが提唱した概念「エディプス・コンプレックス」についての知識が役に立ちます。常に強い父親と闘ってきた息子さんには、仮に父親が80歳を超え、自分自身50代にさしかかっていても、永遠に「父と息子」の関係のなかで、弱い父を認めたくない、という深層心理が働いています。

一生懸命に父親に関わるかたほど、その意識下の葛藤は大きいと考えられます。そこのところを手当てしなければ、息子さんの考えを変えることはできません。

第3節 クライアントを構造的に理解するために

これまでの記述をもとに、クライアント理解について再度、〈理解の水準〉と〈範囲〉からまとめてみます。

クライアント理解の水準

これまで眺めてきたクライアントに対する〈理解〉の水準は、クライアントがどのような問題状況に置かれているか、つまり「問題の種類と性質、程度と深さ」を見積もり、さらにその人にとってその問題がどれだけダメージになっているか、その問題をその人がどのように感じたり考えたりしているかを、その人が生きている世界に添って理解し、そのうえでその問題に対処または解決できるだけの「強さや生きる力」を、その人がどれだけ〈いま〉発揮できるか、あるいは、いまは発揮できないけれども、潜在的に有しているのか否かを見積もることにあります。

その人の世界に添って問題状況を理解することの意味については、本書全編のテーマでもあり、次項以下でもふれますので、本項ではクライアントの強さや生きる力に焦点を当てます。

ここでは、「いまは、（もっているはずの強さや力を）発揮できないけれども、潜在的に『強さや生きる力』をどのぐらい有しているか」の見積もりがポイントになります。というのは、生きる過程でなんらかの問題状況に陥っておられ、なおかつ、援助専門職の前に現われるかた達の多くが、彼らに発生している問題によってご自身と生きておられる環境に少なからず影響を受けていて、本来有しているはずの、または残っているはずの強さや生きる力を出せないか、出しきれていない状況にあるからです。（※1）

潜在的にあるいは現在有しているはずの強さや生きる力を見積もるための指標としては、問題が生じている時点におけるクライアントが生きるために必要な諸機能の評価に加えて、クライアントがそれまで生きてきた歴史のなかにヒントが隠されています。つまり、アセスメント実施時に要求される〈過去・現在・未来の4次元的理解〉の〈過去〉の部分に該当します。

私たち対人援助者は、クライアントの支援を開始するにあたって、前項で申し上げたように生活史を伺います。彼らがこれまでどのような人生をたどってこられたのか、そのひとを理解するために、良好な援助関係を築くために、そのひとと知り合うためのとば口を突破するためのヒントを得るために、そしてとくに生活支援を行なう機関や場で活用する詳しい個人情報として生活史を聴取しています。私は、生活歴をクライアントから伺う最大の目的と有効性は、なんらかの支援を必要としているクライアントが潜在的に有している〈強さと生きる力〉を、そのかたが生きてきた過去のエピソードから見つけだすことにあり、その部分を強化して十分に現実の生活のなかで発揮できるように支援していくことにあると考えています。

ですから、クライアントが生きる力として〈現実生活に生じた解決課題に対する対処能力〉や〈社会のなかで生き抜いていくための技倆・ソーシャルスキル〉(※2)が重要な目のつけどころになります。私たち対人援助者の前に現れるクライアントのほとんどが、それまで生きてこられた歴史のなかで、なんらかの人生や生活上の諸課題を乗り越えてこられた経験があるはずです。それは、過去の生活史で彼らの人生の途上に生じた転換点となっている〈出来事・エピソード〉に注意して聴き取りをしていくと発見できます。

人が生きる過程で遭遇してきた出来事のなかで、後日、あのときが人生の転換点・ターニングポイントだったと振り返るような重要なエピソードの多くは、遭遇したかたにとってはその身体が強いストレス状況にさらされていた時間の連続であったと考えられます。場合によっては危機状況に近い体験であったかもしれません。そのようなときに個人のこころを含んだ身体がどのように感じ、考え、どのような対処のしかたを選択してきたか、または暗闇のなかから抜け出すためにどのような方法をあみだして乗り越えてきたか。この困難や危機に直面し、克服していく過程は、「人生の時の時」(※3)に個々人が生きてきた身体に経験としてくっきりと刻印されており、そのひとが新たな困難や対処課題に遭遇したときの感受と対処のしかたの特徴や熟成の歴史が潜んでいます。

人生の途上で乗り越えなければ先に進めないような出来事・エピソードがクライアントに起こり、そのときそのときにどのようなやり方・方法で乗り越えてきたのか。この点にクライアント各々のストレスに対する感じ方や心理的な傷の受け方とその対処(乗り越える)方法の特徴・個性が生じています。いいかえれば、ここに〈そのひとらしさ〉が一番突出し、私たち援助者が初めて出会い、しかも短い時間で限られた方法と場でその他者を理解するコツ・手立てが隠されている急所でもあるといえます。

なぜならば、私たち対人援助者がクライアントと出会うときは、多くのクライアントが人生の途上で身体に強いストレスを被り、実生活において対処しなければ彼ら自身の生活を取り戻したり、維持・遂行していけない困難な状況に直面しているからです。そのようなときは、だれしも必死ですから、取り繕う余裕なんかありません。もちろん、他者に対して気取ってなんかいられませんので、平素であれば身に着けていられる修飾がはげてしまっているときなのです。

私たち援助者は、相談援助面接技法を用いてクライアントがこれまでに身に着け、獲得していた修飾を取り戻すか、または新しい修飾を獲得できるような支援をめざすのです。（※4）

そのストレスからの心身に対する傷の受け方と対処のしかたに関するクライアントの個性を理解することは、いまのクライアントが被っている傷の大きさを推し量り、クライアントが現実にどのように対処しようと試みているかを理解する大きな目のつけどころになります。クライアントによっては、以前と同じような方法では年齢的にも身体的にも他の環境との関係からみても対処できない状況に陥っているかもしれません。そのようなときのクライアントは、これまでのご自分の対処方法が通じませんから、自己評価が高いかたほど精神的なダメージが大きく内的には混乱の極みにあります。そのようなときに、援助者側が彼らが陥っている状況を理解して、ちょっとした示唆を渡すだけで、力のあるクライアントであれば発想を転換させ、本来有していた強さを発揮して生きる力を取り戻せることがあります。

また、それまではかなりの危機状況を乗り越えてこられ、たくさんの対処方法をその身体に財産として獲得してこられたかたでも、そのときの疾病や障害による心身の傷が大きすぎて、直面している問題に対して対処能力を失っておられる場合もあります。

ストレスへの感受性や対処のしかたも個々人が生きてきた歴史と環境および基礎的な能力に応じて千差万別、きわめて固有性が高いので、クライアントとのインタビューや実際の生活場面での関わりを通した時間の共有による観察によって探し出し、その強さや生きる力を彼らに生じている問題状況と照らし合わせて見積もることでしか手に入れられない情報です。

この点を洞察するためには、援助者側にはクライアントから発信される言葉への感受性と言葉を発したときの全身の表情への目配り、および観察眼の感度と確かさに裏打ちされた想像力とパフォーマンス（※5）が要求されます。

クライアントの範囲：クライアントは誰か

ここでいうクライアントの範囲は、ケアを必要としているかた達と、そのご家族や周囲のかた達になります。クライアントがおひとりの場合は支援の対象は自明ですが、クライアントにご家族や支援をしてくださるかた達がおいでになるときは、主たる支援の対象者は、彼らに生じている「問題の種類と性質、程度と深さ」と各々の「対処、または解決能力」および「生きる強さや力」、さらに「ケアを必要としているかたと家族や周囲のかた達との関係性・家族力動」などを吟味して、援助者の支援のターゲットを定めていきます。そのためには、これまでに何度も指摘してきた図3の「ケアを必要としているクライアントに対するアセスメントの視点」の枠組みが援助者の身体にしっかり入っていることが重要です。（※6）

これらの作業は、「いま、目の前にいる人たちは、身体的に、心理的に、社会関係や経済的にどこにいるのか」を、多角的・重層的に見積もることであり、それを「過去・現在・未来の座標軸のなかでの〈いま〉」を時間軸をとおして立体化していく4次元的理解であり、「その人（達）とその人（達）が置かれている固有の問題状況」を、クライアントが生きている世界に添って理解する過程です。この作業過程を〈ポジショニング〉といいます。（※7）

その際のクライアントはシステムとして考え、ケアを提供する現場でいえば、主たるクライアントは、図3の概念図でみていきますと、「A」は直接的な身体ケアや日常生活上のケアを必要としている対象者になります。「B」にも、「A」と同じように要援護状態にあって、直接的な身体・日常生活ケアを受ける必要がある対象者が該当している場合もありますが、両者を「A」に据えるか否かは、両者の関係と他の家族メンバーの存在とクライアントシステムに所属している各メンバーが発揮している役割と機能などの諸要素を勘案して当てはめていきます。

たとえば、ご夫婦とも要介護状態にあって、介護保険における介護サービスを中心に地域の保健福祉サービスを活用することによっておふたりで自宅での生活が可能になっているクライアントの場合、おふたりとも「A」に据えるか、どちらかの連れ合いを「B」に据えるかは、おふたりの関係の歴史を踏まえ、現在の関係と他者とのかかわりを外的・内的にどのように役割を担い実施しているか、などの観点から吟味していきます。その際にスムーズにサービス提供ができていて、おふたりともニーズが充足している状況であれば、援助者側にとっては「誰がクライアントか」を意識する必要はとくに生じません。

しかし、クライアントの状態変化やサービス提供時のトラブル発生や双方の援助関係に支障が生じ、クライアントの心身や日常生活の遂行になんらかの不利益が生じるような事態が発生したり、そのためにクライアントから苦情が出されたりすることは、援助場面では逃れられない現実としてあります。しかもサービスを提供している側にもストレスが増強してしまい、残念ながらサービス提供を拒否したり、拒否までしなくても腰がひけたサービス提供となり、クライアントに疎外感や不利益をもたらしたりすることも多々あります。

そのようなとき、誰を対象者として問題解決をはかるか、そのような場面で援助者と共働で問題解決に向けて面接という作業に取り組んでいただく主たるクライアントを誰に選定するか、このようなときに「A」に所属する人か「B」に所属する人かは、複数のクライアント達の関係性や各々が果たしている家のなかでの役割や機能などの家族力動および個々人のコミュニケーション能力や自己決定能力などを勘案して選定していきます。つまり、〈キーパーソンを誰にするのか〉ということになります。（※8）

その際には、聴き取りながら、クライアントとともに家族構成図・ジェノグラムを描きながら、力動も視野に入れて視覚化しておくと、より鮮明な理解が可能です。（※9）

構造的理解のために

こうした構造的理解は、初心者向けに開発されているさまざまなアセスメント様式やケアプラン策定のためのマニュアルだけに頼っていてはできません。マニュアルはクライアントの〈いま〉を切り取るための道具にすぎないからです。そこには、一般的な理解のために必要な〈基本情報〉の枠組み（※10）が提示されているだけで、クライアントが生きている世界に添った理解、家族力動、クライアントが潜在的に有している生きる強さや力など、かたちになりにくいものが入る余地がないからです。クライアントが何に拠って生きているのか、そのアイデンティティや価値観の理解などもマニュアルだけでは困難です。

マニュアルは、初心者にとっては寄る辺になる道具であり、教育用として重要な役割を果たしています。ですが、そこにあるチェック項目は、あくまでも一般化された指標であり、個別化されたものではありません。だからこそわかりやすいともいえるのですが、マニュアルは、クライアント理解にとって必要のない余分な情報も拾ってしまいます。つまり、クライアントが「生きている」世界に添って意味づけされた〈固有の情報〉（※11）でなければ役に立たないのです。必要のない余分な情報は、すべて「死に情報」となってしまい、クライアントに余計な「自己の開示」をさせてしまうという心理的負担をかけるだけです。これらの点から、相談援助面接におけるマニュアルの限界性は明らかです。

クライアントそのひとと彼らの固有の問題状況は、面接という手段で、援助者の身体に備わっている目と心を通した上でなければ、理解の域には届きません。ましてや、クライアントに〈いま、起こっている現象〉を立体化したものに時間軸を通していく「状況の4次元的理解」は、先にも申しましたように、クライアントと援助者がお互いを関与させながら交わされるコミュニケーションを媒介とした〈交互作用〉を基盤とした〈信頼関係に基づいた共働作業〉の過程から明らかにされてきます。この過程はクライアントと援助者のあいだで行き交う〈言葉〉と〈全身の表情〉を媒介とした〈ダイナミクス〉のなかで実行されます。（※12）

この理解への到達には、図1の「対人援助の構図」と図2で概念化を試みた「臨床実践家が身体にたたきこまなければならない枠組みと組み立て」（※13）を自分のものにして、クライアントとのあいだで自在に自分自身を活用できるようになることが基本です。（※14）

その際、視覚的にあらわしておく道具としてはジェノグラムやエコマップの活用が考えられますが、援助者が「分析・統合」できる身体になっていれば、面接時には必要はありません。（ただし、クライアントと共働で作成することには十分に意義がありますし、他の担当者が理解しやすい記録としては有用です）

次節では、実際にクライアントそのひととその人が置かれている固有の問題状況および彼らが潜在的に有しているはずの強さや生きる力への査定を通してどのように支援していくか、便宜上クライアントが有している生きる力を大きく4つに分類して概観していきます。

［註］

※1 第1部序章参照

※2 ソーシャルスキル：『未知との遭遇』127頁参照

※3 人生の時の時：『わが人生の時の時』（石原慎太郎著・新潮文庫・1993年）。それぞれの人生で生じた「ここ一番の時」を切り取った短篇集です。

※4 修飾：ここでは仮面・ペルソナの意味

※5 想像力とパフォーマンス：〈パフォーマンス〉については23頁の註5でもふれています。面接には想像力とパフォーマンスが必要であると、常に私は考えています。時には演劇性も求められます。そのうえで、クライアントと共働で彼らのいまを見つめ、未来を創造していくのです。

※6 第2部第2章参照

※7 『未知との遭遇』99〜122頁参照

※8 キーパーソン選定基準：『未知との遭遇』161〜162頁参照

※9 ジェノグラムの描き方：第2部第1章第1節で紹介しています。

※10 第2部第1章第1節参照

※11 図2－1－③に該当

※12 第1部第3章第1節参照

※13 第2部参照

※14 第3部第3章・表1「臨床実践家の熟成過程」参照

第4節　クライアントの強さや生きる力を査定し、強化していく

いずれのクライアントも見かけよりかなりの強さや生きる力をお持ちです。援助する側は、どうしても彼らの能力を低く見積もってしまいがちな状況のなかで対象者と出会います。

「こんなに重度の障害を突然受けたんだから……（辛いだろうな）」「こんな重度の難病の子どもを抱えて育てているお母さんなんだから（さぞかし毎日が戦争みたいでたいへんだろうな）」「家族に見捨てられて……（可哀想な）老人……（寂しいだろうな）」「これだけ嫌味な老人と同居しているなんて……（このお嫁さんもたいへんだろうなあ）」など、括弧内は援助者側の想いなのですが、このように気持ちに想いを寄せることとは共感的な態度への第一歩です。ただし、括弧内の想いがパターン化してしまうことには危険がつきまといます。

相手は「『○○の障害者』『○○のお母さん』『○○の家族、お嫁さん』などと見られたくない」「可哀想なお母さんと思われたくない、ひとりの人間として、母親としてみてほしい」と思ったり考えたりしているかもしれないのです。これこそバイステックの原則どおりです。（※1）また、「たいへんですね」というねぎらいのつもりのことばも、当人にとっては「簡単に言わないで、（あなたに）わかりっこないのに」と内心で反発されている場合もあります。どのような状況にあるどのようなかた達にも通用してしまう使い古されたことばは相手に届きにくく、かえって逆効果になります。目の前の相手の固有性に添った想像力を働かせることは、実はかなり難しいと心得たほうがいいかもしれません。

また、「認知症だ！」とケアマネジャーをはじめとして訪問看護師や市区役所の窓口担当者などの対人援助職者たちから見做されていた老人女性が、実は角を隠していただけで、相当の認知能力があったというような事態はいくらでも見受けられます。年をとってご自分の生き方や価値観がとんがっていらっしゃるタイプの老人は、傍からみて不自由で危ういと考えられるような生活様式でも、ご自分の身体が馴れ切っている行為と環境ですから、微妙な均衡を保って暮らしています。ですから、他者が、いくらよかれと思って助言しても聞く耳をもちません。通常の方法では届かないのです。すると、援助者側は彼らは理解力が低下し、認知症が始まっていると見做すことによって、目の前で起こっている援助者が思うようにならない事態に対して〈合理化〉をはかりがちになります。

援助者側に生じる生《なま》の感情は大切にしたいのですが、ただし「それはそれ」として制御できないままに、援助者の感情のおもむくままクライアントと接してしまうと、それは相手にとっては〈同情〉や〈押しつけ〉として伝わってしまいます。そうなると、クライアントはこころのシャッターを下ろしてしまうか、それなりの体裁をつくろって援助者と付き合います。クライアントに強力な力がある場合、援助者との関係は逆転し、お釈迦様の手の平で踊らされている孫悟空状態の、どちらが援助者かわからなくなるような場面も多々生じているのですが、当の援助者は自分が援助しているつもりでいるのです。

この援助者側に生じる生身の感情はクライアントが生きている世界に添った気持ちへの〈類推力〉が〈分析〉を経て豊かな〈想像力〉へと展開していけば、〈共感〉へとつながる第一歩になります。（※2）

援助者側に生じる生の感情処理が、その時点から先のクライアント理解の別れ目になります。援助者が、自分の生の感情を制御できる段階にまで技術的態度が出来上がっていれば問題ありませんが、そうでなければ、クライアントの強さや生きる力を見損なってしまい、結果的に彼らの自律性や自立を奪ってしまうよう

な支援をしがちになります。（※3）
また、援助者と上手に付き合えるだけの身体的・精神的余裕のない状況にあるクライアントや他者との関係を築くことが下手なかたの場合、援助者側がそのことを理解できていればいいのですが、そうでない場合、一般的援助関係のなかで生じがちな生の感情が剥出しになってしまう事態がよく起こります。そうなると、クライアントに関わっているサービス提供者たち全体に対象者への悪感情が伝染してしまい、制御不能状態に陥ります。すると、その感情はクライアントにも伝染し、まだ叫び声をあげられるだけの余力を残していれば、さまざまな混乱や困惑が援助現場に渦巻きます。事態はさらに悪化し、援助者側の拒否的な感情を増強させ、「断る」方向でことが進みがちになってしまいます。
このようなときに、援助者達のチーム内の誰かが、感情的になって一方向へ邁進している状況を「ちょっと待てよ」と一歩引いて俯瞰できればいいのですが、現実はドングリの背比べ的集団が多いようです。そこで水を差す役割をとることができ、しかも熱くなっている援助者集団が納得できる論理性と職業的価値観を再認識できるようリードしていけるだけの熟練した実践家が存在していれば、クライアントは救われます。
そのような役割をとれる人は、表1「臨床実践家の熟成過程」の熟成過程からみて第3段階に達していて、なお自分を高める努力をしているかたになります。それも地域や施設にひとりでは足りません。同志的に共闘できる仲間・理解者の存在がなければ、水を差す行為にはものすごいストレスがかかるので疲れてしまいます。マイナス感情を逆転させていくためには、情熱とエネルギーを要します。それが援助者集団となれば、クライアントよりもやっかいです。ですから、クライアントのもつ強さや生きる力が、直球で表出される場合は理解しやすいのですが、変化球、それもさまざまな種類の曲球《くせだま》に対応するためには、その根底にある核をきちんと理解できるだけの実践家がコーディネーターとして存在してほしいと願っています。

ここでは便宜上、クライアントの力を4段階に分けて考え、援助者の直接的な介入が少ない順から概観してみていきます。ただし、援助者側に要求されているクライアント理解の視点や知識・技術などの水準は、高ければ高いほどクライアント側の満足度も高くなるのは自明ですし、直接的な介入度が少ないほどかなり高度な援助能力が必要であることも確かです。

ここで申し上げている介入度とは、クライアントに費やす対人援助者側の直接的接触および間接的支援の時間と労力の提供量を意味していて、クライアントの人生の一過程における援助者の侵襲度や影響量とは異なります。（※4）

［註］

※1 バイステックの「個別化の原則」に該当します。第1部第3章第2節参照

※2 類推 分析・想像・共感の意味（『広辞苑（第5版）』より）

類推 analogy：類似点に基づき他の事をおしはかること。二つの特殊的事例が本質的な点において一致することから、他の属性に関しても類似が存在すると推論すること。似たところをもととして他の事も同じだろうと考えること。類比推理。アナロジー。「過去の事例から―する」

分析 analysis：①ある物事を分解して、それを成立させている成分・要素・側面を明らかにすること。「情勢を―する」②省略③［論］ア概念の内容を構成する諸徴表を各個に分けて明らかにすること。イ証明すべき命題から、それを成立させる条件へつぎつぎに遡ってゆく証明の仕方↔総合

想像 imagination：①省略②現前の知覚に与えられていない物事の心象（イメージ）を心に浮かべること

共感 sympathy：他人の体験する感情や心的状態、あるいは人の主張などを、自分も全く同じように感じたり理解したりすること。同感。「―を覚える」「―を呼ぶ」↓感情移入　奥川註：〈同情〉との違いに留意！

※3 個人スーパーヴィジョンで検討した事例に、次のようなケースがありました。

あるクライアントが、〈要支援〉の認定を受けたとき、介護保険課の職員から「何かサービスを受けたほうがいいですよ」と居宅介護支援事業者名簿を渡されながら勧められました。そのクライアントは、60代のひとり暮らしの男性でしたが、彼から突然電話を受けたケアマネジャーは、彼の依頼内容に心を動かされました。

「『市役所から何かサービスを使ったほうがいいですよ』と勧められたんだが、どこ（の事業所）にかけても断られたので、ケアマネジャーを引き受けてほしい」。彼の居住地は、隣の市でした。「なんで、みんな断ったんだろうか」と一瞬脳裏をよぎりましたが、そのケアマネジャーはとても熱心で、義侠心あふれたかたでしたので、自分も担当ケースが飽和状態であったにもかかわらず、その点を確認しないまま、「気の毒に、私が引き受けなければ」という感情を優先して、訪問の約束をしました。

ところが、訪問面接に伺った家は、急な階段を上がった2階でした。クライアントはその階段の昇降はもちろんのこと、毎日1回は重い荷を持って昇降をしています。そのことも面接で聞き取っています。そして、クライアントからの希望は、「掃除」のみでした。調理は、元板前ですし、脊椎が悪いといっても、先のエピソードのごとく立ち居振る舞いには支障ありませんので、本来はお手のものなのです。

どうみても、「このひとにサービスが必要なのかなー」という疑問が当然わいてきました。しかし、初回の訪問面接で彼はホームヘルパーを要求し、「若いのは嫌だ、30代から40代の女の人がいい」という注文をつけました。彼のねめまわすような目とヘルパーへの要求内容に女性ケアマネジャーは「セクハラまがい」のものを感じ、拒絶反応を起こしたとのことです。早く退散したく、その生活実態および要求の内容や電話の依頼時に一瞬感じた疑問点についても明確化してこないまま、彼のいいなりにケアプランを作ることを約束して帰ってきてしまいました。

つまり、さまざまな直観が作動したにもかかわらず、電話によるインテークで強く刻印された「皆に断られて気の毒、私が引き受けなければ」という義侠心と、初回訪問面接時の彼に対する拒否感情が、ケアマネジャーのアセスメントの目を曇らせたのでしょう。アセスメント時に働いた直観を確認してこないまま、彼には過分なヘルパー派遣をプランニングしてしまいました。ヘルパーが週に2日2時間通っても、時間が余ってしまうのです。

その後、料理の味が悪い、掃除のしかたがなっていないなど、さまざまなクレームがあり、ヘルパーからの悲鳴も続き、結局サービスは使わなくなりました。彼は、独りで元気に暮らしているそうです。

※4　援助者の介入度、侵襲度、影響量とは、次のような内容を意味しています。
介入度：本文中でもふれたとおり、援助者側がクライアントに対して関わる実際的な時間や心身を提供している労力量の総体

を意味しています。本節の「4アウトリーチが必要な危機状況にあるか『待ち・忍耐・持続性および継続性』を要求されているクライアントへの理解」に登場するクライアントたちの場合、まず、彼らに接近するための準備期間から始まって、信頼関係を形成するまでの時間を相当要します。

侵襲度：クライアントの固有の人生や生活に援助者が踏み込む度合の質と量を意味しています。本節の4のようなクライアントの場合、彼らに生命の危機があれば、日本の場合は、その意思の確認作業をするにしても、高度の認知症状態にある独居高齢者などであれば、児童・民生委員や警察官、消防署、市区役所などの担当者と協働して彼らの住居に侵入する場合もあります。また、クライアントと援助者のあいだの援助関係が濃密になりすぎた場合にも、結果的に支援の対象者の固有の人生や生活への侵襲度合が大きくなります。援助者側がクライアントの人生や彼らが置かれている状況に過剰同一視をして、私的な感情が優先して過度の「放っておけない」心的状況に陥った結果、特定のクライアントにのめり込み、ひいてはまるごと抱え込むといった状況にはまりこみます。このような現象は、援助者側が自分の性向や価値観を理解できていなかったり、自分の感情を制御できなかったり、よほど危機的な状況にある場合に生じますので、注意を要します。

影響量：援助関係や援助過程のなかで、援助者の存在や発言がクライアントの現在とその後の生活や人生に与える影響をいいます。あくまでも「結果」であって、そのことを援助の目的にはしません。クライアントの主体や自己決定の尊重というような援助者側の絶対的な価値観（倫理）が存在しているからです。ただし、逆の場合もあります。援助者側が支援過程でクライアントの存在そのものや援助関係から、結果として援助者の職業生活のみならず、個人的な価値観まで影響を受けることもあります。

1 力のあるクライアントへの理解

相談者に力があれば、ご自分に生じている社会生活上の諸問題や精神的な悩みなどについて、彼らが認識している問題点とそのための〈対処課題・ニーズ〉や、ご自分で探索したり考えたりした〈対処策〉などを、きちんとした言葉や実際の行動で表現してくださいます。

ここに該当する対象者としては、当事者であれば認知力や自律度の高い障害者や、ライフステージからみて老年前期にあたる高齢者などです。当事者以外であれば、ケアしているご家族のなかでも、かなり生きるために必要な基礎体力のあるかた達になります。

要援護者や患者に該当するケアを必要としているクライアント本人であれば、彼らに生じている身体的・認知的・情緒的・社会的な問題が彼らの生活の維持・遂行に大きく障りがないこと、つまり生じている問題が〈存在そのもの〉への侵襲度が少ないことが第一にあげられます。ここでいう〈存在そのもの〉とは、生物学的な生命そのものへの侵襲如何よりも、実存的な意味あいのほうが優先しています。

第二には、自分が置かれている問題状況を、自分と自分が関係する周囲の他者との関係のなかで十分に理解でき、自分にとって何が最善かを判断できる能力が保たれ、なおかつ、その能力を発揮できるだけの体力を保持しており、なんらかの手段を講じて自分の希望する現実の生活を実現させていけるだけの機動力をお持ちのかたになります。つまり、自分で自分の生命と生活を守り、維持していくために必要な情報を収集し、分析・統合できるだけの解析力があり、自分の望みを現実のものとするための手立てを探索できるだけの能力があるということになります。（※最高級の自己決定能力（図3のA－①自己管理能力に該当））

この情報処理と伝達に関する能力は、私たち対人援助者に必要とされている〈アセスメント力〉そのものですし、手立ての探索は〈支援計画策定〉に必要な能力でもあります。主たる支援の対象者がなんらかのケアニーズのあるクライアントの家族や親族、または知人・友人などの親密な関係にあるかた達であれば、本人に生じているケアニーズに対処してきた過程において彼らの生きる力をまだ消耗し尽くしておらず、十分な基礎体力を保持されているかた達ということができます。

ここでいう基礎体力とは、〈人間力（生き抜くための総合力）〉のことで、目の前に生じている社会生活上の課題を解決しようという動機としっかりとした意思力をもち、そのために人や事態を動かしていけるだけの知力や身体的基礎能力などを基盤にして、実際に身体や知力を働かして一歩を踏み出すことができる力を意味しています。ケアニーズが生じている「要援護者」と称されているクライアントのみならず、家族などの周囲のかた達にも、身体的・認知的・情緒的・社会経済的な能力と、それらを充分に発揮できるだけの体力と機動力が要求されます。

この要援護者と家族や周囲のひと達を合わせて双方をクライアントシステムと考え、援助者側にはこのクライアントシステム全体と個々のメンバーの基礎体力の見積もりが必要になります。

以上のようなクライアント本人および家族などの周囲の親しいかた達の強さや生きる力を見積もる視点としては、図3の「ケアを必要としているクライアントに対するアセスメントの視点」の「A：ケアの対象者が生きる力（強さ）」および「B：家族が生きる力（強さ）」の各項目に留意します。（※1　本項の以下の対象者についてもこの枠組みに沿ってお読みくださると、よりくっきりと理解していただけると思います）

この場合の援助者の対応は、主として〈傾聴〉と〈専門職による再保証・保証〉ないしは〈専門職による、より質の高い情報サポート〉（※2）が中心になります。

主としてクライアントが自ら語ってくださる物語に、コミュニケーション促進技法ともいえる〈あいづち〉をうちながら耳を傾け、勘所（要所要所）にさしかかったら、これも促進技法的に相手の話の内容をそのままの言葉で〈繰り返し〉たり、きちんと確認したいところでは、援助者自身の言葉で、援助者の〈解釈〉を加えずに〈言い換え〉ることによる〈内容・事実の反射・反映〉をして事実確認をしながら、最後にまとめて〈要約〉することによって、援助者側が的確に理解したか否かを相手に確認します。ここまでは〈傾聴〉

の技法を十分に使います。そのうえで、「あなたのお考えと対処策で十分に対応できると考えられます」という旨を〈保証〉すればすむことが多いようです。

これだけの対応で相談が終了するクライアントは、かなりご自身が置かれている現状に対する高い問題把握能力と問題解決能力を有しています。例外はありますが、一般に認知的・情緒的な健康度が高く、社会経済的にも余裕のあるかた達が多いようです。援助者側からみれば、「なんでこれだけ十分にわかっているのに相談にいらしたの？」と思ってしまいがちなクライアントです。それでも、このようなかた達は相談場面に現われます。クライアントにとっては、いくら能力が高くても、生きてきた人生の過程で初めてか、初めてに近い体験をなさっておられるのです。ですから、その道のプロフェッショナルのところに、「自分の判断や考えで妥当なのか」を確かめにおいでになるのです。

ここでは、専門職による〈保証・再保証〉が支援として成立していますが、この支援を可能にするためには、援助者側にはクライアント理解の深さと高い論理性に裏付けされた言語能力が要求され、援助者がそれまでの臨床経験によって培ってきた、信頼に値するたくさんの情報としての現実対処策（※3）を職業的な財産（※4）として有していることが必要です。このクライアント理解の深さと情報としての現実対処策が相談援助職者にとっての大きな財産であり、有力な武器ともなる〈臨床の知〉なのです。

また、専門職による質の高い情報を必要としているクライアントは、自ら探査した情報によって組み立てた〈手立て・対処策〉を、より確かなもの、あるいは手厚いものにするために、専門職による精度が高く密度の濃い情報を求めています。その際には、ニーズに見合ったさまざまな種類の社会資源の活用策やクライアントが彼ら自身に生じている問題状況をさらに深く見つめ直したり、解決策のあれこれに関するヒントになるような情報を、どれだけ専門職側が提示できるかが勝負になります。

相談援助者によって提示または提案された情報が、クライアントが自身の状況を見つめ直すきっかけとなり、それまでの自家中毒気味に陥っていた考え方を転換できたり、さらに新しい考え方や手立てを発見できれば、専門職から発信された情報は質の高い〈情報サポート〉（※2）になります。

［註］

※1　第2部第2章参照
※2　より質の高い情報サポート：表5&コラム4参照
※3　現実対処策：図2－7－③に該当・第2部第1章第7節参照
※4　職業的な財産：図2－6&7－②および③に該当
※　本項でふれている治療的なコミュニケーション技法については、他書および巻末の「参考・相談援助面接で駆使される治療的なコミュニケーション技術一覧」をご参照ください。

2 力があっても情緒的に不安を抱えているクライアントへの理解

同じく相談者に力があって、相談の場で自らが置かれている状況を的確に言語化できたとしても、その裏に困惑や不安が強いとき、対応策として何かを決定する際に両面感情（※1）あるいは多重の価値のあいだで心が揺れているような場合には、相談援助専門職に求められるものはかなり高い技術になります。アンビバレンスな状況にあるクライアントは、自己像が揺らいでいて、本来そのかたがもっておられるはずの強さや生きる力も揺らいでいることが多いので、本来の実力が隠され、みせかけの弱さが表にあらわれがちです。援助者は、まずそこを的確に見抜かなければなりませんし、さらに上手に〈手当て〉していかなければ、クライアントの強さや力を引き出せません。

ここでの対象者は、主として高い知的能力と自律心があって、日常生活機能の自立度が保たれているクライアントで、自らが置かれている状況を他者に深いレベルで理解してもらえれば、現在直面している対処課題を自力で突破できる、といったかた達が該当します。自らのライフステージ上に生じている課題を明確に意識できている老年前期から後期への移行期〈老年期の更年期〉にある高齢者や心身に重大な変化を迎えている更年期の中年世代や、社会的な地位や機能に危機的な変化に見舞われているかた達などの当事者と周辺のかた達などが考えられます。当事者でなければ、心身に疲労がたまっていたり、情緒的な悩みを抱えておられるご家族などが想定できます。また、日常生活機能に支障があるかたでも、自己決定能力があるかたは、この範疇に入ります。一方で、高齢者の疾患によっては健康状態の変動が大きかったり、脱水や骨折手術後のせん妄状態の出現など、自己決定能力を査定する際には本節の1から3の力を往き来しますので、査定の時期や症状の出現頻度などに留意が必要になります。

一般的に高齢者がクライアントの場合は、「年をとっている」というだけで本人が実際にもっている生きる力や強さよりも他者から低くみなされがちな状況に生きておられるかた達が多くみられます。高齢者自身もそのように見せることが家庭や社会のなかで円満に生き抜くコツと心得て、みせかけの能力低下状態を演じていることもあります。家庭内では若い世代との葛藤や衝突を避けるため、入所や通所などの施設内では、そこで働く職員や同じ施設を利用している高齢者達との衝突を避けるために、という理由からです。残念ながら団塊の世代が老人になるまでは、この国の社会をはじめ、ミニ社会としての施設でも「物言えば唇寒し」

の空気が常態だからです。（※2）

自己主張が強ければ強いほど、周囲のひと達からの風当たりも強く、高齢の身にとっては本来の感受性や認識を表明してしまうと、そのことから生じる人間関係のストレスは相当きついはずです。そのからくりを見抜く力量が援助者には必須です。爪を隠しているタイプと、つい出してしまうタイプのひと、出さなければそのひとらしく生きられずに息が詰まってしまうひとなど、いろいろな高齢者がおいでです。とくに施設に入所しておられるかたにとっては、職員に理解者が存在するか否かは〈自分らしさ〉を生かせるか、殺さざるをえないのかの分かれ目になるほどです。

また、高齢者のなかには話がくどく、繰り返し同じ話をするかたも多くみられます。医療機関の外来の場でこれをしでかしますと、電子カルテの時代、面倒臭がりやの医者に当たると、彼らは老人患者の顔など見ていませんから、長くてくどく繰り返しの多い話を聞かされると、「これは動脈硬化が始まった」と見做され、脳の循環をよくするための薬などを勝手に、つまり患者にきちんと説明しないで処方する始末です。しかし、高齢者の側に力がありますと、そこで身体の異変を感じ、何が処方されているのかをしかるべき本で調べ、自衛のために服薬を患者のほうで勝手に止めるという事態が発生し、それを知った医者がますます「この年寄りはボケている」と思い込む、といった笑い話のような事態も生じているのです。

ここで本筋から少々外れますが、お年寄りが同じ話を繰り返したり、自分の人生を語るときは、他者からの評価が自己評価より低くみなされているようなとき、「私を見て！」と叫んでいる場合が多いのです。そのようなとき、聴く側が注意深く老人の物語に耳を澄ますと、繰り返しの多い同じ話は、彼らの人生の時の時、それも一番自己像が大きかったときや一生懸命生きていた時代のことをお話しくださっています。「私はこうだったのよ、こう生きてきたのよ、頑張って生きてきたのよ、年をとったけど、いまの私も認めて！」

ところで訴えているのです。平素から年寄りだからと無視され、その存在や価値を値引きして見做され続けていることへの無意識的な抵抗なのでしょう。（※3）

　このようなクライアントはおおむね、それまでの高かった自己像を、社会的な関係や環境のなかで妥協したり周囲におもねることなく、そのままの状態で保ってこられたかた達です。さらに老年更年期にさしかかっている高齢者の場合は、老年後期に向けてその高い自己像をやわらかく変えていかなければ、実態とのズレが大きくなり、それから先の生活がよりきつくなることが予測されます。このような老年期に生じる課題への理解もクライアント理解を下支えするものになります。（※4）

　万が一、このような自己像が高い高齢者が疾病の悪化や日常生活上の不自由を蒙り、本人のこころの内では「いよいよ……」と思い知りつつ、そのような事態に対して抵抗が強い段階にいらっしゃるとき、周囲のひと達や援助者達からその傷口を大きくするような対応をされると、個々人の対処行動によって、攻撃的になったり、沈んでしまったり、拒否・寡黙といった反応をします。援助者は、人生周期のなかでライフステージの移行期に危機状況に陥りやすい、ということを知識として得ておくことも大切です。（※5）

　彼らに必要なことは、安心できる場で信頼に値する専門職との面談のなかで、現在自らが置かれている困難な状況を筋道を立てて考えたり、感情の整理ができる場です。

　このような対象者に対しては、「筋道を立てていく面接技法」（※6）やカウンセリング的な技法が要求されます。相談援助専門職が面接によってその専門性をいかんなく発揮できるタイプのクライアント、ということになります。

　たとえば、彼らに生じている問題を彼らが物語るとき、相談援助者がときにじっと彼らの物語に耳をすまし、ときに展開を導くような聴き方をしていけば、援助者のリードは最小限ですむ場合があります。このような面接は、クライアントが有している強さや生きる力が十分に発揮できるような聞き手の存在が必要なのです。相手の物語る流れに添って、当意即妙な合いの手（※7）だけで、クライアント自身が解決への道を導きだせることも多く、面接の醍醐味を実感できるときでもあります。相談援助者には高いレベルの〈カウンセリング的な面接能力〉が要求されます。

また、たとえばクライアントが彼らに生じている問題や対処しなければならない課題・ニーズへの把握が知的に勝っていて、情緒面の揺らぎがその課題への的確な認識や現実突破への行動を妨げているようなときは、聴き手・面接者による適度な〈感情の反射・反映〉（※8）が大切で、それでもクライアントによる決め言葉（※9）が発せられない場面では、援助者の〈自己開示的なフィードバック〉（※10）が功を奏することが多いようです。それでも決め言葉が出てこないときは、場合によっては、〈超自我・スーパーエゴ〉（※11）が彼らを自分の活路を切り開くための突破口へ近づけさせないよう作用していることがあります。

そのようなときの援助者の対応としては、クライアントの物語を充分に聴き終えたところで、相談援助専門職として培ってきたたくさんの臨床知から、その根源に潜んでいる〈問題の中核〉（※12）を言語化できるレベルで察知できていて、さらにその部分に対してクライアントに充分な手当てを行なったうえで、〈解釈〉（※13）技法を使用する場面もときには生じます。（ただし、〈解釈〉については、援助者側に確実な臨床面接能力がついてからでなければ、お薦めしません）

また、彼らが直面している対処課題に対する解決策や課題を突破できる考え方についても、先述しましたように、専門的な色彩が強い課題であれば、援助者側からの的確な〈情報サポート〉（※14）が有効です。

あるいは、その対処策が日常的な知のレベルですむ場合もありますが、目の前のクライアントに高い認識力があれば、問題の本質に関する〈メタファー・隠喩〉（※15）的な例示のみで、クライアントの身体のなかで一杯になっていた悩みのもつれきった糸をクライアントがご自分でほどき、かつ、彼らに生じている問題の答えをご自身で出されることもあります。そのときの瞬間はクライアントと援助者とが共振しあっていて、劇的でさえあります。このような瞬間をクライアントが手に入れるためには、相談者自身の知的能力もさることながら、援助者には高い相談援助面接能力に加えて、感情面の成熟と言語能力、さらに一般教養など、かなりの総合力が要求されます。能力の高いクライアントに認めていただくには、最終的には援助者として鍛えられた高い臨床知と技術に裏打ちされた人間力がものをいいます。

この段階にあるかた達は、情緒的な葛藤がご自分で解ければ、前項1の段階に一気にお戻りになれるだけのお力をお持ちです。

以上は知的能力もかなり高く、それまで生きてこられた人生の過程のなかで、高い人間力を培ってこられたかた達ですが、多くの相談者にとっては、ご自分にふりかかった社会生活上の問題は、生きてきた過程で初めてといってもいい状況に直面しておられることがほとんどです。その問題の発生から援助者の前に登場するまでの経過が長ければ長いほど、ご自身や身近なかた達のみで対応されておられますから、試行錯誤の繰り返しで、問題が深刻で重いほど魂と身体を削っていらして、心身ともに疲れていらっしゃる場合が多いのです。ですから相談援助面接の場面では、まずクライアントの情緒への手当てを可能にする〈カウンセリング機能〉が必須なのです。

［註］

※1　両面感情・アンビバレンス（ambivalence）：「一般的には、両価値感情と訳す。ある一つの対象（モノ・コト）、出来事（事柄）、置かれている状況に対して、たとえば、良いと悪い、好きと嫌い、愛情と憎悪、美と醜、光と影、和解と攻撃、独立と

依存、快と不快、善と悪、希望と絶望、安心と不安、意欲と無気力というように、対立する感情・価値・態度などを同時に抱く心理的傾向を意味する。人は、この相矛盾する両価値感情を抱え込んでいるがゆえに、心理的な葛藤（ジレンマ）が生じ、深刻な場合には、社会的な不適応を引き起こす神経症状に悩むこともある。」『社会福祉辞典』（社会福祉辞典編集委員会編・一番ヶ瀬康子他監修・大月書店・２００２年）

クライアントの多くが、この両面感情を有しています。二律背反、引き裂かれた感情のなかで揺れているかたが多くおいでです。そのような状況になければ、問題は一元的であり、解決方法もおのずと見えてくるので、前項のようなクライアントであれば解決のための情報を必要としているだけで、専門職の援助的な面接ニーズは低いと考えられます。

※2　団塊の世代が老人になるまでは：これまでの保健医療・福祉制度を中心にした社会保障制度の抜本的な改訂の連続は、「団塊の世代」と呼ばれている昭和22年から24年までに生まれた世代が、65歳以上の高齢者に突入する高齢社会を射程に入れて勘案されています。それに少子化問題も入ってきます。第2次大戦後に生まれた世代は、総数も多く、急激な高度成長期に育ち、戦後民主教育の洗礼を受けていますので、かなりはっきりとした自己主張をします。また、社会のしくみや文化も人口構成の多数を占めている世代を中心に動いていきます。この世代が高齢者向けのサービスを利用する時代は、かなり各自の自律度が高くなければサバイバルできませんので、サービス提供のあり方も変化してくると考えられます。ただし、自律度の質や強さからみますと、そのしなやかな強靭性において明治生まれには劣っているかもしれない、というのが、高齢者医療や福祉の現場に身を置いてきた私の実感です。

※3　『私の目をみて〜レズビアンが語るエイジズム』（バーバラ・マクドナルド、シンシア・リッチ著／寺沢恵美子他訳・原柳舎・１９９４年）『いま、かくあれども』（メイ・サートン著／武田尚子訳・みすず書房・１９９５年）。この2冊は、高齢者ケア現場で働くケアワーカーにとっては、必須図書と考えています。高齢者の自己像と自律がテーマになっています。とくに『いま、かくあれども』では、身体的には病弱であっても、知的水準は高いままの状態で有料老人ホームに入ったカーラという元高等学校の数学教師の女性が、看護師とケアワーカーの女性からの心理的虐待を受け、「私に残されたものは精神の自由だけ」と嘆く場面が出てきます。ケア提供者側の無意識の悪意が主人公のカーラをいかに追い詰め、精神を狂わしていくかが克明に描かれています。援助を提供する側が意識していないまま利用者を苦しめ、追い詰めていく。このような現象は、現実としてケアの場面でいくらでもみられます。

『82歳の日記』（メイ・サートン著／中村てる子訳・みすず書房・２００４年）。先の本は、メイ・サートンが51歳のとき、友人が生涯の最後をすごしたナーシング・ホームをモデルに書いた円熟期の作品ですが、本書は、彼女が老齢になってテープに吹き込んで残した日記です。これだけ老いて、病んで、死を目前に控えた正直な日常や心境を表現したものは、他に山田風太郎の『あと千回の晩飯』（朝日文庫・2000年）以外には思い当りません。

※4　老年更年期の課題とソフトランディング：『教育と医学・特集／高齢者の介護』「現代社会における老いの意味」（奥川幸子　34〜40頁　4／1997　慶応大学出版会）

※5　危機理論については、『危機療法の理論と実際〜医療・看護・福祉のために』（ドナ・C・アギュララ、ジャニス・M・メズイック著／小松源助・荒川義子訳・川島書店・1978年）などが参考になります。

※6　筋道を立てていく面接技法：クライアントが直面している問題状況によって心理的・社会的に混乱している場合は、相手が自然に話せるような流れを作って、注意深く耳を傾けながら、相手がご自分に起っている問題状況を論理的に整理できるような応答をしていきます。相談援助面接ではとても重要な技法です。

※7　当意即妙な合いの手：巻末コラム3「探偵小説にみるクライアントと私立探偵のやりとり」参照

※8　感情の反射・反映：巻末の「参考・治療的なコミュニケーション技術一覧」参照

※9　クライアントによる決め言葉：情報サポートの例（コラム4）のなかのクライアントから発せられた言葉

※10　自己開示的なフィードバック：巻末の「参考・治療的なコミュニケーション技術一覧」参照

※11　超自我・スーパーエゴ：フロイトの考えるパーソナリティ構造のうちの3番目に当たり、「子供時代から親や社会によって規定された『道徳原理』に従い、正しい行動をするよう仕向ける『良心』に相当するもの」（『キーワードコレクション　心理学』重野純編・新曜社・21頁）

※12　問題の中核：第2部第1章参照

※13　解釈：巻末の「参考・治療的なコミュニケーション技術一覧」参照

※14　情報サポート：表5&コラム4参照

※15　隠喩 metaphor：2つの事物の類似性の暗示的な表現。例「言葉の錬金術」「玉の肌」「沈黙は金、雄弁は銀」

3 心身ともに痛手が大きくて、潜在的に有している強さや生きる力を発揮できないでいるクライアントへの理解

ケアの場面で相談援助専門職の前に登場されるクライアントの多くが、このカテゴリーに属しているといっても過言ではないと考えられます。加齢や疾病、障害などによって、または突然の発病や受傷などによって、そのときまで生きてきた過程で培い、手に入れてきたさまざまな生きる能力を、一時的あるいは永久に喪失している状況に直面しているクライアントのかた達です。これらの〈対象喪失〉（※1）により、彼らは自己像の変換を余儀なくされ、自己評価が低下していることによって、ただでさえ失ったさまざまな生き抜くための機能をより低下させている、といった悪循環に陥っている場合も多々みられます。ただし、〈強さ〉は十分に残っておられますので留意します。

対象者としては、重篤な疾病の急性期にある患者や、慢性期に入っても症状の回復がはかばかしくないか、重い障害を蒙ってしまった状態で、自己の回復ができていないかた達がまず目に浮かんできますが、ここでは、あくまでも彼らにとっての症状や障害の重さであって、援助者側にとっての重さではありません。また、心身の傷を長期間蒙ったままの状態で、家族や社会の一員として十分に認知されないまま生きてこられたかた達も、このステージのクライアントとして考えられます。

一方で、対象者が水面下になんらかの健康問題、人間としての発達過程における不充足や未達成課題、心理的な問題や家族間の葛藤、学業や職業などの社会生活上の諸問題などの未解決な課題を同時に複数抱えた状態でも、基礎体力が持続できるあいだは、いずれかが沸点を超えないように取り繕いながら日常生活をしのいでいけます。微妙なバランスが働いているところへ、それらが解決されないままひきずってきた問題の

ひとつでも臨界点を超えてしまいますと、火山が噴火してマグマを放出するごとく、他の課題も一気に吹き出し、現実の生活のなかで顕在化します。一挙に複数の問題を抱えた状況に置かれてしまったクライアントに深刻な心身の健康問題がかぶさりますと、問題に対処する当人の力が奪われてしまいます。周囲にしっかりものの家族や親しい友人など、当人に替わって対処してくれる存在があれば切り抜けられますが、多くは、周囲の人達にもそれまでの過程で深刻な影響を及ぼしていますから、複雑で複数の未解決な問題を露呈したままの〈重複した問題を抱えた困難ケース〉として援助者の前に現われます。

援助者に求められる能力

このようなクライアントを理解するために援助者に求められる能力が、本節の1および2で紹介した力のあるクライアント以上に「いま、目の前におられるかたは、身体的に、精神的に、心理的に、社会的にどこにいるのか」という、彼らのライフステージを踏まえたポジショニングの視点と、「相手を理解していくために必要な個人情報をいかに相手から気持ちよく語っていただけるか」、という対象理解のために必要な情報を引き出せるだけのコミュニケーション技術になります。

これまでの1および2で論じてきた力のあるクライアントとの大きな違いは、要援護者や患者に該当するケアを直接必要としているクライアント本人にとって、彼らに生じている身体的・認知的・情緒的・社会的な問題が、彼らの生活の維持・遂行に大きな障りとなっており、存在そのものへの侵襲度が一時的に、あるいはかなりの長期間、場合によっては永久に大きいことにあります。

したがって、私たち援助者がお目にかかるちょうどその時期、ご自分が置かれている問題状況を、自分と自分が関係する周囲の他者との関係のなかで充分に理解できたり、自分にとって何が最善かを判断でき、それを他者に表明できるだけの自己決定能力および問題状況を自分が望む方向に突破できるだけの機動力も不足している場合が多いかた達だともいえます。

ですから、ここでいう相談者、つまり図3の「A：ケアの対象者が生きる力（強さ）」に該当するかた達（※2）の生きる力が失われていれば当然のこと、潜在的にその力や強さを有していたとしても、ご自分に生じている社会生活上の諸問題や精神的な悩みなどについて、私たち援助者がお目にかかる時点では、彼らがその問題点を認識できていない場合もあります。したがって、彼らに生じている問題状況と同様、そのための対処課題・ニーズなどをご自分で探索したり、考えたりする能力が不足していることも多々みられます。

このようなクライアントに対してのアセスメントの視点は、社会生活を維持・遂行していくために必要な健康面の能力に加えて、先のような状況認識・判断および現実処理能力の不足、つまりケアの対象者に生じている〈依存性の段階・ケアニーズ〉に対して、図3でお示しした「B：家族およびインフォーマルな関係にあるかた達の生きる力（強さ）」がどれだけそのケアニーズを補完できるか、つまり家族をはじめとした周囲のインフォーマルな関係にあるかた達との関係性を踏まえた「A」および「B」全体の基礎体力の見積もりが最重要になります。（※3）これらの点については、拙著ですでに「アセスメントの視点」として4次元的な目のつけどころを詳述しています。本書では、その柱になるポイントを第2部の図2－6「人と固有の問題状況を理解するための枠組み」としてお示ししていますので、図3と合わせてご参照ください。（※4）

このカテゴリーに属するクライアントの状態像は、数限りないバラエティがあります。対人援助専門職の職場や地域、都道府県単位で行なっている本格的な「事例検討」に登場するクライアントのほとんどが、本項の3と次の4に属するかた達ですし、従来の社会福祉の実践場面でも最も多い範疇に入るクライアントでもあったと考えられます。しかし、これまでの私の経験では、多くの対人援助職者がクライアントの強さや生きる力を見損なったまま、必要以上に「能力のないクライアント」と見做した支援計画を押しつけていました。ですからクライアントへの支援がうまく進まず、〈援助困難事例〉として事例検討の場に登場するのですが、検討の結果、援助者から〈まとめ〉として出てくることばは、「(早速、明日からこのクライアントに対してやり直すことは) まず、本人の話をよく聴きます」が圧倒的に多く、これは検討の過程で「これまで力がなく、キーパーソンにもならないと見做していたクライアントが、実はものすごく力をもっていた」ということを事例を提出した援助者が気づくからです。

「聞きわけのない患者」の自己像を探る

ここでは日常生活での対処能力が臨界点を超えてしまい、パニック状況に陥り、その内的世界が比較的他者に理解されにくいクライアントを例にして考えてみたいと思います。

共時性（※5）が作用して、次から次に不幸や困難な状況に見舞われて、彼らの〈トレランス・耐性〉を超えてしまうような重複した問題を抱えているクライアントは、心身ともに痛めつけられた状態で援助者の前に現われます。

たとえば、突然の発病や事故により、それまでの人格が変わってしまった連れ合いを介護するなかで、必死で連れ合いの尊厳やかつての〈そのひとらしさ〉を保とうと苦心されてきたかたが、力尽きてご自分が発病されてしまい、ご自分の療養よりも連れ合いのことが心配でパニック状態に陥ってしまう、という危機状況に陥っておられたとします。

援助者がそのかたの背後にある固有の心の痛みや事情に目を向けないで、そのかたの病気や療養上の問題のみに着目し、なんとか治療のラインに乗せようと働きかけても、相手はご自分の療養に集中してくれずに、そのような援助者からみると見当違いとさえ感じられるような〈表現された訴え〉を行ない、当惑させられてしまいます。

そのかたご自身の身体のほうが危機的な状況にあって、医師をはじめとする医療スタッフが、「少なくとも2週間以上の入院療養が必要」と判断して説得にかかっても、そのかたは「家に帰りたい、帰らなければならない、帰してください」と必死に訴えるのです。このような場面では、患者は往々にして「聞きわけのない患者」とみなされ、彼らの訴えの背後にある感情や固有の事情に目を向けてもらえません。そのかたの場合は、ご自身の感覚としては患者ではなく、依然として連れ合いをケアしている介護者であり、妻であり、夫なのです。援助者側がこのクライアントの〈自己像・セルフイメージ〉（※6）に目を向けなければ、双方のやりとりはかなり強引にどちらかが押し切る不幸なかたちで終わりがちです。

このようなかた達は、言語で表現された訴えが錯綜しているか、心の叫びをさまざまなかたちで表出されますので、まず、初回ないしはアセスメントのための面接は、彼らの存在そのものの〈手当て〉をしてからでなければ、ニーズを明らかにして、そのための支援計画を策定する段階へ進めていけません。そのかたがご自分にふりかかっている現実と直面していけるだけの土台を整える支援が必要なのです。ケアに関わる多くの相談援助面接には、クライアントが彼らに生じている現実的な問題に直面し、対処しようという気組みをもてるような状態にご自身の身を置けるように、その〈基盤〉を整えるための確かな治療的コミュニケーション技術に裏打ちされた援助者としての態度が要求されています。しかし、それはなによりもいま、彼らが置かれている状況と内的世界とのズレを察知し、査定できるアセスメント力あってのことです。

そのような場合は、援助者は彼らが置かれている状況を理解する過程で、できれば彼ら自身の力でその課題に取り組むことが可能になるように、〈インタビュー〉そのもので、つまり彼らから情報を引き出す過程で、彼らの存在そのものを〈手当て〉していきます。

その場合の援助者の対応は、治療的なコミュニケーション技術である〈反射〉（※7）のなかでも、クライアントの「気持ち・感情」を重視して、彼らが直面している問題を整理していきながら、筋道を立てていく面接が必要になります。つまり、さまざまな〈治療的なコミュニケーション技術〉を駆使しながら、〈自己評価を高めるサポート〉（※8）や〈情報サポート〉（※9）などの〈ソーシャルサポート〉（※10）をしていく過程で、彼らが置かれている問題状況をしっかりと認識でき、対処していけるだけの力を発揮できるような支援をしていくのです。

先のケースでいえば、長年連れ合いを介護してこられたかたの〈アイデンティティ・生きる拠りどころ、あるいは自分が自分であることの証〉を援助者側が充分に認めることが出発点になります。そして、患者としてではなく、おひとりの生活者として、妻として、夫としてのそのかたを尊重します。そのうえで、彼らの人生で重要な役割である「介護者・保護者としての機能を果たせなくなるのでは？」「私が世話しない（できない）で、あの人はどうなる？」といった不安や焦燥感などへの充分な手当てをしながら、目の前のかたが大切になさっている問題状況にどのような対処・解決方法が考えられるかについての情報を提供していきます。つまり、パニック状態から発信されるさまざまな〈表現された訴え〉から〈問題の中核〉（※11）を瞬時に見抜き、その点への理解を伝えます。クライアントが大切にしているものを認め、尊重する援助者側の態度がクライアントの存在そのものの手当てにつながるのです。

このようにして情緒面への手当てもしながら、クライアントがご自身に発生した人生や生活上の問題について知的に考えられるような土壌を整えていきます。そのうえで、彼らが乗り越えなければならない課題について考えられるような材料としての情報を提供していきます。このときの情報は、彼らが置かれている身体的・認知的・情緒的な状態にチャンネルを合わせて提供されなければ意味がありません。そうでなければ、援助の基本原則として教科書的に唱えられている「自己決定の原則」（※12）に届く支援は到底できません。また、教科書的によく唱えられている「受容的・共感的理解」も、アセスメント力を伴った治療的なコミュニケーション技術を有していなければ、到達できないのです。（※13）「傾聴の技術」を生《なま》の事象に照らし合わせて実感するのではなく、ロールプレイでいくら練習しても、アセスメント・見積もり能力はつきません。まず、クライアントをどう理解するかについての目のつけどころ・視点の当て方や基本的な知識を身につけることのほうが先で、そのための手立てが「傾聴」を中核とした「面接技術」になります。（教科書の多くは、とても難しくて、手に入れるためにはとてつもない集中力と忍耐と努力を費やさなければならない技術を、その中身をはしょって紹介しすぎていると思います）

クライアントの自己決定を支える基盤を整え、支えていくための援助は、図４（※14）でもお示ししましたように、まず、クライアントそのひとと彼らが置かれている状況の理解から始まるのです。（図１－［Ｉ］の部分）さらに、状況の理解のためには、それを実現し、支えていくための援助能力を要します。クライアント理解（アセスメント）と手当て（面接による直接的な援助）は両輪の関係にあるのです。

［註］

※１　対象喪失：この概念も相談援助面接実践には重要で、対人援助者にとって必須概念です。『未知との遭遇』１０８～１１１頁

に『対象喪失』（小此木啓吾著・中公新書・1979年）から引用して解説しています。
※2　第2部第2章参照
※3　本章第2節参照
※4　アセスメントの視点・目のつけどころ：第2部第1章第6節参照
※5　共時性：シンクロニシティ・意味のある偶然
※6　自己像・セルフイメージ：自分はどのようなものであるか、という自分自身への理解
※7　反射：巻末の「参考・治療的なコミュニケーション技術一覧」参照
※8　自己評価を高めるサポート：表5参照
※9　情報サポート：表5参照
※10　ソーシャルサポート：表5参照
※11　問題の中核：第2部第1章第2節参照
※12　自己決定の原則：第1部第1章第1節参照
※13　受容的・共感的理解：図4参照
※14　図4「〈受容的・共感的理解〉から〈自己決定を支える基盤を整え、支える〉ための援助の構図」

4　アウトリーチ（※1）が必要な危機状況にあるか「待ち・忍耐・持続性および継続性」を要求されているクライアントへの理解

この範疇に入るクライアントも、前項の3と同じく従来から現在に至る社会福祉実践の重要な対象になります。現代では新しい貧困問題や家庭内や関係者の内側に沈潜していて外からは見えにくい問題状況にあるかた達も出現しており、地域福祉実践の重要な対象になっています。

たとえば、独居者や高齢者夫婦世帯などで、種々の事情から地域社会と孤立しているかた達、家族全員の

社会生活機能が低下している世帯、家族内の精神的疾患の連鎖により疲弊している世帯、深刻で複合的な家族全体の病理的問題を呈している世帯など、数え上げたらきりがありません。

当然のことですが、クライアントが置かれている状況が、生命や生活に関わるような危機的な状況であると援助者が判断できるときは、危機介入したあとで、先述したような〈手当て〉をしていきます。が、危機介入の際でも、できるだけクライアントの主体性や意思を尊重しながら介入しませんと、取り返しのつかない事態を招いたり、その後の信頼関係の構築に支障が生じます。

また、クライアントの生命や生活の危機にあたっては、彼らのライフステージや健康状態からみた人生の持ち時間とご家族や住み慣れた家や土地などとの一体感・親密度などを彼らの内的世界に添って十分に吟味したうえで、介入のタイミングをはかる配慮が必要です。下手をすると、援助者や地域社会の側にとっての危機感覚を優先させてしまいがちで、本人の内的世界、この場合は生死観や老い観になりますが、彼らの価値観を無視した介入による緊急避難は、あとで援助者自身が悔いを残してしまうような事態を招きやすいからです。「この生命、誰のもの?」という医療社会がもたらした難題を問うことなしには対応できない問題もあるからです。ただし、医療専門職からみて、「いま加療すれば生命、それも生活者としての生命を取り戻せる」という判断は重要です。「待ったなし」の緊急の場合を除いては、先の2と3で申し述べたような対応をしたうえで、できるだけ本人の意向を確かめ、援助者側が総合的に判断せざるをえない事態も生じますが、あくまでも「クライアントにとってなにが最良か」を常に最優先させたいものです。

一方では、周囲のひと達から「援助が必要な人」とみなされているかた達もいます。というのは、社会の一般的な生活・文化水準からみて彼らが困難な問題状況に陥っているということを、さまざまな要因から自覚していないか、それが彼らの生活文化としての通常な生活という場合も多々あるからです。これらのかた達のなかには、潜在的なニーズをもっていても自覚していないか抑圧していたり、自覚していても過去の相談経験で苦い思いをしていたりと、援助者にとってクライアントとして相談援助の土俵に上がっていただくまでの土壌づくりが必要なかたもいらっしゃいます。いわゆる〈接近困難なクライアント〉（※2）と呼ばれているかた達です。彼らのなかには、危機状況に陥っておられる場合も多いので、支援の手を差しのべるためには相当の臨床能力に加えて、自らクライアントのもとへ足を運び、こころを寄せるフットワークのよさと忍耐が要求されます。

こうした援助者や地域社会の側から支援の対象とみなされているかた達への接近は、「彼らが生きている世界」からみてその問題がどれだけ不利益を生じさせているかを理解しながら、〈実際的な道具的サポート〉（※3）としての社会サービスを受けられるようになるまでの基盤・土壌を整える作業が必要になります。その第一歩は、彼らと最初に接近した援助者とのあいだに信頼関係を築きあげていく作業から入りますが、その際に要求される技術的態度は、まず、こころと身体を寄せるフットワークのよさと忍耐強い継続性にあり、最終的には〈相互交流〉に基づいた〈交互作用〉を成立させられるか否かにあります。

ですから、まず、［Ⅰ］の「クライアントが置かれている状況を的確に把握し、分析する」という見積もり・アセスメントには、クライアントが生きている世界に沿った理解が重要な鍵になります。

［註］

※1　アウトリーチ：「クライアント本人から自発的な援助要請がない場合、もしくは、ニーズが明確に意識されていない場合に、援助機関の側から積極的な介入を行うこと」（『社会福祉辞典』528頁・大月書店）

※2　接近困難なクライアントは存在しても、重複した問題ケースはあっても、処遇困難事例はありません。

※3　実際的な道具的サポート：表5「ソーシャルサポートの機能別6分類」参照

コラム 05

対人援助他職種とも共通している基盤としての面接・弁護士

どのような領域であろうと、「人とひととのコミュニケーション」を媒介として仕事をしておられるかた達に要求されている視点はかなり共通する部分が多いと考えられます。たとえば、受付窓口や営業的な仕事、顧客のニーズを的確に引き出せなければその後の仕事に支障をきたしてしまうような建築設計家や広告製作者などがよい例です。もちろん法律関係では弁護士や司法書士、税理士なども該当します。

ここでは、私がかつて医療ソーシャルワーカーとして働いていたときに担当していた高齢患者が遺言書を作らなければならない状況にあったとき、お願いした弁護士との協働ワークから受けた刺激についてご紹介させていただきます。

クライアントは数年前ご主人を看取られたあと、ご主人の遺言書も無いなかで、お子さんがいらっしゃらなかったこともあり、遺産相続や名義変更手続きに要する法律上の諸手続きが複雑で手間が要ったため、そのまま放置していました。非常に頭のよい女性でしたが、ご主人の死亡を届けていませんでしたので、銀行の預金の出し入れや貸し金庫の使用も障りがなく、日常生活に支障をきたしておられなかったために放置したままで暮らしておられたようです。何回もの戦争を体験し、ここまで生き抜いてこられたかたは身体もこころもかなり我慢強く強健です。おそらくその頃から加齢に加えて癌に侵されていたのでしょう。そのかたはぎりぎりまでご自宅で暮らされ、胸水がいよいよ呼吸苦に陥って、やっと受診されたときの診断は「末期に近い癌」でした。おひとりで暮らしてこられたかたですから、覚悟ができておられたのでしょう。

主治医からの勧めで相談室に来られたとき、すんなりと遺言の話になり、このままの状態で遺言書も書かないまま死んでしまったら、遠隔地にあるご主人の眠っている墓に入れてもらえない、という強い動機づけのもとでの弁護士への依頼でした。このまま何もしないでいては、彼女の親族にほとんどの財産が渡ってしまい、墓守をしている甥御さんにはほんの少ししか墓守料・永代供養料がいかないことが判明したのです。

以前仕事上で出会い、とてもやり手で信頼に値する弁護士さんを紹介し、その初めての面接の冒頭場面に立ち会いました。そのときの弁護士さんは、目的は「遺言書作成」だったのですが、自己紹介と主訴の確認およびこれからのインタビューの目的をお話ししたあと、クライアントである彼女の実家とご主人の家系図や財産の総目録やどの人にどのぐらいの遺産を分与するかという按分などに関する聴き取りを始める際におっしゃった導入のことばがしゃれていました。

「私は、○○さんの人生を知りません。これから教えていただいてよろしいでしょうか」

そういわれてしまえば、クライアントは気持ちよくご自分の人生を語りはじめます。その導入部分の時点で媒介者であった私は席をはずしましたので、その後の展開のすべては知りえません。ですが、途中でおふたりにお茶をお運びしたとき、クライアントである老女性が、「わたしは嫁に入った身であること」にこだわり、思考が中断しているところでした。そのとき、その弁護士はきちんと〈情報サポート〉をしていました。

「○○さん、いまは昔の民法とは違います。いまここでは『嫁に入った』ということは忘れてください。遺言書を作るということは、○○さんのお考えやご希望どおりに遺産を分けるということなんです。○○さんの自由にしていいんです。そのための遺言書です」

私がこの弁護士さんの面接場面に遭遇したのは二度目で、前回は高度な難聴の90歳を超えた男性で、しかも、入院前に精神障害のお嬢さんを父親である彼の同意入院のかたちである精神科の病院に入院させておられ、そのお嬢さんからの手紙による依頼で、父親の同意についての考えと決断を確認しにいらっしゃったときに同席していました。そのときは、「同意を解くか否か」が主題でしたので、この老父と精神障害のあるお嬢さんのこれからの生活や情緒的な課題については一切触らず、高度難聴のクライアントへの確認のしかたも法律的な判断材料としての情報を確認して、「法律的に問題ありませんね」と実にクールに処理しておられました。

※このクライアントに対しては、ソーシャルワーカーである援助者は弁護士への依頼に至る過程で〈動機づけ〉と〈情報サポート〉をしています。

①〈情報サポート〉については、まず、この女性は相続や遺言書に関する正確な知識をお持ちではありませんでしたので、お教えしました。

②そのうえで、〈動機づけのサポート〉としては、彼女の漠然とした気持ちを引き出し、明確化し、

③「夫と同じ墓に入りたい」という気持ちを確認しています。

④そのうえで、そのためにはどうすればいいかという〈情報サポート〉をしました。

※〈情報サポート〉については、表5「ソーシャルサポートの機能別6分類」およびコラム4参照

コラム 06

理解することについて

——その1・理解することは、愛することにつながる？

フォレスト・カーターが描いた本『リトル・トリー』（※1）のなかに名言があります。

本書は、5歳のときに両親（1年前に父親、このときは母親）と相次いで死別した男の子が、チェロキー族（北米南東部のアパラチア山脈南端に住み、農耕と狩猟生活を営んでいた森林インディアン）の祖父母に引き取られ、山を背にした谷間の小屋へ向かうところから始まります。全編〈人が生きる感受性〉に満ちあふれ、何回読んでも新しい発見があり、私が付箋だらけにしたいくつかの本のなかの一冊です。

喪失への考え方、自律性、誇り（自己評価）の大切さ、からだの心と魂の心、苦痛をこらえる方法、与えることと教えること、言葉より声の調子に気をつける（この点が面接上の注意）など、書き出したらきりがないほど刺激的な名セリフにあふれています。このような名著はひたすら没入して読めばいいものであるので、ここで下手に引用することについては若干の抵抗がありますが、どうしても使いたいのと、本の紹介をしたいのとで、一箇所だけ引用させていただきます。

「祖母は名前を『きれいな蜂（ボニー・ビー）』と言った。ある夜おそく、祖父がI kin ye,Bonnie Bee.と言うのを聞いたとき、ぼくにはそれがI love you.と言っているのだとわかった。言葉の響きの中に、そのような感情がこもっていたからだ。

また、祖母が話の途中でDo ye kin me,Wales?　とたずねることがあった。すると祖父はI kin ye.と返す。それはI understand you.という意味である。祖父と祖母にとっては、愛と理解はひとつのものだった。祖母が言うには、人は理解できないものを愛することはできないし、ましてや理解できない人や神に愛をいだくことはできない」

※1 『リトル・トリー』（フォレスト・カーター著／和田穹男訳・めるくまーる・1991年）67～68頁

コラム 07

理解することについて
――その2・沢木耕太郎さんの『インタビュー論』から

容量について

ノンフィクション作家の沢木耕太郎さんは私とは同年齢です。彼の初期の作品『人の砂漠』（新潮社・1977年）を読んだとき、老人問題に対する彼のまなざしの深さと鋭さを、同じ20代の人のものとは思えず、老人医療の領域にプロのはしくれとして身を置いていた人間として、やはり同年だった同僚とともにショックを受けたことを、いまでもしつこく覚えています。ほぼ20年後、彼の講演を掲載した雑誌のコピーを、医学書院の編集者である白石正明さんからいただいて目を通したときにも、ある種の爽快感を抱きました。彼の仕事である「ノンフィクションを書くという中核にある作業は、インタビューをすることで、人と会って話を聞くということ」についての考え方が、とても刺激的で、私たち相談援助職、または援助面接を要求されている専門職にとってのインタビューとの共通点と相違点を考える機会にもなりました。

沢木さんの講演の掲載雑誌「精神科看護53号（1995年）」によると、沢木さんは、「インタビューという行為の目的が、ある情報を手に入れたいというものと、相手を理解したいというものと、その2つに大きく分かれるだろう」と述べていますが、私たち援助専門職の面接でも、クライアントから個人情報を引き出す行為においてはその目的は共通です。ただし、その行為がクライアントの利益に結びつかなければ失礼にあたることに価値を置いている点が決定的な相違点であるといえます。この点については、沢木さんも「インタビューとカウンセリング」で、両者の目的が異なっていることを踏まえてなお、「基本的には僕がインタビューをするときの立場というか、立脚点とほとんど同じだ」として、その際の「心がけ」はロジャース派の人が言う「傾聴の3条件」とほとんど変わらないと述べ、つぎのように続けています。

「最初の一回目は、基本的には捨てる。……基本的には、自分を知ってもらう。……そこでは、語られることよりも、私が何者であって、あなたにとって何者であるかがわかってくれるほうが重要だという判断がある。……そしてもう一つ、私は強くあなたを理解したいと思っているということを伝える。……と同時に、その話を聞く態度は、基本的に（その人に）身を添わせる。要するに、反発したり挑発したりする必要はまったくないのです。その人にできる限り身を添わせて、その人の物語りたいような物語を聞く。しかし、物語りたい物語は、必ず長く聞いていくうちに修正されていくと思うんです、それが本当のものと違うものであればね。物語りたい物語が本当の物語になる時間をゆっくりと待てばいい。そして、それには1年とか2年とかの時間がかかるんです。

あるいは、僕のインタビューの方法のなかには、僕自身の相手に対する反応、リアクションをかなり正確にするということがあります。わかったこと、わからないこと、心が動かされたこと、動かされなかったこと、それらを遠慮せずに表す。そして尋ねるときには、相手に対する想像力を全面的に駆使して質問を設定していく。」（26〜27頁）

沢木氏のインタビューのありようは、私たち援助職と変わりません。ましてやカウンセリングの場面や本書の第1章で著わしたような援助実践であれば、一点を除いて「すべてその通り」だと思います。その一点とは、私たちのようなケアに携わっている援助者のインタビューは、初回がとても重要で、沢木さんが述べている「最初の一回目」は捨てられません。「最初の一回目」に、沢木さんが重要視している2点に加えて、相手に物語ってもらわなくてはならないのです。

しかも相手の話の流れのなかで修正もかけ、なによりも一回ごとの締めをしっかりしなければメリハリのついた援助行為にならないのです。ノンフィクション作家のインタビューと私たちが行なう相談援助面接の目的の違いもあるのでしょうが、そこでの時間の流れの違いが相当にあると考えられます。このことを考えていたとき、ふっと以前読んだことのあるＳＦの作品（※１）を思い出しました。地球よりおそろしく重力が重い惑星の生命体の成長過程が、我々とは異なる超スピードであることです。この地球でも、『ゾウの時間　ネズミの時間』（※２）の本にもあるように、身体時間が人間とは異なっている生物ばかりです。

私たち対人援助職は、同じ人間相手にその人の成長や変化の時間に付き合うことは不可能です。凝縮された時間のなかで、その人に生じている人生の発達途上の問題を対処または解決していくという方向で関わっていきます。ゆえに、初回でどれだけその人の問題状況の本質（核）に迫れるかが80パーセント勝負なのだと考えられます。ですから、私たち対人援助専門職には、〈傾聴の技術〉が必要なのです。

ですが、私は、対人援助専門職の技術は、専門職としての姿勢、「私は、何をする人で、何のためにいま、目の前の人から個人情報を聴き取るのか」という立脚点をはっきりと自覚したうえで、クライアントを理解するための基本的な視点や知識を有し、そのうえで沢木さんが述べておられるように「あなたを理解したい」という援助者側の熱意があれば、必然的に身についてくるものだと考えています。

最後に沢木さんは、インタビューする者の力量として故淀川長治さんが映画によって手に入れた「背丈」を例に出して、インタビューの出発点と到達点を語っていますが、私も同意見です。このくだりについては、以下に引用させていただきます。

「相手から言葉が流れるように流れてくるためには、どうしても何らかの形で自分の背丈を高くするよりしようがないと思えるんです。人を理解するために言葉を手に入れようとする。その言葉の手の入れ方の一つとしてインタビューというものが存在する。

しかしその究極の形は、向こうから自然に言葉が流れてくることだと思うんです。それがインタビューについての出発点であり、到達点でもあるのです。」(29頁)

※1 『愛はさだめ、さだめは死』(ジェイムズ・ティプトリー・ジュニア著/伊藤典夫・浅倉久志訳・ハヤカワ文庫・1987年)

※2 『ゾウの時間 ネズミの時間――サイズの生物学』(本川達雄著・中公新書・1992年)

第2章 援助者である自分と自分が置かれている状況を把握し、理解できていること

図1－［Ⅱ］－①は、相談援助職者として真のプロフェッショナルをめざすために、出発地点をどこに置き、何をめざして何を手に入れていくかという職業的な熟成過程と達成目標に深く関わっています。本書を著した目的もここにあります。ですから、図1－［Ⅱ］－①の「援助者」の枠内には、支援の対象者を前にしているときの援助者が［知的・分析的、援助的身体］であることと、〈視点、知識・技術に裏打ちされた態度〈価値観〉〉を有していることを明記してあります。この2点を確固たるものに仕上げていくことが対人援助者としての熟成目標になります。

［Ⅱ］－①については、本書のすべての箇所で、援助者自身の臨床実践能力を身につけるために重要な視点と姿勢についてふれていますが、第3部の第1章であらためて詳述します。そのうえで第3部第2章で身体化について考察し、第3章でプロの臨床実践家の熟成過程のモデルについての私の思案を提示して、プロフェッショナルとして何を目標に研鑽していくのかを考えていきます。図2で概念化を試みている実際に身体化しておくとよい8つの枠組みについては、第2部で解説します。

本章では、［Ⅱ］の②「援助者が所属している機関・施設のサービス提供能力」および③「クライアントが居住し、援助者が実践している活動地域のサービス提供能力」を中心に解説していくことになりますが、②および③の個々の内容については、拙著ですでに〈場のポジショニング〉として書いています。（※1）ここでは、第1節で場のポジショニングの必要性を再確認したうえで、前著で既述している内容をさらに発展させた項目を加えて、演習形式にしたものをお示ししました。その際に、自己学習できるように、各々の項目について何故に理解しておくことが必要なのか、そのねらいと留意点を詳しく解説してあります。

本章の第2節では、〈相互交流〉を基盤とする対人援助者にとってその立脚地点そのものであるという観点から、主として図1－［Ⅱ］を構成している要素と［Ⅱ］の右欄に記している〈マージナルマン・境界人〉との関係に力点をおいて詳しく考えていきます。

［註］

※1　『未知との遭遇』第2部第4章「対人援助の基盤」－Ⅲ「援助者としての私が置かれている状況（と場）をポジショニングする」239～248頁

第1節

場のポジショニング

援助者は、〈私は、誰に対して、その誰とはどのような問題をもっていて、どこで、何をする人か。どこまでクライアントに対して責任をもてる人か〉という、援助者自身の拠って立つ地点を常に明確に意識しながら仕事に臨むことが重要です。

この〈私自身〉と〈私が働いている場〉のポジショニングをして、「私は何をする人か」を明確に意識できている状態に自分自身を置いたうえで、クライアントと会い、できるだけクライアントと共働で支援目標を設定し、具体的な対処策・支援方法を計画して、必要と考えられる課題に対して実際的な支援を行ないます。ここで申し上げている〈私自身〉とは、図１－［Ⅱ］－①に該当しますが、敷衍《ふえん》していえば、援助者である私自身の現時点における実際的なサービス提供能力に加えて、自分自身の背後に控えている後方支援態勢が有している臨床実践能力の総体が、クライアントに対するサービス提供の総合力になります。

〈後方支援態勢〉とは、図１－［Ⅱ］の一番下に記してある「私のバックアップシステムがいる（コンサルテーションのネットワークをもつ）」と同じく、［Ⅱ］－②「所属機関や施設」および［Ⅱ］－③「居住地域の資源」が有している人と資源のサービス提供能力全体を意味しています。②および③では足りない場合は、さらに外、つまり主たる活動地域の市町村から広域へ、ひいては都道府県およびそれを越えた全国レベルで

「餅は餅屋」を求めていきます。

私たち対人援助職者の仕事は「クライアントそのひととその人たちが置かれている問題状況を理解すること」から始まります。が、その前に援助者である自分自身のサービス提供能力に加えて、自分自身の背後に控えている後方支援態勢への的確な見積もりをしておくことが、クライアントに対する最大のエチケットになります。かといって、実際にクライアントそのひとやその人たちに生じている現実的な問題の見積もり・アセスメント力がないところでは、果たして自分自身と後方支援態勢がクライアントに対して現実的に役に立つ存在であるか否かも判断できません。図１－［Ⅱ］の見積もり能力は［Ⅰ］の見積もり能力にも繋がっています。ある意味では、［Ⅱ］の援助者が置かれている世界としての①②③を見積もる作業が、［Ⅰ］のクライアントが生きている世界で理解する作業への予行演習的な意味合いを有しています。（※１）ですから、私自身が実施しているスーパーヴィジョン研修では、参加される皆様に事前または事後学習課題として、

［Ⅱ］の演習課題をお渡ししています。これまでの演習様式に解説を加えたものを次項で提示しましたので、ご参照ください。

〈場のポジショニング〉から始める理由――私自身の経験を通して

では、何故に［Ⅱ］の部分から始める必要があるのでしょうか。先述しましたように私が現在実践しているスーパーヴィジョンや研修の場では、初心者の場合はできるだけ［Ⅱ］の〈場のポジショニング〉から始めるようにしています。なぜなら、ここでのテーマである〝援助者である私は、誰に対して、その誰とはどのような問題をもっていて、どこで、何をする人か〟について援助者自身が認識できていることが、プロフェッショナルとしての責任ある援助の第一歩だからです。この点を身をもって教えてくださったのは、深澤道子先生（元・早稲田大学教授）です。私はこのことを、先生のスーパーヴィジョンを受けてから何年もたったあとで、リハビリテーションの医師が言った「ソーシャルワーカーの役割は〈ポジショニング〉だ」という示唆にピンときて、その後この考え方を熟成させてきました。

その経緯と内容については前著で表現しました（※２）が、そのときはまだ、私がプロフェッショナルとして出発するための土台を造る時期に、ポジショニングの概念がすでに身体に入っていたのだということに気づいていませんでした。「教育の後効果」についてはよくいわれていますが、私が現在のプロの対人援助職者に対する臨床実践力獲得のための支援を職業とするようになってしばらくたったある日、はたと、34年前と29年前と10年前が結びつきました。

34年前は、スーパーヴァイザー（深澤先生）から「ソーシャルワーク業務の基盤を築くための戦略」を立てるために、私達ソーシャルワーカーが配属された東京都養育院附属病院（当時の名称。現在は東京都老人医療センター）の機能と役割を見極めながら、医療機関の組織の仕組みを徹底的にウォッチングして、実際に私達が働く基盤を築くためにスタート地点に立つという実践的な教育を受けた年ですが、そのことが29年前のリハ医の〈ポジショニング〉につながり、10年前にやっと『未知との遭遇～癒しとしての面接』で表現できるようになったのです。が、そのルーツにたどり着けたのは、5～6年前です。なんということでしょう。私の場合は、臨床実践のダイナミズムを実践の言葉で言語化していく作業を積み重ねてきましたので、理論的な枠組みはいつも後付けになります。言葉と実践を結ぶ作業には熟成のための時間が必要で、それまで身体に寝かせてあったものを、実践のなかでさらに言葉として紡いでいる最中に、それまでわからなかったメカニズムを発見することが多いので、これだけ時間がかかったのでしょうか。

援助者が自分の立場性をわきまえておくことについてのテーマに戻ると、実は、クライアントのほうも目の前にいる人が〝何を、どこまでしてくれるのか〟を表明してほしいと考えているはずです。現に、私は現在ある高齢者施設で相談援助面接を実践させていただいておりますが、立場としては、非常勤契約のソーシャルワーカーです。初めの頃は相談者の多くが初回の面接開始時、私に相談することで何を得られるのかを問いかけてこられます。主体性を前面に打ち出した消費者の姿勢をかなり明確に表明されるかたが多く、その問いかけの方法は、ストレートな言葉であったり、試すような質問から始まったり、または用件を小出しにしながら当方を観察していたりと、お人柄や心身の痛みの度合いによってさまざまな様相をお見せになられます。クライアントのほとんどが面接の導入時、目の前にいる人は一応相談担当にはなっているようだが、確実に自分が直面している問題を相談できる人であるか否かをうかがっておられるのですが、それでも単刀直入に質問されるかたはまだ少ないように思います。

そのなかのおひとりが、開口一番放った質問は、

「ソーシャルワーカーというのは、どのような人なんですか?」

でした。その相談者はもちろん、施設の機関誌に登場していた私の写真入りの記事を読んでおられ、下線が引かれてある掲載頁を机の上に広げながら、そのうえでのさらなる問いかけでした。次に「奥川さんは、私に何をしてくださるかたですか? 私の〈癒し〉の部分をなさってくださるかたですか。私はいま、癒しを必要としています。また、私は現在施設とのあいだで……ような事情があります。そのような私と施設とのあいだの橋渡しをしてくださるかたなのか、それとも施設側の立場で私の話をお聞きになられるかたですか」と、問うてこられました。

そのかたは、かなり強度なストレスを慢性的に被っていらした状況にあり、私に相談予約をお入れになる前の数カ月間は、感情も身体も過緊張の状態に身を置くことでそのストレスに対抗しておられましたから、背筋はピンと伸ばし、顔と身体のみならずこころの奥底のすべてを私にヒタと向けながら、私がどのように応えるかを一言も見逃すまいという構えでした。

これらの質問のなかで、私は自分のこれまでの経験に基づいた実績と自分が非常勤のソーシャルワーカーであり、私自身ができることとできないこと、施設の職員との協働でできることなどを丁寧に説明しました。相談者は、一つひとつうなずきながら真剣に聴いていらっしゃいました。その聴き方のすごかったところは、組織の橋渡し的な役割について、「ご相談の内容によっては、私ができるところとできないところがあります」と応えたとき、「それは、当然です!」と、即座に応えられたところでした。

さらに、癒しの部分については、「私はこれまで、東京都老人医療センターで相談業務に24年近く従事してまいりましたので、あなた様のような（ここは固有名詞をきちんと使いました）年齢の女性のご相談を数多く承ってきました。ですから、あなた様がおっしゃった癒しについては、かなりの部分でお応えできると思っています。また、施設側の立場でお話をうかがうということはありません。あなた様のお話はまっさらの白紙の状態でうかがわせていただきます」と、きっぱりと言い切りました。

すると、そのかたは深くうなずかれて、ご自分がどのような状況におられるのかを、本題から始め、その後、順を追って背景の事情を語り始めました。ずっと主婦をされてこられたということでしたが、非常に頭のいいかたでした。が、長期にわたって深く痛め続けてきた心の納め処を見つけられない様子で、もがいておられました。そのことを実に率直にお話しになられたのですが、このように、そのかたが納得して初めて相談開始になったのです。つまり、最初の関門を突破したから、そのかたは、いまご自分が陥っている悩みや困難な状況を矢のようにお話し始めたのです。

私は、この非常勤の相談業務を始めるにあたり、自分の現在の相談援助能力の値踏みと〈場のポジショニング〉については、かなり熟考したうえで相談者に臨みましたので、この開口一番の質問攻めにも対応できました。今後は、消費者としての感覚を有していて、自律した生き方をしてこられたクライアントがますます増えると考えられますので、援助者自身と援助者が置かれている状況のポジショニングが重要であり、「援助者が自信をもって〈何ができるか〉」を伝えられませんと、相談者も納得しないと考えられます。

さらに、相談援助行為の場合のみならず、対人援助の仕事は、近年ますます多くの専門職種や地域住民を主体とした互助組織のメンバーや地域のボランティアなどとの協働ワーク化が進展し、一人または小集団のクライアントに大勢の専門職や支援者などのシステムが関わって実践されています。

したがって、一人ひとりの援助者自身が「社会資源のひとつとしての私」「システムのなかの私」、クライアントの福利のために「システムを活用する私」「システムをつなげる私」「システムを行き来する私」であることを常に認識し、マージナルマン・境界人のスタンスで、クライアントをとりまく種々のシステムを俯瞰できることが重要になりますので、次節からは、これらのポジショニングについて考えます。

その前に、ぜひ次にご案内する「場のポジショニング」に目を通して、ご自分が働いている場を改めて振り返り、確認されてから第2節にお進みください。

[註]

※1　図1－［Ⅰ］および［Ⅱ］の視点は《ポジショニングの視点》でもあり、とくに［Ⅰ］は《アセスメント過程》の中核でもあります。『未知との遭遇』第2部第1章～Ⅱ『あるクライエントとの援助関係』66頁～Ⅲ『新しい援助関係の構築』85～98頁、同第4章～Ⅲ「援助者としての私が置かれている状況（と場）をポジショニングする」２３９～２４８頁参照

※2　『未知との遭遇』１０１頁参照

〈場のポジショニング〉自己学習シート（解説入り）

■対人援助の基本的な視点
……場のポジショニング（私はどのような立場にいる人か→私の立場の確認）

以下の演習課題は、対人援助職者としてクライアントの前に立つ際に、前もって熟考し、査定・見積りを

しておかなければならない課題です。また、対人援助職者に「ポジショニング」が必要な理由や考え方については、拙著『未知との遭遇～癒しとしての面接』の第2部で詳しく書いていますのでご参照ください。(※1)

通常、新人の対人援助職者に対するスーパーヴィジョンは「場のポジショニング」から入ります。援助者自身が自分の臨床実践能力を査定し、働く場が置かれている環境を十分吟味し、援助者としての自分の役割・機能を理解したうえでクライアントの前に立つことが、クライアントに不利益を渡さないための最低限のエチケットになります。この点は、専門職としての熟成段階のスタート地点の目標になります。(↓第3部第3章&表1第1段階参照)

転職したとき、この枠組みが身体に入っていると、業務遂行の基盤を素早く築くことが可能になります。↓図2「臨床実践家が身体にたたきこまなければならない枠組みと組み立て：8－2」に該当。(↓第2部参照)

ご自分たちの職場の個性を加えたものを作成しておきますと、新人職員へのオリエンテーションの資料および新人教育用演習シートとしてお使いになれます。(※2)さらに対人援助職者であると同時に同僚や部下に対して「教育・訓練、サポート、管理・評価などのスーパーヴィジョン機能」を要求されているかたの場合は、［課題1・2・3］の援助の対象は①クライアントと②スーパーヴァイジー（スーパーヴィジョンを受ける人）の双方に該当します。

［註］

※1 『未知との遭遇』第2部第4章－Ⅲ「援助者としての私が置かれている状況（と場）をポジショニングする」239～248頁

参照

※2　自主学習用にお勧めする本：日本療養病床協会ソーシャルワーク部会が編集した『できるソーシャルワーカーになるために〜ワークシートで見るポジショニング』（厚生科学研究所・２００６年）では〈地域〉〈法人〉〈ソーシャルワーカー部門〉〈対象者理解〉〈自分自身〉〈エコマップとジェノグラム〉の６領域に分けたワークシートにていねいな解説が加えられています。

☆私はどのような立場にいる人か……私の立場の確認

★　私自身を理解する：〈わたくし的な《私》〉を理解する。

★　**〈職業的な《私》〉と働く環境を理解する。**

1．私は、**誰**に対して、その誰とはどのような**問題状況（環境）**にあって、

2．**どこで、**

3．**何をする人か**：〈職業的な《私》〉の熟成段階とサービス提供能力を理解する。（どこまで責任をもてるか）

これからの演習課題は、資料揃え、職場や地域の誰から、どの部署から情報収集するのか、その時点から査定作業がはじまります。

ここでは平素の研修でお配りしている演習様式に、各々の課題のねらいについて〈視点と解説〉を加えてあります。

《演習》私はどのような立場にいる人か

↓各々が所属している機関・施設における援助者としての私の確認

1. 私は、誰に対して援助しているか。

★その［誰］とは、どのような［問題］をもっている人かを明らかにすることが大切です。

［課題1］ 対人援助者としてあなたが援助の対象としている人は、**どのような人**ですか。

①クライアントは誰？

・対象者集団からみた特徴

・個別的な特性があれば分析を

②スーパーヴィジョンの対象は？

・スーパーヴァイジーの職種やキャリアなどの属性

〈視点と解説〉

・これまでの援助事例を思い出して、私が職業（または、ミッション・使命）のもとに支援の対象としている人を列記していきます。

〈例〉

高齢者（とその家族）、患者・傷病者、障害者（身体・精神・知的・情緒……）、生活困窮者、家族（子ども・連れ合い・親・祖父母……）、友人・知人・職場の同僚・隣近所の人たち……。

クライアント（依頼人）

◎このような列記のしかたから次のように発展させていきます。

ex.患者・傷病者といってもいろいろな形容がつく。たとえば、病気をもっている人、いま治療を必要としている人、病気を診てもらいにくる人、病気があるかないか／治療が必要かという状況にある人、不安・心配・恐怖を払いにくる人、居場所がないからくる人（サロンとしての病院）、居場所がないから病院に入れられる人、（……）に連れてこられる人（括弧内は個々の事情による）、疾病によって生じた障害で悩んでいる人（身体障害にもいろいろあります。たとえば、肢体不自由（手、足、運動機能、体幹）、視覚、聴覚、音声、言語、咀嚼、平衡、内部（呼吸、心臓、腎臓、膀胱、直腸、小腸）など

■ここでの重要な視点は、この作業をすることにより、働いたり活動している場ごとの支援の対象がかなり鮮明になり、業務統計上にも中核となる対象者とその範囲およびグレーゾーンが明らかになっていくことにあります。たとえば、年齢層、疾病、障害、それらに伴って生じる社会生活上の障害内容など。

次項の［課題2］の〈問題〉と合わせて、いまの職場ではどのような対象者理解のための知識が必要かも明らかになります。初心者の場合は、次項の［課題2］を考えながら、表1の第1段階「C★3．業務を遂行するために必要なクライアント理解のための知識や技術を身につけていく」の・1～・4が関連した課題になります。

［課題2］ 対人援助者としてあなたが援助の対象としている人は、どのような問題をもっていますか。

①クライアント

②スーパーヴィジョンの対象

〈視点と解説〉

・仕事や地域活動で日々お目にかかる対象者がどのような問題を抱えて現われるのか、援助者側の問題のとらえ方が問われる設問です。

・いまの援助者としての自分が、支援の対象者が抱えたり直面している［問題状況］を理解し、支援していくために「何ができるか」「何が足りないのか、何を勉強しなければならないか」が明らかになります。

〈例〉

・加齢、疾病、障害等によって生じた生活問題や心理的な悩み（たとえば日常生活・仕事・経済・家族・介護・療養上に派生した直接・間接的な問題）

・家事・家政……社会活動

・孤独・不安・恐れ

・一定の社会秩序や社会との関係性のなかではみ出ている人（訴えが多い、人間関係が悪い、協調性がない、過度の独立心や自立心、依頼心をもった〈問題老人〉）

■この［問題］はどこで、どの人が対応するかによっても異なってきます。

・援助者側の技倆や仕事を引き受けている業務量と力量との関係によって左右されるからです。どこまで対象者の問題を理解でき、どこまで対象者の主体性や生きる強さや力を引き出せ、その対象者が有している強さや生きる力が現実の生活で発揮できるような支援ができるか、そして対象者の基本的なニーズと派生している問題を腑分けできるかが鍵になります。

・どの場にも［問題とされる人、問題のあるクライアントとみなされる人、援助者側にとって扱いにくい人］がいます。問題とみなすか否かは、クライアントにとっての問題と家族を含めた社会関係のなかで生じている問題を腑分けしていくなかで検討しますが、そのためにはアセスメント力と実際の支援能力が試されてきます。

［課題3］　対人援助者としてのあなたが、援助の対象としている人が抱えたり悩んだりしている問題のなかで、特に困った事柄はありましたか。

→これまでの援助事例を思い起して書き出してみてください。

①クライアント

②スーパーヴィジョンの対象

〈視点と解説〉

・この課題は、最後にある［課題5］のためのウォーミングアップの位置づけになります。ここで一度ご自身の内面に問いかける内省作業を課しておき、次に続く課題に取り組んでいる過程で徐々に［課題3］の問いかけに対するご自分なりの答えが醸成されてきます。

2．私は、どこで［場］働いて（活動して）いるか

★私が働く場のポジショニングを行ない、**場の能力**や機能、役割、責任、空間等を知ることが大切です。そのためには、所属している機関や施設の機能と役割を過去・現在・未来の座標軸からみることが有効です。

［課題4］ あなたが所属している機関や施設の機能と役割について、次の観点からアセスメント（見積もり）をしてください。（組織やそこで働いている人の動きや関係がよく見えてきます。また、この視点は、対人援助機関や施設以外の一般企業や他の就業先でも応用できます）

〈視点と解説〉

これからの課題は、図1－［Ⅱ］の①に該当する援助者である私が所属する機関や施設（図1－［Ⅱ］の②に該当）の機能や役割を吟味していくことによって、クライアントに対するサービス提供能力を見積もって実際の実力を値踏みする際のマニュアル的な視点です。さらにクライアントが暮らし、援助者である私が働いたり、活動している地域（図1－［Ⅱ］の③に該当）のサービス提供能力の見積もりも入っています。この所属機関や地域が提供できる実際のサービス能力の見積もりは、できれば市区町村レベルだけではなく、都道府県あるいは全国レベルのなかでの水準で吟味していただきたいと考えます。

自分が働いている機関や施設および地域のサービス提供能力全体の実力を詳細に査定しておくことは、クライアントの福利が目的ですが、ここでは対人援助職者のほうに焦点を合わせてあります。また、以下のような観点から相談援助職者にとっては最重要課題でもあります。

1　自分が所属している機関・施設の機能や役割を理解することができる。

2　媒介者としてさまざまなシステム間を出入りして活用する立場から、次のようなことが可能となる。

①機関・施設の社会資源としての現在の実力を知ることができる。

②他の機関・施設などの資源との比較が可能になる。

③自機関・施設のサービス提供能力の向上をはかるための基礎資料になり、管理者に提言できる。

④市区町村・都道府県・国に対して制度的資源の実情と改正点を提言できる。

3　対人援助職者としての職業的な熟成過程において、自分のキャリアアップのために、いま所属している場でどのような臨床能力や管理能力など必要な知識や技能が身につけられるかがわかる。

4　業務範囲にグレーゾーンが含まれる対人援助実践が直面する援助者自身の危機や危険などから援助者自身を守るための視点を獲得できる（そのような隠し味も入れてあります）。

5　新人に対するオリエンテーション資料にもなる。

この［課題4］は、先の課題［1］［2］［3］と同様に、真っ向から取り組むほど困難度が高くなる課題ではありますが、私達に要求されているクライアント理解のためのアセスメントと同じ作業過程になっていますから、結果的にはアセスメント能力を試されることになります。また、新人の場合は、クライアントへのアセスメントの視点を予行演習する作業的な位置づけにもなっています。

以下、先の課題［1］［2］と合わせて自分が配属されている部署を中心に、ここでは法人全体が擁する機関・施設全体のサービス提供能力までを目配りしながら各々の課題を眺めていきます。

〈機関・施設〉

1—①

・沿革：設立の歴史と理念・設立目的、時代・社会文化的背景、開設までの経過、開設後の経過・展開
・設立当時の地域の状況および変化
↑「支援の対象者」をめぐる時代・社会状況の変貌とめまぐるしく変化していく保健医療福祉施策などの構造的な変化のなかで、所属している機関・施設との関係をみる。

〈視点と解説〉

★過去をみる。
・機関や施設がある地域の概況をみながらたどっていく
・どのような時代・社会背景のもとで設立されたか
〈設立当初の理念や目的、サービスの内容や対象者の変化（現在まで）をみる〉
自分が所属している機関・施設の歴史を理解するための設問です。「なぜ、こんなことを？」

と疑問に思われるかもしれませんが、将来展望はいま現在の姿だけからはみえてきません。古い伝統のある機関や施設の場合、設立時の理念がどのように貫かれているか、時代や社会の変遷につれ風化していったものや、堅く守られているものなどの発見を通してさまざまな事柄があぶりだされてきます。

←以下は相談援助業務のなかで重要な位置を占める「所属している、あるいは併設機関・施設のサービス」をクライアントに提供する際の査定の中核部分になります。

1―②

・現在の概要、規模、運営主体と経営施設の状況、運営主体が実施している提供可能なサービスメニューと各々の質と量、利用者数と職員の対応能力、設備など

〈視点と解説〉

★現在から将来展望をみる、見通す。

・提供できる基本的なサービス：現在のサービス提供能力をみる

・規模や設置場所

・利用者の特徴と対応数、職員数と構成（職種の種類と数）

1―③

・施設の特徴（特色）、基本的なサービス供給機能および併設機能：目玉になるサービス（たとえば、診療やケア機能など）、サービス実施範囲

・サービス提供対象（年齢、疾病、障害など）

〈視点と解説〉

★所属機関や施設の強みをみる。

・得意な分野（配置されているメンバー構成にもよる）＝付加価値をみる

↓他のサービス提供機関・施設との質的・量的な比較

↑どのように変化してきているか。

1―④

・位置：地域のなかでの地理的位置（全体）と機能的位置（両者は「支援計画」を作る際の重要な視点、また後者は〈何ができて、どこまで可能か〉がわかる）

〈視点と解説〉

★周囲（地域）の他の保健医療・福祉サービス機関のなかでの所属機関や施設の位置と役割・連携の状況をとらえる。その際は、各々の活動地域と全体（県や国）を射程に入れて考える。

★**資源リスト**はできているか。

・社会資源マップ（担当エリア）を描いてみる
・ネットワークの範囲と各々の窓口のキーパーソンを入れてみる
★**連携とコンサルテーションのネットワーキング**はできているか
★とくにケアコーディネーションは誰が担当しているか、担当するのか（↓エコマップ（※1）の応用）

■ここでの作業は、所属している機関・施設が地域に用意されているさまざまな社会資源のなかでどのような役割や機能を果たしているか、果たせる可能性を秘めているかを物理的・機能的に査定・評価していく作業になります。

〈資源リスト〉は、自治体が発行している各種制度やサービスに関するしおりや機関の施設リスト等に加え、各種サービスの査定・評価に必要なチェック項目およびサービス能力の変化に応じて随時加筆訂正できるような様式を作ってファイルしておくととても便利です。（※2）

資源は、ケアに関わる制度的資源・窓口のみならず、私的な資源や地域の活動家、日常生活でときに必要になる警察や消防署、税務署、社会保険事務所など有用なものすべてを含みます。

〈ネットワークの範囲と各々のキーパーソン〉は、仕事上の連携に必要な機関・施設を網羅しておきますが、ここで大事なのは、各機関・施設で窓口として優秀な人材をどれだけ獲得できているかにあります。というのは、私たちの相談援助業務は制度からはみ出しがちなクライアントも対象とすることが多いので、クライアントのニーズを理解して多少の融通をきかせてくれる窓口かどうかがクライアントの利益に直結するからです。

もうひとつの重要な視点は、★印のついている〈連携とコンサルテーションのネットワーキング〉との関連で、ここでは地域のなかで援助職者のバックアップ態勢がどれだけ構築できるかに関わっています。〈ケアコーディネーション〉については、地域の各領域の対人援助（職）者たちのなかで、複雑・多問題・接近困難などの対象者へのアウトリーチやサービス提供中に生じた諸問題に対して、プロ・アマ混合のサービス提供チームをコーディネートできるかという視点です。ここはクライアントの福利にとって重要な点です。望むらくは、臨床能力もあり、クライアントとの信頼関係がいちばんある人が担当できることです。〈エコマップの応用〉とは、自分が所属している機関・施設を中心に密に連携している機関・施設および窓口担当などとの関係の強弱を描いてみることによって、クライアントに実際に適用する際の予行演習にもなります。というのは、エコマップは、アセスメント力があって各システムとの関係や力動を理解してからでなければ、クライアントに対しては活用できないからです。なぜならば、エコマップの活用はクライアントと共働で作成する過程で、クライアントとニーズ確認と各種ニーズを充たすための社会資源活用の必要性およびその実態を援助者とクライアント双方が気づき、自己作成プランに近づいた支援計画作成のために有用だからです。クライアントと作成する前には、予行演習と習熟が必要です。

※1　エコマップについて：書き方・活用のしかたについては第2部第2章第1節「情報収集の枠組み」のなかで紹介しています。
※2　『社会福祉援助活動と地域福祉権利擁護事業〜参加と協働の地平』（山崎美貴子著・全国社会福祉協議会）36〜61頁

〈機関・施設の組織と私〉

ここでの作業のねらいは、組織内のしくみ、物事が決定される回路とその際に働く力動を的確にウオッチングすることにより、一緒に働く人間と集団を観察し、そのなかで自分がどのような立脚点のもとで仕事をしていけばいいかを探ることにあります。そのウオッチングの過程は、クライアントシステム（ケアを必要としている要援護者とその家族や親族、近隣などの総体）全体の構成と関係性を理解する際の予行演習にもなります。

また、自分に業務上のトラブルや個人的な事情や悩みなどが生じたとき、誰に相談したらいいか、誰がいざというときの自分を守ってくれる人か、そのためには平素どのようなことを心構えとしておけばいいか、などを考えるためにも必要な項目です。援助者が自分自身を守れなければ、クライアントの福利も守れないからです。

2−①

・組織図：部門、責任者、理解者が誰か。

2−②

・組織のダイナミクス：命令系統、力関係、表の論理と裏の論理

〈視点と解説〉

★組織のなかに自分を置いてみる。

★組織図を描いてみる（援助者である自分自身を守るためにも必要な作業である）
★どの部門（や人）が組織を動かしているか（誰が実質的に組織を動かしているキーパーソンか）
★関係図を描いてみる（ジェノグラム（※1）の応用）
・家族構成図およびその力動をみていくことと同じ要領で

※1　ジェノグラムについて：書き方・活用のしかたについては第2部第2章第1節「情報収集の枠組み」のなかで紹介しています。また、参考文献として『社会福祉援助活動と地域福祉権利擁護事業〜参加と協働の地平』（山崎美貴子著・全国社会福祉協議会）があります。

〈援助者と施設の関わり〉

3―①
・どの部門に属しているか

3―②
・業務の内容と範囲、施設からの役割期待と援助者の視点、関連部門との重なり、変化
・定着化、普及までの道程
・今後の見通し
・どこを誰に向かって機能するか

〈**視点と解説**〉
★臨床と事務（管理部門）の両面からみていく。
★**位置づけ、独立度**を認識する。
★自分の役職と所属部門の両面から査定する。
・主な業務内容やそれらのランキング
・専門業務と運営・管理業務
・上司や同僚の経験年数や実力
・組織としての動きと個人プレイ
・**他職種との連携と役割分担**（とくに新しく設置された機関や施設の場合）
★**設立母体の理念や経営とクライアントの福利との間に生じるジレンマ**
◎マージナルマンとしての相談援助職者にとってのジレンマがもっとも生じるところ
★**リスクマネジメント**

■いわゆる現場の仕事や現場で生じているさまざまな問題を管理部門にどう理解してもらうか。ここを突破しませんと、人員増を求めても実現しませんし、下手をすると人員減や劣悪な労働環境のもとで働かざるをえなくなります。専門職が働きやすい環境を獲得するうえでも、2および3の課題は重要です。「どこを誰に向かって機能するか」の項は言語化が難しいところです。が、次の「3．私は、何をする人か」の4－①と重ねて専門職の価値観と組織の論理との兼ね合いをはかりながら、どのように身を置き、戦略を立てたらいいのかを熟考する箇所です。

3．私は、何をする人か

★組織のなかで、地域のサービスチームの一員として他の専門職たちと仕事をしていくとき、常に「自分は何をする人か」を意識できていることが重要です。

4—①

・所属機関からの役割期待
・どこを向いて機能するか

〈視点と解説〉

★**専門職としての援助業務と経営**における位置づけを考える。
・どこに重点をおいて業務を確立していくか（スーパーヴァイズ機能を要求されている場合は、指導・監督者としての自分の両面からみていく）

♠**ジレンマ**の発生地点を見極める。
・ジレンマはクライアントの福利と所属機関・施設の経営論理とのあいだに立つ対人援助専門職にはつきものです。とくに相談援助職者の場合は、直接サービスを提供している職員、たとえばデイサービスやデイケア、ホームヘルプサービス、入所施設のケアワーカーや看護師などの志気によっては、ケアの量質とも重いクライアントへのサービスを引き受け、継続してケアの提供を要請するときには、ものすごい胆力と場合によっては駆け引きを要します。

4－②

・どこまで責任をもてるか（**［責任・範囲・逸脱］**）図5「業務の範囲とグレーゾーン及び逸脱、自分の実力及びバックアップの必要性」を参照

・**業務の範囲**と連携

・**援助の限界**の見極め

・「援助ロボット」からのスタート（ここでは、表1「臨床実践家の熟成過程」の第1段階の終了時点［1］所属機関内での役割・機能を理解し、発揮できるようになる」を考えています。自分の個性を磨いて「芸―アート」に到達するためには、さらに長い実践と自己検証の積み重ねを続けて2つの段階を経る過程が待っています）

・**逸脱**：通常業務の枠を超えた援助

〈**視点と解説**〉

★**契約内容とグレーゾーン**の領域を意識する（↑ここは重要！）

・援助の知識と技術の水準はどこにあるか
★援助職としての業務範囲を再考する。
・業務基準（マニュアル）はあるか
・指導者としてのスーパーヴァイズ業務を求められているか
★援助者としての自分の援助能力と所属機関および地域のサービス提供能力を把握しておく。
・どこまでかかわってよいのか
・バックアップ態勢はどういう状態になっているか
・他の専門機関へ繋げる必要はないか（対象者の範囲からみて、どのシステムを考慮しておくとよいか）
★どこまで裁量権があるか、踏み出せるか。
・介入と侵襲（**↑グレーゾーン**：逸脱の美学）

■どのようなクライアントに対しても平均点以上、等質・水準以上の支援ができるか、その業務の範囲と質を専門性と施設双方の水準からみていきます。
「1対多」の関係で援助していく対人援助職者の場合は、「1対1」の関係（たとえば家族や友人などとの親密な関係）を求められたり、踏み込まざるをえない場合、自分の力量と同時に「どこまで支援できるか、支援したほうがよいのか」などをクライアント福利の観点から見極めるために、現在の自分と機関・施設のサービス提供量と能力およびその限界について意識できていることが大切です。

また、自分の実力を超えるクライアントおよび彼らの問題に直面したとき、後方支援者がいるか、どこにいるか、一緒に対応してくれるか、助言をくれるか、そしていざというときに替わって対応してくれる人の存在を意識しておきます。同じ組織内に見当らないときは、外の機関・施設に求めます。（1－④の「★連携とコンサルテーションのネットワーキング」ができていることと関係しています。さらに「逸脱」とも関係してきます）

■自分の援助者としての現在の技術段階から次へのステップへ上がるための必須条件でもある「逸脱」は、対人援助職者がその技術を向上させていくときにとても重要な意味をもっています。業務の「逸脱」は恐れたり避けたりする課題ではなく、慎重に取り組むべき事柄です。

対人援助行為は、〈専門的援助関係〉を基盤としてクライアントのニーズや置かれている状況によって随時対応していきますから、当然支援濃度には各クライアントによって濃淡がでてきますし、援助者が置かれているそのときの心的状況によっても思い入れの濃淡、のめり込みや抱え込みなどが生じてきます。そのようなときにもプロとしての責任を常に意識できるようにしていませんと、抜き差しならない状況に援助者が陥ります。援助者のみならず、クライアントに対して不利益を渡すような事態になることは絶対に避けねばなりません。そのためにも「逸脱」行為にはコンサルテーションやスーパーヴィジョンが必須です。

業務の範囲を超えても、クライアントのニーズが目の前にあれば対応します。たとえば、地域福祉権利擁護事業の専門員や医療機関のソーシャルワーカー、ケアマネジャーなどが、身寄りのないクライアントを担当している場合、そのかたがお亡くなりになり、だれも身内のかたがおいでにならないときには、お骨にしたり、住居の片付けや金銭上の清算などを行なっています。

また、クライアントのニーズ解決のためには、種々の裏技や禁じ手も、自分が墜ちない範囲で使うことも

図5　業務の範囲とグレーゾーン及び逸脱,自分の実力及びバックアップの必要性

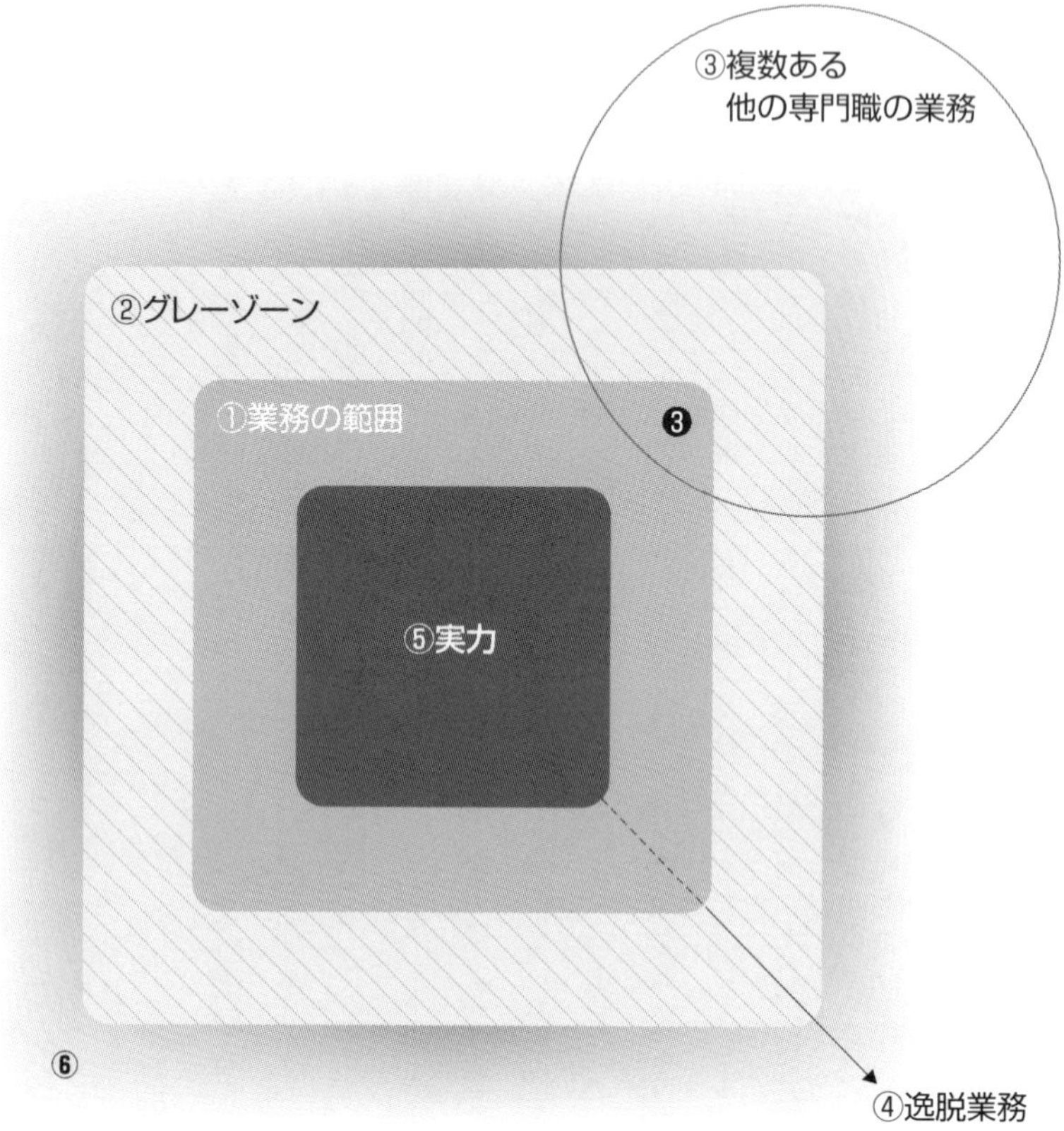

①現在の役割・機能・専門性からみた業務の範囲
②グレーゾーンはどのぐらい拡がっているか
③他専門職との重複業務は?
④クライアントのニーズであっても逸脱業務であることを意識できているか ⇐ 責任と組織の了解,コンサルテーションのバックアップの必要性チェック

⑤職業的対人援助者のスタートラインの実践力 ⇐ 超えた業務に対してはバックアップの態勢を要する

⑥業務を超えていても援助者が有している能力を使っていい場面と使ってはいけない場面を理解できているか

ex.クライアントのニーズ
他に対応する人がいない
緊急時
］対応←→ルーティンの業務量との関係

あります。制度上の社会資源や組織などは、クライアントのためにあるのであって、杓子定規に守るためだけのものではないと考えられるからです。関連した記述は第3部第3章表1の第3段階の3⑤c☆6にあります。

［課題5］ クライアントや支援チームとのあいだで関係性と信頼はどこから生まれてくるか。ご自分の考えを書いてください。

［課題6］ これまでの援助事例のなかで、援助の対象者の人と問題について援助専門職として悩んだり苦戦した経験を思い出し、それらが生じた要因について、以下の観点から検討してみてください。

①対象者自身の問題か、対象者が抱えている問題のせいか。
②所属する機関や施設、または地域の機能や特徴から発しているものか（業務の範囲や連携）
③援助者側の問題か（援助の基本的な視点や態度、知識や技術など）

第2節

マージナルマン・境界人としての立脚：ポジショニング

システムの中の私、システムを活用する私

援助者は万能ではありません。クライアントにとっては、彼らが活用できるさまざまな人やシステムから構成されている社会資源のなかの一つであることをわきまえていることが大切です。この点については以下のような理由が考えられます。

一つには、個人の臨床実践能力については、専門職としての切磋琢磨の延長上で、クライアントの悩みや苦しみ、彼らが置かれている問題状況を面接者の身体のなかに入れられる容量（※1）を大きくしていくことは可能ですが、クライアントが問題解決するために活用できる社会資源に関する情報については、限りなく拡がりがあり、日々刻々と変化していくので、一人ひとりの専門職が常に新鮮な情報を量的・質的に高い水準で維持しつづけることが不可能な領域だからです。

ゆえに対人援助職者は、どのボタンを押せば、いま目の前においでになるクライアントにとって必要な社会資源の情報にたどりつけるか、その仕組みと探索可能なバックアップシステムを作っておくための人と窓口の網を繋いでおくことが、自分の援助能力を高めるための有用な方策となります。

たとえば、社会保障に関するもののなかでも、社会保険関係の制度はかなり煩雑で入り組んでいます。若

いかたが発病して仕事に就けない状況に陥ったときなど、所属している会社などの福利厚生制度やその担当者がしっかりしている場合は、クライアントが不利益を被ることは少ないようです。しかし、クライアントの病状や後遺症の状況によっては、福利厚生面での諸手続きには、その時期やクライアントの病状や障害に関する情報のやりとりにかなりの慎重さと配慮が必要になってきます。具体的には、病欠の期間や休業保障期間、傷病手当金の額や職業復帰の条件と身体障害者手帳の申請時期など、ときには労働者災害補償保険の適否、雇用保険制度の活用などの制度活用も必要になってきます。また、クライアントの発病時の状況によっては、発病時にたまたま医療保険や年金への加入または切り替え（退職したばかりの場合）が行なわれていないこともあります。このような事態に際しては、援助者はかなりやっかいな「場の仕切り」をしなければならないので、各種社会保険制度についてクライアント固有の状況に照らし合わせた理解が必要になってきます。そのようなときに、社会保険に関する専門家にすぐ相談できる態勢になっていると心強いですし、なによりもクライアントに不利益を与えてしまうような窮地に陥らずにすみます。ことはお金に関する事柄なので、援助者は精密で繊細な社会資源調査をしたうえで対処していくことになります。ここでどじってしまうと、損害賠償の問題が生じるからです。

さらに、二つめは、専門職としての容量の問題を別の視点から前述しましたが、クライアントの人と問題の種類や性質・程度には、かなりの幅と奥行きがあります。つまり、必要とされている臨床的な知識の範囲は膨大に拡がっているのです。援助者個々人が得意とする臨床領域の奥行きについては、その容量を大きくしていくことによって、援助者個々人の力を強化することは十分に可能です。ですが、クライアントの病態や問題の種類や性質によっては、専門領域外であったり、専門領域内の問題でも初めて遭遇する課題については、クライアントに対して責任をとれるだけの支援が果たせるとは限りません。熟成段階によっては、問題の理解そのものが困難ということもあります。そんな場合、支援にすらならない事態を招きかねません。

このような場合に備えて、他の領域の専門職とのコンサルテーションのネットワークを形成しておけば、援助者個人のクライアントと問題への対処能力が上がります。そして、さらにたくさんの専門領域のバックアップ態勢を整えておくと、援助者個人の相談援助の間口が拡がることになります。なによりも、援助者が安心してクライアントの前に立てますので、そのゆとりが相手にも安心を渡すことにつながります。（※2）

ただし、ここで拡がった間口は、自分が所属している機関や施設と、そこでの援助者自身の役割・機能に照らし合わせた相談の範囲を超えたものです。ですから、自分がその相談に関与することも時としてありますが、基本的には他の専門機関や施設の相談窓口に紹介します。とはいえ、相談援助職者が相談を受けられる間口は広いほうがいいに決まっています。なぜならば、クライアントはお一人ではなく、多くはご家族や周囲のかた達との関係のなかで暮らしています。彼らのなかには、深刻な問題を抱えていらしたり、そのことを解決しておかないと相談者である主たるクライアントの対処課題をクリアできないことが多々みられるからです。

援助者のテリトリーを超えたクライアントの問題が生じたときの考え方と対処策については、次に私の考えを整理してみました。

■自分のテリトリーを超えた相談がきたときの対処方法

面接者と所属している機関のテリトリーからはずれた相談があった場合の対応のしかたについて、これまでの私の臨床分野に照らしてどのように対処していたかも紹介しながら考えていきます。

①自分の得意とする分野と専門外の分野を常に自覚する

たとえば、私の臨床実践の場は老人専門の医療機関でしたので、老人の加齢や疾病、障害などによって引き起こされる社会生活上の問題に関しては、老いの心理および家族の戸惑いや悩みを含めて幅広い相談に応じることができます。

ですが、時々、知人からの紹介や飛び込みの相談のなかで、若い人の薬物やアルコール依存症、精神障害など、精神科領域の疾病に伴う「受診」や「療養上の問題」および「社会生活上の問題」などが課題になることがありました。これらの諸問題に対しては、私や私が所属していた医療機関や相談室ですべてに対応・対処することは不可能でした。

②相談援助面接の基本的な援助技術は分野を超えて共通する

ですが、面接という行為は、対象者の問題がどのようなものであっても、基本的な技術に変わりはありません。ですから、ある水準以上の臨床実践家としての腕があれば、どのようなクライアントであれ、彼らが抱えている問題が何であろうと、きちんとした（的はずれでない）アセスメントや支援はできるはずです。

③臨床像を正確に描けないと、適切な援助はできない

援助者としての一定水準を超えていることは、プロフェッショナルとしては当たり前のことです。ですから、現在の私の実践である対人援助職者に対するスーパーヴィジョンでは、私の得意分野で実践されているかた以外の援助職者でも十分に対応できます。

たとえば、子どもの療育現場や自閉症児の施設で働くソーシャルワーカー、異職種では子育て支援のための相談援助課題を抱えている保育士やホームヘルパー、訪問看護職などもスーパーヴァイズは可能です。それは、対人援助の基本があらゆる領域において普遍的な技法に拠っているからです。

ですが、精神科領域を例にとると、私の場合は統合失調症や薬物・アルコール依存症などの病態と、それらに伴う生活障害や家族病理などについては、本や講義の上での知識はあっても、実際の臨床場面でクライアントと出会う機会が少なかったのです。したがって、生身の人間、しかも教科書どおりとはいかないライブの姿を前にして、瞬時にその人の臨床像（クリニカルイメージ）を正確に描くことに対して、自分の能力を信頼できるだけの経験の裏づけが乏しかったのです。知っているつもりでいても、その知識に経験の裏づけがないと、その知識が急に必要になったときには出てこないものです。つまり、〈臨床知・生きた知識・応用できる知識〉として身体化されていないからです。

したがって、ある水準まで達していて、経験知が豊かな援助職者が対象であれば、精神科領域で実践しているソーシャルワーカーのスーパーヴィジョンは可能です。（保育や療育畑においても同様）しかし、いざ、私がその領域で相談援助者として実践できるかというと、クライアント支援のための知識や実際的に役に立つ臨床知をもっていないので、できません。この点については明確に断言できます。

④クライアントにとって最善な援助者は誰かを常に念頭に置いておく

ここは〝餅は餅屋〟、クライアントにとっては、その問題に詳しく、得意としている専門職に対応してもらったほうがよいに決まっています。人がひとに対する援助に失敗は許されません。クライアントにとっては大切な生命、そのひとにとって一回きりの人生の時の時、取り返しがつかないものなのです。ミステークはできるだけ最小限にとどめるにこしたことはないのです。

面接による対人援助は、場面によっては他者の人生、他者の生命と生活に関わることでもあります。ですから慎重でありたいですし、繊細かつ大胆に、責任をもって関わりたいものです。

⑤自分と自分が所属している機関・施設をポジショニングしておく

面接者は常に、どこまで対応できるか、という自分自身の能力と守備範囲を自覚していなければなりません。このことはまた、自分が所属している組織（医療機関や施設など）の対応能力においても同じことです。そのことは、本章の第1節および「場のポジショニング自主学習シート」のなかの2のチェック項目や図5でも申し上げました。

つまり、自分と自分が所属している機関のポジショニングをしっかりしておくということです。〈ポジショニング〉は、援助者にとって必要な能力で、さまざまな角度から行ないますが、これはそのなかでも援助者自身の援助能力と援助者が所属する機関・施設のサービス提供能力を見積もり、そのなかでの自分の立脚点を定かにしておくことです。

⑥常にクライアントのニーズを中心に考える

また、自分の守備範囲を広げようというチャレンジ精神を発揮したり、新しい課題への好奇心や援助者自身の向上心から生兵法で対処しようとするのは、クライアントに対して〝無礼〟です。場合によっては、いらぬお節介をして相手に損害を与えかねません。

好奇心やチャレンジ精神は面接者側を十分にプロモートするものです。しかし、対人援助の行為はクライアントが主役、クライアントのニーズが中心であることを常に自覚しているべきです。

⑦確実な結果が必要である

面接はなかなか目には見えにくい行為ですが、確実な結果（面接したことによる効果）が出なければ、いくら時間と情熱を費やしても意味がありません。面接や支援過程については、よく〝プロセス〟が大事だといわれていますが、プロフェッショナルである以上、クライアントにとって〝結果オーライ〟は当然要求されます。

逆に、新人の場合、情熱と頑張りでクライアントのほうが面接者のために折れたり頑張ってくれ、プロセスなんてなんのその、〝結果オーライ〟になることもたまにあります。しかし、それが許されるのは若さと純情で押しまくれる新人のときのみで、本来は〝邪の道〟であることと心得るべきです。（第3部第3章第2節で表1「臨床実践家の熟成過程」第1段階を解説した箇所を参照）

⑧新しい課題に挑むとき、本来はスーパーヴァイザーの存在が不可欠

だからといって面接者が、これは自分の専門や得意な分野ではないからと、未経験の分野には一切手を出さないという保守的な姿勢では、進歩・成長は望めません。

はじめからベテランはいません。初心者は無論のこと、経験者にとっても、面接という行為は相談者と面接者双方の〈相互交流〉を基盤にして実践されるので、常に生身の人間に関わる以上はリスクを伴います。

人員が整い、態勢がしっかりとれている組織であれば、初心者にいきなりインテーク、または初回面接はやらせません。インテークは本来は「手練《てだれ》・熟練者」が行なうものです。しかし、現実は厳しく、机上の理

屈どおりにはいきません。ひとり体制の相談援助現場はいくらでもあります。そして、経験が長いだけで、現場では中堅として幅をきかせている人はいくらでもいます。「手練《てだれ》」というものはそこらじゅうにころがっているわけではありません。

新しい課題（未経験の分野）に着手するときは、スーパーヴァイザーの後楯があると心強いものです。スーパーヴァイザーとは、ソーシャルワーカーなどの対人援助専門職が、仕事に就きながら、第三者の目（視点）を入れて自分を磨き、援助者として成長していくために必要な存在です。本来は施設・機関の中にいて援助者の行為に対し責任を直接担える人が適任です。しかし、援助職に対するスーパーヴァイズは、援助者の人格や私生活の側面にまで直接的あるいは間接的に踏み込むような事態が生じてきます。〝援助関係〟そのものが援助者の人間性と、そのときのこころとからだのコンディションに負うところが大きいからです。

私は、長年本業の相談援助業務の傍ら、対人援助職に就いている個人とグループに対するスーパーヴィジョンを実施してきましたが、現在は本業にしています。スーパーヴァイジーのなかには、仕事上の行き詰まりや課題が、そのとき私生活で抱えている援助者の課題や悩みと微妙に重なり合って、泥沼や不調に陥っていることがあります。そのようなときは、まず対人援助の基本を押さえたうえで、「プライベートのほうではどうなっているの？」とか、「あなたの近くにこのクライアントに似た人はいる？」などと問いかけて、気づいてもらうようにしていますが、援助者がいったんそのような課題に直面すると、そこから抜け出すためには、なかなかやっかいな作業が待っています。ですから私は、スーパーヴァイザーは、たとえば電車に乗って通えるところ、つまり職場の外にいる人を探したほうがいいと考えています。さらにつけ加えるならば、当たり前のことではありますが、その人の個性を尊重し、いい所を伸ばしてくれるような人をスーパーヴァイザーに選びたいものです。

⑨コンサルテーションのネットワークを作っておくことが必要

先に自分のテリトリーを超えた相談がきたときの留意点について、精神科領域の問題を例にあげながら述べました。このようなときは、一応クライアントの話をよく聴いて、そのうえで彼らの抱えている問題に強い、対処能力のある精神科領域のソーシャルワーカーや施設（相談機関や医療機関）に照会します。

このときも、時と場合（問題の質や難易度）によっては、その問題に強い精神科領域にいる仲間のソーシャルワーカーのコンサルテーションを受けます。スーパーヴァイザーでもいいのです。たとえ面接の途中であっても、これは難題だ、と察知したならば、クライアントに断って中座してもよいのです。押さえどころが不明なままで、ただ聞き続けるよりはましです。面接者がクライアントから聴き、判断したことが的確かどうか確認する手間をかけることをいとわないことです。このことは、結果としてクライアントにとっても利益になることですし、面接者の腕を磨くことにもつながります。クライアントもそのような姿勢であれば、面接者が中座することを許容してくださいます。

面接は、決して面接者たる私一人が対象者と相対するわけではありません。さまざまな領域で働くプロフェッショナルのネットワークを作っておきたいものです。バックアップシステムが必要なのです。（※3）

境界人・マージナルマン

図1の右端に「境界人・マージナルマン」と記しましたが、これは援助者の自在なスタンスを表現したものです。援助者は、さまざまな状況に応じて自分の身体を一番適切な位置や場に置き、なおかつ、そのこと

によって援助者としての視点や態度に《ゆらぎ》や《くもり》を覚えることなく、強靭な自己を有していることが理想と考えられるからです。

ここでいう《ゆらぎ》や《くもり》とは、援助者としての視点や態度・立脚点への狂いをいうのであって、クライアントへの援助の過程でクライアントへの理解や援助方法などへの畏敬や畏怖の気持ちから援助者に生じる《ゆらぎ》のことではありません。後者のそれは、支援の対象にのめり込める能力と合わせて、援助者にとって貴重な資質でもあるからです。

だからといって、援助者としての視点や態度は、固定された枠組みのなかで凝り固まっているのではなく、さまざまなクライアントやシステムの世界を渡り歩くなかで、それぞれの世界の目で見たり、聴いたりできるというポジションをとりながら、入り込んだクライアントの世界のなかで援助者としての自分を溶かしてしまわないで、援助者としての自分の世界に戻ってこられる、という自在性のなかでの視点と態度が揺らがないことをさしています。

援助者、それもソーシャルワーカーまたは対人援助職にあるものがなぜ、境界人であり、ゆえに強靭な自己を有していることが望ましいのか、そのモードは次のような事態において必要だからと考えられます。

①クライアントと援助者のあいだ

まず、援助者は、クライアント自身の世界と援助者自身の世界を自由に出たり入ったりできることが求められています。この技術は、援助者がクライアントが置かれている状況を、できるだけクライアントの世界に添ったかたちで理解しようと努めるときに生きてきます。

この点については、佐治守夫氏が著書の『カウンセラーの〈こころ〉』で、以下のように述べています。

『われわれが生きている現実の社会的な世界と、個人個人の内側の世界。そういうものの接点にカウンセラーとか心理治療者がいる。その二つの世界をつなぐ役割を持っている。……（中略）……日常と非日常の間の境界にいる人たち……患者さん、クライエントがそうですし、一方でカウンセラー自身、心理治療者自身がやはり境界人だろうと思う。そういう意味で境界に立つ人の臨床にかかわっている』（4～5頁）

たとえば、幼稚園の子どもとプレイセラピーをやるときには、プレイセラピストは幼稚園児の心性を自分の中にもう一度取り戻さなければならないし、一方でその子の考え方や感じ方を理論的に、構造的に見ている私がいる。また、その子の母親や父親の親としての見方や感じ方、幼稚園の先生の立場でその子を問題視する見方も考えるので、この場合は大人・セラピスト・親・先生が共存していなければならないと述べられたうえで、次のように書かれています。

『自分が周辺人としていなくちゃならないのですが、それならどこに居座るのか？　いつもどっかの境界にいるわけです。いろいろな領域を渡り歩くさすらい人といってもいい。そこに私は身を置くんだなあと思っています。そういう意味でセラピストとか、カウンセラーと言われる人たちは、いつも自分をどこかに固定し、そこで実体化してしまうのではなくて、それを離れて自分をさすらい人にし、周辺人にし、境界人にする必要がある。』（6頁）（※4）

佐治守夫氏はカウンセラーの立脚点を述べたのでしょうが、相談援助面接の場面においては、クライアントの心理的なサポートが面接場面の全過程で重要になりますので、カウンセリング能力も要求されます。ですから、その立脚点は佐治氏の考え方に近いと考えます。が、ソーシャルワーカーをはじめ保健医療・福祉サービスに携わり、クライアントの生活障害に対応している援助専門職の場合は、クライアントの現実生活への対処や処理に携わっていますので、後述する〈システムを自在に行き来できる〉境界人でもあることが要求されています。とくに、ソーシャルワーカーやケアマネジャーなど、相談援助面接やクライアントのニーズと社会資源の効果的な連結が業務の中核になっている場合は、この〈境界人〉であることが重要なスタンディングポイントになります。ですから、カウンセラーと比べて、その境界領域が広いのが特徴です。

②クライアントとクライアントのあいだ

援助者は、クライアントシステムのなかで、必要に応じて複数のクライアントのあいだに立って調整したり、ときには仲介者になる場面に遭遇します。その際に一人のクライアントに一方的にコミットしてしまっては、かえって事態をこじらせてしまう場合が多々あります。

日常生活を送る上でなんらかのケアニーズが生じている高齢者や障害者たちとケアを担当している家族間に生じるトラブル、なかでも利害関係がからむ問題は、援助者がかなり的確な状況判断をして、複数のクライアントたちとの距離を一定に保ちつつ関与でき、なおかつ必要な場合はそのシステム内に介入していかなければ、クライアントのニーズへの対応ができないことがあります。いわゆる家族療法的な介入です。

つまり、家族メンバー間のダイナミクスを吟味しながら、その力動に応じて各々のメンバーとの距離をはかりつつ、個々のメンバーのなかでも一番弱い立場にあるかたを支えながら家族関係を調整していきます。その際の支援目的は、援助者が所属している機関や施設の役割、機能、支援目標に沿って、クライアントのニーズを吟味しながら、家族という強固で繊細なシステムに介入していきます。そして、援助者が触媒となって家族間の関係に関与して活性化できたら、すっと身を引く時期が重要なポイントになります。

クライアント相互の関係や自律性を尊重しつつ、その関係に関与していくためには、援助者側にかなりの技倆が要求されます。状況や関係に関与しながら、第三者としての客観性を保ちつつ、主たるクライアントが納得できるような援助を展開していくためには、援助者自身が、心理的には自分の所属機関や施設とクライアントシステムとのあいだに身をおく「境界人」であることが必須になることは明らかです。

ここでも出たり入ったりの自在性が求められているのです。

③クライアントと所属機関・施設のあいだ

援助者は、所属している機関・施設のなかで確たる位置、つまり専門職としての居場所を保ち、なおかつ組織に埋没することなく、所属している機関・施設とクライアントとのあいだに仕事の立脚点を置きます。相談援助の業務は、線を引くことがなかなかやっかいな性質をもっており、グレーゾーンや逸脱領域への踏み出しへの判断を決断しなければならない状況に身を置くことも多々あります。（※5）

援助者が所属している組織からはみ出たり、クライアントの福利を大切に考えたことで援助者が所属している組織が追求している利益と二律背反状態になったときなどに、援助者が所属している組織とクライアントとのあいだで倫理的なジレンマに陥る事態は宿命的に起こるようになっています。これは、専門職に共通のものです。

このようなときに援助者としての視点や態度が崩れることなく、クライアントと組織とのあいだに身を置いて両者の関係を俯瞰でき、なお援助者である自分の身を守りつつ、クライアントの福利を第一に、しかも組織を納得させるような現実的な対処ができるかが援助者には問われるのです。このような現実対処に際しても、境界人としての立ち位置が必要になります。

なお、このグレーゾーンの領域は、援助職者が日常のルーティーン業務から「逸脱」しがちな領域であり、場合によっては、組織の一員として許容されているか、あるいは専門職としての規定の規範的マニュアルから逸脱してしまう領域です。相談援助業務は、この「逸脱」だらけであるともいうことができます。クライアントが置かれている状況やニーズによっては、かなり踏み込んだ処に身を置かないと応えられない事態にいつも直面します。そのときに、〈場のポジショニング〉ができているかどうかが重要なのですが、いずれにしても、この「逸脱」は援助者の背骨を作るうえで、プロフェッショナルとしての熟成のためにも欠かせないものです。決まり切ったルーティーン業務に乗っかっているだけでは、援助者は創造的な自分を保ってはいけません。また、クライアントのニーズが援助者の業務からはみ出しているので応えられないという無力感に浸りきっていても、クライアントに元気を渡せるような援助者ではいられません。

この点は制度上の規定からはみ出してしまうときも同じです。制度的な社会資源は制度を守るためだけにあるのではなく、クライアントの福利のためにあると考えます。実践家はそのことを常に忘れてはなりません。現場で働く実践家にとって、業務上生じるグレーゾーン・逸脱は常態です。

ただし、規定の業務から一歩踏み出すときには、その実践が援助者自身の実力を超えたものか、または専門職としてしてはいけないことなのかをよく吟味したうえで、身を乗り出すときには、先述したようなバックアップシステムが必要になります。また、クライアントが直面している課題に対して援助者が実力的に十分に対応できると踏んだとしても、業務を逸脱する際には、所属している組織内で理解してくれる存在も必要です。先のバックアップが専門職としての技倆に関するものであるのに対して、組織内のバックアップは、なかなか周囲からは何をしているのか見えにくい業務である相談援助実践を日頃から理解してくれる管理者や異業種のかた達による応援に該当します。この点については、臨床実践にあるものが自ら を守るうえでも重要です。

④異なった組織と組織のあいだ

相談援助職者は、同じ施設内の他職種とのあいだ、クライアントと他職種とのあいだ、異なる職種のあいだに身を置いてクライアントのニーズに対応する場面を多くもちます。これは、コーディネート機能といわれている調整機能でもあるのですが、さらに施設ケアから地域ケアへの移行期、地域ケアの場面での社会資源導入時期における支援場面では、援助者はやはり、社会資源の一つとしての所属機関・施設が提供できるサービスと他の機関や施設が提供しているサービスを使いこなさなければなりません。

ここでも、所属している機関の境界に身を置いて、なお所属組織へのロイヤリティを保ちつつ、異なる組織のあいだを自在に動きまわれるだけの心理的・身体的なフットワークのよさが求められています。だからこそ、対人援助専門職には、しなやかで強靭な知性と感性が必要なのです。

［註］

※1　クライアントの悩みや苦しみ、彼らが置かれている問題状況を面接者の身体のなかに入れられる容量：対人援助実践の対象者の多くが不条理な課題に見舞われています。私たち援助職者は、すっきりとは解決し難い、一件落着とはいかない対象者の問題に同伴していきます。不条理に直面しているかたとそれらの諸問題を身に浴び、ときに直視し、種々のジレンマに身を置き、加えてかなりの件数を同時並行で担当し、支援を続行していくこと自体が、援助者側の基礎体力を要求しています。なお、容量についてもう一方の側面から155頁に記しています。

※2　「スーパービジョン・コンサルテーション実践のすすめ」『現代のエスプリ』（深澤道子・江幡玲子編集・至文堂・2000年6月）私が現在の臨床実践としている「スーパーヴィジョン」の手段も、まだ経験が浅い臨床実践家がクライアントに責任をもった援助をしていくうえで有効です。

また、奥行きのある援助をしていこうと心している中堅にさしかかった臨床家にとっても、自己鍛練と同時に豊かな臨床経験をもち、なおかつサポーティブに個性を伸ばしてくれるスーパーヴァイザーに援助してもらうことも、ある時期は有用です。また、テリトリーを超えたクライアントが目の前に出現したときにも有効です。

※3　関連記述は第3部第3章第2節1-②註1

※4　『カウンセラーの〈こころ〉』（佐治守夫著・みすず書房・1996年）

※5　業務のグレーゾーンおよび逸脱：本章第1節〈場のポジショニング〉自己学習シートの「3．私は、何をする人か」でお示しした図5および解説文参照

第1部 対人援助の構図：相談者と援助者が置かれている状況の理解

第3章 相互交流のしくみを理解するために

第1節 相互交流の不思議としくみ

対人援助実践がクライアントと援助者とのあいだの信頼関係に基づいた共働作業を通して行なわれることの重要性と、そのためには両者のあいだで〈相互交流〉が成立していなければならないことの理由については、本書の第1部第1章で詳しく論考しています。ですから、本章第1節では［Ⅲ］の〈相互交流に基づいた交互作用（※1）〉のしくみについて、面接導入時とその後の過程で援助者側に要求される技術的身体の視点から考えていきます。この視点は、第3部第1章第1節で述べている「実践者が成熟させていくもの—容量」と重複しています。なお、第1節の「相互交流の不思議としくみ」で「ひっかける身体のメカニズム」について考察していますが、この点は第3部第2章の「身体化の過程と経験」のところで、角度を変えて同じ内容についてさらに詳しく論述しています。

ここで必要とされている〈専門的援助関係の形成〉については、表2をお示ししたうえで第2節で概観していますが、治療的コミュニケーション技術については、本書の主題からみて、技術的側面が強いことと頁数が多くなることから、他著を参考にしていただくことにし、巻末に一覧を示すにとどめています。

クライアントの第一声を受けとめる

対人援助における相互交流は、インタビューの基本である双方の自己紹介、および面接の目的とこれから何をどのような方法で行なうのかなどの〈導入時のすりあわせ〉からはじまります。その際に、援助者とクライアントのどちらから相手に働きかけるかは、面接の位置づけやクライアントのモチベーションなどによって異なってきます。ここでは便宜上、クライアントのほうから相談にいらした設定で考えていきます。

クライアントが援助者にはたらきかけた〈言葉や全身の表情のすべて〉は、瞬時に援助者の身体に入ります。その瞬間、援助者の感情の動きや相手が訴えたいことの意味をどれだけ汲みとって理解したか、その意味することのすべてをいったんは受け容れたか、あるいは一部やすべてをはね返しているかは、クライアントには瞬時に伝わってしまいます。（※2）

相談援助面接のみならず、クライアントと援助者が初めて出会い、言葉や全身の表情を交わす出だしのこの瞬間が、電話であっても対面であっても、かなりその後のインタビューの方向性や関係性、面接の有効性を左右します。相談をもちかける側も受ける側も全神経を張りめぐらして探り合う瞬間でもあります。クライアント（相談者）の側からみれば……、

「私が電話した先は、どのような相談を受けてくれるところなんだろうか」
「この人（面接者）は果たして私のことをどれだけわかってくれるだろうか」
「この人を信用して私のことを話しても大丈夫だろうか」

相談内容が、現在利用しているサービスに対する苦情など、面接者や所属している組織にとって痛みや防

衛を働かせてしまいがちな内容の場合は、

「このようなことを言って、嫌われるのではないか。あとで意地悪されるかもしれない。どのように思われるだろう」

これまであまり他人に私的なことを相談した経験のない人であれば、

「こんなこと（私事）を相談してもいいのだろうか」

「こんなことを話して馬鹿にされないだろうか」

「このような事態に陥っている私……いま起こっていることを話したら、かえって私がだらしないからこうなったと思われるんじゃあないだろうか」

「どこまで話していい相手なのだろうか」

「話しても無駄にならないだろうか」

これまでに相談に出向いた窓口でつれない対応をされたり、嫌な想いを味わったかたであれば、

「また、あのときのような目にあうんじゃあないだろうか」

「また、いろいろなところにたらい回しにされるんじゃあないだろうか」

「どうせまた、わかってもらえないのか……」

このように、相談をしなければならない状況にあるクライアントのこころのなかはさまざまです。自分のことであるが故に必死ですから、クライアントが第一声を発する瞬間は、目の前に控える面接者がどれだけの力量を備えているか、役に立つか立たないかを一瞬のうちに値踏みするときです。

なにか武道の真剣勝負のような感がしますが、事実そうなんです。

相談援助面接におけるコミュニケーションは、相談者と面接者が出会った瞬間、クライアントの第一声に対して面接者の全身の表情がまず反応し、ほんのわずか、私たちの時間感覚では測れないほどの直後に遅れて出てくる言葉の適切さ如何で、そのあとの会話の内容が決まります。ここでしくじると、クライアントが出すものを出す時間、つまり重要な情報を語ってくれる時期が大幅に遅れるか、面接者のその後の聴き方によっては最後まで核になる想いや出来事は隠されたままに面接の終了を迎えることになります。

私たち援助者が出会うクライアントは、前章でも申し上げたように、かなり人生の達人、援助者よりはるかに〈人間力〉のあるかた達がほとんどです。ここで申し上げている〈人間力〉は、生きてこられた人生の時間に寝かされて醸成された〈知〉に当たるものですから、直観的です。瞬時に自分にとって必要な情報を察知します。一方で、相対する援助者のほうは仕事ですから、実態は若くて未熟であったとしても、相談を受けるものとしては、どのようなクライアントの前にも立たなければなりません。ですから、対人援助職者としての仕事に就いた以上は、基本的な視点、知識・技術を身につける努力が、その出発点から仕事を続けているあいだは継続して要ります。

私たち対人援助職に就いているものにも、面接に入る前の儀式めいたことを意識せずにしていることがあると思います。私の場合は、フリーランスの対人援助職トレーナーとして全国各地の研修会にでかけるときは、常に藍染の服を身につけるようにしていました。本格藍は、着るひとに力を与えてくれるといわれています。というより、自分に暗示をかけていたのです。

講演よりもライブ形式による演習が主体の研修を常にしていましたし、終日か丸2日間、ひとりでたくさんの参加者に対しますので、相当のエネルギーを費やします。参加者による生の実践事例をもとにした事例検討ですから、やり直しはききませんし、筋書きがないその場の流れのなかで収斂させていかなければなりません。しかも、事例報告者はもちろんのこと、参加しているかた達各々の実践に反映できるものを渡さないことには満足してもらえません。ですから、本格藍染でした。気合いを入れなければ素敵に着こなせないような服ばかり選んでいました。とても普段は身につけられませんでした。

しかし、55歳を過ぎてからは、藍染では気合いが入りすぎるようになりました。私自身の体力的な低下とトレーナーとしての熟練度が高くなったことにより、藍染を着てしまうと、私の身体が悲鳴を上げるようになったのです。気合いを入れるための儀式は、私の場合は服装ですが、年とともに変化してきています。

私がその修業のありかたに対して、現在のところ一番関心をもっている人形浄瑠璃文楽の第一人者・義太夫語りの人間国宝・竹本住大夫さんも「最初の入り方に神経を遣う」とおっしゃっていました。「いつもいうように、どの浄瑠璃も前半がむつかしいです。後半は盛り上がってくるから、お客さんも懸命にご覧になられますが、語ってる大夫は前半に気を遣うのです」(※3)

舞台で語るための儀式はどこから始まっているのか、本や講演からは、コンディション作りから始まっていることが伺えます。私は、観客というより、聴き客から視ることができる住大夫さんの集中をしていく一連の所作に、真剣勝負に臨む老武士のような印象を受けました。

まず、舞台上手(客席からみて右側)の手前に床があります。太夫さんと三味線弾きが座る台です。木製の回転式になっていて、屏風で前後に仕切られています。屏風の後にお二人の演者がお座りになり、準備ができたところで合図をします。すかさず、ふたりの男性がその床を回します。その速さときたら、高齢の演者が乗っているにもかかわらず、目が回るようです。ですが、そのときの感覚は一度味わってみたら、病みつきになるような類のものだそうです。

さあ、お待ちかねの住大夫さんと相三味線の野澤錦糸さんが登場しました。舞台上手では黒子姿のひとが「東西、東西……」と拍子木を叩きながらこれから始まる演目を紹介し、語る大夫と三味線の名前を呼び上げています。観客はものすごい拍手で迎えます。その間、太夫さんと三味線弾きのかたは深々とお辞儀をされています。黒子が舞台上手へ引き上げると同時に、太夫さんは深呼吸をして、床本を両手で頭上にかかげ持ち、祈るように拝します。そのとき三味線のかたは、弾く準備をされています。太夫さんは、床本を丁寧に見台の上に置き、頁をめくられます。三味線の太い音が導入のメロディを奏ではじめます。観客はシーンとしはじめます。

その短い間、太夫さんはどのように自分をコントロールしているのか。あるときから私は、じっと観察をすることにしたのです。いつも同じ所作でした。

まず、座布団の上で座る位置を微妙に調整し、両袖をひっぱり、裃《かみしも》を下にぴっとのばし、腹から声がでるようにお腹に入れた砂袋のあたりの袴《はかま》を横に締め、それから……両の手を固く握り締めて太腿から腰あたりの袴をつかみながら何度も固く手をギュッと握ったり緩めたりしていました。そこでこころなしか前傾姿勢のまま両手に力をこめながら、出だしの瞬間をじっと待っておられるのです。

60年以上も語ってきたかたにして、ものすごい気合いの入れ方でした。「語ってみないと、その日の調子はわからない」世界の出だしの集中力、お年（大正13年生まれ）を鑑みるに、このときの血圧はどうなっているんだろうか、と考えてしまうほど。やっぱり武士道みたいでした。出だしの瞬間にその日の芸のすべてをかけるためにアドレナリンの分泌を自ら促している姿は、それだけで感動的です。

若さと〈良質な姿勢〉

ここから、182頁17行目「…統合していく過程です」までは、第3部第3章「臨床実践家の熟成過程」の第1段階の初期に該当します。援助者が若いうちは、その若さから発するオーラが良質のものであれば、クライアントのほうがそれだけでエネルギーをもらえます。ここでいう〈良質なもの〉とは、謙遜と相手に対する尊敬と、若くて未熟であってもあなたの役に立ちたい、できるだけあなたにあなたが望むかたちで生きてほしい、そのために私にできるかぎりのお手伝いをさせてください、といった援助者側の姿勢を意味しています。

第3部の「臨床実践家の熟成過程」モデルでもお示ししていますように、〈職業的な《私》〉が出来上がっていない駆出しの対人援助職者は、〈生のままの《私》〉しか提供できません。ましてや職業レベルでの〈相互交流〉を成立させられるだけの、専門的援助関係を形成するための技術や治療的なコミュニケーション技術にも無縁です。さらにクライアントを理解するための基本的な知識や応用知もない状況です。それでも仕事となればクライアントは目の前にやってきます。

ただし、対人援助者としての出発が若く、先のような〈良質な姿勢〉をもっていれば、年長のクライアントであればあるほど、援助者をリードしてくださいます。若いひとの謙虚さと情熱が、クライアントの力を引き出し自らを奮い立たせてくれるからです。沢木耕太郎さんのセリフではないですが、どんなに若くて頼りになりそうになくても、「あなたのことを理解したい、なんとか力にならせてください、ご一緒に頑張りましょう」というメッセージを態度や実際の言葉で浴びせられれば、年配のクライアントは気持ちを開きます。（※4）高齢になればなるほど、このような体験は意外に少ないのです。

一つのエピソードを紹介しましょう。

私がかつて勤めていた医療機関で行なったプロジェクトで、高齢患者に「老いの意識」についてインタビューによる調査をしたことがあります。入院中の高齢の患者さんに対して各病棟から希望を募り、日程を組んでその日の体調を病棟婦長にチェックしてもらったうえで、1時間を目処に個室での面接を設定しました。インタビュアーは、当時私が非常勤で教えていた某大学社会学部の学生のなかでも、センスとお行儀のよいかたに声をかけてアルバイトで調達させてもらいました。彼らには、平素の授業で対人援助の基本を伝授していましたので、インタビューの際に必要な最低限のエチケットと調査の目的や約束事などを、調査前のオリエンテーション時に伝えるだけでした。

私たちプロジェクトメンバーの不安は、学生のインタビュアーの力不足ということもありますが、病気や障害で入院治療を受けている老人患者が、果たしてご自分の死生観や疾病観をはじめとした老いの意識について話してくださるだろうか、車椅子レベルのかたもおいででしたし、1時間も体力がもつだろうか、という点にありました。

ところが、私たちの心配はまったくの杞憂に終わったのです。その日は体調が悪いのでインタビューは避けたほうがよいのでは、という婦長の助言があったかたも含めて、すべての老人患者たちが1時間以上もたっぷりとご自分の気持ちや考えを披露されたのです。皆さんが嬉々とされ饒舌で、病室やリハビリテーション訓練室でのお姿よりも生き生きと輝いておられました。

ご自分が主役、関心の的、しかも若い人が一生懸命に話を聴いてくれた時間でした。輝くはずです。

ここが〈相互交流〉のおもしろさであり、不思議な作用が働く点です。さらに、人がいかに自分のことを語り、理解してもらうことを望んでいるか、とくに高齢者や社会から切断された環境で生きているかたにこのような実存ニーズがあることを改めて痛感したときでもありました。（※5）もちろんアルバイトの学生さんのほうもおおいに感動していました。

相談援助面接の専門的教育がなかった日本

では、ある程度の年齢からこの〈相互交流〉を基盤とした相談援助業務に就いた援助職者でしたらどうでしょうか。他の専門職としての実践を経験していても、図1［Ⅲ］の〈相互交流〉を基盤として〈専門的援助関係〉と〈治療的コミュニケーション技術〉で勝負しなければならなくなった援助職者としては、平成12年の介護保険制度施行に伴って登場した介護支援専門員（ケアマネジャー）が際立っています。それ以前では、平成2年以降、地域の相談機関の拠点として続々と設置された在宅介護支援センターの相談員も同様です。他にもケアの現場で「相談担当」として、他の業務から異動してこられたかたもかなりおいでです。しかし、専門職として対人援助業務を経験してこられたかた達でも、相談援助業務に就いてしばらくはかなり困惑されていました。

「相談援助面接」で勝負するという行為は、それまでの専門性に応じた断片的理解では通じません。クライアントそのひとと生活上の問題を、クライアントが生きている世界で理解できなければ事がはじまらないからです。さらに、これまで施設などの箱物のなかで援助をしていた専門職にとっては、支援の対象者が自分の城である自宅にいらっしゃると、見せる顔がまるっきり違います。ですから同じ看護師でも、医療機関や施設から訪問看護師として在宅看護提供者にシフトしたとき、かなりの戸惑いを感じます。同じクライアントでも、患者のときに見せる顔と我が家で見せる顔が違いますし、言動も後者のほうがより自己主張をなさいます。

私たちの国では、対人援助職者に対して、相談援助面接の基本的な視点や知識・技術を、ましてや実践に応用できるような段階にまで教育するという発想が、本書を書いている２００６年現在までまったくありませんでした。ソーシャルワーカーを輩出しているはずの社会福祉系大学でも、現場で役に立つレベルで卒業させるところはごく一部という現状ですし、看護系大学や養成校、医学部でもごくごく小時間がカリキュラムに入った程度です。

私が対人援助職者に対して相談援助面接技法のスーパーヴィジョンや訓練を本格的に職業として始めた１９９６年当時は、研修でお目にかかるかた達のほとんどが、はじめて聴く講義内容、はじめて体験する事例検討の方法だといった反応でした。（※6）

人生経験と〈相互交流〉

〈相互交流〉のやっかいさは、年齢が若い援助者よりは、人との関係のなかで生きてきた経験を身体にたくさん刻みこみ、感情的にも細かいひだがたくさんできている、ある程度の年齢に達したかたのほうにより深刻に現われるようです。この点については、本章や第3部第3章でもふれていますが、年配者であれば、人生を長く生きてきたぶんだけ、クライアントが置かれている状況やその感情的な側面も若い人より深く汲みとれます。しかし、自分の身内や親しい人達との関係とは置かれている状況が異なるクライアント、それも一人ひとりが個性的な相手を職業として理解するための〈職業的な情報解析装置〉が、汲みとり過ぎた情報

量に追いつかないので、まっとうに取り組めばかなりの混乱や戸惑いが援助者側に生じます。(※7)

また、年齢が達している対人援助者ですと、生きてきたぶんだけ、自分の価値観や他者との距離の置き方などの対人関係への考え方や実際の態度もかなり固まってきています。職業的な援助関係と私的な援助関係も混乱してきます。

他者との関係のなかで双方の感情を関与させながら、相手の感情を自分の感情と切り離して理解するためには、バイステックの原則にもあるように自分の感情の制御ができていなければなりません。そのためには、自分の性格や価値観・美意識が他者との関わりのなかでどのように作動するか、という自己の内的世界の力動への洞察・内省力が要求されてきます。かなりの深さまでクライアントそのひととその人達が置かれている状況を理解できる、感情も汲みとれるのに、断片的で統合された〈言葉というかたち〉にできない、支援の実際に理解していることが反映されない、かえって援助者である自分のほうが、当事者でもないのにひとりで踊っている、などの現象が生じがちになります。

援助者側の豊富な人生経験や感情のひだ、社会常識などは、ないよりあったほうがいいに決まっています。ですが、その活用のさせかたが、ときにクライアントのみならず援助者自身にとっても不利に働くことがあります。武器は制御できなければ凶器にもなります。

対人援助、そのなかでも相談援助やアセスメント面接におけるインタビューは、お互いがお互いの考えや気持ちを関与させて〈すりあわせ〉ながら、面接の目的に添ってあるひとつの方向に向かって統合していく過程です。

どのような領域であろうと、インタビューの過程においては、行なう側と受ける側双方による共働作業が行なわれ、目的および結果において共通認識できていることが理想です。対人援助の場合は、クライアントのニーズが解決あるいは軽減されることに焦点が当てられます。そのニーズは、インタビュー・アセスメント面接を通して明らかにされます。そして、ニーズにしても、半世紀以上も前にA・H・マズローが提起しているように、基本的なニーズをみても生理学的なものから承認欲求まで、さらに高次になれば自己実現と、個人が生きる内的世界ときわめて密接にからんだものです。（※8）

ですから、インタビューは、どうしても相手の個人的な生活や人生の一部、個人の内的世界への侵襲が避けられないという必然性をもっています。しかも、相手だけではなく、その身を職業的に置いているとはいえ、こちら側も内的世界を容れているこころを含んだ身体を相手にさらし、ときによってはかなり深く提供していきます。

このように、お互いがお互いの人間的な側面に侵襲せざるをえないインタビューの過程では、援助者側には次節の表2でも示すように、徹底した自己制御のなかで〈専門的援助関係〉を形成して真の〈相互交流〉を成立させることができるよう努める必要が生じます。（※9）援助者側の価値観や美意識、その日の体調や気分によるクライアント理解や援助の水準にブレや格差が生じたら、相手に対して失礼にあたるからです。もちろん、一定の援助水準に達していない初心者や、経験だけはあっても相談援助実践における非熟練者であれば、職業的・活動目的に添ったクライアント理解も支援も未熟です。〈生のままの《私》〉から出発しなければならない正真正銘の初心者は、職業レベルでの〈交互作用〉も成立させられません。また、かなり経験を重ねていても、第3部第3章で示す表1「臨床実践家の熟成過程」の第3段階の中程まで達していない援助者は、〈生のままの《私》〉は常に制御し、点検しなければならない対象です。（※10）

対人援助実践は、コラム8で紹介したバイステックの「クライエントは、心を通過しないワーカーの言葉を見抜く」や、佐治守夫先生の「腹の底で私が感じていることは、相手に伝わる」という指摘でもみられるように、相互にこころを含み、腹が納まっている身体を通した交流が行なわれています。ですから、お互いに通さなければならない心・腹の底に決定的に影響を与える〈感情〉の処理がとても重要なのです。

援助者自身の感情の制御は、自分の性向や価値観・美意識などの内的世界を理解できていることと合わせて、プロフェッショナルとしての出発点でもあり、必須事項です。そのうえでアセスメント力を鍛えていくのです。

なお、相談援助面接における第一声に対する面接者の感受性と対応のしかたによってその後の面接の展開が異なること、さらに面接途中でのさまざまなやりとりのなかでの軌道修正の必要性、面接者の力量によって情報の質や量が大きく異なってくる点などについては、別にビデオで電話による4通りのインテーク面接を実際例でお示ししていますので、是非ご参照ください。(※11)

[註]

※1 〈相互作用〉ではなくあえて〈交互作用〉とした点について：広辞苑（第5版）によりますと〈相互作用〉には以下の意味があるそうで、本書では②の意味を採用しました。
①互いに働きかけること。②［哲］2個または2個以上の事物・現象が相互に作用しあって原因となり結果となること。交互作用。③省略。④［生］生物群集や個体群の間にみられる相互関係。共生的・敵対的・中立的な関係に大別。植物が動物のすみかとなる関係、捕食者・被食者関係などがこの例。共働。

※2 交互作用：コラム8参照

※3 『文楽のこころを語る』（竹本住大夫著・文芸春秋・２００３年）45頁

※4 理解したい：沢木耕太郎・講演「理解するということ」（『精神科看護』第53号（１９９５年）特集／第20回日本精神科看護学会）26頁

※5　実存ニーズについて：第2部第1章第3節参照
※6　例外職種：医療機関の医療ソーシャルワーカー
※7　第3部第3章第2節1－③参照
※8　マズローのニーズの階層制：第2部第1章第3節参照
※9　表2：専門的援助関係については本章第2節参照
※10　第3部で紹介する表1の第1段階の重要な点検項目
※11　『ビデオ・面接への招待～核心をはずさない相談援助面接の技法』（奥川幸子・渡部律子監修・中央法規出版）

相互交流のしくみ

援助者は、クライアントから発信され、援助者自身の身体に入れた情報を、援助者自身の専門的な視点に裏づけされた枠組みに照らしつつ、ストーリーを描きながら瞬時に解析し、いったんは自分の身体に築き上げた情報の整理箱の中に入れます。各々の援助者の身体の中には臨床知に基づいたたくさんの引き出しが内蔵されています。

それは、援助者自身の内面への働きかけの作業でもあります。援助者の身体に入って処理された情報は、援助者自身がその瞬間に適切だと考えられる〈言葉や全身の表情〉としてクライアントに働きかけられます。このとき、援助者の内面では実に複雑な構造で情報処理が行なわれています。

たとえば、クライアントから情報が発信されたときの援助者の内面では、瞬時に〝これは、このまま通過させて情報の整理箱の（この）引き出しの中に入れておけばいいのか〟、または〝ひっかけておいて別の引き出しに入れておく情報か〃を選別しています。前者の場合は、会話の流れを遮りませんからなめらかに進行します。ですが、後者の〈ひっかかった〉情報の扱いが重要になります。その場で援助者側の〈ひっかかり〉を明確化しておいたほうがクライアントと援助者双方のためにいいのか、ここは流しておき、会話の流れのなかで再度登場させてみるかを瞬時に判断しています。また、面接の流れのなかで、そろそろ次のテーマに移ったほうがいいのか、もう少しこのまま聴いていたほうがいいのか、いや、ここで手当てしておいたほうがいいのかなど、面接の全体構造のなかでの組み立ても瞬時に判断されています。

これらの情報処理に伴って、「クライアントにどのような角度から、どのような方法で働きかけをしたらいいのか」という〈転換・ギアチェンジ〉が瞬時に行なわれているのです。そのうえで、援助者から〈言葉や全身の表情〉として情報が発信された瞬間、今度はクライアントが自分の身体の中にそれを入れて、自身の内面への働きかけを経てから、再びクライアントがその場で思うか考えた方法で援助者側に働きかけます。すると援助者側は、クライアントから発信された〈言葉や全身の表情〉を再度身体の中に入れ、インタビューの流れのなかで必要に応じて、いったん入れてあった情報を情報の整理箱の引き出しからひっぱりだして、クライアントが生きている世界に照らし合わせて意味づけをしたうえで、厚みを増した情報として再び情報の整理箱の同じ引き出しに入れるか、または他の引き出しに入っている情報と有機的につなげていく作業を繰り返しながら、〈臨床像・クリニカルイメージ〉をくっきりと描いていくという、アセスメント作業の到達点を目指します。(※1)これは〈問題の中核〉を中心に据えてクライアントに生じている問題点を螺旋状に絞り上げながら映像として描いていく過程です。

そのためには、援助者の身体に「〈ひっかける〉〈こだわる〉装置・センサー」が入っていないと成り立たない作業です。このセンサーは、まず〃目の前のクライアントに何が起こっているのか〃を理解しようという気組みが援助者になければ作動しません。さらに〝いかようにして（Ｈｏｗ？）目の前のかたはこのような状況に陥るに至ったか〟を探索するために、〝何で？……こんなに悩み、苦しんでいるの？　こんな状態になるまでヘルプ・ミーと言わなかったの？　いや、言えなかったのか〟とか、〝何で、（こちらからみたら大したことないことなのに）この人はこのことになるとこんなに意地を張るの？〟など、〈いかようにして？〉から〈何故？〉〈何で？〉など、常に援助者が自分の身体に問いかける内面化作業をしていないと役に立ちません。この〈ひっかける〉や〈こだわる〉は、身体的な感覚に訴えてくる場合が多く、直観レベル、ないしは暗黙知の世界（※2）に類するものです。ですから、たとえ初心者でもこのセンサーは働いていま す。

しかし、まず〈いかようにして？〉〈何で？〉〈どうして？〉など、「？」（疑問符）が湧くという〈ひっかかり〉センサーが身体の奥で作動しなければ、援助者の内面に問いかける作業が成立しません。援助者の身体にこの〈ひっかかる〉センサーが作動し、〈ひっかける〉装置が働き、さらに〈情報解析装置〉が援助者の身体に内蔵されていないと、「なんとなく変だ、と思った」「なんか、おかしいと感じてたんです」という身体感覚のみのレベルで終わってしまいます。

面接時にリアルタイムで身体の奥に生じた感覚をひっぱりだして意識化し、クライアントに「これは、いま、または時がきたら聴いてみよう、確かめてみよう」と援助者側が「問いかける方法」を吟味しながら、その場にフィットした方法でクライアントに働きかけるという、クライアントとの〈交互作用〉による共働作業を通して確認できないと、身体感覚だけが残って、〈絵解きされた言葉〉として表現できないのです。

なかには、身体感覚に〈ひっかかり〉として残らないで、素通りさせてしまっている援助者もいます。そういうかたでも、事例検討会やスーパーヴィジョンの場で実践の事後検証の過程を支援していきますと、クライアントから発信された言葉と全身の表情は、大切な言葉も含めてすべてが援助者の身体に入っていることがわかります。ここが、私たち人間が潜在的にもっている能力のすごさを実感できる瞬間です。ただし、〈ひっかかり〉センサーと〈ひっかける〉装置や〈情報解析装置〉が身体に内蔵されていないと、情報をふるい分けたり、点としての情報を有機的に結びつけて厚みをもたせた情報にはなっていないので、そこにはあくまでもヒントが隠されているだけになります。いくらクライアントに関する情報が援助者の身体のなかにあふれるほど詰まっていても、その場で有効に活用できなければ、臨床実践家としてはアウトです。

スーパーヴァイザーが事後検証の場で手伝えば、そのヒントを手がかりに情報をつなげていく作業は可能ですが、その到達点は〝臨床像の輪郭〟を描く段階で止まってしまうことが多く、先へは進めなくなります。クライアントにとって意味づけされた情報が足りないからです。

では、ここで〈ひっかかる〉身体にまで仕立てあがっていない援助者のためにも、もう一度〈ひっかける身体〉が作動するメカニズムを説き明かしてみます。

ひっかける身体のメカニズム

まず、〈ひっかける〉身体になるためには、クライアントから発信される情報への感受性を養う必要があります。この場合の情報は、〈表現された訴え〉と〈全身の表情〉や〈実際の行動〉などが該当します。これらの情報への感受性は、援助者がなんらかの問題状況にあるクライアントを構造的に理解するための〈視点〉、つまり目のつけどころを系統的な知識としてもっていないと生まれてきません。この〈視点〉が、クライアントが〈いま、身体的に、情緒的に、精神的に、社会環境的にどのような状況にいるのか〉をポジシヨニングするための視点になります。（※3）これらの基盤があって初めて〈何故?〉や〈どのようにして?〉〈何を?〉〈いつから?〉〈何回?〉などの問いかけが、援助者の身体のなかから自動的に湧き上がってきます。

クライアントの言葉を聴いたり、全身の表情や実際の行動を観察する援助者の身体には、次のような疑問符が自動的に湧く瞬間があります。


「ことは、いつから始まったんだろう」

「どのようにして、いまのような（状況が）行き詰まった状態ができあがったんだろうか」

「それまでに、何回同じようなことが起こったのか」

「何で、このような言葉をこの場面で発するの?」

「同じ言葉を何回も発するけど、どうして?」

「何で、このことにこだわっているのか?」

「口ではこう言っているのに、実際の行動はちがうじゃない、どうして?」

「愉しそうに語るのに、目が怒っている」


などです。

以上が〈ひっかかる〉身体のメカニズムになります。これから先が意図的に援助者の内面に〈ひっかけていく〉身体のメカニズムに入ります。

クライアント理解にバイアスをかけないようにするには

ここでひっかかった身体感覚は〈直観の世界〉です。臨床実践家にとっては〈直観〉は重要な武器になります。しかし、援助者側の〈直観〉が働いたとき、そのまま採用するのではなく、クライアントから確認をとる必要がある事柄なのだ、と意識することが大事なのです。

なぜならば、援助者の直観の世界は、援助者自身が生きている内的世界のなかで生じていますから、クライアントそのひとや彼らが陥っている問題状況によっては、援助者自身の身体に刻印されている経験と似通っていたり、同じような状況にあった場合は、どうしても援助者自身の経験にひっぱられがちになる傾向が避けられません。

そうなると、クライアントが生きている世界で生じている問題は、援助者自身が生きている、または生きてきた世界と重なってしまいますので、どうしても援助者の価値観や美意識、そのときに被った援助者自身の感情と重なってしまいがちで、クライアントが生きている世界に添った理解から遠くなってしまいます。ですから、相談援助面接では、相互交流のなかでクライアントに常に援助者自身の理解の内容を「私の理解でよろしいでしょうか」と確認をしてみる必要があるのです。


援助者は、〈ひっかかった〉瞬間にまず、この情報は確認する必要がある情報か否かを吟味し、さらに確認する場合はその時期もはかります。

「本人にここで聴いてみよう」

「いや、いまはふれないで、もう少し待ったほうがいいだろう」

「いや、この点については、さわらないでおいて、他の事柄から問題の本質がみえてくるのを待とう」

などです。

もし、ここで聴くことを選択した場合の援助者は、同時並行でクライアントに問いかける方法も吟味しています。

「再保証してから質問したほうがいいか」

「前の話との照らし合わせをしたうえで問いかけてみようか」

「ここは、単刀直入に切り込んだほうがいいかも」

などです。

このときの確認の方法は、治療的コミュニケーション技法のなかでは〈明確化〉になりますが、状況に応じて、〈繰り返し〉〈効果的な質問〉〈言い換え〉などが該当します。（※4）

このようなメカニズムが瞬時に作用して、私たちはその場で一番適切だと考えられる方法で、クライアントに働きかけをしています。これらの作業は、クライアントとの相互交流のなかで瞬時に援助者の内面に働きかけられる〈thinking〉の過程でもあります。

では、何故に、援助者の身体に〈ひっかける〉装置が必要なのでしょうか。アセスメント過程では、身体に〈ひっかかった〉感覚がとても重要で、この感覚はクライアントの話をストーリーにして聴いていく過程で、面接の比較的早期の段階で直観的に援助者の身体のなかで〈核〉となって湧き上がってきます。これから先は、第2部でお示ししている図2の「1情報収集の枠組み」「2ストーリーで聴く：問題の中核を早期に見抜く」「3アセスメントの枠組み：情報の分析・統合」「4臨床像を描く：言語化・伝達する」の関係を踏まえて考えていきます。（※5）

アセスメントは、いってみれば〈謎解き〉のようなものですが、その謎のなかには、現象的には複雑に入り組んでいる事象の〈へそ・問題の中核〉が隠されていることが多いのです。熟練した臨床実践家は、面接の初期の段階でこの〈へそ〉を直観レベルでつかみ、身体に〈ひっかけて〉おき、周辺の事情を聴きながら

〈臨床像の輪郭〉を描いていきます。その輪郭がかなりしっかりしてきたところで、〈へそ〉の部分に焦点を当てながら情報を引き出して、周辺の事情に関する情報と意味づけさせながら〈謎解き〉をしています。

このような情報解析過程の言語化が〈絵解き・臨床像を描く〉作業です。

「周辺の事情を聴きながら」の箇所が図2の「1情報収集の枠組み」のなかの『基本情報』と『個有の問題状況に応じた奥行き』情報であり、「焦点を当てて引き出していく」ところが『奥行き情報』の中核になります。この〈へそ〉の部分が〈問題の中核〉で、これは一問一答の面接からは洞察できません。クライアントの自然な話の流れを誘い、豊かな情報を引き出せる技術的態度ができていないと難しいのですが、できるだけストーリーで語っていただくほうが早く発見できます。図2の3の枠組みは「情報の組み立て装置」の部分です。

このように目に見えない、形にしにくい〈相互交流〉を基盤とした相談援助面接を言語化する作業は、「直観、暗黙知の世界」を言葉にするという途方もないことに挑戦しているのです。

私たちの相談援助面接におけるアセスメント過程では、このようにかなり高度な情報解析装置を駆使していることが、これでご理解いただけるかと思います。この装置を身体に設置し、作動させながら、さらに高度な装置に仕立てあげていくための自己訓練が、〈実践事例を書いてみる〜自己検証してみる〉作業です。(※6)

このクライアントと援助者の情報の交換は、援助者側からみると、常に分析を行ないながらさまざまな角度からクライアントから情報を引き出す作業をしていることになります。その過程でイメージアップされていた〈臨床像の輪郭〉を作り、〈仮の臨床像〉をイメージしながら修正していく作業を繰り返しています。さらにこのアセスメントの作業過程では、臨床実践場面では「仮の支援計画・ケアプラン」も想定しながら、〈仮の臨床像〉の修正に応じて「仮の支援計画」も修正するという作業を並行して行なっています。

一方で、クライアントの側も援助者が自分の話を聴いてくれているか、自分のことをどのぐらい理解してくれているかを、援助者から返ってくる〈言葉と全身の表情〉を身体の中に入れながら吟味しています。援助者側の態度や理解の水準によって、クライアントから引き出される情報の質や量も異なります。また、クライアントと援助者の年齢や「生きる力」の組み合せによっても個性的な経過と結果を招きます。

このように、面接はクライアントと援助者とのあいだで交互に作用しあう循環行為でもあるのです。そして重要なのは、これらがすべてクライアントと援助者の〈交互作用〉をとおして、双方の言葉と全身の表情の〈動き〉の流れのなかで、双方の〈関係〉が作用しあいながら進められることです。

さらに、先述したように、このクライアントが「生きてきた～生きている～生きていく」世界を4次元的に理解するというアセスメントの作業過程と並行して、臨床実践の場面では、「仮の支援計画・各種ケアプランや退院計画」も想定しながら実施していることです。つまり、インタビューの進展に応じて〈臨床像〉の修正が繰り返されれば、それに応じて「支援計画」も修正していくという、かなり複雑な情報解析の回路を駆使して、多重構造で情報処理をしているのです。ただし、〈臨床像〉と〈支援計画〉とは表裏の関係にありますから、重点は〈臨床像を描く〉ことにあります。実際、支援計画を作るよりも臨床像を描くほうが、技術的にもはるかに難しいのです。ですから、マニュアルにあるアセスメントに必要な情報収集の項目は、できるだけ早く援助者自身の身体のなかにたたきこんでしまうことが必要なのです。

〈援助的〉であること

さらに重要なのは、プロの援助者であるならば、アセスメントの過程でクライアントから個人情報を引き出す際にも、その行為のすべてが〈援助的〉であることが要求されます。ということは、先述したように、クライアントから〈言葉と全身の表情〉で発信された情報をいったん援助者の身体に入れ、そこで援助者自身に働きかける内面化作業・情報解析作業を行なったうえで、さらにクライアントに働きかける援助者の〈言葉と全身の表情〉には、クライアントに対する援助的なコミュニケーション技法が求められます。また、その際には、クライアントそのひととその人固有の問題状況を明らかにしていくための〈質問・問いかけ〉のしかたにも、クライアントが話しやすいような配慮が必要です。その配慮は、援助者側の確かな「視点、知識・技術に裏打ちされた態度や価値観」から生じてきます。

〈援助的であること〉について、私が30数年の臨床実践のなかで実感していることは、アセスメント過程において、「クライアントそのひととその人（たち）が置かれている固有の問題状況」をどれだけクライアントのリアリティに添って聴く側が理解できたか、その理解した内容を、相手のリアリティに添った言語表現や全身の表情でこちら側が返すことができるかが、第一の関門だということです。これは、〈共感〉のレベルにも大いに関わっています。

この点をクリアできますと、相手とのあいだで信頼関係がかなりできてきて、その後のインタビューはなめらかに進行し、その延長線上で行なう実際的な対処方法や解決策をクライアントと一緒に考えたり、こちら側がいく通りかのプランを提案したりする作業がすんなりと進行していきます。アセスメント過程がすべてではありませんが、対人援助実践のかなりの比重を占めていることの理由のひとつでもあります。まず、聴く側が相手が生きている世界のリアリティに添った理解ができることが〈援助的〉であることの第一歩なのです。先述した〈ひっかける身体〉と〈情報解析装置〉および〈援助的であること〉の関係と重要性については、コラム9で実践事例をもとに考えてみました。（※7）また、この点については、フィールドワークの目的が異なりますが、さまざまな分野のかた達の指摘と共通していますので、コラム5およびコラム10（※8）で私たちの相談援助面接との類似点を分析したものもお示ししています。加えて、拙著『未知との遭遇』の付録「日本妖怪巡礼団」における私の解説もご参照ください。

相談援助面接の場面では、クライアントとの信頼関係を築いたうえでの共働作業を可能にするためには、第一にクライアントとのあいだで〈専門的援助関係〉を形成できるかが鍵になります。専門的な援助関係については、一般的な援助関係と比較したものを、これまでの先駆者の知見をもとに表2で整理し、次節で解説します。

ただし、私は、これまでの相談援助面接者としての30数年の臨床実践と、プロの対人援助者への15～16年に及ぶスーパーヴィジョン実践を通して、私自身とスーパーヴァイジーの熟成過程を照らし合わせる作業を行なった結果、従来教科書的に解説されている〈専門的援助関係〉について、もう少し突っこんだ思案をもつようになりました。この機会に臨床実践家の熟成過程について第3部で図式化を試みましたので、表1と第3部第3章の論述をご参照ください。（※9）

［註］

※1　図2-4に該当。第2部第1章第4節参照

※2　暗黙知の世界：暗黙の知については『暗黙知の次元―言語から非言語へ』（マイケル・ポラニー著／佐藤敬三訳・紀伊国屋書店・1980年）を参照してください。マイケル・ポラニーは二〇世紀後半の科学思想家で、人間の知識について再考するときの出発点を「我々は語ることができるより多くのことを知ることができる」という事実において、暗黙の知を考察しています。

※3　図2－6に該当。第2部第1章第6節＆『未知との遭遇』第2部「対人援助の基本的な視点」（64～248頁）参照

※4　〈繰り返し〉〈効果的な質問〉〈言い換え〉：巻末の「参考・治療的なコミュニケーション技術一覧」参照

※5　第2部参照

※6　実践事例を書いてみる：第3部第4章参照

※7　コラム9「〈ひっかける〉身体」

※8　コラム5「対人援助他職種とも共通している基盤としての面接・弁護士」＆コラム10「相談援助面接と他のフィールドワークの手法との共通点」

※9　表1「臨床実験家の熟成過程」については、第3部第3章で詳述しています。

コラム 08

交互作用

相談者と援助者のあいだの交互作用については、先駆者のさまざまな実践理論に類似の表現がみられます。

★Ｆ・Ｐ・バイステックのケースワークの原則：原則３「援助者は自分の感情を自覚して吟味する（旧訳では〝制御された情緒関与〟）」（※１）

「ケースワーカーがクライエントの感情に対していかに反応するかは、援助関係におけるもっとも重要な心理的要素であり、おそらくこれがケースワークにおけるもっとも難しい技術である。……（中略）……ケースワーカーの反応は主として内的なものである。しかしワーカーの内的反応は、言葉や顔の表情、話し方の調子、あるいは行動などの外的表出によって、クライエントに伝わるものである。……（中略）……ケースワーカーの反応は、それがワーカーの『心のなか』をきちんと通過したときにだけ意味をもつものである。『あなたの気持ちはよくわかる』とか『きっとつらいよね』などの言葉は、それがワーカーの心をきちんと通過したものでなければ効果はない。**クライエントは、心を通過しないワーカーの言葉を見抜く**ものである。」（強調は奥川）

★佐治守夫『カウンセラーの〈こころ〉』（みすず書房）１７６頁から

「非常に不思議なことには**腹の底で私が感じていることは、相手に伝わる**のです。」（強調は奥川）

※１『ケースワークの原則［新訳版］』（Ｆ・Ｐ・バイステック著／尾崎新・福田俊子・原田和幸訳・誠信書房）92〜93頁

第2節

専門的な援助関係と一般的な援助関係について

対人援助の仕事の特徴は、〝人がひとを支援する〟ことにありますで、本書の序で論考していますように、〝人とひととの相互交流〟を基盤にして展開されています。その際に考慮すべき重要なことは、援助者の態度や知識・技術を背景にした力量と、援助される側の力量、つまり双方の生きる力が交互に作用しあって展開されることにあります。(※1)さらに、対人援助専門職者に対しては、一般的な生活場面で繰り広げられている援助とは異なり、ある一定水準の専門的な視点や知識・技術(※2)に裏打ちされた職業的態度を求められている点が、上記で申し上げている双方の〈力量・生きる力〉との関係をやっかいなものにしています。このやっかいさを、次に挙げる二つの観点から考えてみます。

専門的援助関係形成に際しての留意点

まず一つには、対人援助専門職者の場合は、自分よりはるかに年上で、人生の辛酸をなめ尽くしてきた人たちでさえ、目の前に支援の対象として登場することが挙げられます。

年齢が即、年輪やこころのひだを刻み込んでいるとは限りませんし、対象者のすべてが人生の達人の境地に達しているわけではありません。しかし、いずれにしてもこれまでの時代と社会を生き抜いてこられた年月分だけの強さや生きる力をお持ちであることは確かです。とくに、他者を見抜く目、他者との関係を測りながら付き合えるだけの社交術など、社会的に生き抜いていくための技倆・ソーシャルスキルに関しては、若輩の対人援助職者よりははるかに上です。このことを堅くわきまえておく必要があります。クライアントに対する尊敬と畏敬の気持ちを、常に忘れないことが肝要です。

これらのことも、第3部第3章で「臨床実践家の熟成過程」を掲げた大きな理由の一つでもあるのですが、たとえ若くても、極端にいえば実際的には何も経験がなくても、いったん職業として対人援助の仕事に就いたからには、期待されている専門性や役割・機能に応じた支援の対象者が容赦なく目の前に現われます。ですから、表1「臨床実践家の熟成過程：第1段階・スタート地点に立ったとき」の目標として、「クライアントに対しておおいに役に立たなくても、大きな不利益を渡さない」を掲げているのです。（※3）

二つめは、対人援助実践における落し穴ともいえる、援助者側の「生身の人間である自分自身」が抱える情緒的な傾向や課題を、仕事中にどれだけ制御できるかにあります。

対人援助職者の支援は、専門的援助関係を基盤にして、治療的なコミュニケーション技術を身につけ、机上の学習や経験によって身につけた専門的な知識や技術を最大限クライアントに対して提供することが基本です。この点は本書で何度も申し上げています。一般的な生活場面で行なわれている援助では、お互いの関係性に応じて、それまで生きてきた過程のなかで培ってきた力量のなかから一方的に、あるいは相互に援助し合う行為になります。このような場面では、相互の生身の感情が根底にあって行き交い、ときに剥出しになることも多々みられます。

しかし、職業的な援助者は、身の内にたぎらせている生身の情熱や感情を基盤とした身体に、〈職業的な私〉の部分を稼働させながら支援します。すると、職業的身体になっていないか、ある一定の水準にまで達していない発展途上にある援助者は、生身の自分を制御しきれない事態にいくらでも遭遇します。なんといっても、まったくの新人で、対人援助職者としてのスタート地点にある人は、〈職業的な私・自己〉をいきなりライブの場で形成していけるわけがないのですから、クライアントそのひとや、そのかた達に起こっている種々の問題状況によっては、かなりやっかいな壁がそそり立つことになります。

たとえば、援助者側が置かれている状況が、クライアントが置かれている状況とぴったりと重なったりするような偶然はいくらでも起こりえます。共時性の作用です。または、かつて援助者が同じような状況にあったとき、そのときに体験した想いや感情を意識化できないままに蘇らせ、目の前のクライアントに惹き込まれたり、抱え込んだりしてしまいます。ときには、援助者側の私的な生活に支援の対象者が有形無形で入り込んでしまいがちになり、その関係はいつのまにか一般的な援助関係に陥ります。

援助者の頭に血がのぼるとき

右のような点を挙げた理由は、クライアントとの援助関係に悩む対人援助職者が数多くみられることと、ときにクライアントとのあいだのパワーゲームに意識せずに陥っている事態がみられることによります。そのような事態に直面している援助者は、そこに至った原因や状況はいろいろですが、おおむね頭に血がのぼっていて、まわりが見えなくなっていることが多いようです。つまり、私的な自分自身が見えなくなっています。

たとえば、それまでの仕事の経験が社会福祉領域であっても、心身のみならず社会関係や経済的にもかなり困窮しているかた達を対象としてきた期間が長かった援助職者が、平成12年度から施行された介護保険制度下でケアマネジャーとして働きはじめました。彼らが仕事のしはじめに出会った介護保険の被保険者たちのなかには、たとえ年配者であっても、かなり激しく自己主張されるかた達も大勢いました。また、いまのところ生活には困窮しておらず、むしろ裕福なかた達もおいでででした。しかも、クライアントは要介護状態にあるかた達だけではありません。ケアマネジャーの多くが、当初はクライアントシステムのなかにいるご家族への対応に四苦八苦したり、翻弄させられている姿をたくさん目にしました。この点は、現在でも他の臨床実践領域から新たに参入したケアマネジャーに多々みられる現象です。

力のあるクライアントに対する援助職者としての経験や理解のための知識、対応するための技法を有していないので、彼らの言動に当惑してしまうのです。病弱で心身のみならず社会的にも弱者であるかた達への対応と、たとえ問題状況に直面していても、そのことをご自分の力で対処できるかた達への対応は、第1部第1章第4節で解説したように、異なってきます。支援者としての心意気や態度は同じでも、その援助関係の距離や支援のありようが各々のクライアントの問題の性質や深さ、彼らが有している強さや力によって微妙に、あるいは大きく違ってきます。

しかし、いくら力があったとしても、過剰なストレスが一挙にかかりますと、ひとはそれぞれのやりかたで自分が直面している厳しい現実を突破しようと試みます。その方法は、怒りを特定の誰かに放出したり、誰かを捕まえて行き場のない話をしつづけたり、ときに泣いたりと、ひとそれぞれです。自分のやり場のない気持ちを特定の誰かを攻撃して晴らす方法で発散させるかたもたくさんいます。その対象は、ときとして身近な援助者に向けられがちになります。昔のような大家族ではないので、家族や親族内に怒りや不安などの気持ちを安心して放出できる対象が見当たりません。ですから、ストレス下にあるひと達の心理や行動のしかたを理解できていない援助者ですと、まともにその感情を生身の〈わたくし的《私》〉が浴びてしまうことになります。すると、クライアントに負の感情を抱きがちになり、援助者の性格や熟成段階によっては、自分が全面的に非難されていると受け取ったり、怒鳴られ方がひどいと「もうそのクライアントには関わりたくない」と、拒否的に感じ、援助者側から断ってしまう顛末を迎えます。

また、もう少し機動力のあるクライアントですと、優しい忍耐強い援助者に対して、一見知性的な言動で支配的な位置に立ち、いつのまにか援助者が「なんだか、使用人になったようだ」と思ってしまうような関係に陥ります。援助者と被援助者がこのような関係に陥るきっかけは、援助過程のどこにでも潜んでいます。

たとえば、援助者が相談援助業務に就いて間もない時期ですと、対象者に有用な社会資源についての知識もまだ不十分ですし、活用上の技術面にも不案内です。そのようなとき、クライアントの家族が介護に熱心で、社会資源検索法に長けていますと、援助者よりもさまざまなケア商品に関する知識を手に入れたり、実際に業者に問い合わせたりして、自ら手元に有用な資源を引き寄せることができます。援助者のほうが萎縮してしまうと、クライアントである家族の情報をもとに動かされる結果になります。家族のほうが上、と理解したうえで後追いしていけばいいのですが、下手な自尊心がありますと、援助者のこころはズタズタになります。クライアントに援助者を上手に利用するだけの心理的余裕があれば、援助者は気持ちよく使われ、使用人のような感覚には陥りません。が、往々にしてクライアントには余裕がありませんから、必死で迫ってきます。なかには、きつく接するかたもいます。

そうなりますと、もう専門的援助関係どころか、援助関係ともいいがたい状況になります。そのようなときは、クライアントのエネルギーや機動力を活用する方法を考えればいいのですが、援助者側にもそんな余裕はありません。腹が立ちながらも仕事だからと、必死で屈辱に耐えながらクライアントの指示のままにサービスを調べたり、手配したりしつづけます。このようなときには、「なぜ、このクライアントはこのように悲鳴を上げているのか、命令口調になっているのか、自尊心を傷つけられながらも言いなりになっている自分は、いったい何をしているのか、双方のあいだで何が起こっているのか」など、いったん距離をおいて冷静に振り返ってみれば状況の絵解きはできるはずなのですが、まず頭に血がのぼっていますし、なにより も先述した知識がなければ、自分では解けません。

対人援助のスタート地点では、専門的な援助関係を形成するだけの力がまだ備わっていませんので、ともすると、一般的な援助関係に陥りがちになります。その弊害は、クライアントのみならず、当の職業的援助者にも及びます。（※4）対人援助はいうまでもなく「一期一会」、やり直しはききませんし、クライアントに不利益を渡してしまうよりは、何もしないほうがまだましです。

対人援助を生業とするものは、専門的援助関係と一般的援助関係の違いをきちんと理解して、常に自己点検機能を働かせる必要があります。そこで、両者の違いを整理して、表2の「専門的援助関係と一般的援助関係」としてお示ししました。また、援助関係にかかわる実践的な考え方は、社会福祉実践の領域で広く知られている「バイステックの7原則」があります。（※5）

本節ではまず、表2を解説し、専門的援助関係と一般的援助関係の違いについては、職業的対人援助職者の実践に対して、地域で使命を帯びてボランタリーな活動をされている民生委員・児童委員の活動を置きながら論考していきます。そのうえで、専門的援助関係を形成するための技術的・倫理的原則とも位置づけられる「バイステックの7原則」について簡単にふれます。簡単にとは、できるだけ原文をお読みいただきたいのと、対人援助にかかわるさまざまな先行図書に掲載され尽くしているとの理由によります。

表2「専門的援助関係と一般的援助関係」について

表2は、先行図書を参考にして「専門的な援助関係」を「一般的な援助関係」と比較しながら整理したものです。

一般的な援助関係の代表は、家族や親族のあいだで行き交う情愛に基づいた有形無形の支援にみられます。まさしく「身(の)内」に入れられ、「骨肉」に食い込め、「骨身を削る」ことができ、「血縁で結ばれている」ぶん、身・骨・血・肉と、人間を形作っているものに由来しているもの同士の宿縁と、寝かされてきた長い関係性の歴史から、その支援には、他者からは簡単に伺い知れない不思議が潜んでいます。そこには、感嘆してしまうようなエネルギーが費やされることもあれば、徹底的な憎悪や冷淡、拒絶なども目にします。ある意味では、言葉や理屈が入り込む余地が少ないぶん、底知れない驚異と危うさが背中合わせになっているような援助関係でもあります。

ここでは、一般的な援助関係として、友達や職場の同僚、近隣のひと達などのあいだで交わされる援助行為を思い浮かべてみると理解しやすいかと思います。たとえば、私たちは自分の友人が生きる途上でなんらかの悩みやトラブルを被ったとき、友達として心配して悩みを聞いたり、実際に身体を動かして、ときによっては物品面の手当ても含めた支援の手を差しのべます。その場合の友情は、自然発生的に生まれたものなので、その関係に契約概念は希薄であり、暗黙のうちには、〝以前あなたにお世話になったから〟とか、〝あなたが好きだから〟とか、〝困った人を前にして、私にはいま余力があるのだから放ってはおけない〟など、支援する側が抱いている援助の理由と支援の対象者への理解や友情が存在しています。

表2　専門的援助関係と一般的援助関係

一般的援助関係	専門的援助関係 （治療的なコミュニケーション技術が必要）
①自然発生的に始まる.	①特定の目的がある. 個別的な援助目標と最終ゴールがある. 契約概念が入る.
②ふたりまたはそれ以上の人々の間の暗黙上の契約と理解→愛情,関心,思いやり,精神的支援などのかたちで表現される. （たとえば,夫婦,親子などの家族関係,年長者,同年配の友人などとの関係）	②クライアントに焦点が当てられる. 関心の中心はクライアントにある. （たとえば,医師や看護師と患者の関係,弁護士と依頼人,ホームヘルパー,リハビリテーションスタッフ,ソーシャルワーカーなどの援助専門職とクライアントなど）
人間関係の距離や質が異なる	
◉相互の友情を目的としている. （友人関係の場合）	◉友情に基づくのではなく,相互的な人間関係でもなく,ほとんどの場合,報酬がある.
③個人や集団が情緒的,社会的,精神的,認知的,身体的に成長することを助ける.→すべてか,または一面の成長を助ける.	③クライアントのニーズに基づく. 客観的なやり方で自分を惜しみなく提供する（気持ちも入れる）. ・容量は大きければ大きいほどいい. ・訓練と経験で容量は大きくなっていく.
④双方が同等に自分たちについての情報を与え合い,互いに助けたり助けられたりする. ・普通の会話ならgive&takeの関係.めいめいが自分のことを喋ってもいい	④被援助者が個人的な情報を提供するのに対して,援助者はそれを聴き,専門的な役割や知識に基づいて情報やサービスを提供する. ・話は一方の方向に向かう. ・クライアントに集中する.
⑤期間:援助期間は不定（たとえば,親子の関係は一生涯にわたって続くが,友人関係の場合は一時的であるかもしれないし,永遠に続くかもしれない） 頻度;かかわり合いの一貫性は不定.	⑤援助関係の時間,場所,期間,範囲が限定されている. ⑥専門職基準と倫理綱領による指針のなかで,独自な人間として自己を表現するように努める.
共通の要素;ケア,関心,信頼感の促進と成長の達成,行動・態度・感情にあらわれる変化など. →参考文献②	

註）ボランティアや住民参加型在宅福祉サービス提供者などの援助者は,一般的な援助関係と専門的な援助関係のあいだに位置すると考えられます.両者とも一般的な援助関係のよさ（たとえば,仲間意識・まったくの平等性・援助関係における自由度の大きさなど）を生かすことが大切ですが,同時に,専門的な援助関係にみられるほとんどの要素を求められています.

（参考文献）表2は①を参照して作成しています

①『援助の科学（サイエンス）と技術（アート）』（カロリン・クーパー・ヘームズ,デール・ハント・ジョーゼフ著／仁木久恵・江口幸子・大岩外志子訳　医学書院　1985）

②『ケアの本質～生きることの意味』（ミルトン・メイヤロフ著／田村真・向野宣之訳　ゆみる出版　1993）

③『ケースワークの原則～援助関係を形成する技法・新訳版』（F・Pバイステック著／尾崎新・福田俊子・原田和幸訳　誠信書房　1996）

しかし、専門的な援助関係とは異なり、一般的な援助関係においては、援助者とのあいだに特別な目的が明確化されているわけではなく、あくまでもお互いの友情や思いやりに基づいた相互の人間関係が基礎にあります。私は、この自然発生的な情を〝惻隠《そくいん》の情〟（※6）と考えています。そこでは、とことん援助しすぎて相手の生活に侵入したり、援助を最後まで責任をもって継続できなかったり、中途でお互いの関係が悪化して仲違いしたりと、その援助過程は流動的で不安定なものになる事態も起こりえます。また、その逆に、熱い友情や愛が人を救う場面はいくらでもあります。この場合は、専門的な援助関係では到底及ばないものが多々みられます。たとえば、地域住民の立場で相談活動をしている民生委員・児童委員、地域住民が主体となって各種の在宅福祉サービスを提供しているさまざまな助け合いの会などの会員による支援には、「放ってはおけない」とばかりに専門職では及ばない支援をなさっている場面もよくみられます。この点については、次項で詳述します。（※7）

一方で専門的な援助関係は、表2でもお示ししたように、特定の目的のもとでクライアントに焦点が当てられ、支援の目標はクライアントのニーズに基づいて決定されます。（あくまでもニーズ中心であり、クライアントの人生のすべてを請け負うのではありません）つまり、援助者の個人的な好奇心や興味からではなく、クライアントと彼らの問題（正確にはニーズ）に援助者の視点が当てられるのです。（課題中心＝原則として余計なことはしません）また、援助者自身の個人的な関心からではないので、支援の対象者の個人的な秘密や彼らにとって都合や格好がつかないような事柄でも、必要であれば具体的に聴くことができるのです。（※8）もちろん、そこでは援助者の個人的な好き嫌いは当然クリアされていることが前提です。

援助者も生身の人間なので、ときには特定のクライアントにのめり込む事態も生じますが、ある一定の関係を越えることは（めったに）許されません。したがって、援助者はクラアントとこころを通わせる関係を形成するにしても、その関係は制御されたものであって、一般的な援助関係と比べて情緒的には冷静な関係です。しかし、援助者には、冷静ななかにも温かさと目の前におられる支援を必要としているかた達を理解し、〝受容：受け容れる〟しようとする姿勢、どのような相手でも尊重する倫理的態度が要求されます。相手（ひととその人が抱えている問題状況）をできるだけ客観的に理解しようとしながら、これらの態度を求められていますので、先述しましたように、かなりやっかいな課題であるともいえます。（↓冷静さと温かさを同居させた身体を貫き通す）

さらに専門的な援助関係は、限定された期間や場のなか、これも限定された方法で問題（ニーズ）を解決（対処）するために、特定の目的のもとで効率的な援助をしなければなりません。（↓必ずゴールが設定され、限定された援助方法で）

これらの約束事が、職種に応じた専門的な知識や技術が要求される所以でもあり、そのことで報酬を得ているのですから当然です。個人的な問題（病気や障害、心理的な悩みや生活上の問題）に対して、いくら専門職とはいえ、赤の他人が各々の専門に応じた援助行為を行なうために、他者の人生の一過程に多少なりとも関与しますので、そこには専門職としての倫理が必要とされ、完成された専門職には必ず〝倫理綱領による指針〟、つまり守るべきエチケットがあります。

専門的援助関係においては、先にあげた一般的援助関係と比べて、愛情や義務感や情念、社会通念や世間体などの介在が少ないぶんだけ、人間関係の距離を絶妙にとりやすい関係です。そこでは、〈血・肉〉よりも〈理・知〉に優った人間理解と介入が可能になりますので、クライアント側も平素は家族にも話さないような内容の事柄を開示しやすい状況も生じます。他者であり、専門職であり、秘密を守ってくれて、いま目の前に立ちはだかっている困難な事態の解決を支援してくれ、ことが終われば別れればいい関係なんて、とてもおいしい関係です。しかも相手は、自分の話を親身になって聴いてくれ、温かい雰囲気が漂っています。対人援助者側のほうも、必ず「別れ」があるから、どのような人であろうが、どのような内容の話でも添うことができますし、しかもニーズ対応であり、すべてをひとりで担うわけではなく、支援チームを形成しながらコンサルテーションを主としたバックアップの仕組みをフル稼働させて取り組みますので、いかなる状況にあっても関わり、対応できるのです。

[註]

※1　この場合の〈力量〉とは、生きる力や強さをいい、ひとがこの社会で生き抜くための基礎体力ともいえます。

※2　職種による専門性について：
社会福祉士・ソーシャルワーカー：相談援助面接技術およびネットワーキングと社会資源の活用技術
看護職：身体観察と身体ケア＋援助面接技術
介護職：生活（身体）観察と介護技術＋援助面接技術
ＰＴ＆ＯＴ：disability（能力低下）の評価と改善＋援助面接技術
なお、ケアマネジャーや訪問援助を行なう場合は、ソーシャルワーカーの知識・技術が必須になります。

※3　第3部第3章参照

※4　第3部第3章第2節参照

※5　『ケースワークの原則～援助関係を形成する方法［新訳版］』（Ｆ・Ｐ・バイステック著／尾崎新・福田俊子・原田和幸訳・誠信書房）

※6　惻隠の情：いたわしく思う気持ち

※7　民生委員・児童委員や住民参加型の在宅福祉サービス団体で各種サービスを提供している地域住民の援助関係について：専門的援助関係と一般的援助関係の間に位置していると考えられます。

参考：「民生委員・児童委員による相談援助活動のために～相談援助活動のエチケット～」（『民生委員・児童委員による新しい相

※8

談・支援活動のあり方に関する調査・研究報告書』29頁　民生委員・児童委員による新しい相談・支援活動のあり方に関する調査研究委員会・全国社会福祉協議会・平成15年3月）

なお、本文中の民生・児童委員に関わる記述は、上記の研究報告書内で著者が書いたものをベースにして加筆修正してあります。援助者が生身の自分を優先させた態度でクライアントの前に身体を置きますと、援助者の人柄や性格によっては、「こんなことを聞いたら、○○さんは嫌がるだろうな、拒否されたら困る」と肝腎な事項を聞きそびれてしまうことがあります。とくに経済的背景、個人の生活や家族の歴史などにびびりを抱いている対人援助職者が多いようです。この点は、アセスメント力や職業的な治療的コミュニケーション技術に課題がある場合が多いのですが、職業的な専門的援助関係だから聴くことができるのであって、相手も職業的な援助者だから話せるのです。ただし、本書で何度も申し上げていますように、援助者側が「何故、このような個人の秘密を尋ねるのか」について明確な理由を提示できることと、そのことによって相手がどのような福利を得られるのか、もちろん秘密は厳守する旨を伝えることが、個人の秘密を聴くことの条件になります。

援助関係の形成とエチケット――民生委員・児童委員の活動から

では、専門的援助関係と一般的援助関係のあいだに位置している民生委員・児童委員は、対人援助専門職者と比して、どのような援助関係をもとに地域住民との関係や距離をとって活動しているのでしょうか。彼らは、「よき隣人としての立場」ではあっても、厚生労働大臣から任命され、その活動は特定の目的のもとで行なわれていますし、使命感のもとに他者に介入していくわけですから、そこには最低限のエチケットや約束事が存在していますので、まさしく専門的援助関係に属しています。

ですがその活動は、かぎりなくボランティアに近いものですし、同じ活動地域で支援チームとして協働している、数多ある専門職たちが提供するサービスの内容と比べると、同じ地域に住む隣人として、より日常性に近い支援をしています。ときには、独居老人の入院などに際しては、遠方に住むお子さんたちが間に合わなければ、通常は家族がすることとみなされている行為も代行したりしています。機能や役割が明確化され、「契約事項」を基盤に地域の専門職たちが提供しているサービスと比べると、民生委員の場合は、同じ住民としての立場やより日常生活に密着していることから、「立場性と支援内容の線引き」がかなりファジーな点が特徴的です。

活動の実態や内容からみて、専門的援助関係に要求されている原則にすべてあてはまるとはいえ、民生・児童委員の場合は、そこに「よき隣人として」という一般的援助関係に近い立場が際立っていますし、その点が支援者としての強みにもなり、地域住民にとって救いにもなっています。しかし、この強みと救いは、民生委員に対して、ときに抜き差しならない状況に陥れる〈罠〉を用意していることも留意しておく必要があります。

援助関係がはらむ危険と最低限守るべきエチケット

これまでに申し述べてきましたように、人とひととのあいだに双方に行き交う〈相互交流〉を基盤とした対人援助実践は、双方の生きてきた歴史のなかで、援助者側の身体に刻印されている経験や培われてきた価値観や生活文化などが双方へ影響を与えることがあります。たとえば、民生委員・児童委員の活動地域にお住まいの、ある病弱で高齢の女性が置かれている孤独な生活状況を見兼ねて、他の高齢者よりも気持ちや時間や労力を費やし、のめり込んだ挙げ句、ついにはそのかたの生活一切を抱え込んでしまうようになったとします。そのことは、一時的にはその高齢者にとっては依存でき、心を注いでくれる存在ができて幸せかもしれません。しかし、そのかたにお子さんがおいでになられたり、それまで親しくされていた友人がいらした場合、民生委員・児童委員の出張りすぎが彼ら私的な関係にある大切なかた達を締め出し、遠退かせてしまう結果を招いてしまいがちになります。ここが、対人援助活動の難しいところなのです。

このような場合、のめり込めるだけの援助者側の情熱や体力は貴重です。ですが、抱え込みは対象者がこれから生きていくうえでは不利となる事態も生じさせかねないということを心したいものです。〈抱え込み〉が起きている場合は、しばし立ち止まり、援助者側自身の内面を見つめてみると、自分が過去に経験した事柄を投影していることがあります。たとえば、援助者のすでに亡くなっている母親にその高齢者が似ているとか、母親が病気になったときに十分にお世話できなかった不全感があるとか、自分の手で看取りたかったのにかなわなかったなどの事情が援助者側にあると、意識しないまま自分の母親のときにできなかったことをその高齢者にしているのです。このような行為は、〈援助〉というより、〈援助者側のこころの穴埋め行動〉になります。このような事態は、専門的援助関係を基盤にして実践している対人援助専門職者にもいくらでも起こっています。

また、相手の要求がどんどん増大して応じきれなくなって、相手の感情の反転を招いてしまう事態も起こります。では、人間力のあるベテランの民生委員・児童委員のかた達は、どのような技を身につけておられるのでしょうか。

支援の対象者との援助関係・心理的距離

「一歩踏み込まず、二歩離れず」

このことばは、私がある老人クラブ連合会主催の研修に伺ったときに、受講されておられた高齢の男性民生委員が、支援の対象者のお宅でお話を伺う際の心得を表現されたものです。

研修のテーマは、「話を聴くこと」でした。老人クラブの活動は長年、高齢者施策からみると「生きがい対策」に該当していました。当時は、それまでの「老人大学」や盆栽・民謡・マッサージなどの活動から、「老人が老人を地域で援助する」方向へシフトしつつあり、その流れのなかで「ひとり暮らし老人に対する老人による支援」の一環として、簡単なホームヘルプ活動および「話を聴く」ボランティア等の活動が、パイロットスタディとして試み始められていました。その際に、その事業が試行されている各地域の老人クラブ役員および活動メンバーに対しての研修事業があり、先のテーマがあったわけです。

当時の私は40代、老人クラブ員、とくに男性のクラブ員からみれば小娘に該当します。老人クラブの役員や地域の代表は男性が圧倒的に多かった現実もありました。この事業での講師は、老人クラブ連合会の担当理事に言わせると「なかなか（評価が）厳しいんだ」とのことで、「あの講師は理論ばかり」「全然人間のことがわかっていない」など、講師選定にご苦労されているようでした。高齢者医療の現場で実際に相談援助業務を実践しているものでなければ納得しないだろうとの担当者の読みから、私に白羽の矢が立ったようでした。

案の定、休み時間のおり、70歳代と見受けられる受講者が、「あんたは、まあいいよ。これまでの先生たちは、口ばかりだったよ」と、かろうじて合格点をいただき、ほっとしたものでした。皆さん、とても活気があり、私の質問「皆様は、平素、地域のひとり暮らしのかた達の訪問に際して、どのような点に配慮されていらっしゃいますか?」に対して、ほとんどのかたが挙手をなさいました。

先のセリフはその質問に対して出てきました。「わしは、○○区で30年ほど民生委員をしております●●と申します。わしも病弱なひとり暮らしの女性を毎週訪問しております」。定期的に訪問をされていらっしゃるというその民生委員は、「前回は、話をよくしてくれた。今回もうまくいくかな? と思って行くとそうはいかない。身体やこころの状態によって毎回違う。ですから、わしは、訪問に行くときは心していることがあります」と、先のことばをおっしゃったのです。

私は、僭越ながら、すかさず手をまっすぐに彼のほうに伸ばし、「それって、援助関係の極意!」と返しました。つまり、「一歩踏み込まず」は、「0・5歩、相手の世界に土足で入らない」。「二歩離れず」は、「1・5歩、相手を理解するために離れすぎない」という意味合いがあります。絶妙の対人理解および支援の距離感です。

「あるかたのところに伺うときには、私のエネルギーを少々落としていきます」

このことばも、さきほどと同じ研修会での女性民生委員の表現です。70歳代で、小太り気味のすこぶるお洒落で、元気がその身体から満ち溢れているような感じの女性でした。

「わたくしは、やはり病弱なひとり暮らしの女性のところに定期訪問しています。わたくしは、ごらんのように年齢にしてはとてもエネルギーがあるほうです。ですから、その女性のところに伺うときには、エネルギーを落としていきます。それと、そのかたはとてもお洒落さんです。ですから、わたくしもそのかたのところに伺うときには、ワンポイントのお洒落をしていきます」

これもお見事な対人援助の配慮です。エネルギーの出力を相手に合わせることは〈波長合わせ〉であり、お洒落の工夫も「ワンポイント」が極意で、相手より出すぎないように気配りしながら、話のきっかけや共通話題の材料を用意して、コミュニケーション促進を意図しておられます。

お二人の年配の民生委員は専門的知識や用語をご存じではありませんでした。長年培ってこられた人間としての容量が、対人援助の基本にのっとった支援者としての姿勢を自然に表現されておられるのです。

このような容量と配慮が対象者の信頼を獲得し、対象者からたくさんのことばや情報を引き出せるのですが、その基底に「個人の秘密が守られる・秘密保持の原則」があってのことでもあります。これらは人間力に優れた年配者の例です。

専門的な援助関係形成に欠かせないバイステックの7原則について

専門的な援助関係形成に欠かせない基本的な態度・原則にバイステックの「ワーカー・クライエント関係」の考え方がありますので、簡単に紹介しておきます。

バイステックは、心理・社会的な問題をかかえるクライエントが共通にもっている「情緒や基本的傾向」を思索した結果、基本的な7つのニーズを導きだしました。以下は、著書からの引用です。（※1）

①　クライエントは、ケースとしてあるいは典型例として、さらにある範疇に属する者として対応されることを望まない。彼らは、一人の個人として迎えられ、対応してほしいと望んでいる。

②　クライエントは、否定的な感情と肯定的な感情、そのどちらをも表現する必要性をもっている。これらの感情には、恐れ、不安、怒り、憎しみ、あるいは自分の権利が侵害されているという感情などが含まれる。また、これらとは逆の感情も含まれている。

③　クライエントは、依存しなければならない状態に陥ったり、弱さや欠点をもっていたり、あるいは失敗を経験しているとしても、一人の価値ある人間として、あるいは生まれながらに尊厳をもつ人間として、受けとめられたいというニードをもっている。

④　クライエントは、彼らの感情表現に対して、ケースワーカーから共感的な理解と適切な反応を得たいと望んでいる。

⑤　クライエントは、彼らが陥っている困難に対して、ケースワーカーから一方的に非難されたり、叱責されたくはないと考えている。

⑥　クライエントは、自分の人生に関する選択と決定を自ら行ないたいとするニードをもっている。彼らは、ケースワーカーから選択や決定を押しつけられたり、あるいは「監督されたり」(bossed)、命令されたりすることを望まない。彼らは、命令されたいのではなく、援助を求めているのである。

⑦　クライエントは、自分に関する内密の情報を、できるかぎり秘密のままで守りたいというニードをもっている。彼らは、自分の問題を、近隣の人や世間一般の人びとに知られたいとは願っていない。また、自分の評判を捨ててまで、社会福祉機関から援助を受けようとも思っていない。

以上のようなクライエントのニーズが影響を与えていると考えられる情緒と援助者側（本ではケースワーカー）の情緒を刺激し、双方のあいだで始まる援助関係における力動的な相互作用を分類整理して、援助者の行動原理ともいえる7つの原則を提示しています。

以下、私の実践経験もふまえて、受容の原則を除いた6つの原則について簡単に解説していきます。

①個別化の原則――クライアントや家族を個人として捉える

いま、目の前にいる人は、世界にひとりしかいないユニークな存在として、クライアントや家族を個別的に理解して援助することをいいます。

たとえば、高齢者の場合は、ともするとその外見から〈力のないもの〉〈判断力を求めても無理な存在〉とみなされがちです。最近は少なくなりましたが、高齢者を「おじいさん、おばあさん」と呼ぶのではなく、固有名詞できちんと名前を呼ぶことが「個別化」の第一歩です。（※2）

また、同じ年齢の認知症高齢者が何人いようとも、一人ひとりが生きてきた人生の歴史はすべて異なります。一見、同じように見える認知症の高齢者でも、一人ひとりの『身体とこころに刻印された経験の総体』（※3）が違うので、精神症状や問題行動とみなされている症状が認知症高齢者個々人にとってもつ意味は異なってきます。目の前にいる高齢者が生きてこられた歴史を知り、なるべくその人の内的世界を理解しようとする姿勢が大切です。

この個別に理解すること自体が「個の尊重」であり、クライアントを大切に考えるためのスタートラインに立つことにつながります。アセスメント力が要ります。

②意図的な感情表出の原則――クライアントや家族の感情を自由に表出できるように援助すること

援助者の前に現れる人たちは、いろいろな気持ちをもっています。援助者には、彼らがご自分の気持ちを表現しやすいような雰囲気を自然に作り出せるような態度を身につけることが要求されています。面接のコツは、相手が自然に話したくなり、自由に自分を表現できて、かつ後で恥ずかしさや悔いを残さないですむことにあります。相手が、「このことが言いたかった、言いたい」と話してくれればしめたものなのですが、しかし、感情をどんどん流出させてしまうことには気をつけなければなりません。感情の垂れ流しは、援助者側にその後始末ができるだけの技倆が備わっていませんと、「つい、自分のことを話しすぎてしまった」と後悔を招き、その結果、話しすぎた相手との関係がぎくしゃくする原因にもなります。この原則は、ほどよさと「ここまで」という判断が要求されます。

私は、援助者というのは、多少の芝居気があったほうが面接もなめらかに進行すると考えています。聞き手があまりしかめっ面の表情ですと、話すほうの舌も湿りがちになることは日常の場面でも見られます。援助者は豊かな表現力が必要で、相手の話に感心したり驚いたり共感したりするときには、ことばとことば以外の全身の表情の両方で応じていきます。（※４）

④制御された情緒関与の原則
――クライアントや家族の感情を敏感に受けとめ、表出された感情の意味を理解し、援助目的に適した反応を示すこと

クライアントの感情に流されて一緒になって泣いたり、怒ったりするのではなく、一定の距離をおいて面接者の気持ちをコントロールしながらクライアントの話を聴き、彼らの思いや気持ちを共感レベルで理解することを意味していると考えられる原則なのですが、これはかなり難易度の高い技術になります。

そのときの自分自身のこころと身体の状態を面接者自身が十分に把握できていることが大前提になります。私たち援助者の感情をクライアントに関与させていくことは、おおげさにいえば、私たちの人生にも関わってきます。私たちもプロの援助者とはいえ、鉄のこころと身体をもっているわけではなく、ときには心身ともに弱った状態で働かなくてはなりません。そのようなときが危ないのです。相談面接の場面だけではなく、日常のケアの場でも援助者の心身の状態はもろにクライアントに放出されています。

ある施設で暮らしていた中途失明した高齢の男性が話してくれたことがありました。

「目が見えなくても、朝、寮母さんが部屋に入ってくる足音や声の調子で、『あっ、今日は機嫌が悪いな、きっと夫婦ゲンカでもしたんだろう』と手にとるようにわかるよ」

そういうときは、クライアントのほうが気を遣ってくれているということを知っておくべきなのでしょう。クライアントに力がなかったり余裕がない心身の状態にあるときは、彼らの感情の発露に対して、援助者自身の心身が弱っていると、感情の制御は難しくなります。

逆に、援助者自身が過去に体験したつらい出来事と重なるような状況に陥っているクライアントが目の前に現われたとき、私たちはいつもよりそのクライアントに心を動かされたり、のめり込んだりしがちになります。反対に避けたくなるような事態も生じるのですが、援助者自身がそのような事態に陥ることがあるのだということも知っていることが大切です。あまりつらいときには、担当を同僚などに替わってもらう手立ても必要になります。

要するに、自分自身の感情が過激に動かされているときは、何かがあるのです。自分自身に問いかけ、その根源を探す作業が必要です。スーパーヴァイザーや先輩や親しい同僚に衝立てになってもらうことも有効です。クライアントに不利益にならないよう、そして援助者自身が深手を負わないように配慮したい原則です。

第3部第3章で紹介している「臨床実践家の熟成過程」からみても、この原則を真の意味で達成できるのは、第3段階終了時になります。

⑤非審判的な態度の原則――援助者の価値観や倫理的価値判断で、クライアントや家族を評価しないこと

この原則が一番やっかいで、常に意識していなければすぐに犯してしまう、と自他ともに実感させられています。支援過程のさまざまな局面で点検が必要です。

たとえば、背中に総刺青がある患者さんが心身の状態が悪化したり、ちょとしたケア職との行き違いから大きな声を出して怒鳴ったとします。彼が怒鳴った行動の背後に隠れている怒りやこだわりの根、理由または本質を手繰り寄せられる援助者であれば（これがクライアントを「客観的にとらえられる」ということになります）、大騒ぎには至らずに適切な対応がとれます。しかし、総刺青がもたらす社会的なイメージと援助者自身の価値判断だけで目の前の患者さんをみてしまいますと、「やっぱりね、このひとは……なのね」と決めつけて、本人の真の叫びを聞き損なってしまいます。すると援助者の批判的な眼差しと糾弾（たとえ無言であったとしても）や嫌悪の気持ちはクライアントや家族に伝わり、さらに彼らの悲鳴が大きくなり、事態をますます紛糾させてしまう結果を招きます。このような現象はケアの現場では日常的に起こっています。

また、自分の価値観や考えが一番正しい、世の中で正しいものはひとつと思っていますと、その人が行なう面接は、説得・説教・押しつけ面接になりがちです。このような面接をしている援助者はけっこうみられます。この点は、次項の「自己決定の原則」を見失うことになりますので、常に生の自分および職業的な自分を点検し続けたいものです。

⑥自己決定の原則
——クライアントや家族が自己の意思と力によって、自己のなすことを決定し行動することができるように導くこと

すべての援助の基本は、クライアントの自己決定に基づくことが原則です。そうでなければ、クライアントや家族は自分たちに生じた問題を自身の力で対処したり解決する力を発揮しません。この原則を大事にすることによって、クライアントが本来有している強さや生きる力を引き出し、強化してクライアントの自立支援をすることになります。そのための援助職者に求められる考え方や技術については、図4「〈受容的・共感的理解〉から〈自己決定を支える基盤を整え、支える〉ための援助の構図」で紹介しています。

また、クライアントに力がないとみなされるときや、緊急に対処しないとその生命や生活の安全が危ういと察知したときは、場合によっては家族や親しい人たちの援助が必要になりますが、その際でもクライアントの意思の確認や話し合いに可能なかぎり挑戦する姿勢が重要です。

⑦秘密保持の原則——クライアントや家族に関する情報は、誰にももらさないこと

この原則に関しては、2005年4月1日より施行された「個人情報保護法」があり、さまざまな分野においてガイドラインが示されています。記載した個々人の各種連絡用紙を厳重に管理するだけではなく、他機関・団体への個人情報の連絡においても、クライアントからの了解が必要になります。また、他機関・施設にクライアントの情報、たとえば病歴や生活歴などのトピックスなどを尋ねる場合でも、クライアントの

了解が必要です。これまで以上に援助者側のインタビュー能力が要求されます。
また、現在の医療や福祉の現場では、ひとりのクライアントに対して多数の職種がチームを組んで関与していきますが、その際にもクライアントの個人情報についての交換にはかなりの配慮を要します。本原則を徹底して各援助者が守り、チーム内の信頼関係が成立していませんと、クライアント情報を共有できません。徹底した専門職としての倫理が要求されています。また、ケースカンファランスでの個人情報の取り扱いについてはとくに留意を要します。

私は、バイステックの7原則は、対人援助職に就いているものに要求される基本的な立脚点であり、臨床の場に身をおいているかぎり永遠の達成課題のひとつであり、常に自己点検を要する努力目標であると考えています。バイステックの著書には、それほど到達目標としては難しいことが記述されていると考えています。

[註]

※1　『ケースワークの原則［新訳版］』（F・P・バイステック著／尾崎新他訳・誠信書房）21〜22頁
※2　『私の目を見て―レズビアンが語るエイジズム』（バーバラ・マクドナルド、シンシア・リッチ著／寺澤恵美子他訳・原柳舎）『今かくあれども』（メイ・サートン著／武田尚子訳・みすず書房）
※3　「からだとこころに刻印された経験」：『未知との遭遇』23〜30頁、123〜132頁参照
※4　この点については、※3の〈事例：ムッとした看護婦さん〉182〜189頁で描写している面接者とクライアントとのやりとりが参考になります。

コラム

09 〈ひっかける〉身体

〈ひっかけられる〉センサーがないと、〈ここ一番〉の場面をつかまえることができない

〈ここ一番〉の場面は、対人援助実践のさまざまな局面で生じます。たとえば、一回の面接のなかでも〈ここ！〉という場面は必ずあります。それを逃がしてしまうと、クライアントの〈生きる力〉を引き出せない、援助者がクライアントの失望をかってしまった挙げ句の果てに見捨てられる、といった事態を招きます。そこで生じる現象は、本当は援助者側がクライアントから見限られたのに、援助者側はそれに目を向けられずに、「あの人はうるさい！　わがままな人ね、これだけこちらが親切に支援を申し出ているのになんで断るの、ほんとに問題ケースだわ」と見做し、こういうクライアントが「サービス拒否」や「多問題」というような「接近困難事例」として問題視されがちな傾向にあります。

ひとつ例をあげて考えてみます。私がある県の研修で出会った、とても示唆に富んだ事例報告がありました。報告者のかたに差し障りのないように、内容はかなり変更してあります。

＊

報告者はある訪問看護ステーションの看護師さんで、同じステーションの同僚がケアマネジャーを務めています。したがって、彼女はサービス提供者としてクライアントと関わっていることになります。

老人保健施設に長いあいだ入所していたある高齢の女性が、7年ぶりで自宅に帰ることになり、おひとりで暮らすことになりました。7年も入所していたのに、いまさらご自宅に帰るという事態が生じたのは、介護保険の要介護認定で「要支援」と出たため、介護施設に居続けることがかなわなくなったのです。（※1）

そこで、自宅に帰ることになったらしいのですが、全体的なＡＤＬの低下に加えて、心臓疾患と軽い脳梗塞の後遺症があり、そのことを重視した身元引受人とおぼしき姪御さんが、訪問看護をお願いしたいと依頼してこられたので、訪問看護ステーションがケアマネジャーを引き受けることになったようです。ここまでの話のなかでも、すでに「なぜ？　どうして？」という「不思議なこと」がたくさんあります。

・なぜ、７年ものあいだ、老人保健施設のようなところに入所していたの？
・介護保険のせいとはいえ、なぜ（いまさら）自宅なの？
・ご本人が望んだこと？　それとも、親族や老人保健施設のスタッフの意向？
・では、これまでに自宅に帰る話はなかったの？
・または退所の話があっても、ズルズルと居続けたのか、だったらどうして？
・そもそも老人保健施設に入ることになったきっかけって何だったの？

残念ながら、このあたりの事情は、退所前に一度インテーク面接のために、二度目は退所前にサービス計画を作成するためのアセスメント（？）（※２）面接に出向いたケアマネジャーが把握していないか、担当看護師が聞いていなかったのか、不明です。実際のところ、訪問を担当した看護師は、これらの疑問点についての情報はお持ちになっていませんでした。

実は、この「なぜ？　どうして？」という疑問符が、実践の場でリアルタイムに援助者のこころか頭のどこかに湧き上がってくるか否かが、アセスメントの重要な鍵になります。〈ここ一番〉も、このような〈疑問符〉が援助者側に生じていて、ある程度の答えの輪郭を描けていなければ、つかみそこねてしまいます。

先述した「不思議なこと」は、すべてが援助者側の内面に問いかける作業です。つまり、援助者側の身体感覚に〈ひっかけ〉、さらに〈こだわり〉、しつっこさを相手に見せないで、その〈なぜ？〉をクライアントから引き出し、解き明かしていく過程で、情報が有機的につながってきて、クライアントが置かれている状況とクライアントそのひとの輪郭がイメージとして浮き上がってきます。つまり、アセスメントのために必要最小限の基本情報をクライアントから引き出していく過程で、援助者の内面に生じたこの〈ひっかかり〉を無視しないで、明確化しておくことが重要なのです。基本情報に合わせてそこを肉付け、修正を繰り返すことによって〈臨床像〉がくっきりと言語化可能なイメージとして描かれてきます。この地点までの過程がアセスメントです。したがって、援助者側が、この〈ひっかけられる〉身体をもっていないと話になりません。平坦にただ、何のサービスが必要なのかという観点からクライアントに質問したり、話をマニュアルに当てはめながら聞いていたりでは、この〈ひっかかり〉は生まれてきません。ですから、マニュアルをいくら作っても、臨床実践家がこの〈ひっかける〉作業をしてくれないと、マニュアルの検証はできないのです。

また、〈ひっかけて〉からクライアントへ働きかける際に、援助者側から発信される言葉には工夫が必要で、〈覗き屋トム〉もろ出しにしてしまうと、クライアントから反感をもたれたり警戒されてしまい、必要な個人情報を出してくれなくなります。

この〈ひっかける〉身体と、疑問符をクライアントから発信される情報そのもので解いていくための言語技術がアセスメントには必須です。

この作業工程が援助者の身体に組み込まれている必要があるのですが、しかしながら、この「人間情報解析装置」は一朝一夕で手に入れられる簡単なものではありません。ですから、アセスメントはとても難しく、やっかいな作業なのですが、そこには謎解きの愉しさがあって、いったんその〈コツ〉をつかめばおもしろいように解けてきます。

そのためには、第3部第4章で詳しくふれていますが、自分の実践事例を「書く」という自己点検作業と、事例検討会やスーパーヴィジョンの場で他者の目にさらして、「多方向からの気づきをもらう」作業によって積み重ねる過程を経なければ、手に入れることはできないといっても過言ではありません。

では、先の老人保健施設からの退所ケースに戻って、〈ここ一番〉がどこにあったかに進みます。

ケアマネジャーは、このクライアントに「気位が高く、援助者を受け入れることができないかもしれない」という印象をもったようで、事例報告者への申し送りのなかでも、「気をつけてください」と言っています。

ケアマネジャーがそう感じた根拠は、アセスメント面接時に、常時服用しているお薬のことにふれると、「大丈夫よ、関わらないでちょうだい」と言われたからとのことでした。

さらに、老健施設入所中に、他入所者とのあいだでトラブルがあったという事件を施設の職員から聞くに及んで、ますます「気位が高く、難しい」という印象が固定されたようです。お薬のことを伺ったときも、おそらくかなり強い拒否的な口調でおっしゃられたのでしょう。このように拒否的な反応をされると、援助者側は、つい引いてしまったり、「気難しい人」というレッテルを貼ってしまいがちな傾向がみられます。現に、訪問看護を担当した事例提出者は、初めての訪問で入浴介助をした際に、下肢の浮腫と入浴後の身体の状態から「お薬をちゃんと飲んでいないのでは？」と考えて、「お薬はちゃんと飲んでいますか？」と聞いたところ、「定期的にみてもらっているから大丈夫なのよ」と、抵抗されています。そして、そこでひるんでしまって、これっきりの会話になってしまいました。

ケアマネジャーと事例報告者のお薬についての聞き方や口調に非難めいたニュアンスが少しでも入っていなければ、という前提つきですが、この質問自体は看護師としては当然です。入浴介助の際に観察された事柄から「もしかして薬をきちんと服用していないのかもしれない」と洞察し、確認の問いかけをしたのですから。

ただ、その際のクライアントの反応が自分の予測を超えてしまうと、絶句してしまう援助者が多いのも事実です。それが強い口調で拒絶されたと感じると、よけい次の言葉が引っ込んでしまいます。事例報告者はケアマネジャーからの「気位の高い人だから（あなたを、サービスを）受け入れることができないかもしれないので、気をつけて関わってください」という申し送りの言葉を思い出し、「ああ、やっぱり気難しい人なんだ」と納得してしまったのです。

誰でも、他人から拒否されていると感じると、いい気持ちはしません。不愉快になります。でも、対人援助のプロは、ここで本領を発揮できるのです。クライアントがそれまでとは違った反応を示したとき、実は〈ここ一番〉のチャンスが到来しているのです。ネガティブな反応は、クライアントの気持ちが強く動いたから生じたのです。

先の出来事は、本人が退所されてから一週間後、訪問看護計画を作成し、居宅サービス計画にある「入浴介護」を実施するための訪問時のことでした。その一週間後、再度訪問したときは、玄関のドアを開けてもらえませんでした。「なんで拒絶されたのか、さっぱりわからない」というのが、事例提出者の感想でした。

ここが一回性で、しかもクライアントと援助者のあいだで〈相互交流〉を基盤にして行なわれる対人援助の怖さなのです。では、なぜ、このクライアントは「お薬をちゃんと飲んでいますか？」という看護師の問いかけに反発したのでしょうか。以下、考えられる観点について申し述べます（ただし、すべて私の推測です）。

まず、ケアマネジャーが老人保健施設に出向いてインテーク（受理）とアセスメントのための訪問面接を実施したときの情報収集と処理（分析・統合）過程にさかのぼります。

先ほどの「不思議なこと」への〈ひっかかり〉があったか否かに戻ってくるのです。つまり、このクライアントが老人保健施設でどのように暮らしていたか。このかたは〈要支援状態〉と認定されて、施設にいられなくなりました。これはもし、ご本人がその施設での生活に満足されていらしたのなら、今回の介護保険による退所は不条理以外のなにものでもありません。ですから、これまでの入所の経緯や、今回が初めての退所話なのか、なにゆえの自宅退所なのかを明らかにしていく過程で、ご本人の今回の退所劇に対する気持ちがみえてきます。つまり、援助者が〈ひっかけないと〉アセスメントは始まらないのです。

これらのことが明らかになるにつれて、そのクライアントの今回の自宅での生活に対する気持ちもはっきりしてきます。さらに老人保健施設に「要支援状態」の人が入所していたら、しかも7年間ものあいだ、彼女よりも障害の重い入所者たちと一緒の生活であったなら、彼女の自己像はどのようになっていたでしょうか。おそらく彼女は施設内でもっとも手がかからない自立した入所者としてみなされ、他者に「これはちゃんとしていますか？」「こうしてください」などという指示めいた言葉をかけられた経験は少なかったでしょう。それに、施設での服薬はケア職が管理していますし、自動的に飲むようにスケジュールも場面も設定されています。ですから、本人にしてみれば、〈薬はちゃんと自分で飲めていた〉のです。それが、自宅に帰る段になって、やいのやいの言われても環境の違いが彼女のなかできちんとイメージされていなければ、「理不尽で失礼な質問」と感じますし、ムッともします。自立した人間として扱われていた人が、いきなり子ども扱いされたのですから。

対人援助職者は、この〈本人のリアリティ〉に添って感じたり考えたりできないと、目の前のかたが生きている世界に添った理解に近づけません。そのためには〈ひっかかって〉本人に確かめないとわからないことだらけなのです。また、7年ものあいだ集団のなかで暮らしていたかたが、いきなりのひとり暮らしを余儀なくされた。しかも、病気をした後でもありますし、歳もとっていますから、7年前の本人ではありません。そこのところへの想像力が援助者側に働かないと、そのかたが退所してから一週間後の初回訪問時の開口一番のご挨拶も、相手をいたわる言葉としては出てきません。意外と初めのご挨拶で相手はとろけるものです。急所を言葉で愛撫することも必要です。

また、「入所中に他の入所者とトラブルがあった」という点についても、どういったことがどのような状況のもとで生じたのかを具体的に明らかにされた情報でなければ、他の情報（服薬管理のことにふれると『大丈夫なのよ、関わらないでちょうだい』と言ったこと）と結びつけることはできませんし、ましてやそのことによって「本人は気位が高い」と決めつけてしまうことも危険です。第一、「気位が高い」ことは決してマイナスではなく、そのことが本人を支えている大切な自負心である場合も考えられます。

本人が反発したときが〈ここ一番〉の場面になるというのは、その場面でいかに有効な言葉を返せるか、つまり本人の気持ちに届く言葉を渡せるかが、その後の援助関係の展開に関わってくるからです。

そのためには、援助者は〈ひっかかり〉を感じられる身体をもっていなければなりませんし、「不思議なこと」を明らかにしておくための〈情報解析装置〉を内蔵した身体を作っておく必要があるのです。

※1　2000年前後のエピソードです。

※2　この初回訪問を〈アセスメント面接〉ときちんと位置付けされていたかが不明瞭でしたので、「?」マークをつけました。

コラム
10 相談援助面接と他のフィールドワークの手法との共通点

原ひろ子『ヘヤー・インディアンとその世界』

私は、対人援助専門職の仕事に就いてから8年目に、真の〈プロフェッショナル〉に脱皮するための〈ターニングポイント〉に立たされました。あるクライアントとの出会いと別れがきっかけになって、〈人がひとを援助する〉、しかもそのことを職業として行なう場合、その〈拠って立つ基盤・立脚点〉をどこに置いて、プロフェッショナルと呼ばれるにふさわしい仕事をしていけばいいのか、ということをかなり意識して考えるようになりました。

このきっかけとなったクライアントとその後の経過については、すでに前著でも著しましたが、本書の第3部第3章でもふれています。（※1&2）

私が本当の〈読書好き〉になったのは、このときからだったように思います。

私が〈人がひとを援助するとは、しかも職業として援助するとは？〉という課題に取り組みだしてからは、専門書ではなく、他のジャンルの作家や学者たちの仕事の目や視点から多くの示唆を得たと思っています。とくに、文化人類学や民俗学、博物学などのフィールドワークやノンフィクション作家の目は、対人援助の目に近いと考えています。（※3）

また、私がいっとき、凝りに凝っていた天文学やSFからも、F1レーサーの故アイルトン・セナのドライヴィング（彼の仕事）に対する取り組みやポジショニングのとり方（※4）でさえも、私たちの対人援助の目や姿勢と共通するものを見つけてしまうありさまでした。

コナン・ドイルの〈シャーロック・ホームズのシリーズ〉やレイモンド・チャンドラーの私立探偵もの（※5）など、読む本読む本すべてが仕事とつながってくるようになり、影響を受けた人や作品をあげれば切りがないほどでした。

このことは、対人援助の基本が「人が生きる」ことへの感受性にあるからだろうと考えられ、人であれ、文化であれ、仕事であれ、取り組む対象をウォッチングするための手法や姿勢には普遍性があるのだと思います。「人が生きる」ことの本質が見事に描かれている本のなかでも、私が一時期、バイブルのように何度も何度も読み重ね、愛した本（だけではなく、そのなかの登場人物も）は、いまは絶版になっているのでとても残念に思っています。その本の名は、『魔女の夢―運命を超えて生きる力』（フロリンダ・ドナー著／近藤純夫訳・日本教文社）です。

著者のフロリンダ・ドナーは、社会人類学を専攻するベネズエラ系アメリカ人で、物語の舞台はベネズエラの北部中央のミランダ州の首都カラカスに近い、治療師で有名な、とある町です。ここの治療師の大半は、心霊術師、霊媒、魔術師で、登場人物の中核をなす人物が、数多い治療師のなかでもとくに実力があったといわれるメルセデス・ペラルタ（仮名）で、物語はこのとびきりチャーミングな老魔女と著者を中心に、7～8人の登場人物が絡み合う人生模様が描かれています。

このベネズエラの魔女＝メルセデスは、魔女・霊媒・心霊術師・治療師なのですが、彼女のクライアントの状況をとらえる眼力と、「人が生きる」ことへのまなざしの優しさに教えられることが多く、なによりも魔女がソーシャルワークの手法を使って援助している場面を発見したときは、飛び上がってしまったほどでした。魔女であれ、何であれ、人が人を援助する視点や手法には共通点を見いだすことができるのです。

ここでは、文化人類学の原ひろ子さんのフィールドワークの手法をウォッチングしてみます。その前に本書の紹介とともに印象に残っている「死の美学」について述べ、そのうえで、ここでのテーマついて考えたいと思います。

『ヘヤー・インディアンとその世界』（原ひろ子著・平凡社・1989年）

本書は、1961～1963年にかけて、カナダのノース・ウエスト・テリトリーに住むヘヤー・インディアンという狩猟採集民に関して行なったフィールドワークの報告です。「ヘヤー」とはウサギのことだそうです。彼らの居住地域はタイガとツンドラの境界をなす森林限界線に接しているので、植生が極端に貧弱で、ウサギ、カリブ、ムースなどの草食獣の分布密度が低く、それにつれて、テン、ミンク、オオカミなどの肉食獣の分布密度も低く、湖沼や河川に魚はいても、凍結期・解凍期には漁撈活動はできません。食料源が貧困なので、約9万平方キロ（日本の本州の四分の一弱）の地域に300～500人の人口を維持するのがやっと。しかも、乏しい食料を求めて小グループに分散してキャンプし、常にテントの移動を余儀なくさせられていて、身軽に移動する必要から、ものを持たない生活に徹しています。

本書中に紹介されている彼らの生活道具の少ないこと！　個人の所有物はほんの少し。これだけで人間は生きてゆけるのか、と胸をつかれました。一方で、彼らは極寒の自然と飢えの体験を通して、幼いときから徹底して、一人で生きているのだということを教えられています。でも、一人ひとりが守護霊のことばに心を傾け、その力と相談しながら生きているのです。彼らの姿は、「ヒトが生きる・死ぬ」の原点をいちばんシンプルな形で私たちに教えてくれます。生きる時代と環境、社会が異なっても、彼らの姿は私たちが学ぶべきたくさんのことを示唆してくれているような気がしてなりません。

というのは、これからの超高齢社会には、彼らのように真にインディビデュアルな生き方や人間関係が求められるからです。つまり、個々人の自律性を認めながら、同時にお互いが協力しあう関係を大切にする生き方です。

本書のどの章をみてもおもしろく魅力にあふれていますが、私には彼らの〈死の美学〉がとくに印象に残りました。死に方については、どのような文化でも死に対してなんらかの説明を与え、生き残るものを納得させ、生き残るものに別れの美学を示す様式があります。ですが、現代社会は別れの美学が欠如していると思えてしかたがないのです。

「病院死＝特定の機能をもった施設で、専門家集団（つまり、他人）に囲まれた死」に、美学は成立しにくく、生き残ったものを納得させるものは、高度な医療技術（機械による一連の儀式）が施されたか否かにあります。いま、いろいろな試みが医療関係職種主導のもとで行なわれていますが、「人間の最後、締め括りの美学」はまだまだ遠いというのが、長年医療の場で臨床実践に就いていた私の実感です。

ヘヤーの社会では、よい顔で死ぬことが大切だとされています。餓死の場合は、だいたいその死に顔は穏やかで美しいとされています。

「生きているヘヤー・インディアンにとっては、個々の死が自殺であるか、事故死であるか、食人による他殺であるか、病死であるかといった分類は、さして重要なことではないのである。死者の死に顔が美しいかどうかという区分が、死者にとっても、生きている者たちにとっても、真に大切なことなのだ。（中略）ヘヤー・インディアンは何のために生きているのだろうか。美しい死に顔で死ぬために生きているのだ。その点で若死も老いての死にも区別はない」（372～373頁）

もうひとつ、本書の著者である原ひろ子さんは、若いときのフィールドワークから30年以上もたってから、この本をまとめています。それまでに論文や新書でお書きになられているとはいえ、彼女は実践を大切に温め、じっくりと熟成させて（30年以上も）、このようなすばらしい大作を著しました。ミルトン・メイヤロフの名著『ケアの本質ー生きることの意味』（ゆみる出版）によれば、ケアすることを「人々をケアすることのほかに、ある意味では、私たちは他のたくさんのものやことを同様にケアすることがある。私たちは、たとえば〝新構想〟（哲学的または芸術上の概念）や、ある理想や、ある共同社会をケアすることがある」と、作品や観念もケアの対象とみなしています。原ひろ子さんも、自分の仕事を大切にケアし続けてこられたのでしょう。そのことにも私は感動しています。少々お値段が高いですが、それだけの価値ある本だと思います。

文化人類学にみるフィールドワークの手法と相談援助面接の手法との接点

以下は、原ひろ子さんが文化人類学者としての手法をお書きになった箇所を私が抜粋したものです。下のコメントは、私の専門分野である相談援助面接の手法を照合してみました。

68頁

文化人類学の調査では、調査者がはじめから聞き出したいと思っていることだけを聞いていたのでは不充分である。相手の生活の自然な流れのなかでの会話に耳を傾け、人と人との関わり方や、一人ひとりの人の動作や表情に目と心を注がなければならない。①

①アンテナの張り方が同じ。ストーリーで聴く。力動（ダイナミクス）をみる。言語・非言語コミュニケーションに注意を払い、全身で聴く。

そうすることによって、相手の文化の論理のなかで何が重要であるかということがはじめて明確になってくるからだ。②

②相手の世界（価値観や美意識）のなかで、何がニーズかを探るという方法が同じ。

調査者が調査に入る前に作成する調査要項は、調査者自身がすでにもっている論理に支配されている。③

問題意識なしに素手でフィールドに入って素晴しい成果を上げる例がないとはいえないけれど、何か主体的に「これを見てやろう」という意識がある④とないとでは、資料の集め方⑤に大きな差が出てくることが多い。

まして、現代文明における学問の名のもとに、調査費を申請して、他の応募者との間の競争に耐えねばならぬということになれば、問題意識があるということを少なくとも表明せざるをえない⑥のである。しかし、いったんフィールドに入ったら、自分が持ち込んだ論理からいったん脱却して、相手の論理でものを見たり感じたりしてみる状態に自分をおく⑦ようにしなければならない。

259頁

私自身、一九六一年の予備調査のときには、マードックの考えに支配されて、「核家族がないと人間の生活は成立しない」と思い込んでいた。⑧

③面接者自身の価値観や専門職としての考え方（ノーマティブニーズにつながる）がある。

④面接者の視点：面接者自身の関与とクライアントの何をみるか。

⑤クライアントからの情報の集め方と取捨選択のしかたに該当する。

⑥面接者自身の目的、機能、役割を、面接者自身がどう考え、面接者が所属している機関や施設がどう期待しているか。

⑦ここが、「出たり入ったり」の共感できるか否かの分かれ目。（コラム14「共感について―その4『佐治先生の出たり入ったり論』」）技術がなければ不可能な領域（参考：4つの目玉（※3））

⑧面接の場合は、面接者に援助方法に関する理論や社会通念（社会の常識）などのバイアスがかかってしまい、目が曇ってしまうことに該当する。

そのうえ、予備調査の期間中、おもに夏の交易所《タウン》でのインディアンたちの弛緩した生活を見たので、しばしば「ヘヤー家族崩壊過程説」をとりたい気持ちに何度も駆られた。しかし、そんなときでも、単なる直感であるが、「ちょっと待て。そう思い込むのは早過ぎるようだ」という警告が私の心のなかに湧いてきた。⑨夏のフィッシュ・キャンプに出て、テント仲間やキャンプ仲間のメンバーの移動を知ってからは、ますます慎重となり、「家族崩壊過程説」は常に心のポケットにしまっておき、覚え書に留めておくことにした。

⑨この直感（私は「直観」と書いている）は面接の場合にもかなり当たっていることが多い。ただ、臨床経験が浅い人の場合、クライアントや彼らの状況が複雑な様相を呈している場合は、その直観を表面にすくいあげたり、意識化して確証を得る作業ができない。私は元来せっかちで、早とちりの性格なので、このような直観が働いた場合は、原さんのように「ちょっと待てよ」と、自分に言い聞かせている。（※6）

282〜283頁

私自身、未婚であり、子どももなかったため、性に関する調査をすることについて私自身のなかに強い抵抗があった。そして、ヘヤー・インディアンの方でも、小娘のような私に対して、小娘のような扱い⑩しかしなかったし、性についても、そうあけっぴろげの話をしてくれなかった。率直に言って、十六、七歳のヘヤー・インディアンの青年男女の方が、私よりませていたのだ。したがって、ヘヤー・インディアンの性生活に関して私が得た情報は、ひじょうに限られたものとなっている。性生活といったトピックに限らず、文化人類学の調査では、調査者の年齢や、体験、既婚、未婚の別、ないしは性体験の有無、子どもの有無などによって、調査者自

⑩臨床実践の場では、年齢や性別、既婚、未婚の別、性体験の有無、子どもの有無などは、かなり影響が生じる。援助専門職の場合は、先ほどの「出たり入ったり」の技術や想像力を磨いて、十分に補えるものである。しかし、面接者の年齢やそれまで生きてきた歴史のなかで面接者の身体に刻印してきたものから漂う存在に対するクライアントの態度や気持ちなどには、かなり影響が生じると考えられる。（※7）

身の関心の幅が異なりうると同時に、調査対象となっている人々が調査者を遇する態度にも違いが出てくる。⑩

だから、年をとって、もう一度、同じ調査地を訪れたとしても、前と同じ調査をくり返すことはできない。文化人類学の調査は一期一会なのだ。⑪

438～439頁

文化人類学のフィールド・ワークの仕方は、研究者によってさまざまである。さらに、フィールド・ワークから得られた資料とどのように研究者がつきあうのか⑫という報告書作成のプロセスも研究者によってさまざまである。

フィールド・ワークの一瞬一瞬に、たった一つしかない研究者の身体をどこにおき、視点をどう定め、何を資料としてフィールド・ノートに書きとどめ、テープリコーダーに記録し、写真機のシャッターを押すか⑬、そして何を標本として採集するかは、各自の研究者が、どのような問題意識を抱き、何を知ろうとして調査を行なっているか⑭によって、大いに異なってくる。

⑪私たちの面接も一期一会だ。（※8）

⑫アセスメントの視点。

⑬面接の場合は、面接者のポジショニング（立脚点をどこにおくか）個人情報の点と点を有機的につなげる。（→キーワードをキャッチすることと同じ）

⑭援助目標（ゴール設定）とも関係している。

私は、まず第一にヘヤー・インディアンとはどんな人間たちなのか、第二に彼らは人と人との関わりをどのように位置づけて生活しているのか、第三にそれは厳しい自然環境のなかで生きるということとどのように関係しているのか、そして第四に、彼らの生活が一九世紀以来の欧米文化との接触によってどのように変化してきているのかを考えたいと思った。⑮

延べ一一ヵ月のフィールド・ワークの期間中、一日一日、一瞬一瞬に私の五感を通して定着した大量の情報は、図書類を除いても、ミカン箱に一〇箱分ぐらいある。まず七冊の部厚い堅表紙の日記帳が、私がいつどこで何をしていたのかを復原するよすがとなる。……（以下、しばらくは記録のしかたが続く）……聞き取りのときは、なるべく話者の表現をそのままに書き取る⑯のである。

⑮人と彼らが生きている環境、その関係をみる視点および、エピソード（事件）がいつ起こり、そのことに対してどのように対処してきたか、その影響は？などのクライアントが置かれている状況を人と環境から過去・現在・未来の座標軸でみていく視点とほぼ同じである。

⑯クライアントの生の言葉で考えることが重要である。

※1　『未知との遭遇』第2部第1章64頁～
※2　第3部第3章567頁～
※3　『未知との遭遇』の付録に「博物学の目」として作家の荒俣宏さんの「4つの目玉：透視・観察・驚き・分析」を紹介し、実際の事例を通して解説しています。257～264頁
※4　セナの言葉については、自作のセナ語録（未公開）としてノートにしてあります。前著でも、表紙の裏にセナの言葉を記しました。
※5　レイモンド・チャンドラーの作品に登場する私立探偵のスタンスについては、本書の巻末コラム1で言及しています。

※6　直観が働いているとき：面接者が「なんとなくおかしい」「胸がむかむかしている」「ひっかかる」「ここだとおもうんですがねー」などの身体感覚を感じているときには、必ず〝ちょっと待てよ〟と面接者の内面に働きかけることが重要です。スーパーヴィジンや事例検討などで後作業をすると、たいがいそのときの違和感が大事なことを意味していることが多いようです。↓第1部第3章第1節「相互交流のしくみ」＆第3部第2章&コラム9「〈ひっかける〉身体」参照

※7　たとえば若い人の場合：もともと自信がないところへ、年配の異性のクライアントとの組合せになると、テーマによってはなかなか厄介です。前立腺や睾丸の疾病による生活上の問題がある初老期にさしかかった男性患者が、クライアントとして私のスーパーヴァイジーの前に現われました。彼女は良家のお嬢さん風（本当にそうでしたが）の若い魅力的な女性でしたので、そのクライアントの言動の意味するところをなかなか理解できません。男性は、そうなると余裕をもってしまい、彼女を、相談にかこつけて、悪く言えば「失われてしまった男性機能の代償」としての言葉で、回春をはかっていました。そのことは、スーパーヴァイザーである私には一目瞭然の事態でした。この点を彼女が嫌悪感を抱かずに、その援助関係（？）で起こっていることを理解してもらう作業は果たして成功したかどうか。しかし、なんでもマイナスの裏に必ずやよいこともあるもので、彼女は、「若い！　しかも魅力的なお嬢さん！」であるという、存在（そのときの素材）そのもので、かの欝状態に陥っていた男性患者の気持ちを、少なくとも彼女との面接（彼にとっては安全な環境での「逢瀬」）の間は高揚させ得たのです。「若い援助者の存在そのものの優位性」は、うまくしたもので、その初心さが、その無垢さがクライアントを奮い立たせ、「このお嬢さん（またはおぼっちゃん）のためにも元気になってやらなくちゃな！」と、結果的には相手の生きる力を引き出す元気の素になっています。ですが、この特権も若いうちのみなので、若さが失われる前に真の実力をつけないと、次は馬鹿にされてしまいます。

※8　『未知との遭遇』第1部第2章参照

コラム 11 共感について——その1《一回限りの創作活動》

共感について、臨床心理学の河合隼雄先生は次のように書かれています。(※1)

「『共感』というのは素晴らしい。楽しさは共感によって増加し、悲しさは共感によって軽減する。とはいうものの、真に共感するのは非常に難しい。それはどうしてだろう。**共感は共感する人の存在を脅かす**。心の痛みをもった人に共感するとき、その痛みに自分が耐えられなかったらどうだろう。他人の喜びに共感しようとするとき、嫉妬の感情が起こってきたらどうなるだろう。共感するためには、相手の心の動きに応じる心のチャンネルを自分がもっていなくてはならない。それに、自分の共感を相手に伝えるとどうなるだろう。それらすべてが大変なことだ。……(中略)ただ、**普通に会話しているようであっても、相手をかけがえのない唯一人の人と思う**限り、それは**一回限り**のこととして、『**創作活動**』である、という認識が必要である。」(強調は奥川)

河合先生の言葉のなかにも「バイステックの7つの原則」が入っています。(「クライアントを個人として捉える：個別化の原則〜その人が世界でただひとりしかいないユニークな存在としてみる」)

私たちの仕事は河合先生の指摘にあるように、「ケアとは一回限りの創造活動というクリエイティブな行為である」と考えれば、毎日の仕事が楽しくなるはずです。そしてクライアントの気持ちやニーズに限りなく近づければ、さらに仕事の醍醐味や達成感・高揚感を結果として味わうことができます。

※1河合隼雄「心の痛み」(『メンタルケア〜痛みの現場、痛みの思想』Vol．2・1997年4月・ライブストーン・4〜5頁)

コラム 12

共感について——その2・沈んだ表情の患者さんへの声かけ

ここでは、「共感」することと、そのことをクライアントに伝える方法について、ケアワークを例にして具体的な援助場面を想定して考えてみます。

以下で展開するクライアントと援助者のやりとりは、クライアントの身体的・精神的・社会的な関係の状況をつかむための援助面接場面であり、初回の設定ではありませんが、そこで行なわれる援助者の視点と援助面接技術は、初回であろうが、なれ親しんだクライアントであろうが、同じだと考えられます。

〈例〉

たとえば、入院中の高齢の患者さんが、ご子息が癌になられて別の病院に入院したことを、面会にみえた家族から知らされたと想定してみます。その患者さんは、その日の夕食をいつものように召し上がりませんでした。昼食時にはそんな異変はなかったのに、家族の面会のあと、患者さんは心なしか沈んだ表情で心がどこかに飛んでいるように身受けられます。気が利いた家族であれば、その日の面会で身内に生じた事件を患者さんに話したことを、帰りがけに看護室に告げてから帰院してくれます。あいにくその家族は黙って帰ってしまいました。したがって、ケアワーカーはその原因を知りません。身体の具合が悪いのか、気にかかることや心配事があるのか……。このようなとき、患者さんの性格によって反応はさまざまです。自分から心配事を打ち明けてくる人、泣く人、この人のように心の内側にじっと秘めて姿が沈む人、または逆に明るく振る舞って装う人……。泣き方もいろいろで、忍び泣き・大泣き（泣きわめく・泣きしきる・泣き叫ぶ・泣き崩れる・泣きしおれる）・うそ泣きと……。

しかし、このかたのように、口に出したり泣いたりしない人のほうが心中の思いが切に伝わってきて、ケアする者の心を乱します。このようなとき、ケアワーカーとしては「私は、あなたの心が沈んでいることを察知しています。あなたのことを案じています」というメッセージを伝える（※1）と同時に、その変調が何に起因しているのか、つまり身体的なものか、精神的な衝撃を受けたせいか、さらに身体の急変の予測、あるいは自殺の予防などの緊急対応の要否の見極めも視野に入れながら対応することになります。そのためには、治療的なコミュニケーション技術が必要になってきます。

では、どのようにこのかたの心の中の思いを理解していったらいいでしょうか。何が起こったのか尋ねてみるとき、あなたはどのようにこのかたに近づいてみますか？

以下、対応例のあれこれを記してみました。あなたがこのかただったら、ケアワーカーの問いかけをどのように受け取るでしょうか？　このかたの身になってしばし、感じ、考えてください。

〈対応例〉

1　○○さん、どうしてそんなに沈んだ顔をしているんですか？

2　○○さん、ご家族がお帰りになられたあと急に元気がなくなってしまいましたけど、ご家族と何かあったんですか？

3　○○さん、夕食を召し上がらなかったようですが、どこかお加減が悪いんですか？

4　○○さん、とてもお辛そうにしていらっしゃいますが……よろしければお話しいただけませんか？

対応例1の言葉は、いきなり「沈んだ顔」と表面上の変化のみをとらえ、「どうして?」とストレートに聞いています。相手はこういうふうに問われても困ってしまいます。まだ息子の病気・癌の事実について他者(ケアワーカー)に話したくないかもしれないからです。沈んだ顔を指摘され、さらに自分を追い込む結果になり、ますます心を閉ざしたくなるかもしれません。高齢者に多くみられる愛想のいい患者さんであれば、苦しくてもなんとか応えようとしてくれるか、または表面上取り繕った返答「えっ! そのように見えますか、ご心配をおかけしてすみません」が返ってくる可能性大です。

対応例2は、このかたが沈んでいる原因が家族か、身体の変調か、彼女自身のメランコリックな心情からきているのか、このかたに生じた状況を的確にアセスメントする前に、いきなりケアワーカーの一方的な憶測で決めつけた質問のしかたをしています。

対応例3も「夕食を食べなかったのは身体のせい」との憶測のもとでの質問ですから、対応例2と同じです。ただし、入院している患者さんの場合でもありますし、身体のほうからアプローチしたほうが入りやすいので、自然な入り方ではあります。

ただし、看護職やケアワーカーであれば、この患者さんに語りかけながらさりげなく身体にタッチして熱や脈拍などの基本的な身体情報をチェックできますし、長い間のケアを通しての援助関係があれば、クライアントの顔色や表情の変化も観察できますので、身体的な異変に関するスクリーニングが可能です。この身体的な情報をキャッチできる職種、たとえば看護職や介護職などに援助面接の腕が備わると、最強の援助者になることが可能と、私は考えています。(※2)

対応例3のような質問は「閉じられた質問」ですが、クライアントは「はい」「いいえ」や「別に家族と何かあったわけではありません」「いいえ、からだのほうは別に大丈夫です」というような決まりきった答え方しかできません。次の質問のしかたをかなり慎重に的確にしないと、コミュニケーションは途切れてしまう恐れがあります。「閉じられた質問」はいきなり使わないほうが賢明です。

このかたの場合の質問のしかたとして一番適切と考えられるのは、対応例4になります。クライアントの姿の裏にある感情を汲みつつ反射して、患者さんが自由に応えられる「開かれた質問」のしかたです。患者さんは「私の気持ちを、このケアワーカーはわかってくれている」と思うことができますし、自分の気持ちに添った応答ができます。もちろん、応えたくないときは沈黙していてもいいですし、「いまはお話ししたくないので……ひとりにしておいてください」とも言うことができます。

もし、このかたが沈黙していらしたら、話しはじめるまで「待つ」か、「私たちは、あなたのことを気に懸けています」というメッセージを言葉か言葉以外の全身の表情で伝え、「お話ししてお楽になるようでしたら、いつでも私どもを呼んでくださいね」と言葉を残してその場から消えます。ただし、自殺の恐れや恐慌状態から不測の事態が起こると予測される場合は、傍に寄り添うか、または観察態勢を強化することになります。

重大な雰囲気でなかったら、ケアワーカーは決して根掘り葉掘り質問攻めにしないことです。いくら優しく聞かれたって、その状況での優しい言葉かけはまやかしになってしまうか、ケアワーカー側の職務遂行優先になってしまいます。たとえば、「この人の元気のない原因を専門職としてはどうしても探って癒さなければならない」というような、ケアワーカー側の論理が優先した行為をクライアントは見抜くものです。無理強いすれば、職務遂行に熱心なあまりの一人よがりの援助の押しつけになってしまう恐れがあります。

共感していることの伝え方、伝えた後の対処のしかたなどは、クライアント一人ひとり皆異なります。その人の個性に合ったサポートのしかたがあるので、私たちは平素から感受性を研ぎ澄まし、語彙を豊富にしておくことが大切です。ただし、クライアントが置かれている状況を援助者側がこころの底から理解できているときの援助者の表情は、クライアントには確実に伝わりますので、クライアントに起こったことを察知し、その気持ちに添えることのほうが優位にあります。(※3)

なお、この例ではケアワーカーを援助者に設定していますが、どの職種にも当てはまる対応のしかたである、ということをお断わりしておきます。

援助面接に必要な技術は、「傾聴の技術」を含めて練習を積み重ねて学習していくことが可能です。からだとこころで感受した実践を後で考察する方法としては、確かな記録、事例検討などによる考察などの方法がありますが、指導者のもとでのロールプレイ(模擬面接)なども有用です。

※1 「……のメッセージを伝える」:……の部分が共感できること、その共感したことを相手に伝えることになります。いずれも治療的なコミュニケーションの技術が必要です。→参考文献:『援助の科学(サイエンス)と技術(アート)』(医学書院)

※2 看護職や介護職に相談援助面接の素地があると、クライアントにとっては実にありがたい援助者になります。反面、社会福祉士などのソーシャルワーカーにとっては脅威の存在になります。現に、平成2年度から保健医療職と社会福祉職などの基礎資格をもった人たちが混合で配置された在宅介護支援センターでは、若いソーシャルワーカーたちがアイデンティティを見失いがちでした。医療的な知識とクライアントとの援助関係形成の経験が同僚の看護職に追いつかないからです。看護職が若いソーシャルワーカーを育てる態勢にあればいいのですが、ソーシャルワークを指導できる看護職もそうはいません。

ただし、看護職のほうでも、患者との臨床経験が浅い場合は、在宅でも医療的なアセスメントに弱点がありますので、この配置のしかたは、両者が手だれであることを前提にして考えられているのか、と疑問を感じていました。この点は、現段階におけるケアマネジャーが同じような状況に置かれています。

また、現代の社会状況は、ひとが生まれてから死ぬまでの生きていく過程でさまざまな新しい問題や障壁が生じています。社会の隅々にまでソーシャルワーカーを代表とする社会福祉士が存在していない状況のなかで、ソーシャルワーク援助技術が必要とされる対象がどんどん顕在化しています。ですから、保育士や看護師・保健師、介護福祉士やリハビリテーション関連職種などがソーシャルワーク援助技術を学び始めています。臨床心理の領域でも、「こころのケア相談」ではソーシャル・リソースを知らなければ対応できないそうです。

保育園や幼稚園における子育て上の問題、とくに虐待が疑われる乳幼児への対応や学校教育現場におけるさまざまなこころの闇についても、有能なソーシャルワーカーの存在があったら、と思うような事例に遭遇します。ソーシャルワーカーの新人が社会や組織の役に立つ存在、なによりもクライアントにとって福利を渡せる存在になるためのハードルが出発点から高くなっていることを実感しています。

※3
コラム8：バイステックのことば「クライエントは、心を通過しないワーカーの言葉を見抜くものである」
佐治守夫先生のことば「非常に不思議なことには腹の底で私が感じていることは、相手に伝わるのです」

コラム13

共感について——その3・プレゼントの理由

私のスーパーヴィジョン実践場面で、中堅にさしかかったソーシャルワーカー（以下、SW）が、「長年関わってきたクライアントがターミナルを迎え、とても辛い。もともと『死』に関する話には動揺してしまう自分がいるが、大切なこの時期にクライアントの気持ちに添えているか、SWとしての役割を果たせているか」という提出理由の実践事例をもってきました。

クライアントは50代の生活保護受給者で、10年ほど前からアルコール依存症をベースに他の慢性疾患および喉頭癌のために入退院を繰り返していたかたです。このSWとの関わりは4～5年前からになりますが、入退院のたびに相談室に寄ってきてくれたということですので、援助関係はできていたのだと考えられます。しかも、本人は長年「ここの相談室に来るとほっとする」と感謝の気持ちをSWにプレゼントしてくれていました。しかし、SWにはその言葉が信じられなかったのです。

それは、このクライアントが弁が立ち、神経質で細かい人であることと、依存症の経歴があることなどから病棟の有名人であり、これまで入院してきたどの病棟でも敬遠されていたかたなので、主治医も病棟を転々とさせて入院先の手当てに苦労していました。いわゆる〝札つき〟の患者でしたので、「なんでこの私に感謝の気持ちをもってくれるの？」と不思議だったのです。

そのかたがいよいよ癌の再発でターミナルの段階になりました。そこでも死を前にしたクライアントから

「僕は、一生懸命にいろいろやってくれる人に会えて幸せだ、そう思うよ。先生も看護婦さんも○○さん（SWの名前）も」と言われているのに、「もっと違うことが言いたいのに言えなくさせている自分がいるのではないか」と懐疑的になっていました。

このSWはとても魅力的な女性なので、それだけでかなりのクライアントのこころは浮き立つはずではあります。クライアントが単身の男性であればなおさらでしょう。それほど、いつ見ても素敵なのです。すらっとしていて、センスのよいお洒落さんで、表情も優しく可愛らしく……同性の私からみても、ただそこにいるだけでチャーミングです。お話をすればさらに人を惹きつけます。このようなかた達を私は秘かに「シュガー・ガール」と呼んでいます。これは武器になります。しかし、その武器を差し引いても、彼女の援助過程で生じたクライアントとの出来事やクライアントとのやりとりを逐語で記録してきたものの行間をスーパーヴァイザーである私が聴き取っていく過程で、彼女がきちんとクライアントを心理的・精神的にサポートしていることがわかってきました。つまり、看護師や生活保護担当ケースワーカーたちから「依存的である」というレッテルを貼られ、いつも「もっと頑張りなさいよ」と、叱咤激励（？）されていたクライアントの隠されたニーズを充たしてくれていたのが、彼女の存在でした。

その「隠されていたニーズ」とは、他者からの認知および自尊のニーズ（※1）でした。彼がSWに求めていたのは、彼をひとりの人間として認めてくれる存在でした。SWは、頻繁に身辺報告にくる彼に対して「ただ、話をきいて励まして、その苦労をねぎらっただけ」といいます。

この「話をきき」「その生活の苦労や生き方への努力をねぎらう」行為は、他者による「保証」であり、「自己評価を高める」ソーシャルサポートです。（※2）彼女の存在は、周囲からの否定的なメッセージばかりを浴びていたその人の救いになっていたに違いありません。その相手が若くて素敵な女性であればなおさらのことです。これらの理論的な裏づけ作業ができていれば、冒頭に紹介した「提出理由」にある援助者の不安は生じず、このクライアントに対しては、面接による「傾聴」と「保証」が有効な援助方法であることに確信がもてるはずです。

現に、彼女は次回のスーパーヴィジョンで、「前回のまとめ」として「A・H・マズローによるニーズの階層制」を図で書いたうえで、次のように記してきました。

「以上のニーズの階層を学び、頻繁に身辺の報告に来る彼に対して『ただ、話をきいて励まして、その苦労をねぎらった』感がある事例が、第3、第4段階のニーズの存在が明らかな事例に変わった。専門的な援助関係を作るためにも、解りやすい解決課題と結びつくニーズ、解りにくいニーズ=隠されたニーズを意識していくことが必要」

さらに、「事例提出のその後」では、

「○○さんのいう感謝の気持ちが『SWとして何もやっていないのにな』という自分の気持ちとずれてしまい、いまひとつしっくりこなかったものが、『隠されたニーズ』の学びで吹き飛び、自分の対応にも余裕がでた。関係者を集めたミーティングの場で○○さんとホスピスについて話し合うことも、萎縮することなくできた。ホスピス入院待ちであったが、●月●日死亡」

と、自分の援助に確信をもてたようでした。

援助者は、相手が望み、必要としていること、ニーズへの援助ができたときは正当な自信をもってもいい、という当方にとっても嬉しい結末でした。

援助者が行き当たりばったりの対応をした結果、たまたまうまくいって結果オーライになることはよくあります。経験則でもかなりのところまではやれます。しかし、それで自信をもってもらっても困ります。頭打ちになるときが必ずやってくるからです。なぜ、このクライアントに対しては、この技法による援助でうまくいったのかを説明できなくては、別のクライアントに対して通用しない場面がでてきます。援助技法は使い分けできることが望ましい姿です。そのためには、アセスメントの絵解きが必要になります。点情報と点情報を繋ぎあわせるための紐が必要になります。クライアントが置かれている状況を理解するための基礎的な知識や理論の土壌がその紐を支え、点と点を紐で結びつけていくためには技術を要します。バイステックが著書のなかで述べているように、知的な訓練の積み重ねでしか獲得する方法はないようです。

※1　図7－2「ニーズについて：A・H・マズローによるニーズの階層制」参照
※2　表5「ソーシャルサポートの機能別6分類」参照

コラム14

共感について――その4・佐治先生の『出たり入ったり論』

私は、真の意味でクライアントが生きる世界や論理で感じてみたり考えることは、まず不可能に近い、と考えています。ただ、クライアントのこころやからだに添う、その世界で漂う努力が必要なのだとは思っています。それには、クライアントが生きている現実の世界と心象風景に入ったり出たりできないと、クライアントの世界にはるか遠く届かないか、クライアントの世界に援助者が逆転移を起こして、クライアントの世界ではなく、援助者自身の世界に閉じこめられてしまいます。（※1）

共感能力は、クライアントを深く理解し、信頼関係を築くうえで、援助者にとってはもっとも必要な能力でもあります。それには、クライアントが生きている世界を出たり入ったりできるようになること、ここが私たち援助者の一番の課題でもあるかもしれません。

心理療法家の佐治守夫先生が、ご著書『カウンセラーの〈こころ〉』（みすず書房）で、ハリー・スタック・サリヴァンというアメリカの精神医学者の「関与しながらの観察」を引き合いに出して、「出たり入ったり論」について論述しています。その際に動物生態学者の間直之助氏の『猿になった男』（雷鳥社）という本を紹介していらしたので、私もさっそく読んでみたのですが、これがとてもおもしろかったのです。

以前から、私たちのような臨床実践家がクライアントの世界を理解するための手がかりを、他のフィールドワークの分野の手法から得られると考え、文化人類学や民俗学、生態学などに関心をもっていたからです。どちらかといいますと、ソーシャルワークや心理学などの専門書よりよほど参考になりましたし、刺激も受けました。

私たちの仕事は、まず、ひとが生きているライブの姿を理解することから始まります。コラム10でもご案内したとおり、全体像をみていく視点は他領域のフィールドワークも同じですが、その目的や方法、焦点を当てていく箇所などに決定的な違いがあります。

ここでは、佐治守夫先生の「出たり入ったり論」を中心にして、コラム10で紹介した原ひろ子先生の『ヘヤー・インディアンとその世界』も参考にしながら、「共感すること」について考えていきます。

サリヴァンの「関与しながらの観察」という言葉は、臨床の世界ではかなり知られています。佐治先生は著書のなかで以下のように述べています。

「〝関与〟というのは、クライエントと自分との関係に自分が入り込むこと。その中に自分の身をゆだね、その中に没入する、そういう意味です。〝観察〟というのは、それから少し離れたところで、その人は今、こんなことをいっている、それはどうなんだろう、治療者として私がその前にいったことと今のクライエントの反応と何が関係があるんだろうか、この人の特徴なのかなどと、身を引いて観察する、これが観察なんですね」

かつて私が主宰し、その後はピアスーパーヴィジョンの形で研鑽してきたグループ（※2）のメンバーのひとりである高橋学さん（昭和女子大学教授）に言わせれば、「究極の幽体分離」ということになります。私もそう思います。この点は、ソーシャルワークの世界では、バイステックの専門的援助関係を形成するための7つの原則（※3）のなかの「援助者は、自分の感情を自覚して吟味する（旧訳では、『制御しながらの情緒関与』）」が近いのでしょうか。バイステックは、「ケースワーカーが自分の感情を自覚して吟味するという援助原則は、感受性、理解、そして反応という三つの要素から構成されている」と述べ（※4）、内容的には、先の「関与しながらの観察」と比べますと、〝関与〟の度合いよりは、援助者自身の感情の吟味や〝観察〟のほうに力点を置いていると考えられます。

佐治先生は、「関与しながらの観察」の「同時に二つの場所に身を置く」ことへの矛盾を「出たり入ったり論」で考えています。

「患者さんと一緒にいるその場で、その人の現象的世界に没入し、入り込んでいる、そこからちょっと身を引きましょう。一秒間くらい身を引きましょう。その次五秒間くらいは没入している。また離れて五秒間いましょう。それをいったいどうやったらうまくできるのかということが私の臨床の訓練の最初だった」（※5）

このスタンスは、コラム10で紹介した原ひろ子さんが、文化人類学の調査では、調査者の主体的な問題意識が必要であるが、「いったんフィールドに入ったら、自分が持ち込んだ論理からいったん脱却して、相手の論理でものを見たり感じたりしてみる状態に自分をおくようにしなければならない」と調査者の立脚点を述べています。フィールドそのものと、関わりの奥行きの深さの違いはあるにしても、同じ視点・立つ位置であると思います。

ただし、私は、ソーシャルワークのほうが、本書第1部第2章第2節で述べましたように、マージナルマンとしては関与者であり観察者でもある援助者が俯瞰しなければならないターゲットが広いので、より文化人類学のほうに近いと考えています。

佐治先生は、動物生態学の間直之助さんの著書『猿になった男』から、間さんやその仲間が「お猿さんにつき合う法というのが、私にとっては、クライエントやカミさんとつき合う方法のひとつのモデルになりました」と生態学者の〝関与〟と〝観察〟を紹介されています。孫引きになりますが、ここで佐治先生があげられているポイントを紹介します。

まず、間さんは、日本では2番目にあたる比叡山の野生猿の餌づけに成功したかたですが、20年間1日も欠かさずにリュックサックに猿が好きな殻つきピーナッツを入れて山へ通い、とうとうボス猿の次の第一位までに昇格しました。

間さんはどのようにして猿の世界に入っていけたのでしょうか。

①猿を好きになること、親しみを持ち、愛情をもって接する。

②絶対に相手を欺かないこと、言動を日によって変えない、つまり、ダブルバインドみたいなことは絶対にしない。

③敵（猿の天敵は、野生化した犬）が襲ってくるときには、率先して戦う。

④お猿さんを自分と対等の存在として見る。「われわれは相手と同じ地平に立つとか、相手の立場に立って考えるとか言いますが、間さんは、もうちょっと身近です」

⑤自分は猿を見ているつもりでいるが、実はむこうのほうがこっちより、もうちょっと鋭く、こちらを見ている（と自覚すること）。

⑥猿の持っている共感能力を信じること、人間のほうが共感にすぐれているなどと思わないことが大事。

引き続き、ロジャーズ派のカウンセラーとしても有名な佐治先生が、以下のように述べておられるのがとてもおかしくて素敵でした。

「この六つの条件というのは、ロジャーズも『治療的人格変化の必要にして十分な条件』（１９５７）で六つの条件を書きましたが、ロジャーズのいう必要にして十分な条件よりも、私にはよほど気に入った」

「共感すること」は、non－verbalなコミュニケーションによるものが大きく、基本的に相手を尊重する姿勢が大事であることがわかります。前著でもふれましたが、やはり臨床の知とは、「動物的な知をどれだけ獲得できるか、それをどれだけ絵解きしたものを言語化できるか」にあるのだろうと考えられます。（※6）

※1　『未知との遭遇』64頁〜逆転移をおこした事例を紹介しています
※2　私たちは「ＯＧＳＶ（奥川グループスーパービジョン）」と呼んでいます
※3　『ケースワークの原則［新訳版］』（Ｆ・Ｐ・バイステック著／尾崎新他訳・誠信書房）
※4　右書　78頁　4〜5行
※5　『カウンセラーの〈こころ〉』（佐治守夫著・みすず書房）１２０頁　2〜5行
※6　図４＆『未知との遭遇』55頁参照

コラム 15

〈1主訴・1対応〉について

――クライアントの訴えの背景をみる

私がかつてMSWをしながら実践していた個人スーパーヴィジョンの場面で印象深い出来事がありました。相手は、保健師の資格をもつ看護職でありながら、頑張って社会福祉士の資格をとり、初めてMSWを導入した医療機関に就職しました。そのときの採用条件に、「奥川にスーパーヴィジョンを受けること」とありました。私としては、その病院のオーナーに彼女を推薦した手前もあり、責任重大ではあったのですが、彼女が頑張り屋でやる気があり、これまでに看護師として働いていた経験もあり、医療機関にも馴染んでいましたので、放っていました。つまり、彼女のほうからやって来るときを待っていました。

半年後、彼女から電話が入りました。「そろそろ、この病院に就職して半年になります。ケースもそこそこ来るようになりましたし、一応区切りとして、この間の業務統計と援助内容をまとめてみたので、みていただけないでしょうか」という内容でした。さすが、新卒の新人ではこうはいかない、と思いました。

彼女は、自分のこれまでの仕事をまとめた資料を用意したうえで、約束した時間にやってきて、資料をもとに説明しはじめました。病院のなかでの位置づけや仕事の段取り、これまでの業務上の仕事の統計などの概要を述べた後、いよいよ実際のMSWの援助内容に進みました。

その内容の一部を取り出してみますと……

「このケースは、45歳の男性で、脳梗塞の後遺症として右片麻痺と軽い失語症が残ったので、病棟婦長から『身体障害者手帳の申請についてよろしく』と依頼を受け、入院中の本人と面接をして、身体障害者手帳の手続きの説明をして、申請書を渡して終了」

「このクライアントは、発病前はどのようなお仕事に就いていたの？」

「えっ？　聞いていません」

「じゃあ、ご家族は？」

「えっ？　それも聞いていません」

このような調子のやりとりが続き、彼女のケースのほとんどが「一丁上がり」で、一回で終了していました。

淡々とした説明が続き、まだまだ資料には援助ケースが残っていたのですが、10ケース目あたりで、私は彼女の話をさえぎって、次のように訊ねてみました。

「ところで、仕事は愉しい？」（※1）

「つまらない、つまらない……」

この日、彼女が初めて感情のこもった表情を見せ、声を強めて言いました。

「そうでしょう。あなた、とってもつまんなそうに私に説明していたわよ。これってどうしてだと思う？」

（※2）

「……」

「あなたの説明からは、クライアントの顔が見えてこないけど……、これってどうして？」（※2）

「……」

「あなたは、人に関心があるの？」

「もちろんあります。だから、この仕事を選んだんです」と、強く言い切りました。

「たとえば、さっきのクライアントだけど、身体障害者手帳の申請手続きの説明依頼を受けて面接したとしても、その人の年齢や障害を考えた場合、当然、仕事はどうなっているのか、仕事に就いていたとしたら休業保障はどうなっているのか、家庭状況によっては経済的な問題も生じているかもしれないし、一番は復職できるのか、その方法についてはきちんとした段取りを踏めているのか、いろいろな状況が予測されるでしょ？　依頼者やクライアントの話だけで対応していたら、別に相談援助専門職のＭＳＷではなく、事務の人でもいいのよ」

私は、このような内容について、彼女とのやりとりのなかで説明しました。

つまり、「身体障害者手帳」が、いくら身体障害者であることのパスポートであり、身体障害者福祉法を主としたさまざまな保健医療福祉サービスを受けられるからといって、身体障害者になったから手帳を取得すればいいというものではありません。その行為（※３）の裏には、例外を除けば、隠された事情（※４）や申請へと向かわせたきっかけなどがあるはずです。

相談援助面接では、多くのクライアントが最初からは話してくれない「隠されたニーズ」を、援助者の視点と知識・技術に裏打ちされた態度で引き出せることが重要です。「隠されたニーズ」は、クライアントが生きるところの根幹にあるものが多いので、とても大切なのです。

ここで初めて彼女は、知識としては知っていたことが、実際の臨床実践場面ではほとんどできていなかったことに気がつきました。「このようなこと（※３）を『１主訴・１対応』というのよ」と、私は彼女に解説しました。初めての職場で、先輩もいなくて、ＭＳＷの仕事を知らない人たちばかりのなかで仕事を始めた場合によく起こる出来事で、驚くにはあたりません。もちろん、恥ずかしがることもありません。このような現実は、私の現在の仕事である対人援助専門職に対するスーパーヴィジョンやさまざまな場での研修で行なっている事例検討でもよく遭遇しています。

このような事態は、「社会資源を活用する際の視点」と社会サービスの活用効果と弊害に関する知識（※5）がないことから起こり、さらにクライアントを相談援助面接そのもので援助できること、そのことの重要性を腑に落ちるレベルで認識できていなかったこと、そのための技術もまだ習得できていなかったことからも生じています。（※6）

彼女の場合は、そのことに気がついた時点で、今後の仕事のやり方に光明を見いだし、それまでくぐもっていた表情に輝きを取り戻し、次のことばを残して帰りました。

「次に来るときには、もっとしっかり援助したクライアントのケースをみてもらいます」

※1　「仕事愉しい？」ということばは、私のスーパーヴァイザーの最初のご挨拶でした。

※2　「どうして？」：クライアントとの面接のときには、このような立て続けの「どうして？」の質問を浴びせることは原則としてしません。もっと丁寧に考えていく作業をしていきます。
　スーパーヴィジョンのときには、スーパーヴァイジーにもよりますが、よくこのような問いかけを試みます。というのは、クライアントとの面接のなかで、「何で？　どうして目の前のひとは、このような状況になっているのに、あたふたしていないのは何で？……」などと、クライアントから表出された言語・非言語的な情報を常に面接者の内面に働きかけながら解析していく作業をしなければ熟成できないからです。

※3　「行為」＆「こと」：このようなものは、プロの援助とはいわないので、こうした表現になりました。

※4　隠された事情：たとえば、他領域で臨床実践の経験を経てMSWとして働き始めた若い援助者でも、クライアントの痛みに対して感度がいい人が、同じく病棟婦長から「ひとり暮らしの女性で、末期癌で入院しているんですが、洗濯物のことで心配しているので、相談にのってください」と依頼を受けました。
　つまり、病棟からのMSWへの依頼の真意は、「洗濯をしてくれる人を按配してください」にあることは自明でした。ですが、このMSWは、クライアントと面接した結果、洗濯物の心配のみならず、このひとが一人息子を亡くしていて、唯一お嫁さんが

頼りなのですが、その嫁がとてもいい人でもかなり遠慮していること、なによりもそのかた自体がしっかりしていて、控えめな表現のなかに〈独りの絶対的孤独〉をみていました。そして、問題が生じたらいつでも介入できるような援助関係を初回に築いて、事あるごとにそのかたに関わり、最期の最期にそのかたにとって最高のプレゼント・支援をしていました。

そのプレゼントとは、彼女に対する癌の告知のときに発揮されました。たとえ、自ら希望したとはいえ、残りの生命がわずかであることを知らされたそのかたは、冷静さのなかにも、その若い男性MSWにそのあと、「私が眠りにつくまでベッドの横にいて、手を握っていてください」と控えめにおっしゃいました。もちろん、そのMSWは応えました。そころが、その翌朝、病棟を訪れた彼は、深夜初めて泣き叫び、荒れ狂った彼女のことを病棟看護師から聞きました。当初は、自分の力不足、やはり告知については自分も賛成したけれど、まずかったのかと、彼のこころは乱れました。その後のスーパーヴィジョンで検証した結果、そのかたは彼をはじめ医療スタッフに対して初めて自分の生の感情を表出できたのだ、ということに気がつきました。その後、彼女は従容として死を迎えていたのです。

これは、クライアントの訴えの背景をみて、隠されたニーズをキャッチしたうえで、当面の現実の生活問題である洗濯を誰にしてもらうかの手当てをして、必要に応じていつでも介入できるような準備をしておいた故に可能になった援助といえます。

※5　参考：『未知との遭遇』182～192頁「ムッとしていた看護婦さん」

※6　技術がない：クライアントや紹介者から表現された訴えのままに社会資源サービスの紹介をしても「1主訴・1対応」になってしまうということを知っていても、クライアントのニーズを抽出するには、技術をもっていなければできません。初心者は、よく「どうやって聴いたらいいのか」「こんなことまで聴いてもいいのかしら」といったような戸惑いをみせます。クライアントは、面接者が一連の質問の意図を明確にできれば、かなりつっこんだ個人情報でも教えてくれます。

これまで、第1部では対人援助の全体像について図1をもとに概観してきました。図1は、私たち対人援助者のなかでも、〈相互交流〉を基盤として支援していく必要のある相談援助実践者が、どのような構造のなかでアセスメント面接をはじめとした相談援助実践を行なっているかを概念化したものです。そのうえで図1を構成している3つの要素である［Ⅰ］［Ⅱ］［Ⅲ］の内容について、視点をさだめて論述してきました。

第2部からは、〈相互交流〉を成立させるための〈知と技の身体化〉をテーマに大きく2つの角度から熟考しながら論を進めていきたいと考えます。

第2部では、これまでの論述に何度も登場してきた図2について詳述していきます。〈何を〉身体化させていくのか、主題は、身体化のための実際的な概念的枠組みの内容を吟味していくことにあります。私たち対人援助者のなかでも、とくに相談援助実践にあるものが自分の身体にたたきこんでおくことが望ましい、と考えられる実践的な概念的枠組みである「図2：臨床実践家が身体にたたきこまなければならない枠組みと組み立て」を中心に、「図3：ケアを必要としているクライアントに対するアセスメントの視点~生活課題（ニーズ）に対応（解決または対処）するための支援計画を設定する際の勘案要素」についての大枠についてもご案内します。

図2および図3の各要素の詳細については、本書の関連した箇所でも随時解説している内容もありますので、序章ではまず、図2の実践的概念図の意図や見方、内容の大枠を解説します。第1章では各枠組みのなかでもモデル提示が可能な要素（図2では◇印）を中心に説明していきます。図3については第2章で概念的な説明を詳述しますが、対人援助専門職にとって重要な相談

援助面接の組み立て方や治療的なコミュニケーション技法などの実際的・技術的な側面については、本書の全体構成および記述量からみて、詳述した文章は残念ですが省きました。今回は「相談援助面接の基本12項目（私見）」については表3で、「インタビューの枠組み・起承転結（私見）」については表4で、「治療的なコミュニケーション技術」については巻末で一覧表にしてお示しするにとどめています。

第3部では、対人援助技術の身体化についての論考をふまえて、プロフェッショナルとしての熟成過程モデルの思案を提示しました。本書の〈序〉から第1部および第2部も含めて本書全体で申し述べていることは、すべて図1－［Ⅱ］－①援助者・面接者自身の枠内にかかわる課題であることは自明です。援助者がクライアントを前にしたときに確かな視点、知識・技術に裏打ちされた価値観を有した態度で、つまり、［知的・分析的、援助的身体］として向き合えるように自分自身を鍛え上げていくものを、第3部の第1章および第2章であえて機能的に分けて論考することになりました。ですから、相談援助実践の場面で作動しているメカニズムについて、角度を変えて論述していますので、どうしても同じことを手を換え品を換え申し述べる箇所が多くなっています。第3章では、臨床実践家の熟成過程モデルを思案段階ではありますが、現在の私が提案できるものをまとめてみました。

また、第4章では、実践の自己検証のひとつの方法である「実践事例を書く・自己検証する」について提示しています。

第2部 身体化のための実際的な枠組み:図2「臨床実践家が身体にたたきこまなければならない枠組みと組み立て」

序章 図2の提示と読み取り方および全体像

図2　臨床実践家が身体にたたきこまなければならない枠組みと組み立て

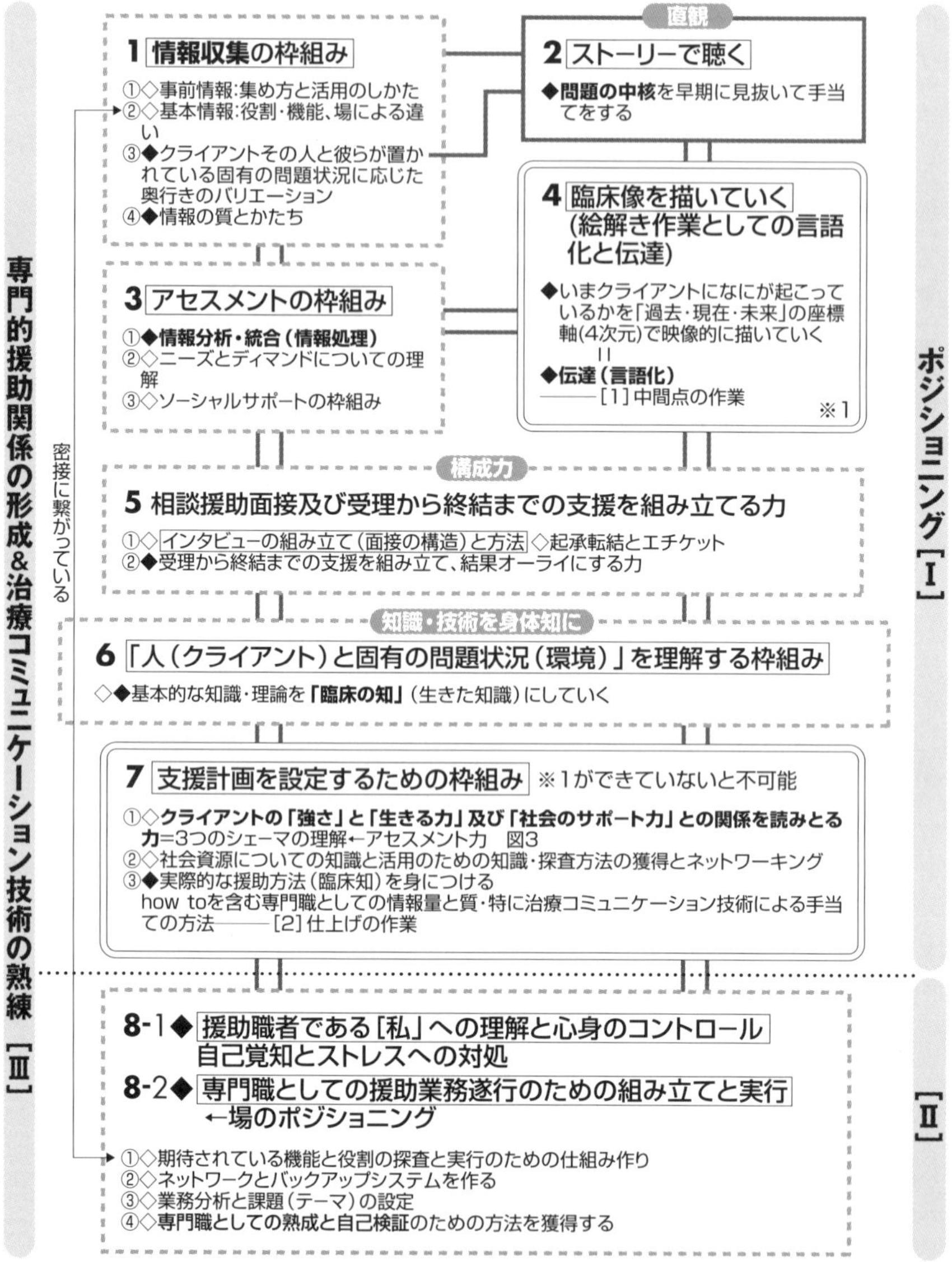
専門的援助関係の形成&治療コミュニケーション技術の熟練【Ⅲ】
ポジショニング【Ⅰ】
【Ⅱ】
密接に繋がっている
直観
1 情報収集の枠組み
①◇事前情報:集め方と活用のしかた
②◇基本情報:役割・機能、場による違い
③◆クライアントその人と彼らが置かれている固有の問題状況に応じた奥行きのバリエーション
④◆情報の質とかたち
2 ストーリーで聴く
◆問題の中核を早期に見抜いて手当てをする
3 アセスメントの枠組み
①◆情報分析・統合(情報処理)
②◇ニーズとディマンドについての理解
③◇ソーシャルサポートの枠組み
4 臨床像を描いていく(絵解き作業としての言語化と伝達)
◆いまクライアントになにが起こっているかを「過去・現在・未来」の座標軸(4次元)で映像的に描いていく
‖
◆伝達(言語化)
——[1]中間点の作業
※1
構成力
5 相談援助面接及び受理から終結までの支援を組み立てる力
①◇インタビューの組み立て(面接の構造)と方法◇起承転結とエチケット
②◆受理から終結までの支援を組み立て、結果オーライにする力
知識・技術を身体知に
6「人(クライアント)と固有の問題状況(環境)」を理解する枠組み
◇◆基本的な知識・理論を「臨床の知」(生きた知識)にしていく
7 支援計画を設定するための枠組み　※1ができていないと不可能
①◇クライアントの「強さ」と「生きる力」及び「社会のサポート力」との関係を読みとる力=3つのシェーマの理解←アセスメント力　図3
②◇社会資源についての知識と活用のための知識・探査方法の獲得とネットワーキング
③◆実際的な援助方法(臨床知)を身につける
how toを含む専門職としての情報量と質・特に治療コミュニケーション技術による手当ての方法——[2]仕上げの作業
8-1◆援助職者である[私]への理解と心身のコントロール
自己覚知とストレスへの対処
8-2◆専門職としての援助業務遂行のための組み立てと実行
←場のポジショニング
①◇期待されている機能と役割の探査と実行のための仕組み作り
②◇ネットワークとバックアップシステムを作る
③◇業務分析と課題(テーマ)の設定
④◇専門職としての熟成と自己検証のための方法を獲得する

◇→基本的な前知識として獲得可能である.

◆→自分でその場で組み立てなければ使えない.(いずれも臨床の知として援助者自身の身体にたたきこむ)

- - - - →知識として伝達可能であるが、実践の場では援助者自身が組み立てなければならない.

——→知識として伝達不可能な部分、すべてダイナミクスのなかで組み立てるもの.
8つの枠組みをつなぐ〓線も同じ

═══→本来は——に近いが「アセスメント」と「支援計画」の上がりの意味

★8つの枠組みすべてを自在に駆使し、伝達可能な〈かたち〉にできることを目指す.

第1節　図2「臨床実践家が身体にたたきこまなければならない枠組みと組み立て」の概念および全体像

図２は相談援助職者がどのような枠組みを身体に組み込んで活動しているかを実践に照らして概念化したものです。私が相談援助実践を職業として取り組み始めてからほぼ30年目に概念図としてまとめることができました。私たちがクライアントと面接したり実際の支援や業務を遂行しているとき、常に図２にある８つの枠組みを縦横に駆使しているとの実感および検証を重ねてきた結果です。なお、本図に限っては、第３部第３章の「臨床実践家の熟成過程」と同じく、職業的な対人援助職者を想定しています。（※1）

プロフェッショナルが行なう実際のアセスメント面接を例にとって考えていきます。私たちは他者であるクライアント理解のために、この８つの枠組みをフル稼働させて情報解析したり、相手に働きかけたり、相手からさらに情報を引き出したりする作業と同時並行で支援計画を設定して、自分の機能や立場・責任なども考慮に入れつつ、多角的・重層的に無数の要素を取捨選択して組み立てながら、螺旋状に絞り上げていく作業をしています。

この作業はいわゆる分析・統合作業なのですが、これを可能にするためには、図２の８つの枠組みを確かなものとして自分の身体のなかにたたきこんでおき、それらをその場その場に応じて、自在に組み立てながら使いこなせるようにしておかなければ、実践場面では役に立ちません。

私たちの実践には、ケース記録や種々の書類作成などの事務的な作業や社会資源調査、および新たな知識を仕入れるための書籍や文献検索、地域の諸資源とのネットワーキングなど、クライアント支援を下支えするための業務がたくさんあります。が、対人援助職の中核的実践は、対人援助の基本的な知識や技術を自在に応用してクライアントに照準を合わせて行なう、極めてライブ性の強い〈面接〉にあるのは自明です。ですから、面接の出来如何がすべてを決めるといっても過言ではありません。したがって、8つの枠組みのかなりの部分が、面接場面で必須の知識・技術に関わるものになっています。

図1およびこれまでの記述との関係

では、はじめに図2と図1の関係をみていきます。主として第1部で記述してあることと照合できます。図2の1から7までの枠組みが図1の［I］のクライアントが生きている世界を理解するアセスメントの部分に該当します。［図2の枠組みの右側の記述［I］のポジショニング］ただし、アセスメント過程は正確にいえば「1**情報収集**の枠組み」「2ストーリーで聴く◆**問題の中核**を早期に見抜く」「3アセスメントの枠組み◆**情報分析・統合**（情報処理）」「4臨床像を描いていく（絵解き作業）◆**伝達**（**言語化**）」までになります。

しかし、私たちのアセスメント面接は、第1部の各論でも述べていますように、クライアント理解のために、問題状況およびクライアントが潜在的に有している強さや生きる力を査定しながらニーズを抽出していく過程です。その過程では、同時に支援計画も射程に入れて、アセスメントも支援計画を暫定的に見積もりながら新たな情報やすでに確認されている情報をもとに、両者の暫定的な査定に漸次修正をかけていく作業を積み重ねて当面の見積もりをしていきます。また、図2における1から4までの[1]中間点の作業ができていませんと、7の[2]仕上げの作業遂行は不可能です。後述していますように、5および6もクライアント理解・支援遂行のための下支えとして重要な働きをしています。ですから、図2では7の支援計画を設定するための枠組みまでを、図1の［Ⅰ］に入れています。（※2）ここでは直観力を根拠立てていく分析・統合力および言語化能力に加えて、実際的な援助能力が要求されています。

5の「相談援助面接及び受理から終結までの支援を組み立てる力」は、アセスメント面接のみならず、クライアントとのあらゆる場面で行なわれる面接や支援過程を下支えする基本的な技術の位置づけになります。（※3）プロが行なう面接には必ず意味と目的があるからです。ここでは、構成力が要求されています。

6の「人（クライアント）と固有の問題状況（環境）を理解する枠組み」は、私たちがクライアントを理解するために要求されるさまざまな基本的な理論、知識の総体をいい、それを身体（臨床）知として実践に自在に応用できるまでに身体化させたものを意味しています。これも5と合わせて、クライアント理解のための必須となる下支え的な枠組みに位置しています。（※4）ここでは、職業的な財産を経験の積み重ねにより増やしていく部分に相当します。

図2の「8－1援助者である『私』への理解と心身のコントロール」は、図1の［Ⅱ］の①の枠に該当します。同じく「8－2専門職としての援助業務遂行のための組み立てと実行」は、図1の［Ⅱ］の①②③の全体に該当し、とくに「場のポジショニング：援助者である私は、誰に対して、どこで、何をする人か、どこまで責任をもてるか、を見積もり、私が立脚する位置を定めること」そのものを意味しています。（※5）ここは、対人援助実践を遂行していくために援助者自身と仕事をする環境を整えていくための基盤を築く上で重要です。

図2の左側に縦書きで示している「専門的援助関係の形成&治療コミュニケーション技術の熟練」は、図1の［Ⅲ］の部分に該当します。

本書のテーマである〈相互交流〉を基盤としてクライアント支援を実施する相談援助実践は、第一に援助者側がクライアントとのあいだで、できるだけ早期に信頼関係を築き、専門的＝職業的な援助関係を形成することによって、はじめて有用な支援が提供できます。また、クライアント理解のために〈事実〉に関する情報を中心に、彼らの情緒面にも眼差しを向けてクライアントに関する個人情報を引き出していく過程では、さまざまな言語技術が要求されます。その際に、彼らが自分たちの身に実際に起こっている問題を直視したり、解決・対処していくことを支援するためには、彼らの身体（こころを含む）が、現実と対処課題とをしっかと受けとめられるように強化することが必要になります。そのためには、情緒面の土台を固めることがまず求められます。したがって相談援助面接では、この情緒面の手当てを可能にするための治療的なコミュニケーション技術が求められ、プロフェッショナルとしての水準に達するためにはかなりの熟練を要します。

さらにクライアントが、ご自分の人生途上に生じた諸課題・ニーズに主体的に対処していくためには、自らが置かれている問題状況への深い理解が必須事項になりますが、その際に援助者側からの問題の本質に関わるか、あるいは発想の転換をはかったり今後の方向性を考えるためのオリエンテーションの際にも、的確な〈情報サポート〉（※6）がきわめて有効な支援になります。この〈情報サポート〉機能も治療的なコミュニケーション技術が基盤になっています。専門的援助関係の形成とともに、この職業に就いているかぎり常に磨きをかけなければならない専門職としての価値を含んだ技術ということになりますので、あえて8つの枠組みから独立させてあります。（※7）

図2内の記号について

図2についても、これまで概観してきた図1と同じく、8つの枠組みと左側の技術的な枠組みがどのように関連しあって実践しているかについて考えていきます。まず、図の下に〈註〉でお示ししてある8つの枠組み内の記号について説明します。

◇→基本的な前知識として獲得可能である

たとえば新人に対する職場内研修やオリエンテーションを実施するときに、教科書的な本や書類、マニュアル等を通して実践に必要な知識を提示でき、自己学習できる内容を意味しています。ただし、いずれの◇印もプロフェッショナルとして熟成させていく過程で、◆印の段階まで引き上げていく必要があります。

◆→自分でその場で組み立てなければ使えない

クライアントの固有性に応じて、直観的に把握（2問題の中核を早期に見抜く）したり、その場でクライアントの個別性・固有世界に添った情報収集（1の③人と固有の問題状況に応じた奥行き情報）をしなければならない類の、きわめてライブ性が強く、クライアントとの〈相互交流〉の過程で援助者自身の身体でその場で組み立てなければ役に立たない〈臨床の知〉の段階にまで引き上げたものを意味しています。ですから、「このような内容を意味している」という提示はできますが、実践家が◆印に該当する枠組みを手に入れるためには、自分自身の実践経験および実践の検証を積み重ねながら身体化していかなければなりません。

・8つの枠組みを囲み、枠組み間を繋いでいる3種類の罫線について

⋯⋯→知識としては伝達可能であるが、実践の場では援助者自身が組み立てなければならない

本図では、「1情報収集の枠組み」「3アセスメントの枠組み」「5相談援助面接及び受理から終結までの支援を組み立てる力」「6人（クライアント）と固有の問題状況（環境）を理解する枠組み」「8－1援助職者である「私」への理解と心身のコントロール」「8－2専門職としての援助業務遂行のための組立てと実行」の枠組みを囲んでいますが、いずれも枠内に◆印がありますので、実践経験および実践の検証を通して身体化が必要です。

━━↓知識として伝達不可能な部分

本図では「2ストーリーで聴く」の枠組みのみを囲んでいますが、本来は「4臨床像を描いていく（絵解き作業）」および「7援助計画を設定するための枠組み」もこの範疇に属しています。実践経験および検証を通してでしかその勘どころはつかめません。

また、各枠組み間を繋いでいる罫線はすべて━━ですが、実践の場面では、援助者の身体に組み込まれた精巧な情報処理装置を働かせて、この8つの枠組みを駆使しながら面接や支援の目的・目標に添って実践しています。私達の臨床実践が、職場や同じ専門職の先輩やスーパーヴァイザーの側面支援は得られるにしても、個々の援助職者が自分で日々の実践を内省的作業を重ねて鍛練して体得しなければならない所以でもあります。

═══↓本来は━━に近いが、「アセスメント」と「支援計画」の上がりの意味

「４臨床像を描いていく」および「７支援計画を設定するための枠組み」を囲んでいます。個別性・固有性がもっとも求められる箇所ですが、援助者側にとっては熟練度が高くなるほど臨床像や支援計画は誰が担当しても同じような〈かたち〉に仕上がることが可能になります。

図2の各枠組み間の力動について

先述しましたように、「１情報収集の枠組み」「３アセスメントの枠組み」「４臨床像を描いていく（絵解き作業）」の部分は教科書的にいうアセスメント過程になります。この過程はクライアントを理解するために情報を収集し、そして情報を集めながらクライアントがどのようなかたで、どのような固有の問題状況にあるかを、目に見えない作業、つまり、かたちにならない動きと面接者と相談者双方の関係のなかで目に見えるかたちとしての〈ことば〉にしていくことがとても大事になります。実践場面では、情報は「収集」するのではなく、クライアントから「引き出す」作業になります。精神分析医の北山修先生は、ここで申し上げている相談援助職者とは対象とする世界が異なりますが、このことばを紡いでイメージアップしていく作業を「言葉の写真家」とおっしゃっています。（※８）

ここで集めた情報を分析・統合しながら言語レベルにもっていく際に大切な点は、「２ストーリーで聴く」の枠内にある〈問題の中核〉を早期に見抜くことにあります。つまり、クライアントに何が起こっているのか、その起こっている固有の問題状況のなかで何がクライアントの対処課題になっているか。裏を返せばこの対処課題が根源的なニーズになるのですが、何を乗り越えないと目の前のひとはこれから望む人生と生活を生きていけないか、そこのところをできるだけ最小限の情報ですばやく理解するためには、インタビューを始めたところで問題の本質をなるべく早期に見つけたほうが、だらだらと情報を冗漫に集めるより効果的です。なんといいましても、クライアントから引き出す情報はすべて個人の秘密に属する情報ですから、量的にはできるかぎり少ないほうがいいのです。また、職業であるならば時間的制約に伴う効率性と効果度、クライアントの評価や納得に耐え得る水準であることなどの諸課題も発生します。

初心者のなかでも勘のいいかたですと、直観レベルで「なんで目の前のクライアントはこのような状況に陥っているの?」という、支援の対象者や彼らが置かれている問題状況の底にあるものというか根っこにあるものを、ことばにできない段階ではあってもつかんでいます。この〈問題の中核〉は基本的には直観レベルで察知する箇所ですが、察知したことを根拠立てて〈ことば〉として言語化できる段階にまでもっていかなければ実践場面では使えません。直観で仕事はできません。援助者の体調やクライアントとの相性、双方が置かれている状況によって外れることもあるからです。直観は検証されたものでなければ使えません。仮に直観レベルでわかっていても、面接過程でクライアントが置かれている問題状況やニーズを根拠立てるためには、分析・統合の過程を経て言語化して組み立てていかなければなりませんし、的確なことばで描かれたアセスメントの要約ともいえる〈臨床像〉や支援計画の提示なくしては、第一義的にはクライアントと、第二義的にはサービス提供者として同じチームを組む他の対人援助職者とのあいだでクライアント像を共通認識できません。

そこで、問題の本質・中核を早く見つけるためには、面接の導入や展開がどうであれ、ひとつの面接を目的に添って組み立て、目標に向けて収斂できるだけの「5インタビューの組み立てと方法」をもち、安定した面接を組み立てられることが必須になります。さらに「1情報収集の組み立てと方法」および「3情報分析・統合」も必須条件ですが、なによりも人間を理解するための、しかも何らかの問題状況や危機的な状況に陥っている人間の心理や対処方法や発達段階などの知識の総体である「6人（クライアント）と固有の問題状況（環境）を理解するための枠組み」をもっていませんと、「1」から「4」のアセスメント過程におけるプロフェッショナルとしての水準へは到達できません。対象とするクライアントが問題状況に陥るきっかけとなる疾病や障害、加齢等による心身への影響や社会的背景についての知識はもちろん必要です。

また、「7支援計画を設定するための枠組み」も有していませんと、初回、ないしは数回で終了させなければ意味をなさないアセスメント面接の中途ないしは終了時に、今後進むべき方向性や支援計画の提示もできません。中途と申し上げたのは、アセスメント面接においては、初回ですべてが終了しなかったとしても、それまで理解しえた事柄を要約して提示したり、当座の支援を始めなければならない状況にあるクライアントも多いからです。

さらに、クライアントに生じている問題状況のアセスメント行為も含めて、「目の前のクライアントや彼らの問題に自分が対応できるか、それとも自分が所属している機関・施設の同僚に担当してもらったほうがいいのか、または他の機関や施設に紹介したほうがクライアントの福利になるか」という「8－1および8－2の①および②」に関わる枠組みがきちんと身体に組み込まれていませんと、その場で自分が引き受けられるか否かの相談援助面接における〈契約〉を結ぶことができません。つけ加えれば、「5」の相談を受理し、終結させていく支援過程の全体を想定できることも要求されてきます。

ですから、クライアントに関する情報を引き出す作業ひとつとっても、枠組みの1を作動させながら他の2から8までの枠組みを総動員していることになるのです。

〈問題の中核〉と各枠組みの力動

では、このアセスメント過程の鍵ともいえる〈問題の中核〉に戻りますが、この枠組みは「2ストーリーで聴く」と名付けています。問題の本質を直観で察知するためには、クライアントの話を物語で聴いていかないと閃《ひらめ》かないのです。マニュアルに添った〈一問一答〉のぶつ切り質問のオンパレードでは、相手に語ってもらえませんので、双方の思考は途切れがちになりますし、クライアントの応答や表情・態度と表裏一体に張りついている想いやこころの叫びも見えてきません。

クライアントが自然な感情や想起の流れに添って語ってくださると、聴き手の側も類推力や想像力を無尽に働かせることができますので、話の行間からたくさんの情報を汲みとることが可能になります。相手にくつろいでご自分のことを語っていただくためには、聴き手の側にクライアント理解のための「1情報収集の枠組み」が身体のなかに入っていて、相手がどこから語り始めようが自在に組み立てられる装置、順番どおり聴いていかなくても繋げていける装置が必要です。これが「3アセスメントの枠組み」で必要になる「分析・統合できる身体」です。ここで大事なことは、クライアントとのあいだで短時間でくつろいだ信頼関係を築けるだけの「専門的援助関係形成」および自由に語ってもらいながらも会話の流れをリードできるだけの「治療コミュニケーション技術」（図2の左側）の力量を身につける必要があるということです。

同じく「1情報収集の枠組み」と「2〈問題の中核〉を早期に見抜く」を図2の左側の「治療的コミュニケーション技術」との関係で考えていきます。1の枠組みには、◇印のついた事前情報と基本情報に加えて、◆印の「クライアントその人と彼らが置かれている固有の問題状況に応じた奥行き情報」があります。

事前および基本情報は、相談援助職者が所属している機関や施設に応じた役割・機能（図2の8－2－①）に添ったマニュアル作成が可能です。が、この奥行き情報は、クライアントの個別性に応じて厚く深く聴きとらなければならない類の情報で、〈問題の中核〉と密接に関係しています。ですから図2では━━でつなげてあります。

つまり、平素は他のかたには聴かないか深める必要がない情報でも、このかたに関しては〈問題の中核〉を中心とした情報を厚く深く引き出さなければ、そのかたに生じている問題状況の本質が見えてこない、という部分です。この本質に関わる情報は、普段は他者に滅多に話さない、話したくないという個人が奥深くその身体にしまっている部分で、私たちも通常伺わないはずです。ですが、そこのところを伺わないと、またそこをきちんと手当てしなければ、クライアントの気持ちもほどけない、きちんとした現実処理に到達できないという、私たち相談援助職者にとって一番やっかいな壁に突き当たる箇所でもあります。「なんか、届いていないな、社会資源を全部そろえて一応の支援をしているんだけれど、何か不満だな、何かが違うんではないかな？」と漠然としたひっかかりを援助者が抱く根源がここにあります。（#熟成の第1段階レベル）

この個人の秘密中の秘密に関わることが多い〈問題の中核〉を直観レベルで早く見抜き、その箇所に関わる事実とその裏に張りついている気持ちをくっきりとイメージ化するためには、他の情報よりもかなり深く切り込んでいかなければ確定情報として役に立ちません。そのためには、クライアントの気持ちを手当てしながら、安心した環境のなかで語っていただけるような治療的コミュニケーション技術が必須になります。さらに、クライアントの安心と信頼を得るために援助者側には専門職、対人援助者としての態度がきちんとできていることが要求され、ここで図2の「8－1および2」の援助者側の心身の健康や専門職としての心得・価値観の裏づけがものをいいます。第3部の第3章で特に熟考している職業的な価値観に裏づけされた態度を身につけた援助者でなければ、クライアントは初めて出会った他者である援助者に対してこころも身体も開けません。

さらにこの箇所は、専門職としての背骨のブレをなるべく最小限に食い止めるためにも、「8－1援助職者である「私」への理解と心身のコントロール、自己覚知とストレスへの対処能力」との関係も濃厚になります。なぜならば、個人の秘密に深く立ち入ることは、相談者側の身体に深く刻印されている経験とそれを知った面接者側の身体に深く刻印された経験とが共振してしまう事態が一番生じやすい場面でもあるからです。

たとえば、ある一定の知識・技術水準に到達している援助者であれば、クライアント支援の過程で「どうもおかしい」とひっかかりが生じたとき、立ち止まり、振り返る作業を自身に課します。すると、通常であれば見逃していた部分やニーズと支援とのミスマッチなどを発見できるのに、ある特定の範疇に入るクライアントに対しては、いくら自己検証しても混乱したまま見えないという事態が生じます。このようなときは、クライアントシステムのなかの登場人物と過去の自分が重なっていることがよくみられます。そのような現象が生じているときは、ほとんどの場合がクライアントには好ましくない影響を及ぼしています。

なぜなら、援助者側による〈過剰同一視〉のほとんどが、クライアントにとってではなく、〈援助者である〉自分がクライアントにこうあってほしい、こうしてほしいという要求を無意識のうちにクライアントに課してしまう結果、援助者側が入れ込んでしゃかりきになるほど、クライアント自身の真のニーズから乖離していく傾向にあるからです。援助者側の気持ちが「自分だったらこうするのに」という批判的な感情に支配されていますと、援助者自身に怒りやいらつきが生じてきます。でも、とても気になるので他の人よりもしゃかりきになって一生懸命になってしまう、でも嫌いなクライアントだ、といった悪感情も湧いてきます。そのような感情を抱いてはいけない、自分の感情は制御しなければいけないと知識で知っていると、よけいクライアントへの悪感情を抑圧しますから、さらにしゃかりきになる、といった悪循環に陥ります。（※9）

ですから、「8－1」の部分は自分自身を専門職としてどう鍛えるか、自分の価値観や美意識はどこにあるのか、どのようなひとに対しては気持ちを動かされやすいか、どういうひとが自分はちょっと苦手であるか、いま現在の自分自身の心身の健康はどのような状態にあるか、いまこのようなクライアントは受け持たないほうがよいのではないかなど、常に自己点検しておくことが対人援助職者としての心得になります。（※10）

［註］

※1　ボランティアや地域の活動家などでも、相談援助専門職が有している知識や技術の水準およびそれ以上の段階をめざして自己訓練や自己検証を試みることを否定するものではありません。

※2　図2の1～7までを図1の［Ⅰ］に入れた理由については第1部第1章第2節でも述べています。

※3　図2－5「相談援助面接及び受理から終結までの支援を組み立てる力」：第2部第1章第5節&表4「インタビューの枠組み」参照

※4　図2－6「人（クライアント）と固有の問題状況（環境）を理解する枠組み」：第2部第1章第6節&表6「一般アセスメントに必要なクライアントのデータ」参照

※5　第1部第2章第1節参照

※6　情報サポート：表5「ソーシャルサポートの機能別6分類」&コラム4参照

※7　治療的コミュニケーション技術：巻末の「参考・治療的なコミュニケーション技術一覧」参照

※8　『精神分析理論と臨床』（北山修著・誠信書房・2001年）75頁

※9

熟成過程第2段階2レベルの課題。経験年数がいくらあっても〈専門的援助関係〉や〈わたくし的《私》〉の部分を自己点検できていないか、すべきことを教えてもらわないまま実践してきたかたですと、自分自身の専門職的価値観の枠からはずれたクライアントに対して抱く「ひっかかり」機能が正常に働きません。流されたまま、下手をするとクライアントに対する批判的感情に支配されてしまいます。

また、自分の常識を超えて常軌を逸した言動を呈するクライアントに捕まりますと、素直でまっすぐに受けとめる傾向にある援助者は、ただただ集中砲火を浴びせられたまま、動けなくなってしまいます。すると、1~2時間というもの、クライアントから不平不満……などのこころに鬱積している話を聞きっぱなしになり、相手のペースに飲まれて辛くなってきます。（表1－2d〈警告・危険因子〉★1および同列のe、fの記述に該当）

※10

たとえば、社会正義・価値観と個別ニーズとの関係について。

社会正義は大切な価値観ですが、現実対処に際してはジレンマに陥ることがあります。クライアントが社会福祉制度上からみて禁則を犯している場合、そのことを知ってしまった以上、見逃すのは苦しいことです。たとえば生活保護の受給に関わる場合、そのことを担当ワーカーに伝えても、事態を是正してくれません。援助担当者はそのことに集中しすぎて、その事実がクライアントが生きることにとってどのような意味があることなのかに目がいきません。したがって、クライアントのニーズにとっての意味づけもできません。こうして、問題意識のありようや方向性の軸が偏ったままで支援が行なわれますので、クライアントにとっては不利な関係になってしまいます。他の支援者・片目をつぶっているワーカーたちも困ってしまう、という状況に陥ります。

ときに武士の情けも援助者には必要なようです。

このようなことは、援助者が実践上ひっかかる事態が生じたとき、振り返り作業を自分に課し自己検証して論理的に絵解きできていなければ、いつまでも「ひっかかり」を引きずり、悩むことになります。援助者のストレスはできるだけ排除していく必要があります。

第2部 身体化のための実際的な枠組み:
図2「臨床実践家が身体にたたきこまなければならない枠組みと組み立て」

第1章 図2を構成している各枠組みの概要

本章では、図2を構成している8つの枠組みの個々の要素について番号順に解説していきます。ただし、内容によっては、具体的な実践事例を絵解きしていく過程をライブで示しながら解説しなければ詳述できないものがあります。よって、◇印で記してある項目については、私のこれまでの臨床実践やスーパーヴィジョン実践から言語化でき、概念的枠組みとして提示できる枠組みに限ってご案内します。◆印については簡単な概念説明になります。

お読みいただいている実践家の皆様が日々の実践のヒントにしてくださり、さらに個別性に合わせて、より充実した枠組みとして後輩に伝達可能なものとして完成させていただければ幸いです。

第1節

1　情報収集の枠組み

ここでは3種類の情報の性格と実践上の留意点、および情報の質とかたちについての4区分に分けて考えていきます。ただし、本書で〈かたち〉としてお示しできるものは、本枠組みで◇印をつけた①と②になります。①〈事前情報〉については、本項では留意点にしぼって記述しています。②〈基本情報〉は、ケアに

関わるクライアントを理解するために必要な情報の範囲内で、一般的と考えられる事項の大枠をお示ししています。（※1）

◆印の③〈クライアントその人と彼らが置かれている固有の問題状況に応じた奥行きのバリエーション〉と④〈情報の質とかたち〉については概念説明になります。

①◇事前情報：集め方と活用のしかた

事前情報とは、面接者がクライアントの生の声や姿を通して、直接情報を収集して分析・統合する前に、関係する人や機関等から集めたり引き寄せたり、調査したりして手に入れる情報のことで、集め方と活用のしかたにとくに注意が必要になります。

たとえば、依頼者が直接支援の対象となるクライアントであれば、依頼を受けたときのインテーク面接からアセスメント面接に即、移行できますので、事前情報は存在しません。が、依頼者が図１の［Ⅱ］の②および③に該当する種々の専門職や民生委員・児童委員などの地域住民などの場合は、依頼されたときに、彼らから依頼内容やクライアントが置かれている状況などについての概略を伺うことになります。また、クライアントの同居家族や同居していない親族や知人・友人からの依頼内容、その他の人たちから入る情報も事前情報になります。ただし、後者の家族や親族、知人・友人などのクライアントにとっては私的な関係にあるかた達については、その関係性や状況に応じて図１の［Ⅰ］支援の対象者に該当することも多々ありますので、即基本情報を聴き取る必要が生じてきます。

事前情報の段階でかなり詳しく伺うことが可能ですので、援助者はクライアントが置かれている状況を前もってイメージできます。たとえば、本格的なアセスメント面接に入る前に、聞いたこともない病名や必要とされるであろう社会資源の知識、さらに予測される事態に対する対処策や臨床知などについてあらかじめ調べておくことができますので、事前情報の収集はとても有用です。

ただし、クライアントに関する情報の位置づけとしては、初回面接前までのクライアント情報であって、あくまでも〈過去〉のものであり、すでに他者による〈バイアス〉ないしは〈修飾〉が入っている、と心して情報処理をします。そうしませんと、依頼者の要求や、果ては依頼者のニーズに添った支援をしてしまい、「クライアントは誰?」「誰のニーズ?」といった落し穴にはまる危険が常時つきまとっているからです。（表1・第1段階の課題c★2-・1）

また、すぐれたアセスメント能力を有している専門職による〈事前情報〉は、近い過去にクライアントがどのような状況にあったかを教えてくれます。そのときと比べて、現在状況はどのように変化しているかを正確に査定できます。ですが、やはりそれも過去の情報です。クライアントが置かれている状況は日々、刻々と変化していきます。とくに現在のような状況に陥ってからまだ日が浅い場合には、その変化の幅も質も大きいことを心に留めておくべきです。

さまざまなトラブルが起こっているようなときは、どのような環境のもとで、クライアントがどのような状態にあったときにその事件・出来事が生じたのか、クライアントの心身の病態や家族をはじめとした周囲の人たちの状況も含めて、その本質をみることなく、「たいへんなクライアントがやってくる」と構えたり、「トラブルメーカーのクライアントである」とのレッテルを貼ってしまうことは、絶対に避けなければなりません。（表1・第2段階から第3段階の課題）

事前情報の取り扱いは、依頼者と依頼内容の明確化が最重要点検事項になります。さらにアセスメント面接に臨む際には、白紙の状態でクライアントとお目にかかり、聴き、観察することが肝要です。（※2）後述する〈情報の質〉の観点からみますと、事前情報はよくて第2次情報、情報の提供者のアセスメント能力や言語化レベルが低いと第3次情報、あるいはそれ以下の情報になってしまいます。ちなみに面接者が直接お目にかかって聞き取った情報は、第1次と第2次情報のあいだになります。（※3）

なお、事前情報は、異なるシステムから収集するものと、同組織内の前任者からの引継ぎ時に、直接あるいは記録による過去の支援経過を受け取るものがあります。異なるシステムとは、クライアントにかかわる人たちや彼らに関わってきた他の援助者や機関・施設になります。後者の場合は、同じ法人や事業所で働く仲間同士の担当者変更による引継ぎ時に生じます。新しい担当者にとっては〈事前情報〉に該当しますが、その際の留意点は上記に記した事項とほぼ同じです。

また、異なるシステム間であれ、同じ機関・施設内であれ、支援の担当者変更に際しては、その引継ぎ時や直後に種々のトラブルが生じがちです。たとえば、前任者がきちんと情報をくれなかったとか、アセスメントも含めて記録がないとかが、よく問題になります。前任者にとっては、詳細な記録が間に合わなければ、少なくとも〈要約・サマリー〉ぐらいは記録の最後に記しておくことが、後任に引き継ぐ際の義務的重要事項です。しかし、アセスメント力が未熟ですと、その要約すら書くことができません。クライアントにとって何が課題で、すでに解決されている事項やまだ課題として残っている事項などが整理できていないからです。事前情報ひとつをみても、対人援助職者のアセスメント力がものをいいます。

ここで、角度を変えて、事前情報をクライアントと援助者双方で形成されている〈援助関係〉から眺めてみますと、別の観点が浮かんできます。同じ援助チーム内でも、担当者や支援場面の違いに応じて、クライアントがさまざまな顔を見せることはこれまでにふれてきました。この点は、担当者引継ぎ時にも十分起こります。

というのは、それまでの援助者との関係や支援内容を変えたい、とひそかに目論んでいるクライアントであれば、ここでチャンス到来とばかりに、それまでの態度や訴えの内容をガラリと変えます。前任者との関係が悪ければ、今度は良好な関係にしようと思うでしょうし、もし前任者とのあいだでは遂行できなかった取引材料をもっていれば、徹底してその要求を通すために、前任者に対するのとは異なる強硬な言動や態度をみせて後任者を驚かせたりもします。

いずれも、「……の点について今度の担当者に理解してほしい」という強い要求の表現には変わりないのですが、クライアントにとっても、担当交替は新たな援助関係を形成したり、これまでは満たされていなかったニーズやディマンドを充足させる絶好の機会になります。場合によっては、手ぐすねを引いて交替の機会を待っていることもあります。

担当交替には、新たな〈専門的援助関係〉を形成するための手続きが伴います。後任者は、クライアントの〝いま〟をアセスメントすることから支援を開始します。アセスメントはいうまでもなく、これまで何度も申し上げてきましたように、クライアントの〝いま〟を「過去・現在・未来」の座標軸のなかで浮き彫りにさせていく作業です。事前情報は過去のデータであり、前任者（がいれば）とのあいだで形成された援助関係のなかで生じた人となりですし、出来事なのです。

［註］

※1　次項②に一覧を掲載しています

※2　事前情報の活用のしかたについて：『未知との遭遇』第2部第3章「対象者へのポジショニングの視点……心理・社会生活上の問題把握への視点」の『Ⅱ-⑵疾病や受傷、障害が対象者に及ぼした打撃、周囲への波紋、今後の生活再建への影響をみる――対象者個人の内的資源からみる』の『★発病前の自己像、身体像とこれらの変化』の項〈身体像の修正――職業カウンセラーの名人芸〉でご紹介させていただいた職業カウンセラーの西村晋二さんの事前情報の活用のしかたが印象に残っています。

私が担当していたクライアントが職業復帰の課題を抱え、障害受容の課題が残っていたり、職業復帰の可能性が針の穴を通すような配慮と粘りが要求されている場合はいつも西村さんに依頼していました。彼は当代一流の職業カウンセラーでした。

彼に紹介するときの私はことさら張り切ってクライアントに関する情報をＡ４用紙３～４枚も書き綴ったものをいつもお渡ししていました。この一生懸命さは、「クライアントになんとか職業復帰を」という私の熱い気持ちが第一義にありましたが、依頼相手が超一流ということも加味されたものでした。

その内容は、クライアントの人となりや疾病や障害の状態および発症までの職業歴など、かなりきちんとしたものだったと自負していました。さらに失語症等の障害を有していたクライアントの場合は、苦労して何度も確認したクライアントの職業復帰への期待や実現度まで記述していました。その他、疾病や障害に関係して治療や訓練を担当した医師や看護師、理学療法士や作業療法士、言語聴覚士や臨床心理士などの丁寧な紹介状も添えて提出していました。

ところが、西村さんはクライアントとの面接前、その紹介状にはさっと目を通していらしたのですが、私が見たところ、氏名・年齢程度かな？　といった感じで、「せっかく一生懸命に書いたのに」と、当初の私はがっかりした経験を何度もしていました。クライアントの名前、年齢、住所からすべて白紙の状態で聴きとっておられたからです。

しかし、それは事前情報の取り扱い上、決して基本をはずれた紹介状の扱いではなかったのです。そのことについては後日気がつきました。とくに西村さんにとっては「職業能力についての査定」が目的でしたから、クライアントとの初回面接はとても重要で、初めて出会ったご自分とのあいだでどの程度の職業的に必要なコミュニケーション能力を発揮できるかを確認するためには、きちんと基本的なことから始める必要があったのです。そして、いちばん大切な面接目的は、クライアントが障害をどのように認識していて、具体的にはどのような職業に戻りたい、戻れると感じているかを確認することにありました。

西村さんは、紹介状には面接後きちんと目を通しておられました。クライアントとの初めての出会いの面接は、いかなる紹介状があったとしても「白紙の状態で聴く」ということを実際の面接場面で教えてもらいました。

※3　情報の質：「④クライアント理解のための情報の質とかたち」参照

②◇基本情報：役割・機能、場による違い

基本情報は、相談援助職者が達成すべき役割や機能と照らし合わせて、どのようなクライアントに対しても最低限聴き取り、確認しておきたい情報で、基本的には面接してクライアントから直接引き出して確認します。業務用のケース記録、フェースシートやアセスメントマニュアルにある項目、そして実践の場によって多少異なるグレーソーンに関わる項目も加わります。

専門性や働く場に応じて期待されている役割・機能が異なってきますので、必然的にクライアント理解の範囲と質も異なってきます。ですからここは、「8－2専門職としての援助業務遂行のための組み立てと実行－①◇期待されている機能と役割の探査と実行のための仕組み作り」と密接に繋がっています。

援助者の役割・機能による違いは、クライアントの問題の何に応じてどこまで責任をもった支援ができるかに関わってきます。また、専門性による違いは、専門職として必ず対応しなければならない業務の範囲と責任がありますので、それらと関係してくる情報は逃がせません。まず、図1の［Ⅱ］の〈場のポジショニング〉ができていなければ、クライアントから引き出す情報の範囲と厚みを決められません。

後でお示ししている〈基本情報〉の大枠は、アセスメント面接で即退院計画や在宅ケアプランを策定する際にはかなりの範囲の情報を整えておくことが要求されますが、熟成した臨床実践家ですと、基本情報のすべてを聴き取らなくてもクライアント理解は可能になります。（※1）

質的には、家族構成や家族力動についての基本的な確認は本項に入ると考えられます。（家族構成や家族力動などへの視座は、ケアに関わるアセスメント面接では基本的な情報に入ります）その理由としては、以

下の点が考えられます。

①要支援・要介護状態にあるクライアントに対してどれだけ実際にケアに関われるか、その時間的・労力的な〈支える力〉を査定して、家族による実際の介護能力を査定することがまず、第一の基本になります。

②次に、家族と要支援・要介護状態にあるかたとの〈関係性〉が介護を促進させる要素として重要な視点になります。関係が悪ければ、①にいくら介護担当者がいても、期待できないからです。

③さらに家族関係が悪かったり、さまざまなトラブルを抱えている状態にあるとき、家族内の問題が表面化して、そちらのほうが介護問題よりも優位になっている事態も多々あります。高齢者や重度障害の介護問題が生じたとき、それまで水面下にあった問題の根が、家族力動が変化することによって噴出するのです。そのようなとき、キーパーソンに該当するかたを支援したり、ときによっては捜し出し、引っ張り出して強化していく支援が要求されます。

ですから、相談援助職者にとって、家族構成および家族力動への視点と査定は必須事項なのです。また、同じようにケアの領域であっても、直接ケアをする対象が乳幼児になる保育や療育の場においても同様です。たとえば、療育の場は子どもの発達が支援課題の中核になりますが、支援チームのなかで相談援助担当は父母を援助することが多いので、基本情報のなかに家族力動も入れておきます。

この基本情報も、ただ単に項目だけをピンポイントで押さえていくというような〈点〉情報ではなく、クライアントの人生にとって重大な意味をもった出来事や転換点と考えられるエピソードなどは〈情景・シーン〉にして聴き取っていくという技術を要します。つまり、いかに「クライアントが生きる」という観点から意味づけをした〈ことば〉という〈かたち〉を質的に高いものに揃えておくかが、情報が生きてくるか、単なる死に情報と化してしまうかの分れ目になります。（※2）その際には、時系列に沿って情報を揃えながら聴き取れるようになると効果的です。

この点は、第3部で提示する表1「臨床実践家の熟成過程」の第2段階の重要な課題になります。（※3）

どのような〈かたち〉にしておくのか、例を挙げて簡単に説明します。

たとえば、現在目の前にいるそのかたの姿だけを見れば、人生の敗残者としての印象をこれでもか、と周辺にいる人たちに重ねさせてしまうような言動を援助者に見せつけるクライアントがいらしたとします。

アルコール依存傾向、糖尿病でインスリン管理なのに……毎日飲んでいる……。

ヘルパーが作る食事は食べないで、勝手にコンビニで弁当を買ってきて……。

裕福な家に生まれ育ち、自分で起業した事業も倒産して借金して親類縁者に大迷惑をかけて、離婚して妻子とも別れ、いまは生活保護を受けてひとり暮らし。

それなのに、プライドがやたら高くて、こちらが提案するサービスはすべて拒否して、自分がしたいことだけをしている……。

ケアマネジャーは、きちんと通院介助のヘルパー派遣をケアプランに組んでいるのに、いつも当日キャンセルし、不定期に（自分勝手に）「通院したい」と言ってヘルパー派遣を依頼してくる……ヘルパー交替も要求してくるし……。

必死で入院先を探したのに主治医と喧嘩してすぐに出てきてしまう……。

その他、要求が多くて、生活保護のケースワーカーもヘルパー事業所もケアマネジャーもてんてこ舞い、なんで？……。この人は本当に勝手な人だ、今の姿も因果応報なんだよ……。

いわゆる、「援助困難な事例」として頻繁に登場してくるクライアントです。

断片的にせよ、文字にすると、読み手からみれば客体視して目に入ってきますから、「なんでそんなことで（振り回されるのかしら）……」と思います。一歩離れて眺めてみれば、援助者側が「人生の敗残者」「今の姿は因果応報」とみなすこと自体が、すでに第1部第3章第2節でご紹介した「バイステックの7原則」に反する行為であり、本来は援助者側にペナルティを課す事態です。が、対人援助職者としての基本的な倫理的・内省的な態度が身についていない援助者ですと、クライアントの強烈な個性を前にして、恭順な態度をみせることなく自己主張や苦情を浴びせられると、先の原則なんぞはどこへやら、腹を立てたりクライアントを一方的に非難しまくって、自己のストレスを発散させます。それが支援に関わっているチーム内全員が集団ヒステリー状態になると、よりエスカレートしがちになります。クライアントのほうも援助者たちから一勢にマイナス感情を放射されれば、力のある人ほどそれに強く反応し、援助者にとって好ましく映らない言動をより増大させます。（※4）バイステックなんて、現場実践のちょとした落し穴にはまれば、どこかに吹っ飛んでしまいます。まして、知識がなければ論外です。このような事態は現場実践ではいくらでも起こっています。（※5）

では、バイステックの切り口ではなく、情報収集の枠組みからみますと、どのような課題が潜んでいるでしょうか。事例検討の場面でこのような事態を絵解きしていくなかで明確になってくることは、事前情報を鵜呑みにしてしまっていることがまず挙げられます。前任者や前から担当している人たちが意識せずに悪感情を抱いていると、クライアントそのひとおよびその人の行動への評価が厳しくなりがちです。さらに担当している援助者たちのクライアントに関する基礎情報の揃え方、つまり〈ことば〉という〈かたち〉にしておくときの踏み込みの足りなさが目につきます。

たとえば、病名や現在の病態については情報が一応整っています。また生活歴もまあまあ揃っています。表層的ではありますが、本人の言動も事細かに記録されています。ただしこの点に関しては、援助者が困った、振り回された視点で残されています。何が足りないのでしょうか。

先の例でみていきますと、糖尿病や網膜症、視力低下などは記載されていても、では、いつ頃から症状が悪化してきて、視力が低下しはじめたのはいつごろ?、その頃は事業はまだ続けていたのか、倒産したのはいつ?……と、疾病の悪化や障害の出現とそのかたに起こった生活上の事件・倒産や借金、離婚や飲酒などが時系列に沿って関連しているか否かの分析・統合(※6)が行なわれていないことが判明するのです。

事例検討において〈点〉でしかない情報から類推していくと、クライアントの現在に至る病状や生活の悪化は彼ら自身のだらしなさや自己管理の悪さばかりだけではない事情、つまり、自業自得とはいえないことがみえてきます。健康管理を怠っていたのではなく、健康面にばかり留意していられない生活面の極限状況が重なって、いまのような状況に陥ったのだろうと推察できます。

すると、クライアントの自己像の高さと、他者からみなされてきた目線との乖離の大きさがみえてきます。自分が抱いている自己像をディスカウントされると、誰だって腹が立ちます。そうなれば、彼らがこれまでどのような悔しい想いをしてこられたのか、ある疾患をきっかけにして泥沼のようにどん底に落ちてしまったかた達の想いに心を寄せるだけで、クライアントの悲鳴は少しであっても手当てされます。

数年間、いや十数年間以上も担当者が替わり続けても悲鳴をあげ続けてきたクライアントたちの真の叫びや姿、その背景にあるものに心のひっかかりを覚えて実践を振り返る作業を初めて課した担当を引き継いだ援助者たちの事例に出会ったとき、これまでに真の相談援助のプロフェッショナルに出会えてこなかったことへの痛みを感じます。

このように、基本情報もクライアントが生きてきた~生きている~生きていく意味に添って分析・統合されたものでなければ、使いものになりません。バイステックの原則もアセスメント力と裏表の関係にあるようです。

［註］

※1　第3部第3章第2節で〈職場の魔法使い〉の能力についてふれています。

※2　「④クライアント理解のための情報の質とかたち」参照

※3　第3部第3章第2節2参照

※4　第1部第3章第2節「専門的な援助関係形成に欠かせないバイステックの7原則について」参照

※5　コラム3参照

※6　自分の身体に職業的な分析・統合装置が組み込まれていない対人援助者は、渡部律子さんが著書の中で紹介している「アセスメント項目」に添って考え、記述してみる訓練が有効です。『高齢者援助における相談面接の理論と実際』（医歯薬出版）78〜87頁の16項目

援助者が壁を破るとき

〈情報収集の枠組み〉はいうまでもなく、図2を構成している枠組みのなかで「基本のキ」に位置づけられます。ですから、この枠組みを身体に入れるためには相当の努力を要します。私のスーパーヴィジョン経験からみますと、マニュアルレベルから脱する際に大きな壁があるようです。

一つのエピソードをご紹介します。

ある、若くてやる気だけはひと一倍熱心なソーシャルワーカーが、縁あって筆者がスーパーヴァイザーとして関与していた自主勉強会で、ご自分が実践し振り返って検証したい事例を文章にまとめて、いつも真っ先に提出していました。その内容は支援の真っ只中にあったり終了していたりと、かなり（援助者側のほうが）切迫している状況が当方にも伝わってくるものでした。なかには、援助者側が混乱の極みにあるため、クライアントもさぞかし困っているだろうな、と思わせる報告もありました。要は、かなりめちゃくちゃでした。（※1）

ですから、実際に勉強会で検証作業をしていきますと、そのかたの実践内容も初心者とはいえ、かなりはちゃめちゃでした。熱意はあっても、ご自分のなかで「あれもこれも早く手に入れなければ」という焦りが空回りしている状況で、毎回同じ指摘を受ける自分に対し、いっときは「この仕事は（自分には）向かないのではないか?」と疑ったこともあったようです。私もスーパーヴァイザーという職業としてそのかたを訓練していたわけですから、ヴァイジーが実践知や技術を身につけられない状況があまり長く続くと、当方の訓練能力にも疑問が生じてきます。もし、そのかたに見込みがなければ、早めに伝える責任もありました。

これが個人のスーパーヴィジョンですと、同じように熱心で、実践したことを「書いて振り返る」作業を自分に課し、実行してくるヴァイジーに対しては、各個人が有している能力や個性に見合った方法で、なんとかプロの水準に近づくためのとばぐちを探し出して、ご自分なりの方法論を手に入れ、それがさらなる上達の突破口となるように双方がねじり鉢巻きで取り組む作業を何度でも繰り返します。ですから「この道はセンス・感性の善し悪しではない、一定水準の知的能力と感度があれば訓練で必ず身につく、対人援助技術は知的作業の繰り返しによって身につく、感性も訓練だ」という強固な確信をもつに至った経験を、何人もの若い援助職者によって得ていますので、そのことを常にそのかたに伝えていました。

すると、2年目にさしかかった勉強会8回目を迎えたある日、突然そのかたは、「毎回同じことを指摘され続けて、自分はこれまで高すぎる目標設定をしていました。自分には基本が身についていないのだから、これからはアセスメントの基本中の基本である『情報収集の枠組み』をまず、身につけることを目標にしていきたいと思い、今回はそのことの検証をしてみました」と、実直に以下で紹介しているマニュアルに沿って「情報としてとれている事項ととれていない事項」を点検してきました。

するとそのクライアントにとっては必要でない情報まで「引き出せていない情報」として書き出していましたが、かなりいい線で点検できていました。こうなるとしめたものです。「アセスメント面接でクライアント理解に必要な情報を引き出せているか」をインタビュー後ではあっても、ご自分で検証できるようになったのですから、アセスメント終了前に追補することが可能になります。この訓練を積み重ねていきますと、いずれ身体にチェック機構が出来上がって、面接実施中に補完できるようになります。身体が自動的にスウィッチを押してくれるからです。彼が達した段階が第3部第3章でお示しした「臨床実践家の熟成過程モデル」に出てくる「自動人形レベル1～2」ということになります。（※2）

さらに驚いたことは、アセスメント面接時の逐語記録で、そのかたの面接がクライアントに支持的で、私が平素例示している〈手当て〉のことばがふんだんに出現していたこと（※3）と、その報告を発表しグループメンバーとやりとりしているときの姿や言葉がそれまでとは打って変わったことです。別人のように引き締まっていました。

「人間って努力すれば突然変異を遂げるんだ」と改めて実感できた瞬間でした。それまでの精進の過程で、表面上はずっと低迷状態のままでいたようにみえても、実は内面ではものすごい力が発動していたのですが、そのかたの場合はそのことが表面上はまったくみえていませんでした。私も焦りだしていた時期でしたので、そのかたが堅い壁を蹴破った瞬間、私のみならずそこで同席していたもの皆がとても嬉しく感動しました。

［註］
※1　第3部第4章参照
※2　第3部第3章第2節参照
※3　真似から入る方法も大切です。自分のものにしてしまえば自ずと援助者の個性に合った〈技〉になってきます。

情報収集の枠組み

以下の内容は、私が平素、対人援助（職）者を対象に実践している研修の基本レジュメ「相談援助面接の基本：対人援助の基本的な視点、知識・技術、態度」に必要に応じて添付している資料に加筆したものです。本書の図2「臨床実践家が身体にたたきこまなければならない枠組みと組み立て」のなかでも「基本中の基本」になる枠組みで、図2の「3アセスメントの枠組み：情報分析・統合」の基礎材料になるものですから、援助者の身体にしっかりと組みこまれていませんと仕事を始められません。お示ししたものはあくまでもケアに関わる支援に必要と考えられる情報を一覧したものですから、マニュアルです。本文で何度も申し述べているように、マニュアルは一般化したもので、個別化されていませんから、あくまでも参考です。ご自分の点検材料としてお目通しください。

情報収集の枠組み

■「情報収集」は対人援助者の専門性および期待されている役割・機能（場）によって、基本的な枠組みが異なります：図２－８－２－①◇に該当

■アセスメント過程（情報収集、分析・統合、伝達）の第一段階の作業になりますが、実践の場では、支援計画作成過程も含めて図２の８つの枠組みすべてが螺旋状に作用しています。

■必要最小限で最大の情報＝質のよい情報、本人が「生きる」うえでの意味づけされた情報であることを目指します。そのためには、図２－６に該当する基本的な知識や理論を基盤とした臨床知をたくさん獲得するように努力する姿勢が肝要です。

■クライアントを理解するうえで、これは重要だと考えられるエピソードは、多面的・重層的に引き出していくと、より深く質の高い情報になります。

↓エピソードをシーン（情景）にして映像的に描けるようにしておきます。※３１８頁

↓そのためには、「ひっかかる」「ひっかける」身体として作動できるようにしておくことが肝要です。※第１部第３章第１節「相互交流のしくみ」および第３部第１章第１節「知的・分析的、援助的身体」の情報処理過程＆コラム９

■確認・確認の連続＝本人にとっての意味づけを常に念頭におきながら聴き取っていきます。確認されていない情報はいくらあっても「死に情報」と化し、援助者側もどれだけ情報を集めてもクライアント理解の核心に近づけないという事態を招きます。

■治療コミュニケーション技術とインタビュー技術が鍵です。
↓「情報」は「収集」するのではなく、クライアントから「引き出し」ます。
■ここで扱う情報はすべてクライアントの個人情報になります。聞かれる側にとっては痛みを伴って語らなければならない事柄もあります。援助者側は必要だから聴き取りをするのですが、すべての質問事項について「何故、何のためにこのことをあなたに伺うのか」「そのことであなたはどのような利益を得られるのか」を明確に説明できることが求められます。
★以下の情報収集の枠組みは、相談援助職者のなかでも、アセスメント面接を実施する立場にあるかたの場合を想定して作成してあります。あくまでもひとつのモデル提示であり、各々の実践に照らし合わせて点検し、合ったものに修正していただければと考えています。

1 事前情報の集め方と活用のしかた

・依頼者は誰か：本人か、家族か。その家族も本人とどのような関係か。知人か。
　地域住民（民生委員）か。
　同法人、所属機関・施設の援助職者か、またはそれ以外の関係者か。
　関係機関の対人援助（職）者か。
・依頼内容を確認する
紹介者がいる場合：
　「○○さんからどのように案内されていらっしゃいますか？」
　↓クライアントの口から直接聞くことの意味は、紹介者からどのように動機づけられているかを確認するためです。

関係機関の場合：

「クライアントにはどのように説明していただけましたか？」

↓当方へのクライアントの理解度および期待度やイメージを把握するため。

・関係者からの情報収集：アセスメント面接の前に把握しておいたほうがいい場合

アセスメント面接過程と支援計画を策定するための調査

↓連携とネットワーキング、コンサルテーションのバックアップ態勢＆チームの構築が必要

※あくまでも、初回面接前までのクライアント情報であり、アセスメント面接に臨む際には白紙の状態でクライアントから聴き、観察することに留意します。

2　基本情報

基本情報：相談援助職者（ソーシャルワーカー・ケアマネジャー・訪問看護師など）が達成すべき役割や機能と照らし合わせて最低限聴き取り、確認しておきたい情報

ケアワーカーが初めてクライアントとお目にかかる際にも、事前にクライアント理解のための情報をどの程度把握しておいたらいいかの目安にもなります。

★以下の項目は一部マニュアル化可能です。たとえばフェースシートやケース記録、各種アセスメント様式として、それぞれの機関や施設、実践の場ごとに必要な機能に応じてスタンダードがあるはずなので照合して下さい。

↓社会的背景に関する情報については、基本的に必要です。たとえば同じ医療機関でも、救急救命の場や一般病床、療養病床、回復期リハビリテーション病床等の機能の違いはあっても、次の医療や療

養、生活の場などにつなげるための社会的背景に関するアセスメントは必要です。

★**太字・文字囲み**の項目は、信頼関係（専門的援助関係）形成と「なぜ、このような質問をするのか」について相手から質問されたとき、説明できるだけの根拠をインタビュアーがもっていないと実践困難です。

★聴き取る順番はランダムに：とくにインタビューの初期は、クライアントが自然に物語れるように留意する→「情報収集の枠組み」および「面接の構成力：図2－5①◇」が身体に入っていることが必須です。

①氏名・性別・生年月日（年齢）・住所・電話番号

②連絡先（緊急時も含めて）

③保険等区分：医療保険・介護保険・生活保護など

↓申請した年や理由などが大切です。クライアントの人生に重大な出来事が生じたことが推察されるからです。

・障害者手帳の有無

・取得時期と手続きを推進したのは誰？　障害名と程度はその後の生活への打撃の程度を推察できますので必ず確認します。

・その他の各種手帳&助成&手当て

④主訴：誰の訴えかを分けて記述しておきます。↑ここは重要です。

⑤介護を必要としているかたの**健康状態**：目のつけどころについては↓参考文献 a&c&d

※本書では図3のAに該当

□病名→既往・現病歴、入院歴の有無と医療機関・時期・期間、通院機関
・要介護状態に至った原疾患と発病年月日
・その他の疾患や障害の有無と程度
※複数の疾患がある場合、どれが、いつごろからクライアントの人生や生活にどのような影響・打撃を与えているかに留意する。そのためには、生活史と照合しながら時系列に沿って処理していくと、より奥行きのある理解が可能になります。↑4次元的理解への必須事項です。
□現在の身体・精神状態と医学的管理、看護・介護ケアの必要性
・日常生活能力→●ソーシャルワーカーやケアマネジャーが把握しておきたい範囲
　　　　　　　●訪問看護師やヘルパーが把握しておきたい範囲
・いま、どのような介護を受けているか：一日の生活のリズムに従ったスケジュールと一週間（または月）単位の日程と介護上の問題点
・関与している専門職や他の人たちと彼らの見立てや考え方
※ケアニーズの変化の過程への視点も重要です。
⑥介護を必要としているかたの〈その他の注目すべき機能〉
※言語と洞察によって把握します。
◆現在の自分が置かれている状況に対する本人の気持ちと現実把握（認識）能力および自己管理（セルフマネジメント）能力、自己決定能力
※ここが、主体性に働きかけられるか、自己決定を支えることが可能かをはかるための一番重要

な査定要素です。

◆現在と今後の生活に対する本人の考えや気持ち

◆本人の強さ（長所や力）や価値観

※◆印の項目は最重要なのですが、「アセスメント様式（道具）」ではかることができません。面接によらなければ把握できない、ライブでのみ理解可能な領域です。

⑦ **家族構成**：図で提示：**どこまで聴くか、調査するか** →参考文献 a＆b

※かなり詳しく押さえる必要があります。本書では、図3のBに該当

□居住形態と**家族力動**

□親族関係

※本人の生活歴を聴きながら、出生時から成人するまでの家族構成や就業・結婚後の家族構成などと組み合わせながら時系列に沿って聴き取っていくと効果的です。その際に、本人や家族に生じた発達過程における重要なイベント・出来事については、〈シーン・情景〉としてふくらませておき、物語になるように聴き取っていくと効果的です。

※家族構成図や家族力動は、ジェノグラムにして視覚的にあらわしておくと理解が深まります。この場合、3世代を目安にして、必要に応じて詳細に聴き取っていきます。

家族関係図（ジェノグラム）

ジェノグラムは家族関係図のことで、通常は本人を中心にして同居家族や親族などを書き込む図で

す。私の場合は、医療機関のソーシャルワーカーとして働き始めたときから活用してきました。三十数年前からですが、当時から家族療法に精通し、臨床実践もされてこられたスーパーヴァイザーの深澤道子先生の薫陶を受けていたことから、私たちの相談援助記録のフェースシート作成の際は、家族構成図作成欄は空白で、自由記述欄の余白がたっぷりととられていました。相談実践の出だしから、マニュアルではなくアナログシートでした。

私は当初から80床あるリハビリテーション病棟を専任で担当していましたので、外来での入院予約時や入院前に必ず全員の入院患者やそのご家族とインテークによるアセスメント面接を実施していました。その目的は、第１にこれからリハビリテーション訓練を始めるにあたって、当の患者さんの人となりや社会生活上の背景を把握して、訓練を阻害する要因を早期に発見することにあり、第２には高齢の患者がリハビリテーション訓練を終了した後の退院先を仮設定しておくことにありました。そうすれば、患者や家族のかた達と入院前にソーシャルワーク援助の課題を設定し、対処していくための援助目標や実際的な援助方法を提示することが可能になります。第３義的には、これらのクライアントに関する情報をリハビリテーションスタッフが訓練開始前から理解しておくために提供しておくカルテ用の記録作成も目的になっていました。

以上のような、医療機関受診や入院目的からみて本題ではない事柄を、治療を受ける前の患者さんの側から見れば〈根掘り葉掘り聴取される〉わけですから、私の業務目的を達成するためには相当の工夫と熟練した面接技術を要求されていました。とくに生活歴や家族状況などは、「病気や障害を治療するために病院にきたのに、なんで（こんなことまで）聴かれるんだ」といった抵抗が生じて当然の類の事柄です。ですから、アセスメント面接においては、こちら側の聴く事項はすべてクライアントにとってどのような意味があって、どのような目的で使われ、私には何ができるか、結果的にどのような利益として反映されるかを常に意識して、いつでも応えられるようにしておきませんと、不用意に伺える事項ではありませんでした。

また、家族との情緒的な絆の強さや家族内での位置や力などの関係性が、患者さんの治療やリハビリテーション訓練への動機づけや訓練効果に大きな影響をもたらしていたことは、必然的に家族をひとつのシステムとしてとらえる姿勢へとつながりました。ですから、ジェノグラムといわれている家族関係図は業務遂行上必須アイテムでした。しかも家族関係に問題があるクライアントの場合は、そのことへの治療的な介入も要求されていました。私が身につけてきた相談援助実践力のなかでも、アセスメント面接能力や家族療法的な援助力は、すべて実践現場から自ずと要求された課題に対してソーシャルワーカー機能・役割を遂行するうえで磨かれてきた技術だと実感しています。

では、ジェノグラムの整え方と効用について記述します。

家族内に起こっている事実や関係を4次元的に理解していくために、主たるクライアントを中心に同居家族や別居家族、親族などとの交流の歴史も絡めながら時系列的に聴き取っていく過程で、家族構成図と余白に重要な情報を記していきます。その際には、クライアントと一緒に図や余白を埋めていきながら深く聴く作業をしていく過程で、相手が話しにくい事柄・内容を引き出すことができるようになったと思います。

ジェノグラムは、後述するエコマップと同様に、「目でみるアセスメントの道具」と言われています。上手に使いこなせれば、クライアントを中心に家族力動、家族内の病理などが構造的に見えてきて、家族療法的な対応もできるようになりました。

次に実際の図の書き方についてご案内します。図の内容表現や家族間の関係性をあらわす線の種類については参考文献から引用させていただきました。（※1）私の場合は、かなりストーリー性のある内容をクライアントからの聴き取り時に直接家族構成図に書き込んでいましたので、一目で家族状況が理解できるようになっていました。

家族構成図は、クライアントを中心に3世代を目安に書き込んでいきます。私は、クライアントにとって重要なキーパーソンとなる人たちや少しでも私的なサポーターになりうるか、なってもらわなければならないと考えられる家族や親族については、同・別居にかかわらず、すべてのメンバーを聴き取りの対象にしていました。

図の中や余白に書きこむ内容は、名前、（性別は□と○の記号で表現）、年齢、居住地、疾病や障害の有無および発症（生）年・現在どこかで療養や入居しているかなど、家族構成員についても全員の健康度、（亡くなっているかたがいれば）死亡年齢と死因・それまでの療養のしかたや期間（誰が、どのぐらいの期間、どのような看護・介護をしてきたか）、同居家族やキーパーソンで職業に就いている人の場合は、職種・就業（拘束）時間・朝の出勤時間と通常の帰宅時間、就学していれば、家にいる時間なども丁寧に確認させていただいていました。親族の場合は、主たるクライアントの住居からの距離や移動手段、平素の交流頻度なども詳しくうかがっていました。

これらの事柄を、これまでの家族との生活の歴史や構成員による同別居や死別による出入りや変化、本人や家族に起こった疾病や大きな事件・出来事などを絡めて聴き取っていきますと、いま、目の前にいらっしゃるクライアントやご家族が生きてこられた歴史の重みや社会的な打撃や心理的な痛みなどや、家族間の関係性や情緒的な絆の深浅などが理解できるようになりました。理解が深まれば深まるほど、彼らの関係への介入を通してクライアントと家族が共存できるような〈触媒〉として、私が何を、どのような位置どりで対象とする家族システムに関わればよいのかが自ずとみえてきました。それは、目で見るアセスメントの道具を共働で作成する過程で、インタビュアーである私の聴き方によってクライアント自身が家族内での位置や関係を踏まえて、何が起こっていて、どこ〈誰〉をどのようにして動かしたり、修正をかけていけばいいのかを自覚・発見できることも可能になりますので、援助者である私の対応もクライアントに呼応していけばいいのです。

その際に図で表示されている罫線を色付きであらわしてみると、家族関係がよりくっきりと浮かび上がってきます。たとえば、家族関係が普通の時は〈黒〉、強くて良好な関係のときは〈桃色〉、冷えていて薄い関係のときは〈青色〉、厳しいけれどきちんとするべきこと（たとえばお世話）はしてくれるという関係は〈緑色〉といった感じです。クライアントとの共働で確認していくときは、クライアントに色を選んでもらうと愉しく効果的に進みます。

ジェノグラムはさまざまな活用のしかたがあり、その効用もいろいろあり、すぐれたアセスメントの道具になるかならないかは、ひとえに面接者のアセスメント力に基づいたインタビュー能力に拠っています。

家族関係図（ジェノグラム）の例

大迫信二さんに関する基本的なデータ			
氏　名	年齢	本人との関係	現在の住まい
大迫信二	70歳	本人（利用者）	関東の都市部、一人暮らし
大迫裕子	1999年死亡（当時62歳）	妻	
大迫重雄	42歳	長男	九州の都市部に家族と居住
木村昌子	35歳	長女	夫と2人の子どもとともに東北に居住

家族関係図（ジェノグラム）へ

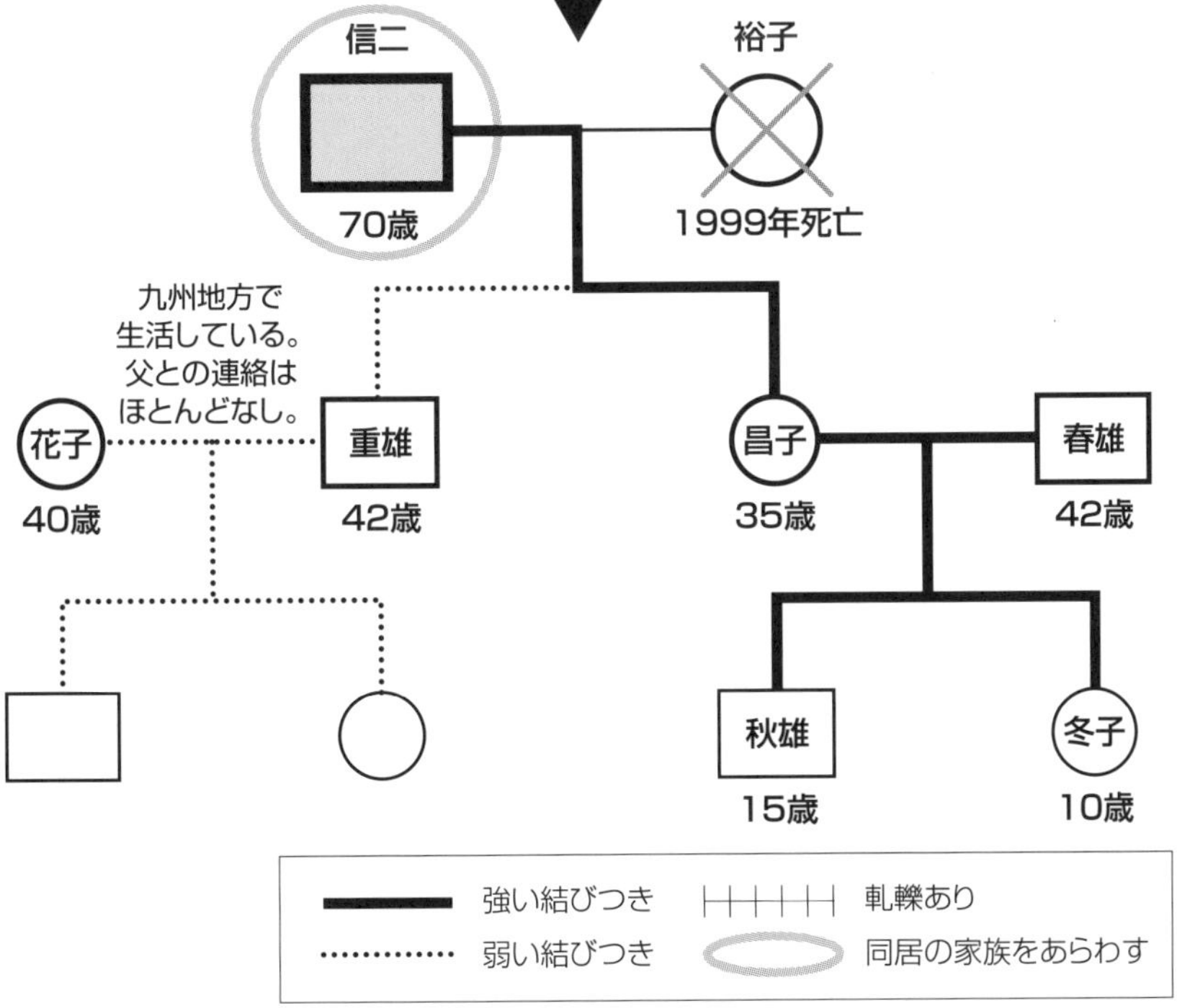

引用文献：山崎美貴子著『社会福祉援助活動と地域福祉権利擁護事業～参加と協働の地平～』36～45頁／全国社会福祉協議会

⑧サポーターおよびキーパーソン：できるだけ私的な関係のかた達から探していきます。
※キーパーソンの選定基準や役割・機能に留意します。
↓参考文献ａの１５９～１６２頁
⑨住居の状況：家族構成からみた居室数、専用居室の有無、築年数
持ち家であればローンの有無、借家であればタイプと家賃額など
※観察で可能↓経済的な基盤が聞きにくい場合、家や家具・調度などから生活水準がみえます。
生活様式や生活能力についてもアンテナを張ることが可能です。
例：掃除のしかたや整頓の様子、庭の状態は、その様子から趣味が、手入れ具合から現在の体力や時間的余裕度がみえてきます。
⑩**経済状況**：本人および世帯のおよその生計維持額と維持者
↓地域福祉権利擁護事業（または成年後見制度）に関わる場合は、もう少し突っ込んだ情報が必要です。
※一番質問しにくい項目です。要は本人の療養・人生のために使える金額を引き出す目的です。
第一義にはニーズの充足、次にデイマンドの充足を考慮します。
⑪**生活歴**：出生時から節目ごとの出来事ないしは、クライアントにとって重要な意味をもつ出来事を聴き取りながら、情報を有機的につなぎあわせていきます。
※人物像を描くためにも、クライアントの潜在能力や対処能力を探るためにも必要な項目で、クライアント理解や支援のためのたくさんのヒントが隠されています。↓第１部第１章第２節

「人の理解＝問題に影響を与える個人の経験と社会の影響への理解」および第3部第4章を参照

⑫社会資源活用状況：コーディネートは誰がしているか。

※目で見るアセスメントの道具として、エコマップを描いておくと効果的です。

社会資源関係図（エコマップ）

「エコマップのエコは、エコロジーのエコです。マップとは地図のことです。これを社会関係地図とか社会環境地図というふうにいいます」。（※1）つまり、クライアントのニーズに合わせて組み立てた種々の社会資源を図であらわしたものです。図は地域福祉権利擁護事業実践で使用されている様式です。（※2）ジェノグラムの周囲に4つに分類した社会資源を書き込めるようになっていますので、一目でどの分野の社会資源に集中しているか、何が足りないのかをクライアントと一緒に考えられるようになっています。ちなみに、4分類の内訳は以下の通りです。

1　国・自治体などの公の社会資源：市役所、保健所、福祉事務所、警察署、消防署、社会保険事務所などの行政機能

2　非営利の社会資源：たとえば食事サービスのボランティアグループ、送迎サービスの市民活動グループ、読み聞かせのボランティアグループ、さまざまなホームヘルプの家事援助や介護を提供している住民参加型在宅福祉サービス団体、民生委員・児童委員、老人クラブなど

3　営利の社会資源：営利のホームヘルパー事業者や食材を扱う企業、薬局や宅配便事業者、病院や開業医、弁護士や司法書士など

4　その人個人の社会資源：家族や親族、あるいは友人やかつての職場の人や同僚など、クライアン

トが個人的に活用しているもの

※1 『社会福祉援助活動と地域福祉権利擁護事業〜参加と協働の地平〜』地域福祉権利擁護事業実践テキストブック①（山崎美貴子著・全国社会福祉協議会）43頁1〜2行

※2 右書　図は45頁、社会資源の4分類についての記述は、51〜54頁から抜粋

社会資源関係図（エコマップ）の例

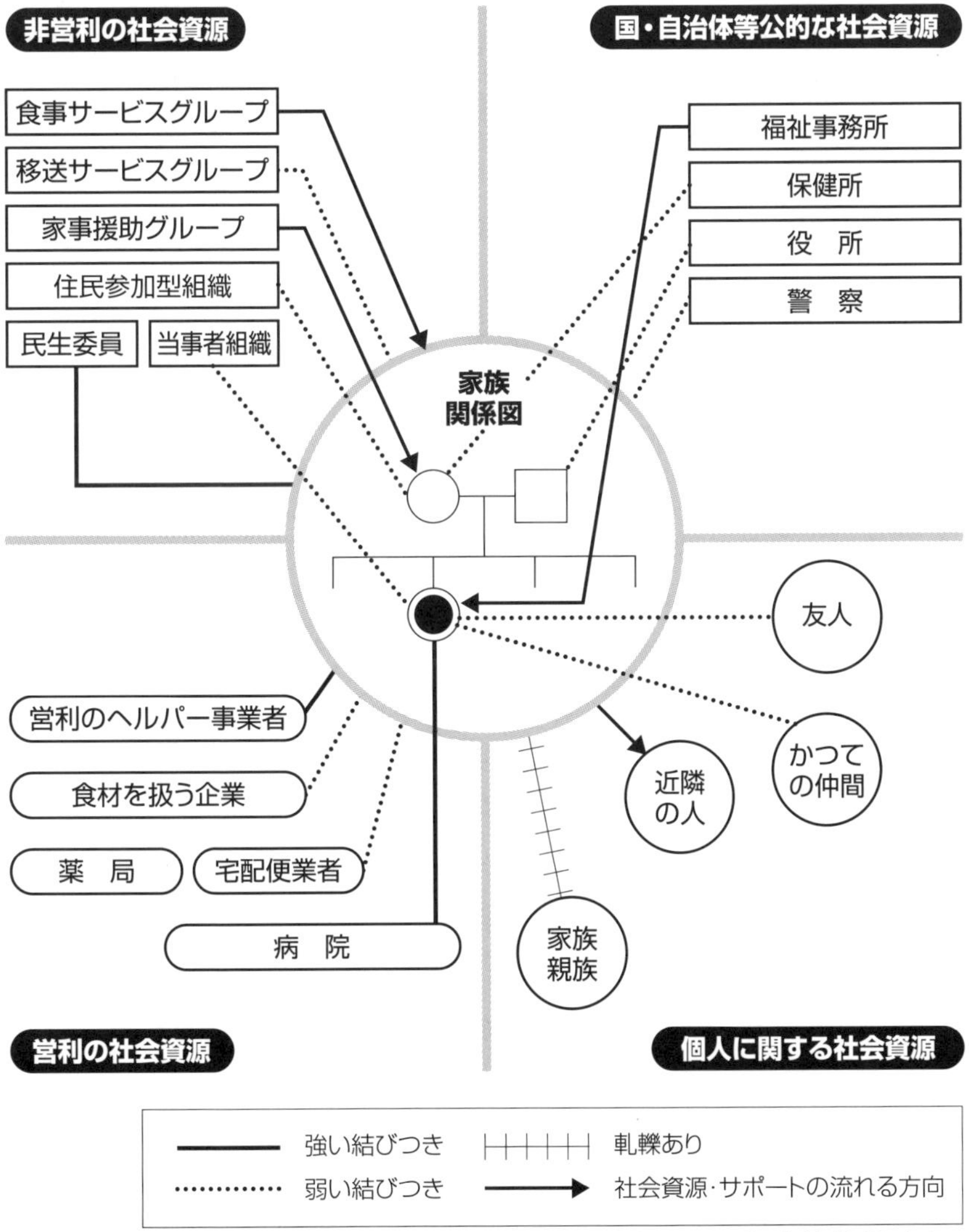

（出所）（Hartman,1978）の図を参考に筆者が加筆したもの

引用文献:山崎美貴子著『社会福祉援助活動と地域福祉権利擁護事業～参加と協働の地平～』36～45頁／全国社会福祉協議会

⑬その他の情報は？

3　奥行き情報：クライアントその人と彼らが置かれている固有の問題状況に応じた奥行きのバリエーション→マニュアル化不可能・**すべてライブ**で取得します

★「問題の中核」をなるべくインタビュー早期の段階で洞察して、そこに焦点を合わせて詳しく聴き取っていきます。またはアセスメントに必要な項目をほぼ聴き終えたところで、いったん問題点を整理し、クライアントとのあいだで確認したうえで再度重要な問題について深めていきます。

★クライアントの話の流れのなかでストーリーで聴いていくと洞察できます。

★「問題は何か」が見えてきたら、参考文献bにある「アセスメント項目」にある視点（ポイントを身体にたたきこんでおく）を踏まえて分析しながら統合する作業を重ねていくと、さらに確実なアセスメント力が身につきます。

［参考文献］

a『未知との遭遇～癒しとしての面接』（奥川幸子著・三輪書店・１９９７年）

「人（クライアント）と固有の問題状況（環境）を理解するための基本的な知識」として、第2部第3章「対象者へのポジショニングの視点……心理・社会生活上の問題把握への視点」１１７～１７０頁参照

b『高齢者援助における相談面接の理論と実際』（渡部律子著・医歯薬出版・１９９９年）

3章－2. 77～87頁「一般アセスメントに必要なクライアントのデータ」

c『高齢者の生活機能評価ガイド』（小澤利男・江藤文夫・高橋龍太郎編著・医歯薬出版・１９９９年）

生活機能の各側面の評価スケールが参考になり、とくに身体・精神機能について詳しい。

d『イラスト高齢者の生活援助：元気高齢者・虚弱高齢者・要介護高齢者別〜その医学的理解と援助のポイント』（林泰文編・文光堂・2007年）

③◆クライアントその人と彼らが置かれている固有の問題状況に応じた奥行きのバリエーション

クライアントその人と彼らが置かれている問題状況に応じて、基本情報のある項目についてより深く切り込んで聴き取ったり、平素はふれない事柄について伺う情報で、クライアントによって異なる奥行きをもっています。マニュアル化は不可能で、すべてライブの場面で自在に組み立て聴き取っていきます。

この奥行き情報は、図2では「2問題の中核を早期に見抜く」と罫線で繋がっています。面接場面では〈問題の中核〉をなるべくインタビューの早期の段階で洞察して、そこに焦点を合わせてより詳しく聴き取っていきます。インタビューの流れやクライアントの心理的な動きによっては、アセスメントに必要な項目をほぼ聴き終えたところで、いったん問題点を整理して〈要約〉してクライアントに伝え、双方のあいだで確認したところで、再度重要な問題について深めていく過程で聴き取っていきます。

奥行きのある情報を引き出すためには、クライアントの話の流れのなかでストーリーで聴いていきますと洞察できます。

情報の質としては、なるべくクライアントの内的世界・リアリティに添えるように第1次情報に限りなく

近づけ、かたちとしては情景にして聴き取って物語にしておきます。（次頁④参照）

④クライアント理解のための情報の質とかたち

これまで申し述べてきましたように、情報収集は対人援助者の専門性と活動する場が要求する役割・機能〈場〉によって基本的な枠組みが異なってきます。〈情報収集、分析・統合、伝達〉のアセスメント過程における基本中の基本的作業であり、実践の場では支援計画作成過程も含めて各過程が螺旋状に作用しあって収斂していきます。この作業のためには、できるだけ質のよい情報を手に入れる工夫を要します。〈質のよい情報〉とは、必要最小限の情報で、かつ最大の情報量であることで、クライアント本人が「生きる」うえで意味づけされた情報であるということもいえます。

ここで他分野の、フィールドワークをもとに文章や写真で勝負されているお二人の考えを参考にして、私たちが面接・インタビューによって手に入れる情報について吟味していきます。

まず、〈情報の**質**〉について。

藤原新也さんは、その著書のなかで、かつて「湾岸戦争では二次情報はあったが、一次情報は完璧に隠蔽されていた。戦争は肉眼では見えなかった」と、その5年後の一連のオウム真理教事件の報道と重ね合わせて、私たちがメディアを通して受け取る情報は、「見えないもの」と書いています。（※1）また、別の表題のなかで「震災時の神戸三宮の街頭を歩いていたある一瞬の自分の……不可解な感覚」を表現している箇所があります。（※2）そこでは、神戸における小学生殺害事件を神戸震災と感覚的にシンクロさせて著者独特の感性で綴っていますが、私が着目した箇所は、先の二次情報と一次情報とに関連した記述でした。以後、

藤原さんの独特の感覚表現をこわしたくないので、引用部分が長くなります。（引用中の強調は奥川）

阪神大震災の現場である神戸三宮を歩いていたとき、「脳が圧迫され、軽い目まいがするような、なにか足が地につかない」ような「微妙に狂ったような酩酊感」を感じて、当初は「自分の体調によるものと思い、神戸市役所わきの公園でしばらく一休みした」そうです。しかし、また歩きはじめようとして、「これは三半規管が機能しなくなっているということなのではないか」と気づきはじめ、「私の目の前のビル群や地面の水平垂直が軒並み狂っていることと自分の体調がおかしくなっていることの関連にはじめて気づいた」。

藤原さんは、あとで、あの街を歩いていたかなりの人がご自分と同じような症状を呈し、なかには歩いていて吐き気すら催し、実際に嘔吐した人もいたと聞いて、

「この奇妙な感覚はテレビで震災を見ていた人の中では起こりえないものである。地面やビルの水平垂直が狂っていたとしても、それを囲うテレビのフレームは水平垂直を維持しているわけだし、なによりも震災の風景はブラウン管の中で何百分の一にも縮小しており、その街の中に包み込まれるという感覚はない。しかし、私たちはなぜか震災を見た、と心のどこかで誰もがそう確信している。**だが私たちは本当は震災をなにも見てはいないのだ。この映像化時代においては、限りなくリアルに近いバーチャルの中で、自分だけはリアリティに接しているのだという確信と錯覚とを年少者に限らず大人の誰もが等分に持っている。阪神大震災の実際の現場は、人の感覚にバーチャル空間では起こり得ないそのような狂いを生じせしめた**のだが、そこにはもう一つの異なった感覚が同居していたことも併せて述べておかなくてはならない」と、この記述のある表題のテーマとなる「もう一つの感覚」について述べておられます。（※3）

私が引用させていただいた箇所は、私たちが職業的に面接相手が生きている世界・リアリティに添って理解しようと努めていることへのアンチテーゼともいえます。私たちは、クライアントが体験した事実を、その裏に張りついている感情を、できるだけ彼らが生きている世界で、彼らが生きている意味に添った理解をするために対人援助者としての実践知を身につけ、磨きをかけることをめざしています。その体勢が専門職としての重要な価値観であり、クライアントの個人情報を伺うことへのエチケットでもあるというのは、本書を通して私が伝えたい核でもあります。

ところが、私たちがクライアントから引き出せる情報のほとんどは、自分が実際にクライアントの身体ととってかわることができない以上は、第一次情報ではなく、第一次情報と第二次情報のあいだに当たります。ですから私たち対人援助職の世界で〈共感〉や〈共感的理解〉の重要性が声高に提示され、そのための〈傾聴技術〉の必要性も掲げられているのでしょう。援助者の身体が真の意味でクライアントの世界に〈共感〉でき、彼らの身体と共振できたときのみ、第一次情報に限りなく近づいたといえるのでしょうが、そのときはデーモンが漂ったとき、霊的な瞬間をともにするときでもありますから、めったにあることではありません。（※4）

私個人は、ここで開き直って、「理解しえないことからの出発」というスタート地点から、クライアントがその身体に内蔵している第一次情報としての〈リアリティ〉にどこまで迫れるか、を目標に面接しています。せめて、第一次と第二次情報のあいだぐらいで理解できることをめざして。

さらに〈情報の質〉として心に留めておきたいことは、先述した〈事前情報〉の位置づけと同様に、私たちが平素実施しているケース会議や担当者会議におけるクライアントに関する情報は、第二次情報の段階で的確に言語化できていなければ、第三次情報どころか、他者の主観に彩られたまがい物の情報になってしまうということです。

次に〈情報をどのような**かたち**にしていくか〉について考えます。

私たちが手に入れられる情報の物理的に生じている質的な限界をふまえたところで、どのような〈かたち〉にして収集していけばいいのでしょうか。この点については、ノンフィクション作家の沢木耕太郎さんの知見を参考にして考えていきたいと思います。

沢木さんは私にとってとても気になるかたです。年齢が同じということもありますが、私が大学を卒業して東京都老人医療センター（当時は東京都養育院附属病院）で医療ソーシャルワーカーとして相談援助の仕事に就いてから5年後の昭和52年、その著書『人の砂漠』（新潮社）（※5）と出会いました。まだ私たちの社会がそれほど老人問題について騒がしくはなかった当時、私は同い年の同僚とともに高齢者の特殊な医療機関で社会を先取りして先鋭化してその姿をみせていた老人問題の渦中にありました。同書の冒頭に収められた「おばあさんが死んだ」を読んだときの私と同僚の衝撃はいまだに覚えています。それほど、老いの生に対する沢木さんの洞察は鋭く、先見の明あふれる作品でした。「同い年でこんな視点をもてる」ということにショックを受けたのです。

その後も気になる作家ではありましたが、その後20年ぐらいたってからまたまた気になる文章に出会っています。（※6）その文面から、私たちのような対人援助職者と沢木さんのようなルポルタージュを基盤としてノンフィクション作品を創りあげる作家も、対象の選択のしかたや活動目的は異なるとはいえ、〈インタビュー〉を基盤として対象者の〈情報〉をいかに引き出していくか、〈事実としての情報〉の処理や表現のしかたへの技術的な工夫などに共通する課題があることを認め、嬉しくなります。

沢木さんの作品を生み出すときのお話や小論を目にするとき、立場は異なっていても同じフィールドワーカーとして「他者を理解すること」について熟考し、その方法論を常に模索している姿にこころ打たれました。とくに彼の若い頃の小論集を読むと、常に技術としてのノンフィクションの方法論を考え続けてきたことが理解できます。

ここでは、彼の若い時代、30歳ごろお書きになった文章から引用して、私たちがクライアントから引き出した〈情報〉をどのように扱いながら言葉にして表現していくかについて考えていきます。

沢木さんはノンフィクションを書くルポライターを「『取材』を必要とする書き手」といっています。その取材先については「ネタを収集してまわる」ことをせずに「全国紙一紙とテレビ、書籍」のわずかな媒体から「体の奥深くに埋め込まれている琴線を強烈にかき鳴らす何かが眼に止まるものなのだ。つまり〈ひっかかる〉のだ。……ぼくのルポルタージュはその〈ひっかかり〉からしか出発しない。いや、できないのだ」とご自分の仕事の出発点を語っています。（※7）

ルポライターにとっての〈取材〉は、私たち対人援助職者にとってはインテークからアセスメント面接に始まる一連の相談援助面接に置き換えられます。が、仕事の始動のきっかけが、沢木さんは〈ひっかかったとき〉であるのに対して、私たちは〈ひっかかろうがひっかからなかろうが〉業務の範囲やときにグレーゾーンに入る対象であれば、いったんは引き受けて、自分が担当するか然るべき専門職に紹介するかしている点が違います。ですが、第1部第3章やコラム9の「ひっかける身体」で申し述べていますように、〈ひっかかり〉についてはその身体感覚を重要視している点が注目に値します。

私がここで取り上げたい沢木さんの知見は、ルポルタージュの手法およびその倫理性について、60年代のアメリカに生まれ、70年代の後半から日本でも盛んに用いられるようになったニュージャーナリズム論から人物の描き方について深く考察している箇所です。（※8）以後、引用箇所が長くなります。私が本稿のテーマと合致すると強く考えた箇所は強調文字にしました。

「かつて小田実は物の見方によって人間を『鳥瞰《ちょうかん》図』的人間と『虫瞰図』的人間とに類型化してみせたことがある。その比喩を用いれば、ニュージャーナリズムとは、虫の歩みの中で、しかし鳥の視線を持つことだ、ということになろうか。**虫による『鳥瞰図』を書くこと**だ、と。

だが、そのようにして描かれた、細部を持った『鳥瞰図』としてのニュージャーナリズムは、具体的にかつてのジャーナリズムとどのような違いがあったのだろう」と、アメリカを代表するジャーナリストが、同じようにその時代のアメリカの大統領について書いたものを提示したうえで、四半世紀という歳月の隔たりだけが原因ではない決定的な差異について論及しています。

「ガンサー（『回想のローズヴェルト』を１９５０年に著した）が『エピソード』を重ねることでルーズヴェルトを描こうとしているのに対し、バーンスタインとウッドワード（76年に刊行された『最後の日々』の著者）は精緻でリアルな細部を持った『シーン』を幾重にもかさねることでニクソンを描こうとした。

シーンとは、辞書にあるとおり、舞台であり背景であり場面であり情景であり、つまりそのすべてである。**シーンを描くとは、人と人あるいは物と物とが絡み合い言葉やエネルギーが交錯することで生じる『場』を、ひとつの生命体として描くことである。**エピソードとは、まさにそのような意味におけるシーンの、干涸びた残骸にすぎないともいえる。エピソードは常に細部を省略されることによって象徴的なものに転化していき、だからその分だけ虚偽の混入しやすい間隙を作ってしまうことになる。ニュージャーナリストは細部に執着するが、その細部はシーンを描くことによってはじめて全体化されるのだ」

この沢木さんの表現は改めて解説する必要はないほど簡潔明晰です。

私たちのテーマも、職業上の支援目的の範囲内とはいえ、初めて出会った人を彼らがこれまで生きてきた歴史をふまえながら、その本質的なものになるべく近づいた人間理解ができるか否かにあります。本書のさまざまな箇所でふれていますように、〈点〉としての情報をどれだけご本人が生きている世界に添って繋げていけるか、そこに〈エピソード〉ではなく、〈シーン〉で描いていくという方法が伝達可能なかたちとして考えられるのです。

その際には、私たちは小説家でもノンフィクションライターでもないのですから、私たちの支援の対象者を理解するのに必要な〈人生の時の時〉に関わるエピソードを〈シーン〉として描いて繋げていく作業をします。（※9）後述していますように、対象者のいまの姿を理解するためのヒントや彼らのストレスの受け方や対処のしかたなどを理解する手立てが〈言語表現としてのかたち〉になります。

沢木さんは、「徹底的に取材しつくすことで『見てきたようなホントを書く』ことが不可能ではないと考えるようになった」ニュージャーナリストたちは、三人称で生々しくシーンを描くといい、「豊かな細部に支えられたみずみずしいシーンを、畳みかけるようにして展開する彼らのルポルタージュは、作品としての自立性と、**何よりも読み物としての力を持つことになった**。しかし、それは一方で、報道する者としてのジャーナリストが、**極めて危険な領域に足を一歩踏み入れた**ということでもあった」と指摘しています。つまり、文学に接近したこの手法を小説家といかに一線を画せるか、という課題が生じたとして、「彼らがいかにシーンを獲得するかという一事にかかっている」と書いています。そして、以下の引用がクライアントの物語を語っていただけるように努め、彼らが語ってくださる彼らに起こった重大な出来事をいかにシーンにして、私たちの身体に組み込まれた情報解析装置に分析しながら記憶させて統合していけるかに腐心している私たちの立場と呼応する箇所です。沢木さんの文章はとても頭がいいので、またまたそのまま引用させていただく箇所が長くなります。

「書き手がシーンを手に入れる方途は、一に体験であり、二に取材であり、三に想像力であると考えられる。この条件はジャーナリストであれ小説家であれ変わりない。しかし、ジャーナリストには、ただひとつ、想像力を駆使することでシーンを獲得することだけは許されていない。**想像力はあくまでも取材を推進させるバネとしてのみ行使されなくてはならないのだ。自分の恣意によってシーンを創作し、あるいは変形してはならない、という事実に対する倫理観**こそが、ニュージャーナリストをして依然としてジャーナリストたらしめるのである」

この強調箇所のなかでもとくに〈事実への倫理観〉については、私たち対人援助職者にとっても心しなければならない点だと考えます。私たちも〈事実〉をもとに支援の対象者がいま置かれている問題状況を、それまで起こった出来事を〈感情・こころの叫び〉にも目を向けながら〈類推力〉を働かせて〈シーン〉として描いておき、それらを分析・統合して〈ことば〉というかたちにしていきます。その過程で想像力が発揮されますが、この〈事実への倫理観〉、つまり、クライアントに起こったこととそのことの彼らにとっての意味から逸脱しないこと、私たちの思いや主観、都合を排除していくことが基本になります。

ですが、このことの難しさは常に私たちが思い知らされるところです。この点についても沢木さんが書いていますので、最後にその箇所を。

「事実への倫理観というものは、間違いなくシーンを自由に豊富に獲得していく上で**大きな枷《かせ》**となる。しかし、**その枷があるからこそ、取材を極限まで推し進めるよりほかに突破口はないという断念と、それ故のエネルギーが生まれる**のだ。無数のドキュメントを探策し無数の人物に会見する。そうすることによってはじめてジャーナリストは『虫の歩みの中で鳥の視線を持つ』ことが可能になる」

いまから4半世紀前、若き気概があふれている文章ですが、人がひとを理解しようとする技法における原理原則は、フィールドワークの場の違いを超えて永遠なのだと、半世紀以上も前に著された「バイステックの原則」（※10）がいまだに私たち対人援助者の倫理的技術的原則として大切にされていることと思い合せると、愉しくなりませんか。

［註］

※1 「見えない戦争」：『藤原悪魔』（藤原新也著・文春文庫・2000年）
※2 「バモイドオキ神の降臨」：※1と同じ
※3 ※1の367頁
※4 『未知との遭遇』の付録「患者を理解しえないことからの出発」251頁の「霊的なものが漂う」の箇所参照
※5 『人の砂漠』（沢木耕太郎著・新潮文庫・1980年）
※6 精神看護学会誌：コラム7で紹介しています。
※7 「取材以前」：『紙のライオン・路上の視野Ⅰ』（沢木耕太郎著・文春文庫・1987年）
※8 「ニュージャーナリズムについて」※7の54～62頁
※9 第3部第1章に関連記述があります。
※10 『ケースワークの原則［新訳版］』（F・P・バイステック著／尾崎新・福田俊子・原田和幸訳・誠信書房）

第2節

2 ストーリーで聴く：問題の中核を早期に見抜いて手当てをする

クライアントが生きている世界に添った理解をするためには、アセスメント面接の早期にクライアントの〈問題の中核〉を直観的にとらえ、その核を中心にクライアントが置かれている問題状況を〈臨床像〉として映像的に絵解きされたイメージとして言語で伝達できるレベルにまで完成させる必要があります。それが、アセスメントの到達点になります。

ここでいう〈問題の中核〉とは、クライアントが陥っている状況の根っこにある本質であり、言葉をかえれば、諸ニーズを発生させている根源ともいえるものであり、「クライアントが何故、このような状況に陥っているの？」の「何故？」の発生源になります。

何度も申し上げていますが、ここが面接の急所になりますから、面接者側にこの核が見えていてなお、クライアントへの〈手当て〉をしながら明確化して確認をとりませんと、いくら時間をかけて面接者側が「傾聴しました」と納得していても、それは一方的な自己満足になります。

「なんか相手に届いていないな、社会資源を全部揃えて一応の支援をしているんだけれど、何か足りないな、何かが違うんだよな？」というような漠然としたひっかかりを援助者側がもち、不安を抱くときの根源に、この〈問題の中核〉を逃がしていることがよくあります。

事例検討会では、クライアントに十分に時間を提供して話を伺ったのに、何回も同じ話をされて困った、という援助職者の困惑が多く登場します。新人の場合ですと、毎回2～3時間も話されてしまいます。クライアントが同じ話をするときは、認知障害がひどいとか寂しくて暇つぶしがしたいなどの例外を除いては、いくら話しても相手に届いていない、理解してもらっていないと感じている場合が多く、聴き手の側からみると、ただ話を聞いて時間が過ぎているだけで、メリハリもなく、一番の急所への理解と、「理解した」ということのフィードバックができていないことが原因になっています。

面接はクライアントの気持ちや思考がストンと落ちなければ終わりません。そのためにも、問題の中核を早く見抜き、そこのところを〈情景・シーン〉にして理解しつつ手当てを重ねながら、要所要所で、あるいは面接の最終段階にさしかかったところで〈要約〉をして、「私（面接者）は、あなた（クライアント）のお話を……のように理解しました」ということを伝えます。そのときに問題の中核も入れ込みながら〈臨床像〉を描いたものを提示します。このようにしてクライアントとの問題の共有化および共通理解をはかっていきます。（※1）

図2で「1情報収集の枠組み-③◆クライアントその人と彼らが置かれている固有の問題状況に応じた奥行きのバリエーション」と━━印の罫線で繋がっているのは、〈問題の中核〉に添って深めていくからであり、序章の「図2の各枠組み間の力動について」でふれています。

問題の中核は、ストーリー仕立てでクライアントから引き出す過程で見えてきます。ここが中核だと直観したら、面接の流れのなかで即、あるいは一息ついたところでその核に関するエピソードを物語っていただきながら、そのかたが生きるという観点から意味づけして〈情景・シーン〉としておき、時系列にして情報の引き出しに入れておきます。そのうえで情報がほぼ整ったところで〈臨床像〉として組み立てていきます。

この問題の中核を理解していないと、支援過程においても援助者側に先述したような「すっきりしない、クライアントに届かない、いつのまにか支援を断られてしまった」などの居心地の悪い感情をもたらします。

このような感覚をもてる援助者であれば、支援過程で軌道を修正することも可能ですから救いがあります。しかし、問題の中核をはずしたまま〈あさっての援助〉をしつづけている場合もありますので、クライアントにとってと同様に、私たちの対人援助実践にとっても急所といえます。

＊

本書のコラム4「〈カタルシス〉を呼び込む情報サポート」で紹介した事例のなかで、〈問題の中核〉について具体的に記述している箇所があります。その場面を図6のように概念化してみました。

この事例の場合は、面接者は認知症のある実母を懇切丁寧にお世話している娘さんの「こころの奥底にあるひっかかり」を面接のかなり早期の段階から察知していました。ですが、お母さまとの同席面接の場では、核心に直接ふれることなく、その周辺を手当てしていました。（図6の外郭の#1～5）それでも娘さんのこころが晴れません。これだけ認知症の高齢者にとって最高ともいえるお世話をしているのに、そのことを専門職に保証され、「そうだろう」と思えていても、こころの根底にある「ひっかかり」は浄化されていなかったのです。しかしお母さまとご一緒の場では、その点について明確化したり直接さわる作業は、お母さまにとってはきつい心的事実を突きつけることになります。認知症があるとはいえ、感覚的にすばやく察知されてしまう危惧があったからです。

ですから、お母さまと離れたところで、もう一度#4および#5の〈保証〉をしたところで、#6の〈問題の本質に対する情報サポート〉を行なう必要があったのです。

この娘さんのこころの奥底にあるひっかかりは、母親の認知症の症状をスープが冷めない距離で別居していたとはいえ、自分ではなく、老人会の仲間によって指摘されたことにありました。ですから、いくらお世

図6　コラム4「〈カタルシス〉を呼び込む情報サポート」の例にみる問題の中核への踏み込み

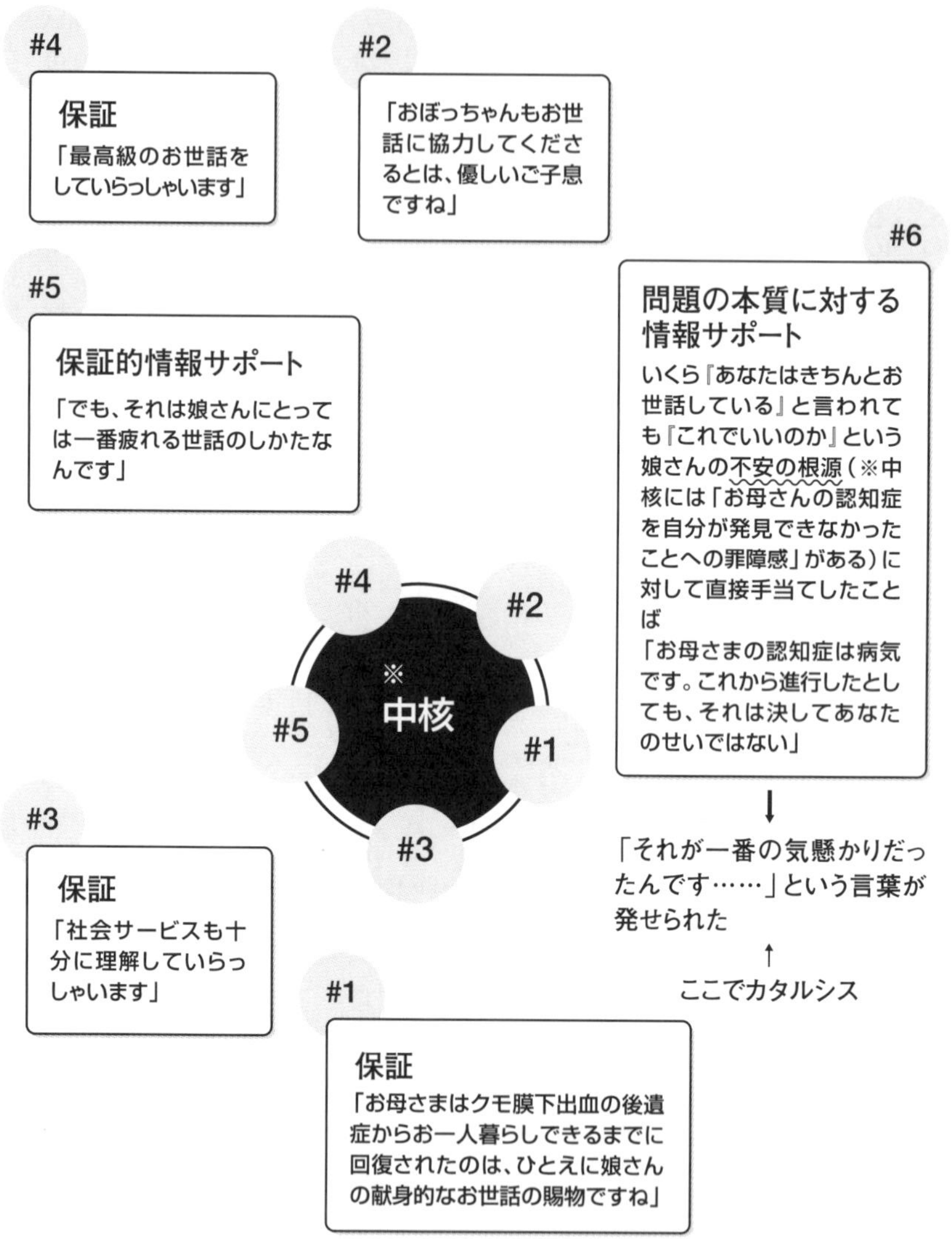
#4
保証
「最高級のお世話をしていらっしゃいます」
#2
「おぼっちゃんもお世話に協力してくださるとは、優しいご子息ですね」
#5
保証的情報サポート
「でも、それは娘さんにとっては一番疲れる世話のしかたなんです」
#6
問題の本質に対する情報サポート
いくら『あなたはきちんとお世話している』と言われても『これでいいのか』という娘さんの不安の根源（※中核には「お母さんの認知症を自分が発見できなかったことへの罪障感」がある）に対して直接手当てしたことば
「お母さまの認知症は病気です。これから進行したとしても、それは決してあなたのせいではない」
「それが一番の気懸かりだったんです……」という言葉が発せられた
ここでカタルシス
#4
#2
※
中核
#5
#1
#3
#3
保証
「社会サービスも十分に理解していらっしゃいます」
#1
保証
「お母さまはクモ膜下出血の後遺症からお一人暮らしできるまでに回復されたのは、ひとえに娘さんの献身的なお世話の賜物ですね」

※1　二重枠の中心が〈問題の中核〉で、二重枠および周縁全体を含めて鍵になるクライアントの想いや状態像を繋げていくと、臨床像として描いていけます。

※2　#1～#5までの言葉（実際はもっとサポートの言葉や表情を渡しています）によって得られたクライアントからの反応は「これでいいのか、いつも不安でした。話を聴いてほしかった」という言葉でしたが、こころなしか表情がいまひとつふっきれていませんでした。

話しても母親の認知症を自分が発見できなかったことへの罪障感を拭えなかったのでしょう。必死でお母さんの症状を観察しながら、自立度を維持できるように配慮していました。
にもかかわらず、徐々にお母さんの認知症の症状は進んでいきます。その現実を前にして、「もしかして、私の発見が遅かったから？　私の世話のしかたがまだまだ足りないのでは？」という不全感を、こころの奥底にある罪障感が生み出していたのだと考えられます。

この、強調文字で表した文章が臨床像の中核になります。

［註］

※1　ただし、問題の中核がクライアントにとって急所である、ということは、場合によってはそのことを他者に悟られたくないと防衛している類のものであるときがあります。〈喪失したものの大きさ〉や〈信条〉などから他者に対する〈怒り〉の感情を発露しているときなどは、そのかたの〈誇り〉や〈尊厳〉などを配慮しませんと、援助者が〈中核〉を理解した、ということを言葉で表現してしまうことが援助関係を悪化させる結果を招いたり、クライアントがそれまで保ってきた矜持を崩れさせてしまったりします。〈秘密の扉〉を開けるときは、要注意であることを心しておきます。

参考：『未知との遭遇』第1部第2章－Ｖ「秘密の扉を開けるときは覚悟がいる」30～35頁

第3節

3 アセスメントの枠組み

①◆情報分析・統合（情報処理）
②◇ニーズとディマンドについての理解
③◇ソーシャルサポートの枠組み

本枠組みはクライアント理解と支援計画策定のための〈職業的な情報解析装置〉を身体内にどのように組み込んでいくか、という〈分析・統合〉のための〈技術的身体〉に関わるものと、クライアントのニーズを抽出していくためのニーズへの理解に関する知識面のものとに分けられます。

①◆情報分析・統合（情報処理）

相談援助面接場面では、出だしから終わりまで情報の分析・統合の連続です。図1－［Ⅱ］－①の「援助者」の枠内に［知的・分析的、援助的身体］と記した理由もここにあります。（※1）援助職者がプロフェッショナルの水準に到達するためには、クライアントの前に立った瞬間に即、職業的身体に移行できなければなりませんが、その中核がこの〈情報分析・統合〉の枠組みをどれだけ身体化できているか、にあります。情報処理がうまくできなければ、目的的でクライアントのニーズを抽出するための職業的面接は成立しえないからです。しかも、本書の第3部第3章で、表1「臨床実践家の熟成過程：相互交流の成立と面接による手当て及び実践の自己検証と言語化を目指して」をもとに詳述していますように、私たち対人援助職者にとって、天才的な資質を有しているかたを除けば、身体化していくための労力と努力を相当要求されていて、しかも獲得するまでに一番苦しむ枠組みでもあります。（※2）

この分析・統合のしくみは、残念ながら言葉では提示できませんが、身体化していくための訓練の方法はいくつかお示しできます。言葉でそのしくみをお伝えするためには、膨大な作業量と本一冊分の分量の解析過程の記録が必要になるからです。つまり、ひとつの相談援助面接の始めから終わりまでの逐語に近い記録の行間を入れ込みながら詳細に眺め、そのうえで個々のクライアントと面接者の応答を分析していき、たくさんのやりとりの相互の関連をみながら複雑多岐にわたる分析・統合過程を解説する作業が必要になります。（この作業は不可能ではないので、機会があれば挑戦してみたいものです）

身体化していくための方法については、第3部の第1章および第2章、さらに第4章〈実践の自己検証のしかた〉でもふれていますが、いくつかご案内します。

たとえば、生の実践例をもとに、しかもその実践者が同席している場における実践事例の検討場面において、実践者自身が意識化できている情報だけではなく、身体に入ってはいてもひっかかっていない重要な情報をさらに引き出して加えたものを組み立てながら臨床像を描いていく〈絵解き〉過程で、分析・統合のしかたを例示することは可能です。ですが、これはあくまでも実践の当事者であれば事後の検証作業であり、グループスーパーヴィジョンや研修会の参加者であれば、ご自分の実践と照らし合わせたアナロジカルな体験ということになります。したがって、この体験をしたからすぐに分析・統合過程が完璧に身体化されるということはありえません。この作業を第3部第4章でご案内してあるように「実践事例を書き、自己検証していく」積み重ねの過程で身につけることが可能になります。さらに逐語で書いてその行間を汲みとりながら考える作業を加えていけば、その作業過程で分析・統合能力が身につくと考えられます。

また、渡部律子さん（関西学院大学教授）が著書のなかでこの情報分析・統合のための項目を提示していますので、表6に引用させていただきました。この方法も、ご自分の面接を繰り返し繰り返し項目に添って書き込んでいきますと、必然的にアセスメントの視点も含めて、分析・統合のしかたが身につくように作成されています。（※3）

なお、この項に関しては第3部第2章第1節で詳述しています。

［註］

※1　第1部序章&第3部第3章参照
※2　第3部第1章参照
※3　『高齢者援助における相談面接の理論と実際』（渡部律子著・医歯薬出版）78〜87頁

②◇ニーズとディマンドについての理解

私達は〈ニーズ〉という言葉を平素連発しています。ここでは、拙著ですでにニーズを他の3つの要素とあわせて各々の微妙な違いについて記していますので（※1）、その記述をもとにニーズの図解を試み、さらに古典となっているマズローの「ニーズの階層制」と重ね合わせて実践的な観点から記述していきます。

図7ー1　相談援助面接におけるニーズの考え方

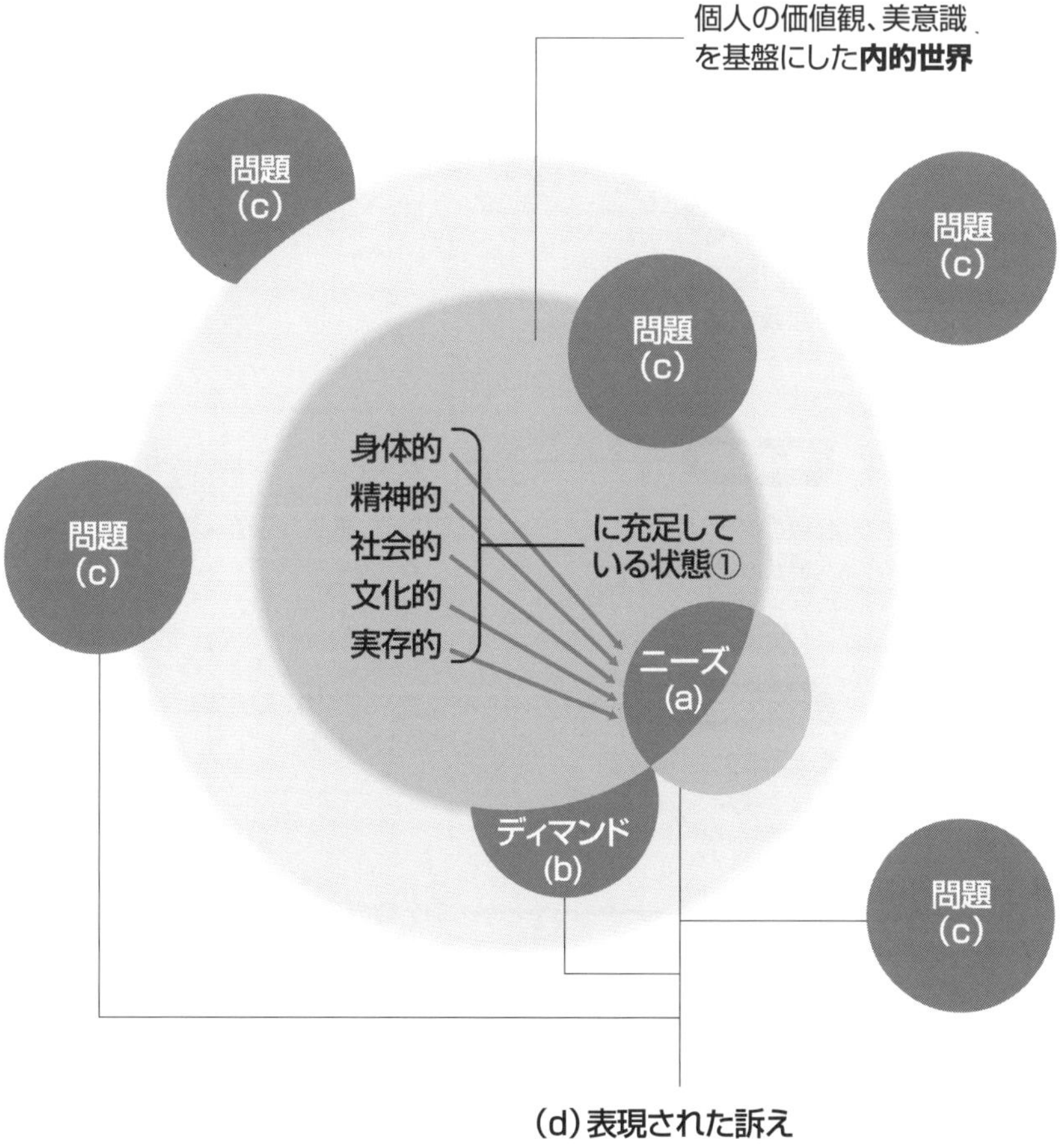

フェルトニーズへの感受性を磨き
ノーマティブニーズを描ける

図7—2　A.H.マズローによるニーズの階層制

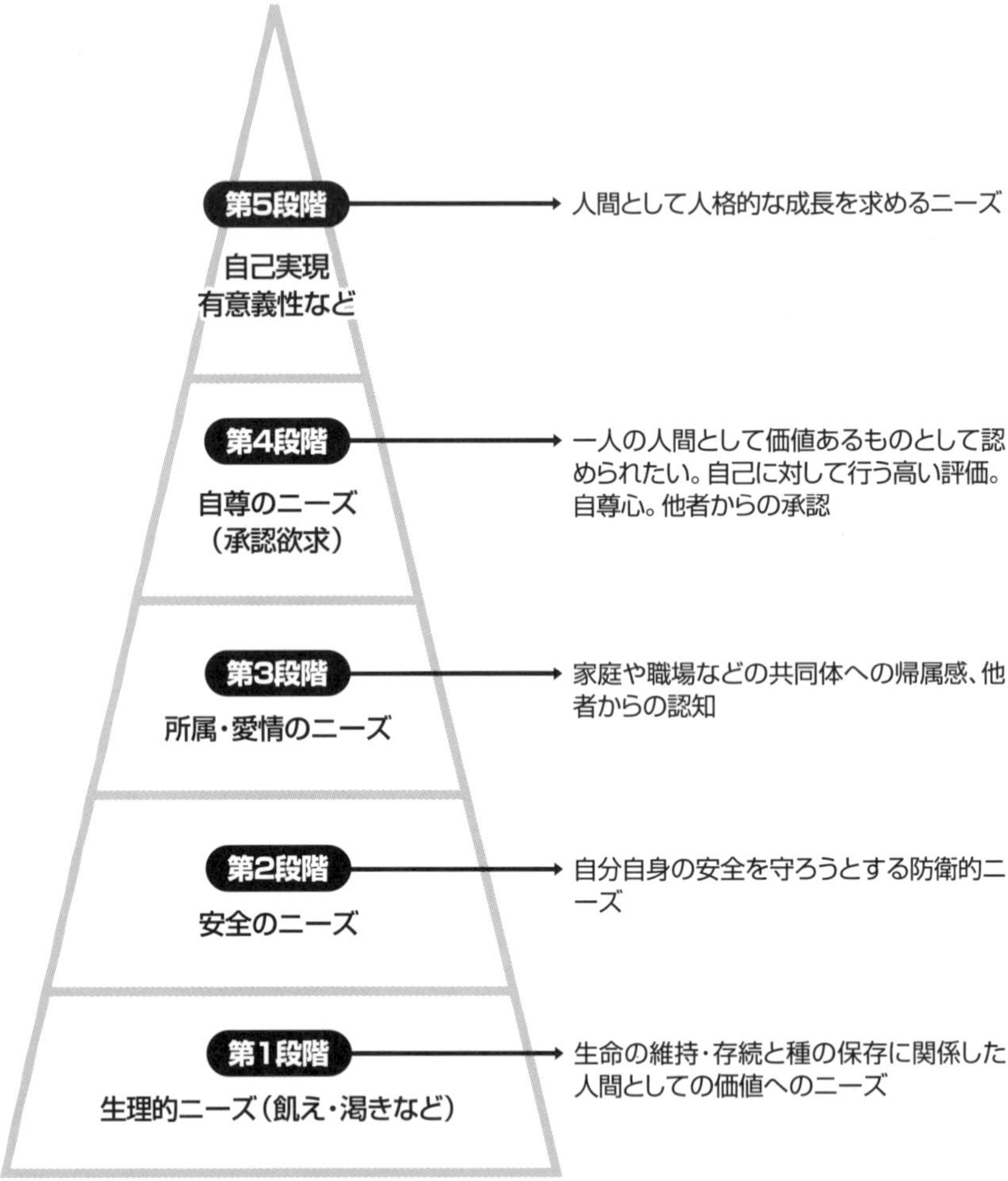

※第4段階までは基本的なニーズであり、社会福祉（専門的な援助活動の場）では、少なくとも第4段階までのニーズに対応していくことが必要である。
→しかし、マズロー（1908〜1970・アメリカの心理学者）の没後から約36年後の現在では、第5段階への視座が重要になる

図7－1「相談援助面接におけるニーズの考え方」は、私と若いソーシャルワーカーとのスーパーヴィジョン実践の過程で生まれた「問題の種類を四つに分けて考えてみる方法」で、拙著で記述しているもの（※1）を図による表現として試みたものです。

相談援助場面、とくにソーシャルワーカーの前に現われる多くのクライアントは、援助職者からみると、かなりの解決または対処しなければならない問題を多く抱えているかた達です。ここが、予防的な観点から健康教育に携わっている保健師の前に登場する教育指導対象となる地域住民との決定的な違いと考えられます。

援助者が対象者をとりまく問題状況を的確に理解するためには、問題を4つに分けて考えてみる試みが役に立ちます。

表現された訴え	complaint	図7－1ではd
悩み、困っていること・問題	trouble	c
必要（不可欠）なこと	need	a
要求	demand	b

初心者や熟練度の低い援助者は、クライアントから「表現された訴え」をそのまま受けて即、対応策を提示しがちになります。また、援助者からみた「これは問題だ」とみなしがちな事柄に焦点を合わせて、なんとか対処しようとやっきになりがちです。とくに援助者からみたクライアントの問題が多すぎたり、訴えの表現が多岐にわたりますと、何がニーズかを確認できないままに行き当たりばったりに援助行為をしつづけ

てしまいます。もちろん、そのような状況に陥りますと、ニーズとディマンドの区別もつきません。アセスメント面接では、ニーズはクライアントの表現された訴えや彼らをとりまいている諸々の問題状況からディマンドも射程に入れて、クライアントから必要不可欠な情報を引き出しながらインタビューを通して抽出していきます。が、これらの問題をめぐる4種類の性格を理解できていませんと、ニーズはすっきりとあぶり出されてきません。

クライアントの訴え（表現）および援助者が「問題だ」と思ったり考えたりする事柄からニーズとディマンドを抽出していくしくみを身体に刻印させるためのひとつの方法としては、この4つの特徴を頭に入れてから、まず問題を書き出して並べ、そのなかのクライアントの「表現された訴え」に印をつけ、「ニーズやディマンド」と考えられる事項を点検します。その次に援助者からみて「問題」であって、かつ「ニーズやディマンド」と考えられる事項に印をつけながら、全体構造を眺めたうえで仮のニーズを査定していきます。この作業は、アセスメント面接終了後に試みる〈振り返り作業〉ですので、必ず支援計画策定の際にはクライアントに確認を要します。この振り返り作業は、援助者の身体が実際のアセスメント面接時に自動的に作動できるようになるまで必要かもしれません。この作業は、私が新人や発展途上にある援助職者たちとのあいだで実践してきた個人スーパーヴィジョンの場で、ニーズを捜し出すために双方で工夫しながら格闘して獲得した方法です。

では、クライアントの問題を構成している4つの要素について解説します。

「表現された訴え」は、クライアントが全身の表情と言葉で援助者に伝えてくれるメッセージを意味しています。この「訴え」がくせものなんです。

まず、相手によってこの表現はさまざまに変わります。人間は仮面・ペルソナを着けているからです。

「対応する援助者によって言うことが違う」「いったいどれが本音？」といった援助チーム内の混乱がよく生じるのは、クライアントが援助者の「人」を観ているからです。クライアントも援助者側各々の個性や力動を読んでいます。よほど無謀なかたか余裕がないかたでないかぎり、援助チーム内の決定権者をきちんと読み取っています。また、クライアント自身の認識や対人関係の形成のしかたによっては、必ずしも直球で訴えてくれるとは限りません。まずは援助者側を試してみるような発言・回り道をするかたもいらっしゃいます。さらに、ニーズそのものをずばり表現してくれるクライアントばかりでもありません。本人が、何がいま自分の身に必要不可欠な解決課題なのかを十分に現実認識できないか、あるいはしたくないかたも大勢おいでだからです。認知力に陰りがあったり、現実を直視することへの抵抗は、かなりのクライアントにみられる現象です。ですから、援助者には「表現された訴え」の背景にあるもの（心理や環境など）をよく吟味しながら目を耳を澄まして聴き分け、明確化していく技術が要求されています。

「トラブル・問題」とは、ニーズが発生している以上、生命と生活のさまざまな局面に問題状況が波及しているのは必然です。ですから、クライアントも援助者も「これが問題」と列挙しやすい事柄すべてが該当します。なかには、援助者側が「問題」と見做しても、クライアントにとっては「日常・生活スタイル・習慣……」と、とるに足らない事柄であることも多々生じます。ですから、トラブルは混沌とした状態で出現しています。

しかし、ニーズとディマンドは、クライアントが「表現した訴え」および彼らまたは援助者からみた「トラブル」のなかに見いだしていくことが可能です。相談援助面接を通して一見混沌とした問題状況からニーズやディマンドを螺旋状に抽出し、浮き彫りにさせていく過程がアセスメント過程でもあります。

では、図7－1をもとに、ニーズとディマンドについて考えていきます。

まず、図の内側の濃い円の枠内がクライアントの生活と人生の総体を意味し、彼らが身体的・精神的・社会的・文化的・実存的に充足されている状態を「ニーズが充たされている」と考えます。身体は「生理」、精神は「心理」と置き換えられます。社会は「家族も含めた社会的関係や経済・住環境などのもろもろ」を含んでいます。文化は生まれ育ち、生きてきた環境で身についてきた生活様式や嗜好などが考えられます。実存は「霊的・スピリチュアル」と言い換えられます。

これらの要素を取り囲む外側の淡い円周は、個人の価値観や美意識に彩られています。ここが私たち対人援助者がクライアントを理解する際に、目の前の「ひとそのもの・そのひとらしさ、そのかたが大切にしているものや事柄」をつかんだうえで彼らが陥っている問題状況を理解していかなければ相手のニーズに届かない、というやっかいさを生み出している一番のポイントです。ここは、教科書やマニュアルでは教えられません。すべて対人援助職者がクライアントとの面接や支援過程で把握する類の本質的情報で、きわめてライブ性の高いものです。

ニーズは、内側の円の内部に欠損事項あるいは、欠落した状態として生まれます。目の前のかたが生きていくうえでは必要不可欠の事柄になります。いくら援助職者が「違う」と思っても「贅沢」と感じても、そのかたにとっては〈ニーズ・必要不可欠な事柄〉なのです。

ディマンドは、内側の円の外にあって円の周縁にぴったりと寄り添っていて、しかも場合によっては、ニーズと重なりあっていることもあります。クライアントにとってはニーズと同様に大切な要求なのですが、それが充たされなくてもなんとか生きていける類の欲求と見做すことが可能です。援助者からみると「なんと贅沢な要求を主張するひとだ」「そんなことよりも○○のほうが今のあなたにとっては大切でしょ」「生命とどっちが大切なのよ」「生活を整えるほうが先でしょ」と、つい思いがちな事柄が多いようです。ですが、クライアントにとっては、自分にとって大切な価値観や美意識と張りついている要求です。援助職者としては、このディマンドも射程に入れてクライアントのニーズを理解していく必要があります。ニーズとディマンドはクライアントの人生の時の時、彼らが置かれている状況によってもときに引っ繰り返ることがあり、循環しているからです。

援助職者は、「いま、目の前の人にとってのニーズは?」という視点から常にビビッドにクライアントの「表現された訴え」に目と耳を澄まして聴くことが肝要です。

そして、まず、ニーズの充足を最優先し、ディマンドに対してもできるだけ対応していきます。

＊

例を挙げます。私が尊敬しているある看護職のかたが体験したことです。

彼女の友人が子宮癌で入院していました。その友人が体調の異変に気づいて受診したときはすでに末期、手遅れでしたが、生きたいという意欲が強かったそのかたは、積極的な治療を希望され、強力な化学療法を最後の最後まで施行する主義の医療機関を選んで入院しました。が、何度目かの化学療法も功をなさず、とうとう傍目からみても死線を彷徨う状態に陥りました。私の友人が何度目かにそのかたを見舞ったとき、亡くなる前のちょうど癌と折り合っていた日に当たりました。そのかたは友人が持参した白玉ぜんざいを優しい角度でギャッチアップしたベッド上でおいしそうにいくつか召し上がったそうです。もちろん、昨日まで死線を彷徨うような状態でしたから、バルンカテーテル・種々のモニターや酸素マスクを装着していました。「もっと食べたい」という彼女を友人は止めたそうです。よほどその時間は気分がよかったのでしょう。そのかたは「ポータブルトイレで排尿したい」と言われたのです。友人は看護室にその旨を申し出ました。ところがです。しばらくたって看護室から次席と思われる看護師がのっしのっしといった風情で現われ、そのかた・患者に次の言葉を告げたのです。

「あなたのいまの病状からみて、ポータブルトイレは必要ありません」と。……a

そのときのそのかたと友人の表情はわかりません。友人はその後、私にそのときの怒りを吐き出しました。

「何よ、あの言葉は……、彼女はちょうど癌と仲良くなっていた時期だったのよ。自分で身体を持ち上げられないほど弱っていたとはいえ、気分がよくなってポータブルトイレでしたいと思ったんだから、持ってくればいいじゃあない、ベッド脇に置いて、カバーを掛けておけばいいんだから」……b

病棟の看護師と友人の言葉にニーズとディマンドに対するヒントが隠されています。病棟看護師の言葉の所以は、明らかです。ポータブルトイレを使うだけの体力がないことは客観的にみた状態像です。しかし、使う必要がないかどうかは、患者のそのときの内的世界からみると微妙です、彼女はとても生きる意欲が強いかたでした。ですから他の医者が躊躇してやりたがらなかった化学療法を亡くなる寸前まで望み、一縷の希望にその生を賭けたかたです。さらにその日は癌患者が亡くなるまえに遭遇することが多い「折り合い日」だったのです。彼女の気分が高揚していたこともあるでしょうし、自分で排泄したいと望むのは、そのかたのそれまでの癌との向き合い方からも読み取れるはずです。そのときの彼女にとってのポータブルトイレは、たとえ私の友人の最後のセリフ（傍点箇所）のごとく「象徴」であったとしても、彼女が生きていること、生き抜く時間にとっての実存的ニーズでした。病棟看護師にとっては、ディマンドどころか論外の訴えの表現だったとしてもです。

＊

図７－２は有名なマズローによるニーズを図式化したものです。さまざまな教科書に引用されていますので、健康やケアにかかわる職業的な対人援助者には広く知られています。マズローは心理学的観点から「動

機づけ理論」を著していますが、「人間の基本的欲求はその相対的優勢さによりその階層を構成している」として、社会・環境領域への視座・考察が薄いにしても、人間が何につき動かされて生きていくか、についての貴重な知見を提示しています。（※2）私たち対人援助職者にとっては、とくに内的に人をつき動かしているものを理解し、支援の対象者が何を欲しているのか、どの段階のニーズが欠損しているのかを理解し、どこから何に向かって支援していけばいいのかを勘案していく際に必要不可欠な知識であると考えられます。ニーズについて詳細に論述されている他書があまり見当らないなか、マズローの没後から36年後の現在でも、この概念はまだまだ有用です。

では、図7－2をケアに関わる対人援助の観点からみていきます。

マズローの第1段階「生理的ニーズ」および第2段階「安全のニーズ」は、人間が生きるうえで最低限のセーフティラインともいうべきニーズです。私たち対人援助職者にとっては、この基本的なニーズへの眼差しは絶対にはずせません。たとえ新人でもです。（※3）

まず、生命と生活の安全のためには、身体的・精神的にその人なりに健康であることと経済的に食べていけること、無防備に身体を外界にさらす危険を回避でき、安心して暮らせる住居の確保などが必要です。しかし、ケアに携わる職業的援助者が関わっていて、みすみすクライアントを死なせてしまった、という事態は生じています。この点は第一に援助者側の疾病・障害に関する知識や技術および社会資源に関する知識や活用も含めた実践経験不足から引き起こされていることにあります。とくに社会福祉サービスを主に提供している施設だけで働いてきた相談援助職者やケアワーカーなどが、初期の在宅介護支援センターの相談員やケアマネジャーとして地域に住む高齢者の相談担当になったときに数多くみられました。本書刊行時においては、ホームヘルパーから介護福祉士やケアマネジャーの資格を取得して相談援助実践に就いたかた達にとっての重要な課題になっています。私は相談援助実践に関わる事例検討の場で、「ああ、この事例提出者は自分のクライアントの身体的な変化や急変を見逃している、早く地域の医療専門職に相談していれば……(このクライアントはこれほど辛い思いをしなくて済んだかな)(死なずに済んだかもしれないな)」というような思いに遭遇することが時々ありました。当の事例提出者が一生懸命に取り組んできたことは十分に伝わってきますし、周囲に的確に助言してくれる熟練者がいなかったこともわかります。

このような事態を招いてしまう理由としては、次のようなことが考えられます。彼らは、さまざまな病気や治療を受けている利用者とは入所施設やデイサービスなどで日々お目にかかってはいます。が、保護された環境のなか、慢性期にあるかた達が圧倒的に多く、しかも彼らの医療的なケアは看護師がもっぱら担当しています。ですから、入所や通所施設で働く相談員やケアワーカー達は、大きな病院や地域で働いている医師や看護師などの医療専門職とのコミュニケーションや連携の取り方を経験していません。クライアントの身体的な状況のなかでも、日常生活能力についてはマニュアルも揃っていますので、在宅部門に異動してもなんとかついていけます。しかし、基本的にはこれまでのチームケアではなく、自宅で過ごされているクライアントを基本的には単独で責任をもって受け持ちます。ですから、身体や精神状態の病的な変化や障害についての知識や実践経験がないなかでは、見逃しがちになります。本来であれば、自分の担当しているクライアントの医療的な状態や予測される病状変化や予後などについては、担当する際にきちんと理解しておく必要のある事項です。が、残念ながら、慣れない環境のなかではどのような内容をどのように聞いていけばいいのかというコツをつかめないことと、初心者であることを考慮して懇切丁寧に教えてくれる医療従事者ばかりではありません。クライアントの福利のためにと思えば、無知を承知で未知の世界にも果敢に飛び込んで尋ねまくることも必要なのですが、その必要性すら学んでいない援助者もいます。対人援助職者としてはそれでは失格です。それでは困りますので、第3部第3章でお示しした表1「臨床実践家の熟成過程」の第1段階では、スタート地点のキャッチフレーズとして「クライアントに対しておおいに役に立たなくても〈いいから〉、大きな不利益を渡さない。〈援助者としての最低限の心得・エチケットを守る〉〈最低限クライアントの生命と生活の安全を守れる〉」を強調しています。経験やブランクのある医療専門職でも同様の落し穴は待っています。ですから、対人援助者として実践を行なう際にはまず、図1の対人援助の構図からみますと、[Ⅱ]の領域にある「援助者が置かれている世界を理解する」ことが出発点になります。本書の第1部第2章の〈場のポジショニング〉で指摘している〈コンサルテーションのバックアップ態勢〉を整えないまま在宅のクライアントの担当をすることは無謀なのです。この点は、行政や各種団体の相談援助機関の窓口相談業務担当者にもいえることです。インテーク面接時の緊急性への感受性と思慮深い危機介入の技術を要するので、非熟練者が窓口に立つときにはバックアップの態勢が必須になります。

マズローの第1段階および第2段階に関わるもう一つの留意点として、経済的な基盤を整備するための社会資源の活用に関する知識は、多くの対人援助職者の盲点になっていますので、要注意です。身体になんらかの障害を有しているクライアントのための住環境面についての専門的な接近方法については整ってきているようです。

マズローの第3段階「所属・愛情のニーズ」は図7－1の内側の円内のすべての要素に関わってきますが、より社会的・実存的なニーズ充足に比重がかかっていると考えられます。この所属欲求は、他者である対人援助職者による手当てには限界があります。家庭内での存在感や居場所を実感させてくれるのは、家族や親族、親しい友人たちなどの私的な関係にあるかた達が一番です。その他には職場や想いを同じくする集団への帰属感ですが、この欲求への視座をもち、なおかつ家族や他のシステムにおける力動を理解でき、必要に応じて効果的な介入ができるようになるためには、第3部第3章の表1「臨床実践家の熟成過程」の第3段階の熟成度が要求されてきます。なお、対人援助場面でマズローの第3段階の欲求充足のための支援としては、たとえば、通所サービスや施設入所場面で利用者の個性や能力に合わせた役割をサービスプログラムに組み込んでいけば可能になります。私がかつて見学したある老人保健施設のデイケアサービスでは、たぐい稀なる創造力に満ちあふれたスーパーヴァイザーのもとで実践していた作業療法士が見事なケアを提供していました。認知症のお年寄りたちが、毎朝嬉々として一階のデイルームに集まってくるのです。創造力を基盤に数々の工夫や技法を織り込んだ訓練プログラムのなかに、その秘密が隠されていました。作業療法的な遊びのなか、お年寄り達個々人になんらかの役割が組み込まれていました。自分固有の仕事・役割をもった老人達の身体が躍動していました。その直後に見学させていただいた入所フロアーで実施されていた輪投げゲームでは、十数人の輪のなかで身体全体が躍動していたのは、輪を投げていた老人だけでした。あとはあっちを向いたり、静止状態であったりと、声と身体を動かしていたのは数名の職員のみ、やはり作業療法は創造力が決め手のようです。ちなみに、その作業療法士はまだ若くて、彼の恩師でもあるスーパーヴァイザーの技倆を理解できていませんでしたので、「入所棟の職員が入所者のデイケアの回数を減らせと文句を言うんです。『デイケアに皆行きたがって困る、だから居室のレクリエーションに参加してくれない、デイで疲れるからだ』と会議で文句を言われて困っているんです」と私に語ったのです。彼は何故にお年寄り達が率先して自分のところにやってきて、入所棟のワーカ達から文句を言われるのかを理解できていませんでした。ここが、実践の絵解き・根拠立てた言語化の難しいところです。

第4段階の「自尊のニーズ（承認欲求）」については、対人援助実践のなかで常に意識していなければならない点で、本書のさまざまな箇所でふれています。たとえば、第1部第1章第4節で強調している「クライアントの強さや生きる力」を査定し、引き出していく際にこのニーズへの点検は外せません。また、第1部第3章第2節で簡単に紹介している「援助関係を形成するための技法であるバイステックの7法則のなかの『個別化の原則』」もこのニーズに該当します。さらに次に紹介する表5「ソーシャルサポートの機能別6分類」では「1．自己評価サポート」と密接に関係してきます。つまり、私たち対人援助者が確かな知識と技術を備えた〈相互交流〉をクライアントとのあいだで成立させるためにも、マズローの第4段階のニーズに対応できることが要になり、相談援助面接そのもので彼らを手当てするためにも、このニーズへの視座は最重要になります。

私たち対人援助者が対応できるマズローが唱えるニーズは基本的には第4段階までと考えます。第5段階の「自己実現のニーズ」については、第4段階までのニーズ充足を整える援助をしたうえで考慮していくことは可能ですが、その際には表5「ソーシャルサポートの機能別6分類」のなかの「3．情報サポート」および「6．モチベーションのサポート」が有効です。

【註】

※1　『未知との遭遇』180〜239頁（とくに第2部第4章「対人援助の基盤〈相談援助に必要な視点〉」―Ⅱ問題の種類と程度を理解し、問題に影響を与える個人の経験と社会の影響を理解する「⑵問題の種類を四つに分ける」180頁からの記述）

※2　『改訂新版　人間性の心理学〜モチベーションとパーソナリティ』（A・H・マズロー著／小口忠彦訳・産能大学出版部・1987年）60頁
※3　表1「臨床実践家の熟成段階」では第1段階の絶対的目標として挙げています。

③◇ソーシャルサポートの枠組み

ソーシャルサポートの枠組みは、本来図2の「7支援計画を設定する枠組み」に入ります。が、あえて「3アセスメントの枠組み」に入れた理由としては、本枠組みがクライアントのニーズと表裏一体に位置すると考えるからです。目の前のクライアントがどのような社会的な支援、つまり他者による支援があれば、その人生と生活を支えられるのかを吟味する過程で、どのようなニーズがあるかが浮かび上がってきます。そうしますと、対人援助実践からみますと、ソーシャルサポートニーズを知ることに比重を置きたいと考えます。

ソーシャルワーク理論については、私が対人援助職トレーナーとして活動しはじめたときから協働で相談援助面接をテーマとした研修に取り組んできた渡部律子さん（※1）から初めて紹介されました。私のそれまでの相談援助実践と照らし合わせて吟味した結果、私たちの実践を根拠立てて説明していくうえで有効な理論になると実感しました。この理論そのものおよび背景となるアメリカ社会の状況については、渡部律子さんの著書に記されています。本書では、渡部さんの許可を得てその機能の6分類について表5のようにまとめてお示ししました。（※2）

【註】

※1　渡部律子さん：関西学院大学総合政策学部教授。平成7年度実施の「在宅介護支援センター現任職員研修モデル開発調査研究事業」により作成することになった「在宅介護支援センター現任職員研修指導者育成モデル研修会テキスト（ワークブック）」を担当するときに、委員長の白澤政和先生（大阪市立大学大学院教授）が「奥川さんにぴったりの人に会わせるね」と出会いを演出してくださいました。渡部さんのほうも同じセリフを白澤先生から頂戴して関西から東京に出向いてきたそうです。私たちは初対面でお互いを理解しました。渡部さんはそれまで、米国の大学院でソーシャルワーク実習指導と臨床実践をされていました。私は日本の東京都老人医療センターで相談援助実践を4半世紀続けてきました。実践内容や場が異なっていても、私たちは出会った瞬間から同じ価値観や知と技の総体を共有していました。この実践の本質は普遍なのだ、ということを実感したものでした。そのときは相談援助面接に必要な知識や技術について共同執筆し、その内容に基づいて全国レベルの研修をまたもや一緒に担当することになりました。その過程で私たちはお互いが有している知と技を交互に作用させていく過程を経て、より実践力を高めることができたと思います。その後も可能なときは一緒に仕事をしてきましたが、本書中でも紹介している『ビデオ・面接への招待～核心をはずさない相談援助面接の技法』（中央法規出版・２００２年）は渡部さんとの最大のグッドジョブになりました。私たちの協働ワークはこれからもお互いの体力が許す範囲で続きます。

※2　『高齢者援助における相談面接の理論と実際』（渡部律子著・医歯薬出版）

第4節

4　臨床像を描いていく（絵解き作業としての言語化と伝達）

◆いまクライアントに何が起こっているかを「過去・現在・未来」の座標軸（4次元）で映像的に描いていく

◆伝達（言語化）

図2の1から4に至るアセスメント過程における最終段階・仕上げの位置づけです。

〈臨床像を描く〉とは、「何故に目の前のクライアントがこのような状況に陥っているのか、いまのような状況が出来上がったか」という問題発生のしくみを、クライアントが「生きてきた〜生きている〜生きていく」世界、つまり、クライアントの「生きる」に添って意味づけされた一つひとつの情報を、「過去・現在・未来」の座標軸に照らして有機的に結びつけながら解き明かされたものを言語化し、クライアントが置かれている状況をよりくっきりと映像的に描くことによって可能になります。

言い換えれば、「絵解き作業としての言語化」なのですが、〈絵解き〉とは、クライアントおよびクライアントをとりまく環境で生じている目に見えない動きも含めて、クライアントのリアリティに添って論理的言語で表現できることともいえます。そこを中心にして、問題の中核を据え、面接者の専門性に応じた査定を組み込んで表現していきます。

ここで重要な点は、クライアントが置かれている状況の全体像を、問題の中核を基盤として重要な核になる情報を組み入れて映像的に言葉にして表現できることにあります。そのためには、核になる情報を身体にひっかけながら聴き取り、クライアントがこれまで生きてこられた歴史のなかで、〈いま、起こっていること〉と結びつく重要な転換点・ターニングポイントと考えられる出来事およびそのときの感情などを、シーン・情景として映像化したものとして処理しておけることが基盤になります。そのためには、これまで提示させていただいたアセスメントの1から3の枠組みと連動して身体化していかなければなりません。

この〈臨床像を描く〉は、アセスメント過程でいう「情報収集、分析・統合、伝達」の最後の「伝達」の部分です。このアセスメントの作業過程は、他者であるクライアントを理解する過程なのですが、クライアントによっては、彼らが生きている世界に添った理解と援助者側の手当ての気持ちを全身の表情を伴った言葉で援助者から伝えられたとき、「嬉しい！　私を理解してくださった」と深い喜びを全身で表現されます。このときの「理解」は、クライアントが置かれている状況の〈問題の中核〉の部分にふれたものであり、この中核に届くような手当てをすることが、先に述べた〈カタルシス・感情の浄化作用〉を招き寄せるのです。

また、映像的に描かれた〈臨床像〉は、とりわけ異職種の評価に耐え得る水準まで達することが目標になります。これは、かなり高い熟練度を要します。第3部第3章の表1「臨床実践家の熟成過程」第3段階のc☆7に該当します。

私の実践やスーパーヴィジョン経験と照らし合わせても、この枠組みを手に入れるための壁は厚い、というのが実感です。ですが、専門職であれば、目に見えない、動きと関係性のなかで複雑な人間模様を支援目的に添って分析・統合し、言葉に紡いでいく能力は必要不可欠です。クライアント理解およびそのことを当の相手に確認するためにも、また、他の専門領域の対人援助職者やクライアントをサポートしているかた達にクライアントを理解してもらうためにも、重要な能力です。さらにケアコーディネートを担う専門職や担当者にとっても必要な能力になります。

さまざまな分野で、この「理解すること」について示唆に富んだ考え方がみられます。（※1）本書で関連した記述とあわせてご理解いただければと考えます。（※2）

【註】

※1　コラム6&7：理解することについて

※2　本書の関連記述箇所：第1部第1章、とくに第3節「クライアント理解の水準」

第5節

5　相談援助面接及び受理から終結までの支援を組み立てる力

①◇インタビューの組み立て（面接の構造）と方法　◇起承転結とエチケット

②◆受理から終結までの支援を組み立て、結果オーライにする力

面接や援助を組み立てていくための枠組みで、図2の1から4および7を下支えする位置づけになります。図2のなかでは技術的に核となる要素でもあり、基本的な考え方や型の提示が最も可能な枠組みです。しかし、各々の項目を解説していきますとかなり膨大な記述量になりますので、ここでは「相談援助面接の基本・心構え12項目」については表3で、「面接の起承転結」については表4で提示させていただくことで、簡単な概略説明にとどめます。

私たちが実施するインタビューはライブ性が強いとはいえ、相談者と面接者双方が集中力を保てる時間内にできるだけ効率的・効果的に相談者および彼らが直面している諸問題への理解と対処策の提示、あるいは最低でも今後の方向づけ・将来の進路の目安が提示できなければなりません。さらに、これまでにも申し上げてきましたように、相談援助実践には実践者側が守らなければならない、あるいはクライアントとのあいだで共通認識しておかなければならないさまざまな約束事もあります。

たとえば、依頼の受け方ひとつにも約束事があります。依頼者に対して依頼内容の確認をしたところで、自分が働いている場での依頼内容の位置づけと何を期待されているかをすばやく理解したうえで、どのようなサービスが提供できるかを、限界（とできないこと）も踏まえて依頼者に提示することが重要です。これは表4でお示しした相談援助面接の構造［起承転結］のなかでは［起］の導入部分になります。

最後の締め方にもさまざまな約束事があります。短時間でも本格的な1時間以上の面接でも、どのような状況のもとでの面接にも、目的と意味づけがあり、［起承転結］のメリハリをつけて行なうことが必要です。

表3および表4でお示ししたものはあくまでも基本ですが、この基本が身体化されていませんと、締まりのあるメリハリのきいた面接は不可能です。基本は重要です。基本を身につけてこそ、いくらでも崩せるのです。

第6節

6 人（クライアント）と固有の問題状況（環境）を理解する枠組み

◇◆基本的な知識・理論を「臨床の知」（生きた応用知識）にしていく

クライアントおよび彼らが置かれている問題状況を理解し、支援計画を設定していくための下支えとなる枠組みです。

私たち対人援助職者が初めて出会ったクライアントその人や、彼らが置かれている問題状況を限られた時間のなかで理解するためには、基本的な視点・目のつけどころが定まっていることが要求されます。

どのクライアントにも生きてきた歴史があります。そして、いま解決しなければならない問題状況に陥っているから私たち対人援助職者の前におられます。一人ひとりが個性的で、たくさんの刻印された経験の総体として目の前におられます。これまで眺めてきた枠組みのなかでも「**1情報収集の枠組み**」ひとつをとってみても、膨大なクライアントに関する情報量のなかから、そのひとにとって重要な情報が何なのか、そのことをクライアントに生じている問題状況と結びつけるためには、下支えとなる基本的な知識は必須です。

たとえば、疾病や障害が起因して現在のような状況に陥っている場合には、どのような知識が必要になるでしょうか。

・そのかたが罹っている疾病の一般的な病態像や生活に影響を与える障害
・そのかたは発症から疾病の進行への過程でいまはどのステージにいるのか

・発症年齢と病状や障害の進行状況からみて、そのかたの発達はどこで何を阻害されているのか

つまり、疾病や障害についての知識に加えて、人間の一般的な発達課題および発達心理学の知識が必要になります。さらに、そのかたが生きてこられた環境や時代文化的背景も加味されたものから、その疾病や障害がそのひとに与えた影響、つまり固有性を一般論から引き出すためには、家族力動や心理学的な知識も要求されてきます。

また、私たちの前に現われるかたの多くが〈対象喪失〉をかなり近い過去に経験しておられますから、〈対象喪失〉についての概念や知識も必須になります。また、〈依存〉や〈虐待〉の問題に直面しているクライアントであれば、それらが生じる環境的な要因や現実の生活にどのように現われるか、さらにどのような対処策があるのかなどについての理論や実際的な知識が必要になります。

よく使われている「人格障害」という概念は、精神科領域の実践を積み重ねていなければ、なかなか理解できません。認知症などと同様に、援助者側が困難事例を都合よく合理化するために使われる疾患名になってしまいがちです。

社会や地域によっては隠しておきたい疾患名も登場します。たとえば、「非定型抗酸菌症」の診断名がついているかたの場合、結核ではないのに「急性期対応としては隔離が必要だ」といわれても、どの医療機関に入院させたらいいのか、家族をはじめ関係者も戸惑うことがあります。どのような病気で、どのぐらいの期間薬を飲むのか、日常生活上の留意点は、など、専門医にきちんと説明をしてもらわなければ対応できません。また、閉鎖性が強い地域や、本人や家族の年齢や育った環境によって培われた認識などによっては「人に知られたくない、近所には隠しておきたい」などの反応が生じます。（※1）

援助者が初めて聞く疾患名の場合は、これらの状況に戸惑ってしまいます。ただし、初めて聞く病名は新

しい臨床知を手に入れる絶好の機会になります。疾患の病態などは教科書的な本や講義で学ぶことが可能な知識ですが、目の前のクライアントを前にして一般的な理論や知識を当てはめていくためには、かなりの経験の積み重ねが必要です。つまり、身体知にまでもっていくためには、経験を内省的な作業（＝振り返り、自分に問いかける）を通過させていく反復学習を経た醸成期間を要するのです。

私たちはスーパーマンではないのですから、第1部第2章第1節でもふれていますが、その道のプロの臨床知によるバックアップが必要です。また、個人や小集団によるスーパーヴィジョンも有効な方法ですが、何といっても「何に注目すればこのクライアントが陥っている状況を理解できるか」についての目のつけどころ・視点をもっていませんと、その道のプロに対しても何を尋ねたらいいのかの見当もつきません。ですから、私は、臨床実践に必要なクライアント理解の視点・目のつけどころおよびその視点を養うために、必要最低限の知識の大枠をできるだけ早く身体に入れることが重要と考えています。

そのためのヒントとして、拙著で既に提示したクライアント理解のための6つの側面からみた目のつけどころについての柱をお示しました。これはあくまでも高齢者医療のリハビリテーション領域で実践してきたことを中核にして私が手に入れることができた臨床知の枠ですが、すべての対象者に応用可能であると確信しています。参考にしてください。

ここができていますと、専門書やその道の専門家のバックアップによっていくらでも深い理解が可能になり、さらにこれらの作業の積み重ねによって、個別性に応じて対応可能な〈生きた知識・臨床知〉として私たち対人援助職者の貴重な職業的財産を増やしていくことができます。

人と問題を理解するための枠組み

対象者が抱えている心理・社会的な問題を構成する要因：ポジショニングのための視点
『未知との遭遇〜癒しとしての面接』（三輪書店）（第２部第３章－Ⅱ１２３〜１７０頁から抜粋）
［発達をみる：身体・精神・社会（経済・職業）的な財産をみる］
［1］発病前の発達、生活の歴史：こころとからだと社会（職業、家庭など）生活の歴史、人間関係の歴史
☆これまでの身体（からだ）と心（魂）に刻印されてきた経験の総体をみる☆
☆生活史を聴くことの意味☆
〈生活史の聴き方〉
［失われたものをみて、いま（現在）持っている力をみる：能力障害（disability）と社会的不利（handicap）をみる］
［2］疾病や受傷、障害が対象者に及ぼした打撃、周囲への波紋、今後の生活再建への影響をみる：対象者個人の内的資源からみる。
★身体的・精神的な障害（機能障害・能力低下の両面から）をみる：生活に及ぼしている障害をみる。
★障害が将来の生活や人間関係に及ぼすであろう影響を「依存性」の段階と独立度からみる。
［**個人と社会との絆、位置と関係性をみる**：社会的居場所とその歴史と変化をみる］

[3]病気や障害が対象者に及ぼした打撃・周囲への波紋：今後の生活再建への影響を社会的な関係からみる。

[情緒的居場所と家族の力をみる] ←家族のアセスメントへの視点

[4]病気や傷害が対象者に及ぼした打撃、周囲への波紋：家庭状況を、対象者を受け容れられる情緒的居場所（スペース）と家族が対象者に関われる能力からみる。

〈家族の疲労度をみる〉
〈情緒的な拠りどころ〉
〈依存性を埋めてくれる存在〉

☆家族が対象者に関われる能力☆

★同居家族の構成：各々のメンバーの年齢・性別・役割・就労の有無と拘束時間

★同居外家族（親族）の構成：各々のメンバーの年齢・性別・職業の有無と拘束時間・居住地（物理的距離をみる）

★家族関係：時間的な共有度（同別居の歴史）と情緒的絆（親密さやトラブルの歴史など）、交流の程度などを通して現在の関係をみる。

★対象者の発病や受傷によって家族が受けた打撃や疲労度：身体的・精神的・社会的ダメージをみる。

★キイパーソンは誰か：キイパーソンの能力（生きる力―知性、感性、体力、経済力、社会的能力、機動力とスキルなど）をみる。

〈キイパーソンとは〉　→他者の支えやケアが必要なとき、一番重要な鍵になる人、要の存在
〈キイパーソンの種類〉　→頭（マネージメント）、手（介護や家事など身辺の世話）、心（愛情）
〈キイパーソン選定の基準〉　→①本人②家族③知人・友人や親類縁者、最後に④専門職

［物理的居場所をみる］

［5］住環境・居住地域の特性と文化：物理的居場所のスペースと依存度をみる。

〈住まいは身体の一部である〉

★住居の構造：居室数や段差、台所、寝室、トイレ、風呂場などの設備やスペースは、暮らしやすさや精神的な安心感の拠りどころになる。

★生活様式や生活文化

★居住地域（地域社会）の特性、包容力：障害者にとって理解ある環境か（交通機関、街路、公共建築など）

［現代社会の構造、時代と文化の背景を視野にいれておく］

［6］現代社会の構造、時代と文化の背景：育ってきた時代や文化・社会の思潮や価値観と現代とのズレをみる。現代社会の高齢者や障害者に対する〈まなざし〉を視野にいれておく。

★政治、経済、社会の動向と社会構造の変遷

★社会通念、社会規範、世間体
★高齢者や障害者に対する包容力、高齢者観や障害者観の変遷
★各ライフステージに対する社会からの諸要求や問題点
〈高齢者をめぐる社会的な状況〉

☆☆出現のしかたや問題の深さが異なる☆☆
☆☆社会復帰（生活の場所）の最終ゴールの決定要因ともなる☆☆

［註］
※1 『隠喩としての病い・エイズとその隠喩』（スーザン・ソンタグ著／富山太佳夫訳・みすず書房・2006年）

臨床知を言葉にしていくことの重要性

経験を積み重ねたかたで、身体知・センスに優れたかたであれば、平素の実践で意識化していなくとも、臨床知は自ずと身についています。しかし、第3部でも詳しくふれていますように、それだけでは直観レベルに秀でた〝職場の魔法使い〟で終わってしまいます。臨床実践家の熟成モデルでは「第2段階」で止まったままの状態です。このままでは、その人だけ知的財産を所有することになり、職場の同僚や新人に対して

その知見を伝達できません。それではクライアントにとっては不利益になります。一握りの優れものの援助者しかいない状況では、不安ですし、せっかくの知見が広く行き渡りません。

臨床知を伝達できる段階にまで自分を引き上げるためには、基本的な知識に経験を加え、さらに、そのつど個別性に彩られた経験知を基本的な知識と理論的枠組みとすりあわせていくことによって、確かな臨床知として援助者の身体に組み込む作業を積み重ねていきますと、より確かな理解になり、応用可能な柔軟性のある知識になります。これは言い替えれば「暗黙知の言語化」への挑戦です。この点については、第3部第3章表1「臨床実践家の熟成過程」のf領域に該当する「対人援助職者にとって必要な自己検証と実践の言語化」で熟成過程に応じた目標を提示していますので、是非挑戦し、身体知の言語化の獲得をしていただきたいと願っています。

第7節

7 支援計画を設定するための枠組み

①◇クライアントの「強さ」と「生きる力」及び「社会のサポート力」との関係を読みとる力＝3つのシェ

ーマの理解←アセスメント力　図3

②◇社会資源についての知識と活用のための知識

③◆実際的な援助方法（臨床知）を身につける

支援計画を設定するための枠組みは、本書中で何度もふれていますように、アセスメントと裏表の関係にあります。対人援助者の身体がいったん職業的な態勢に入ったときは、図2の8つの枠組みのすべてが連動してクライアントの前でアセスメント面接や状況把握をしたり、連絡調整や記録作成、事務処理などを行なっています。対人援助実践では、クライアントのニーズに添ってどれだけ効果的な援助が行なわれるかが鍵であり、「結果オーライ」になることが必須なので、「支援計画の設定」はとても重要です。そのためには、第2部の序章で各枠組みの位置づけおよび力動について概説していますが、アセスメント過程では、同時に支援計画も射程に入れてアセスメントも支援計画も暫定的に見積もりながら、新たな情報やすでに確認されている情報をもとに、両者の暫定的な査定に漸次修正をかけていく作業を積み重ねて、当面の見積もりをしていきます。ですから、アセスメント過程をあらわしている図2の「1情報収集の枠組み」から「4臨床像を描いていく」までの4つの枠組みと、相談援助面接や支援を下支えする「5相談援助面接及び受理から終結までの支援を組み立てる力」および「6『人（クライアント）と固有の問題状況（環境）』を理解する枠組み」も含めて、本枠組みまでの7つを図1の［Ⅰ］に該当するクライアント理解に含めています。

その理由は、アセスメント面接を実施する援助者がクライアントが生きている世界に添ったニーズを理解して双方の共通認識が成立すれば、自ずと次のような支援計画の骨子があぶり出されてくるはずだからです。

・（私たちは）何を目標にして進んでいくか→ゴールの設定

・どのニーズから対処・解決していくか↓ニーズの優先順位の勘案
・誰が、どのニーズに対してどのような方法で対処・解決していくか↓図3で提示した「A：ケアの対象が生きる力と強さ」および「B：家族が対象者と実際に関われる力」の査定と双方の関係性を勘案した対処能力と、「C：地域社会のサービス提供能力（社会資源）」の査定と介入度の勘案
・いつまでに↓ゴールまでの当面の、あるいは長期的な援助期間の設定
　どの時点で評価・見直しをするか。
・解決されない、またはできないか現段階で保留になっている問題についての確認↓場合によっては対応策についての情報提供や協議も要する。
・今後予測される新たなニーズへの査定と対応方針↓いま、ここでクライアントにオリエンテーションしておくか、援助者側に留めておくかの判断を要する。

これらの支援計画を策定して実行に移すためには、さまざまな実践的知識が要求されています。確かなアセスメント力を基盤としたクライアントへの援助経験に裏づけられた実践知＝臨床知が必要です。アセスメント面接実施時に、さまざまな対象者の固有の問題状況やニーズに応じた実際に対応可能な方策や解決プログラムのバラエティが援助者の脳裏に浮かんでこないと話にならないからです。これは援助者にとっては実に苦しい課題です。

本枠組みからみても、「①◇クライアントの「強さ」と「生きる力」」及び「社会のサポート力」との関係を読みとる力＝3つのシェーマの理解↑アセスメント力・図3」と「②◇社会資源についての知識と活用のための知識・探査方法の獲得とネットワーキング」も、枠組みの提示可能を示す◇印をつけたとはいえ、か

なりの実践の積み重ねと振り返り作業による反復作業を自分に課して〈身体知〉の域にまで引き上げなければ実践場面で使いこなせません。ましてや「③◆実際的な援助方法（臨床知）を身につける。ｈｏｗ ｔｏを含む専門職としての情報量と質・特に治療的なコミュニケーション技術による手当ての方法」の獲得にいたっては、極めてライブ色が強い領域です。たくさんの援助経験の蓄積と、経験を単なる体験に止めることなく考える作業をくぐらせた経験知にまで引き上げた引き出しをたくさんもっていることが、クライアントに安定感が伝わり、実際場面で即役に立つ〈知と技〉を提供できるようになります。

もちろん、誰もが初めから熟練者ではありません。ですが、対人援助実践は現場に身をさらして援助者の身体に知をたたきこまなければ、役に立てる援助者には到達しないのです。そこに第3部を設けて第3章で表1「臨床実践家の熟成過程」をお示しした理由があります。

支援計画を確かなものにしていくためには、初心者や非熟練者は無論のこと、対象者や働く場が変わったとき（異動や転職の場合）は、対象者理解と同様に第1部第2章第1節で提示している「場のポジショニング」を常に意識しながら、援助者が熟練者に相談できる態勢を整えておくことが、クライアントに対する対人援助者として最低限のエチケットになります。

本枠組みについては、◇印の①および②の枠組みについて第2章で概説します。

第8節

8－1　援助者である「私」への理解と心身のコントロール：自己覚知とストレスへの対処

本枠組みは、第3部第3章表1「臨床実践家の熟成過程」におけるd領域「〈わたくし的な《私》〉の制御と活用」に関わる課題になります。対人援助実践をプロフェッショナルの段階に引き上げていくためには、c領域の「〈職業的な《私》〉」の熟成を目指すのですが、この職業的な身体も〈わたくし的な身体〉の上にのっかっています。ですから、熟成過程の第3段階の終了地点に達するまでは〈わたくし的なるもの〉は制御の対象になるのです。その理由については、主として第3部の各熟成段階に応じてふれていますが、〈相互交流〉を基盤とした対人援助実践ゆえの〈わたくし的なる存在〉のやっかいさや悩ましさについては、本書の〈序〉や第1部第3章でもふれています。

ここで強調しておきたい点は、職業的な対人援助者の心身の健康への注意です。どの熟成段階にあっても、対象者が置かれている状況や援助者側の私的・職業的な状況の組合せによっては、援助者の心身が強度なストレス状況にさらされ続ける底無し沼に陥ることがあるからです。双方の組合せがぴったりはまり過ぎたり、援助者側の健康状態がよくない方向に向かいつつあるときに危険です。クライアントに生じているさまざまな人生や生活上の問題を援助者はその身に浴びます。問題状況にあるクライアントの多くが、強弱はあるにしてもストレス下にあります。そのストレスを他者の問題とはいえ、お裾分けされることはいくらでも起こります。（※1）そのストレスにさらされるのは〈職業的な身体〉であるとはいっても、本体には自分自身の人生と生活が入っているのです。その本体である〈わたくし的な身体〉ががっちり〈職業的な身体〉を支えられなければ、自らの健康を害なう落し穴はいくらでも底を開けて控えています。私生活の安定と心身の健康への留意は必須です。また、ストレスへの対処方法や自分の耐性の限界を知っておくことも大切です。

しつこいようですが、対人援助、それも〈相互交流〉を基盤とした相談援助面接を主とした手段として支援していく実践そのものが、心身の安定を保ちにくい性質を有しているのだと心したほうがいいと思います。この仕事に情熱を燃やし、現場に身を置いて全身でクライアントと向かい、格闘し、ときに魂も使いながら取り組んで素晴らしい仕事をしている対人援助職者と出会うと、彼らと出会ったクライアントは幸せだと思います。ですが、当の援助者が健康を害ねないように祈っている私がいるのも確かなのです。私自身も危ない時期がありました。真面目で几帳面で不器用で感受性が人一倍鋭い援助者が熱心に仕事に取り組んでいる最中に病に取り込まれてしまう姿に直面すると心が痛みます。もしかしてこのことも通過儀礼かとも思われることもあるとはいえ、援助職者であることが健康を害なう要因になってほしくはありません。自分の健康を守れなければ、他者の健康も守れないことも事実です。ここで申し上げている「健康」とは、「個人の人生と生活にとって最良の心身の状態を保持できている状態」を意味しています。

［註］

※1 「逆も真なり」で、援助者が被っているストレスや心身の不幸が制御不能なときは、クライアントにそのストレスや不幸をばらまくことになります。

第9節

8―2 専門職としての援助業務遂行のための組み立てと実行

①◇期待されている機能と役割の探査と実行のための仕組み作り
②◇ネットワークとバックアップシステムを作る
③◆業務分析と課題（テーマ）の設定
④◆専門職としての熟成と自己検証のための方法を獲得する

この枠組みは、対人援助実践を実行しやすい環境作りのための土台・基盤をしっかりと築き、専門職として成長しつづけるための項目です。①および②は第1部第2章で詳述しています。①は第1節の「場のポジショニング」そのものの課題です。②は①に加えて第2節で解説したマージナルマン的な位置づけのもとにネットを繋ぎ、クライアントに不利益を渡さないためと援助者としての間口と容量を大きくしていくために、多種類の性能のよい「餅は餅屋」との連携を増やしていくことになります。

③の「◆業務分析と課題（テーマ）の設定」は、専門職として仕事に就いている以上は必須の課題になります。まず、業務分析は所属組織内で価値ある部署として認知されるための資料として、複数職場においては業務分担のために、日々刻々と変化していく時代や社会状況のなかで援助の対象や諸制度の変化に応じた組織・機関の編成替えなどの対処のために必要な事項になります。

課題設定は、所属部門全体ないし援助者個人の領域になります。第3部第3章の表1「臨床実践家の熟成過程」第1段階までは、素人でも同じ職場で同じ仕事を数年続ければ、職場内で期待されている対人援助者としての役割・機能を発揮できるようになります。そこで満足してしまっては、その後の仕事は流れていきます。第1段階の自動人形レベルで止まったままで楽をしてしまいますと、対人援助実践にとって大切な「感性」が鈍ってきます。腐り、鈍い対人援助者では、相手に元気を渡せるような存在からどんどん遠退いていきます。そのような援助者に出会ったクライアントは不運です。専門職として熟成していくためにも、自分のテーマをもち、探求しつづけることが、創造性あふれる対人援助者への道につながります。職場内の課題設定は、専門職として職業人として志気を保ち向上していくためにも必要と考えます。

④については、第3部第4章で方法のひとつを紹介しています。また、第3部全体がこの項目の主題になっています。この仕事をめざしたからには、ぜひ自分に合った職業的な自己を鍛える方法を見つけ、熟練した対人援助職者になって、さらには後進の役割モデルおよび専門職として伝達できる財産をたくさん築いて、後に続くものたちに残してほしいと願っています。

第2部 身体化のための実際的な枠組み:
図2「臨床実践家が身体にたたきこまなければならない枠組みと組み立て」

第2章 図3「ケアを必要としているクライアントに対するアセスメントの視点」

7

本章では、図2の「臨床実践家が身体にたたきこまなければならない枠組みと組み立て」のなかでも、援助計画を設定するための枠組みの①◇クライアントの「強さ」と「生きる力」及び「社会のサポート力」との関係を読み取る力＝3つのシェーマの理解を図3をもとに概説します。

図3は、ケアに関わる支援計画を策定する際のアセスメント面接時に身体化しておきたい枠組みの基本になる考え方を3つのシェーマであらわしたものです。アセスメントおよび支援計画策定の際の起点は、クライアントに生じている「生活課題（ニーズ）に対応（解決または対処）するためのアセスメントの視点」に置いています。

図3は、主として高齢者や障害者のケアにかかわる援助計画を設定する際の目のつけどころを3つの要素に分解したものですが、アセスメントの手順としては［A］→［B］→［C］の順に見積もっていきます。ただし、あくまでも［C］は［A］と［B］を補完するものとしての位置づけになります。また、［C］は、相談援助者としてクライアントの前に立つ前提として援助者側が見積もっておかなければならない視点でもあります。

図1との照合では、［A］および［B］が［Ⅰ］に、［C］が［Ⅱ］①②③に該当します。本書の第1部第1章および第2章や第2部第1章と合わせてお読みいただくと、より深く理解していただけると思います。

図3　ケアを必要としているクライアントに対するアセスメントの視点 〜生活課題（ニーズ）に対応（解決または対処）するための支援計画を設定する際の勘案要素〜

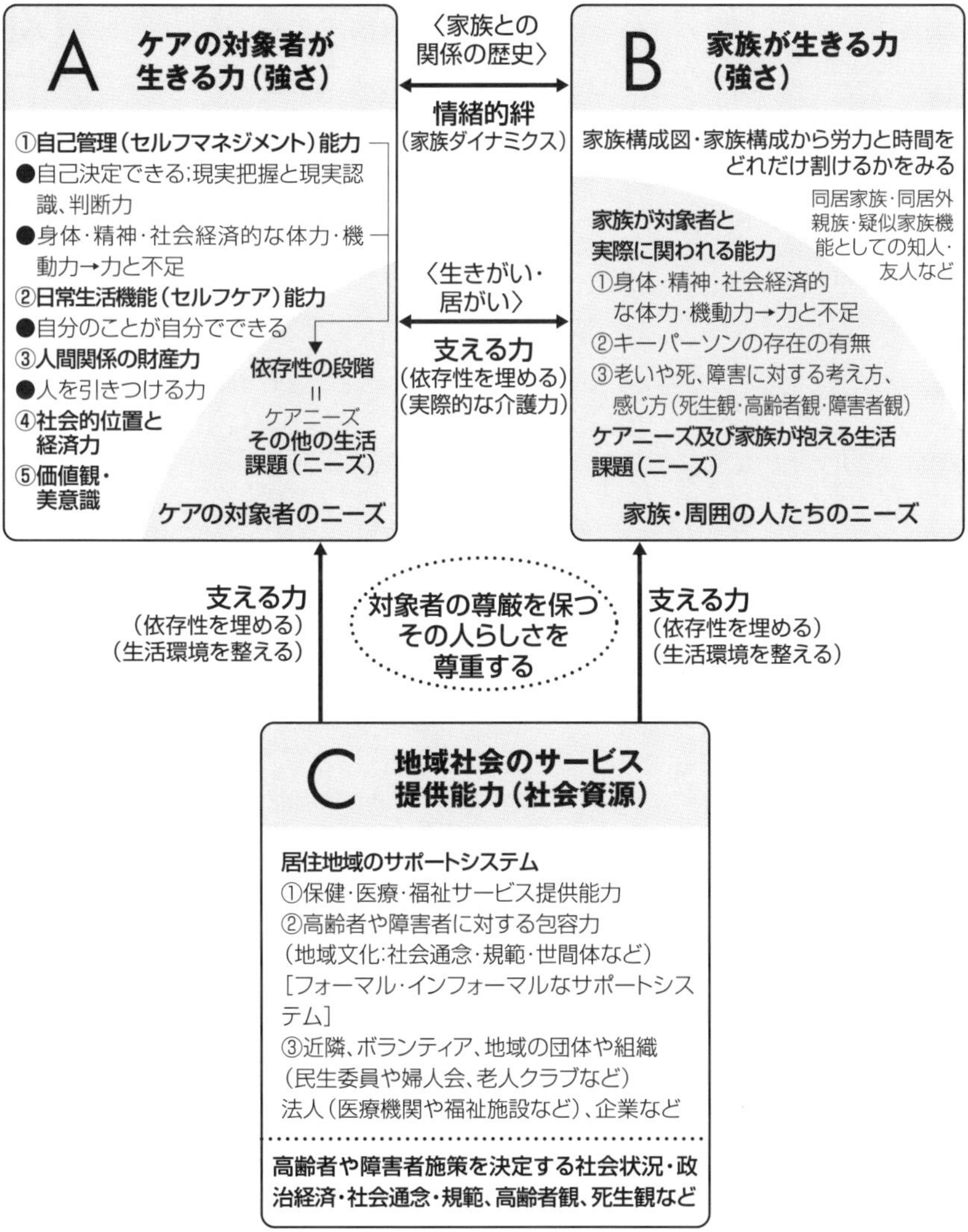

図3の意図するもの

なんらかの生活障害・ケアニーズが生じているクライアントに対して、適切な援助を実践するための支援計画を策定する際には、クライアントと彼らが置かれている問題状況を的確にアセスメント（見積もる・査定）することから始まります。

アセスメントは、クライアントそのひとと、その人たちが置かれている固有の問題状況を見積もる作業ですが、まず、「問題の種類や性質、程度」を見積もり、その問題がクライアント本人や家族に代表される周囲のかた達にどの程度のダメージになっているかを査定していきます。その際に吟味しなければならない重要な点は、クライアントや周囲の人たちが（潜在的に）有している「強さや生きる力」を的確に見積もることです。

（潜在的に）とあえて申し上げた理由は、私たちケアにかかわるアセスメントを実施する対人援助職者には、高齢者や生活になんらかの支障をきたしている障害をもっておられるかた達に初めてお目にかかったときに、限られた時間のなかで、限られた方法や場で、最大限、相手を理解することを求められています。その際に、どうしても問題点ばかりに目を奪われてしまい、目の前におられる高齢ないしは病弱なケアの対象者や、疲れ切っておられたり、やはり高齢である介護者の力をディスカウント・低めに見積もってしまう傾向にあるからです。

アセスメントは、目の前におられるクライアントにどのようなニーズがあるのか、または隠れているのかを、クライアントに関する個人情報を引き出しながら浮かび上がらせていく作業です。ニーズは「いま、またはこれからクライアントが生きていくために〈必要不可欠〉なもの」ですから、欠損事項を探していく作業です。ですから、どうしても目の前のクライアントができないことや充足されていない事項に集中しがちになります。それも、ケアにかかわる場合は、基本的な、あるいは手段的な日常生活動作の能力に集中してしまう傾向にあります。

日常生活動作能力は、私たちが生まれて発達する過程で、人間としてこの社会で健康に生き抜いていくために苦労して獲得させられてきたものであり、この社会でしかるべき年齢になると、多くのかたにとっては「できる」ことが当然になっています。ですから、病気や加齢、外傷などによって、それまで当然「できていたこと」が「できなくなった」クライアントは、自分の身体や行動様式の一部を〈対象喪失〉しています。その〈喪失〉の時期と程度によっては、これまでのそのかたとは異なる様相をみせていることが多く、かなりのかたが〈自己像や身体像の変化〉に戸惑いをみせ、〈自己評価〉も低下しています。

ですから、臨床実践家は、アセスメント実施時にかなり意識して「クライアントの強さや生きる力」がどこに隠されているのか、いまは発揮できていないけれど、本来はどれだけもっているのか、どこを〈手当て〉すれば発揮できるようになるのかなどに目を向けないと、本来の強さや力を見つけることができません。この点については、臨床実践家の身体に自動的にその視点が組み込まれるようになるまでは、臨床実践の場面で常に意識しつづけることが大切です。クライアントが本来有しているはずの強さや生きる力を見落としてしまう「落し穴」は、いつでも穴をあけて待っているのが、アセスメント行為の宿命ぐらいに考えていたほうがよいと思えるほどです。

図3は、クライアントが潜在的に、あるいは現在有している生きる力や強さを見逃がすことなく、ニーズを抽出していけるような実践上の考え方と手順を概念化したものです。また、身体的・精神的・社会的なケアを直接的に必要とされている要介護状態にあるかたと、彼らを介護している家族や親族たちがどれだけ関わることができ、支えられるのかについても視点を当てています。家族や親族のケアを推進するものは、従来の血縁や相続、義務などの規範が薄れつつある現在、長いあいだに培われてきた〝関係性〟や〝情緒的絆〟であり、家族内で完結可能な介護能力が衰えてきているいまは、実際的・物理的に支える力がどれだけあるのかを査定することが現実的です。

第2節 図3の全体像について

図3は、アセスメント実施時に「A」「B」「C」の3つの側面の各要素について総合的に見積もっていくと、必然的にクライアント、この場合は、ケアの対象者と家族や親族たちのケアニーズが抽出されてくるしくみを概念図としてあらわしたものです。ニーズが抽出されれば、対処するためにはどのような資源を適用、

または強化していいのかがおのずと見えてきます。

高齢者や障害者の場合、多くのクライアントは、ケアを必要としている人、または問題が発生した要因となっている人たち（図のA）と彼らの家族を中心とする周囲の人たち（図のB）の両者が支援の対象者である場合が多いので、以下の記述では、「A」を高齢者や障害者とし、「B」を家族や親族とみなしています。したがって、クライアントは「A」と「B」が該当します。（※1）

この図の特徴は、各々の構成要素が絡み合って構成されていることにあります。

まず、「A」の左斜め上が本来クライアントが有している強さや力を見つけるための目のつけどころを示しており、右斜め下がケアニーズ、つまりクライアントに生じている依存性の段階をくっきりと査定する箇所になっています。ここでの重要なポイントは、クライアントの①自己管理（セルフマネジメント）能力の見積もりです。

次に「A」の右斜め下のケアニーズに対応するものとして、まず、「B」の家族や親族などのケアの対象者とインフォーマルな関係にあるかた達の本人に関われる能力の見積もりがあります。

「B」の斜め右上は、家族や親族の存在やその構成を列挙していきながら、彼らが物理的にケアの対象者に関われると考えられる能力を見積もる部分です。〈物理的に〉とは、家族メンバー各々の年齢や性別、子どもや仕事の有無や拘束時間などから、時間的・労力的にケアの対象者に関われるとみなすことができる、と考えられる無機的な見積もり部分です。この部分は、家族構成図をしっかり描きながら情報を引き出していきます。

しかし、「B」では、「A」の右斜め下のケアニーズに直接対応するものとして、介護者としての家族や周囲のかた達の〈強さや生きる力〉を見積もる部分が重要で、左斜め下にあらわした各要素から構成される〈実際に関われる能力〉です。このなかでも、①身体的・精神的・社会経済的な体力・機動力の査定がとくに重要になります。この〈力と不足〉を見積っていくと、家族のケアニーズが浮き上がってくるしくみになっています。

この「B」の左斜め下の〈力〉が実際のケア場面で発揮されるためには、ケアの対象者とケアする家族や親族などとの〈情緒的な絆〉を基盤とした〈関係性〉が鍵になっていて、実際的な〈支える力〉として発揮されます。

ですから、アセスメントの重要な要素は、マニュアルの項目では表現しがたいものが多く、アセスメント面接のなかで面接者が自分の身体で汲みとらなければつかめないものばかりなのです。

アセスメントのための情報収集と解析は、退院計画やケアマネジメントなどの実践場面では、本書で再三述べてきましたように、相談援助面接におけるインタビュー行為を通して行なわれますので、「クライアントが表現した訴え・コンプレイン（※2）」を傾聴しながら、クライアント（人）とクライアントが置かれている問題状況を臨床像として鮮明に描いていく過程です。したがって、個々のカテゴリーごとに分解して聴くのではなく、援助者は「C：地域社会のサービス提供能力（社会資源）」をあらかじめ熟知していることが前提で、クライアントの話を聴いていく過程で「仮の支援計画・ケアプラン」を想定しながら、クライアントと家族や親族の能力（「A」および「B」）を見積もっていき、仮の支援計画に修正を重ねる作業を経て、暫定的なケアプランを策定していきます。

これらの作業はクライアントとの共働作業で行なうので、援助者側は必要なアセスメントのための構成要素および分析・統合の手順を身体のなかにたたきこんでおかなくてはなりません。

支援計画策定のためのアセスメントの手順

クライアントの支援計画を策定する際の手順としては、「A」→「B」→「C」の順に見積もっていきます。つまり、「A」のケアの対象者に生じた依存性の段階に応じたケアニーズに対して、まず「B」の家族および親族などのインフォーマルな関係にある人たちが対象者に関われるケア能力を、彼らの関係性を吟味しながら見積もっていきます。その際には、キーパーソンの選定が重要な鍵になります。そのうえで、両者に生じた不足するケアニーズに対して「C」の社会サービス（社会資源）を活用していくことになります。

社会資源の活用は、後述していますように、あくまでも高齢者や障害者などのケアの対象者および家族に生じている生活機能をできるだけ軽減し、彼らの生きる力および家族機能を補足、強化して二次的な生活障害を予防するためのものです。

次に各要素を交錯させながら見積もっていく手順を概観していきます。

1「A」高齢者や障害者などの潜在的な能力およびケアニーズを的確に見積もります。

実践の場では、図3の「A：高齢者や障害者の生きる強さや力」の左斜め上の枠内に記した①自己管理（セルフマネジメント）能力および②日常生活機能（セルフケア）能力の他に、②人間関係の財産力（人を引きつける力）などの項目は、個人の内的資源をみていく視点です。

高齢者や重度障害者の場合は、意外と彼らの潜在能力を見逃されていることが多いようです。たとえば、「ストレスに強い」「これまでの生きてきた長い歴史のなかで培ってきた経験知」「生命の見切りができる」など、高齢者の場合はかなりの強さをもっているので、彼らの自己決定能力を十分に尊重したいものです。ただし、これらの点については、援助者が相談援助面接の過程で、高齢者や障害者の自己評価を高めるサポート（※3）を積極的に行ない、モチベーションを高め、適切な情報サポートを提供しながら実践しないと実現できません。また、その際には、クライアントに特有の⑤価値観・美意識を援助者が理解し、④社会的位置と経済力をかなり喪失している場合には、その面に対する理解とサポートを視座に置いておくことも必要になります。

強さや生きる力は、仮に現在の要介護状態からは想像できなくても、第1部第1章でも詳述していますように、過去の生活史に隠されています。

アセスメントや相談援助実践の場では、最初にケアを必要としている一般的に弱い立場にあるとみなされる高齢者や（重度）障害者を中心に聴き取りをしていく手順が重要です。どのような援助過程においても、たとえ失語症や認知症の状態にある障害者や高齢者に対しても、彼らを無視してはなりません。認知障害がかなり進んでいるとみなされていても、援助者が真剣に彼らと向き合って「あなたを理解したい」という気持ちを放射し、かつ治療的なコミュニケーション技術を磨いていけば、彼らのほうからなんらかの意思を表示してくれます。

しかし、この場合でも、高齢者や重度障害者が強者になっていて、本来強者であるはずの家族が弱い立場に逆転していることもみられますので、高齢者や障害者と家族機能のアセスメント面接の場面では、家族力動への視点は必須です。

ちなみに、これらのアセスメントの指標は、現在使用されているアセスメントツール（たとえば、介護保険における介護支援専門員の実務研修で採用されていた各種の様式など）からは出てきません。あくまでも、援助過程で相談援助面接や観察などの手法からライブで引き出された個人情報の分析・統合（絵解き）作業によって獲得できるものです。ただし、その際の目のつけどころとしての基本的な知識の枠組みについては、第2部第1章第1節「情報収集の枠組み」で詳述・紹介してありますので、照らし合わせてお読みいただきたいと思います。

2 「B」ふたつの家族機能に注意しながら、家族が生きる強さ・力とケア能力を見積もります。

高齢者や障害者へのアセスメントにおける家族機能の位置づけは、ふたつの側面に分けて考えていくことが重要です。高齢者や障害者の加齢や疾病・障害などによって生じている「依存性＝ケアニーズ」を埋める存在としての家族と、「ケアニーズ」のなかでもとくに情緒的な側面を充たしてくれる存在としての家族です。

前者は、家族が「高齢者や障害者と関われる能力」を、主として家族構成（構造）をもとに時間的・労力的な観点からみていき、後者は、高齢者や障害者との「関係の歴史」を通して家族力動からみていきます。ただし前者の場合も、高齢者や障害者に生活障害が生じてからの人生の残り時間を、「どこで、誰と、どのように生きていくのか」については、介護担当者との関係性も大きな指標になるので、後者の観点も重要になります。

ましてや、高齢者や障害者のこれからの人生の質（QOL）にとって重要な鍵になる「キーパーソン」を探したり決定する際にも、家族力動をみていかなければ的確な選定ができません。

ケアの対象としての家族

さらに、ケアプランの実施に際しての家族機能のとらえ方として重要な点は、2点あります。

まず、高齢者や障害者に生じているケアニーズに対する重要なケアの担い手としてみる「社会資源のひとつとしての家族」の見方です。これは、高齢者や障害者のアセスメントにおける家族の位置づけで述べたふたつの側面に該当しています。

もうひとつは、「ケアの対象としての家族」です。高齢者や障害者および家族内メンバーに生じたさまざまな出来事や問題状況にさらされていることによって、家族もなんらかのケアニーズを有している場合が多いからです。家族もケアを必要としている、ということを見逃してしまうと、「介護できるはずなのに、なんでこの家族は看る気がないの？」というような援助者側の批判の目にさらされて、ただでさえ「生きる力」を低下させている家族をさらに追い詰めることになり、潜在的に彼らがもっているはずの家族の能力を引き出せないまま、援助者が立てたケアプランが届かないか、または拒否に遭うことが現場では数多く見られます。前者〈社会資源としての家族〉の場合でも、高齢者の依存性（ケアニーズ）を埋める存在としての家族の能力を強化する援助も重要ですので、図3の「A：高齢者や障害者が生きる力（強さ）」と「B：家族が生きる力（強さ）」はひとつの単位（システム）と考えてアセスメントしていくことが肝要です。ここで、両者に「…の生きる力（強さ）」と表現している理由は、ケアの場面におけるアセスメントや評価行為には、どうしても対象者が「…ができない」という点に援助者の目が集中しがちであり、とくに高齢者の場合は現代社会のなかでは「高齢である」ということだけで、かなりディスカウントされて評価されがちなので、あえて強調してあります。この点は、家族が高齢者の場合も同様にその能力を低く見積もられる傾向にあるので、注意したい点です。

3「C」地域の社会資源（保健医療・福祉）サービス提供能力をあらかじめ見積もっておきます。さらに探索し、新たな資源を創りだしていきます。

援助者は、第３部で論述していますように、まず、「社会資源としての私」が、その視点、知識・技術に裏打ちされた態度を築き上げ、その存在そのもので勝負できるように腕を磨くことを課せられています。相談援助面接そのものでクライアントの生きる力を引き出しながら、主としてクライアントの心理的な悩みや社会生活上の困難への対処策や解決策を見い出していくためには、とくに相談援助面接技術の腕が必要になります。（図１の［Ⅲ］）

さらに「システムの中の私」は、「システムに働きかける私」としてシステムとシステムの境界を自在に出入りできるような人（窓口）とサービスのネットワークを張りめぐらしておく必要があります。このシステムが、援助者としての私が所属しているサービス提供機関・施設であり、クライアントや援助者をとりまく地域社会の保健・医療・福祉サービスをはじめとした社会資源サービスの仕組みと実際に提供されるサービスの中身になります。

援助者は、先にも述べたように、クライアントの前に援助者として向き合うとき、その身体には、所属している機関・施設および地域の社会サービスの種類と内容、量と質についての知識が入っているか、またはどのボタンを押せば、クライアントのニーズに対応する資源にたどりつけるかのアウトライン（全体像）を把握していることが前提になります。（図1の［Ⅱ］〈場〉のポジショニング）

できれば、援助者自身が所属している機関・施設およびクライアントが暮らしている地域の社会資源マップを作成しておき、実践過程のなかで人と実際のサービスシステムのネットワークを築き、拡げていく努力が要求されます。質の高いネットワークを形成するためには、クライアントに案内または提供したサービスのフィードバックをもらいながら、援助者や所属組織のファイルを充実させていくことが大切です。

［註］

※1　図1では、［Ⅰ］に該当しています。
［A］と［B］の区分けをしにくい対象者があります。その際の考え方については、後述しています。

本図は、高齢者および障害者を対象として概念化していますが、領域が異なる対人援助実践においても、十分応用できます。

たとえば、保育実践における子育て相談では、「A」は乳幼児の発達の遅れによって生じている課題・問題点が該当し、これらの課題や問題解決に要する能力を親や親族がどれだけ有しているかへの査定が「B」に該当します。そのうえで、保育士や他領域の専門職および地域のサポートネットワークに該当する「C」の支援内容や支援態勢を査定していきます。

※2　コンプレイン：第2部第1章第3節②◇ニーズとディマンドについての知識

※3　表5「ソーシャルサポートの機能別6分類」参照

第3節　社会資源の定義や考え方、活用上の視点について

《一般的な定義や考え方》

☆一般的な定義☆

「一般的には、社会システムを維持し、存続し、発展させるために個人や集団の欲求を充足するのに必要な資源のことであるが、特に社会福祉資源という場合には、福祉ニーズの充足のために利用・動員される施設・設備、資金・物品、諸制度、技能、知識、人・集団などの有形・無形のハードウェアおよびソフトウェアを総称していう」

（『現代福祉学レキシコン』雄山閣出版）

《社会資源の実際的な活用方法：解決の手立ての一方法としての社会資源》

①現在生じている「依存性」や「生活障害」を埋めるために提供される。

社会的補装具としての機能を果たす。

②「安全弁」としての機能

将来起こると予測される事態（危機）を想定して、事前に対処（解決）策として提供される情報。将来の漠然とした不安や心配を軽減させる機能を果たす。

そのためには、援助者側のアセスメントに基づいた「危機予測とオリエンテーション機能」が要求される。

《社会資源活用上の留意点》

①「先に社会資源ありき」ではなく、アセスメントによって抽出されたニーズに対応した対処（解決）策として社会資源を活用する。

②ニーズは、クライアントの価値観（世界観や美意識）と結びついたニーズでなければ、社会資源をいくら提供しても、クライアントは使わない。

③社会資源を必要としている主体は誰か、つまり、誰のニーズかに注意して活用する。たとえば、

・ケアされる側の諸欲求とケアする側の諸欲求がずれるときは、

↓本人と家族間の調整のための家族療法を組み入れた面接が必要である。

・社会サービスを拒否するクライアントへのアプローチとしては、

↓まず、本人と向かい合う面接をする。強要しても相手はよけい頑なになる。

↓どうしても本人が援助者側の提案を受け入れないときは、危機予測をもとに布石を打っておく。つまり、クライアントが危機状況に陥る直前に介入できる態勢を作っておく。

↓時間が許すときは、まず本人との信頼関係を形成することに初期の目標を置き、徐々に導入していく。そのためには、クライアントを「いい気持ち」にもっていく技術をもっていること。もちろん、誠意と「本当に私（援助者）は、あなた（クライアント）のことを気に懸けているのです」というメッセージと姿勢はクライアントを動かす。

④適切な窓口につなげる：地域の人とサービスをリスト化しておき、資源マップを作成しておく。

平素から地域の人とサービスのネットをつなげておくことが重要。

第1章　臨床実践家としての私は、何を熟成させていくか

第3部では、対人援助を職業とし、相談援助面接の手法を要求されている臨床実践家が、真のプロフェッショナルを目指すために身につけなければならない視点、知識・技術および態度を、いかに身体化していくかについての論考をさまざまな角度から試みていきます。

まず、第1章では、本来であれば第1部の第3章「援助者である〈自分〉と自分が置かれている状況を把握し、理解できていること」に入る箇所である〈自分〉、つまり図1の［Ⅱ］－①の部分について考えます。本書のテーマそのものなのですが、ここでは、私たち職業的対人援助者が、〈知的・分析的、援助的身体〉としての自分をいかに自動的に作動させられるようになるか、実際の努力と試みをご紹介します。第3部を進めていくための助走的な位置づけですので、私たち職業的対人援助者がどのような試みをしているのか、平素の実践と照らし合わせてお読みください。

加えて第1章の後半では、芸事やスポーツなど、突出した身体的行為・パフォーマンスを要求されている他領域におられるかた達の知見を参考にしながら〈身体化〉について考えてみました。

第2章では、もう一度身体化について角度を変えて論考して深めたうえで、第3章では職業として対人援助実践を行なうものが、スタート地点からはじまり、各々の成熟度に応じて何を到達目標として自己を研鑽していけばいいのかについて、私の思案の途上にある「臨床実践家の熟成段階モデル」を提示し、相互交流を基盤として実践する対人援助者の実践論への問題提起とします。

現段階の私の能力からみて言語化できるものはできるだけ記述していきますが、抽象度の高いものは、その考え方を含めた大枠の提示のみになりましたので、これからの実践家や研究者の皆様に期待するところ大でもあります。

私たち対人援助者は、「人としての社会資源の一つ」として、クライアントに対して品質のよいサービス提供者に到達すべく、そのための努力を欠かせません。では、私たちは何を手に入れていくのでしょうか。第3部を始めます。

第1節 社会資源の一つとしての私を見積もり、強化していく

実践者が成熟させていくもの——容量

相談援助における面接行為は一見、言葉勝負のように見えますが、私は、かなりハードでタフな身体的行為だと考えています。相談援助面接の場面でクライアントから語られた問題状況と、それらに伴う苦痛や悩みなどと合わせて面接者によって観察された事柄は、いったん面接者の身体のなかに入れて、面接者の身体のなかを通過しながらイメージ化される過程を経て、それらの事柄について面接者自身の身体から発した言葉や表情を、クライアントの身体に入れていきます。その際にはクライアントも面接者と同様の作業をしています。(※1)

ここでいう「身体」の意味は、こころを含んだ身体ですが、これらの相互交流・循環が面接の特徴であることはすでに何度も申し上げてきました。（※2）

クライアントおよび面接者が交互作用を通して同じ行為をしているとはいえ、相談援助面接の場合は、面接場面で身体に入れる情報量は、圧倒的に面接者のほうが多いはずです。職業的援助者であれば、専門的援助関係のなかで支援をしていきますから、表2でもお示ししましたように、特定の目的のもとで、クライアントに焦点を当て、関心の中心もクライアントにあり、彼らのニーズに基づいて、客観的な方法で援助者自身を惜しみなく提供していくからです。そこがお互いに支援しあう〈自助グループ〉や〈友人同士や近隣の支援〉などとの違いでもあり、これらの支援では補完しあえる利点・弱点などの特徴があります。（※3）

対人援助は、先にも述べましたように、出会いの約束事などの手続きを経て、実質的には、目の前におられるかた達の悩みや彼らが陥っている問題状況を援助者側が理解することから始まります。

その際の手順としてはまず、「観察しながら聴く」行為が主になります。ですから、クライアントのほうから自然に言葉が流れてくるような聴き方が大切なのですが、その際に情報を発信する側はクライアントです。面接者のほうが他者、それもなんらかの悩みや苦痛、生きる過程で重大な問題状況にあるかた達から発信されるメッセージを、いったんは面接者の身体に入れなければならないので、面接者の容量は大きければ大きいほどいいに決まっています。容量が小さければ、それだけの聴き方になりますし、無理を重ねればパンクしてしまうか、拒否的・逃避的態度に流れてしまいます。

ここでいう「容量」とは、2つの側面から考えられます。

ひとつには、クライアントの悩みや不安、直面している困難な問題などをどれだけ聴くことができるか、ということです。つまり、面接者が自分の身体に、彼らに生じている事柄を感情を含めてどれだけ入れることができるか、にあります。聴く内容の多くは、不幸の部類に入る出来事と感情が絡まった内容の物語になります。よく「危機状況は人間が成長するために大切なことです」とか、「適度なストレスも必要」などといわれていますが、それは乗り越えてこそ「大切だ」といえることであり、「適度」ではないからクライアントは問題状況に陥っているのです。また、ストレスの種類によっては〈トレランス・耐性〉も限界を超えますし、個人差もあります。ですから、クライアントは相談援助者の前におられるのです。

相談援助者の仕事は、まず、彼らにとっていまは「不幸」な、あるいは対処しがたいか理解しがたい出来事を、耳と目と心と頭脳を働かせた身体全体で聴くことです。その際に、相手の感情面も落とさないように傾聴できなければ、教科書的に援助者の技術的態度の目標とされている〈受容的共感的理解〉を達成できるどころか、その領域をかすることもできません。

もうひとつの「容量」は、「傾聴」の質です。クライアントに生じている事象とそれに絡まりついている感情を理解できるレベルです。つまり、ニーズのどの階層まで理解でき、手当てできるか（※4）ということでもありますが、「傾聴」も援助者の身体に「情報解析装置・情報の整理箱と必要な数の引き出し」が内蔵されていなければ、ただ「話を聞いて一緒に涙しました」で終わってしまいますし、クライアントはいくら話をしても一向に気持ちは整理されませんので、何度も何度も同じ話の繰り返しになってしまいます。話すことによって気持ちが浄化されなければ、現実生活は同じ色のままで混乱し、膠着している事態も動きません。

あるスーパーヴァイジーの話

聴くことのできる量と質は密接に関係しています。

この「容量」の質と量について考えるにあたって、私が実施している個人スーパーヴィジョンの場で、スーパーヴァイジーがとても素敵な言葉を私に向かって放った場面を紹介します。

そのかたは、足掛け2年間にわたって、定期的にご自分の相談援助実践を相談援助面接に焦点を当てて、実践事例を書き起こしながら自ら考察を加えたうえで、私の前で、再度検証する作業を繰り返していました。はじめは、ご自分の実践を言語化することに苦しんでいました。人間として生きてきた実体験が長いぶんだけ、目の前におられるクライアントの人生と人間のこころの〈機微やひだ〉を汲みとれる容量は大きいのですが、その仕入れたぶんだけ多くなった情報量に見合った「情報を処理する装置・情報の整理箱と必要な引き出しの数」がまだ、質・量的にご自身の身体の内に整備されていなかったのです。この点は、表1「臨床実践家の熟成過程」のスタート地点で、年配者や他のケア領域の経験者が、相談援助業務を主とする実践に就いたときの戸惑いとして記述しています。

日常の実践のなかでためこんである「思い」が優先しがちな事柄を、選択しながら書き起こす作業は、再度そのときの臨場感も想起しながら、必要な事項を自分の身体からひっぱり出してきてまとめる作業です。ですから、「感じながら考える」というきつい作業になります。しかも、終わってしまったクライアントとの相互交流を言葉にするのですから、形になりにくいものを言葉という形にするということになります。相手があることと、その相手が大小の差はありますが、困難な状況に陥られているかた達なのです。しかも、援助者側の身体を通したうえでの理解ですから、どうしても、自分の臨床は言葉にして自己点検しなければ、検証のすべがないフィールドワークなのです。

もともと書くことでご自分の気持ちを整理してこられた習慣があるかたの場合は、書くこと自体が苦になりませんから、相談援助面接における情報解析方法やコツをつかんでしまえば上達が早いのですが、そのかたの場合はまず、文章を書くことに慣れる地点から出発しましたので、とてもきつい自己点検の作業に取り組んでおられました。私自身もこの仕事を始めた頃は、もともと書く習慣もありませんでしたし、感性のみが先走り、じっくり物事を考える質でもなかったので、そのかたと同じようにクライアントとの物語をコンパクトにまとめる能力はありませんでしたから、かなり苦労をしてきました。同僚や他の異なる専門職、ましてやまったく異なる領域のかた達にクライアントが置かれている状況をさまざまな思いから一生懸命に伝えようとするのですが、くどくどと回りまわった話になってしまい、あげくのはては「何を話しているのかわからない」状態になることが頻繁でした。この傾向はいまでも引きずっています。ただし、クライアントそのひとへの理解が深まるにつれて、彼らが置かれている問題状況の絵解きができるようになってからは、多少くどさはなくなってきました。

文章のほうも、深澤道子先生のスーパーヴィジョンを受けていたころは、面接の逐語記録やケース記録をみていただいたとき、「てにをは」や誤字をしょっちゅう目の前で直されて、冷や汗をかいていた情景をいまでもよく思い出します。ほんとうに何回もでした。私もそのかたと同じような厚い壁にぶつかっていた時期があったのです。（※5）

そのかたは、私とのスーパーヴィジョンの当初の目標を「あらすじが描けるようになること」に設定していました。

本書の第3部第4章「臨床実践事例を自己検証するための一方法」（※6）でも記述してありますように、あらすじが描けるということは、クライアント「そのひと達」とそのひと達に生じている「生きていくうえで直面している解決しなければならない問題状況」を、読み手や聞き手が映像的に理解できる、つまり、目の前に状況が映像的に浮かび上がってくるような言葉で他者に伝えられるということです。

「あらすじを描く」技術は、さまざまな実践場面で要求されます。第一にクライアントとの相談援助面接場面で、〈要約〉をしなければならないときです。通常は、面接の終了時には必ず、面接者側の理解の水準を「この通りの理解のしかたでよろしいですか」と、これまでのクライアントから引き出した情報をストーリーにしてまとめて確認する作業をしますが、この確認に必要な技術は、治療的コミュニケーション技術のなかの〈要約〉です。この〈要約〉は、面接の中途でもクライアントからの物語が長くなったときや面接者が次のテーマに移りたいときなどに使用します。（※7）

また、面接時だけでなく、ケアマネジャーやサービス事業者とのあいだで開かれるサービス担当者会議やさまざまな形態のケース会議などで、ケース報告者がそのクライアントについて、ざっとおおまかなあらすじを披露してから検討してほしい点について本題に入ると、参加者がクライアント像をイメージできるため会議の内容が豊かになります。

とくに、さまざまな領域のサービス担当者が集まって、クライアントに対する共通理解や今後の支援方針の統一をはかるために開催されるケース会議では、ケース報告者が、あらすじのなかにクライアントの〈問題の中核〉を入れ込んだ〈臨床像〉を組み込んでプレゼンテーションすると、参加者間でクライアント像や必要な対処課題、ケアを提供していくうえでの本質的な問題点などがイメージアップされ、問題の焦点化を促進でき、実りの多い会議を実施できます。会議の進め方も大切ですが、やはり、事例を問題提起する側にアセスメント力がないとまとめられませんし、ケース会議を誤った方向に向かわせたり、ケース発表会に終わってしまうことがあり、何のためのケース会議だったのかが雲散霧消してしまうことが多々生じています。ですから、そのかたが目指した「あらすじを描けるようになること」という課題は、相談援助者の一番の〝核〟である〈アセスメント力〉のなかでも、アセスメント過程における〈情報収集→分析・統合→伝達〉の〈伝達〉の部分なのですが、その前の3つの工程の完成度が高くないとできないものでした。

それゆえ、そのかたはご自分の課題を達成するための作業過程でさんざん苦しみました。

そのかたのあらすじは、ほとんど時系列で書き綴ったもので、要約になっていない時期が長く続き、そのうえ、自分が何のために実践事例を書いているのかを見失ってしまい、「書くために書いている」状態がしばらく続いた後に、ようやく明るい兆しが見える日がやってきました。

2年後のその日、あらすじを「描ける」ではなく、「書ける」段階にまで到達しました。ところが、当の本人はそのことに気づいていなくて、「まだ、考察は書けない」と初めて記してきて、そのことで頭がいっぱいのようでした。私からみればここで一段ステップアップしていました。

「考察が書けない」というのは、これまでの通り一遍の理解ではなく、「もう少し奥が深そうだ、ただ、いまはどれが何だかわからない」という立ち止まった状態だからです。これまでの過程で、「何のために自分の実践事例を書くのか」についてぐちゃぐちゃになった時期が長かったのは、弁証法でいう〈止揚・アウフへーベン〉の時期だったのでしょう。そこでやめてしまうかたが多いなかで、そのかたはあきらめませんでした。歳がいってからの勉強は本当にたいへんなんです。歴史的身体、しかもたくさんの経験が刻印されている身体に、これまでとは異なる相談援助面接に必要な〈情報解析装置〉を作り上げなければなりません。身体に刻まれている心のひだが多いぶんだけ、クライアントから汲みとれるものも多く、深くなります。ですから、そのサイズに見合った容量の〈情報解析装置〉を築き上げるまでの道程は長く、そう簡単には作れません。ですが、そのかたは〈職業的な《私》〉を作り上げるために、これまでとは異なる〈情報解析装置〉を組み立てる手段として、〈実践事例を書いて、自己の実践を検証してみる〉作業に挑戦してきたのです。

私の場合は、しっかとした目的をもって、自分の実践を自己検証しはじめたのは、〈職業的〉にも〈わたくし〉的にも両方の《私》がほとんど壊れてしまってからです。30歳代でしたから、まだ建てなおすだけの馬力がありましたし、一度壊れたといっても、新人で、まだ〈職業的〉には白紙の状態にあった時期に優れたスーパーヴァイザーの薫陶を受けていましたので、相談援助面接実践の基礎はできていました。いまからさかのぼること三十数年前、私が相談援助実践に就いてから2年目、深澤道子先生のスーパーヴィジョンを受け始めてから3ヵ月目の40分の面接の逐後記録とそこに先生が書き込んでくださった注意事項をいま改めて眺めると、面接の「基本のキ」から教えていただいていたことを深く理解できるようになりました。ある日、三十数年前の未熟で初々しかったころの痕跡に出会い、深澤先生の特徴のある柔らかいきれいな文字を目にしたとき、なんともいえない気持ちになりました。現在の私が、個人や小集団、大きな研修で対人援助職者に対して、「ここがポイント」と何回も指摘していることと同じ指摘を、三十数年前の私が受けていたのですから。基本をあのときまっちりと教えてもらったのだということを、いまさらながら身に沁みて感じています。そして、私達の実践は確実に伝達可能な〈知〉としての技術なのだ、ということも改めて確信できました。(その後の臨床実践家としての熟成の過程を振り返れば、ジグザグ歩行をしながら今日まできました)

そのかたは、40代半ばを超えてから相談援助の基本を手に入れようと本格的に取り組み始めました。ですから、私が辿ってきた道よりもはるかに労力と時間を費やしていることが伝わってくるのです。そして、そのかたは自分でも気づかずに「あらすじ」が書けるようになっていました。そのことは、スーパーヴィジョンの前日の晩、私の手元にファクスで送信された事例の記述から明らかでした。

すると次の日、そのかたは、スーパーヴィジョンの場に現われるやいなや、ご自分の思いをまくしたてたのです。家を出てから新幹線の車中でも、その後の乗り継ぎ電車のなかでもずっと考えてきたことを……私に「あなた、とうとうあらすじが書けるようになったわね」と言わせることなく……。

「その場その場でやることはしている。でも、問題の中核が見えていない。じゃあ、『それは何か』と言われても答えられない。（クライアントの）妻が訴えていたことは、……（ここから、クライアントへの支援経過を大事な要点を押さえながら話し始めました）……電車のなかで考えてきたことは、夫の身体が悪化していく、自分の身体がもつかどうか、夫のきょうだいから文句を言ってくる、そこに奥さんがいる、（一方で）口うるさい奥さんに介護されている夫も不安になっているんだなー、問題の中核は、ふたりを不安にさせているもの、これを浮き彫りにさせていく、妻の不安に対して、そこにふれないでやっていたから、しんどかった、事例を書くのもしんどかった」

ひとり語りでした。

「わからない」から出発して、「わかるようになる」一歩手前まで到達したのです。（※8）きちんと、要点を押さえながら、いつのまにかクライアントの問題の中核が見えていなかったことを押さえたうえで、臨床像の輪郭までを描いていました。そのかたが本質的なものを心底から考え、感じ取った瞬間で、おそらく何も計算せずに吐き出した言葉でした。とても素敵でした。だから、あらすじが書けたとは思っていなかったのでしょう。

ただ、「描けた」と「書けた」には、雲泥のひらきがあります。相談援助者の描く「あらすじ」は、重要な情報を採用しながら、問題の中核をふまえて、できれば臨床像まで踏み込んだ4次元の見取り図的な「要約」でありたいからです。「書く」は、この場合、そこに見取り図が入っていない、平坦な筋をまとめたものを意味します。つまり、「書く」は単なるエピソードの羅列であって、シーン・情景になっていないのです。（※9）

私という相手がいたから言語化が促進されたのでしょうが、この日はご自分で検証できました。まだ、一晩のタイムラグがあります。しかし、この〈気づき〉までのタイムラグが、これまでと比べてがんがん短縮されています。もう少しすると、実践直後、そして実践の真っ最中に検証できる域にまでなります。（※10）この地点まで援助者としての自分を引き上げていけば、〈職業的《私》〉の到達点が実体として見えてくる位置についたことになります。ただ、〈問題の中核〉と〈臨床像を描いたもの〉を言葉で明確に表現できる、という中堅の域にいる臨床実践家の達成目標まで到達するにはとても時間がかかりますので、まだまだ先になります。ちなみに、私のこれまでのスーパーヴィジョン実践の経験から、全国的にみてこの域に到達している相談援助実践者は、厳しく査定すれば、まだほんの一握りです。

それから私とのセッションで、そのかたはさまざまなことに気づかれました。もともと感度はいいかたなのです。いや、感度がよすぎるから、対人援助職者としての自分の能力を上げなければ、と痛感してこのようなしんどい作業に取り組みはじめたのです。そこそこのケアマネジャー（表1の熟成過程の第1段階）で自己満足できていれば、少なくとも社会資源調達レベルにはすでに達していたのですから。

「クライアントへの支援のどの時点でしんどくなったか」という私の問いかけに対して、

「夫の退院の時点では、妻にも目的があった。その後、奥さんの思いと医療スタッフの考えとのズレがあり、病院側はうるさい奥さんだとシャットアウトしていた。（私も）奥さんの（本当の）思いを聴いていないから、何回も愚痴られて『うるさい、しんどい』とシャットアウトしていた。ちゃんと聴いていないから、毎回訪問するたびに愚痴を聞くはめになる。奥さんもいくら話しても気持ちが浄化されていないから、また話す。こっちはたまる。だから同僚に話す、……こちらも耐えられなくなって、訪問看護のほうに奥さんに会いにいってもらったら、訪問看護も同じことでしんどくなってきた」

「〈自分はいまの相談員の仕事について〉なぞることはできている。自動人形はできる。でも、（忙しいのもあるけれど）クライアントのところに行くたびに何回も愚痴られると、『これだけ（ふんだんに）サービスを受けているじゃあない』と（思っている私がいる）。これでは、他のスタッフと同じレベルだ」

書いてしまうと、当たり前のことができていないという感じになってしまいますが、〈相互交流〉を基盤とした臨床実践では始終起こっていることです。奥さんによって「表現された訴え」を「愚痴」としかみなさずに、その奥に潜んでいる〈心の叫び〉を受けとめていないので、そこでは〈相互交流〉における〈交互作用〉は成り立っていなかったのです。後作業では発見できることでも、クライアントとのやりとりの渦中で、このチェック機能を作動させるのはたいへんなんです。ここでは、〈もうひとりの《私》〉が必要なのです（※11）が、面接は事後検証をしなければ、「何で？」も援助者の身体感覚として湧き上がってこないですし、その理由の発見もできません。その気づきへの検証がないままでは、いつまでもクライアントへ届かない支援をしつづけるだけの援助者になりさがったまま終わりです。

ここで、〈自動人形〉や〈なぞることはできている〉といっている意味は、そのかたのケアマネジャーとしての役割を考えれば、クライアントのケアニーズと社会資源を結びつける機能は、もう考えなくてもニーズにみあった手当てができる、つまり、職業的な身体のレベルになっているということです。表1でいえば、熟成の第1段階の終了時点まで到達したことになります。

福祉施設の現場一筋できた人が、主治医と相談しながら、医療ケア態勢にまで踏み込んで専門医への媒介もしています。ですから、クライアントが療養生活を過ごしていくために必須の支援は十分にしています。つまり、第1部第2章第2節で述べた「クライアントと他のシステムとのあいだ（異なった組織と組織のあいだ）」のマージナルマンとしてのスタンディングポイントはきっちりと出来上がっています。

しかし、在宅療養が落ち着き、長引くにつれて介護者である奥さんの愚痴が増えてきたのです。この点は、マズローが著書で指摘している「ニーズが満たされると、新たなニーズが生じる」（※12）と同じ現象です。このニーズへの基本的な知見があれば、奥さんの愚痴へのまなざしが変わってくるのですが、ここでは、「クライアントと援助者とのあいだ」を行き来できるマージナルマンとしては機能できていませんでした。（※13）

満たされないニーズの根源はどこにあるのか。奥さんの愚痴の源は「さまざまな不安」にあることまでは気がつきました。ここまでくれば、奥さんのこころをしっかりと聴いていけば、不安の根っこが浮き彫りにされてきます。これが〈問題の中核〉です。これは、サービス調整に結びつけやすい表面的でわかりやすいニーズとは異なり、情動的な側面から発生しているニーズで、実践家たちを混乱させ、下手をすれば本人たちにとってもわけがわからなく、漠然としていても切実な悩みであるにもかかわらず、多くの援助者がそれこそ、「わからない人ね。十分にサービスがはいっているじゃあないの、これ以上なにが不満なの」とみなしてしまいがちなのです。

そのかたは、ここを手当てできるようになりたいから、単なる社会資源の手配屋で終わりたくないから、私のところへ新幹線に乗って、身銭を切っておいでになっているのです。

この後のセッションで、このクライアントの〈問題の中核〉がどこにあるのかをさまざまな角度から検討しました。重要な要になる情報が足りませんでしたので、推察の域はでませんでしたが、ヒントはいくつかでてきました。というのは、いくら奥様のお話を傾聴したとしても、ケアの対象者に関する疾病面の臨床知がないと解けない事象がみられたからです。その点のヒントはさしあげておきませんと、これからさらに深いニーズへの突破口が開けないだろうと考えました。

この〈臨床知〉も〈容量〉にかかわっていますが、日々の臨床で増やしていくしか方法はありませんので、現実的にはスーパーヴァイザーや相談できる専門家などの後方支援態勢が控えていることが重要なのです。

しかしながら、そのかたの粘り強さと向上心には頭が下がります。また、この2年間、一時期は私も内心では焦っていました。スーパーヴィジョンを引き受けた以上は、結果がでないことには私の責任でもあるからです。でも、深いトンネルから多少でも明かりが見えたときの喜びは、そのかたと同様に私にとっても精神的な昂揚感を伴ったものでした。

［註］

※1　第1部第3章第1節参照

※2　序など

※3　表2「専門的援助関係と一般的援助関係」&第1部第3章第2節参照

※4　ニーズについて：図7-2「A・H・マズローのニーズの階層制」&表5「ソーシャルサポートの機能別6分類」参照

※5　要約への厚い壁：図2の2&4の壁にぶつかっている実践家はたくさんいらっしゃいます。「要約」が課題となってから突破するまで、一生懸命やっている人で数年かかっています。しかし、努力を続けていれば、必ずいつの日かできるようになります。

※6　第3部第4章第1節

※7　巻末「参考・治療的コミュニケーション技術一覧」参照
※8　『「わからない」という方法』（橋本治著・集英社新書・２００１年）
※9　第２部第１章第１節でご紹介した沢木耕太郎さんのドキュメント論を参照。
※10　第３部第３章第２節　表１「臨床実践家の熟成過程」の第３段階の終了時点箇所で記述しています。
※11　〈もうひとりの《私》〉：第３部第３章第２節　表１の第４段階で誕生
※12　『改訂新版　人間性の心理学』（A・H・マズロー著／小口忠彦訳・産能大学出版部）の第５章で論述されています。
※13　「クライアントと援助者のあいだ」：第１部第２章第２節参照

容量と年令の関係

人間としての発達は年若い新人よりもはるかに成熟していても、こと職業的な熟成度は、出発が遅いと不利な点が多いようです。この点は、身体にたたき込まなければならない芸事の世界は、たとえば、日本舞踊やソーシャルダンス、茶道などのように、一つでも若い年齢から始めたほうがいいといわれていますが、私たちの知と技の身体化への課題と一部似通っています。私は若いころ茶道とソーシャルダンスを習っていたことがあるのですが、茶道の先生がよく「お稽古を始めるのは、年齢が早いほうがいい。身体で覚えるから」とおっしゃっていらしたのが心に残っています。はじめは同じ先生に生け花の稽古をつけてもらっていたのですが、先生は私があまりにも作法を知らなすぎることと、私の持病をおもんばかってのことから、「この仕事は歳をとってもやれるのよ。お花は大きな木《ぼく》をたわめたりするときに体力が必要だけど、お茶は年をとればとるほどいいのよ。あなた、お花とお茶の先生になりなさいな」と、何度も口説かれてお茶を始めました。ところが、初めてのお稽古で、私は即座にお茶の静謐な世界と座してお手前を見学しているときの異次元の世界、少々俗っぽいのですが、覚えなければならない文化的な刺激があふれているその世界にのめり込んでしまいました。

すると俄然、その世界のことを貪欲に知ろうという、私の習性がもろに出て、やたら本を買い込んで猛烈にお茶の世界の勉強を始めました。なんでも熱中する質なのです。お茶室に初めて入り一時間以上正座したあと、足が痺れ切ると立ってすぐ歩き出すとステンと見事に転ぶ、ということも知らないまっさらの素人でした。そして2年後……。

お手前の合理的な手順にすっかり魅せられた私が、一通りの手前をさせていただけるようになったとき、自分では気持ちよく順番どおりに手前していましたら、先生が突然、「いや、いや」と扇子で私の太腿を叩きながらこどものように身をよじっておっしゃったのです。

「あなたの手前は風格がない。頭で立てているから」と。私は、あのときの60歳をとうに過ぎた小柄で品がよく、しかも華道と茶道で主たる生計を立てていらした先生の「いや、いや」のことばと身のよじりはいまでもくっきりと覚えています。それだけショックだったのでしょう。「頭で（お茶を）立てているから」ということばと先生の本当に「嫌！」という顔がいまだに身体に刻印されているのです。30年ぐらい前の出来事でした。でも、私の内心は、「そんなこと言われても困る、年をとってから始めたんだから」、「じゃあ、どうすればいいの？」という思いでいっぱいでした。そこで、もう頭で考えることはやめにしました。すると、その1年後、先生が満足そうに「風格が出てきたわ」とおっしゃるのです。「風格」とは「たたずまい」のことです。ですから、たった3年で風格がでてくるわけはないので、「前がひどすぎたので」という但し書きがつく先生のお褒めの言葉だったと思います。

ですが、私の茶道におけるこの一年は、先ほどのスーパーヴァイジーにもあてはまります。頭で一生懸命繰り返し繰り返し考えていたときは、うまくいきませんでした。私は、よく「身体感覚を大切にして、身体で考えて」とスーパーヴァイジーに言います。臨床実践を言語化する作業は、どちらかというと理屈っぽい作業です。しかし、自分で課題を設定し、ひたすら臨床実践に励み、検証していく、その作業を続けていくうちに、自然にそのかたの身体に情報を解析する回路が少しずつ組み込まれていったのでしょう。ですから、当初の課題である「あらすじを書く」はある地点まで突破したのに、それを意識することなく、「考察を書く」という次の課題で頭がいっぱいになっていたのだと思います。

年齢がいってからの自己訓練の厳しさは、クライアントの世界に関する情報量はたくさん身体に入れられる、でも職業的な〈知的・分析的、援助的身体〉が構築されていないので、あふれる情報を制御できないところから生じます。この点が、大学や大学院でソーシャルワークや心理療法を専攻してきたかたで、専門領域に関する知識量が多くても、実生活の体験が浅い新卒者や若い援助者との違いです。彼らはまず、感情面の成熟にまだ時間を寝かせなければならないので、クライアントから引き出せ、理解できる情報の量も質も少ないのです。ここが初心者の段階から人間理解を求められる職業と先ほど例示したようなお茶などの古典芸事や舞踊や楽器などの稽古開始年齢の理想との違いです。後者の場合は、適性年齢はあるのでしょうが、若ければ若いほど身体が馴染み、年輪を積み重ねながら内面を鍛えてゆけばよいのですから。

ですが、年齢がいってからの人は、〈職業的な《私》〉の形成に必要な基本的な枠組みを、いったん身体に入れてしまえば、これまで生きてきた歴史に刻み込んできたものが多いぶんだけ、クライアントを受け容れる「容量」が大きくなります。

もちろん、例外はありますので、決めつけることはできません。いずれにしても、〈職業的な《私》〉を構築するためには、実践を振り返り、熟すための自己検証を積み重ねなければ手に入れることは不可能です。

第3章で臨床実践家の熟成過程をたどる作業をしていますが、臨床実践の基本は、まず〈職業的な《私》〉を徹底的に築き上げることが目標になります。それも身体で仕事ができるようになる時期をへて、クライアントへ不利益を渡さないように〈わたくし的《私》〉を制御・監視できるレベルです。表1の第3段階の到達点のひとつでもあります。〈わたくし的《私》〉の表層か深層かの違いはありますが、この〈わたくし的《私》〉を自己チェックできなければ、クライアントに対してこの《私》を関与させることには双方に危険がともないます。このコントロールができませんと、クライアントへの援助にならないどころか、状況によっては、援助者側も深く傷を負うこともあるからです。また、援助者側の価値観や社会通念でクライアントを評価したり、レッテルを貼ったり、クライアントの最後の手段である、一見サービスを拒否しているようにみえてその実は援助者を〈拒絶〉しているのに、援助者側が「このクライアントは〈モンダイ〉」と切り捨ててしまうか、または彼らを援助者の強力《ごうりき》でねじ伏せて援助者側の意のままにするか、はたまたやきもき見ているか……援助者側が各々の対処のしかたに応じた問題解決を一方的にしてしまう事態を招くことになりがちです。

ここまでくると、相互交流はまずい方向に働き、交互作用はまったく成立していません。

なんといっても、対人援助職に就いたのであれば、自分を完成度の高い〈職業的な《私》〉に鍛え上げるべきです。

なぜならば、相談援助面接は、面接を受ける側（クライアント）や相談者と面接を実践する側（面接者）のお互いの年齢や生活文化、個性や〈人間力〉、そのときの双方の心身の状態などの組合せによってその展開のしかたが異なり、そのとき、その場で、その状況のなかで生じたことは一回性のものであり、やり直しができません。私は、〈人間力〉を「生きる強さや生きる上で実際に発揮できる力」と考えていますが、クライアント理解は、この〈人間力〉をみる視点が重要です。一方で、面接者の側は、とくに他者を自らの身体の内に受け容れられる容量の、質的・量的な大きさが問われてきます。

じゃあ、若い者はどうすればいいんだ、という声が聞こえてきそうです。まだ生きてきた歴史が浅く、他者を受け容れる容量が出来上がっていない若い人は圧倒的に不利のようにみえます。ですが、そうでもないのです。私は、初心者のうちは等身大に関わればいいと考えています。焦りから背伸びする気持ちは押さえられませんが、たとえば、嫌な話でも苦手なかたの話でもじっと聴く、そのことを続け、内的な向上心をもって自分を高めていく努力を怠らない、というプロ意識は必要です、それに加えて、基本的に他者に対する畏敬の念と尊敬の気持ち、土足で他者の内的・外的世界に踏み込まず、などの基本姿勢とエチケットと謙遜のこころをもって、先に述べたプロとしての心意気さえ備えていればいいと考えています。（※1）

［註］

※1　コラム13参照　表1「臨床実践家の熟成過程」では、第1段階・スタート地点の最重要目標になります。

プロフェッショナルへの道

私は、臨床実践家の日々の鍛錬の目的のひとつは、職業的に実践家自身の「他者を受け容れる容量」を質量とともに大きくしていくことにあると考えています。ここで、「私的に」とはあえて申し上げませんでした。他者を限りなく受け容れるなんて、職業だから、プロフェッショナルだからできるのです。プライベートでもそれをしたら、それこそ大切な私的な関係がおかしくなってしまいます。この点についてはいろいろ誤解があるようです。

前著の『未知との遭遇～癒しとしての面接』を著わしたあとで、私のかつての職場の上司やお世話になったかたに読んでいただきました。臨床実践に就いているかた達は、私の専門である相談援助職以外のかたでも書いてある内容に対して別段驚かれませんでしたが、事務職で、しかも上司として関わりがあったかたは、「奥川さんって、いつもこのようなことを考えながら人と会っていたんですか。なんだか、すべてを見透かされていたんじゃあないかと、これまでどう見られていたのかと思うと、なんだか恐いよ……」と、複雑で戸惑った表情をお見せになったのです。それもお一人ではありませんでした。私はすかさず、「これは面接をしているときだけです。ふだんも同じようにしていたら、死んでしまいますよ」と申し上げたのですが、それでも当惑顔は消えませんでした。

クライアントだって、他者で、しかもプロだと思うから、必ずお別れがあるから個人の秘密を話せるのです。それに24時間を全身センサーの状態にしていたら、早晩狂うか死ぬかします。かつての私にも危ない時期がありました。もちろん、長い職業人生のなかで、その人にとってふさわしい時期に〈職業的な《私》〉を作り上げるために、仕事漬けの日々を過ごす期間は必要です。この仕事には、図2であらわしたように、身体にたたきこまなければならない「基本的な知識や考え方の枠組み」や仕事や面接の組み立てのために必要な「構成力」を中心とした臨床能力が要求されているからです。この〈職業的な《私》〉をある段階にまで構築できて初めて〈わたくし的な《私》〉を登場させることが可能になるのです。

もちろん援助者自身の年齢の積み重ねも必要ですが、臨床実践の仕事に就いた以上は、やめるまで、日々、トレーニングの積み重ねが必要な、やせ我慢の部類に入る職業であると、私は実感しています。

理論や教科書的な援助の方程式は、あくまでも考え方・教育用であって、これまで申し上げてきたような多重構造のなかで援助者自身の存在を武器にして実践される臨床実践は、すべてが応用で、クライアントと援助者側の〈アドリブ・自由な逸脱〉（※1）が要求されているのです。

スポーツは勝敗がはっきりと結果としてでますが、〈相互交流〉を基盤とした相談援助実践は、クライアントの行く末からある程度の結果がでることはあっても、はっきりとした形ではでません。その過程に不確定要素が多すぎるからです。しかもすべてが応用でアドリブときては、ここが臨床実践の奥深さと難しさ、わかりにくさが同居している所以であると考えられます。ですが、一度、その醍醐味を味わってしまうと、ときに苦しさも伴いますが、その愉しさは知的・感覚的な快感にもつながり、たとえは悪いかもしれませんが、「覚醒したトランス状態」に陥った経験のあるプロの援助者もたくさんいらっしゃると思います。（※2）これも、人と人とが交互に作用しあいながら、形になりにくい内的世界を構築していく作業だからこそ、再編集作業的だとはいえ、創造につながる行為であると、私は考えています。

そこで、臨床実践においては、生身の身体を有している援助者が、自身の存在を自在にクライアントに提供できるように仕立てあげていくためには、これまでに何度も申し上げたように、自身を臨床実践に必要な「知的・分析的、援助的身体」に仕立てあげていくことが、プロフェッショナルとしての第一の熟成目標になります。（第3章で提示しましたように、その熟成にも大きく分けて4つの段階があります）（※3）

日々の臨床の場でお目にかかるクライアントのかた達が、援助者自身の有り様を映し出す最高の鏡になります。いくら本を読んでも、ロールプレイなどの模擬的な実践体験を重ねても、目の前にいらっしゃるクラ

イアントの圧倒的な存在の重さに優るものはありません。（※4）

ですからまず、臨床実践を自己検証できる段階にまで、援助者自身を引き上げていくことが重要になりますが、そのためには、日々の実践のなかで、援助者の身体のなかに入っているクライアントの言葉や全身の表情と援助者自身の感情や思考をまず、身体のなかから出して、言葉にしてみる作業が第一歩となります。できれば、書いて文章化して、再度眺めて考える、といった知的作業を繰り返していくことをお薦めします。（※5）

援助者は、自分自身が社会資源のひとつであることを自覚し、「どのようなクライアントと問題状況に対して有用であるか」を常に自己検証を通して点検しておく必要があります。そして、自分自身の現段階での臨床能力を見積もりつつ、さらに援助の対象である「人と問題状況を理解する容器である自分の容量」を拡げられるように、有用な社会資源としての自分の腕を磨くことを怠らない、これがプロフェッショナルの心意気であり、責務でもあります。

同じように、自己に厳しい鍛練を課すことによって、職業的な技や芸を身体化させていく職業は、社会を見渡してみればたくさんあることに驚きを覚えるほどです。私の少ない趣味的世界の経験からみても、先述した茶道の先生、生まれ変わったらダンサーになりたいと望んでいる私が少しだけかじったソーシャルダンスの教師、前著を書いていたときにこの仕事と重ね合わせて新しい発見をもらっていた大好きなＦ１レーサーの故アイルトン・セナ、本書を執筆しはじめてから中断していた時期に集中して観客席に足を運び、著書・関連書を読みまくり、老後の楽しみとなった人形浄瑠璃文楽の竹本住大夫師など、異なる領域のかた達がどのような自己鍛練をなさっていらっしゃるのか、関心と探求心をもって感受し、考える機会をたくさんいただきました。（※6、7）

【註】

※1 アドリブ：『イメージとマネージ――リーダーシップとゲームメイクの戦略的指針』（平尾誠二&松岡正剛著・集英社文庫・1999年）

※2 ジェーン・フォンダの言葉

※3 プロフェッショナルとしての熟成過程：表1「臨床実践家の熟成過程」参照

※4 コラム16の中村外次さんの場合、職人として身体化のために「この目でみる、体験する、確かめる」ことを重視していらっしゃいます。また、第2部第1章第1節の「クライアント理解のための情報の質とかたち」を参照してください。

※5 第3部第4章参照

※6 たとえば、ソーシャルダンスの教師ですが、日本の文化のなかでは一見派手でキッチュな世界にみえますが、全日本クラスのダンサーになりますと、すさまじい練習と自己投資をされていました。

1年の半分を日本でレッスンプロとして稼ぎ捲ります。そしてその稼いだ資金で本場イギリスに残りの半年留学してレッスンを受け、日本および世界的なコンペに出場されていました。私が教師を替えようと決心して各教室を見学し、この人と決めた先生は世界チャンピオンに師事し、結果的には、全日本チャンピオンに上り詰めました。

レッスン料が高いので、アマのコンテストに出るわけでもない私がそのかたにつきたいと申し出たとき、その先生はすごいセリフを言ったのです。

「君のような若いひとが習うには、ぼくのレッスン料は高い。中年の女性ならば音楽に合わせて気持ちよく踊れることが目標でいい、僕は女性の身体を音楽に合わせて気持ちよくリードできる。ソーシャルダンスをまったく踊った経験がない女性でも、僕と踊れば自在に身体が動かせるものなんだ、相手が驚くぐらいだ、自分の身体の動きにね」

すごい自信でした。おまけに彼が踊っている姿はとてもハンサムで、セクシーでもありました。事実、レッスンを待っているとき、先生と踊っている中年の女性客は恍惚の表情で先生のリードに身を任せておいでした。まるで、スローフォックストロットのリズムにのって踊りながらセックスしているような感じで、見ているほうが照れてしまうぐらいでした。しかし、競技会での先生とパートナーの踊りは、スポーツそのもの、筋肉と筋肉が音楽にのって優雅に動き、決して気持ちよさそうではありませんでしたが。

「君はどうする？　気持ちよく踊るほうを選ぶか、基本をしっかり身につけるほうを選ぶか」

私は即、後者を選びました。身体が弱く、とても将来的に長い期間を趣味として楽しめる領域ではなかったのですが、このときは、なぜか、プロ中のプロに教えてもらいたかったのです。その頃の我が身にとってはその費用と先生という存在は贅沢でしたが、先生にとっては時間・労力とも実にならない生徒だったことも確かでした。30代の初めでした。先生にとっては、基本を教えるより、自在に踊る時間のほうが楽だったはずです。

しかし、とても貴重な体験をさせていただきました。先生の教え方がすばらしかったんです。全身の姿勢や身体の動かし方を教授するとき、身体を動かしながら、〈ことば〉でその内容をきちんと表現できるのです。微妙な身のこなしを論理的な、類推的なことばでです。しかも、相手がイメージできるように。「身体化された動作をきちんとことばにできていて、それを伝達できる、このひと」と、私はいつも教えていただくたびに感嘆していました。

当時の私の課題〈臨床実践の言語化〉を、領域は異なってはいても世界を視野にしているダンサーはきちんとできているんだ。私はそのとき、精進すればきっとできると、こころから思ったものです。感謝！

※7　コラム17参照

コラム 16

京の数寄屋大工・中村外二さん「現場で台風、それも千載一遇の勉強や」

私たち対人援助実践者にとって、最大の教科書はクライアントだといわれています。彼らと真剣に向き合うことと、自己の実践を振り返り、自分の身体で考える作業を繰り返すという〈内省的な作業〉によってしか、臨床実践者としての力量は身につきません。教科書は、あらかじめ必要な知識を手に入れるためか、実践を検証する内省的な作業の際に確認するための材料として、他分野の諸々の本は、考えを深めるための刺激材として、あるいは想像力や類推力をかきたてるために役に立つ、という位置づけになります。

いわゆる〈現場主義〉です。〈実践現場〉の一つひとつが知恵の宝庫であり、宝物が詰まっています。

同じようなことを数寄屋大工の中村外二さんがおっしゃっています。

「現場で台風、それも千載一遇の勉強や」

明治39（1906）年生まれの中村さんが亡くなる3〜4年前の90歳近くになってから、ご自分の仕事について語っている本（『京の大工棟梁と七人の職人衆』（笠井一子著・草思社））のなかにこのことばを発見したとき、私はとても嬉しくなりました。私も現場で「ここ一番！」「千載一遇の機会だ！」という場面は、万障繰り合わせて実際場面に立ち合ったり、陰から観察したりと、その瞬間を逃がさないように心がけていましたので。

中村外二さんが出会った台風は、本書によれば昭和9年9月21日、四国・関西地方を襲い、校舎の倒壊が多く、教員・児童の死者が694人にものぼったという室戸台風でした。中村さんは、そのとき太閤さんのお土居（土の防壁）のてっぺんに二階建の建前をしていたそうです。以下、本の語りを引きます。

「下からの強い風がお土居にぶつかるんです。高いからねぇ、上に何にもあらへんのやから。そのときこの建物がつぶれたら、わしはもうこれで一生、大工は終わりやなと思うた。ぐるりに下小屋（作業場）とか仮設の事務所とか建ってますわな。それがみんな吹っ飛んでしもたんやから。お土居の下のほうの建物なんか、いっぱい倒壊しとったからね、大変やったんですよ。それでも、わしがやっとった住宅だけはどうもなかった。屋根の瓦はバーッと飛んでしもたけど、壁はついとったし、やれやれと思うた。

現場にですか。ああ、おった、おった。若い時分やから朝から晩まで詰めとった。いや、離れられませんでぇ。一生かけてやっとる仕事やからね。もし、これがつぶれたら中村は台なしやと思うて気が気でないもん。そばに竹薮《たけやぶ》がちょっとありましてね、そこに潜んでジーッと見とるよりしょうがないや。そら大変ですよ、怖《こわ》うてしがみついとる。何が飛んでくるかわからんから。そやけどそれどころでないもん。わしの一生が、かかっとんねやもん。

それでもまあ、建前していた住宅だけはなんとか残った。それだけ構造がちゃんとしとったからね。仕口《しくち》が丈夫にしてあるってことです。仕口というのは木と木の接合部分です。木をなるべく傷《いた》めんように、一本の木のようにするために、できるだけ深く強くからめたいんや。わしは雪国の富山のやり方でやっとったから、そら、ビクともせんもの。まだ、京都へ来たばかりのころですよ。やっぱりね、実際にそういう経験がないと、いくら言うてもなかなかわからんのや。そんな大きな台風みたいなもん、一生にいっぺん、あるかないかやからら。そやで、そういう経験は大切なことですよ」（15～16頁）

この語りのあとすぐ、「この間、九州でもいい経験しよったなと思ったのに、それをうちのバカどもが……。」と宮崎で300坪の木造建築にかかっていたときに遭遇した台風のことがでてきます。

平成5年9月、最大風速70メートル、平均風速52メートルの鹿児島から宮崎を襲った13号台風のとき、12人くらいの大工と左官などの職方が10人くらいいたのですが、みな怖がって、仕上がりに近かった建築現場を放ったらかしたまま宿舎へ帰ってしまったそうです。

翌日、朝一番で宮崎へ行った中村さんのことばです。

「『おまえらどうしとったんや』というたら、『いやあ、もう怖なって六時ごろから、そんなんおられへんし、怖いわぁてみんな宿へ帰りました』ていうんですよ。いったいどういうことや、いうて怒って。そんなもんね、人の一生にいっぺん遭えるか遭えんかわからん台風でしょう。そんないい経験はまたとないことですよ。そうそう、そうや、千載一遇の経験でしょ。風が入ってくるねやから、軒先が風で煽《あお》られて動くわけですよ。そしたらこの建物がどういうように動くか、どういうふうに傷むのか。それをなんで見とかんのや、ていうんですわ。そうでっしゃろ。仕事のしかたというのは自分ら自身でやってきとんねやから、ああいう仕事をしたから、こういう具合になんのやなと、ようわかりますがな。そんなん、立てっとらんだ（立っていられなかった）ていうんだ。立てっとらんだら建物の陰へ行って、這《は》いつくばっとったらええやないか。」

と、怒鳴りつけたそうです。

建物は、オーナーがびっくりするほどピクリともしなかったそうです。

「やっぱりそれだけ構造がしっかりしておったってことです。こっちは経験があったもん。」（17〜18頁）

この場面については、本書で最後に紹介されている庭師の明貫《あけぬき》厚《あつし》さんの語りのなかにも出ています。そのときの台風と翌日の棟梁の怒りについての臨場感あふれる描写と合わせて読むと、現場人間の心意気と凄味に感動します。

この明貫さんも背骨が通った庭師なのですが、彼をして「中村の親父さんが死んだら、俺、激情するやろな。考えてみたら、わたしは、自分の親父より棟梁と一緒にいた時間のほうが長いんですよ。そういう意味では、中村の親父さんに育てられてここまで来たとはいえますわなあ。」と言わしめる中村さんって。生きていらっしゃるあいだに一度お目にかかりたかったかたです。（「中村外二棟梁から学んだこと」（２４４〜２４９頁））

本書を読むと、中村さんをはじめ、職人さんたちが仕事を通して「考える身体・頭がいい身体」に自分自身を仕立てあげていることが身に染みて理解できます。

この点について、本書の著者であるインタビュアーの笠井一子さんも以下のようにお書きになられています。

「中村さんの仕事の中心であった茶室・数寄屋建築。その伝統的な技術というのは、現代の建築界ではほんの一隅を占める存在にしかすぎない。そうした状況のなかで、自らの感性と技を磨き、誇りを持ってひたむきに精進していくには、よほどの意志と信念と情熱なくしてはできない。それは大工に限らず、左官《さかん》、表具師《ひょうぐし》、錺《かざり》師《し》、畳師《たたみし》、簾師《すだれし》、石工《いしく》、庭師《にわし》などの家造り・庭造りの職人にも、また広く工芸の分野の職人にもいえることだろう」（まえがき）

※この本を紹介してくださったのは、本書を完成させる前に天国に逝ってしまわれた、紅林みつ子さんです。本コラムを改めて読み返しますと、この中村外二さんと紅林さんの仕事に対する心構えや考え方、とくに〈現場主義〉の姿勢が同じであったことを、強く思います。お二人とも鬼籍に入ってしまわれましたが、その仕事にかける情熱と姿勢・匠の技は永遠に伝承されていくことと信じています。

合掌

コラム17

人間国宝・竹本住大夫さんの稽古熱心

――人形浄瑠璃文楽の稽古と対人援助職の訓練の違いは？

竹本住大夫さん（※1）の姿を初めて目にしたのは、確か2001年の初春だったと思います。とはいっても、生ではなく、テレビ画面のなかででした。

夕食後、テレビのドキュメント番組に偶然チャンネルを合わせました。文楽（※2）のふたりの人間国宝が近松門左衛門の改作の（たしか）河庄の段を共演するというので、公演までのおふたりの姿や文楽に懸ける姿勢を追いかけ、編集したものでした。今から思えば残念なことに、番組の途中からでしたが、最後まで見続けることになりました。これまで、日本の古典芸能に関心はありましたが、馴染みがなかったので内容に疎く、また国立劇場にまで足を運ぶのもチケットを手配するのも億劫なほど恥ずかしい忙しさを続け、文化的な貧困生活を過ごしていたせいもあって、文楽は生で鑑賞したことがありませんでした。

ところが、目が離せなくなりました。私がその番組にチャンネルを合わせたとき、ちょうど竹本住大夫さんがお弟子さんの太夫さんに稽古をつけているところでした。これがすさまじかったのです。30～40代とお見受けしたお弟子さん（※3）がきちんと正座して、一節語るごとに「今のはなんだ！　気持ちが入っていない」と、70代半ばのかたが同じ節を語ってきかせ、「（声が）ハラからでていない！」とご自分のお腹をたたき、「どうして自分の芸についてこない」と、早く自分の芸の段階に上がってきてほしいとばかりに、そのつど扇子で見台（※4）を叩いて怒鳴りっぱなしでした。

私はびっくりしてその画面に目が釘づけになりました。怒鳴られても、怒鳴られても、30～40代と見受けられた太夫さんは、語り続けては怒鳴られと……、なんということでしょう、と思いました。お二人とも浴衣をきちんと身に着けていて、正座姿でした。

「怒鳴りまくって古典芸を伝達する」……私は、考えこんでしまいました。

私は現在、対人援助職者が、その技術水準をプロフェッショナルの域にまで高めていくための訓練方法のひとつである〈スーパーヴィジョン〉を行なっています。個人や小集団、あるいは大きな研修会での「生の実践事例をもとにしたライブの検証」場面で、参加者に常に口をすっぱくして主張しつづけていることは、事例提出者に対しては終始「サポーティブに、サポーティブに」です。クライアントに対しても、後輩や新人を育てようとするときも、また、対人援助実践力の向上を目的に実施する事例検討会の場でも、常に支援の対象者（※5）に対する質問や声かけから表情に至るまで、すべての態度においてです。

怒鳴るなんて無論のこと、批判的な表現や口調を相手に放っては、相手が潜在的に、あるいはその時点で有している力を引き出せないと言い切っています。「北風と太陽」の譬えでいえば、もちろん太陽派です。

これまで、研修やグループスーパーヴィジョンによる事例検討の場面で、先制パンチを食らわして参加者やメンバーをまずはけちょんけちょんにけなすことによって教育していく講師や先輩たちと出会ったこともあります。出鼻をくじいたり、相手の驕りをまず叩いてから必要な知識や技術をたたき込む、という方法も確かにあります。一見優しそうな表現でいて、実際はものすごい否定的なメッセージを後輩や新人に渡している先生や先輩よりは、わかりやすい点ではまだましかもしれません。が、私にはどうしてもそのようなやり方で人を育むことには抵抗があります。

その理由は、私たちの仕事が、自分自身の人格と深く関与せざるをえない〈相互交流〉を基盤としていることと関係しています。表1「臨床実践家の熟成過程」（※6）でも提示していますように、まだ〈職業的な

《私》〉を構築できていない初心者や未熟な段階にあるかた達の場合は、それまでの生きてきた過程のなかで培ってきた〈生《き》のままの私〉を使わざるをえないので、人前で怒鳴られたり、批判されたり、恥をかかされるような事態は、もろに〈わたくし的な《私》〉を直撃します。また、ある程度の熟成段階に到達しても、援助の過程で援助者自身の深層感情に一撃を加えられていることに気づかずに、さらに深い《私》レベルで対象者と同一化していたり、共振しているような事態はいくらでも起こっています。

そのようなとき、実践事例を検証していく過程で思いもかけないところで、〈わたくし的な《私》〉がムクッと出現します。そのような状況を予測してその場の状況に応じて臨機応変に対処（※7）できるスーパーヴァイザーがおりませんと、当事者はとても辛くなります。ですから常に「サポーティブに」なのです。

それだけ配慮しても、自分自身を振り返り、自身の援助技術の盲点や未熟さに気づくことには、かなりの痛みを伴うものです。

人間は怒鳴られて、けなされて初めて自分自身の未熟さや至らなさに気づくこともあります。そうしてもらわないと、どすんと身にしみないタイプのかたもおいででしょう。しかし、いくら領域が異なるとはいえ、「これはなんなんだ！」と、私は深く考えてしまいました。…①

さらにもっと驚く画面に出会いました。

竹本住大夫さんが、共演する文楽の人間国宝で人形の遣い手である吉田玉男さんとの公演を前に、三味線を弾くかたをお連れになって、たしか大阪から京都までお出向きになり、竹本越路大夫さんという、十数年前に引退された、やはり人間国宝の先輩の方にお稽古をつけてもらっている場面でした。（※8）

越路大夫さんは、老人斑は顔にあふれてはいても、住大夫さんとは違って瓜実顔の華奢なかたで、椅子にお座りになられた姿で登場していました。一時間の義太夫の語りを住大夫さんは汗びっしょりで語っていました。

越路大夫さんは、床本（※9）をめくりながら途中でさえぎることなく、じっと聴き入っておられましたが、終わるや否や、床本をパンッと元に戻し、はじめからパラパラと本をめくり始め、手を止めるたびに、「ここは……」とご自分で語ってきかせておられました。85歳ぐらいになられているかたがです。

現役の人間国宝も見事なのですが、はるか昔に引退された人間国宝の語りの味わいと潤いには、素人の私の耳でも「なんということだ」と、これまた驚くというよりもショックでした。芸の世界は、年齢を重ねれば重ねるほど風格がでてくることは読み聞きしてはいましたが、改めて自分の肉体を遣う仕事の奥深さを感じました。…②

以前、ある雑誌で、医療事業社会史の学者である新村拓先生と念願叶って対談したとき、私のかねてからの命題であった「現代社会における老いの価値はどこにあるのでしょうか」との問いに、新村先生はすかさず「芸の世界にヒントがあります」とお答えになられたことを思い出しました。能の世阿弥の作品には、それぞれの年齢で演じるものがあるとご著書にもお書きになられていました。

そして、なによりも最大のショックは、かの越路大夫さんが十数年前に引退された理由でした。番組のナレーションによると、ご自分の声が低くなったらしく、合い三味線のかたがご自分の声に合わせて一音下げて弾いていたことに気づいたとき、スパッと引退されたのだそうです（この点については、後にさらに深い決断があったことを知りました（※10））。しかし、十数年後のいまも、体力の問題はあるのでしょうが、声は瑞々しく、情感があふれていて、その自らの身体に刻み込んでこられた日々の稽古の確かさと芸に対する厳しさにうなってしまいました。

私は、この番組で見た義大夫の住大夫さんと越路大夫さんのことが忘れられず、上記の①および②の点も私のさらなる課題と化し、しつっこく考え続けた挙げ句、まずは『文楽入門』という大きな本（※11）を買いました。そのなかに、文楽の三業、太夫・三味線・人形遣いそれぞれの第一人者による座談会があったのです。「究極の座談会・三業一体の妙」と銘打ってあるだけあって、出席者はみなさん人間国宝でした。そのなかの太夫代表が竹本住大夫さんでした。

初心者向けの座談会でしたので、とてもわかりやすく文楽のしくみや修業の様子が語られていましたが、私の目当ては、住大夫さんがどのような稽古をしてきたのか、にありました。思った通りでした。「つらかった修業時代」のなかで、それぞれが師匠の厳しさを語っており、人形遣いも三味線もなかなか興味深いエピソードにあふれているのですが、ここではお目当ての住大夫さんの言葉を紹介します。

「先代喜左衛門師匠の稽古の厳しさは有名で、おこられてばかりいました。『浄瑠璃て難しいもんやなあ。稽古て恐いもんやなあ』と、恐さが先にたってしまいましたな」

「先に申しましたが、先代喜左衛門師匠が、また厳しい方で、この方のおかげで何とか形だけはつけてもらいましたが、あの時分は苦しかったですね。もう稽古で怒られ、舞台からおりてきては怒られ、一日中怒られてばっかりいました（笑い）。そやけど、そのおかげで今日までやってこられたんやないかと思います……」

（「いい役がついた！」）

住大夫さんも怒られ怒られ上達してきたのでした。ですから同じ方法でお弟子さんたちにも伝えていらしたのでした。

この点については、私たちの世界でも同じです。私たち対人援助職者にとって、先達が長年にわたって育んできた〈知としての技〉を次世代や孫世代に伝達する方法のひとつにスーパーヴィジョンがあります。文楽でいえば師匠に該当するスーパーヴァイザーにおいても、たとえば攻撃的なスーパーヴァイザーについていたかたは、自分では意識せずに後輩に対して自分が受けた通りのやり方で接したり教えたりしています。ですから、どなたのスーパーヴィジョンを受けたかは、かなりの確率で判明します。私の場合は、スーパーヴァイザーは否定的な言動がないのはもちろんのこと、常にサポーティブでした。ただし、厳しさは穏やかで美しい日本語から伝わってきました。それは、「これぞ、プロフェッショナル」という姿勢から生じていました。ですから、私がこれまでの人生で唯一緊張し、ときに冷汗を流し、電話でさえも直立不動気味になる方は、私のスーパーヴァイザーだけです。

後にたくさんの関連本をあさったのですが、住大夫さんが厳しいかただとおっしゃっている先代喜左衛門師匠は、どのお写真を見ても、とても温和で包容力のあるお姿でした。住大夫さんに稽古をつけていらした越路大夫さんも、この方の厳しい稽古によって育てていただいたと感謝されていました。私のスーパーヴァイザーも品よく、優雅な物腰を漂わせています。

住大夫さんご自身の著書でも、他の文楽本に登場している箇所でも、「稽古は恐かった、でも、厳しい稽古があったから今の自分がある」というような内容が必ずでてきます。（※12）

これは、是非実際の舞台を観てから考えなければ、と強く思いました。

そして、私の文楽探求が始まりました。住大夫さんの追っ掛けです。一度、二度と病気休演で振られました。そして２００２年５月、東京の国立劇場で３度目にして、生の住大夫師匠の語りに出会えたのです。丁度「菅原伝授手習鑑」を通しで公演しており、住大夫さんは三段目の「桜丸切腹」を病気休演明けにもかかわらず約一時間語られました。評判どおりに登場人物の情感表現が上手で、決して美声ではないのに、他のどの大夫さんの語りとも訴えかけてくるものの質が異なっていました。聴く側の思い入れもあったのでしょうが、思わず全身で「うまい！」と叫びたくなった場面がありました。まだ、浄瑠璃鑑賞初心者の私でしたから、万が一ルール違反になるとご迷惑になりますので、その衝動を涙で流しました。

私の身体が物語に没入した場面は、切腹を覚悟した桜丸の切々たる語りにつながり、その嫁と親父様が「泣くない」「あい」「泣くない」「あい」と互いに掛け合いながら悲しみをこらえる語りでした。瞬時に役柄を替えて掛け合うのですが、一人の男性が70歳の男とうら若い嫁を語るのです。その前に主君（菅丞相）の濡れ衣の原因に関与した若い舎人の桜丸の無念さを語っているのですが、その切り替えについて住大夫さんは、先の座談会で以下のように述べておられます。

「……私らは義理人情を語り、喜怒哀楽を表現するんですから、やってることは三百年来の古いことでも、やっぱりお客様には情を伝えていかなあきまへん。『ああかわいそうやなあ』とか『おかしいな。おもしろいな』という情を伝えていく。それならこそ同じものを何遍やっても、見に来てくれはるし、若い人でも『何や、人形芝居て、ばかばかしいな』と思うても、そのばかばかしいとこにまた素朴なおもしろさがあって、その情が伝わっていく。情を伝えんことには太夫としての値打ちがおまへん。これはまあ皆三業に言えることですけども。その情を伝えるにはどないしたらええか……これはもう、浄瑠璃をよく覚えてしもて、ああやろとか、こうやろとか思わんと、素直に気持ちや感情を出して語ればよいのですが、太夫の場合は一人で何人もの登場人物の語りをせなあきまへん、その人物になりきってしもうたらあきまへん。なりきる一歩手前でとめて、そこで転換していく。転換するときに間が抜けたりするといけまへん。自然に感情が抜けないようにする、そこに難しさがあります。いまだに苦労してまんねん」

最後の箇所は、コラム14の「共感について―その4」で佐治守夫先生の『出たり入ったり論』でも紹介している「共感」のメカニズムと合致していると考えられます。（※13）また、コラム10で案内している文化人類学者の原ひろ子さんのフィールドワークへの心構えとも重なってきます。（※14）

私は、初めて拝聴した竹本住大夫さんの語りに魅せられ、すっかり人形浄瑠璃文楽のとりこになりました。

その後本拠地の大阪や彼らにとっては出張先の東京で行なう本公演を続けて追いかけているうちに、出ているだけで舞台が凛と引き締まる吉田玉男さんの芸の風格（※15）や観客の魂を抜いてしまう吉田蓑助さんの色のある至芸（※16）に引き込まれていきました。現在は、私にはまだその奥深さは十分に理解できませんが、文楽三味線の鶴澤清治さんの切っ先鋭い音色と豊かな表現力（※17）にいかれています。

その一方で、世界無形遺産にもなっている人形浄瑠璃文楽の世界にも、私の生涯の課題である「身体化された技術や知の世界をいかに後進に伝達していくか」という課題があることに気づきました。傍から観ていても、素人目にもこの古典芸能の伝達は長い修業の期間が必要です。しかも歌舞伎や能・狂言などの古典芸能とは異なり、権威ある名跡は生まれた家で決まるのではなく、自他ともに認める実力を身につけたかたが継承しています。また、明治・大正・昭和初期とは異なり、近年は幼少時から師匠に入門するかたはごくわずかで、多くの太夫さんたちは大学卒業後に国立の養成所で2年間学び、その後師匠に就いて本格的な修業に入っています。ですから、身体化を自分に課す出発点が他の芸事の世界と違って、私たち対人援助職者に近いのです。しかも、三宅周太郎氏によれば、「凡人の修業」が必要だ（※18）というのですから、これまた親近感も湧き、嬉しくなってしまいます。

また、追っかけをしているうちに、住大夫さんがものすごい稽古熱心なかたであることも知りました。そのことの実感は、ご本人による講演や著書からより、実際に語られる浄瑠璃から直接伝わってきます。私がびっくりしたのは、80歳を越えてなお、一時間半全身で語り切っても声も枯れず、その力強さのなかにも繊細な情表現の隙のなさでした。これが若手ですと、30歳で体力・才能ともにあふれていると見受けられるかたでも、30分語ると声がかすれてきます。不自然な力のいる姿勢で、お腹から声を出し続けるだけではなく、語ってストーリーを十分に伝えてなお客の情を揺さぶる芸修業の奥深さをいつも見せつけられます。半世紀以上に及ぶ尋常でない修行が支えていることは明らかです。三宅周太郎氏の著書『文楽の研究』のなかには、たくさんの含蓄に富んだ表現があります。私が着目した箇所を引用させていただきながら、私の実感も記していきます。

「こう見て行くと、環境の恵み、後天的人為で一生を支配出来ぬものが、我らの手近に三つある。義太夫と力士と文士とこの結論になる。いずれも実力と才能とで徹底する外ない点に、感激悲壮が尠なくない。……但し、外の二つが結論は才力のみで貫き得るのと違って、義太夫は天才芸術といい条、一応凡人の仕事である点を見逃してはならない」と記したうえで、「尾崎紅葉は二十三歳の若年で名作『色懺悔』を書いた。谷崎潤一郎氏は二十四、五歳で傑作『飆風』を書いた。相撲もまたその年配で強くなった人は幾らもある。が、義太夫はそれらの年齢は殆ど準備時代にすぎない。精々が先輩の代り役を勤めて有望視せられている程度だ。佳作傑作は多く四十前後まで苦しんだ上の話だ。それまでの長い修業時代の労苦は実に凡人的でそして痛烈苛辣を極めている」（※19）

大正・昭和期の演劇評論家であり、文楽をこよなく愛していた三宅周太郎氏は、さらに芸術故の義太夫語りの酷な世界を以下のように描いています。彼が描いている時代は、主として大正・昭和前期の、文楽が衰退しつつあってもまだ、多くの座員や通の贔屓客がたくさんいた時代で、義太夫語りとして上り詰める過程には、たくさんの脱落者がいました。この点が、私たち対人援助職者が自らへの精進を課してゆく先にあるものおよびそれ故の訓練目標や手法の違いなのだと実感しました。私たち対人援助職の場合は、スーパーヴィジョンの目的のひとつに「援助者自身も支援を必要としている」を掲げ、なるべく脱落しないように、自滅しないようにしながら、彼ら自身の腕を磨いていけるように支援していくのですから。

「要するに、非常な凡人の仕事、即ち畳の目ほど延びる日足のように、一日一日努力で伸びて行くのが義太夫である。しかも、根本は天才がなくては飛躍出来ない。凡才は不思議にあるレベル以上は幾ら努力しても上達しない。この点で義太夫とは実に天才と凡人との極端同士の相合致した仕事である。第一に天才はいる。しかし、一方役所の官吏が、年功で鰻登りに課長部長に出世するような年期がいるのだ。天才とはいえ、春太夫や大隅太夫が、紅葉の三十八歳で死んでいたら、それは何の名声も残していなかったであろう。こうしてこの道は、天才と凡人の両棲動物以外は真の才能を発揮し得ないわけになる」（※20）

住大夫さんや越路大夫さんの芸談を読んだり、三味線や人形遣いの皆さんのさまざまな修業段階の芸を拝聴・拝観し続けていますと、一時代前の論評ではあっても、納得できるものがあります。五十代でも「若手」と称される世界で長い修業時代を継続している皆様には、敬意を表さざるをえません。「怒鳴って、叱って芸を伝える」伝統芸能は、いろいろな意味から才能のない者は脱落していってもいいから、と最初は思いました。ですが、文楽の世界をかいま見させていただくうちに、それだけ３００年以上連綿と引き継がれてきた伝統芸の奥義を、神髄を伝えることの懸命さと一途さが伝わってきました。素晴らしい技芸を獲得された義太夫語りや三味線弾き、人形遣いの方々はみな、血の汗を流して修業修業の連続であったこと、名声を獲得してもなお、「まだまだ修業中です」とおっしゃることばにもいやらしさを感じないほど、一途に探求しておられます。全人生を懸けて手に入れた芸です。私もそれなりの努力はしてきたつもりですが、はるか及びもつかないほどの刻苦勉励度です。伝承芸の伝達は、個人から個人へ、とくに古典の型を次世代に伝えるという点では、志を同じくするかた達のあいだではかり知れない連帯感と使命感があるのでしょう。ですから、お互いが合意のうえで成立しているお稽古ですから、怒鳴られてもモチベーションが下がる事態は少ないのだと考えられます。しかしそれでもなお、現在の深刻な後継者問題のなか、年をとってから入門する若者が増えてきた状況のなかで、どれだけの技芸員が残っていくのか……とても気になります。仮に怒鳴られることなく、サポーティブな教育・訓練でも同じ結果だと考えられますから、本質は別のところにもあるような気もしています。

ですから、私はいま、若い技芸員のかた達を応援していくことに方向転換しました。いまどき、下積みの仕事を、人形遣いにいたっては黒子姿の足遣い十年、左遣い15年といわれている世界で、ひたすら顔・個人がでない無名性のなかで舞台を勤めているのです。太夫さんや三味線は、たとえ端っこでも、入門したてから顔と名前が舞台と番付（※21）に登場するのですから、どうしても若い黒子姿の人形遣いさんのほうに気持ちが動いてしまうのです。

私は、汗水たらして身体化させていく〈古典芸の伝承〉について、ますます関心を寄せるようになりました。竹本住大夫さんの怒鳴りながら伝えていく方法についての考察は、３００年以上もの伝統ある奥深い芸の世界なので、当然届くはずもなく、十分ではありません。ましてや私の文楽観客修行は始まったばかりです。しかしながら、浅薄ではあっても、ここで私たち対人援助職者のスーパーヴィジョンにおける知と技の習得方法と伝達方法、文楽浄瑠璃語りの太夫さんたちの芸の伝承と獲得方法について、その共通するものと違いを考えてみることに挑戦してみました。（※表）

※１　竹本住大夫：七世。大正13年（１９２４）生まれ、１９４６年入門と、当時としては遅い入門。幼いころから養父の６世に義太夫節の手ほどきを受けていたが、厳しい世界へ入ることを反対されていたため→この点については、※13で紹介している三宅周太郎氏による『文楽の研究』に、たとえ人間国宝級でも子息を入門させたがらなかった理由が詳細に記されています。

※２　人形浄瑠璃文楽：太夫と三味線による義太夫（音楽）、それに人形との三業で成立している我が国の伝統的な人形劇であり、世界に誇りうる高度な舞台芸術の名称で、３００年以上の歴史を有しています。

※３　お弟子さん：竹本文字久大夫さんです。私がテレビで拝観した怒鳴られっぱなしのお稽古場面はほんの一瞬だそうです。私が驚き、感嘆した稽古は３時間も続くのだそうです。高齢の師匠の体力と気力が伴った情熱にまたまたびっくりの私です。

※４　見台：太夫が床で床本を置くために用いる台。

※５　支援の対象者：ここでは、対人援助職者にとってはクライアント、事例検討会では事例提出者、スーパーヴィジョンの場ではス

ーパーヴァイジー、職場における新人や部下への教育・指導などは彼らに対して。

※６　表１「臨床実践家の熟成過程」

※７　私の場合は、生の事例を題材として不特定多数のかた達が参加される研修で検証していく場合、あらかじめ書かれたものから明白に「これは、援助者側の深層感情に関与している」と察知できる事例は、取り上げません。このまま放置しておくと、クライアントが不利益を蒙ったり、援助者側が深い傷を負ってしまうと予測できる場合は、時間と私自身の体力が許す範囲で、時間外に個人的に対応します。

しかし、書面では本当に重要な情報は出てこない場合が多いので、多くは研修が始まってからの事例提出者の報告や課題設定場面で、あるいはそこで察知できなければ、情報の共有段階の質疑応答の場面で、「これは、事例提出者の個人的な経験や現在まで引きずっている未解決の個人的な課題に深く関係している」と察知できますので、個人的な課題は大きな研修場面では顕在化しないように配慮しています。この場合も後で個人的にスーパーヴィジョンを行ないます。参加者固定の小集団によるグループスーパーヴィジョンで仲間同士の気心が知れている場合でも、基本的にはストップをかけ、事例提出者の続行意思を確認します。

〈わたくし的な《私》〉にかかわる問題については、個人スーパーヴィジョンで取り扱うことを基本とします。

※８　竹本越路大夫：四世、大正２年〜平成14年

※９　床本：太夫が舞台で実際に使用する本。稽古本と同様、１ページ５行で、太夫の語る一段を単位に綴られている。かつては文字書き専門の職人もいたが、現在では自筆が原則（『文楽ハンドブック』藤田洋編・三省堂・２２８頁）

※10　『四代越路大夫の表現――文楽鑑賞の手引き』（取材・構成・高木浩志、淡交社、２００２年）本書のなかで、越路大夫さんの引退時の状況が詳細に語られています。

※11　『文楽入門・鑑賞へのいざない』（淡交ムック、指導・水落潔、写真・青木信二、淡交社、１９９５年）

※12　『文楽のこころを語る』（竹本住大夫著・文芸春秋・２００３年）『文楽説き語り　言うて暮らしているうちに』（竹本住大夫著・創元社・１９９６年）『文楽ざんまい』（亀岡典子著・淡交社・２００５年）

※13　コラム14参照

※14　コラム10参照

※15　吉田玉男：大正８年（１９１９）生まれ、昭和８年（１９３３）入門。このかたの舞台を観る機会を逃さなかったことに感謝するほど、飛び抜けた存在です。残念ながら本書校正中平成18年９月24日にお亡くなりになりました。

※16　吉田蓑助：三世。昭和８年（１９３３）生まれ、昭和15年（１９４０）入門。私がこのかたに惹かれる理由は、その技芸の色と艶にあるのですが、彼が脳出血後遺症を克服して、さらに深い芸域に入っている姿を目にする幸せを感じているからです。私は、東京都老人医療センターで相談援助業務に就いていたとき、リハビリテーション部門専任時期に大勢の脳血管障害のかたの社会

復帰支援をしてきました。そのための患者さんの苦しみやすさまじい努力を目にしていましたので、いまの蓑助さんの舞台を拝観するたびに、倒れてからの療養とリハビリテーション訓練、舞台へ戻ってからの日々の精進などが想像できます。

ですが、舞台の彼は人形とますます一体化して、彼が使う人形は客の魂を抜き取るほどです。「曽根崎心中」の公演後、若いお嬢さんたちが顔を紅潮させながら「わー、電流が走った」と口走っていました。玉男さんの徳兵衛が蓑助さんが遣うお初の足に首をさするようにあてて「ふたりで死ぬ覚悟」を表現する箇所だと察します。その際の蓑助さんのお初の表現が、女性がみせるエクスタシー・究極のエロティシズムを放射していました。その他の演目でも同様で、彼が遣う人形は、魂がほとばしっています。彼が蒙った〈脳出血という受苦〉は、彼をしてさらに深い芸域を追い求めさせる神様の贈り物のような感さえします。

※17 鶴澤清治：昭和20年（1945）生まれ、文楽三味線の第一人者で天才

※18 『文楽の研究』（三宅周太郎著・岩波文庫・2005年）70頁

※19 『文楽の研究』69〜70頁

※20 『文楽の研究』70〜71頁

※21 「番付」と書きましたが、顔付けの上下の格付け位置によって大文字や小文字になるのです。足や左を遣うときには役名はつかず、名前も載りません。公演案内チラシに「その他おおぜい」とあるのは、ツメ人形（一人遣いの人形）を遣う時に載ります。

	対人援助職者（私）	住大夫さんの義太夫伝授
自己検証の違い	新人のうちは一人では無理 自分のそのときの技倆分は発見可能 技倆が上のスーパーヴァイザーの必要性有り	いまはテープがある。が、マイナス→その人の力量でしか獲得できない※ 技倆が上の師匠の稽古が必要だが、時によって下の者でも経験者の所へ行くこともある
技倆が上の人の点検が必要な点については同じ		
伝達しにくさ	しにくいが可能 →役割モデルと実践伝達 →本人の実践事例をもとにした絵解き作業を通して視点、知識・技術などとの照らし合わせや伝達は可能	しにくいが可能 →役割モデルと実践伝達 →床本（ストーリー）をもとにして人物や情景の解釈をしながら情の世界を言語で伝達し、語りかたも説明している※※
伝達内容	形にならないもの（力動） 形になるもの（知識や技術などの枠組み）	同じだが口三味線と拍子お扇子、床本の素読みと大阪弁のアクセント、音（おん）、詞（ことば）
深い人間理解や情の表現は個の成熟を待たなければならない点は同じか		
身体性	身体にたたき込む →絵解きされた言葉にしていく 理解した情をときに反射する技術が要る	同じだが身体性がより強い →情を表現する
成果	結果オーライでも怪しい クライアントの満足感とは何か （支援の目的と価値観の関与） クライアントの力に助けられる	相手がある→人形遣いと三味線と客の反応 質の高い客によって育てられる
相互交流（関係性は異なる）	交互作用	三位一体
修業	自己検証（前と後作業） ↑ スーパーヴィジョンの活用	
育てる目的	引き上げなければならない そのときの個人の能力に照準を合わせてクライアントの福利のために基本を習得するよう側面援助する	振り落として、残った人材が伝統を引き継げばよかった時代もあった→現在は後継者不足 そのときの個人の能力に照準を合わせて「伝承芸」を伝え、守るために育てる
才能は問われるか	才能は問わない。凡人の修業が可 天才は要求されていない できるだけ水準以上のプロフェッショナルが要求されている	最終的には、凡人の修業を経て、才能と結びついた突出した芸域に達した者の存在を必要としている。自分を見失なわず地道にコツコツ勉強努力すること

※　本表の「住大夫さんの義太夫伝授」の内容は、私（奥川）の推察による記述を竹本住大夫さんにご覧いただき、修正を加えたものです。ご多忙のなか貴重なお時間を割いてくださった住大夫さんに深く感謝申し上げます。

※※　竹本越路大夫さんの本より。平成元年5月引退。その1年前、十種香（本朝廿四考ほんちょうにじゅうしこう）」の初日、お客がいる真剣勝負のときに「もうだめだと思った。恥をかきたくないので、翌日の舞台から辞めたかったが、一年先まで公演が決まっていたので一年先になった」。後輩に望むことは「もっと明日のことを考えんと……一人何役もこなすことは根本的に無理がある。教えて教えられるものではない。その日その日、今日一番を大切にすること」

表:住大夫さんの義太夫伝授と対人援助職者への訓練の比較検討

＜後進の育て方から考察＞

	対人援助職者（私）	住大夫さんの義太夫伝授
歴史	浅い、第2次大戦後 （学説史的には、古代から?）	長い伝統あり。300年以上前。現在は国が保護している。世界無形遺産
伝承技術・芸	基本の多くが、戦後輸入された理論・技術体系	伝承芸・残されたものが良いもの、立派な芸術。復刻もされている
完成度	発展途上。私の場合、試行錯誤の段階	かなり高く、洗練されている。百点満点の芸はできない
教育機関	専門学校や大学で専攻、資格有卒業後の自己訓練への側面援助 スーパーヴィジョンにおいては契約要、研修会なども含めて、個人的な自覚と努力によるものが多い	直接入門または、国の養成機関を卒業後、師匠に付いて本格修業に入る徒弟制
スーパービジョン・稽古	スタート地点では必ずしもスーパーヴァイザーにはつかない スーパーヴァイザーとヴィジーによる契約関係（私の場合は職場外なのでコンサルテーションに近く、介入度が低い）	スタート地点で必ず師匠に弟子入りする 師弟関係を結ぶ
姿勢	サポーティブに厳しく	怒鳴られながら厳しく?
訓練・練習の仕方	振り返り作業による反復作業	反復稽古
反復学習に知的作業を課しながら身体にたたき込んでいく点は同じ→内省的な作業も同じ 基本に忠実に反復練習をしていく点も同じ		
基本の習得方法	一応教科書的なものは存在する。演習やロールプレイングによる前・後作業。逐語記録 ↓	床本、浄瑠璃集など、実際に演じる脚本が型として存在する。師匠や先輩から厳しく指導され頭で覚え身体で覚えていく　↓
実践	すべて応用でライブ、いきなり本番でやり直しがきかない クライアントとの交互作用 ＜相互交流＞が作用しているが、そのものを活用した実践	三味線とは何度も稽古可能 人形とは舞台稽古一回のみの通し稽古で三業が本番に入るが、床本に添って演じる 観客との交流 しかし、他の二業および観客とのあいだの相互交流が出来に影響する
双方とも「相手がある」点は同じ		
実践内容	筋書きのないドラマ 人間の情をくみとれないと理解に到達できず、手当てもできない	筋書きがあるドラマ 人間の情を語って観客の心・魂を揺する
実践方法	チームワーク（臨床像と方針の共有による）	三業一体（阿吽の呼吸） 特に太夫と三味線のイキが大切
到達点は「基本に忠実に、素直に、自然体で」は同じ		
芸や技術は盗めるか	自分のそのときの技倆分は可能 ただし、面接の場合は密室性が高い	自分のそのときの技倆分は可能 舞台を直接拝聴できる（オープン）
同席しても技倆が違いすぎると盗めないのは同じ		

第3部　臨床実践家としての熟成

第2章　臨床実践の身体化の過程と経験

第1節 「考える身体」に向けて

これまでは、第1部で図1の「対人援助の構図：援助者自身が置かれている状況の理解」をもとに、対人援助を成り立たせている3つの図式のなかでも、主として、［Ⅲ］のクライアントと対人援助職者とのあいだで双方向に作用する〈相互交流〉に焦点を当てて、［Ⅰ］のクライアントが生きている世界への理解、［Ⅱ］の援助者が置かれている世界への理解について、臨床実践の視点から論じてきました。第2部では、相互交流を成立させるために必要な〈知と技の身体化〉について、臨床実践家が身体化させる内容を図2を用いて解説しました。第3部の第1章ではまず、図1の［Ⅱ］－①に該当する「援助者である私」に照準をしぼって、「臨床実践家としての私は、何を熟成させていくか」について、基本的な視点や知識・技術を身体化することの必要性と実際に手に入れる過程に伴う努力と苦労について考察してきました。本章では、これまでの論考をふまえて、対人援助職者に必要な視点、知識・技術を実際にどのように身体化し、援助職者として熟成させていくかに焦点をあてて考えていきます。

本章では、これまでの論述にまして、図2「臨床実践家が身体にたたきこまなければならない8つの枠組みと組み立て」が深く関わってきますので、できれば、第2部の図2と解説を照らし合わせながらお読みくださると理解の一助になると考えます。

臨床実践は、中村雄二郎氏が1992年に出版された著書『臨床の知とは何か』でも述べておられるように、「自分の身体を他人の視線にさらしておこなう行動、つまり〈パフォーマンス〉」であり、極めて身体性が強く、「個々の場所や時間のなかで、対象の多義性を十分考慮に入れながら、それとの交流のなかで事象を捉える方法」であり、「〈経験〉ということが大きな役割を演じること」になります。（※1）

〈経験〉についても、中村氏は次のように述べておられます。

「われわれ一人ひとりの経験が真にその名に値するものになるのは、われわれがなにかの出来事に出会って、〈能動的に〉、〈身体をそなえた主体として〉、〈他者からの働きかけを受けとめながら〉、振舞うことだということになるだろう。この三つの条件こそ、経験がわれわれ一人ひとりの生の全体性と結びついた真の経験になるための不可欠な要因である」（※2）

対人援助者が行なう臨床実践の出発点は、「いま、目の前におられ、何らかの問題状況にあって、対処・解決しなければならない課題を有している（かもしれない）クライアントが生きている世界を、援助者が理解すること」にあります。これまで何度も申し述べてきましたように、クライアントから発せられた〈ことば〉と〈全身の表情〉を、援助者はまず、いったんは自分の身体のなかに入れます。その際に、彼らから発せられた〈表現された訴え〉の背後には、たくさんのメッセージが含まれています。さらに、そのときのメッセージは、それまでに語られた事柄や、これから語られるであろう事柄とも深く関連しています。

援助者とクライアントの双方が、クライアントが生きている世界に添った物語を共働で創りあげていくためには、援助者が、クライアントから〈ことば〉や〈全身の表情〉として発せられた〈情報〉を身体に入れるときに、身体を通過させながら瞬時に情報の多義性を汲みとり、他の情報と有機的に結びつけて、厚みをつけながら螺旋状に統合していくための分析ができるか否か、さらにそれらの情報を「クライアントがこれまで生きてきた～いま、生きている～これから生きていく世界」とより深く意味づけされたものにしていくために、そのつど、一番適切な方法でクライアントに働きかけることができるか否かが鍵になります。

この〈援助者の身体を通過させる〉が故に、それも〈多義的な情報〉を瞬時に援助者の身体のなかで解析し、なおかつ、そのままの〈かたち〉でクライアントに返すのではなく、そこでいったんギアをチェンジさせたうえで、その場でふさわしい〈かたち〉にしたもので応えていく、という高難度な情報処理と情報変換が必要であるが故に、援助者が他者であるクライアントが生きている世界に添って理解するための方法は、一朝一夕では手に入らないのです。

この場合の〈かたち〉とは、前者の解析過程で生じるものが、援助者の身体のなかにとりこまれたクライアントおよび個々の援助者自身に内在する生《なま》の感情や思考過程をことばに紡いだものであり、後者の「その場にふさわしい〈かたち〉」が、前者の過程をふまえたうえで、その場の会話の流れやテーマおよびクライアントがそのときに置かれている状況に添ったかたちで処理された援助者側の思考に基づいて組み立てられたことばになりますので、きわめて職業的なコミュニケーション技法になります。

「知的・分析的、援助的身体」の情報処理過程

ここからは、第1部第3章に重ねた記述です。図2－3に深く関わる記述になります。

ここで、これまでに何度も考察してきたことの繰り返しになりますが、瞬時に対人援助職者の身体を〈知的・分析的、援助的身体〉へと作動させる複雑な情報処理の過程をもう少し詳細にみつめてみましょう。

①クライアントから発信された情報としての〈全身の表情とことば〉を援助者の身体に入れる過程で、援助者はクライアントから語られた内容を瞬時に腑分けしています。

●クライアントは何を語ろうとしているのか。
●その内容は事実・実際に起こったこと、あるいはいまも起こっていることかどうか。
→事実であれば、その事実は過去のどの時期に始まり、どのような状況のもとで、どのぐらいの頻度で生じていたのか、そして現在まで続いているのか。
●その事実や事件は、クライアントにとってどのような心理的痛手となっていたか、または現在にも影響しているかを読み取る。
→表現された訴えの奥にある隠された訴え・こころの叫びから読み取る。
●その事実や事件をクライアントはどのように認識しているか。
→クライアントの現実把握能力や認識能力、対処能力などの生きる力や強さなどを読み取る。
●そのことが現在のクライアントの人生や生活にどのように影響しているか。将来への影響はどうか。

つまり、クライアントから語られる事柄を、〈事実〉とその出来事の裏にはりついている〈感情〉と、そのことをどのように受け取っているかという〈認識〉のしかた、さらにどう対処してきたか、しているかなどを読み取っていきます。

ここで援助者の直観が働きます。まず、相手と出会った瞬間に作動する第一印象です。これは初めてでも数回目でも毎回の出会いに働くものですが、豊富な経験知に基づいた観察力があれば大量の情報を援助者にもたらします。初回面接でしたら、この第一印象は大切にしまっておき、その後の面接過程のなかで確認していきます。人間の直観というのは意外に当たっていることが多いのですが、根拠をあげられるだけの情報を相手から直接確認できていない直観は〈生きた情報〉としては使用できません。

また、支援過程のなかで働くクライアントに生じている〈状況変化〉を、直観レベルで察知したときの直観の処理も重要です。「何か変だな？　どうしたんだろう」といったことを察知したときは、放置しておかないで、必ず再アセスメントを実施すべきです。

感じたら、考える。つまり、身体にひっかかったら意識化してひっかけておくのです。

そうすれば、何を観察して何を確認したらいいか、場合によっては目の前の人ではなく、クライアントシステムのなかの誰と会わなければならないか——これらは、たとえば家族内力動が変化したようなときの大切な基本になります——といったことが見えてきます。クライアントの身体的・精神的病態の変化は、目に見えるかたちで出現しやすいので、ある程度の知識や経験さえあれば把握しやすいのですが、家族力動のような家族関係の動きなどの微妙な変化は〈かたち〉としては見えにくく、他者に対する秘密度も高い故に、クライアントやご家族のほうも積極的にお話しされることを控えがちになるからです。しかし、不思議なことに「何か変、おかしい」といった直観は、訪問面接のようなクライアントが日常生活を過ごしている濃密な〈場〉そのものの空間に援助者の身を置けば働くものです。

②援助者の身体を通過させる過程で〈濾過機能〉を働かせます。

ここでの読み取りは、援助者自身の身体を通過させる過程で行ないますから、援助者自身のクライアントに起こった出来事に対する認識のしかたが作用します。つまり、援助者の身体は、個々の生育過程で醸成されてきた価値観や美意識および深層にある感情、育った時代や現在の社会通念や規範、社会思潮など、時代による影響などが詰まった身体です。

実は、クライアントもこれらの世界観が年輪を重ねただけ詰まっている身体を有しています。ですから、クライアントの身体から発信されたメッセージを援助者の身体に通過させる過程で、援助者自身がその身体に刻印させてきた世界観を透明にして、できるだけクライアントの世界観に添った〈かたち・ことば〉で理解できることが重要なのです。よく「まっさら・白紙の状態で」とか、「色眼鏡をはずして」といわれているることの理由なのですが、私は、この作業過程を〈濾過機能をはたらかせる〉と表現しています。

ただし、面接の過程でひっかかりが生じたら基本に戻ります。援助者はひっかかりを感じたとき、考える作業をその身体に課して意識化させます。つまり、ひっかけるのです。この援助者側の身体に生じた〈ひっかかり〉は、面接の流れを妨げないよう、適切な時期に確かめ、角度を変えて吟味する作業を課して、自分の直観の通りでいいか、修正をかけていく必要があるかを常に意識していることが大切です。いうまでもなく、ひっかかりも生じないようでは、対人援助職者としては話になりません。いつまでも素人の域のまま、下手をするとクライアントに迷惑をかけてしまったり、断られたりする事態も招きます。第１部第３章第１節「相互交流のしくみ」でも考察したように、「ひっかかり、ひっかける身体」にしておくことが、職業的援助者としては必須条件です。

この「ひっかかり、ひっかける身体」について、再度ここで確認しておきますと、〈ひっかかり〉は援助者の身体の奥で作動する直観です。〈ひっかける〉は、このひっかかりを重要であると感じたときに意識化しておく働きです。このときの意識化とその〈ひっかけた事柄〉をどのように活用できるかは、対人援助職者の身体に直接問いかける力、つまり内省力が要求されます。

たとえば、別居している息子さんが、超高齢に達している母親の認知症の症状の実態と生命や日常生活に与えている切迫した状況を理解しようとするどころか、「まだ、そこまで悪くはない、リハビリをすればもう少し改善する」と主張したとき、「ひっかかり、ひっかける身体」になっていない援助者であれば、「えぇ！　この息子、こんなに年とっているのに、こんなに状態が悪いのに、全然わかっていないじゃない。いままで入院や通院のときに付き添っていたはずなのに……」と、ただ驚くだけです。「超高齢で重症＝リハ適応なし＝死が近い」という社会常識的、あるいは個別化できていないままの、いわゆる専門家的理解の段階のまま、息子に「リハビリテーションの訓練なんて無理です」と説得にかかるか、「もしかしてこの息子、マザコン？」などと決めつけ、審判するような不埒な想像までしてしまいます。

一方、内省力のある援助者であれば、どうなるでしょう。

「あれ？　なんでこんなことを言うんだろう」と、やはりたいがいの援助者は驚きます。が、同時にここで、援助者の身体内では即、ひっかかり装置が作動します。

「なんでこんなことを言うんだろうか？」

「もしかして、わかっていないの？　まさか、お母さんの入院や通院のときは付き添っているんだから、そんなはずはないのに」

「拒否？　認めたくないのか」

「でも毎日みているわけではないのだから……意外と実態を理解できていないかも？　とくに身内の、しかも母親の認知症や死についてだから」

などの自身への問いかけが瞬時に行なわれます。

これらの直観としての〈ひっかかり〉を〈ひっかけて〉意識化し、何を相手に確認したらいいのか、その点についての瞬時の思考過程の土台に、豊かな臨床知があればあるほど、より中核に添った確認が可能になります。

そして、ひっかかった事柄をクライアントに確実に確かめる作業の実現のために〈治療的なコミュニケーション技術〉が必要になります。この点については次項③の課題になりますが、ここで少々ふれておきたいと思います。せっかくひっかかり、ひっかけても、この瞬時の分析はクライアントとの面接の流れのなかで援助者の身体の奥で作動させている思考過程ですので、面接の動きや相手の心理的状況によって確認のしかたに工夫が必要になるからです。

援助者の身体内に生じたひっかかりは、多くのクライアントにとっては急所になるので、内容によっては心理的抵抗の壁を破らなければ明確化できません。コミュニケーション技術、それもプロフェッショナルの技術を身につけていなければ、確認しようがなく、援助者の身体の違和感だけで終わってしまいます。感度のよい援助者ですと、この違和感は不全感としてずっと後をひくことになります。

とくに先の例のような場合、〈現実直視〉をクライアントにしていただかないと適切な支援計画が立てられません。しかし、独居の認知症高齢者をサービス提供者側が将来の目安を立てられないままの状態でずるずると支援していくことは〈契約〉が成立していないことにもなりますし、ヘルパーなどの直接サービスを提供している援助者の心理的負担やストレスが増大し、当の高齢者にとっては結果的に不利益を招きます。〈直観〉も大事、それにもまして〈直観〉の検証であるクライアントへの確認はもっと重要な事項ですが、相手に根掘り葉掘り聴くのではなく、追い詰めてしまうような聴き方にもならずに、上手に相手の急所を引き出し、相手がその場で一番重要な事柄を語ってくれる、ということは、できれば相手にもそのテーマの重要性を自覚してもらえるようなコミュニケーションが要求されているのです。

この〈ひっかかり〜ひっかける〜確認する〉作業のためには、瞬時にたくさんの身体知が関与していて、身体化された知や技術が自動的に作動してくれないと、〈相互交流〉という関係と動きのなかで瞬時に進行させていかなければならない相談援助面接は成立しないのです。

ここまでが、できるだけ客体視することをめざした〈知的・分析的身体〉のメカニズムです。援助者の身体内は次のように変化します。

③そのときのクライアントの心的状況やインタビューの全体構造のなかでの流れを考慮しながら、その場で必要な働きかけをしますが、ここで、援助者の身体は〈情報解析装置〉から〈援助的身体〉へと劇的なギアチェンジが行なわれています。

ここでは、援助者の身体を通過させたメッセージをクライアントに発信する間際に、それまでの情報解析装置としての〈知的・分析的身体〉から、面接による手当てを目的とした〈援助的身体〉へとギアチェンジをします。ただし、その変換過程はあくまでも援助者の身体の奥深くで潜かに起こっていることで、援助者の身体はこれまでに何度も申し述べてきましたように、クライアントに対しては終始一貫〈援助的身体〉を貫き通します。

相談援助面接における〈援助的身体〉とは、「1質問・1返答」の繰り返しではなく、また〈1主訴・1対応〉のような一方通行の会話（※3）でもなく、クライアントから発信されたメッセージのなかで主として情緒的な側面を理解して、あるいは論理的な側面を補強していくことによって〈情緒的・認知的手当て〉をしていくための治療的コミュニケーション技法を駆使しての対応になります。

そのときのクライアントの心的状況は、発信されたことばに伴うニュアンスや全身、とくに顔の表情の変化などの非言語的な情報を読み取り、クライアントの情緒的な状態を見定めます。そのうえで、そのときにその場で必要と考えられる方法で、クライアントにことばと全身の表情でお返ししていきます。援助者側のこのときの応答のしかたがクライアントとの信頼関係を深めたり、失望させてしまったりし、その結果がクライアントから返ってくる情報の量や質を決定します。

援助者側の応答のバリエーションについては、治療的コミュニケーション技法になります。ここでいくつかの返し方について一般的な例示をしておきます。

●淡々と事実を語っていたクライアントが、その箇所で一瞬表情を歪めたり、悲しそうな表情になったときは、まず気持ちを手当てする〈感情の反射・表情または言語で〉

↓そのうえで、〈待つ〉か、〈促す〉か、明確化のための〈効果的な質問〉をする。

↓内容によっては、クライアントのこれまでの生きてきた歴史や問題への対処策を認める〈専門職による保証〉

●それまで饒舌に語っていたクライアントがその箇所で絶句して下を向いてしまったときは、待つ〈沈黙の効用〉

↓そのうえでクライアントが語り始めたら続ける。黙り続けたら気持ちを手当てしたうえで、促すか、話の内容によっては別の話題に振って、次に同じ主題の流れがめぐってくるまで待つ。ただし、面接開始からの時期やクライアントと援助者双方の信頼関係構築の度合いによって、対応は千差万別。

●クライアントの話がいっこうに展開しないとき

↓クライアントが自分の置かれている状況を深く理解するための情報を有していないときは、考える材料を提供する〈情報サポート〉

↓堂々めぐりのときには、切りのいいところで〈内容の反射〉をしてこれまでの話の内容を〈要約〉して、「私（援助者）はこのようにあなた（クライアント）のお話を聴き、このように（要約の内容）理解しました」ということを伝えたうえで、その理解が正しかったら、援助者が確認したい情報を引き出すための〈効果的な質問〉に移行する。

●クライアントが混乱していて話が前後・重複しているとき

↓情緒的な手当てをしたうえで、クライアントの訴えを論理的に整理するための〈筋道を立てる〉ような聴き方をしていく。

このように、その場その場の状況にチャンネルをあわせて、何をしたらいいのかを判断しながらの援助者のインタビューのしかたは、ケースバイケース、つまり全過程がアドリブで、一問一答のようなわけにはいきません。

重要なことは、そのアドリブもアセスメント力の基盤があって初めて可能になるということです。これまでに眺めてきた対人援助の基本的な視点や図2でお示ししている8つの枠組みや組み立てなどの基本が、自動的に作動できるかたちで身体に入ったうえでのアドリブになります。

私たち対人援助者の面接でも、アセスメント面接の場合、その目的はクライアントのニーズの明確化とニーズに添った支援計画の策定にあります。ケアを要するクライアントの支援計画はまず、その生命と生活を支えるための道具的な手立て・社会サービスの活用を主としていますが、第1章で考察したように、問題状況にあるクライアントの多くは情緒的な痛手を受けています。ですから、アセスメント面接でクライアントの内的世界に添った理解に近づくためには、クライアントから援助者が欲しい情報をただ単に収集するのではなく、〈情緒的手当て〉をしながらクライアントが快く個人情報を語ってくださるような土壌を整える必要があるのです。（※4）

さらに、クライアントから発信された多義的な情報が援助者側の身体のなかで先ほど申し上げた過程を踏みながら瞬時に処理され、活用されるこれらの複雑で重層的な感情や思考は、効率よく作動しなければ、個々の時間と場が限られており、かつ一回性が強い臨床実践にはとうてい追いつきません。

ですから、援助者の身体にこれらの職業的なコミュニケーション回路を徹底的に組み込む訓練が必要なのです。この訓練過程は、ただ単に〈経験〉を積めば手に入れられるものではありません。中村氏が述べるように「〈能動的に〉、〈身体を備えた主体として〉、〈他者からの働きかけを受けとめながら〉」の3つの条件を常に自己の身体に課しながら、「考える身体」（※5）として磨きあげ、「思考の基盤」である身体（※6）を日々鍛え上げなければ獲得できません。

註

※1　『臨床の知とは何か』（岩波新書）の「序文—なぜ〈臨床の知〉なのか」で中村氏は以下のように述べています。

「近代科学の三つの原理、つまり〈普遍性〉と〈論理性〉と〈客観性〉が無視し排除した〈現実〉の側面を捉えなおす重要な原理として、ここに得られるのは、〈コスモロジー〉と〈シンボリズム〉と〈パフォーマンス〉の三つである。わかりやすく言いなおせば、〈固有世界〉〈事物の多義性〉〈身体性をそなえた行為〉の三つである。そして、これらをあわせて体現しているのが、私が〈臨床の知〉としてモデル化したものなのである」（9頁）

※2　『臨床の知とは何か』63頁

※3　1主訴・1対応：コラム15参照

※4　第1部第1章第4節参照

※５　『考える身体　The Body Thinking』（三浦雅士著・ＮＴＴ出版）
※６　「思考の基盤」である身体：『『わからない』という方法』（橋本治著・集英社新書）

〈職場の魔法使い〉と言語化作業

私たち対人援助職者の自己訓練は、図2で著わした8つの枠組みと組み立てを自分の身体に徹底してたたき込み、クライアントや他のシステムの人達とのあいだで自在に作動させられるように身体に組み込んでいく〈身体化の過程〉でもあります。

中村雄二郎氏がいう〈経験〉によって蓄積された見事な〈身体性・パフォーマンス〉をみせてくれる実践者はたくさんいらっしゃいます。いわゆる〈職場の魔法使い〉の称号を冠しているかた達です。そういうかた達は、みな素晴らしい〈臨床の知〉を獲得しておられ、彼らの手にかかれば、どのような困難な状況にあるクライアントの問題も、瞬時に解消されてしまいます。あるベテランの実践者に言わせれば、「困難ケースはない！（困難にさせているのは、援助者側の問題だ）」ということにもなります。

たとえば、クライアントが他の援助者とのあいだで、ぎくしゃくした関係にあったり、事態がいっこうに展開しなかったりで、それ故にクライアントが陥っている困難な状況をお互いが打開できないまま、クライアントにとってはますます不利な状況に追い込まれてしまう、といった膠着した事態になっていても、彼らがかかわると、一挙に事態が好転してしまいます。それも、彼らが〈魔法〉を使ったわけでも、〈強権〉を発動したのでもないことは、クライアントが進んで自らに生じている事態を受け入れ、その解決のために動き始める、という展開を呼び込んでいることから明らかです。

私が、現在の対人援助職者に対するスーパーヴィジョンを職業として実践するようになってから、いわゆる、〈職場の魔法使い〉と称されているかたや、職場や地域のトラブルや困難ケースを一手に引き受けている〈お助けマン〉〈お助け観音〉と呼ばれているかた達のスーパーヴィジョンを引き受けさせていただいてきました。彼らの臨床実践の構造や目のつけどころなどを、丁寧に言葉に紡いでいく作業を繰り返していきますと、すべてがセオリーどおりであることを確認できています。（※1）

ただし、彼らは瞬時に、あるいはかなりすばやくクライアントと彼らを取り巻く問題状況、およびクライアントといくつものシステム間に生じている環境との関係などの、複雑で多面的な要素が絡み合っている状況を全体像として把握しており、たくさんの固有の情報を分析・統合したうえで、身体を自動的に作動させています。

相談援助職者であれば、その場で〈言葉〉と一致した〈全身の表情〉によって、膠着した事態を動かしてしまいます。つまり、一発でクライアントの〈急所・問題の中核〉を見抜き、そこに届くような〈手当て〉が可能なのです。ケアワーカーであれば、〈身体ケア〉で相手の身体や心をとろかしてしまいます。

彼らのそのときの視点の当て方や情報解析装置の作動のさせ方を丁寧にたどる作業をしていきますと、図2の「臨床実践家が身体にたたきこまなければならない8つの枠組みと組み立て」のなかでも、まず、「2問題の中核」を素早くつかみ、「1③奥行き情報」を探査しながら、「3①情報分析・統合」を主として全開させて、「4①臨床像を描く〈言語化〉」をすっとばして、即「7③実際的な援助方法」を見つけ出してクライアントに提示するか、実際的に面接そのもので〈手当て〉してしまう段階まで瞬時に身体のしくみを働かせています。

その他の枠組みも身体に組み込まれてはいるのでしょうが、はしょられています。また、前章や本章で私が〈ひっかける身体のメカニズム〉でこだわり続けた〈何で？〉という〈ひっかかり〉から〈ひっかけて〉、即座に〈情報解析装置〉を作動させるまでの過程が直観レベルで進み、すぐに事態を動かしていくという実践に結びつくのです。これはまさしく、マイケル・ポランニーのいう〈暗黙知の世界〉(※2)です。彼らの身体には、細部の情報の一つひとつが即座に全体像と結びつき、瞬時に〈問題の中核〉を探り当ててしまうことが可能な〈情報解析装置〉が組み込まれていて、一つの〈点としての情報〉からたくさんの意味を汲みとっているのです。これらの〈点としての情報〉は、すべてが重要で必要不可欠なものですから、〈基本情報〉として通常は必要とされているものもかなりの部分がはしょられています。

このことは、ひとえに日頃の実践のなかで、一人ひとりのクライアントが、どのような状況のもとでどのような言葉を発したり行動するのかを、また、他者との関係や置かれている環境のなかでどのような対処行動をとるのか、などのクライアントから発信される個々の情報の意味を能動的に身体に入れて、情報の整理箱の引き出しに内蔵している証拠です。ですから、一つの情報から豊富な情報量を嗅ぎとれるのでしょう。

したがって彼らのような人種は、すでに感得できていて、しかもクライアントの反応から自分の対応が的確であったことの確認もとれていて、周囲の仲間たちから称賛されている直観レベルの〈技〉をわざわざ言葉にする必要性がないほど、自分の身体レベルで完結しています。ゆえに、その素晴らしい臨床実践の世界を〈言語化〉することが苦手なかた達が多くみられるのでしょう。あまりにも〈直観レベルの情報解析〉の速度が速すぎるので、瞬時の解析過程を絵解きして言語にすることが困難になってしまうのだと思います。

しかしながら、これらのかた達にも初心者の時代はあったはずです。みな、初心者からスタートしているはずなのに、何故に確かな臨床実践力を身につけるかたとそうでないかたとが出現するのでしょうか。そこには、仕事に取り組む姿勢や初めて従事した職場環境などの条件もありますが、「対人援助に適した〈感性〉という素質」が大きく立ちはだかっているように思います。しかし、そんなすぐれた感性をもともと備えているのはほんの一握りで、希有な存在です。（※3）

実は、この〈感性〉も、ほどよい心身の健康状態と仕事に取り組む姿勢・熱意さえあれば、基本をみっちり身につけるトレーニングによって獲得できることも、私のこれまでの15〜16年にわたるスーパーヴィジョン実践で実証済みです。しかし、この対人援助の基本をスタート地点から身体にたたきこむような訓練を受けることのできた援助者はごく一握りしかいらっしゃらないのが現実です。

やはり、クライアントと援助者との〈相互交流〉を基盤にして、つまり、〈動きと関係のダイナミクス〉という、形になりにくい、援助者の身体性に拠ったものを根拠にした実践を〈言葉〉というかたちにしていくことの難しさが、この行為の伝達を難しいものにしてきたのだと実感します。

しかし、〈職場の魔法使い〉〈お助けマン〉〈お助け観音〉という称号を冠していても、彼らがそれまでに獲得し、磨きをかけてきた〈臨床の知〉を後輩や支援チームに伝達するためには〈言語化作業〉が必須なのです。たとえば、後輩や同僚の対人援助職者に対して、彼らの実践を〈絵解き〉したもの、つまり、クライアントの言動に対する彼らの観察や言語によるやりとりなどの、どの箇所に〈視点・照準〉を定めて情報を組み立てていったか、その目のつけどころと根拠を言語化できていないと、教育・訓練ができません。その際の対人援助職者に対する訓練は、〈絵解きされたもの〉を提示するのではなく、〈絵解き〉の過程を考える作業工程を提示していきます。これが、スーパーヴィジョン過程の重要なポイントになります。ですから、彼らは、ご自分が実践的には十分にスーパーヴァイザーの段階に達しているのに、その実践を言葉にすることを自分ではこれまで必要としていなかったが故にスーパーヴィジョン実践ができないので、〈言語化作業〉

を課してスーパーヴィジョンを受けにお見えになるのです。

私は、これまでに初心者や中堅どころにさしかかっておられるかたやベテランの域に入っておられるかた達が、彼らの臨床実践を言語化する作業に同伴してきました。その結果、まだ思案の段階ですが、「臨床実践家の熟成過程」をモデル化する試みを本書で挑戦しようと考えました。

次章では、表1の「臨床実践家の熟成過程」をもとに、臨床実践家としての熟成のための目安について考えていきたいと思います。

[注]

※1 『魔女の夢〜運命を超えて生きる力』（フロリンダ・ドナー著・近藤純夫訳・日本教文社）社会人類学専攻の著者が、南米ベネズエラの治療師（降霊術師、霊媒、魔術師などの呼称）のなかでもとくに実力があったといわれるメルセデス・ペラルタ（仮名）に弟子入りし、出会った人びとの多彩な表情をもつ仮面の本質を物語にしたものです。私はこの本が大好きで、何度も読み返しています。なぜかといいますと、魔女もソーシャルワークをしていたからです。手法こそ異なりますが、訪れる人々たちのそれぞれの人生の「時の時」に対する他者理解とその支援への眼差しが、私たち対人援助職者の視点や背骨と同じだったからです。なんといっても主人公のメルセデスがとびきりチャーミングです。私自身が一番きつかった時期に、本書を通してそのなかの登場人物によって癒されるという体験もしました。ですが、残念ながら、現在は絶版です。

※2 暗黙の知：『暗黙知の次元——言語から非言語へ』（マイケル・ポラニー著・佐藤敬三訳・紀伊國屋書店）

※3 コラム13参照

コラム

18 写真と「考える身体」

先の章の終わりでも、伝統芸能の世界のかた達がどのようにその技芸を身体化していくのかについて眺めていますが、ここでも他の領域のかたの思考の基盤としての身体がどのようになっているのかを参考にしたいと思います。

ここでは三浦雅士さんの本『考える身体』のなかの「写真は時間芸術である」（※1）で、瀬戸秀美さんという写真家について論考している箇所に注目しました。

『ユリイカ』や『現代思想』の編集長をされていた三浦雅士さんが『ダンスマガジン』編集長として瀬戸秀美さんという舞台写真家と一緒にほとんど毎日何十枚、何百枚の写真を凝視するようになってから、それまでは器材の性能に寄り掛かりすぎると思っていた写真への認識を決定的にあらためたそうです。

「写真は時間的芸術である」「写真家は空間を切り取っているのではない、時間を切り取っているのだ」と。

この点について、レンズの選定や絞りの選択などの基本的技倆もあるとはいえ、それ以上に、「いつ、どの瞬間にシャッターを押すかというその決断」がひとりの写真家を他から区別すると書いています。そのことは舞台写真にとっては「恐ろしいほど難しい」ことだそうです。

そのために、舞台写真家は、まず音楽を舞踊以上に熟知していなければならず、これはダンサーも同じで、舞踊の生命は音楽なのだそうです。ダンサーはまず鳴り響く音の化身となり、「その音を体内で鳴らして音そのものになって跳躍し、回転しなければならない。そして写真家はそのダンサーの動きを、まさに待ち伏せするように、捉えなければならない」ということは、鳴り響く音楽のその一歩先の音を聞いていなければならず、その一歩先のほうから、シャッターを押さなければならないそうです。

連写も、一瞬の呼吸でそのすべてが後手に回ってしまうので、「連写のすべてが先手に回って、しかももっとも美しい瞬間を捉え続けること。要するに、カメラマンもまたダンサーとともに踊っていなければならないのだ。ダンサーの呼吸を自身のものにしていなければならない。すぐれた舞台写真家は、ダンサーの体調をさえ一瞬のうちに見抜くというが、当然である」と、その道の熟練した腕を持つ芸術家について述べておられます。

この三浦さんの文章を読んだとき、私は、ダンサーとともに踊っている舞台写真家は、その身体をダンサーと共振させているのだと思いました。このことは、私たちがクライアントの話を聴く際にできるだけ相手が生きている世界に添おうと努め、ときに〈共感的理解〉に近づけたときの瞬間と似ています。写真家も全身で仕事をしています。それもものすごいエネルギーを使って。

また、もうひとつ、「鳴り響く音楽のその一歩先の音を聞いている」点についても私たちの仕事とある部分で合致すると思いました。もちろん私たちがクライアントの話を聴くときは、その一歩先ではありません。クライアントの心も実際に彼らに起こった出来事についても、先取りした聴き方はしません。一歩先ではなく、ほんのミクロの一瞬遅れで添った聴き方をしていると思いますが、そう思うのは私だけでしょうか。ここは舞台写真家と私たちの仕事が異なるところだと考えます。

ここで私が舞台写真家の話に共鳴した点は、ダンサーが鳴り響く音の化身となって音を体内で鳴らし、音そのものとなっていなければならないのであるから、その一歩先のほうからシャッターを押さなければならない写真家は、舞踊もさりながら音楽そのものもダンサー並みに熟知していなければならないということです。つまり、私たちの仕事でいえば、写真家にとってのダンサーに該当すると考えられるクライアントの物語を聴くとき、彼らが陥っている状況を理解するための基本的な知識が必要だということと合致しています。これは、図2の6「人（クライアント）と固有の問題状況（環境）を理解する枠組み」（※2）に該当します。基本的な知識・理論は手に入れてあればあるほど理解の土壌になります。ですが、私たちはいくら知識があっても、すぐに目の前のクライアントには応用できません。クライアント一人ひとりの固有世界に応用できる生きた知識・臨床知になっていなければ役に立たないのです。

では、瀬戸秀美さんはダンサーの呼吸をどのようにして自身のものにできるようになったのでしょうか。

この点について、三浦さんは次のようにお考えになっています。

「瀬戸秀美の、とりわけジュルジュ・ドンを撮った一連の写真は、見事だ」と、この男性ダンサーのエロティシズムを捉えた異常な嗅覚について論述しています。

「おそらく、何よりもまず彼の耳が、音楽の官能に鋭く反応し、そして同じ反応をダンサーに見出した瞬間が、彼の至福の時なのだ。そうとでも考えるほかない。その写真には、音楽だけではない、咽せかえるようなダンサーの匂いまで立ち籠めているのである。

この手法を、瀬戸秀美はおそらく、ジョルジュ・ドンを被写体としつづけた年月のあいだに、我が物にしたのだ。私は密かにそう思っている」

ジョルジュ・ドンは45歳で亡くなりましたが、あの素晴らしいダンサーの一番輝いていたときに、被写体として密接に全身のセンサーを研ぎ澄ました時間の連続が、瀬戸秀美さんに写真家として一番大切な手法・技法を物にさせてくれたのでしょうが、この点も私たちの臨床実践で手に入れたい秘訣ともいえるクライアント理解と手当てのための技法がどのようにして我が物になるかを示唆してくれています。私たちが有すべき技法は単なる技術だけではないのです。

私の臨床実践家としての体験だけでなく、現在のスーパーヴィジョン実践を通しても、臨床実践に就いているものにとって、職業的にも人間的にも結果的に成長させてくれるクライアントに必ず出会っています。支援者としてある特定のクライアントにのめり込んだり、ときには抱え込んだり、振り回されたり悩み続けたりと、時間的にも労力的にもかなりのエネルギーを注ぎ込み、ときに魂も深く抜かれたりといったクライアントが該当します。彼らは、不思議なことにそのときの支援者が職業的に乗り越えなければならない課題に適合した問題状況にあったり、その課題を突破させてくれるようなお人柄であったりします。

これらのクライアントに出会った支援者は四苦八苦したり、非常に苦しむことも多々ありますが、乗り越えますと、後日必ずや「ああ、あのかたは私にとって運命的な出会いともいえるクライアントだったのだ」と思い至ります。このようなことを〈不思議な暗合〉というのでしょうが、どのような援助者にも、まっとうに対人援助実践に取り組んでいれば、瀬戸秀美さんにとってのジョルジュ・ドンのような存在のクライアント、私たちを結果的に鍛え、確実に次の熟成段階へステップアップさせてくれるかた達を何人か財産としてお持ちのはずです。

※1　『考える身体　The　Body Thinking』（三浦雅士著・NTT出版・1999年）「写真は時間芸術である―写真の身体」123〜125頁

※2　第2部第1章第6節参照

第3章　臨床実践家の熟成過程

第1節

表1「臨床実践家の熟成過程」について

表1の作成過程

表1の「臨床実践家の熟成過程：相互交流の成立と面接による手当て及び実践の自己検証と言語化を目指して」は、現在の対人援助者への教育・訓練や個人および小集団に対する継続的なスーパーヴィジョン実践を行なう日々のなか、〈相互交流〉を基盤とした対人援助実践の本質を熟考していく過程で「身体化しておきたい枠組み（図2）」を組み立てながら、本書を5～6年にわたって構想しつつ書いていく過程で必然的に生まれてきました。

私たち臨床実践家がクライアントを支援しているとき、私たちの身体はどのような知識と技術の枠組みをフル稼働させているのでしょうか。この点については、私が現在の仕事に就き、日々「対人援助の基本」をテーマに、主としてライブによるパフォーマンス・生《なま》の実践事例による演習を積み重ねているうちに、私のなかで図2のような概念として整理されてきました。この点については、言葉でお伝えできるものに限られますが、第2部で解説しています。

次に、この図2「臨床実践家が身体にたたきこまなければならない枠組みと組み立て」をどのような段階を経て熟成させていったらいいのだろうか、という奥行きの課題にぶつかりました。対人援助職者が図を構成している8つの枠組みおよびそのなかの一つひとつの各項目を理解し、それらのすべてを構造化して身体に入れ、さらに8つの枠組みを意識せずに連動させて自在に駆使できる段階にまで身体化させるためには、難易度が高く、途方もない臨床実践経験と振り返り作業の反復・内省による自己検証の時間を要します。どの枠組みも大枠をつかみ、一つひとつの枠組みと各々の項目も合わせて個々の精度を上げ、さらにすべての枠組みを構成している知や技を、自動的に連動させて駆使していけるようになるまでには、いくつかの段階を経て身体化させていかなければ、臨床実践に要求される〈自在性〉は手に入れられません。

そこで、たくさんの概念的・技術的枠組みを手に入れて身体化させていくためには、どこから始めて何を目指して自己鍛練していけばいいのか、その目安となるものを図式化したものが必要になりました。幸いにして、私のこの十数年に及ぶ現在の実践は、対人援助職者がいま現在進行中であるか、またはつい最近終了したばかりの生の臨床実践を、実際に担当された実践者の身体の奥深くにしまいこまれているさまざまなクライアントに関する情報を引き出しながら、事後検証をしていく事例検討の方法を主にして行なってきました。（※1）

この方法は、事前の講義で対人援助の基本的な視点・目のつけどころや知識・技術を本書の第1部で詳述してある図1「対人援助の構図」をもとにして作成した基本レジュメに添って説明しておいたうえで、参加者による提出事例の絵解きを行ないます。その過程で、常に基本に戻って、どの枠組みが必要であるのかを、事例提供者のみならず研修やグループスーパーヴィジョンの参加メンバーも含めた全員が、図2や他の基本的知識や技法と照らし合わせることができ、「自分はすでに何を手に入れており、さらにどの知識や技術が足りないか、これから何を身につけていく必要があるか」を自覚することが可能になります。

このような作業の繰り返しのなかで、さまざまな熟成段階にいるたくさんの対人援助職者とお目にかかり、

・1各発達段階に応じた生活課題についての知識をもつ. ・2各々の生活課題に応じた社会復帰の課題と年齢・疾病・障害に応じた社会復帰プログラムの体系についての知識を手に入れる. ・3社会資源の体系や内容と探査のしかたを覚える.（知と技） ※しかし,ニーズがわからなければ,探査のしようがない. ・4アセスメントマニュアルがあれば,使いこなせるように目指す.（知と技）図1では［I］,図2では1.	・3クライアントの「問題ではなくひと的な部分」とくに情緒的な側面や人間関係などについてはかなり奥行きの深いところまで汲みとれるが,職業レベルの情報解析装置ができていないので,自分の価値観や社会常識に左右されがちである. また,クライアントが陥っている状況と援助者の体験などが重なりあったときに過剰同一視が生じる. ・4＜相互交流＞の基本を身につけていない援助者で火事場のアドバイスしか受けた経験のない人は,応用がきかないので,基本を点検しながら実践していくことが必要	焦り ・3過剰同一視 ・4＜私＞の傷へのチェック←私の側に抵抗が生じたとき ↑ 《私》ばかりが先行してしまう＜強み＞ ・1キャラクターや素質で得をしている人 →しかし,第2段階までで行き詰まる!	**★4対人援助職に要求されている「基本的な視点,知識・技術」を手に入れる努力を惜しまない.** **★5いい役割モデルを探して出会い,技と態度を盗む.**
→・クライアントに＜結果オーライ＞の支援ができることもある. ⇄ ☆1所属機関・施設内における他の専門職とのネットワークの形成ができるようになる. ※ただし,プレゼンテーション能力を身につけないと困難	・＜わたくし的《私》＞の内面の琴線にふれるもの ・またはがむしゃらに勘を頼りにクライアントにアタックした結果 ⇄	クライントの方が「生きる力」を発揮して助けてくれる. →大当たりすることもある.（100点以上の結果） ⇄	・熱意とクライアントに対する畏敬の気持ちをもつ

1 所属機関内での役割・機能を理解し,発揮できるようになる.

＜早く枠組みを身体に入れてしまう＞
☆2道具（社会資源サービス）レベルでクライアントが置かれている状況を把握できる.
※図1では［I］,図2では6.
※クライアントの内的世界への個別化はまだまだ先だが#2,社会資源活用レベルのノーマティブニーズを描ける.#1

aもはや初心者ではない.
b点と点をつなげることができるようになる.

☆3相談援助業務に関わる外部のシステムとのネットワークの範囲が拡がる.（社会資源の量の確保） ☆4マニュアルは完全に身体のなかに入っている. ☆5社会資源の質も吟味でき,活用できる. ☆6クライアント理解の基盤となる＜臨床知＞も増えてくる. ☆7期待されている専門職としての役割や機能が一応の水準にまで達する.#1	☆1自分の世界観と合うクライアントや得意な分野は可能になる.しかし,思い込み（先入観）などをまだ排除しきれない.	→交互作用 ・部分的に可能	←言語技術の習得 ←知識や理論との照合 ←効率性と効果 ←ここまでが初心者の到達目標 （通常2～3年）

職業的な自動人形（援助ロボット）レベル1へ到達

2 職場内での認知とアイデンティティをもった存在として位置（存在）できるようになる.

→職場内のマージナルマンレベル

#1介護支援専門員であれば→第3章第2節参照　ケアプランレベル
#2感覚的・直観的な理解・アセスメントに依ったケアプランなので,最低限クライアントの不利益にはならない.が,クライアントその人への根拠だてた理解はまだできていないので,表層的な手当てで終わってしまう.←ただし,勘のいい人の場合。つまり,カタルシスレベルの水準にはほど遠い。もちろん,専門職レベルでもない.

■:大きな達成目標　1 2:課題達成目標
★:未達成の熟成目標　☆:手に入れているか、入れつつある熟成目標
◉:現実の実力・熟成度　→←※:但し書きや方向性

表1－1　臨床実践家の熟成過程～相互交流の成立と面接による手当て及び実践の自己検証と言語化を目指して

［第1段階］

段階 a	対象者理解のレベル b	＜職業的な《私》＞の形成 知的・分析的、援助的身体 c	＜わたくし的な《私》＞の制御と活用 d	相互交流（交互作用）のレベル e	必要なもの ・自己検証と実践の言語化 f

1　対人援助専門職としての背骨作りその1：基本の習得と他者の人生へ介入することへのエチケットを身につける.

＜畏敬の念と謙虚な気持ちを常に忘れない＞

★スタート地点：クライアントに対しておおいに役に立たなくても、大きな不利益を渡さない.
＜援助職者としての最低限の心得・エチケットを守る＞
※マナーと他者を惹きつける魅力を身につける.
＜最低限クライアントの生命と生活の安全を守れる＞
※マズローの第2段階まで；生命と安全,上位のニーズは逃がしてしまうことあり.

a 初心者
b 平面的；点情報の段階で,まだ有機的に繋げられない.
c 出来上がっていない.
d 制御の対象
e 一般会話に留意
f 他者の人生と生活に介入することへの留意

■第1段階の目標；所属機関内での役割・機能を理解し,発揮できるように目指す.

c（なし）ゼロからのスタート　　d **生のままの私**　　e **一方通行**　　f

★社会人としての常識を身につける.　★一般教養を磨き,個人生活を充実させる.

c	d	e	f
★1図2の臨床実践家が身体にたたきこまなければならない「8つの枠組みと組み立て」の輪郭を手に入れるよう努める. **★2施設内での役割や機能の探索と確認** ※図1では［Ⅱ］,図2では8. ＜私は,誰に対して,何をする人か＞ ＜自分の業務展開の方向性を定める＞ →＜場＞のポジショニングをする. 場を読む力を鍛える.※自己学習課題←第1部第2章第1節	◉1それまで生きてきた○○歳の＜私＞が他者を理解できる「容量」で勝負せざるをえない.が,相談援助業務開始年齢及び相談援助の基本を意識しだしたときからがスタートなので,かなりのバラツキが生じている.	◉1プロとしての会話は成立していない.（一般会話に近い）	**★1人間,他者に対する尊敬とエチケットを身につける.** ・1プロ意識と謙虚な態度 ・2スーパーヴィジョンとコンサルテーションのバックアップ態勢を整える. ・3「ひっかかった」感覚を大切にして「ひっかけて」意識し,自分に問いかけ,考え,何が起こっているのか,何が足りないのかなどを探してみる←振り返り作業を試みる習慣をつける.→第2段階のc☆3へ
・1専門職としての拠って立つ地点を明確にする. ＜クライアントは誰か＞を意識する. ※1声の大きいほうや権力に流され,動かされてしまう. ※2対象の理解も必要 ・2業務を遂行するための土台づくり ・3社会人としての常識を身につける **★3業務を遂行するために必要なクライアント理解のための知識や技術を身につけていく.** ※図1では［Ⅰ］,図2では1～7. →クライアントの発達段階に応じた支援計画を立てられることを目指す	**★1「私」への理解** ＜若い援助者＞ ・1まだ,表面的で"生"に近いところでの関わりで,自己を深くは関与させることができない（ので,深いレベルでの「転移」は意識できない） ・2しかし,勝手に傷つくことはある.となると,＜相互交流＞ゆえにクライアントにも影響する. **＜相互交流を基盤とした相談援助業務に年齢を経てからスタートする援助者＞**	＜危険因子＞ ・1援助者側の感情,価値観や美意識で支援しようとする傾向 ↑ クライアントに対する押しつけが無礼や非礼になることに留意する ・2達成感や成就感への	←クライアントに対して悪さをする援助者自身の内にある＜危険因子＞に対する感受性をもつ. **★2援助者の感情はすべて制御の対象** **★3援助者自身への理解**＜自己の覚知＞

☆6クライアントの真のニーズに添った支援が可能になる. ・1将来予測をふまえたニーズ把握と支援が可能になる. ・2フェルトニーズへの対応はクライアントとのあいだで共働作業可能※→ ・3ノーマティブニーズは隠し味で加味できる. ・4専門職としてのクライアントに対する方向づけも強引ではなく可能になる. ★3しかし,分析・統合過程を言語化できない. #2へ		ベーション＞機能もかなり発揮できるようになり,資源活用に関わる＜情報サポート＞機能についてはほぼ完成域に到達する. ☆3信頼関係に基づいた共働作業が可能になる.	※ただし,難易度の高いクライアントに対しては困難がある.

1 **クライアントそのひととその人が置かれている固有の問題状況を的確に理解できる**

・1共感的理解に近づける.

・2クライアントの強さを発見し,引き出し,実際の社会生活のなかで「生きる力」にまで高めることを目指せるようになる.=意識できる.

・3自己決定を支える基盤づくりをしたうえで,クライアントの自己決定を支援できることを目指せるようになる.→図4「〈受容的・共感的理解〉から〈自己決定を整える基盤を整え、支える〉ための援助の構図」

→第3段階で完成域へ

→クライアントシステム全体ではまだ不足はあるが,さまざまなシステム間におけるマージナルマンレベルに到達する.

2 **支援システムも十分に使いこなせ,的確な支援も可能になるが,あくまでも直観（暗黙知）レベルであり,状況の言語化・絵解きができない.**

→これができないと**自分の支援を信頼できない**で,これでいいのか,という不安が常につきまとう

↑

何故かという理由や根拠を見いだせなくて悩む.

この段階で困ってしまう援助職者が多く見られる.

職業的な自動人形（援助ロボット）レベル2へ到達　通常5～10年

ここから先も長い!

★自己検証と言語化を継続していかないと「職場の魔法使い」で終わってしまい,同僚や後輩にその優れた知見を伝達できない.※

・職業的には第3段階の支援が可能になっている場合でも,アセスメントを言語化できないので,第3段階を終了できない.

※「職場の魔法使い」はセンスがよく,同じ実践現場で対人援助の仕事に専心してこられたかた達に多いようです.彼らの高い実践能力は,出会えたクライアントは幸運なのですが,暗黙知レベルの実践知に止まっているので,その貴重な＜技＞を後輩に伝えられない点が残念です.この無念さは,外科医の"神の手"も例外を除いては同様のようです.

表1－2

［第2段階］

段階 a	対象者理解のレベル b	<職業的な《私》>の形成 知的・分析的、援助的身体 c	<わたくし的な《私》>の制御と活用 d	相互交流（交互作用）のレベル e	必要なもの ・自己検証と実践の言語化 f

2 対人援助専門職としての背骨作りその2:真のプロフェッショナルの道へ
<ここからが長い!>

★第2段階から第3段階へ;基本の見直しと熟成期で,徹底した自己検証と言語化作業の時期

■第2段階の大きな達成目標;クライアントが生きている世界で理解できることを目指す.

→常に基本に戻る.振り返り作業を自分に課さないと,一丁上がりの援助に陥り,それから先の熟成は止まってしまう.

■第2段階の目標その1;クライアントシステムの全体像を直観レベルで理解でき,結果オーライの支援が可能になる.が,効率性はまだ悪く時間がかかる.

→この時期は,注意しないと落し穴に陥る;クライアントシステム全体のなかで強化すべき人を見落としてしまうことがある.

■第2段階の目標その2;所属している組織及び組織外のシステムとより質の高いネットを繋げられる.

→異なる機関や施設との連携および異なるシステムにいる専門職ネットを拡大していく.

a 中堅者
b 立体的;点情報に意味をもたせることができる.

f: **徹底した言語化作業**
※

c	d	e	f
★1クライアントとのあいだのマージナルマンレベルを目指す.	☆1若年から開始した人の場合は<わたくし的な《私》>が成熟していく.	交互作用 ☆1かなり可能になる	**☆1基本の習熟**
☆1真のニーズの探査を目指す. ・1 ノーマティブニーズを描ける. ☆2<臨床像>の輪郭を描けるようになり,<問題の中核>を意識できるようになる. ※図2では2&4		←面接中に手当てができるようになる. （反射レベル） しかし,まだ表層的なレベルで,核心には届かない.	**★1基本をさらに確かで奥行きのある技術に磨く.**
★★2一つひとつの状況は分析できるが,さらに突っ込んだ全体状況の分析・統合までできるようになるには先が長い! →みながここで苦しむ! **大きな壁**となって立ちはだかっている. ☆3援助過程で生じた微妙な援助関係の変化を意識でき,ひっかかりがもて,後で検証を試みようとする姿勢が身につく.	<警告・危険因子> ★1自分の深層にある感情とフィットするクライアントに対しては,<逆転移>が生じる. ・1深くかかわると,自分自身ではまだコントロールできない. ・2クライアントに対して心理的抵抗が生じても,そのことをまだ自己点検できない.	←深層感情のコントロールはまだ不可能	←のめり込んだり,抱え込んだりしてしまうクライアントに対する自己点検とスーパーヴィジョンが必要 ←第1段階の★1ー・3で試み始めた実践の振り返り作業が身についてくる.
☆4経験知に基づいた対処策は的確にうてるようになる. ☆5クライアントが生きている世界で聴くことができるようになる.	☆2クライアントの深層にある感情を理解できるようになる.	☆2ソーシャルサポート機能のなかで<自己評価>及び<モチ	

できる.		可能 ☆3対象者に見合った自己決定を支えられるようになる.	
☆5＜知的・分析的、援助的身体＞になる.	←どのような私的状況においても一定水準の仕事を遂行できるだけの安定度を有している.		**ここから先も長い!#**
☆6ときには業務の範囲を超えた「逸脱」した支援を意識してできる.←図5参照 ☆7他の臨床領域の分野にも応用できるだけの「対人援助の基本的な視点,知識・技術」レベルに到達する.	←それでも私的な部分を安定させることが可能である. 自家発電装置をもっている		
[臨床実践家としてのゴールに到達]			
①図2の8つの枠組みが身体に入り,8つの枠組みを縦横に駆使できる.	☆どのような状況でも、〈わたくし的〉な部分にゆらぎは生じても,専門職としてのブレが最小限に押さえられる.		

↓
↓
↓ ＜スーパーヴァイザーを目指すためにさらに精進を＞
↓
↓
★2 図2の8つの枠組みすべてを伝達可能な＜かたち＞にできることを目指す.

※自己検証の作業を積み重ねながら気づきのタイムラグを縮めていく.

＜実践の振り返り=後作業での発見から臨床実践の場面で意識的に軌道修正が可能になるように＞

1 実践の振り返りその1;支援過程終了後に,ひっかかったり不全感が残った実践を検証した結果,次の支援に生かせる発見をする.←後作業で発見できる.
→スーパーヴィジョン(基本を身につけた他者の目)は必要

2 実践の振り返りその2;支援過程の途中でひっかかりが生じたときに即自己検証でき,クライアント理解や支援の不足や過ちに気づき,軌道修正して結果オーライにできる.←ひっかかり,ひっかけて,確認できる.
→さらなる技術力向上のためにはスーパーヴィジョンが必要
↑
長い!#
↓
↓
3 実践の振り返りその3;実践中,例えばアセスメント面接の途中でチェック機能が即作動して軌道修正がその場でできるようになる.
→自己検証レベルに到達,

②臨床実践のダイナミクス(目に見えない,かたちにならない世界)を根拠だてて映像的に言語化でき,異なる職種や領域への伝達が可能になる.

職業的な自動人形レベル(援助専門職)レベル3へ到達

職業的レベルの完成=スーパーヴィジョン実践が可能なレベルに到達

#第3部第3章第1節に記述

表1−3

［第3段階］

段階 a	対象者理解のレベル b	＜職業的な《私》＞の形成 知的・分析的、援助的身体 c	＜わたくし的な《私》＞の制御と活用 d	相互交流（交互作用）のレベル e	必要なもの ・自己検証と実践の言語化 f

3 対人援助専門職としての背骨作りその3:真のプロフェッショナルへの到達
→後進が尊敬し,目指す目標となる.質の高い役割モデルとして存在できる.
→働く場で一定の地位・存在を獲得でき,安定した環境を築くことが可能になる.

★職業的なレベルの完成域へ;第3段階の中段に入ったら,スーパーヴィジョン実践をしながら自分の臨床実践能力もさらに磨きをかけ,高めていく.

■第3段階の大きな達成目標その1;クライアントや関与しているシステムが置かれている全体状況をポジショニングできるようになる（状況の俯瞰的な理解が可能になる）ことを目指す.

■第3段階の大きな達成目標その2;臨床実践のダイナミクス（目に見えない,かたちにならない世界）を根拠だてて映像的に言語化でき,異なる職種や分野への伝達も可能になる.

a 中堅者から上級者へ

b 4次元的理解;情報を重層的・多角的（構造的）につなげられる.

c

★1真のマージナルマンとしての自在性を獲得する.

☆1プロフェッショナルレベルでクライアント理解が可能になる.

・1細部をみて,全体をみる.

・2支援過程で意識化できていなくても,クライアントへのアセスメントや支援方法を修正できる.

・

★★★・
ここから先も長い!

・

・

☆2＜問題の中核＞をはずさずに＜臨床像＞を描ける.したがってかなり深いレベルでの理解をクライアントにフィードバックできる.

＜真の共働作業が可能になる＞

☆3面接そのものでクライアントの＜手当て＞ができる.

＜カタルシスレベル＞

＜高次なニーズへの対応も可能になる＞

＜高度な言語技術＞

☆4＜媒介者・メディエーター＞として複雑なシステムに介入できる.

・1多問題・複雑・深い家族病理への理解が可能になり,実際の支援ができる.

→図3の構造が完全に身体に入り,自在に自分を触媒として活用

d

★1＜わたくし的な《私》＞を制御できるようになる

・1自分とはほど遠い世界で生きているクライアントでも水準以上の理解が可能になる.

・2＜逆転移＞が生じそうなクライアントを意識しながら自分の感情を制御できる.

↑

※cが第3段階の完成レベルに近づいても,この点をクリアできていないと「ひっかかり」「これでいいのか」が身体感覚として残る.

e

相互交流（交互作用）のレベルへ

図4の構図にある螺旋を駆使できる.

↓

☆1クライアントの＜カタルシス＞への関与が可能になる.

・1問題の本質や発想の転換に関わる＜情報サポート＞機能の完成

☆2自在に活用できる（出たり入ったり）→共感完成レベル

・1図4の構図にある螺旋を駆使できる

・2家族調整も

f

★1言語化作業に磨きをかける.

←ここを後作業で自己検証できるレベルまでもっていく

★2臨床実践を根拠だてて言語化できるように努める

☆3さまざまな言語技術による支援方法を獲得する.

・1治療コミュニケーション技術にさらに磨きをかける.

↑カウンセリング能力に磨きをかける.

☆4家族療法や行動療法などのような技法も駆使できる.

表1−4

［第4段階］

段階 a	対象者理解のレベル b	＜職業的な《私》＞の形成 知的・分析的、援助的身体 c	＜わたくし的な《私》＞の制御と活用 d	相互交流（交互作用）のレベル e	必要なもの ・自己検証と実践の言語化 f

4 対人援助専門職を超えた世界へ：自由なわたくし&わたくしの個性をのばす.

1 ＜職業的な《私》＞と＜わたくし的な《私》＞を融合させながら，自在にクライアントに関与できる.＜もうひとりの《私》＝チェッカー＞の誕生により，自分自身の支援に信頼を持てる.

a 超弩級；職人芸の段階へ
b 直観に根拠をつけられる.
c 芸の世界←一芸に秀でる.
d cと融合させながら，自在に活用可能になる.←この段階で初めて＜わたくし的な《私》＞を自在に使えるようになる.
e 自在
f 実践時に可能

☆1 クライアントの「転移」を意識でき，かつ，専門的な援助関係も活用できる. その際に援助者自身の「逆転移」を制御できる.

c	d	e	f
・さらに深いレベルの理解が可能になり，それも瞬時，かつ根拠も言語化できる.	・1＜わたくし的《私》＞を監視できる. ・2自在に自分を提供でき，つぶれない. ・3最終的には人間としての総合力・容量の大きさになるので，＜わたくし的《私》＞を成熟させ続ける.	→交互作用 ・自在・巫女的	★他者を受け容れる容量をさらに大きくしていく. ・1自分の芸を磨き続けなければ腕は低下しなくとも鈍る.

＜存在そのものがプロフェッショナル＞の段階へ

☆2 ここまでの段階に到達すると，相談援助面接や援助過程の絵解きが可能ですが，デジタル的な想起はできなくなるので、第2段階から第3段階にかけて課してきたような自己検証のしかたではなくなる.

→きわめて精度が高い情報解析装置つきのアナログ思考へ

2 巫女的なるものに言語化能力がつけば最強の援助者になる. しかも，「さにわ」の存在は必要としない.※1

‖

「絵解き」の解説者はいらない.自分自身で可能になる.

※1 ここでは，「巫女」も「さにわ」も象徴的な意味で使っています.
「巫女」の別名はシャーマンで、本来の意味は「自らをトランス状態（忘我・恍惚）に導き，神・精霊・死者の霊などと直接に交渉し，その力を借りて託宣・予言・治病などを行う宗教的職能者.」（『広辞苑』）
「さにわ」の本来の意味は，「神慮を審察する人.神命をうけたまわる人」（『広辞苑』）
→シャーマンの言葉の通訳者で，現実社会とのつなぎ役

しかもじっくりと時間をかけて彼らの実践を共働で検証させていただく機会に恵まれました。初めて対人援助の仕事に就いたばかりの初心者や、なんらかの専門領域において職業的な経験をたくさん積んできていても、対人援助の基本的な知識や技術などの基盤となるものを身につける機会のないまま、これまで仕事をしてこられたかたがほとんどでした。研修が終わった後で「この（相談援助の）仕事には専門的な知識や技術が必要なのだと痛感しました」という感想をお書きになられたかたもおいでだったほど、私たちの国ではその専門性と必要な知識・技術の伝達が行なわれてこなかったのです。この点は決して大げさではなく、初心者の段階から基本のトレーニングを確かなスーパーヴァイザーから受け、しかも継続して内省的な訓練をその身に課して熟成段階を経ることができる恵まれた環境にあったかた達は、ほんの一握りの存在であるといっても過言ではありません。

そのうちに、さまざまな段階にある対人援助職者に共通する熟成課題や、次の段階に上がるためにはかなり高くて厚い壁があることに気がつきました。

そこで、最初は臨床実践家が熟成していく段階を大きく3つに分けて、私がどのようにして対人援助の基本を手に入れ、さらにその基本に厚みと奥行きをつけていったのか、その過程を振り返る作業を試みてみました。すると、異なる熟成段階にあるたくさんの臨床実践家達との出会いと、彼らの実践を詳細に吟味していく作業を通して育んできた「熟成段階」と私自身の熟成過程がほぼ一致していることを確認できました。なお、表1では最終段階の個性的な芸にまで高めたものを加えましたので、4つの段階に分けています。

（※2）

振り返りのなかで嬉しかったこと

私自身の熟成の過程を振り返る作業を通して、たくさんの発見をしたことに加えて、とても嬉しかったことがいくつもありました。臨床実践家の熟成に関係したものとしては3つありました。

第一にはコラム20の冒頭でも記しましたように、対人援助実践を始めた時点ではどうしようもないほど何をしていいのかもわからない出発をした私が、ここまで至ることができたことの土台が、私のスーパーヴァイザーであった深澤道子先生の薫陶にあることを再発見したことにありました。私の現在の実践の基礎の多くがスーパーヴァイザーから教えていただいたものに由来していると再確認できたのは、とても感慨深いものがありました。確実に伝達可能な技術であることの実感に加えて、深澤先生の教えが私の身体の奥深く寝かされて経験を重ねるにつれて醸成され、身体化されたものを私のことばで言語化できるようになったときに初めて、その奥義を再確認したのですから。（※3）

第二には、表1でみれば第2段階から第3段階の移行期にあった私が、当時スーパーヴァイザーの恩に報いる気持ちから、なにげなく始めた新人のソーシャルワーカーとの勉強会がグループスーパーヴィジョンに発展し、そのときのメンバーの職業的な熟成速度が私よりも確実に早まっていることを発見したことにあります。これは、相談援助実践が専門職として必要な伝達・訓練可能な体系を有していることの確実な証となります。現在は、私の第一期の弟子筋のかた達は、教育機関や現場でスーパーヴィジョンや種々の実践的研修を全国の地域、職場で実践しています。また、私も彼らに鍛えられて成長させてもらったことを改めて再確認できたことも大きな喜びでした。（※4）

さらに第三に嬉しかったことは、表1でみれば、私が第3段階を確実に超えたと実感できた時期からお引き受けしたスーパーヴァイジーたちのなかで、初心者から始めて熱心に取り組んだかたが、あっという間に職業的にかなりの熟成段階にまで躍進した結果を目にしたことでした。相手（スーパーヴァイジー）の素質や熱意故であるでしょうが、私の伝達・言語化能力の熟成も上達期間の短縮に寄与していると考えられます。該当するかたは、そのときまだ30歳前、6年間で表1の第3段階の初段ぐらいまで上達しました。ただし、より深い理解や支援などの達成にはまだまだ先が長い、という但し書き付きではあります。

さらに、これまでに「職業的熟成は」と常に但し書きをつけた理由でもあるのですが、私たちの仕事は、援助職者としての〈職業的な《私》〉だけではなく、固有名詞のついた〈わたくし的《私》〉がさまざまな個人的な関係のなかを生きる過程で、身体や魂のひだに繊細に刻み込んでいく経験を重ねながら、年を経れば経るほど、職業的な側面と個人的な側面が呼応するように、相乗して成長していける性格を有しています。いまどき、「節のない長い竹みたいな」年のとりかた（※5）では困りますが、年を重ねれば重ねるほど熟成させていける仕事なんて、伝統芸能や職人の世界の他にはそうそうみあたりません。なかなか〈いい仕事〉なんです。（※6）ですから、そのかたには、これからも精進を続けながら、情緒的・社会的な成熟が職業的な段階に追いつくまで、個人の人生を充実させましょうと申し上げていますが、そのかたのこれからの成長がとても楽しみです。私たちの仕事の熟成は、職業的な訓練だけでは足りないものがあるのです。個人と職業的な自己を螺旋様に熟成させながら、魅力的な対人援助職者になっていける職業なんて、このうえない喜びであり、とても素敵です。

いま、本書を記している私は、対人援助者に対して研修やスーパーヴィジョンを本業にしてから10年目に入りました。私の職業的技術の伝達能力は確実に高くなっていることを実感しています。年をとればとるほど、その技術は〝芸〟の方向に先鋭化していきつつあります。あとは身体的・精神的な体力がどこまで続くかの問題になりますが、他の身体化させなければならない〝芸〟の世界を見渡せば、私の年齢ではまだ〝ひよっこ〟のようです。私が人形浄瑠璃・文楽の世界にはまるきっかけとなった文楽義太夫の人間国宝である竹本住大夫さんは、「人間の情や慈愛を語るためには、厳しい稽古をし続けて60歳からが勝負」と常におっしゃっています。（※7）長生きしなければ「もったいない」と思われる世界は、現代社会においてはとても希有で幸せな職業だとは思いますが、反面、残酷な世界でもあります。早く死んでしまってはもったいないのです。それまで修業に修業を積み重ねてきたものを花開かせ、観客の魂を震わせるようになるときが50代や60代なのですから。（※8）

住大夫さんの、80歳を越えてなお現役で舞台を務め、他の若い現役太夫さんの追随を許さず、素人耳にも数段上の芸とわかる語りには、聴くたびに魅入られつつも参ってしまいます。また、50歳を越えてもなお若手扱いの世界で人形浄瑠璃義太夫の人間国宝であるお父上のもとで幼いころからその世界にどっぷりと浸かり、早くに入門した豊竹咲大夫というかたが、60歳を迎えた年のインタビューで「これから70歳までが勝負」と語っていました。（※9）

私たち対人援助職者の世界も80歳までとはいいませんが、60歳を越えて味がでてきたと自他ともに認められるような在り方を目指したいと思い、表1のような熟成モデルを作ってみました。

これから表1をお示しし、各段階について概説いたしますが、まだまだ木目は荒く、あくまでも私個人の思案の段階です。研修やスーパーヴィジョンの途中で気づいたことを終了後に吟味して、表を手直しすることを数年続けてきました。完成度の高さを目指すには途方もない時間と検証を要します。ある程度ご披露できる段階に達しましたので、私だけの物差しで終わらないためにも、ここで提案することにしました。これから先は、対人援助実践の知識・技術の訓練や伝達を目指す皆様の厳しい目で点検・修正をしていただき、

さらにバージョンアップしたモデルとなることを期待して、次項に進みます。（※10）

［註］

※1　生の実践事例を題材にした事例検討の方法について：実践研修用のテキストとして2001年12月1日作成発行した『対人援助におけるスーパービジョン「OGSV・グループスーパービジョン実践モデル」～対人援助の基本的視点とスーパービジョン実践の基礎～』（奥川幸子監修、OGSV研修企画）の中で、河野聖夫さんが「グループスーパービジョンによる事例検討の進め方と実践方法～奥川スーパービジョンモデル（OGSVモデル）によるスーパービジョンの実践過程～」で詳しく解説しています。

※2　私の実践については、4つの熟成段階の各段階に応じた絵解き事例をまとめてあります。すべてを掲載できませんが、本書では、コラム20が第2段階に該当します。私の熟成過程については、機会と体力が残っていたら是非取り組みたい課題です。

※3　第1部第2章第1節「〈場のポジショニング〉から始める理由―私自身の経験を通して」参照

※4　私が現在このように仕事ができているのは、まったくの白紙の状態にあるときからスーパーヴァイザーの薫陶を受けたことが土台にあります。この点については三十数年たったいまでもその思いは変わりません。中堅にさしかかったとき、新人で「ひとりワーカー」で医療機関で途方に暮れていたかた達が大勢まわりにいました。その姿はかつての私の新人時代と重なって映りました。そこで、私は私のスーパーヴァイザーから受けたご恩をお返ししようと自主勉強会を立ち上げたのです。私がいまでも尊敬してやまない、かつ目標となっていた故紅林みつ子さんが「情けはひとのためならず」といつも私におっしゃっていらっしゃいました。実際その通りでした。

※5　「節のない長い竹みたいな」年のとりかた：出典「老人の見ごろ」（村松友視・いっと－24・1988年・4～5頁）

※6　この点についても私のスーパーヴァイザーは以下のようなことをおっしゃったことがあります。「結婚したい相手があればなさいな。この仕事は結婚して子育てをするあいだ仕事を休んでもまたできるのよ。その経験が生きる仕事でもあるのよ」と。

　また、本書の脱稿数年前に話題になったハリウッドの女優でもあるロザンナ・アークエットが監督・出演している映画『デブラ・ウィンガーを探して』でも示唆に富んだ女優の言葉がふんだんに出てきます。「仕事に対する愛は一生変わらない　It's an abiding love.」ホリー・ハンター

「……いい女優であれば、40歳になってからが一番いい時期のはずだわ。私だって40歳を過ぎてからよ。体もいい感じになってきたし、30代の頃にはなかった演技力も身に付いたもの。だからこそもっと演じたいのよ。スーザン・サランドンやバーバラ・ハーシー、メリル・ストリーブ、そして私の一番好きな女優ジェシカ・ラング。彼女たちは今でもセクシーで危険な匂いを漂わせているわ。リスクを物ともせず、堂々としている。」（89頁）

※7 『デブラ・ウィンガーを探して Searching for Debra Winger～ハリウッド女優34人の哲学』（ロザンナ・アークエット編著／中川紀子訳・河出書房新社・２００３年）

※8 『住大夫、芸を語る』朝日カルチャーセンター公開講座、２００５年5月6日より

人形浄瑠璃文楽の世界：私は50代になって古典芸能・文楽の世界に惹かれました。好きなものは好き、趣味や道楽の世界で通していればいいのですが、観客修業を積み重ね、関連図書を読みあさっていくうちに、私が本書で探求している「技術の身体化とその伝達」を、人形浄瑠璃文楽の世界にかなり共通点があることを見いだしてしまったことから、ますますどっぷりと浄瑠璃漬けになりました。

　それは、どのような人たちがその世界に入り、どのような修業を経て３００年以上にわたって連綿と伝達されてきた伝統芸を獲得していくのか、にありました。また、歌舞伎と違って、世襲ではなく、生まれ育った環境とはまったく関連のない世界から飛び込んで、実力次第で権威ある名跡を継げる世界でもあります。

　また、大正から昭和にかけて活躍した演劇評論家、三宅周太郎は名著『文楽の研究』（岩波文庫にて２００５年復刊）で以下のように著述されています。

「……環境の恵み、後天的人為で一生を支配出来ぬものが、我らの手近に三つある。義太夫と力士と文士とこの結論になる。いずれも実力と才能とで徹底する外ない点に、感激悲壮が尠くない。そして義太夫語りは、文士に似て大抵は親に反き、家を捨てて走ったいわゆる不孝者の方から幾多の巨人を輩出している。

　但し、外の二つが結論は才力のみで貫き得るのと違って、義太夫は天才芸術といい条、**一応再応凡人の仕事**である点を見逃してはならない。尾崎紅葉は二十三歳の若年で名作『色懺悔』を書いた。谷崎潤一郎氏は二十四、五歳で傑作『飄風《ひょうふう》』を書いた。相撲もまたその年輩で強くなった人は幾らもある。が、義太夫は**それらの年齢は殆ど準備時代にすぎない**。精々が先輩の代り役を勤めて有望視せられている程度だ。佳作傑作は多く四十前後まで苦しんだ上での話だ。**それまでの長い修業時代の労苦は実に凡人的でそして痛烈苛辣を極めている**」69～70頁（強調文字は奥川による）

　幕末・明治・大正・昭和20年代の初めごろまでの苛烈極まる環境のなかで伝統芸能に身を置いていたかた達のなかでも、人

間国宝級の芸を極めたかた達を語っているのですが、実力と才能とはいいながら、その修業が「凡人的」という点がとても共感できるのです。自他ともに認める稽古熱心の竹本住大夫さんの舞台を聴き、その芸談を読むと、ますます身体にたたきこまなくてはならない芸への真摯な姿勢と稽古熱心に心を打たれ、大いに共感している私です。

※9　第九十三回＝文楽公演　平成16年1月　国立文楽劇場公演筋書き、26頁「技芸員にきく『豊竹咲大夫』これからの十年が正念場です」より

※10　この表1の内容は、数冊分の容量があります。これからさらに熟成させていって是非丁寧な書としてまとめたいものです。私が、とはいいません。本書をお読みいただいたかたがこの臨床実践家の熟成指標を検証してくださり、一般化してくださることを希望しています。いま、私自身この熟成段階および各々の指標をあちこちに動かしながら修正加筆している毎日です。

表1の全体構成について

表1の全体構成について説明します。

表1は、「臨床実践家の熟成過程」を表題として、副題に「相互交流の成立と面接による手当て及び実践の自己検証と言語化を目指して」と記しました。私たち対人援助職者は、日常的に不特定多数の支援の対象者と出会います。しかもまったくの他者である初めて出会ったかた達を、限られた時間・場・方法のもとで理解することから支援が始まります。そのためには、これまで申し上げてきましたように、たくさんの身体化された知識・技術を自在に駆使できることが要求されています。その大枠の枠組みは本書第2部図2でお示ししました。ですが、図2の8つの枠組みは、すぐに手に入れることができるほど簡単な技術ではないことも確かです。

ここでは、対人援助職者としてスタート地点に立った時点から、「何を目標に〈職業的な《私》〉を鍛えていけばいいのか」を〈相互交流の成立〉および〈面接による手当て・治療力の獲得〉〈実践の自己検証および言語化・根拠立てられること〉の３つの観点からａからｆまでの６つの領域に分けて、熟成目標段階ごとに整理してあります。なお各指標は基本的に必要な知識や技術の内容をすべて具体的に列記してはいません。

つまり、〈相互交流〉を基盤にして自分自身の役割理解、クライアント理解および支援能力に着目して、各々の領域の熟成内容を、手に入れていけると考えられる順に並べています。ただし、並べた指標は、あくまでも現段階で私が考察できている範囲の点検項目であり、たくさんのスーパーヴァイジーや研修でお目にかかったかた達とのやりとりを通した経験の範囲で見定めた難易度です。

当然のことながら、相談援助面接実践の出発時点からの働く環境や援助職者個々の対人援助職者としての動機づけの程度や素質、その後の意欲の継続度、相談援助業務に就く前の知識や技術の習得機会およびその質や内容、拠って立っていた専門領域、経験年数などによって、獲得している身体化された知識・技術水準には、縦横や深さにばらつきがあります。

さらに各点検項目は、４つの熟成段階のａからｆまでが水平に熟成していくわけでもありません。また、熟練者であっても、未経験領域の対象者については段階も含めて各指標も上下左右に移動します。ただし、質の高いコンサルテーションのバックアップがあれば、経験している領域と同じ段階の熟練度で実践できます。そのときの基準はＣ「〈職業的な《私》〉の形成」の段階になります。

ここでお示ししている熟成過程はあくまでも指標です。実際の臨床実践家の熟成は、常に螺旋階段を昇り降りしていきながら成熟していきます。ステップアップの壁は無論のこと、各段階の項目を達成したかと思いきや、再び基本のキにまで突き落とされてがっかりしている姿を何度も目にしました。しかし、次に昇るときは、深みと厚みを増して螺旋を昇っていき、幹が太く根がしっかりと張って基礎が安定してきますので、必要な基本帰りと考えられます。

■aからfの各領域について

以下、表1を構成しているaからfまでの各項目の意味について解説します。

a「段階」は、初心者から熟練した段階まで、何を目指して自己を鍛練していくかを便宜上〈初心〉〈中堅〉〈上級〉〈超弩級〉の4つに区分けしました。私は、橋本治氏（※1）が述べているように臨床実践家に〈中堅者〉はなく、〈初級〉および〈超弩級〉の区分けでいいと考えています。私たち対人援助職者が実践力をつけるための身体化作業は、「基本に始まり、基本に帰る」（※2）の途方もない繰り返し作業を自分に課すことです。つまり、実践知と化した援助職者の身体は、知と技術の螺旋を往復する反復作業を通して、先述したとおり、螺旋の根と幹を太くして豊かな枝葉を繁らせていくこととともいえます。それは、実践的な暗黙知の容量を大きくしながら、しかもそれを根拠だてた言葉にしていく作業でもあります。

b「対象者理解のレベル」は、熟成段階順に点としての情報をどれだけ意味のある情報として繋げていけるか、平面から立体・4次元レベルの理解への道順を指標としています。ここでいう「理解の水準」は、第1部第1章第1節でもふれていますように、支援の対象となるかた達が「どのような問題状況に置かれているか、つまり、『問題の種類と性質、程度と深さ』を見積もり、さらにその人たちにとってその問題がどれだけ傷になっているか、その問題をそのひとたちがどのように感じているかを、その人たちが生きている世界で過去・現在・未来の座標軸に添って理解し、そのうえで、その問題に対処または解決できるだけの『強さや生きる力』を、そのひとたちがどれだけ〈いま〉発揮できるか、あるいはいまは発揮できないけれども、潜在的に有しているか否かを見積もること」にあります。図2でも記述していますが、この理解があって支援が可能になります。実際の援助能力も本欄に属していますが、実際的にはC欄で発揮していくことになります。

これらのことを効果的に効率よく実施するためには、〈職業的な《私》〉を鍛えていく必要があります。その具体的なチェック項目が、c〜fになります。

c「〈職業的な《私》〉の形成」は、「知的・分析的・援助的身体」を作っていく過程でもあります。ここでは、クライアントを的確に理解できれば、支援計画も自ずと策定できることを意味しています。さらに、理解するための視点・目のつけどころや理解するための知識があれば、必然的にクライアントからどのように必要な情報を引き出そうか、と援助職者側の工夫が生じてきます。技術面の知識もここに入りますが、〈技〉まで到達できてプロフェッショナルといえます。本書のすべてが、実際的な援助能力も含めて〈職業的な《私》〉の構築を目指したものですから、表1の核ともなる項目です。defは本項目の熟成基準をもとにして記述されています。

d「〈わたくし的な《私》〉の制御と活用」は、人がひとを援助する対人援助行為に必然的につきまとう

援助者自身が該当しますが、何度も申し上げてきましたように、〈相互交流〉を基盤とした対人援助職者にとっては、〈わたくし的な《私》〉はスタート地点からやっかいな存在でもあります。各々の熟成過程のなかでどのような留意点があるかをチェックしています。最終的には私的な資源を活用できるようになるのですが、c「〈職業的な《私》〉の形成」の背骨がきっちりできるまでは、制御の対象になります。

e「相互交流のレベル」は、図1の［Ⅲ］に該当する部分ですが、職業的なコミュニケーションレベルと専門的援助関係の形成力を意味しています。熟成段階ごとにプロフェッショナルの交流への道筋を提示しました。

f「必要なもの：自己検証と実践の言語化」は、対人援助職の仕事を選び、その仕事に就いた以上は対人援助職者としての〈職業的な自己〉を構築していかなければなりません。その自己訓練と努力は、対人援助の仕事に携わっている期間は継続して職業的自分を高めていく努力をしていかなければならない、という専門職としての倫理的観点から努力目標を提示しています。

［註］

※1　『「わからない」という方法』（橋本治著・集英社新書）132頁

※2　竹本住大夫さんの言葉「基本に忠実に、素直にやっていたらなにかが出てくる。お客さんに通じて、泣いて笑ってくれる」（前掲の朝日カルチャーセンターでの芸談より）。でも、これはものすごい修業・稽古の蓄積を経たかたの言葉です。この基本を身につけることが苦労なんです。

■第1から第4段階までの記号について

以下、4つの各段階の組み立てを構成している記号について簡単に説明します。

①1．2．3．4．は各段階ごとに専門職としての背骨作りとして、大きな骨格を提示しています。

第1、第2、第3段階は専門職としての背骨作りの全体的な目標を示しています。

第1段階のみ、★印でスタート地点に立ったときの最低限専門職として堅守しなければならない事項を提示しています。

②■印で、各段階ごとの大きな達成目標を掲げています。

第4段階のみは、□印になっています。本表は第3段階を終了した段階でプロフェッショナルとしての熟成は完了したとみなしています。その上で何を熟成させていけるか、ということになりますので、第4段階では□も☆もすべて白抜き印になっています。

③ｃｄｅｆの各指標の頭にある★印は、まだ未達成の熟成目標です。☆印は手に入れているか、入れつつある熟成目標です。◉印は、各段階の現実の実力・熟成度を表しています。

④各段階の終盤の[1]等の印は、課題達成目標を示しています。つまり、手に入れているか否かの指標に該当します。

⑤各段階終盤の網掛け部分は、各々の段階への到達指標を示しています。

⑥→←※については、大きな意味はありませんが、但し書きや方向性をあらわしています。

以下、〈職業的な《私》〉の形成から熟成させていくまでの過程を、各段階ごとの達成目標に到達するための各指標に添って、他の要素も鑑みながら要所要所を概説していきます。この熟成過程はあくまでも一般的な目安の提示にすぎません。各々対人援助職者としてのスタート年齢やそれまでの教育環境およびキャリア、〈わたくし的《私》〉のもろもろの個性や実践環境などによっても、手に入れる知識・技術、職業的価値観などの〈技〉は、その比重や獲得年数は異なってくるのは当然です。ただし、基本はあくまでも普遍ですので、行き着くところは同じと信じています。（※1）

註

※1　竹本住大夫さんの言葉「いろいろな師匠たちのところに稽古に行った。教え方はみな違います。が終着駅は同じやった」（前掲の朝日カルチャーセンターでの芸談）。私はこの言葉を聞いたとき、私たちの熟成のしかたとの共通点をみました。スーパーヴァイザーや熟練者は基本に加えて個性が付いています。それまでの各々の習得過程と方法も微妙に異なっています。ですが、一芸に秀でれば、基本は同じであることを理解できるようです。住大夫さんは野球をお好きだそうですが、「野球をみても我が商売を考える」ともおっしゃっていました。

第2節
表1の各段階について

1 対人援助専門職としての背骨作りその1：基本の習得と他者の人生へ介入することへのエチケットを身につける

……関連した記述は第1部第3章

①キーワードは、〈他者への畏敬の念と謙虚な態度で〉

相談援助のプロフェッショナルへの道は、スタート地点では生のままの私しか活用できません。（↓d）なぜならば、いくら机上の知識をたくさん持ち、安全な環境のもとでの実践技法の学習を積んでいても、本物のクライアント、それもどのような状況にあって、どこから話し始めるかわからないかた達を前にしたら、〈臨床知〉（※1）になっていない知識や技術では太刀打ちできないのは自明だからです。ましてや、基本的な知識や技術を有していないずぶの素人同然の状態でしたら、なおさら〈職業的な《私》〉は「ゼロからのスタート」です。↓cの「なし」

ですからこの時期には自分自身の未熟さを十分にわきまえたうえで、クライアントに対しては、畏敬の念をもち、「なんとかあなたの役に立ちたい」という意識と情熱を持つことが重要になり、最高級の礼儀と精一杯のプロ意識がクライアントへの失礼行為を防ぐ衝立てとなります。（※2）↓f★1．

ここで申し上げている「エチケット」の意味は、他者の人生へ介入することへの畏敬の念と他者の人生を尊重することを背景としています。また、そのことを踏まえて対人援助職に就いた者として生涯、自分の職業的技術を高める姿勢・努力の継続の意をこめています。

ですが、万が一、援助者側の深層にある感情を揺さぶられるような状況にあるクライアントや複雑な問題状況にあるかた達との関係の渦中に入り込んでしまったら、残念ながら打つ手はありません。この時期に職場の先輩や他所でのスーパーヴィジョンを受けながら実践できる境遇にある場合は、クライアントへの失礼は多少とも少なくできるのですが、それでも、クライアントへの支援は行き届く保証はありません。

なんといっても、臨床実践は、一期一会、そのときのクライアントとそのときの援助者とのあいだで生じるお互いの〈人間力・容量〉を基盤とした〈相互交流〉を基盤として行なわれるのです。しかもこの時期の〈相互交流〉は、クライアントとのあいだでお互いがお互いを相互に関与させながらクライアントに生じている問題を共働で、または援助者が同伴して解決していくために重要な〈交互作用〉ができないので、どうしても**一方通行**の会話で終わってしまうことが多く、プロとしての会話が成立しません。↓(e)◉1.

ですから、援助者自身がそれまで生きてきた歴史のなかで醸成されている人間観、価値観や美意識、社会常識で判断したり、行動しがちになります。↓d◉1　この時期にクライアントが生きている世界で理解することへ近づくためには、「(他者が生きている世界は)わからない」ことから出発すれば、感性がよければクライアントに素直に尋ねることができますし、クライアントのほうも助けてくれます。(※3) いずれにしても、クライアントその人と援助者自身は「異なった経験を刻印している身体」であり、異なった価値観や美意識を有している「異なった人間」であることを意識できていることが、援助者としてのスタート地点には必要です。

ただし、初心者でも〈相互交流〉のなかで〈交互作用〉は生じています。クライアントのほうが年長の場合は、援助者側が年若いか、謙虚な態度で応じれば、ほとんどの場合はクライアントのほうが〈人間力〉があるので、ご自分が潜在的に有している力を発揮してくださいます。

［註］

※1 臨床知：図2－6に該当　応用知・経験知

※2 畏敬の念をもって対象者に臨む：対人援助職者としてクライアントに対するとき、恐れおののきの気持ちを初心者の時代だけではなく、常に抱いていることが自らの内面に問いかける第一歩だと考えています。この気持ちは、熟練者になればなるほどより強くなってくるはずです。

※3 クライアントから教えてもらう姿勢は、決して恥ずかしいことではありません。なんといっても、クライアントはそれまで人間として社会の荒波のなかで生き抜いてこられてきているのですから、力をいっぱいもっています。常にそのことと相手を尊敬する気持ちを忘れなければ、仮に援助者側の知識のなさやドジを怒鳴られようが罵倒されようが、クライアントから援助職者を見捨てるような事態は生じません。

クライアントの側が非常に厳しく、時としてパニック状況にあるときは、初心者ですとなかなか対応できずに援助職者の側もパニック状況に陥り、相互の緊張が相乗作用をもたらして余計ヒートアップしてきます。そのようなとき、初心者ですと、自分の未熟さがクライアントを怒らせたりイライラさせていると思うので、よけい萎縮してあたまもこころもすくみがちになります。

そうなると双方の関係がしっくりせずに、ときとしてクライアントの爆発を引き起こします。その爆発はクライアントの平素のストレス発散方法に依っていますから、大声で怒鳴り続けたり、愚痴の速射砲になったりと、聞き手の援助者側にとっては、かなり辛くて悲しい状況をもたらします。ときには苦情のかたちで行政や関係機関に持ち込まれる事態も生じますので、やってられなくなります。

このようなときは、ひとりで悩んだり引っ込まずに、職場の上司や同僚に相談することが重要です。もちろん、援助者自身の未熟さやドジから招いている事態もありますが、このような状況に陥っていることを、一歩下がって立ち止まり、状況分析

をしていきますと、クライアントのほうに多大なストレスがかかっていて、どうしようもない鬱積した感情の発露を援助者に求めている（と当人は自覚していない場合が多いのですが）ことのほうが多いようです。若くても援助職者だと思うから、安心して爆発させているのです。※

自分の未熟は未熟としてわきまえたうえで、「なんでこの人は私をこんなに怒鳴るんだろう、でもクビにしてくれと言わないのはなんで?」「なんでこの人は私と会うと、待ってましたとばかりに世話しているご主人の悪口を話すのだろうか……」と「何故に?」と、立ち止まって援助者自身に問いかけてみることをお勧めします。すると、いろいろなことがみえてくるはずです。怒鳴ったり、非難したりしているかた達が置かれている状況が……。実は、この作業がアセスメントの第一歩、〈職業的《私》〉へ変身する絶好の機会です。

※これって、バイステックの原則でもあります。

②**スタート地点**のキャッチフレーズについて

★クライアントに対して**おおいに役に立たなくても**大きな**不利益を渡さない。**

〈援助者としての**最低限の心得・エチケットを守る**〉

〈**最低限クライアントの生命と生活の安全を守れる**〉

〈職業的な《私》〉がまだ出来上がっていない援助者は、まず、自分が関わることによってクライアントに大きな不利益を渡さないことを第一義に考えます。つまり、最低限クライアントの生命と生活の安全を守れることが必須になります。この点はケアに関わる専門職には共通して求められます。（※1）そのためには、自分自身の援助能力を常に自覚し、足りない知識や技倆を補完してもらえる態勢を整えることが肝要です。

しかし、自分が未熟だからといっていつも二の足を踏んでいたり、先輩や熟練者に替わってもらっていては、いつまでもプロの援助職者としての力はつきません。ですから、この時期は、第1段階の目標でもある〈場のポジショニング〉が最優先課題になります。→c★2&f★1-2&第1部第2章第1節c★1「図2の臨床実践家が身体にたたきこまなければならない『8つの枠組みと組み立て』の輪郭を手に入れるよう努める」は努力目標になります。

また、それまでに対人援助職者としてケアワーカーや看護師などの仕事に就いておられたかたで、相談援助面接を基盤とした仕事、たとえば、介護支援専門員やソーシャルワーカーとして働き始めたかた達のなかでも、ある年齢に達してからのスタートですと、本書の第3部第1章でもふれていますように、援助者自身の生きてきた歴史が長いぶんだけ、クライアントに生じている悩みや苦しみ、生活史から生じている苦労などについて、年の功に応じて読み取ることができます。

ですが、その際の理解のしかたは、〈職業的な《私》〉を熟成させていない段階にあっては、d◉1「それまで生きてきた○○歳の《私》が他者を理解できる『容量』で勝負せざるをえない」と心得ることが大切です。

この点は、重要な点検事項です。これまで私が出会った援助職者のかた達の多くが直面していた課題を複合させた事例としてお示ししたいと考えます。

たとえば、ケアマネジャーとなって活躍されておられるかた達は、さまざまな職業的背景をもとに資格を取得されています。もともと相談援助実践を専門として勝負してきたソーシャルワーカー、社会福祉士や相談員などで、きちんとした教育訓練を自らに課してきたかた以外はすべて他の専門領域で対人援助者として実践されてこられたかた達です。本書の〈序〉でもふれていますが、ケアマネジャーは、〈相互交流〉のなかでも専門的援助関係と治療コミュニケーション技術を基盤とした〈相談援助面接〉でクライアントを理解し支援していかなければならない実践の部類に入ります。それまでの実践領域で獲得した臨床知は活用できますが、実践方法が変わりますので、相談援助面接技法の獲得を要します。

たとえば、かつてホームヘルパーや老人福祉施設などの箱ものでケアワーカーとして働いてこられたかたは、それまでの身体介護や家事や生活支援で直接彼らの生活や身体への介入度が濃い実践をしてきています。ケアマネジャーは、直接自分の身体を相手の身体や生活に関与させて支援していくのではなく、同じ身体を関与させるにしても直接触れずに、言語技術で関与させていきます。生活場面に身体を侵入させていても、直接生活環境を動かしたりはしません。これも間接的に社会資源・サービス事業者を手配するというかたちで関わります。この点は、看護師や医師などの医療関係職種も同じです。

そして、これまでお目にかかってきたクライアント層よりかなり広い範囲の年齢層や疾病・障害のあるかた達が目の前に登場します。本書執筆時の介護保険の被保険者は40歳からですが、とくに第2号被保険者のかた達への理解に新参のケアマネジャーが苦戦しています。

たとえば、40から50歳代の脳梗塞後遺症による障害を抱えて自宅退院されたかた達への支援は、医療機関の医療ソーシャルワーカーや訪問看護室などの相談担当や地域連携部門からケアマネジャーへ移行します。その際の引き継ぎに細心の配慮がされていれば、クライアントの不利益に繋がる危険は少なくなります。医療機関のリハビリテーションに関する治療レベルが一定水準にあれば、アセスメントが確かであり、当然のこと、クライアントの予後予測を踏まえた将来方針を立てて退院・社会復帰計画を策定していますので、地域でケアマネジャーが引き受ける際は、前もって本人やご家族たちを交えたケース会議や検討の機会を得られますし、退院後も継続して照会できるからです。

ところが、現在の医療およびリハビリテーションに関わる制度やサービス提供のありようは、発症後の人生や生活に重大な支障をきたしている中途障害を抱えてしまったかた達に対しては、かなり酷な状況にあります。せわしない環境のもとで療養や訓練を経て、慌ただしく退院してきたかた達は、まだ自分の人生途上で対象喪失したものを受け容れていないまま、これからの人生と生活の再構築をしていくための羅針盤をもたない状況に直面していることが多いのです。（※2）そのようなかた達に対する相談援助者としてケアマネジャーは一番身近にいます。

しかし、クライアントの自己像が発症前のままで、障害を抱えた自分自身を十分に認識できていない場合は、すぐにでも社会復帰したい希望を訴えてきます。この場合、アセスメントに必要なさまざまな視点や知識を有していなければ、事態を突破できません。

まずは、生活能力をはじめ家事や職業的な能力の査定が必要です。しかも、現段階のみではなく、将来的な展望を把握したうえで、少しでも期待できる能力が残されているのであれば、そのための方策のいろいろについて考えられ、探求できるだけの知識が要ります。そのうえで、クライアントに対して正当な動機づけをしながら情報サポートできるだけの面接技術も要求されます。

このようなことを考えつき、実行するためには、前提として中途障害者の障害に応じた社会復帰プログラムを瞬時に想起できることが前提になります。（※3）これがなければ、何を指標にして査定していけばいいのか、どのような手順でことを進めていけばいいのかもわからずに、真っ暗闇のなかで模索する状態が続きます。そのような状況のなかで、身近な同僚や同じ法人内のスタッフに相談しても、担当しているケアマネジャー自身が考えつくような手立てしか返ってこなければ、途方に暮れるか、これでいいのかしらという不安を常に抱えながら手をこまねいたまま、時間だけが経ってしまいます。

あるケアマネジャーの場合は、40歳代の女性を上記のような状態で一年半もずるずると担当していました。このケアマネジャーは人柄もよく、責任感もありました。ですが、ケアマネジャーとしての臨床経験の短かさからくる実力不足は否めませんでしたし、不幸にも職場環境もそのケアマネジャーをサポートできる人材がいませんでした。このような状況はクライアントが一番不利益を被ります。

その女性は、自宅退院以来、車椅子のみの貸与でそのケアマネジャーと繋がっていました。退院直後必要だった車椅子は一年半経ったいまは、必要がなくなるほど歩行能力はしっかりしてきました。本人はデイケアはもちろんデイサービスにも行かずに、引きこもり状態になっています。何度も面接して勧めてみても、「前の経理の仕事に戻りたい」という訴えが続きました。そのうちに手慰みに始めた編み物で身を立てたいなどと言い始めます。

その間、炊事や掃除など、親が亡くなった後の生活を見越した生活能力をきちんとつけないままで時間だけが流れていったのです。傍目からみれば、将来のことも考えないで親に甘えたまま、何の展望ももたず、自分自身を省みることもしないで生きている女性に見えますので、「本人の気づきや自立を促すには、あまり世話を焼かないでしばらく突き放したほうが、本人のためかしら……」とか、「あまり多くのことを言わないで、気づきを待ったほうがいいのか」とも思い始めます。疾病や障害への理解抜きに、健常者である自分の若い部下や子どもたちに対して成功体験をもっている対処方法しか思いつきません。

車椅子もいらなくなりますと、ケアマネジャーは契約が切れます。(※4) そのケアマネジャーは、このままの状態で縁が切れてしまうことに一抹の不安と責任感を抱いていました。「彼女のこれからの人生は、いったいどうなるのだろうか」と。ケアマネジャーは、クライアントが望んでいることは現実感がないとは漠然と思うものの、確固たる根拠がありません。ではどのような手立てがあるのかという対案も見つかりませんでした。

方策を立てるためには、先に述べた知識や経験に基づいた臨床知を有していませんと、暗闇のなかで苦しみ、もがいているクライアントのまわりをうろうろするだけで、援助者側も戸惑ったり悩みます。

この悩みをもつだけでも対人援助者としては、本来は素晴らしいのです。ですが、その悩みを解消するにはどのようにしたらいいのか、なまじ年齢がいっているぶん、片っ端から専門職に聞きまくるという行動へと駆り立てるほどのがむしゃらさがありませんでした。というよりも、社会のなかで長く生きてこられたぶんだけ、一般の社会人としての常識が働いていたのだと思います。（※5）

「関係のない他の施設や機関の専門職の人に私が受け持っているクライアントのことを相談してもいいんですか」

そのケアマネジャーから相談を受けた私の示唆に対する驚きの言葉です。「Time is Money」の感覚もあったのかもしれません。

もちろん、私にも同じ感覚はしっかりとあります。専門職の知識は知的財産であり、自分や部下のクライアントでもない人の相談にのれるだけの余裕は現在の相談援助職者にはなく、とても辛いかもしれません。ですが、クライアントの福利のためであれば、専門職同士によるコンサルテーションは可能です。相談する側が切羽詰まっていれば、熟練した専門職であれば、対応してくださいます。少なくとも、どのような窓口で相談したらいいのかぐらいは教えてくれます。

ご自分の職場に該当する臨床知をもっている同僚や上司などの専門職が見当らない場合は、地域の他の施設や機関の専門職を探します。それでも見当たらなければ、遠くでもいいのです。全国区レベルでその道のプロを探し出すぐらいの援助者の気概がクライアントを救います。結果として援助者も生きた知識を得ることができます。そうすれば、次に同じようなクライアントが目の前においでになったとき、役に立つ援助職者として前に立てます。または、同僚や身近かな同業者や対人援助者に対するコンサルテーションも可能になります。初めての壁を乗り越えた実践は、対人援助職者の臨床知を増やしてくれ、そのことが直接・間接的に多くのクライアントの福利への螺旋を築き上げていくのです。

いずれにしても、スーパーヴァイザーの存在は必要不可欠です。スーパーヴァイザーがおいでではない援助者の場合は、身近にいらっしゃる臨床能力のある先輩ワーカーのバックアップを受けることも必要です。↓

f★1ｰ・1&・2&C★2

またスタート地点のキャッチフレーズである〈援助者としての最低限の心得・エチケットを守る〉の※印「マナーと他者を惹きつける魅力を身につける」については、対人援助職者はチャーミングでありたい、という意味を表しています。クライアントに初対面から好感をもってもらえる雰囲気を漂わせていることが求められるからです。表情美人（男性も含む）が目標です。

【註】

※1　最低限クライアントの生命と安全を守れる：この点については、相談を受ける部門に就いたからには、それ以前どのような部署にあろうとも必ず心しなければならない事項です。たとえば行政機関の各種保険や福祉課の担当窓口、社会福祉協議会の相談窓口等が該当します。なぜならば、これらは重要なインテーク窓口であるにもかかわらず、相談援助の専門職が配置されているとは限らないからです。少なくとも住民の相談を受ける窓口に配置される際には、この点についての感受性や最小限の知識をオリエンテーションや職場内訓練に入れるべきです。

※2　人生の途上で対象喪失したもの：この場合は、身体や認知、社会生活上の機能が該当します。ライフサイクルからみて、成人前期の段階で老年後期に突如移行してしまったか、老年前期から後期のあいだに陥っているかた達が多いようです。

※3 社会復帰のプログラム：図2－7「支援計画を設定するための枠組み」および図2－6「人（クライアント）と固有の問題状況（環境）を理解する枠組み」の「◇◆基本的な知識・理論を「臨床の知」（生きた知識）にしていく」に関連しています。つまり、中途障害者の社会復帰支援をたくさんこなしていますと、経験に裏打ちされた臨床知を有しますので、アセスメント面接時に即、将来予測に基づいた社会復帰プログラムをイメージできます。

※4 平成18年の介護保険制度改正前のエピソードをアレンジしています。クライアントの要介護状態は「要介護1」でした。

※5 表1「臨床実践家の熟成過程」では、第1段階の目標の下段に「社会人としての常識を身につける」と明記してあります。が、クライアントの福利のためであれば、がむしゃらに先輩や他機関の知らない熟練者に問い合せたり、教えを請うても構わないと、私は考えています。ただし、その際には、その道の先達に対する礼儀が必要です。卑屈になることはありません。礼儀をわきまえ、自分のためではなく、クライアントのための必死さがあれば、相手は快く貴重な時間を割いてくれます。私も新人のころ、ひどい電話を他の機関の先輩ソーシャルワーカーにかけまくっていました。ですから、自分がある程度熟練してきたら、後進者や社会に対して必ず恩を返していけばいいのです。専門職の世界も「育み、育まれ、さらに育み」と、経験知の伝達が循環していると考えています。

---

③■第1段階の大きな達成目標：所属機関内での役割・機能を理解し、発揮できるように目指す。

★社会人としての常識を身につける。

★一般教養を磨き、個人生活を充実させる。

これまでは、対人援助実践の初心者がクライアントに対する心構えや態度など、職業的な基盤を構築していく前段階のエチケットについて点検してきました。本項より対人援助職者として本格的な熟成課題が始まりますが、本題に入る前に申し述べておきたいことがあります。

この第1段階では、大きな達成目標として「所属機関内での役割・機能を理解し、発揮できるように目指す」を掲げています。この達成課題は基本的な前知識や知識レベルの技術を有していなくても、対人援助職者としての素質があって真摯に業務に取り組むかたであれば、センスのよいかたで1年、同じ職場で同じ職務を継続して続けていけばほぼ3～5年で発揮できるようになる類の仕事内容がほとんどです。職場内のマニュアルめいたものや制度的な枠があれば可能な業務をこなせるようになれるからです。しかし、誰もが成果を挙げられる結果を手に入れられないのが対人援助実践の特徴です。「この人はできる」とみなされるかた達の多くが「素質がいい、センスがいい」と称されます。並み居る経験の長い先輩諸氏など、彼らの前ではふっとびます。ですが、素質やセンスにさらなる実践経験が加わっても、基本を踏まえていなければ、いくら熟達しても第2段階の終了地点で頭打ちになります。多くは第1段階で終わりです。それほど第1段階と第2段階の間には大きな絶壁がそびえています。

もちろん、この時期に〈相互交流〉を基盤として実践される対人援助の基本的な視点、知識・技術を身につけるべく、内省的な作業・振り返り学習を自分自身に課して、できれば筋のよいスーパーヴァイザーや先輩の熟練者に側面援助してもらう機会を得ながら精進していけば、それは絶壁ではなく、平坦な山を超える程度で第2段階に移行可能です。ですが、第1段階ではその効果が結果としてなかなか表面上に顕れにくいことも確かです。一見して、センスのよい人よりは見劣りするかたもおいでです。しかし、必ず、第1段階における基本の習熟への努力は、第2段階から第3段階で実を結びますので、焦らずに基本を身につける姿勢を持ち続けてほしいと願っています。

対人援助職者としてのスタート地点に立ったときに、第一に探査し、熟考すべきことは「所属機関や施設内での役割や機能の探索と確認↓（c★2）」にあります。この点は、第1部第2章で、〈場のポジショニング〉としてお示しした点検項目と合わせてその必要性や目のつけどころを案内していますので、確認していただければと思います。表1のc★2「↓〈場〉のポジショニングをする」に続いて記してある〈場を読む力を鍛える〉は、対人援助職者でなくとも、組織で働くものやさまざまなシステムのなかで協働ワークを行なうものにとっては、あらゆる領域において重要な能力になります。必要時にアンテナの感度を上げて張りめぐらし、「自分がたくさんの人との関係やさまざまな懸案課題のなかでどこに位置しているか」を探り、拠って立つ地点を定めることは、つまるところ自分が働いている場で、どのような役割・機能を果たしたらいいのかを発見することにあります。まずは、身だしなみや電話での応答や挨拶などの「社会人としての常識を身につけ（↓c★2－・3）」、そのうえに専門職としての独自な立ち位置を築いてゆくためのとっかかりをできるだけ早く見つけるように努めます。

ここでは、前向きな姿勢と創造力が要求されます。

平行して、これからの基礎を築き、専門職としての熟成をめざすためにも、「一般教養を磨き、個人生活を充実させる」ことも必要です。（※1）特にインタビューを基盤とした相談援助面接（アセスメント面接）を実施しなければならない対人援助職者は、さまざまな社会的背景を有した相談者のかた達に相対することになりますので、人を理解するための知識の間口は広ければ広いほどクライアント理解や支援も可能になります。ここで申し上げている知識は専門書や教科書に記されている類のものだけでは不十分であることはいうまでもありません。また、援助職者自身が不幸ではクライアントにも不幸をばらまくことになりますので、固有名詞の個人生活を実態あるものとして過ごすことが対人援助職者としての土台をしっかり築きます。この仕事を虚業にしないためにも、他者の人生で満腹になっては困ります。

専門職が組織内でその独自性を発揮できる存在として生き続けていくためには、組織内にその仕事を理解してくれる人が必要です。同僚や他領域の専門職はお互いが仲間意識や連帯感をもてますし、仕事に対する持久力を与えてくれる存在になります。が、さらに職場の上司や管理職などの組織を動かし、決定権を有しているかた達からの理解や支持は、職業人生への動機づけや継続性、充実した結果を得る、などの点からみて大きな推進力になります。対人援助職者の仕事内容や本質的な価値観をまっとうに理解してくれるような有り難い上司や管理者は初めからめったにいないものと心したほうがいい、と考えるほうが現実的です。理解者を創るには戦略も必要です。また、プレゼンテーション能力ものを言いますし、そのための業務統計作成への工夫や目に見える業務内容をかたちにする努力も要求されます。（↓c★2－・2「業務を遂行するための土台づくり）」

専門職の仕事そのものは、基本的には孤独で自律した強靭な精神が要求されます。しかし、それも職業的なペルソナ・仮面をつけているときの話であり、技術的に確かなものを身につけてからでなければ専門職としての職業的な自律もできません。職業人生の生涯にかけて、自分の仕事に対する他者からの承認や賛辞は、自惚れを自戒すれば、決して邪魔にはなりません。専門職としての存在を認められ、安定した環境で働いてこそ、クライアントに対しても不利益を渡さずにより豊かな支援が可能になります。

専門職としてこれから生き抜いていくうえで必要な「専門職としての拠って立つ地点を明確にする↓c★2－・1」ための努力としては、対人援助職者にとっての命綱ともいえる「業務を遂行するために必要なクライアント理解のための知識や技術を身につけていく↓c★3」ことが、第1段階の出発点から最重要課題になります。本書では図2「臨床実践家が身体にたたきこまなければならない8つの枠組みと組み立て」の

1～7および第1部第1章が該当します。c★3に続いて「↓クライアントの発達段階に応じた支援計画を立てられることを目指す」として4項目の指標を掲げてある点については、第2部でも詳述してきましたように、臨床実践の場ではクライアント理解と支援は同時平行で行なわれていることを理由にしていますが、対人援助職者は仕事についたその日からクライアントへの支援を要求されます。それが職業に就くということです。初心者の段階からクライアントのライフステージを意識し、一般的な発達課題を知識として手に入れ、毎日出会うクライアントと接しながら個別性を理解できるようになるためにも、基本的な知識に拠って考えていく習慣をつけていくことが、その後の職業的な成熟を助けてくれます。とにかく、基本を身につけていないことには、対人援助職者としての熟成はいくら経験を積んでも先述しましたように第2段階の中途か、うまくいっても終了地点で止まってしまいます。

また、専門職は常にさまざまなジレンマに直面します。たとえば、クライアントのニーズを充足するために種々の社会サービスを活用しようにも、社会制度上から生じる制約や社会資源不足とのあいだに立往生させられてしまうことは常にあります。なかでもこの段階では、所属している機関や施設の経営や運営方針と「専門職として何を大切に考えていくか＝専門職としてのスピリット・価値観」とのあいだに生じるジレンマが課題になります。この点は専門職にとっては古今東西の宿命的課題でもあります。とくにこの段階では〈職業的な《私》〉が不確定で十分に出来上がっていませんので、「専門職としての価値観どころかミッション・使命感すら形成されていない」という基本を身につけていない援助職者も数多くみられます。したがって、そのようなジレンマすらも感じずに所属機関・施設の側の意向のみで動いてしまう傾向に陥っている援助者が多々みられます。そうしますと、「自分は誰のために、何をする人なのか?」という仕事を遂行するうえで拠って立つ位置が完全にふっとんでしまいます。

この段階では、「★2－・1専門職としての拠って立つ地点を明確にする：〈クライアントは誰か〉を意識する」ことへの視座を常にもち、点検することが必要のようです。状況の俯瞰的理解ができない段階にあるこの時期は、「※1声の大きいほうや権力に流され、動かされてしまう」からです。このことは、まだ、実力が伴っていない初心者にとってはとても悩ましい課題となりますので、もう少し記述します。

〈クライアントは誰か〉を考えるとき、まず第一に注意すべきことは、「依頼者の意向に添う方向で動かされてしまう傾向」です。依頼者がクライアントではなく、他の援助者、あるいは支援の対象者にもなりうるクライアントシステム内の家族や親族などの場合もあります。そのときの依頼者が、直接の支援やケアを必要としている主たるクライアントに対して悪感情をもっていたり、アセスメント力に欠けている専門職であるとき、初心者はクライアントに対してバイアスがかかった状態で会うことになりがちです。彼らから寄せられた依頼内容を丸呑みにしてしまうからです。素直な初心者ほどまともに他者のことばを受けやすく、信じやすい傾向にありますので実はやっかいです。一般的に評価されている「性格のよさ」や「素直さ」は対人援助職者として伸びるための最良ともいえる資質でもあるからです。

また、依頼内容に支配されてしまった状態が続きますと、クライアントは不利益を被ることになってしまいます。初心者の場合、依頼内容や事前情報を「それはそれ、過去の重要な情報である」としてクライアントと初めて会う際に白紙の状態で臨むことも難しく、ましてやクライアントの内的世界への理解もまだできませんので、クライアントのニーズやディマンズどころか、初めての依頼者の意向に添ってしまうのです。家族からの依頼の場合は、声の大きい人や家族内で社会的な地位が高かったり、いろいろな意味で力のある人の声や要求につい応えてしまうことにも留意が必要です。

次に挙げられる留意点は、援助職者が働いている場でも、所属機関・施設（図1「対人援助の構図‥［Ⅱ］－②に該当）からの役割期待に応えようとするあまり、組織内で強力なパワーを有している専門職や管理職の依頼内容のままに行動してしまうことへの点検です。医療機関で例えれば、医師や看護師長など、福祉施設では理事長や施設長など、組織のラインからみれば直属の上司などです。ただでさえ、なんとか組織内で認められなくては仕事・依頼もきませんから、初心者としてはありがちなことです。しかし、対人援助職者の場合は、そこのところは「ちょっと待てよ」としばし立ち止まり、振り返って援助者である自分が置かれている状況・環境をよく眺めてみることが必要になります。また、平素から組織内の他職種と良い関係を構築していく努力をしていませんと、クライアントのためによかれと思ってまっとうな問題点を主張しても、実力が伴わなければ認められるどころか、組織や支援チームから干されてしまいます。いずれにしても、この時期は、専門職としての倫理感や使命感を知識として有している人ほど、辛くて辛抱がいるようです。私は、平素のスーパーヴィジョンや研修の場では、「いまはクライアントのために思うような結果を得られなくとも、組織のなかでままならなくても、密かに爪を研いでおくこと。一人や少数職場の場合は、他の専門職や事務方のなかで志を同じくする同志を見つける！」と、檄を飛ばしています。

実力が伴わなければいくら志が高くても、クライアントのために役にも立たないですし、発言もできないのだ、と心すべしです。

3番目に挙げられる点は実にやっかいな問題点です。

初心者の段階にあるときは、これまでにも口をすっぱくして何度も指摘してきましたように、図1－［Ⅱ］の下欄の「私のバックアップシステムがいる。～コンサルテーションのネットワークをもつ～」（※2）という事項について早期に態勢を整えることが最重要課題になります。図5「業務の範囲とグレーゾーン及び逸脱、自分の実力及びバックアップの必要性」（※3）でも指摘していますように、「⑤職業的対人援助者のスタートラインの実践力（図5では、業務の範囲のはるか内側のレベル）」しかない段階では、たとえ業務範囲内であったとしても「↑実力を越えた業務に対してはバックアップの態勢を要する」からです。そうでないと、ケアに関わる対人援助実践では、クライアントの生命と生活の安全を最低限守れません。

初心者のみならず、たとえ経験はあってもご自分の実践を自己検証して信頼できるだけの力を有するまでに達していない段階にある臨床実践家で、クライアントに対する責任を意識していれば当然、同僚や上司、あるいは他機関の専門職や相談窓口に自分が担当しているケースについて相談します。ケアマネジャーであれば、異なるサービス提供機関に呼びかけて、クライアントへの理解や支援方針について協議し、共通認識のもとで支援方針を共有するためのサービス担当者会議を忙しい業務のなかでやりくりして開催していま す。しかし、その際に経験の浅い担当者ですと、自分が身体の奥深くに感知しているさまざまな「ひっかかり」を明確に言語化できていません。でもとても気になるので、その会議に地域のバックアップ機関として存在している窓口（※4）にも参加を呼び掛けたり、独自に相談に出向きます。

このようなときに取り上げられるケースの多くが「接近困難ケース」であったり、「地域のお騒がせケースとしての有名人」であったりすることが多いようです。気をつけないと、関わっている支援チームが同じ方向で「困ったケース」としてみなしがちになり、対象者に対して画一的でしかもディスカウントした評価をしがちです。そこで、ひとりが「ちょっと待てよ」と、クライアントが有する潜在的な可能性へのひっかかりを感知しても……この対人援助職者としての真摯な態度も、そのバックアップをするべき立場にある機関に、せめてスーパーヴィジョン実践レベルに達していなくても最低限対人援助のプロフェッショナル水準にまで熟成している担当者がいなければ話になりません。逆にバックアップになるどころか、まっとうな「ひっかかり」を有した援助者のほうが〈多勢に無勢〉状態になり、足を引っ張られてしまう事態も生じます。つまり、アセスメント力のないもの同士の寄せ集めでは、複雑な様相を呈しているクライアントの隠されたニーズや可能性を理解できないからです。チーム援助の落し穴は「水は低きに流れる」の譬えにもありますように、たとえ援助職者集団でも自分たちにとって楽な方向に向かいがちな傾向にあることを意識していませんと、クライアントに不利益を渡してしまう援助者ならぬ加害者集団に堕ちてしまいます。

私たちの国では、対人援助のなかでも特に相談援助の本当のプロフェッショナルを求め、その水準にまで育て上げる仕組みを有してこなかった文化と社会的な歴史が厳然とした事実としてあります。たとえば、行政機関の高齢者や障害者などの種々の窓口には対人援助の基本的な知識や技術を有している職員が配属される仕組みにはなっていないのが現実で、私は、そのことをとても残念に思っています。ですから、この「臨床実践家の熟成過程モデル思案」を志を同じくするかた達に熟考していただきたく、あえてお示ししているのです。

もう一度「c★3業務を遂行するために必要なクライアント理解のための知識や技術を身につけていく」という対象者理解を★2の〈場のポジショニング〉との関係から眺めてみます。たとえ臨床実践の経験者であっても、まだ対人援助実践の基本が身体にたたきこまれていないかたは、職場内異動や転職に伴って生じる対象者や彼らが直面している諸問題の変化に対して、今回はどのような新しい知識や技術を要するのかをまず探る作業が要求されます。前の職場で熟知していた知識やそこで駆使してきた技術では通用しないか、あるいはクライアントに対して誤った見方をしてしまうような事態にも陥る危険性があるからです。〈職業的な《私》〉の基本がしっかりしていれば、自分がこれまでに培ってきた職業的な価値観が下手をすれば180度ひっくりかえるようなパラダイム・シフトにも対応できるのですが、第1段階に止まったままの援助者ですと、できません。その結果、一見ベテラン風の新しい担当者に出会ったクライアントが、まっとうな理解を得られないことによって甚大な被害を被ることにもなります。異動や転職の際には、常に第1段階の「c★2および★3」のかなりの項目の点検と「↓〈場〉のポジショニング」作業が必須になります。なかでも、とくに初心者の場合は、この段階ではスーパーヴィジョンとコンサルテーションのバックアップ態勢を整えることが必須になります。↓f★1－・2

スタート地点から出発してからの日々の臨床実践は、幸いにして「生きた教科書」ともいえるクライアントのかた達とお目にかかり、臨場感をもって相手を理解しようとする作業の連続ですから、その実践を通して〈職業的な《私》〉を創っていくように努めます。この作業の目標は、第1段階では、「c★1 図2の『臨床実践家が身体にたたきこまなければならない8つの枠組みと組み立て』の輪郭を手に入れるよう努める」の指標を挙げましたが、この枠組みの大枠をある程度まで援助者の身体のなかに入れることにあります。この対人援助職者としての基本をスタート段階からきちんと身につけていくという姿勢と専心が初心者の当面の目標になります。↓c★1および第1段階のすべての項目

そのことへの心得がその後のプロフェッショナルとしての熟成の基盤になるからです。

ですが、初めは、所属機関・施設内での自分の役割や機能を理解し、そのために必要なさまざまな技術や知識を獲得することで精一杯で、クライアント理解も「b平面的なレベル」で、「1主訴・1対応」の会話や支援に終わりがちになります。（※5）

初めのうちはクライアント理解に必要な「情報収集の枠組み」のなかでも「基本情報」（※6）を手に入れることで汲々としますが、このときにマニュアルが役に立つのです。が、マニュアルに頼ると「一問一答」の会話になりますので、できるだけ早く「基本情報」は援助者の身体に入れてしまいます。このようななかで、他の枠組みを臨床実践を踏まえて身体に蓄積していきながら、徐々に枠組みと組み立ての輪郭を築いていきます。↓「c★3－・4アセスメントマニュアルがあれば、使いこなせるように目指す（知と技）」

この段階では、プロフェッショナルとしての会話は成立していませんので、一般会話に陥りがちになりますので留意します。↓e◉1

一般会話に陥ってしまう原因はさまざまです。一番に挙げられることは、対人援助職者であるからには図1で概念図としてお示ししている「対人援助の構図：援助者がおかれている状況の理解」が基本として必要なのですが、この概念を知識としてまったく有していない援助者が多いことです。対人援助実践が「支援の対象者と援助者とのあいだで〈相互交流〉を基盤とした〈信頼関係に基づいた共働作業〉であり、そのためには〈専門的援助関係〉の形成力と〈治療的なコミュニケーション技術〉がいる」ことをまったく学ばずに実践に入っているかた達は、知識も技術もありませんので素のままの会話でクライアントに対応しています。「素のまま」とはいえ、医療関係職種であれば看護師や医師などの専門職としての顔・仮面はもっています。が、患者との会話に関しては医療専門職としての顔のままで一般会話をしてしまいますと、患者側のコンディションによってはかなりきつい心理的痛手を受けることになります。たとえば、重症でICU・集中治療室に入っているような患者に対しても、医療者側の一方的でことば足らずの声かけや説明は、患者の側に配慮をさせてしまう事態も起こるのです。自分の思いが通じなければ、手を変えて医療者のご機嫌をとろうと気を遣わせるのです。この点は〈相互交流・交互作用〉による必然的な顛末を導きます。しかも、この事態が決して負の方向にばかり向かうとは限らず、かえって患者によっては医療従事者への怒りが元気の源になり、生命の炎を燃やすこともありますので、何とも言えません。ですが、そのような事態を患者側に喚起させる条件は、患者の性格や平素の他者との関係のとり方、そのときの潜在的な強さや体力による、との但し書きつきです。

また、なかなか患者としての役割をとってくれず、医療者側からみれば、めちゃくちゃなことを口走るような人の場合、素のままで受け応えする医療者は、その口走りへの心理的・社会的背景への洞察もなく、ともにそのセリフを受けて禁止事項を機械的に言い放ったり、あげくは怒り口調になります。片や生命を預かっていますから必死なのですが、患者の表現された訴えのままに受け応えすることは、プロの対人援助職者が使うコミュニケーションの方法ではありません。たとえ丁寧語を使おうが「患者さま」と呼ぼうが、必死で自分の個人的な感情を押さえようが、アセスメントが存在しない会話はありえません。この点については医療従事者を例にして説明しましたが、福祉関係の機関や施設、訪問看護やホームヘルパーなども同じことがいえます。

一般会話の弊害は、第1部第3章第2節「専門的な援助関係と一般的な援助関係について」および両者の比較表（表2）でも概説していますように、〈専門的＝職業的援助関係〉の形成に支障が生じることにあります。理由については何度も申し上げていますが、初心者や経験者であっても相互交流レベルがまだ第2段階にまで達していない援助者は、クライアントとのあいだで親しい関係を作ろうという気持ちが働くと、プロフェッショナル水準のコミュニケーション技術を有していないので、個人的な気持ちや体験を話しがちになります。クライアントに対して好もしい気持ちを抱いていたり、その逆にとっつきにくさを感じていたりするときが危険です。また、クライアントのほうも意識的か無意識に援助者を懐柔しようという心理が働いて、援助職者に対して知人・友人のような働きかけや援助者といちばん居心地がよい関係を仕組んでくることがあります。つまり、支援の対象者のほうが援助者を操作してくるのです。その背景やどのような関係性に陥るかは、クライアントと援助者との組合せによってさまざまです。(※7)

たとえば、年配で社会的にも成功を収め、自己像が高い高齢者や対処能力のあるご家族が、強度なストレス下におかれていますと、若かったり未熟な援助者のドジな言動や不安そうな姿を見せ続けられますと、イライラが募って感情を剥き出しにして怒鳴りまくることがあります。一方で怒鳴られた側は、クライアントの内的世界を理解できないので、相手の怒りをそのまま身体に吸収してしまい、しょげたり、むやみに謝ったりしてしまいます。ただし、自分自身の未熟さや自信のなさから平身低頭して謝るのであればいいのですが、両者がその後の対応を間違えますと双方の関係はエスカレートしていきます。クライアント側が担当者の変更を要求してくるか、または未熟な援助者側が経験もあり手練の援助職者によるバックアップ態勢を整えるかをしませんと、両者の関係は〈一般的な援助関係〉にみられる負の様相を呈してきます。クライアント側の怒りの収め方としては、たとえば「若い未来のある援助者を育ててやろう」とばかりにやたら教育的になることもあります。ですが、根底には「クライアント自身が蒙っているストレス・怒り」が変形したかたちで表出されていますから、「教育的」の裏側のメッセージがじわじわと伝わってきますので、援助者にとってはきつい状況になります。また、自分で社会資源を調べまくっておとなしい援助者を試したり優位に立ったりするクライアントもいらっしゃいます。力のあるご家族ですとご自分でケアプランも立てられ、社会資源探索にも長けていますから、いつも援助者のほうが先を越されて後追いのかたちで社会資源を調べて活用する事態に直面し続けます。しかし、そこで生じている双方の力動を冷静に読み解ける援助者であれば、ご家族の力を理解したうえで活用させてもらうのですが、熟成の第3段階に達していなければ状況の俯瞰的理解や振り返り作業による自己検証ができません。すると徐々にクライアントに操られ、言いなりになっているかのような錯覚に陥り、クライアントとの関係を「主人と召使のよう」と感じ始め、ときに屈辱感を覚え、「これでいいのか」といった疑問が湧いてきます。このようなときに即、スーパーヴィジョンを受ける機会があればいいのですが、その必要性や効果を知らなかったり、そこへ行き着くまでの余裕すらないことが多くみられます。

クライアントとの専門的な援助関係の形成は、実はとても難しいのです。そこには他者との絶妙な距離感覚を要します。第１部第３章でもふれましたが、年配の児童・民生委員の多くのかた達には備わっている能力です。(※8) この距離感覚は個人的には身内や親しい人たちも含めたたくさんの他者との関わりを通して魂を鍛えることで養われてきます。が、それまで待っていられないのが対人援助の仕事についた若い人たちです。ですから、第１段階ではあせらずに「f★1人間、他者（クライアント）に対する尊敬とエチケットを身につける」ことが重要なのです。そしてd欄の「〈わたくし的な《私》〉の制御と活用」にある点検項目に留意して〈わたくし的な《私》〉を制御しながら、f欄で指標として掲げている訓練を継続して、「専門的な援助関係」を早期に形成できるだけの実力をつけるよう努力します。

第１段階の熟成過程においても、常に〈わたくし的な《私》〉の部分が悪さをしたり、その部分を関与させられるレベルが深くなってきますが、どれだけ〈わたくし的な《私》〉を制御できるようになるかが重要になります。↓「d★1『私』への理解」および「f★2援助者の感情はすべて制御の対象」このことは、〈職業的な《私》〉と〈わたくし的な《私》〉とクライアントとの相互交流で生じている援助者側のクライアント理解と支援過程を振り返る作業を通して自己点検することでしか見えてきません。↓fの一貫した重要テーマになります。

この自己検証の作業は、対人援助職者の側が、クライアントとの相互交流の過程で生じている〈職業とわたくし両方の《私》〉がどのように作用しているかを考えながら言葉にすることで身体からいったん出してみて、距離をおいて考えたり感じたりすることでしか発見できません。自分の身体の内にある思いや気持ちをいくら〝ああでもない、こうでもない〟と思案をめぐらしても、自家中毒をおこし、堂々巡りで終わってしまいがちになるからです。「書く」作業は、考えて言葉を紡いでいく作業ですし、その後、距離をおいて対象化したものを再度じっくり眺めて考察することが、さらなる自己発見につながります。そして援助者の熟成段階に応じて必要な時期ごとに、事例検討会やスーパーヴィジョンの場で他者の目にさらす作業を加えると、その気づきはさらに広角に、かつ深くなるはずです。

対人援助職にあるものが、初心の段階から常にこのような自己検証を試みることは、プロフェッショナルとしての責任でもあります。また、対人援助の到達点は無限であり、「これでもういい」と思ったとたんに人は退化していきますので、実践に就いている以上は確かな技術に裏付けられた腕を獲得・維持し続けることが求められ、そのためには常に内的な向上心と内省力が必要で、それは、自己検証の積み重ねの連続でしか実行できません。

ｄの〈わたくし的な《私》〉の制御と活用から第１段階を眺めてみますと、**生のままの私**しか使いようがない段階から入ります。↓「・１それまで生きてきた○○歳の《私》が他者を理解できる『容量』で勝負せざるをえない。が、相談援助業務開始年齢および相談援助の基本を意識しだしたときからがスタートなので、かなりのバラツキが生じている」

しかし、ここでは対人援助実践のなかでも相談援助業務のスタートが〈若い援助者〉と〈年齢を経てからスタートする援助者〉とでは、各々の利点もありますが、個人的な戸惑いや制御不能状態から生じる問題や課題が大きく異なっています。↓「ｄ★１『私』への理解」の「・１〜・４」

若い人は、その身体からフェロモンや生気を発散させていますから、クライアントとの組合せによっては、存在しているだけで相手にエネルギーを注入できます。とくに高齢者との相性は抜群です。未熟であっても不足している知識を一生懸命に調べて補い、「なんとかあなたのお役に立ちたい」と熱心に努めれば、相手がその態度や勢いに応えてくれる事態が生まれます。（※９）↓表１の第１段階の中段でｃ欄からｆ欄を横切って記述してある箇所

初心者でも「ｃ↓・クライアントに〈結果オーライ〉の支援ができることもある」という実践はどのような状況から生まれるのでしょうか。それは、若い援助者の気持ちを揺り動かすような「↓↑ｄ・〈わたくし的《私》〉の内面の琴線にふれるもの」がクライアントの側に備わっていたり、若い人が「ｄ・またはがむしゃらに勘を頼りにクライアントにアタックした結果」、「↓↑ｅ・クライアントの方が『生きる力』を発揮して助けてくれる」現象を生み出すからです。それは、〈相互交流〉を基盤にした対人援助実践ゆえにクライアントのほうが「↓↑ｆ・熱意とクライアントに対する畏敬の気持ちをもつ」若い熱心な援助者に応えようとして、彼らの身体の奥底に眠っていた「生きる力」が喚起されることによって実現します。その結果、

お互いの〈交互作用〉は累乗効果をもたらして、「↓e大当たりすることがあり、100点以上の結果」をもたらします。平素は平均点どころか、10点、よくても30～40点ぐらいしかとれない援助者がです。このような現象は、ケアを受ける側と提供する側の出会いから始まって、双方の年齢や性別、そのときのお互いの心身のコンディション、そのときの場などの環境要件など、すべての条件が偶発的にピタッと整合した状況で起こります。つまり、その期間はまるで夢のなか、異次元の世界にワープ・瞬間移動した時空にいるかのような感覚を覚えるはずです。そのような機会は滅多にないのですが、どなたでも人生や職業生活のなかで一回から数回は経験しているはずです。

一方で、年齢が経てからスタートする対人援助職者の場合は、dの〈わたくし的な《私》〉の年齢に応じた人生経験やこころの襞をその身体に刻み込んでいますから、その姿からは年相応の安定感をクライアントに与えます。さらに、クライアントの人生の部分の奥行きをかなりの深さで理解できます。が、あくまでも個人的な経験や物差しの範囲になります。また、クライアントの苦しみや悩みなどはかなりその身体に吸収できるのですが、疾病や障害、発達段階に応じた一般的な人生周期上の課題と個別的なズレや歪みなど、ケアに関わる対人援助実践に必要な基本的な知識がまったく無いか、応用知の段階に達していませんので、全体像としての理解に苦しみます。さらに〈わたくし的な《私》〉レベルで吸収したたくさんの情報を職業的に分析・統合できるだけのサイズの解析装置が身体に設置されていない点が、年齢を経てからスタートした援助職者を苦しめます。↓「d★1–・3　クライアントの『問題ではなく、ひと的な部分』とくに感情的な側面や人間関係などについてはかなり奥行きの深いところまで汲みとれるが、職業レベルの情報解析装置ができていないので、自分の価値観や社会常識に左右されがちである」　さらに人生経験を経て、基本を身につけていないか、自己点検できるだけの技倆を獲得できていないかたの場合は、ときにして「・3（の続き）クライアントが陥っている状況と援助者の体験などが重なりあったときに過剰同一視が生じる」危険が控えています。クライアントの身体に深く刻印された想いを魂レベルで理解できるからです。ですが、そのことへの職業的な対処方法を獲得していなければ、年齢が高いことの利点が凶器に変貌することもあります。

〈若い援助者〉の相互交流については第1部第3章第1節「相互交流の不思議としくみ」で、エピソードをからめながら記述しています。（※10）問題は、「・1まだ、表面的で〝生〟に近いところでの関わりで、自己を深くは関与させることができない（ので、深いレベルでの『転移』は意識できない）」で挙げた「転移・逆転移」への課題です。

私自身は、若いうちからの厳しい「自己覚知への究明的訓練」は好みませんが、自分がそれまで生きてきた歴史のなかで遭遇してきたさまざまな出来事のなかで、身体に深く刻印されている事柄には留意を要するということを知っておくことは必要だと考えられます。クライアントに不用意に没入してしまったときや、やけに気になるとき、自分が不穏状態になってしまうようなときは、dの記述箇所「★1－・2」やe〈危険因子〉の「・1～4」について点検したほうがよさそうです。ですが、このような状態をチェックしなければならないような状況に初心者が陥ると、自分自身ではなかなか気づけないことが多いようです。同僚や上司がいる複数職場であれば、誰かが気がついてくれ、ときに水を差してくれることで「我に返る機会」を得られます。ですが、一人職場や聡明な仲間が得られない職場では、第1段階ではとくにdef該当箇所へのアンテナは重要です。↓fについては★2&★3「援助者自身への理解（自己の覚知）」

〈年齢を経てからスタートする援助者〉の多くが共通してぶつかる壁については、先述した通りです。また、本書のいたる箇所や第3部第1章でもかなり詳しく説明していますので、照合してお読みください。（※11）実際になんらかの対人援助職者としてたくさんのクライアントと接してきた経験があり、それも組織内で地位も高く役職に就いてこられたかたほど、火事場の対応に長けています。つまり、さまざまな理由がからまって大混乱が生じている現場への介入・対処能力に優れたかたです。

ですが、そのようなかたでも〈相互交流〉を基盤とした相談援助業務に初めて就き、しかもそれまでに「対人援助の基礎・基本」を習得・点検する機会のないまま、個人的な素質と能力と経験だけでこなしてこられた場合は、もう一度「表1」の各項目について点検していただき、ご自分に何が不足していて、何を強化していけばいいのかを確認していただきたいと考えます。これまでの人生および職業経験を生かした強化方法があるはずです。↓「d★1・4〈相互交流〉の基本を身につけていない援助者で火事場のアドバイスしか受けたことのない人は、応用がきかないので、基本を点検しながら実践していくことが必要」&f★4対人援助職に要求されている「基本的な視点、知識・技術」を手に入れる努力を惜しまない。

初心者の段階を「e相互交流〈交互作用〉のレベル」欄で〈危険因子〉と〈強み〉として列記している点について眺めてみますと、〈危険因子〉としては、まず「・1援助者側の感情、価値観や美意識で支援しようとする傾向」がみられます。援助者自身が目の前のクライアントに対して意識せずに「あなたにはこのように生きてほしい、こうあってほしい」などの援助者にとっての理想像や人物像を重ねてしまいがちになります。これは、専門職としてのクライアント理解がまだできない段階ではどうしても避けられない事項です。ですから、できるだけ「↑クライアントに対する押しつけが無礼や非礼になることに留意する」ことがときに必要です。また、職業的に認められていない段階ですから、「・2（援助者側の）達成感や成就感へのあせり」や援助者の身近な親しいひとやときには援助者自身とクライアントを「・3過剰同一視」することも生じます。また、援助者自身がかつて被り、心身の奥底にしまいこんであったり、まだ癒えていない「・4〈私〉の傷」を呼び覚ましたり、その傷と重なるようなクライアントが出現しますと、支援過程にかなり重大な影響を与えてしまうこともあります。深入りしたり、「↑《私》（の思いや要求）ばかりが先行してしまう」事態も十分に起こります。その結果、クライアントのみならず、援助者自身も深手を負うことのないように「f★1ー・2スーパーヴィジョンとコンサルテーションのバックアップ態勢を整える」ことが〈相互交流〉の観点からも最重要課題になります。

その際には「f★1ー・3（援助過程で生じた）『ひっかかった』感覚を大切にして『ひっかけて』意識」することおよびこのことに対して「↓振り返り作業を試みる習慣をつける」ことが援助職者の熟成を助けてくれます。そのうえでスーパーヴァイザーや熟練した実践家に相談することがより熟成を確かなものにしてくれます。この姿勢が身につきますと、さらに意識したときに自分に問いかけ、考え、（クライアントと自分に）何が起こっているか、何が必要なのかを自分自身で探索していこうという姿勢が身についてきます。このことが、第2段階、第3段階への熟成に繋がってきます。スーパーヴィジョンや事例検討会などの機会は主体的に活用していきましょう。画期的に飛躍する機会になります。そのための資料となる事例報告書作成過程そのものが考える作業の連続ですから、自分自身で発見できる〝気づき〟を経験できます。そのうえでの他者によるさまざまな視点や示唆および実践知をいただける絶好の機会を逃がしてはもったいないことだと思います。（※第3部第4章参照）

一方で、〈相互交流〉においては初心者でも人によって大きな〈強み〉をお持ちの方もいます。「e〈強み〉・1キャラクターや素質で得をしている人」もおいでだからです。私も自覚していませんでしたが、対人援助職に就いてからある熟成段階を超えるまでは、他職種の同僚や友人たちから「素質で仕事をしている」とか「この仕事はあなたの天職だね」と言われ続けていました。「ある段階を超えるまでは」と但し書きをつけたのは、当初は内心「そうかしら」とか「よかった、自分に合った仕事につけて幸せ」などと得心していたこともあったからです。ですが、ある出来事をきっかけに（※12）私はプロフェッショナルであることに目覚めざるをえませんでしたので、現在では「素質で」とも「天職だった」とも考えていません。かえって「対人援助の仕事を天職にしたのは、働く場と人・仲間、時代に恵まれたこともありますが、私自身のひとつの仕事へ費やした専心と時間、それなりの努力と多少魂を削った結果」と思っています。

唯一「素質で得をした」と思い当たる点は、本来はシャイ（人である以上は本来そうなのだとは思いますが）な私ですが、人に対する関心（ことばを変えれば好奇心・探究心）が強く、どのような地位・立場・状況にあろうとも、まるで意に介することなく同じ態度で他者と接することができる（ということは礼節がない？）ことに加え、他者と知り合うときには、もっぱら惚れやすく、１００点満点から関わりを始める質であったことでしょうか。これらはすべて弱点・短所と背中合わせでもあります。が、少なくとも職業的な初心者時代では、功を奏していたかもしれません。加えて両親には感謝しています。「人を信頼する、疑ってかからない、自分を否定しない」という、この世での生きやすさを与えてくれたのは、両親の絶対的な愛情のなかで育まれたおかげです。

また、他者からみた私は、大学時代の友人によれば、direct,active,positive と、翻訳を手伝ってもらった『脳卒中とそのリハビリテーション』（※13）にソーシャルワーカーの資質として記されていた箇所を読んで、

「オク（私のニックネーム）と同じ、ぴったりの仕事を選んだんだ、と笑っちゃった」といったこともありますが、3つの資質はこの仕事を遂行していくためには必要ではあります。

私のことはさておき、私が後輩や他の対人援助職者が職業的な水準に達するための支援を始めてから、ほんとうにさまざまなタイプの援助者たちと関わってきました。そのなかに、本当に「キャラクターやもって生まれた素質で得をしている人」がいらしたのです。多くの初心者が他者との支援関係の形成に苦労しているのをよそ目に、そういうかた達は意識していなくても相手の全身をとろかしてしまうのです。顔を合わせ、お話をしているだけでクライアントの気持ちは和み、気持ちよくご自分のことをお話してくれます。ですから多くの初心者が苦労している治療的なコミュニケーション技法を駆使しなくても、相手が勝手に自らお話をしてくださり、潜在的に有していた活力を自ら発揮してくれるようになりますので、支援効果も初心者としては上々です。根っからの癒し人・ヒーラーなのでしょう。そのようなかたは、女性に特徴的にみられるのですが、どのかたもなかなかチャーミング・魅力的です。美形というより、安心するというよりも、なにか人を惹きつけるものをもっています。あるときから私はそのようなかた達を「シュガー・ガール（ボーイ）」と称するようになりました。私の造語です。

ですが、この能力も職業的にみれば初心者時代に有効なだけです。苦労しなくてもクライアントと援助関係の形成やコミュニケーションをとれるぶん、かえって将来的には不利に働くこともあります。それこそ、対人援助技術は素質だけでやっていけるようなしろものではないからです。また、そのようなかた達は、感度もよく察知能力にも長けていますから、アセスメントのある段階までは苦労することはまずありません。

ところが、f欄のテーマ「必要なもの・自己検証と実践の言語化」を初期の段階から怠りますと、e〈強み〉「↓（しかし）第2段階までで行き詰まる」事態に遭遇します。第2段階終了地点まで到達する前に、

「第2段階のc★★2一つひとつの状況は分析できるが、さらに突っ込んだ全体状況の分析・統合までできるようになるには先が長い！」という大きな壁にぶつかります。ことばに苦労してこなかったぶんだけ、言語化・根拠立ての壁が他の援助者より大きくそびえ立つようです。この第2段階の壁はほとんどの実践者にも該当するので、素質でやろうが、苦労して実践力を養おうが、行き着く壁は同じようです。素質があったとしても、内省する力と振り返り作業の反復学習は必須です。私がこれまで個人スーパーヴィジョンで「シュガー・ガール」と称した女性は3人ですが、彼女たちのなかで少なくとも2人は、この第2段階の壁への挑戦に集中して取り組み、現在は第3段階の中途までさしかかっています。まだ、30歳代です。私より上達速度はかなり早く、これからがとても楽しみです。

専門職としての職業人生のスタート地点に立ったとき、「どのような組織に入り、どのような人たちと出会えるか」は、かなりその後の職業人生を左右します。しかし、専門職として素晴らしい役割モデルに出会え、その技を盗むに値するかたとご一緒に働ける場で新人の時期を過ごせる人は、残念ながらごく僅かにすぎません。できるだけ、職場内、それが叶わなければ職場外でもいいですから「いい役割モデル」を見つけるように目を皿にして探します。↓「f★5いい役割モデルを探して出会い、技と態度を盗む」あなたにとって魅力的で「こういう援助職者になりたい」と思えるような人との遭遇の機会は大切です。私も対人援助職者としては白紙の状態で出会ったスーパーヴァイザーから「プロフェッショナルってこうなんだ」という、専門職としていちばん大切な態度・姿勢を生のことばや態度から受けています。

また、さまざまな対人援助の研修会で生の実践事例を検討させていただくと、事例提出者が仕事に就いた初期の段階でどのような先輩に出会っているかが、見えてくることがよくあります。対人援助のプロとしてのスピリット・クライアントに対する真摯さがあり、なおかつ内省する姿勢と確かな技術を持ち、クライアントに対して素敵な支援をしている先輩ワーカーの薫陶を直接受けたり、目指す目標としている人をもっている若手の目は輝き、砂に水がしみ込むように伝えたい視点や知識・技術が身体に入っていきます。まだ基本的な知識や技術はなくとも、その姿勢だけはもう獲得できていますので、事例検討の場でちょっとした刺激や示唆で熟成への過程を早めるためのジャンプが可能なだけの土壌ができているからです。

［註］

※1　深澤道子先生のことばです。第3部第3章461頁※4&6参照

※2　第1部第2章第2節「自分のテリトリーを超えた相談がきたときの対処方法」⑧&⑨参照

※3　第1部第2章第1節参照

※4　本書を記している平成18年6月現在、介護保険制度上新規に設置された「地域包括支援センター」に配属された、ケアマネジャーを支援する役割を担うべき「主任ケアマネジャー」も、優秀な人材をその任に配置している市区町村もありますが、地域によってはまったくスーパーヴィジョン実践の基盤となる相談援助実践を経験したことがないようなかた達を配属している悲惨な状況もみられます。ケアマネジャーのみならず、地域で実践している援助者をバックアップするためには、相談課題を抱えている援助者を通して間接的にクライアント理解ができるだけの確かなアセスメント能力と援助者のひっかかりや課題を引き出し、彼ら自身が自ら状況の理解を深めて洞察できるだけの治療的なコミュニケーション技術が必要です。

※5　コラム15参照

※6　情報収集の枠組み：第2部第1章第1節参照

※7　クライアントのほうから仕組んでくる：昔私が若かった頃の話です。他のリハビリテーション専門病院で医療ソーシャルワーカーをしていた若い女性と親しくなりました。その女性は20代後半、身のこなしも話し方もファッションも髪型もすべてが女性的で魅力的な美人さんでした。相談室は個室です。クライアントに言い寄られることはないか、という話題が出たとき、『よく、結婚していらっしゃるんですか？』と若い男性の相談者から質問されるの。だから、そういうときは『はい』と応え

ることにしているの」と仕事をしているときに着けている指輪を見せてくれました。

これは、個人的な関係になりたいという相談者の気持ちをうまくかわす方法です。

ただし、「結婚していらっしゃるんですか?」や「お子さんは何人いらっしゃいますか?」といった質問が若い援助者に唐突に向けられたときは、クライアントが「この若い人、どれだけわかっているんだろうか、頼りないな」と不安に感じたときの発言の場合が多いようですから、要注意です。

なお私の場合は、残念ながら先の友人のような場面にはまったく遭遇しませんでしたが、30代後半になると、高齢者の子息さんで、会社では切れ者のやり手サラリーマン管理職や大学教授から、よく相談の終了時に「もう、あなたにお会いできないんですか」と言われました。つまり、その頃の私は、かなり「プロフェッショナル度」が強かった時期でしたので、小気味よいテンポで相談をこなしていました。当時の一部のインテリ層には、出会った経験のない類の女性だったのだと考えられます。

つまり、医療機関で出会った「バーのママ」さん系列だったのでしょう。

※8 第1部第3章第2節「援助関係の形成とエチケット〜民生委員・児童委員の活動から」参照
※9 若い人が発するフェロモン、オーラ：関連記述は第1部第3章第1節。コラム13に登場する若い人も該当します。
※10 ※9と同じ
※11 経験のある対人援助職者で、〈相互交流〉を基盤とした相談援助業務に初めて就いたかたとして該当する職種としては、ホームヘルパーとして働き始め、介護福祉士の資格をとって主任クラスになったり資格をとってケアマネジャーとして働きはじめたかた達です。他には病棟看護師から訪問看護やケアマネジャーに異動されたかた達も同様です。
※12 ある出来事をきっかけに：拙著『未知との遭遇』第2部第1章64頁で、「〈人が人に援助する〉しかも、そのことを職業として行う場合、その基盤（立脚点－拠って立つ基盤）をどこに置いて、プロフェッショナルと呼ばれるにふさわしい仕事をしていけばいいのか。私は、この十五年ほど、かなり、このことを意識しながら生きてきた」と記し始め、そのきっかけとなった、あるクライアントとの出会いと別れについて書きました。
※13 「社会生活上の問題とソーシャルワーカーの役割」（『脳卒中とそのリハビリテーション』Sidney Lieht編集／荻島秀男監訳・医歯薬出版・1981年）

④1所属機関内での役割・機能を理解し、発揮できるようになる：第1段階の中間的な達成目標

道具・社会資源レベルでのクライアント理解が可能になると、ソーシャルワーカーや各種機関や施設の相談窓口の相談員であればそこそこ役に立てるようになり、所属機関・施設内における他の専門職との連携ができるようになります。→「c☆1所属機関・施設内における他の専門職とのネットワークの形成ができるようになる」ですが、「※ただし、プレゼンテーション能力を身につけないと困難」という条件つきです。初心者としては、専門職としての視点、知識・技術を獲得するためにできるだけ「〈早く（支援の）枠組みを身体に入れてしまう〉」ことに加えて「人を惹きつける自分なりの魅力を発見し磨きをかけること」や「他職種をはじめ他者に対するプレゼン能力を身につけること」も大切な課題です。ここでのプレゼンテーション能力は、クライアントに対しては無論のこと、他職種に対しても専門職としての自分の仕事や役割・責任および専門職としての考えを相手に正確に伝え、そのことを相手に理解してもらえることを意味しています。

そうなれば、第1段階の中間的な課題達成目標である「1所属機関内での役割・機能を理解し、発揮できる」ようになります。

対人援助経験の有無や内容にもよりますが、第1段階の中間的な課題達成には、早いかたで半年から1年ぐらいで到達します。ですが、第1段階最終達成目標の「2職場内での認知と（自分は何をする人かというアイデンティティをもった存在として位置（存在）できるようになる」にはもう少し業務への専心と時間がかかります。

しかし、ここまでくれば「c☆2道具（社会資源サービス）レベルで（あれば、確実に）クライアントが置かれている状況を把握できる」ようになりますが、「クライアントの内的世界への理解：個別化はまだま

だ先＃2」です。ただ、「社会資源活用レベルのノーマティブニーズ（※1）を描ける＃1」ようにはなりますので、もはや初心者の域を脱し、一つひとつの情報は点レベルではあっても、さまざまな情報を資源レベルでつなげられるようになります。（ただし、まだ平面的です）＃1の「社会資源レベルのノーマティブニーズ・専門職が考えるニーズを描ける」とは、ケアマネジャーであれば、支援の対象者の社会資源レベルのニーズを取りこぼしなく把握でき、それに応じたケアプランを策定し（クライアントに）提示できるレベルに該当します。つまり、ケアマネジャーからみたクライアントに必要だと考えられる社会資源はほぼ思い浮べることができる、という意味であって、クライアントが即、その資源を活用してくれるとは限りませんし、介護保険以外の社会資源探索や相談援助職者として面接による手当てや支援を必要としているクライアントのニーズに対してはまだ困難が伴います。本書の〈序〉でも申し上げていますが、クライアントが感じているニーズを的確に把握できるだけのアセスメント能力やそこを確認するための治療的なコミュニケーション技法がまだ備わっていませんので、〈専門職が考えたニーズ〉と〈クライアントが感じているニーズ〉とのすりあわせ作業によって〈真のニーズ〉として共働作業を通して共通認識することができないからです。そのためには、クライアントの情緒的な側面を手当てすることによって現実を直視できるような基盤を整えたうえで、〝いま〟と〝これからの人生や生活の方向〟を考えていくための支援能力が必要です。

クライアントの情緒的な側面を手当てするために欠かせない内的世界への理解は、点情報から平面へ、さらに3次元から4次元レベルの情報処理を要しますので、プロフェッショナル水準にいたるまでには長い途のりが続きます。この点については、第1段階の最終欄に＃2で但し書きとして記しています。↓「＃2感覚的・直観的な理解・アセスメントに依ったケアプランなので、最低限クライアントの不利益にはならないが、クライアントその人への根拠だてた理解はまだできていないので、表層的な手当てで終わってしまう↑

ただし、（それも）勘のいい人の場合。つまりカタルシスレベルの水準にはほど遠い。もちろん、専門職レベルでもない」

道のりは厳しくとも、これからは必要な知識や技術を磨きながら、職場外部のシステムとのネットワーキングの範囲を拡げられるようになり、社会資源の量的な確保は可能になり（↓c☆3）、同時に質的な吟味も可能になってきます（↓c☆5）。つまり、同じ職場で働き続ければ、クライアントのニーズの解決策のひとつとして活用できる社会資源を情報提供してそれらの資源を活用した結果、種々の社会資源の内容と質について、その経過と効果をクライアントのその後を追跡することによって手に入れ、個別性もからめて吟味することができるからです。そのためにも、クライアントとお別れするときには、なんらかの形で支援効果をフィードバックしてもらえるような〈しかけ〉が必要です。

また、数年間対人援助の仕事に就いていれば、「c☆6クライアント理解の基盤となる〈臨床知〉も増えて」きます。また、「c☆4マニュアルは完全に身体のなかに入っている」ので、クライアントとの相談援助面接における〈相互交流〉も「e・部分的に可能」になってきます。同じ分野で仕事に従事し続けていれば、自ずと自分の得意分野も作っていけます。↓「d☆1自分の世界観と合うクライアントや得意な分野は、（かなりの支援）が可能になる」

ただし、この段階では「自分の世界観と合うクライアント」に関しては、援助者側の〈わたくし的な《私》〉の世界が刺激されていますので、〝魅せられて〟状態（※2）に陥ることに留意します。↓d☆1しかし、思い込み（先入観）などをまだ排除しきれない。

自分の得意分野に磨きをかけることの重要性は他領域の同職種や他専門職とのあいだでコンサルテーションのネットワークを形成して行く上で有用です。何が自分の得意分野になるかは、自分が配属された〈場のポジショニング〉をすれば自ずと炙り出されてきます。それを武器にして、異なる領域の対象に詳しい同じ専門職種や異なる専門職と対等にクライアント理解や支援のために必要な情報を獲得できるようになるからです。周囲はいつまでも新人だからと甘い顔をしてくれません。質の高いコンサルテーションは、お互いが情報交換できる関係の上に成立します。

このようにして徐々に自分の領域を構築していくなかで、「c☆7期待されている専門職としての役割や機能が一応の水準にまで到達する#1」ようになります。この段階まで到達すれば、初心者の到達目標である**職業的な自動人形（援助ロボット）レベル1へ到達**します。

この「職業的な自動人形」とは、いったん仕事のモードに入ったからには、自動的に対人援助職者としての顔と身体に変身して、身体がクライアント支援のために必要な知と技を駆使できるようになる、大げさに言えば、考えなくても自ずと〝あたま〟と〝こころ〟と〝からだ〟が働く状態を意味しています。その自動的な〝知と技〟は、熟成段階が進めばさらに高性能になります。「援助ロボット」という表現はあまり用いたくはないのですが、どちらかというと、「援助アンドロイド」のほうが近いかもしれません。いずれにしてもこころや魂も関与させますので、「援助人間」です。

第1段階の最終的な課題達成目標である「[2]職場内での認知とアイデンティティをもった存在として位置（存在）できるようになる。↓職場内のマージナルマンレベル」にまで達すれば、一応専門職としての認知を職場内と仕事上密接に関わる他機関や施設の関係者から得られるようになり、自分自身でも「わたくしは、…の仕事をするひとである」と認められるようになります。ですが、あくまでも職場内や身近な他機関・施設のサービス提供能力を熟知し、それらの範囲内のシステム間に働きかけたり、働きかけられたりの境界人（マージナルマン）レベルです。個人や家族も含めたクライアントシステム内の世界へ入ったり、出てきたりできる段階や他の複数のシステム間の境界に身を置いて自在に出入りできるようになる（※3）までには、第2段階および第3段階への熟成を要します。

また、この時期は、先の③でもふれましたが、表1でcからfまでを横切って記述してある箇所のc欄にある「クライアントに〈結果オーライ〉の支援ができることもある」を経験できる援助職者もあります。この〈結果オーライ〉の支援は、後述する「■第2段階の目標その1」に該当する課題ですが、第1段階でもdからfの記述のような状況がクライアントと援助職者とのあいだで合致しますと、ある程度熟練した援助職者よりも素晴らしい、驚くような支援結果を生じさせます。このような事態に遭遇したときは、新人の援助職者にとってはその後の職業継続にとって大きな動機づけになります。ですが、この時期の100点以上の支援・結果オーライはあくまでも「まぐれ」ですから、応用はきかせられません。自分の職業的な財産として貯えを増やすためにも、ある段階になりましたら、この時期の素敵な職業的な体験は必ず振り返り作業を課して自己検証をしておくことも必要かと思います。

【註】

※1　ノーマティブニーズ：序の「ニーズの乖離」の項

※2　魅せられて状態：相手の世界にのみ込まれて思考が停止、夢うつつに近い状態
※3　マージナルマンについて：第1部第2章第2節&本章第2段階および第3段階で記述

⑤たとえ第1段階にあっても、第3段階終了時点を眺めてみると…

私は、対人援助職者の職業を選び、その仕事に就いた以上は、日々cの〈職業的〉およびdの〈わたくし的〉のふたつの《私》を鍛え上げながら最終的には、両方の《私》を融合させ、自在に《私》という存在を相手に提供できるようになることが、プロの援助職者としての一応の到達目標になると、現段階では考えています。↓第3段階の終了地点の1&2

もうひとつは、eの〈交互作用〉を基盤とした相談援助面接の場面の〈絵解き作業としての言語化↓fのテーマ〉への挑戦があります。この作業は、職業的な対人援助者の熟成過程の基礎の段階から中堅へと一貫して行なう必要があるのですが、クライアントとの面接終了後に行なう後作業的な自己検証の段階からクライアントとの面接中に〈絵解き〉を作動させることができるという、リアルタイムで精度の高いものにしていくことができます。↓表1－3　※自己検証の作業を積み重ねながら気づきのタイムラグを縮めていく〈実践の振り返り＝後作業での発見から臨床実践の場面で意識的に軌道修正が可能になるように〉の1～3の段階

このリアルタイムの〈絵解き〉が可能になりますと、目に見えない動きと〈交互作用・関係〉の渦中にある援助者側が、そこで生じているダイナミクスとクライアントが置かれている問題状況をクライアントの世界に添って理解したことを、面接場面の要所要所で挿入でき、最終局面で、〈問題の中核・急所〉を押さえ

た問題状況の理解をクライアントと共有できます。この共有の主たる手段が〈言葉〉になります。この段階にきますと、援助者は、〈職業的な《私》〉と〈わたくしな的《私》〉に加えて、〈第3の《私》〉をその場に立ち合わせられるようになります。つまり、ライブで、一回性で、やり直しができない臨床実践の場面に常に〈チェッカー〉が同伴している状態で面接をしていることになります。長年にわたる臨床経験に加えて援助職者として自己を磨き続けてこられた実践家は、「面接中に必ず第3者の《私》がいる」とおっしゃいます。ここまで到達すると、〈わたくし的《私》〉を自在に関与させることが可能です。なんといっても《私》のなかに〈チェッカー〉が同伴しているのです。〈職業的な《私》〉の背骨がブレませんし、仮にブレてしまうようなクライアントが目の前に登場しても常に意識でき、点検機能が作動します。↓表1－4第4段階の「□〈職業的な《私》と〈わたくし的な《私》〉を融合させながら、自在にクライアントに関与できる。〈もうひとりの《私》＝チェッカー〉の誕生」

この段階にまで到達すれば、援助者自身がまっとうな確信・自信をもてるようになりますので、安定感がにじみ出て、それがクライアントにも伝わります。そのような援助者になるためにも、スタート地点から基本の習得のための精進が大切です。

⑥第1段階の最終地点に到達したら…

第1段階終了時点の **職業的な自動人形（援助ロボット）レベル1** で終わってしまっては、そこそこ道具レベル、ケアマネジャーであれば「ケアプランレベル」の段階です。ここまで到達すれば、少なくともクライアントの生命や生活の安全は理論上は確保できるはずです。ですが、あくまでも表層的な支援レベルですので、クライアントになんらかの屈託があったり、家族関係が悪かったりなど、複数の問題状況や複雑なニーズがあったりしますと、その道具レベルの支援も届かない事態を招きます。対人援助の相談援助専門職であれば、最終的には第3段階の終了時点までとはいかなくても、中間点ぐらいには到達したいものです。せめて第2段階の終了時点まで到達しなければプロフェッショナルとはいえません。

本来は、第3段階終了時点が真にプロフェッショナルと胸を張って主張できるのだと、私は考えていますが、現時点ではあまりにも現実離れした主張なので、少々ひよった表現になりました。

私は、実践に就いているものが相談援助実践を洗練された専門職として自他ともに認知でき、後輩に確実な〈知と技〉を伝達していける時代がくることを心から願ってやみません。

では、次からのステップを概観していきます。

2 対人援助専門職としての背骨作りその2：真のプロフェッショナルの道へ〈ここからが長い！〉

★第2段階から第3段階へ：基本の見直しと熟成期で、徹底した自己検証と言語化に励む時期

この段階は、aの「熟成段階」を中堅者と称し、あえて「中級」とは表現しませんでした。この点は、作家の橋本治さんの考え方に拠っています。私は昔から彼の書いたものが好きだったのですが、古典ではない彼の初めての書き下ろしビジネス書『「わからない」という方法』（※1）では、橋本さんのこれまでの多彩な仕事への取り組みへの姿勢や考え方が記されていて、私たちの仕事の本質と重なる知見がたくさん著されています。そのなかでも、橋本さんは以下のような文章を書いていらっしゃいます。

「ついでだが、私の『セーターの本』の中身は、初級編と上級編と超弩級編の三つに別れている。『中級編』はない。初級編を何度も繰り返すのがすなわち『中級編』で『それは、教える側の管轄ではなく、教わる側の管轄だ』と、この私が決めているからである。『中級』とは、初級から上級に至るまでの習熟の期間であって、そんなものは、当人が決めればいいのである。……（文章はもう少し続いています）」（132頁）

第2段階の位置づけは、右記の橋本さんのお考えの通りです。対人援助専門職者として立っていく以上は、第1段階の後半からは各人の「自覚・内省による振り返り作業」と「努力の継続・反復学習」および「あくなき知的好奇心」によるしか先の熟成はありません。しかも、第2段階のタイトルをはじめとして表1－2中のcの「〈職業的な《私》〉の形成」欄には、「ここから先は長い！」や「大きな厚い壁」という表現が出てきますように、この段階は辛抱のいる基本の確認・反復作業の継続を要する習熟期間です。↓「f☆1基本の習熟」

この点は第3段階も同様です。

なお、私が現在実践している職業的な対人援助職者に対する個人や小集団を対象とした定期的なスーパーヴィジョンも、あくまでもスーパーヴァイジーの職業人としての使命感に近い内的向上心に基づいた情熱と継続的な努力のうえに成立しています。彼らがそこに向かえるよう「動機づけ」への支援はしているとはいえ、対人援助の本質と同様に私ができる支援はあくまでも側面援助にすぎません。

【註】
※1 『「わからない」という方法』（橋本治著・集英社新書）

①■第2段階の大きな達成目標：クライアントが生きている世界で理解できることを目指す。
↓常に基本に戻る。振り返り作業を自分に課さないと、一丁上がりの援助に陥り、それから先の熟成は止まってしまう。

第2段階は、第1部第1章でさまざまな角度から熟考してきました「図1：援助者自身が置かれている状況の理解：対人援助の構図」の［Ⅰ］の領域である「クライアントが生きている世界で理解する」という課題を実践場面で実現させていけるよう、他の［Ⅱ］および［Ⅲ］の側面と合わせてさらに高いレベルの〈知と技〉を獲得していく段階です。それほど、プロフェッショナルレベルでのクライアント理解はなかなか手に入れることがやっかいな領域です。少々荒っぽく申し述べれば、第1段階がクライアントに生じている表層的な生活上の問題を社会資源活用レベルで理解できることを目指しているのに対して、ここでは、クライアントその人そのものへの理解に加えて、彼らに生じている問題状況に対してもそのかた達の生活に彼らの人生を重ね合わせた固有世界を理解できることを目指します。そこまでの視座をもって初めてクライアントのニーズを理解できる水準に達するといえます。

この第2段階からの課題をどれだけ確実に身につけられるかが素人とプロフェッショナルとのはっきりした境目になります。まず、この段階の対象者理解レベルに達するためには、クライアントから引き出した情報にクライアントが生きている世界に添った意味づけができるようになること、つまり、立体的・3次元的理解が当面の目標になります。↓「bの対象者理解のレベル：立体的：点情報に意味をもたせることができる」

そのうえで、クライアント個人を対象としたときには「過去・現在・未来」の座標軸のなかでの「現在・いま」の4次元的理解を目指します。

そのためには、第1段階のcからf欄までの細々した点検項目について我が身に問いかけ、吟味して足りない部分を手に入れていくために課題を自らに課していくことが重要になり、とても辛抱がいるステージで、熱心に自己訓練を重ねている多くの臨床実践家が厚い壁に何度もぶつかって苦しんでいる段階です。この段階からはf欄で第一に強調しましたように「**徹底した言語化作業**」を要します。

というのは、第1段階の到達地点は、その過程にあるc欄からf欄までのたくさんの基礎的な点検項目を身につけていなくても、同じ場で同じ仕事に2～3年間ほど従事していれば表面上は到達できたと錯覚できる類のものです。連携に必要なネットを繋ぐ必要のある部門やシステムの窓口にいるキーパーソンの顔も見えてきますし、自分の顔と職業的な役割・機能も職場内の他領域や近場の他の組織や機関と繋がってきます。馴染んだ仕事であれば効率も上がってきますので、下手をすると職場内の役割遂行に価値をおくことに専心するあまり、時としてクライアントの福利が霞んでしまいがちになってしまうというような落し穴にはまってしまいます。なんのために、誰のために対人援助実践を遂行していくのか、という〈専門職としての倫理〉を見失ってはもともこもありません。ここで内省する作業を自分に課すことを怠りますと、表1－2の「■第2段階の大きな達成目標」の次に↓で記していますように「一丁上がりの援助」に陥ってしまい、援助者としての「それから先の熟成は（ここで）止まって」しまいます。

②■第2段階の目標その1：クライアントシステムの全体像を直観レベルで理解でき、結果オーライの支援が可能になる。が、効率性はまだ悪く時間がかかる。

↓この時期は、注意しないと落し穴に陥る：クライアントシステム全体のなかで強化すべき人を見落としてしまうことがある。

この目標は、「c★1クライアントとのあいだのマージナルマンレベルを目指す」という項目と密接に関係しています。マージナルマンについては、第1部第2章－2「マージナルマン・境界人としての立脚・ポジショニング」で論考していますが、ここでは、クライアントシステム全体あるいは、クライアントたちを含めた支援に関与しているすべてのシステムの境界を自在に入ったり出たりできるようになることを目指す第3段階への助走的な位置づけです。さらにひとりのクライアントの内的世界に近づけるようになることが、共感的な理解から真の共感域への扉になります。（※1）&↓「1クライアントそのひととその人が置かれている固有の問題状況を的確に理解できる」の「・1共感的理解に近づける」

そのためには、真のニーズへの視座をもてるようになり↓「☆1真のニーズの探査を目指す」、その結果専門職が考えるニーズは第1段階の社会資源レベルからクライアントの内的な世界に添ったものを基盤にして描ける段階になってきます。↓「・1（真のニーズへの）ノーマティブニーズを描ける」　さらに磨きをかけるためには、c☆3で指摘している「ひっかかりをもてる身体」に仕立てあげていくことが必須になります。↓「c☆3援助過程で生じた微妙な援助関係の変化を意識でき、ひっかかりがもて、後で検証を試みようとする姿勢が身につく」　そのうえで、「c☆4経験知に基づいた対処策は的確にうてるようになる」

「c☆5クライアントが生きている世界で聴くことができるようになる」「c☆6クライアントの真のニーズに添った支援が可能になる」などの各点検指標への到達の可能性が高まってきます。とくにc☆5およびc☆6が可能になるためには、「d☆2クライアントの深層にある感情を理解できるようになる」ことが必須条件です。この点は、〈職業的な《私》〉に属する「クライアント理解のための知識・理論」の習得も必要ですが、d☆1の「〈わたくし的な《私》〉の成熟」も待たなければなりません。（※2）ですから、若い援助者の場合は、職場内の立ち位置が安定しつつ自分の人生を謳歌できるはずのこの時期からが勝負のときなのです。

これまでにも考察してきましたように「ひっかかる」は感性レベルです。「ひっかけられる」が意識化できる段階で、そこで初めて自らの身体に問いかけられるようになります。（※3）ただし、それまでの間に「c★★2一つひとつの状況は分析できるが、さらに突っ込んだ全体状況の分析・統合までできるようになるには先が長い！」と記述した箇所とc☆3～☆6に到達するまでのあいだにとても**大きな壁**が立ちはだかっていて、「↓みながここで苦しむ！」と記しましたが、私のスーパーヴィジョン実践でもやる気のある臨床実践者がかなりのあいだ長いトンネルに入ったまま挑戦しています。

クライアントが置かれている全体状況がみえていなければ、一つひとつ、一瞬一瞬の状況を把握できてもクライアントの何を中核に据えて、何を大切にして、どのような関係を築きながら支援していけばいいのかなど、4次元的な自分の立ち位置を定められません。特に劇的であったり、たくさんの問題を抱えていて、刻々と状況が変化していくクライアントに出会おうものなら、一つひとつの状況やクライアントのセリフに右往左往させられ、先の大切な基軸を見失ってしまいます。俯瞰的な4次元的理解ができていない援助者ですと、クライアントに思う存分に振り回されてしまいます。

この**大きな壁**を乗り越える方法は、「c☆2〈臨床像〉の輪郭を描けるようになり、〈問題の中核〉を意識できるようになる」ことです。「〈臨床像〉を描く」は図2「臨床実践家が身体にたたきこまなければならない8つの枠組み」の「4臨床像を描いていく（絵解き作業）」そのもので、アセスメント過程の最終地点です。第3段階に入れば「◆いまクライアントになにが起こっているかを『過去・現在・未来』の座標軸（4次元）で映像的に描いていく」ことが可能になりますが、そのためには、この第2段階が大切なスタート地点になります。

初めのうちは、クライアントの一つひとつのセリフや状態変化にはついていけ、そのことの意味も説明できるのですが、表現された訴えから聴きとった情報や状態を分析・統合したものを簡潔なことばで表現できません。ここでは〈分析〉できても〈統合〉に苦労しています。ですから「〈臨床像の〉輪郭を」なのです。さらに〈問題の中核〉をこの段階から意識しながら〈臨床像〉の輪郭を描く作業に挑戦していきますと、先述した「ひっかかる」、「ひっかけられる」身体も磨かれてきます。第2部前半のテーマ・図2の解説でもふれていますが、「ひっかかる」と同様、〈問題の中核〉は直観・感性で察知します。そのことを援助者の意識に上らせて「ひっかけ」ながら周辺の事情を絡めてクライアントに確認し、さらに情報を引き出して〈臨床像〉を形づくっていきますので、援助者としての知的・分析的な能力を備えた職業的な身体により近づいていきます。

この課題を達成するためには、できるだけ自分の実践を振り返り、クライアントの状態像を輪郭だけでも言語化してみようとする姿勢が必要です。この訓練は、まず自分の身体に「ひっかかった」実践を対象にして検証していくと効果的のようです。その際に図2でお示ししたアセスメント過程の「1情報収集の枠組み」

を点検し、「2問題の中核」が何であるかを意識し、「3分析・統合」を試みて「4臨床像の輪郭を描いてみる」ことへと、その全過程をことばで表現することに挑戦してみます。すべての実践で試みることは現実的ではありませんので、気になる実践を引っ張り挙げて丁寧に検証していけば、徐々にこの振り返り作業に慣れてきます。しかも継続して試みていけば、すべての実践やケース記録作成に反映されてきますし、結果的にアセスメント力が身につきます。（※4）

本書のいたる箇所で紹介していますように、目に見えないかたちにならない〈相互交流〉を基盤とした行為である相談援助実践を〈ことば〉という〈かたち〉に紡ぎあげていく作業は、書くことに馴染んでいないものにとって初めのうちは苦手意識も働き、すさまじい努力と決心がいるようです。ですが、くさることなく訓練していけば、振り返って検証してみる作業もことのほか愉しくなり、書くことも苦にならなくなり、いつのまにか高くそびえ立っていたかのようにみえた**大きな壁**は打ち破れます。私は壁を突き破って一挙に第3段階の熟成期に入った素敵な実践者をたくさん知っていますし、そのかた達の精進を応援し、少しばかりの支援をしてその瞬間に立ち合ったことに対して喜びを感じ、誇りを抱いています。

〈eの相互交流の段階から第2段階をみわたせば…〉

これまでに眺めてきたc欄の職業的な熟成のためには、dの個人的な成熟と合わせて〈相互交流〉による交互作用の質も上げていかなければ上達できません。この段階に入れば、eの相互交流の段階からみると第1段階よりも交互作用の質が上がってきますし、反射レベルではあっても面接そのものは援助的になってきます。つまり、「e☆1（交互作用は）かなり可能になる。↑面接中に手当てができるようになる」のですが、まだ簡単な「反射レベル」の手当てですので、「表層的なレベルで、核心には届かない」段階です。（※

5）

クライアントの内的な世界に眼差しを向けられるようになりますと、相手の気持ちを受けとめられるようになり、その気持ちに対して「…のような気持ちなんですね」と援助者自身のことばで応答できるようになってきます。〈感情の反射〉といわれる面接技法ですが、このような簡単な反射も第1段階から始まるさまざまな領域の基礎が出来上がっていないところでやたらに連発しても効果が上がりません。確かなアセスメント力と治療的なコミュニケーション技法はセットで上達していくからです。この場合でもアセスメント力が優位にあることはいうまでもありません。確かな理解に根ざした的確な反射でなければクライアントの気持ちにピタッと届かないからです。この〈反射〉の技術は、感情面だけでなく、クライアントが表現した訴えや物語の内容を援助者側の解釈を入れずに的確なことばで〈言い換え〉るという〈内容の反射〉をして確認をとれるようになります。さらに高度な技術をもてるようになりますと、相手の認識に訴えていくような聴き方も〈あいづち〉ひとつで可能になりますが、まだ先です。

ですが、クライアントのフェルトニーズとの共働作業を基盤としたすりあわせを通した真のニーズへの到達は、第2段階の終了地点まで待たなければならないようです。↓「e☆3信頼関係に基づいた共働作業が可能になる」

ここからは「e☆3信頼関係に基づいた共働作業が可能になる」ために必要な技倆について考えていきます。

第2段階の大きな目標であるクライアントの内的世界に眼差しを向けていくとき、援助者は理解の入り口としてクライアントがこれまでに遭遇した人生の大きな出来事に着目していきます。第1部でもふれていますが、そこにはクライアントを理解していくためのヒントがたくさん隠されているからです。

現時点では表面上の姿からは見えてこないクライアントの強さや生きる力を探り出して、実際の生活場面で発揮できるように支援するためには、対人援助職者にはたくさんの相談援助面接技術が要求されます。まず、隠れている強さや生きる力を発見するには的確なアセスメント力が必要です。さらにそれを引き出して確認し、強化していくためには治療的なコミュニケーション能力に基づいたソーシャルサポート機能（e☆2に該当）を身につけていると有効です。相談援助面接で強力に発揮できるソーシャルサポートは、表5に示されている6機能のなかでも、「自己評価」「情報」「モチベーション」の3機能になりますが、これらのサポートを実践するためには、第2段階のc欄に記した点検指標の「☆5クライアントが生きている世界で聴くことができるようになる」段階にまで職業的な熟成を要します。加えてd欄の「☆2クライアントの深層にある感情を理解できるようになる」ことが深く関係しています。

この☆2の点検指標をc欄の〈職業的な《私》〉の欄ではなく〈わたくし的な《私》〉の範疇に記した理由は、2つあります。

ひとつには、とくに若い実践者の場合、例外を除いては個人的な成熟を待つあいだは他者の人生の裏側、表現されることばの背景、非言語的なメッセージを受像することが難しい点にあります。ことばとして表現されない訴えや想いに対する感受性を基盤とした理解は、若年者でも想像力を磨きながら経験を積み重ね、振り返り作業を課していくことによって補填できますが、若いうちからそれをしていきますと、下手をすると耳年増になり、他者の人生でこころがいっぱいになってしまい、〈わたくし的な《私》〉の空洞化を招く恐れも潜んでいます。ここは背伸びを目一杯するよりは、「（他者の人生、他者の気持ちは）わからない、だから）一生懸命に話を聴いていこう」という姿勢のほうが相手にも好感を抱いていただけると考えるのも一考かもしれません。以下は気障なセリフですので、ストレートに言うよりは「私は若輩ですが、できるかぎりあなたのお役に立つよう努めさせていただきますので、あなたの人生を教えてください」という気持ちと姿勢を真摯に伝えることです。この態度は、経験を積み、ある程度の自信や確信が得られた後にも必要です。

もうひとつは、dの〈わたくし的な《私》〉の制御と活用欄で〈警告・危険因子〉としてお示しした点検指標「★1自分の深層にある感情とフィットするクライアントに対しては逆転移が生じる」ことへの意識と対処が課題になります。対人援助職者にクライアントを深く理解していこうという気組みができてきますと、相手が置かれている問題状況が生活場面に出現している現象の裏にぴったりと張りついている人間のこころにも視線を馳せるようになります。すると、その現実的な出来事とさまざまな気持ち・こころとが、対する援助職者がかつて身に染みて体験したり、いま現在その身に生じている状況と一致していたり、似通っていますと、意識することなく目の前の支援の相手にその身体を引き寄せられてしまいがちになります。相手も同様の匂いを感知していますから、寄ってくればなおさらそのお互いの引き寄せる傾向は加速し、ときに深みにはまります。対人援助や人間関係には、ときに「不思議な暗合」が作用する場面との遭遇が待っています。つまり、このような事態に陥ったとき、この段階では、「e↑深層感情のコントロールはまだ不可能」ですので、「f↑のめりこんだり、抱えこんだりしてしまうクライアント」が出現します。これは対人援助実践を続けていれば、回数や深みにはまる度合いは異なるにしても、誰でも陥る状況です。まだ「d★1－・1深く関わると、自分自身ではまだコントロールできない。&・2クライアントに対して心理的抵抗を生じても、そのことをまだ自己点検できない」からです。これまでに何度も申し述べてきましたように、このような状況がクライアントに不利益を渡したり、援助者側に深手を負わせることになってしまうような事態を招きますと、対人援助実践そのものが凶器と化すこともあります。真面目で不器用で熱心な援助者が意識せずに凶器となった場合は実に困った状況に陥ります。本人は一生懸命に相手のためにと努めているのに、その行動はクライアントに対して決して援助にはなっていないからです。

ですから「f↑のめり込んだり、抱え込んだりしてしまうクライアントに対する自己点検とスーパーヴィジョンが必要」なのです。平素とは異なる身体感覚を受信したら、一端立ち止まって自己点検をしてから先輩や同僚、スーパーヴァイザーにきちんと相談することが肝要です。このような場合の身体感覚とは、例えば、特定のクライアントに対して「家に帰っても気になってしかたない、職場に出勤してもまず（どうしているか）気になる」

「なんだか（あの人と会うと）自分自身が意地悪な人間になるようで嫌な感じだな」

「どうも苦手」

「あの人と会うと身体がざわざわする」など、援助者の個性によっていろいろです。

一方で周囲から「入れ込みすぎ」、「いやに攻撃的になっている」、「あのクライアントと会うのが嫌だと言っているわりには会っているとき楽しそうよ」などの指摘を受けて気がつく機会を得ることもあります。

いずれにしても、「d☆2クライアントの深層にある感情を理解できるようになる」段階にまで到達するにはかなりの危険な状況をくぐり抜けなければならないようです。ただし、対人援助の仕事に自己を関与させないまま、あるいは関与させることへの恐れから淡々と日常的に仕事をこなしているかたには縁のない事項のようです。が、ここが〈相互交流〉の妙で、突然このような状況に陥ることもあるので要注意です。

この点検指標は教科書的には「自己覚知」に関わる課題です。理屈・頭では自分自身の感情や価値観などがクライアントとの援助関係に影響を与えることを知っていたとしても、身を以て「わかる」には教科書的にではなく、実践場面に照らした自己理解と対処方法をもつことが必要になります。そのためにも、振り返り作業を通した実践の言語化による自己検証の確実性と信頼性を上げていく努力は継続していきたいものです。

なお、私は、「のめり込み」がクライアントおよび援助者双方に負の結果を招かないようであれば、また、ある意味では双方に必然性のある現象であると肯定できるようであれば、否定するものではありません。かえって対人援助職者にとっては熟成過程のなかで運命的な出会いをしている場面であることが結果として多いからです。援助者の身体がある時期、ある期間、特定のクライアントに没頭しつくす経験は、結果としてその後の跳躍の準備段階であったのだと思い知ることもあります。クライアントも援助者の情念によって力を発揮する機会を得られることもあるようです。お互いが陽の方向に化学変化する援助者の「のめり込み」もあります。しかし、「抱え込み」は即座に否定します。他者の人生のすべてを職業的に引き受けることはまず不可能だからです。

「e☆3の信頼関係に基づいた共働作業が可能」になりますと、「c☆6クライアントの真のニーズに添った支援が可能」になり、続いて記してある4つの「・1から・4」までの点検指標にある援助能力も獲得できるようになります。以下、4つの点検指標について説明していきます。

「・1将来予測をふまえたニーズ把握と支援が可能になる」についてですが、ケアに関わる対人援助実践では、医療専門職でなくともある程度の疾病や障害への基本的な知識に加えて、現在のクライアントの状態が疾病の発症や障害の発生（過去）からみて（現在は）どのような段階にあって、それは将来的にはどのような予後を辿っていくか（未来）という大まかな目安をもてるようになることが必要です。基本的には医師でないのですから、疾病や障害についての知識は「クライアントの人生や生活にどのような影響を与えるか」

という観点から必要な経験知の位置づけになります。この将来予測については、たくさんのクライアントへの援助実践を通して、主治医や看護師や医療機関に所属している医療ソーシャルワーカーなどの医療関係職種による知のバックアップを通して学び、確認していく経験の蓄積が臨床知という職業的な財産を確実に増やしていけます。すると、目の前のクライアントについて将来の生活像の大枠を描いていけるようになりますので、支援計画策定の際にいくつかの方向性を示しながらクライアントの意思を確認していくことが可能になります。ただし、医療専門職でないものは直接担当している医療関係者に確認することなく断定することはできませんので、あくまでも仮の設定です。また、意思の確認の際には繊細なコミュニケーション技術を要します）

「・2フェルトニーズへの対応はクライアントとのあいだで共働作業可能」については、クライアントが感じているニーズを認識でき、そのことを確認できるようになります。が、「※↓」に応じてf欄で但し書きをしていますように「↑※ただし、難易度の高いクライアントに対しては困難」があるので、第3段階でもますます磨きをかけていく努力を要します。ですが、「・3ノーマティブニーズは隠し味で加味できる」ようになりますし、「・4専門職としてのクライアントに対する方向づけも強引ではなく可能になる」ので、クライアントとのあいだの〈相互交流〉を通してかなりの段階にまでフェルトニーズとノーマティブニーズのすりあわせができるようになります。

c欄の最後に記しました「★3しかし、分析・統合過程を言語化できない」という点検項目は、先の「★2一つひとつの状況は分析できるが、さらに突っ込んだ全体状況の分析・統合までできるようになるには先が長い！」の項目と呼応しています。これらの★印は、第3段階への大きな達成課題になりますので、この段階からこつこつと地道に取り組んでいくことが将来への熟成・飛躍につながってきます。

〔註〕

※1　共感的理解、真の共感について：図4「〈受容的・共感的理解〉から〈自己決定を支える基礎を整え、支える〉ための援助の構図」参照

※2　第1段階のdの★1「「私」への理解」の・1「若い援助者」の場合です。

※3　第1部第3章第2節&第3部第2章&コラム9参照

※4　第3部第4章参照

※5　第2部第1章第1節「援助者が壁を破るとき」参照

③第2段階の第1の到達点である「1クライアントそのひととその人が置かれている固有の問題状況を的確に理解できる」について

ここでは、3つの観点から1の到達点の内容を記しています。

・1　共感的理解に近づける。

・2　クライアントの強さを発見し、引き出し、実際の社会生活のなかで「生きる力」にまで高めることを目指せるようになる＝意識できる。

・3　自己決定を支える基盤づくりをしたうえで、クライアントの自己決定を支援できることを目指せるよ

うになる。↓図4「〈受容的・共感的理解〉から〈自己決定を支える基礎を整え、支える〉ための援助の構図」を参照

↓↓↓第3段階で完成域へ

このように3項目とも第3段階へ向けての意識的な努力目標であり、助走的な位置づけです。これらの視点を意識しながら実践を積み重ねることによって、確かな視点と技術を身につけていき、第3段階で完成域にまで熟成させていくことを目指します。この目標的な到達点は、このようにして援助者が常に意識しながら実践を試み、その結果や効果を吟味してさらに工夫を加味しながら次の実践に反映させていく継続的な反復学習を重ねていかなければなかなか身につかない領域です。

3項目ともe欄で「☆2ソーシャルサポート機能のなかで〈自己評価〉及び〈モチベーション〉機能もかなり発揮できるようになり、資源活用に関わる〈情報サポート〉機能についてはほぼ完成域に到達する」と記してある箇所と深く関係しています。また、この到達点は図4で概念化を試みている「〈受容的・共感的理解〉から〈自己決定を支える基盤を整え、支える〉ための援助の構図」で駆使されているさまざまな対人援助技法の完成域到達（第3段階）へ向けて習得していく中間点的な位置づけになりますので、本書の表5の「ソーシャルサポートの機能別6分類」および図4と照らし合わせながら技術獲得への参考にしていただければと考えます。

クライアントの内的世界を理解するためには、まず、「・1共感的理解に近づける」ための聴く姿勢を身につけることを目指す気組みが出発点になります。ケアに関わる相談援助面接やアセスメント面接の場面で

図4　〈受容的・共感的理解〉から〈自己決定を支える基盤を整え、支える〉ための援助の構図

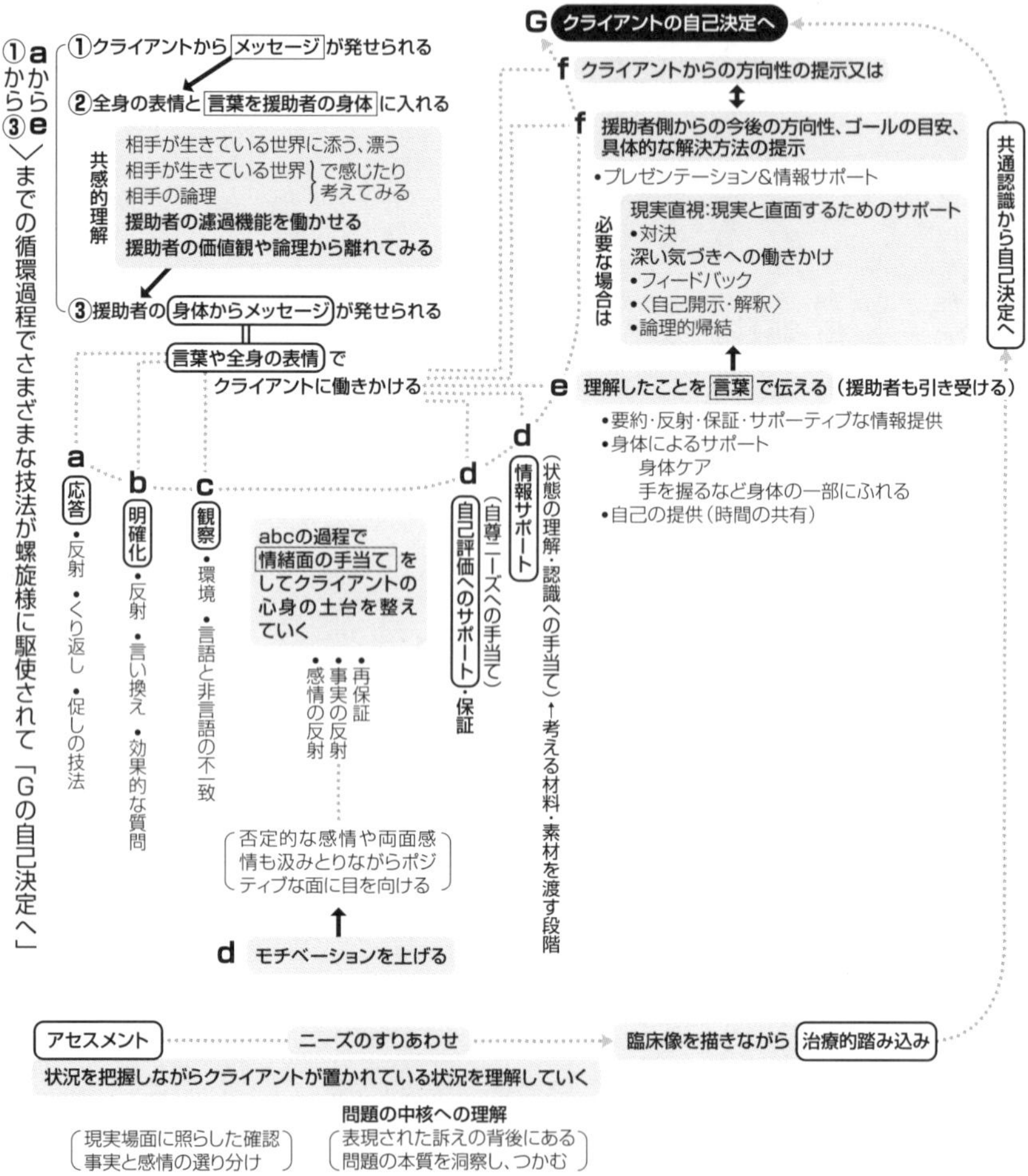

は、クライアントの生活や人生に起こっている現在の局面をニーズ抽出目的に添って過去と未来の座標軸のなかで理解していくことについては本書のいたるところで詳述しています。「・1」の項目は現在、クライアントが蒙っている種々の生活課題を生じさせているさまざまな問題状況を対人援助者が理解していく過程で要求されている基本的な課題です。クライアントが現実の生活で蒙っているさまざまな問題状況と背中合わせに張りついている気持ち・感情を彼らの人生に添って理解できなければ、真のニーズは探り当てられません。また、クライアントの動揺が強かったり、深い怒りや哀しみなどの感情が彼らの身体に充満しているときは、まずその気持ちを理解し、その場で現実的な生活問題に目と心と頭を向けていけるような身体にするための手当てが必要になります。この「考える身体」という土台を整えるための第一歩として「共感的な理解」が必須なのです。第1部第1章でも考察していますように、私たち人間は、生きていく過程で苦しかったり、辛かったり、なんらかの困難な状況に陥っていて「そこから脱却したい、そのために他者に手伝ってほしいと望んでいるとき」は、いまの自分が置かれている状況を他者にきちんと理解してもらえることを期待します。（※1）

「共感的な理解」への接近のしかたを図4で著した概念図をもとにみていきますと、左上部の囲み部分「相手が生きている世界に添う、漂う。相手が生きている世界・論理で感じたり、考えてみる、その際には（下の強調文字）援助者の価値観や論理から離れてみる〜濾過機能を働かせる〜」の作業をクライアントから発せられた全身の表情とことばを援助者の身体に入れた瞬間に行ないます。実際の面接場面で行なわれている機能を分解して眺めてみますと、クライアントから発信された全身の表情やことばを援助者が身体に入れた瞬間、先の瞬時の思考を踏まえてさらに理解を深めるため、あるいは理解したことをクライアントに伝えるために援助者の身体から即座にことばや全身の表情でクライアントに「現段階で理解したこと」や「さらに理解したり、確認したいこと」などの内容表現が発信されます。その際の援助者からの発信技法が「応答」「明確化と確認：反射、言い換え、効果的な質問など」「観察された事項：言語と非言語の不一致など」「情緒面の手当て：反射や保証など」等、螺旋状に続く治療的なコミュニケーション技法を駆使していきます。その延長線上か同時並行で「自己評価」や「情報サポート」「モチベーションを上げる」ためのソーシャルサポートも組み入れていきます。これらの循環過程のなかで共感的理解と自己決定への援助が可能になります。ですから、「共感的な理解」もかなりの対人援助技法の基盤のうえで近づけるのだ、といえます。

クライアントの自己決定を援助するためには、「・2クライアントの強さを発見し、引き出し、実際の社会のなかで『生きる力』にまで高めることを目指せるようになる」ことが基盤づくりの一環として共感的な理解と合わせて必要です。この点については、第1部第1章でクライアントが置かれている状況や潜在的に有している強さや生きる力によるアセスメントの視点および迫り方を技法も含めて概説していますので、いま一度確認していただければと思います。（※2）つまり、面接や観察を通してクライアントが有している潜在的な能力を見つけだすアセスメント力やそれらを引き出し、強化していく治療的なコミュニケーション技法およびソーシャルサポートの3機能を十分に熟成させていく作業を第2段階から始めることが重要です。これらの技法や機能に習熟していきますと、「・3自己決定を支える基盤づくりをしたうえで、クライアントの自己決定を支援できることを目指せるようになる」姿勢が整い、実際の実践も身につき始めて第3段階で完成域へと到達できるような準備段階に入ることができます。

1の3つの指標は第1段階からの点検指標を踏まえた基礎を確実に身につけていくことから相乗的に熟成をしていきます。

【註】
※1　「そこから脱却したい、…望んでいるとき」という但し書きをつけた理由は、クライアントによっては、他者に近寄ってほしくない時期もあるからです。第1部第1章第4節参照
※2　第1部第1章第4節参照

④第2段階の第2の到達点である「2支援システムも十分に使いこなせ、的確な支援も可能になるが、あくまでも直観〈暗黙知〉レベルであり、状況の言語化・絵解きができない」について

ここでの到達点は、前半の「支援システムも十分に使いこなせ、的確な支援も可能になる」です。直接的には「c☆6クライアントの真のニーズに添った支援が可能になる」および本指標に続く「・1〜・4」の各項目に呼応した到達点ですが、前項③で確認した第1の到達点であるクライアントの固有性の理解を踏まえた支援の方向性を意識して実現できていることの延長線上にあります。対人援助実践においては、クライアントを彼らが生きている内的な世界に添って理解できていれば、必然的に支援の方向性がみえてきます。また、理解の基本は内的な世界に対しては共感的理解ができることが入り口であり、加えて彼らが置かれている問題状況の査定と課題に対する彼らの対処能力を見積もるために、彼らが現在、あるいは潜在的に有している〈強さや生きる力〉を見い出せることおよび自己決定能力を査定することにあります。（※1）支援はその基本的な視点や態度を基盤にして行なわれます。その際の支援は、相談援助面接場面で直接的に実施されます。アセスメントも含めてクライアント本人に対してはほぼ完成域に達しますが、家族や親族などの

周囲の方たちを含めたクライアントシステムの全貌や力動を俯瞰的に理解して支援していくためには、第3段階の熟成を待たなければなりません。また、クライアント本人のニーズに対する社会資源の活用は、ほぼ完成域に達します。↓[1]と[2]の到達点のあいだで記した「↓クライアントシステム全体ではまだ不足はあるが、さまざまなシステム間におけるマージナンレベルに到達する」

つまり第2段階に達した援助者は、社会資源の活用はクライアントの固有性や真のニーズに添ったクライアント本人も納得できるものを揃えることができ、そのために必要な資源に関する情報を広範囲、かつ質的に吟味されたものを常備できている段階に達することができるようになっていますので、援助者側はさまざまな種類の社会資源のなかでもより信頼性の高い資源とネットを繋げられ、クライアント個人レベルのニーズとの連携を可能にすることができるようになります。ここまで熟成すれば、第2段階のもうひとつの目標として掲げた「**■第2段階の目標その2：所属している組織及び組織外のシステムとより質の高いネットを繋げられる。**↓異なる機関や施設との連携および異なるシステムにいる専門職ネットを拡大していく」の到達点になります。

ただし、クライアントの周囲にいるかた達への支援については、クライアントシステム全体への俯瞰的理解ができる段階に達していませんと、社会資源活用の際に多少の不足が生じます。例えば、複雑・多問題とみなされ、クライアント本人のニーズ充足にとって家族が抱えている生活上の問題が障壁となっている場合は、援助者にはそのことへのなんらかの対処策が求められます。そのためには、クライアントシステム、つまり家族全体への構造的理解が必要になります。援助者がこれまでに経験したことのない疾病や障害、社会生活や経済上の悩みや問題への理解のためには、異なる専門領域にいるその道のプロのバックアップが必須になりますが、家族全体の構造的理解ができなければ、誰に対してどのように援助していけばいいのかが見えてきません。つまり、どのような専門機関や人・窓口に繋げればいいのかさえ見えてきません。この課題は第3段階で完成域に入るのですが、個人が生きている固有世界に添ったニーズ把握と支援ができるようになれば、その後の経験の積み重ねと振り返り作業を通して、複数の人たちが絡み合う世界およびそこに生じている力動への理解も可能になり、支援のための接近方法も自ずと見えてきます。そうなれば、バックアップの種類も増えてきます。まずは個人への的確な理解と接近・援助ができるようになることが先決で、これが第2段階の終了時の熟成着地点になります。しかし、感性のよさという素質と熱心さを合わせもち、〝対人援助〟というひとつの仕事に専心してこられた援助者は、先述した第3段階の課題のcやeの領域に関してはなにげなくこなしているかたも大勢おいでです。いわゆる「職場の魔法使い」とみなされているかた達です。私も研修会や個人スーパーヴィジョンの場でかなりの魔法使いに出会っています。しかし、彼ら（実際は彼女達が多いのですが）は、確たる自信、職業的自己への信頼をいまひとつもてていません。傍からみればスーパー援助をしているのに、どこかしら自分の援助に確信をもてないのです。その理由ははっきりしています。自分自身の力で実践状況を絵解きして、そのことを論理的な言語で表現できないからです。つまり、第3段階のd領域の点検とf領域の課題をクリアできていないことになります。

2の到達点記述後半の「あくまでも直観（暗黙知）レベルであり、状況の言語化・絵解きができない」という但し書きは、この第2段階終了地点まで達していても、まだまだ自分を信頼できる域に達することが困難であることを示しています。〈状況の言語化・絵解き〉は第3段階に向けての大きな課題でもあるのですが、目に見えるかたちにならない〈相互交流〉を基盤とした対人援助実践は、その実践を根拠だてて論理的に説明できるようになるためには、相当の言語化作業の積み重ねを要するからです。2のなかで「↓これができないと**自分の支援を信頼できない**で、これでいいのか、という不安が常につきまとう」「↑何故かという理由や根拠を見いだせなくて悩む。この段階で困ってしまう援助職者が多く見られる」と記述したとおりです。

たとえば、第3段階の「d★1－・2〈逆転移〉が生じそうなクライアントを意識しながら自分の感情を制御できる」の但し書き「↑※cが第3段階の完成レベルに近づいていても、この点をクリアできていないと『ひっかかり』『これでいいのか』が身体感覚として残る」で指摘している現象が援助者に生じます。この身体感覚は貴重なサインですので、「f↑ここを後作業で自己検証できるレベルまでもっていく」よう努めることで解決できます。なお、第3段階熟成終了時点では、この身体感覚もクライアントとの面接や支援過程でキャッチしたものを即点検できるようになります。↓第3段階〈実践の振り返り＝後作業での発見から臨床実践の場面で意識的に軌道修正が可能になるように〉の3つの項目に該当します。

しかし、ここまで熟成してくれれば、**職業的な自動人形（援助ロボット）レベル2へ到達**します。通常は5～10年ぐらいの熟成期間が必要です。続いて「**ここから先も長い！**」および★印の記述は、自明の内容です。先述していますように、経験を長く積み、勘がよく素質にも恵まれた対人援助職者であれば、職業的にf領域の自己検証と実践の言語化を自身に課してこなかったとしても、経験だけで第3段階の支援は可能になります。頭のよい身体になってはいても、アセスメントの根拠およびそれに基づいた支援の道筋を説き明かした〈ことば〉で表現できませんので、後進や同僚たちに自分の優れた技を伝えられません。ひとりの専門家の屹立した芸だけが突出している現場では、その人は火事場の火消し的な存在に陥ります。実にもったいないのです。また、専門職としての洗練度からみても、異職種や異業種のかた達との協働ワークからみても第3段階を終了できません。言語という武器を有した〈職場の魔法使い〉ならたくさん出現してほしいのですが、この壁の突破のためには、できるだけ早期から、できれば第1段階からf領域の課題に取り組む必要があります。何故ならば〈職場の魔法使い〉になれるだけの才能のあるかたは、感性がよく、第3部第2章で解説していますように、瞬間的に状況を読め、急所を察知できるので、必要最小限の情報で分析・統合ができて瞬時に的確な手当てをしてしまえるので、自分自身の優れた察知能力とあまりにも早すぎる分析・統合能力を説明できないのです。

この点についての対処課題は、一世代前の天才F1レーサーの故アイルトン・セナのように音速の世界を現実の人間時間に戻してスローモーションビデオのように映像的に説明できる能力を要求されています。しかし、セナ氏のみならず、F1レースのドライバーたちは車やエンジン、タイヤなどの開発に寄与するために、各領域の専門的な技術者に運転中の微妙な感触や変化をことばに変換して伝える能力を有していなければ厳しい世界で生き残れないのも事実です。

対人援助職者で特に素質に優れているかたも仕事に就いたときから言語化していくことへの指向や習慣がついていれば、第2段階や第3段階のf領域での熟成に苦労しないですむのではないでしょうか。能力的に恵まれたかたゆえの苦労もあるようです。

［註］

※1　理解の視点については本書のさまざまな箇所で記述していますが、主として第1部第1章。

3 対人援助専門職としての背骨作りその3：真のプロフェッショナルへの到達

↓後進が尊敬し、目指す目標となる。質の高い役割モデルとして存在できる。
↓働く場で一定の地位・存在を獲得でき、安定した環境を築くことが可能になる。

★職業的なレベルの完成域へ：第3段階の中段に入ったら、スーパーヴィジョン実践をしながら自分の臨床実践能力もさらに磨きをかけ、高めていく。↑第3段階のキャッチフレーズ

①第3段階の熟成とスーパーヴィジョン実践の関係について

第3段階の骨格は、第1から第2段階で獲得してきた基本にさらに磨きをかけて真のプロフェッショナルとしての水準に達するまで自分自身を高めていく過程です。↓「★職業的なレベルの完成域へ」に続く「第3段階の中段に入ったら、スーパーヴィジョン実践をしながら自分の臨床実践能力もさらに磨きをかけ、高めていく」についてですが、スーパーヴィジョン実践は、表1の熟成過程からみますと、本来は第3段階終了地点の熟成度を要します。

本書を著した趣旨は、直接的には〈相互交流〉を基盤とした相談援助業務を中核とした実践を行なっているソーシャルワーカーを中心とした相談援助専門職に対してエールを贈ることと、実践的な観点からみた知識・技術水準を上げていくための基本的な考え方の軸を中心とした〈知と技〉を身体化していくための熟成指標をお示しすることにあります。しかし、ケアに関わる援助を受ける側のクライアントからみますと、相

談援助面接を主たる手段とはしていない身体への治療やケアを提供している対人援助専門職のかた達にも、援助の対象者と初めて出会ったときに実施されるアセスメント面接に収斂されるインタビューに工夫と配慮が求められています。自分が置かれている状況を、表層的な問題だけではなく、見えない箇所や率直に話せない事柄も含めて理解してほしいからです。したがって、表1の熟成過程でお示しした各指標は、ほとんどの対人援助職者に求められる熟成内容であると考えられます。さらに専門職間で実施されるスーパーヴィジョン実践は、どのような領域の専門職であろうとも、実際的には〈相談援助面接〉実践に必須の技術が要求されています。主たる技術は〈アセスメント力〉〈援助関係の形成力〉〈治療的なコミュンケーション技術〉になります。

図1の「対人援助の構図：援助者自身が置かれている状況の理解」をスーパーヴィジョン実践に置き換えて眺めていきますと、左側［Ⅰ］の領域にある 対象者 の枠は、直接的に はスーパーヴァイジー〈スーパーヴィジョンを受ける人〉である援助者が該当し、間接的にはスーパーヴァイジーが担当しているクライアントシステムも対象になります。さらに援助者の背後には、彼らが所属している職場、機関・施設および所属外のさまざまな社会資源としてのサービス提供機関・施設や 援助者 の後方支援態勢などのシステムが拡がっています。図1では、右側の［Ⅱ］－②&③に該当する箇所です。なお［Ⅱ］－①援助者の枠はスーパーヴァイザー〈スーパーヴィジョンを実施する人〉が該当しており、第1部第1章で解説していますように、スーパーヴィジョン実践における援助者であるヴァイザー自身の力量と限界の査定が必要であり、他の領域やより専門性の高いヴァイザーや専門職のバックアップ態勢があることが理想です。

スーパーヴァイザーには、スーパーヴァイジーの〈職業的な《私》〉の熟成度を見積もりながら、必要に応じて〈わたくし的な《私》〉への理解も要求されます。さらに彼らを媒介にしてクライアントシステムに生じている問題状況や課題を的確に見積もっていけるだけのアセスメント力が要ります。そのアセスメント力は、ヴァイジーの背後に控えている所属している機関・施設内外のサービス提供能力の実力査定にまで拡がっています。スーパーヴィジョンにおけるアセスメントは、このような3重構造のなかで行なわれます。しかも援助者に対しては直接査定することが可能ですが、クライアントや種々の機関・施設のサービス提供能力に関しては、直接関わっているスーパーヴァイジーである担当者から必要な情報を引き出しながら〈分析・統合〉して、クライアントの臨床像や周囲の状況などの輪郭を描いていかなければなりません。さらに高度なアセスメント力とヴァイジーの身体に眠ったままでいる情報を引き出して、それらを生きた情報として活用していけるだけの〈治療的なコミュニケーション技術〉が必要になります。スーパーヴァイジーが初心者であれば、ほとんどがクライアント理解に必要な情報は揃いませんので、その際は類推力や想像力を働かせて、できるだけ援助過程で生じている実態やクライアントの実像に近づけなければスーパービジョン効果は上がりません。そのためには、臨床実践家にとっての職業的な財産でもある〈臨床知＝経験知〉を豊富にもっていないと至難の技です。ですから、高度な〈アセスメント力〉が要求されています。とくに臨床実践家の実践力を育むためには、スーパーヴァイザーは少なくともスーパーヴァイジーよりは卓越した臨床実践力が要ります。（※1）

スーパーヴィジョン実践においては、アセスメント力に加えてスーパーヴァイジーとのあいだで一定の契約に基づいた〈ヴァイザー・ヴァイジー関係〉を形成できることと、先述した治療的なコミュニケーション技法を身につけていることがもうひとつの鍵になります。まさしく図1の［Ⅲ］で著している〈信頼関係に基づいた共働作業〉による〈相互交流〉によってスーパーヴィジョン実践は行なわれます。その際に駆使される技術が〈専門的な援助関係〉の形成力と〈治療的なコミュニケーション技術〉力なのですから、〈相談援助面接〉そのものです。クライアントの主体性に働きかけ、潜在的に有している強さや生きる力を探し、引き出し、強化していく相談援助面接過程は、スーパーヴァイジーのやる気を引き出し、素質や個性を尊重しながら対人援助のプロとして立っていけるように側面から援助していくスーパーヴィジョン実践過程と類似しています。が、スーパーヴィジョン実践の場合は、クライアントシステムに加えて直接支援の対象となるヴァイジーである援助者および実践経過である援助過程そのものも理解の対象になりますから、構造からみて〈問題の中核〉も〈臨床像〉もより複雑で錯綜しています。平素のクライアントシステム理解の応用とはいえ、その情報の種類は多く、何段階にも層が厚いなかから〈問題の中核〉を察知でき、より複雑な情報の〈分析・統合〉力を要します。

ですから、スーパーヴィジョン実践は第3段階終了地点から初めて行なうことが理想です。しかし、本書で何度も書き記してきましたように、私たちの国では相談援助面接のプロを育んできませんでした。自他ともにその必要性・重要性を認識されてこなかったこともありますが、これまでの日本社会特有の社会文化的背景にもその要因を見いだせます。自分自身の問題を謝礼を払ってまでもプロに相談して解決する習慣は、特別な知識・技術体系を要する分野以外では少なかったと思います。それも生活や家族に生じた問題などであればなおさらでした。保険診療以外の自費診療や精神分析医や臨床心理士などがわずかに開業していますが、生活上の悩みや困り事はこれまで市町村や社会福祉協議会などの公的機関の窓口が担ってきました。もちろん無料です。しかし、これらの窓口業務に正真正銘の相談援助専門職が配置されてきたか、というといま現在でも疑問符がつきます。公的な機関では人事配置面からみて、第3段階終了地点まで達した相談援助のプロを求めてもそんなに見当らない、と残念な確信をもてるほどです。このような状況のなかにあって、私の10数年に及ぶスーパーヴァイザーを指向する援助者への訓練対象は、一部を除いては自らの内なる向上心が原動力となって、自分の持ち時間と多少のお金を費やして自己鍛練していくという、刻苦勉励型の専門職が圧倒的多数を占めています。これまでの私自身も含めて、スーパーヴィジョン実践力をつけるために自己努力しているかた達が近年増えてきました。相談援助実践の奥深さや愉しさに目覚め、「せっかく就いた職業なのだから、芸の域にまで極めたい」という頼もしいかた達も現われてきました。相談援助の専門職を求めている時代や社会の思潮も応援しているのでしょうが、スーパーヴァイザーをきちんと組織内や社会で遇する仕組みはまだまだです。しかし、その芽は出てきています。

私は対人援助職トレーナーとして平成7年から活動し始めましたが、平成2年より中学校区に1箇所の構想で各市町村に設置された在宅介護支援センターの相談員たちのなかから、スーパーヴァイザーとしての実践力をつけようという気組みが出てきました。その流れは平成12年度より施行された介護保険制度により登場した介護支援専門員の一部のかた達と合流して、都道府県や市町村のリーダー的な実践者になっていこうという強い意思となって勢いが出てきました。また、福祉サービス利用が従来の措置から契約へと移行した結果、権利擁護の対象となる精神や知的障害者および認知症のかた達に対して平成11年に新しく設けられた地域福祉権利擁護事業を推進する中核的な位置を占めている専門員のかた達も、力をつけようと励みだしてから5年、そろそろ頭角を顕し始めたかた達が出てきました。

表1の第2段階終了地点への到達が早いかたで5年です。また、第3段階はそれまでの基本の根と幹を太らせていくための熟成期で、振り返り作業の反復を通して自己検証レベルの精度と速度を上げていく辛抱の要る時期です。経験も必要ですので、早くてもスタート地点から15年ぐらいの時間を要します。また、スーパーヴィジョン実践を考えますと、ある程度の年齢が必要です。あまりにも若すぎるスーパーヴァイザーでは無理が生じます。ですから、最速でも40歳を超えてから取り組んだほうがスーパーヴィジョン実践者自身

のためにも、スーパーヴィジョンを受ける側にとっても現実的、かつ効果的です。若くて能力の高いかたには残念ですが、対人援助には〈年の功・人間の容量〉も必要です。

これまで記してきたような状況にあって、私は、スーパーヴィジョン実践を志す方へは第3段階の中途、指標からみてc領域〈職業的な《私》〉の熟成レベルが「☆1プロフェッショナルレベルでクライアント理解が可能になる」を超え、限りなく「☆2〈問題の中核〉をはずさずに〈臨床像〉を描ける。したがってかなり深いレベルでの理解をクライアントにフィードバックできる。〈真の共働作業が可能になる〉」に近づいた時点から同時並行でスーパーヴィジョン実践を始めてください、と勧めています。この熟成段階まで進めば☆2の横軸にあるf領域の「★2臨床実践を根拠だてて言語化できるように努める」作業が進みます。「同時並行で」の意味は、スーパーヴァイジーとともに先述したような自分の臨床実践より複雑な多重構造のなかで生じている力動を読みとり、〈ことば〉という〈かたち〉にしていく作業の蓄積が自分自身の実践の言語化能力の強化へと反映していくからです。スーパーヴィジョンのかたちとしては、個人への実践を先にとか、契約を基にして実践しなければ、という決まりごとにこだわらずに、気楽な仲良しグループの勉強会から始めてもよいのです。私の周囲には、すでに地域や自分たちの専門領域の仲間同志が寄り集まって実践事例を持ちより、検討会を始めているかた達がたくさん出現しています。そこで配慮しなければならない点は、対人援助の基本がブレないことと、お互いがサポーティブであることの2点です。とくに自分の実践事例を出したかたに対しては、攻撃的・批判的な態度やことばを慎む点については、バイステックの原則のとおりです。それでなくとも自分の実践を開示し、至らない箇所や自分の弱点に気づいていく過程はグサッときます。お世辞は不要ですが、事例提出者にとって何が気づきをもたらし、支持的な働きかけになるのか、そのコミュニケーションの方法を工夫することも参加者の実践技術を磨く手立てになります。（※2）

［註］

※1 スーパーヴィジョンにおいては、スーパーヴァイザーにアセスメント力のなかでも〈問題の中核〉への感度と〈分析・統合〉力を基盤とした伝達能力があれば、異なる領域の援助者に対しても行なうことは可能です。ただし、スーパーヴァイジーに関しては、その専門領域において一定水準以上の実践力を獲得している経験者でなければ成立しません。その理由は、スーパーヴァイザーが経験していない領域の〈臨床知〉および〈情報収集の枠組み〉のなかの専門的な知識に関する基本情報の理解が困難だからです。ですから、ヴァイジーには、ヴァイザーが必要とする情報を提供できるだけの実践力が必要になります。

※2 OGSVの方法は、臨床実践力そのものを磨いていく方法でもあります。

②ふたつの↓について

↓後進が尊敬し、目指す目標となる。質の高い役割モデルとして存在できる。
↓働く場で一定の地位・存在を獲得でき、安定した環境を築くことが可能になる。

第1段階のf★5で「いい役割モデルを探して出会い、技と態度を盗む」という項目を挙げていますが、その目標となる〈役割モデル〉は少なくとも第3段階の熟成過程に入っているかたであってほしいものです。たとえば、新人ワーカーが職場内訓練の一環として先輩ワーカーの面接に同席して学ぶとき、その態度や技を全身に浴びて吸収していく場にいちばんふさわしい先輩ワーカーの熟成期は、第2段階の終盤から第3段階の終了地点までが理想的です。それ以前では、基本的な押さえが弱いことと、実践をことばにした教授ができません。また、第4段階にまで達していると、彼らの相談援助面接は縦横無尽な展開、変幻自在な応答の連続で、それも素早く展開するので、相談前や当初はしぼんでいたクライアントがいつのまにか姿も大きくなり、元気になって帰っていった、というマジックめいた場面を見せられるので、初心者がその間の超スピードで作動しているクライアントと面接者とのあいだで繰り広げられている〈交互作用〉についていけず、観ることができません。

この役割モデルになれることが、専門職としてのひとつの目標になります。なんといっても専門的な知識・技術水準のみではなく、その仕事や姿勢からにじみ出てくる対人援助職者としての基本軸がブレない価値観・スピリットが教育的効果としてはいちばんです。それが品性を醸し出し、対人援助職者を内面から魅力的にします。

そうなれば、↓の2番目「働く場で一定の地位・存在を獲得でき、安定した環境を築くことが可能になる」という課題についても実態が伴ってきます。ここで「一定の地位・存在」と表現した理由は、次項で後述している状況下で働いている多くの対人援助職者の事情を踏まえたものです。たとえば管理職などの然るべき地位に就くほうが組織内の運営や経営に参画できますし、専門職としての仕事への責任に地位から生じる上乗せした責任が発生しますので、専門職としてより成熟します。ある程度の年齢に達していれば対外的にも有効に作用します。また、専門職への認知や専門職としての役割・機能を発揮していくためにも、組織内での然るべき地位・立場の獲得は重要です。そうでないと、第1部第2章「第2節　マージナルマン・境界人としての立脚・ポジショニング－2境界人・マージナルマン」で論考していますが、対人援助職者のなかでも相談援助専門職は所属組織内でもマージナルマン的な動きをしていきますので、〈表の論理〉よりも〈裏の論理〉で動きやすい立場になりがちです。この動きや立場は、当人に場の察知能力や状況を的確に読み取る能力などが必要で、絶妙なバランス感覚を要求します。自分で自分自身を守ることができて、一匹狼的なはぐれ者で常に周縁人として居続ける強靭さも要ります。組織にはこのような人材も必要なので、善し悪しの問題では語れません。対人援助専門職としての正道とは何か。この課題については興味深い主題なのですが、私個人の感覚では、対人援助職者は縁の下の力持ち的存在なので、権力や権威とは離れたところで、組織内で遊軍的な存在として自由に活動できる環境が働きやすいと思います。しかし、本書をお読みくださっているかた全員にお勧めする〈立ち位置〉ではないことも確かです。

③〈a　中堅者から上級者へ〉について

この段階は、a領域の「段階」は〈中堅者から上級者へ〉としました。中堅者はその熟成の質や内容がどうであれ、実践現場では経験年数からみて「中堅」とみなされているかた達はたくさん出現しています。しかし、対人援助専門職の「上級者」として実践現場で自他ともに認め・認められているかたはどれぐらい存在しているでしょうか。

まず、本稿を記している現段階では、実践現場が対人援助職者に対してどれだけの臨床実践力の上級者を必要としていて、その実践力に見合った処遇やスーパーヴァイザーとしてのポストを用意しているかは疑問です。そのための指標や評価の仕組みができていませんし、経験年数だけでは計れない類の能力です。洗練された専門職の世界では、専門性を特化した資格制を導入して、講習や試験などを課しています。継続的に新しい研究や知見を吸収して勉強をしていることは確かです。その実態が臨床実践力と合致しているかどうかについては多少の疑問があります。それでも、数や効率性から数字で表現しにくい対人援助職者の実践力は、管理者や経営者がその熟成段階を査定できなければ、職場内の処遇に反映されてきません。また、上級レベルの臨床実践力をもっていることが即、管理能力やスーパーヴィジョン能力と結びつくわけでもありません。「生涯現場で働きたい」と考えていても、年齢を経た実践家の職場内の位置づけや給与面での対応も、過去から現在までのケア領域の機関・施設では難しいものがあった感がしています。いずれにしても専門職にとっては、その専門性や価値観と職場の管理・経営とのあいだに生じる〈専門職のジレンマ〉への対処が古今東西にわたって普遍的な課題として指摘されてきているように、専門性の高さや実践力における熟練度と職場内の処遇とのあいだにはかなりのジレンマが生じていることも確かです。実践力を高めるための機会も動機づけも薄い環境では、名も実もある上級者は生まれにくいのかもしれません。また、上級者を生み出す原動力になる臨床実践場面でのスーパーヴァイザーの必要性は常に言われてはいますが、その仕組みづくりは本項で先述していますように一部の対人援助職者の領域で試みられてはいても、実態としては遅々として進んでいません。

このような環境のなかでは、上級に該当する実践者が全国津々浦々に出現してこないのも当たり前です。対人援助職者と称されてはいても、〈相互交流〉の観点からみて第2段階の熟成到達点に達している人たちがどれだけいるかも疑問です。養成機関や卒業後のキャリアアップの研修態勢も、一部の伝統的な専門職以外はまだまだ確立できていない状況もあります。しかし、一方で、初歩的な基本を踏まえた必要な知識や技術の内容や履修時間は提示できても、その上の中堅・上級の熟成モデルの提示はなかなかに難しいものがありました。私たちの国では、臨床実践力を評価できるだけの人材や仕組み作りは、これからの専門職や対人援助サービス機関・施設の洗練度が上がることを待たなければならないようです。

私としては、表1の4つの熟成過程は洗練度からみればまだまだではありますが、上級者の熟成内容をあえて提示してみようと思い立った理由は、たくさんの信頼性の高い対人援助専門職が増えてほしいと願っているからです。とりわけ、どのような対人援助職者でも、アセスメント面接実践者として〈相互交流〉を基盤とした臨床実践力をもたなければならない立場にあるかた達も含めて、この〈相互交流〉そのものを武器として専門性を顕示していかなければならない相談援助専門職に、早く第3段階終了地点に到達してほしい、それもできるだけたくさん増えてほしいと願っているからです。何度も申し述べてきましたように、本来はそこまでに達したかたが第3段階の骨格となる目標である「真のプロフェッショナルへの到達」者なのです。というのは、この社会や地域に相談援助のプロフェッショナルが存在していることが、誰でもいつでも遭遇する可能性のある生活や人生の危機や困難状況に対する不安や対処・解決に向けて早期に寄与できるものがどれだけ多いか、計り知れないものがあるはずです。たとえば民生委員・児童委員や保育士、ケアマネジャーなどの事例検討場面で遭遇するクライアントたちの姿から、「彼らをきちんと理解できる人が身近にいて、早期に問題解決の方向へ支援態勢が組まれていれば…」と、対人援助には「…たら、…れば」はきかないことを承知のうえで、概嘆してしまいます。援助者たちは一生懸命、誠心誠意取り組んでいるからこそ、研修会にご自分たちの実践事例をお出しになるのです。「このままではいけない、なんとかしなくては」との思いが強くても、彼らの活動地域に相談援助のプロが見当りません。支援は的確なアセスメントのうえで行なわれなければ届かないのです。現在では、熱心な民生委員・児童委員のかた達がボランティアであるにもかかわらず、全国から相談援助技法の研修にお集まりになります。60歳以上のかたがかなりいらっしゃる希有な研修会です。それも1泊2日、コミュニケーション技法はまた別建てです。民生委員・児童委員が相談援助能力をもつこと、さらに磨きをかけることに対しては嬉しく思います。ですが、地域住民のためには彼らをバックアップできるだけのスーパーヴァイザー的な相談援助専門職がいることの重要性を常に実感しています。(※1)

［註］

※1　平成18年度の「民生委員・児童委員のための相談援助技法研修会」は社会福祉法人全国社会福祉協議会および全国民生委員児童委員連合会の主催で、2日間の研修を10月に東京で実施しています。それまでは1日でした。対象は、各県から数名程度で100名です。時代や社会状況が変わったことを感じます。地域の民生委員や児童委員が、いかに相談援助能力を必要としている住民を対象として活動しているかがうかがわれるからです。

④〈b　4次元的理解：情報を重層的・多角的（構造的）につなげられる〉についてと

■第3段階の大きな達成目標その1：クライアントや関与しているシステムが置かれている全体状況をポジショニングできるようになる（状況の俯瞰的な理解が可能になる）ことを目指す。

臨床実践家として職業的な完成のひとつは、図1で著した対人援助者が置かれている構図の［I］および［II］の全体状況を実践時に俯瞰的に把握できる位置に援助者自身を置けることにあります。つまり、c☆1「プロフェッショナルレベルでクライアントシステムの理解が可能になる」項の「・1細部をみて、全体をみる」が虫の眼と鳥の眼を合わせもった俯瞰的理解ができている状態といえます。ここまでくれば、bの対象者理解のレベルも「4次元的理解」でできるようになり、「情報を重層的・多角的（構造的）につなげられる」ようになります。

さらにクライアントシステムに対するプロレベルの理解については、dの〈わたくし的《私》〉の経験域とはるかに離れた価値観や美意識、生育史や生活環境のなかで生きているクライアントを職業的に彼らの内的世界に添って理解できることを意味しています。↓「d★1ｰ・1自分とはほど遠い世界で生きているクライアントでも水準以上の理解が可能になる」　この課題達成のためには、クライアント理解のための基礎的な知識に想像力を働かせながら「c★1真のマージナルマンとしての自在性を獲得する」、つまりクライアントが生きている世界に援助者自身の職業的な身体が出たり入ったりできること目指します。真の共感レベル、クライアントが援助者の反応に対して「そうなんです。私が言いたいことをあなたはわかってくれました」と心底から感得してもらえる状態ともいえます。その際には、確実にd★1の「〈わたくし的な《私》〉を制御できるようになる」ことへの精度を上げていく必要があります。そうすれば、「d★1－・2〈逆転移〉が生じそうなクライアントを意識しながら自分の感情を制御できる」ようになります。この課題に対しては、自己を理解できていることと、実践過程で生じた「ひっかかり」や「疑問」が身体感覚として残ったときにf欄の課題である「↑ここを後作業で自己検証できるレベルまでもっていく」ことへの熟成が要ります。そうなれば、クライアントに対して引き気味なときには自己点検できますので、相手に対して失礼な事態を防げます。またケースに熱中しているときは頭を冷やせますし、相手が援助者の大好きな生き方をしていると意識できていれば、クライアントに対して援助量が大きくなっても深くなっても、別れられない！　といった事態や肩入れのし過ぎによってクライアントの生きる力をスポイルしてしまうような事態は防ぐことが可能です。第3段階では、このようなチェック機能が後作業による発見から同時並行で作動することを目指します。

　第3段階の初期では、クライアント理解はプロフェッショナルとしての熟成からみれば、まだ先が長いのですが、支援に関しては特殊な技能を要する課題以外はほぼ完成域に達します。この段階は、「☆1－・2支援過程で意識化できていなくても、クライアントへのアセスメントや支援方法を修正できる」段階です。ここまで到達できただけでも大したものなのですが、「意識化できていなくても」がミソです。身体が自動的に軌道修正の箇所を感知して修正できるようになるのですが、まだここを意識にのぼらせてその根拠を説明できる段階には達していません。ここまでの段階に達しているのに、その根拠を説明できない援助者は現実においでなのですが、実は第2段階のc欄にあった★★印に続いて「★★★ここから先も長い！」のです。

⑤第3段階の大きな目標その2：臨床実践のダイナミクス（目に見えない、かたちにならない世界）を根拠だてて映像的に言語化でき、異なる職種や分野への伝達も可能になる。

この目標が第3段階の主たる課題になります。↓**「f★1言語化作業に磨きをかける」**実践の自己検証を確かなものにしていくためにf領域を磨きながらc領域の職業的な熟成を深めていき、e領域の〈相互交流〉の熟練度を上げていきますと、相談援助職者としてどのようなクライアントと出会っても彼らの諸ニーズに対処できるようになります。ここからは、cの〈職業的な《私》〉の熟成指標に添って各領域と関連させて説明していきます。

〈c☆2について〉

☆2「〈問題の中核〉をはずさずに〈臨床像〉を描ける。したがってかなり深いレベルでの理解をクライアントにフィードバックできる」ようになりますと、〈真の共働作業が可能になる〉という図1の［Ⅲ］の上部に記述したテーマを手に入れたことになります。クライアントが置かれている問題状況を〈問題の中核〉を押さえたうえで4次元で映像的に描けるようになりますと、その内容を大切な箇所をはずさずに〈要約〉してクライアントに伝えられるようになります。このときに使用する〈要約〉の技法は援助者が理解した

〈臨床像〉をクライアントに伝えることで援助者の理解した事柄、つまりアセスメントの内容がクライアントにとってリアリティのある的確なものであるかを確認するための大切な技術になります。その際には、当然クライアントの理解力・認知力に添ったことばや内容説明になります。双方が共通の認識をもてたところで、ニーズ・対処課題も確認できますし、支援方法の提示もそれまでの過程を踏まえて行なわれますので、その過程や結果には双方に齟齬が生じる余地が少なくなり、信頼関係もより強固なものになります。c☆2と「f★2臨床実践を根拠だてて言語化できるように努める」は相乗効果をもたらしてその精度が高まります。

〈c☆3について〉

「☆3面接そのものでクライアントの〈手当て〉ができる」は、「f☆3さまざまな言語技術による支援方法を獲得する」までに熟成すれば、eの〈相互交流〉も☆1「クライアントの〈カタルシス〉への関与が可能になる」段階に達します。そうなれば、面接そのものでクライアントの気持ちがすっきりするように支援できます。そうでなくとも、少しでも気持ちの負担感や暗さを明るい希望の灯が見える方向に向けられるようになります。これが〈カタルシスレベル〉の援助面接技術で、対人援助職者としての〈カウンセリング機能〉をほぼ獲得したことになります。このことの必要性は、本書の各所で述べていますが、たとえば辛い、苦しい問題状況や現実を前にして気持ちに障りをもっているクライアントに対しても、それらを直視して課題を共働で設定して対処、あるいは解決に向けた過程でクライアントが自己決定できる基盤を整えることができるようになります。そのうえでe領域で「図4の構図にある螺旋を駆使できる↓」と明示してある箇所の「☆1－・1問題の本質や発想の転換に関わる〈情報サポート〉機能の完成」段階に達すれば、〈自己決定を支えられる〉援助が可能になります。クライアントに考える材料を提供できるからです。〈カタルシス〉への関与および〈高度な情報サポート機能〉を駆使できるようになるためには、f領域の「☆3－・1治療コミュニケーション技術にさらに磨きをかける。↑カウンセリング能力に磨きをかける」必要があります。さらに〈高度な情報サポート〉に関しては、クライアントに生じている問題の本質を彼らに伝えるためには、性能のよい直観力に根拠をつけられるだけのアセスメント力を有していることと、それを的確なことばにしてクライアントに伝えることができる能力が要求されます。また、発想の転換に関わる情報をクライアントに伝えるためには、援助者がたくさんの実践知や教養に裏打ちされた知的な能力を備えていることも大切です。この時期は、対人援助者としてスタートした地点から専門的な知識に加えて一般教養や〈わたくし的な《私》〉を養い豊かに生きてきたことが第3段階になって総合力として実になって生きてくる時期で、対人援助が深遠でおもしろいと実感でき、知的興奮を味わえるようになります。したがって、〈高度なニーズへの対応も可能に〉なり、〈高度な言語技術〉も身についてきます。

〈c☆4：媒介者・良質な触媒になれることについて〉

「☆4〈媒介者・メディエーター〉として複雑なシステムに介入できる」段階に熟成するためには、eの〈相互交流〉を「☆2自在に活用できる（出たり入ったり）↓共感完成レベル」にまで援助者自身の身を置けるようになることが必須になります。（※1）

媒介者としての機能は〈カウンセリング機能〉や〈情報サポート機能〉とともに対人援助実践では、さまざまな場面で要求されています。まず、クライアントのニーズを充たすために社会資源サービスを提供するケアマネジメント実践では、さまざまなシステムを行き来してサービスを提供している各事業所間を調整してクライアントシステムに繋げてケアをコーディネートしていくとき、各システム間に入ってクライアントの状態像（臨床像）や支援方針の共通認識をはかり、調整機能を発揮する際に的確なポジショニングのもとで媒介者として機能していけるかが課題になります。直接サービスを提供している事業者や市区役所や保健所などの公的な機関などとクライアントを交えて実施するサービス担当者会議やケース会議などにおいては、本来はこの媒介者機能が要求されています。ですが、会議を召集し、仕切っていく立場にあるものが第3段階の熟成段階に達していませんと、複雑な様相を呈している状況にあるクライアントや直面している課題についての検討が難しく、担当者間の共通認識や方針確認などはウヤムヤなまま終了といった事態が起こります。

この要因としては、**■第2段階の熟成目標その2で「所属している組織及び組織外のシステムとより質の高いネットを繋げられる」**の到達点として「↓クライアントシステム全体ではまだ不足があるが、さまざまなシステム間におけるマージナルマンレベルに到達する」を熟成の目安を挙げていますが、各システム間のネットワーク形成力はあっても、クライアントシステム内の各メンバーに対するマージナルマンレベルに達していないことが挙げられます。つまり、サービス担当者会議が紛糾したり、うまく機能していない場合は、その多くが家族内に複雑な問題を抱え、錯綜した様相を見せているクライアントが多いからだと考えられます。その点を明確にして調整するために〈主たるクライアントと家族や親族などのクライアントたちとのあいだ〉で発揮する媒介者機能が重要になります。ケアマネジャーや訪問看護師などの事例検討で苦戦している事例として登場する〝家族調整〟に必須な機能でもあります。

たとえば、クライアントシステムへ関与・介入する必要があるとき、媒介者として質のよい触媒になれることが必要です。巻末事例で紹介している訪問看護婦の紅林みつ子さんは、癌の末期状態で自宅で療養されておられるご主人と介護者の奥様とのあいだに生じているストレスが軽減されるよう、媒介者としてさまざまな配慮をされています。結果としてご主人も鬱々とした状態のなかでも食欲が出てきましたし、奥様も一生懸命に食べるものに気を遣ってこられたことへの評価をもらって、ご主人が〝食欲がない〟と言い、奥様も〝食べられない〟と思いがちだったところで、実際はご主人もよく召し上がっておられるんだ、という点を再認識しています。紅林さんがご夫婦のあいだに入って媒介者となり、結果としてお二人のあいだでよい方向に化学変化が起こっています。まさしく質のよい〈触媒〉といえます。そのためには、ご自分が座る位置への配慮や高いアセスメント力、行動療法的な接近の仕方など、高い技倆に裏打ちされていることがわかります。この巻末事例は、夫婦のあいだにあるストレスや葛藤を理解し、双方の内的世界を行き来しながらお二人へ治療をしています。対象はふたりのシステムですが、相談援助専門でプロフェッショナルでありたいというものは、もっと多人数でお互いの利害関係や想い、情緒的な絆などが入り組んでいるクライアントおよび家族員全員間の力動を理解したうえで、たとえば誰かを中心に据えて力を強化していきながら、全員が一応の納得までいかなくても折り合っていけるような家族調整をする必要があります。この家族に入っていくためには、■第3段階の大きな達成目標その1で掲げた「状況の俯瞰的な理解」ができませんと、戦略も立てられません。加えてここでは家族に対する深い理解が要求されています。

「c☆4ー・1多問題・複雑・深い家族病理への理解が可能になり、実際の支援ができる」ようになるのですが、「↓図3の構造が完全に身体に入り、自在に自分を触媒として活用できる」と、とても自然にクライアントシステムやサービス提供システム全体を俯瞰的に理解できるようになり、とくに図3の「A：ケアを必要としている対象」と「B：家族をはじめとしたインフォーマルなサポート能力」とのあいだにある矢印の〈情緒的絆〉と〈支える力〉を含めた全体状況のなかから家族病理や問題の中核を理解できれば、家族への介入の是非や介入方法や効果などの結果予測も立てられます。↓「f☆4家族療法や行動療法などのような技法も駆使できる」

［註］
※1　共感に関わるマージナルマンについて記述してある「媒介者・メディエーター」については、コラム4の註1および第1部第2章第2節境界人・マージナルマンの「②クライアントとクライアントのあいだ」を参照のこと

〈c☆5、c☆6、c☆7について〉

これまで眺めてきた点検事項を習熟させていきますと、対人援助職者としてクライアントの前に立ったときに即、「c☆5〈知的・分析的・援助的身体〉」として〈職業的な《私》〉を作動させられるようになります。↓図1－［Ⅱ］－①に該当　ということは、〈職業的な《私》〉はd↑「どのような私的状況においても一定水準の仕事を遂行できるだけの安定度を有している」状態に自分を制御できるようになります。この段階まで熟成して初めて〈わたくし的な《私》〉は意識して制御しなくても点検機能が作動します。さらに職業的ないい道具として自分自身の力で維持し、さらに成長させていけるだけの自家発電装置も装備されてきます。そうなれば燃え尽きてしまうような事態も防げますし、何よりも多少振幅はあっても常に援助者自身を安定した状態に保つための振り子の位置が決まってきます。この自家発電装置の構築は、とくに高齢者や高度な障害を有していたり、死に近いクライアント、あまりにも不条理な状況下に生きているかた達を対

象としている援助者には必須事項です。人にもよりますが、多くの対象者や彼らが置かれている状況が援助者や近寄る人間のエネルギーを吸い取ってしまうことが多いからです。例えば私自身の身体感覚では、主任ヘルパーの研修会などに出向きますと、会場に入るなり私の〈気〉が吸い取られていくのがわかります。それも、ものすごい勢いで参加者の方に出ていくのです。会場にいらしているかた達は平素は援助の対象者からたくさんのエネルギーを吸い取られているんだろうな、と痛感する瞬間です。その対極にあるのが保育士です。彼らの研修会は活気に満ちていて、皆さんに躍動感があります。とにかく元気なのです。参加者に確かめますと、「園児たちから毎日エネルギーをもらっている」と一斉におっしゃいます。しかし、近年とみに増えている子育てに関わる父母や祖父母たちに生じているさまざまな課題に対して接近しなければならない状況が増えていますので、園長や主任保育士などは自家発電装置を要するようになってきているようです。

「☆6ときには業務の範囲を超えた『逸脱』した支援を意識してできる」については、第1部第2章第1節「〈場のポジショニング〉自己学習シート」で「3．私は、何をする人か」の箇所、「4－②どこまで責任をもてる人か。［責任・範囲・逸脱］」部分の課題と関係しています。図5「業務の範囲とグレーゾーン及び逸脱、自分の実力及びバックアップの必要性」で「④逸脱業務」の位置づけを著しています。第3段階の終盤まで習熟している援助者にとっての「逸脱業務」は、援助者が働いている場から規定されている業務の範囲（図5では①に該当）やグレーゾーン（図5では②）を超えたところにあるクライアントのニーズ対応に際し、援助者自身に対処できるだけの実践力があって、他に対応できる人・その道のプロが周囲に見当らないときや緊急時にその援助能力を発揮します。（図5では⑥）自分の業務を超えた援助能力を援助者が有していても、通常は原則として使いません。業務を超えた能力を使っていい場面と使ってはいけない場面を理解

図5　業務の範囲とグレーゾーン及び逸脱,自分の実力及びバックアップの必要性

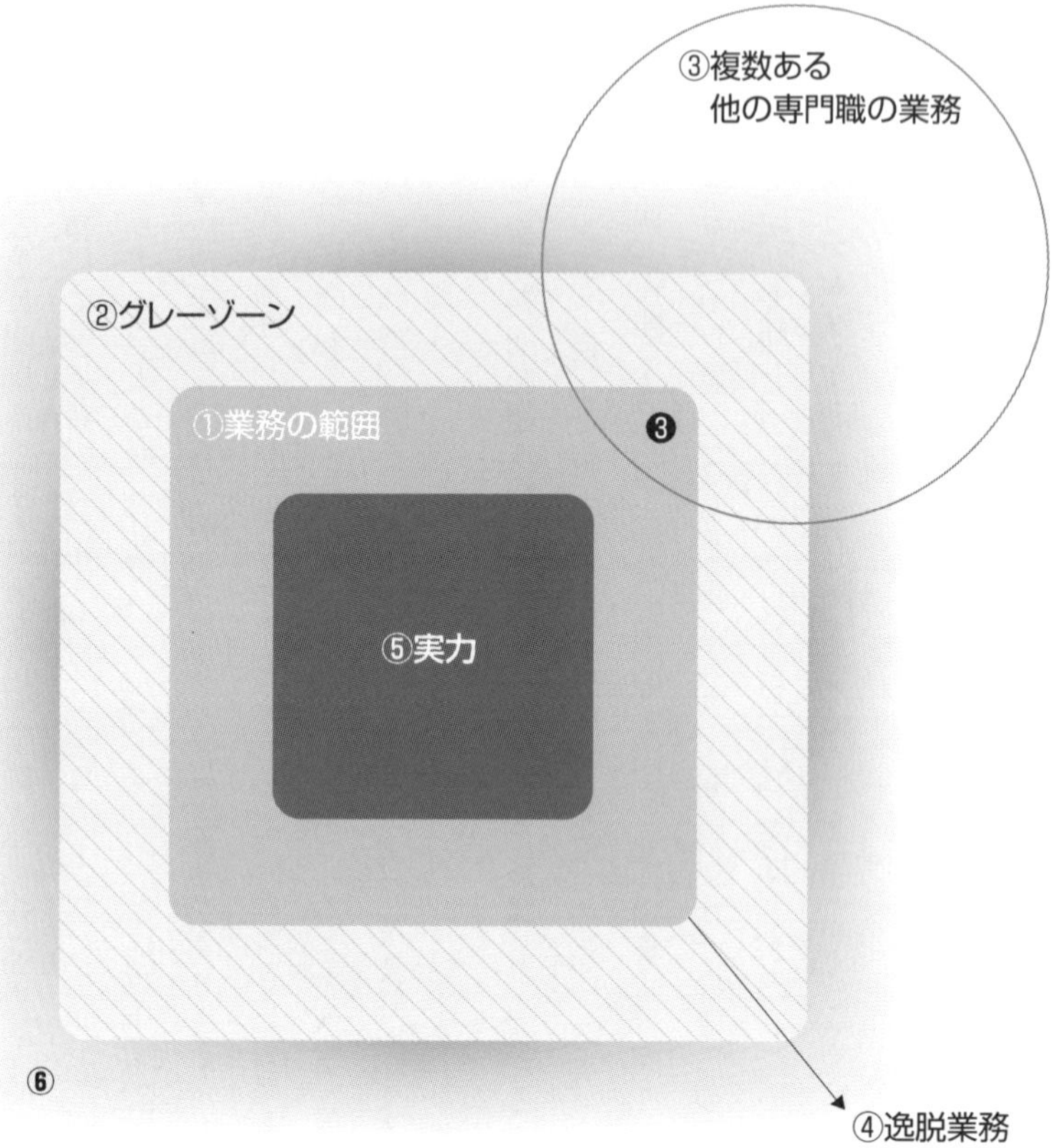

①現在の役割・機能・専門性からみた業務の範囲
②グレーゾーンはどのぐらい拡がっているか
③他専門職との重複業務は?
④クライアントのニーズであっても逸脱業務であることを意識できているか ⟸ 責任と組織の了解,コンサルテーションのバックアップの必要性チェック

⑤職業的対人援助者のスタートラインの実践力 ⟸ 超えた業務に対してはバックアップの態勢を要する

⑥業務を超えていても援助者が有している能力を使っていい場面と使ってはいけない場面を理解できているか

ex.クライアントのニーズ
他に対応する人がいない
緊急時
］対応←→ルーティンの業務量との関係

できているからです。優秀な援助者は、クライアントのニーズに対して、自分の業務や専門領域をわきまえ、図5では③に該当する「餅は餅屋」にきちんと繋げるからです。

c☆6に向かっているd「↑それでも私的な部分を安定させることが可能である」という但し書きは、「逸脱した支援」が先述した業務の範囲を超えた援助がクライアントのニーズであっても、クライアントとの関係が通常より強く深くなっているときに起きる事態を想定しています。このような事態は、クライアントその人やその人が置かれている状況の何かが援助者の琴線に強く触れてしまったか、さまざまな理由から気にかかってしかたがないときに起こっています。この点は若いかた達が時として陥ってしまう事態、クライアントに「魅せられて」とか「手管に嵌まって」というような〈嵌まりこみ〉や〈取り込まれて〉とは異なっています。第3段階になれば、意識して嵌まったり、惹かれていますから、自分が業務を超えた援助をしていることを自覚しています。しかし、ここまで熟成していない援助者が平素はそのことを意識できているつもりでいても、クライアントとの信頼関係に一瞬の陰りが生じたとき、そのときに生じた援助者自身の感情の微妙な動きを即点検する身体になっていませんと、援助関係に歪みが生まれます。場合によっては取り返しのつかない状況を見逃してしまう結果を招き、後日援助者に悔いが残ったり、ひっかかりが生じて後味の悪い結末を迎えたりする危険性をはらんだりします。一般的援助関係でよくみられる生《なま》の感情に援助者の身体が支配されるからです。一般的な援助関係ですと、より過激に感情の揺れや関係の濃淡が出現します。それが特徴です。援助者が仕事を超えて自身の生《なま》の感情を遣いすぎると身体が悲鳴を挙げるようになります。援助者はときに魂を遣うこともあります。援助者が全身全霊で身をかけて魂を遣う場面は、クライアントにとって「ここ一番！」のときです。クライアントがここで踏張らなくては、力を出さなくてはいまの状況を抜け出せない、これからの人生にとってここが決めどき、といったときです。クライアントにも踏張ってもらうのですから、援助者も必死で相対しなければその場の状況突破はできません。ですが、「逸脱」行為を行なう際は、援助者の職業的な背骨が第3段階のこの時点に到達するまでは、常にd領域の〈わたくし的な《私》〉の点検が必要です。

「c☆7他の臨床領域の分野にも応用できるだけの『対人援助の基本的な視点、知識・技術』レベルに到達する」は、基本がしっかりしていれば、実践レベルでは、対象者の属性やサービス提供形態が異なる分野でもポジショニングをしっかりしていて必要な知識や技術を手に入れられるので、即戦力として通用することを意味しています。スーパーヴィジョン実践の場合は、他職種でも必要な臨床知さえクリアーできれば対象者理解や支援方法などについては応用できます。しかし、いずれもこの段階の熟成があってこそのことです。

⑥「臨床実践家としてのゴールに到達」からさらなる課題★2「図2の8つの枠組み全てを伝達可能な〈かたち〉にできることを目指す」について

第3段階の終盤まで熟成度を上げていきますと、c領域の職業的な身体は、1「図2の8つの枠組みが身体に入り、8つの枠組みを縦横に駆使できる」ようになります。ここまでくれば、dの〈わたくし的な《私》〉の部分は☆「どのような状況でも〈わたくし的〉な部分にゆらぎは生じても、専門職としてのブレが最小限に押さえられる」ようになっています。〈知と技の身体化〉の観点からみれば、職業的な対人援助者としてはc領域についてはほぼ完成です。クライアントを前にしたら即、職業的な身体は自動的にプロフェッショナルとしての水準を充たした支援ができるようになるからです。d☆の「どのような状況でも」というのは、援助者がときに個人的な悩みや生活上の重要な課題を抱えていようとも、仕事に就いた以上はその個人的な揺れを制御でき、そのことがc領域の職業的に自動している身体の障りにならないことを意味しています。ただし、職業的な身体の土台となっているわたくし的な身体や精神がかなり痛んでいる状態では支障をきたします。援助者が身体的にも精神的にもほどほどの健康な状態を維持できていなければ自明のことです。

この時点で［臨床実践家としてのゴールに到達］でいいのですが、その記述の上部f欄に「**ここから先も長い！♯**」にまだ第3段階の課題が残っています。f領域の課題である自己検証と実践の言語化の完成です。自己検証については、「ここから先も長い！♯」の箇所から太線で示した先の「**※自己検証の作業を積み重ねながら気づきのタイムラグを縮めていく。**」ための課題になります。実践の言語化については、2「臨床実践のダイナミクス（目に見えない、かたちにならない世界）を根拠だてて映像的に言語化でき、異なる領域への伝達が可能になる」という到達課題が待っています。

c領域の「**★1真のマージナルマンとしての自在性を獲得する**」については、すでに身体化の完成域に近づいています。そのうえに★2「図2の8つの枠組み全てを伝達可能な〈かたち〉にできることを目指す」ことへの課題が加わります。↓↓↓のあいだに〈スーパーヴァイザーを目指すためにさらに精進を〉と但し書きをしていますが、この点は何度も申し述べてきましたように本来のプロフェッショナルへの到達地点でもあるのですが、とくにスーパーヴィジョン実践を目指すかたにとっては必須の熟成事項になります。ただし、ここで目安として掲げた図2の8つの枠組みは、あくまでも私がこれまでの臨床実践とスーパーヴィジョン実践から概念化したモデルです。ここで要求している〈かたち〉は言語ですが、〈伝達可能な〉の内容については、臨床実践のどの局面をとっても実践の力動を根拠だてて絵解きされたことばで表現できることを指しています。ですから、図2の枠組みモデルにとらわれる必要はありません。基底に実践上の普遍性があれば、さまざまな枠組みがあっていいのです。

※自己検証の作業を積み重ねながら気づきのタイムラグを縮めていく〈実践の振り返り＝後作業での発見から臨床実践の場面で意識的に軌道修正が可能になるように〉について

実践家が臨床実践力を高め、より確かものとして自身の援助行為を信頼できるようになるための確実な手段としては、振り返り作業による内省的な自己検証を繰り返し自分に課すことにあります。その方法のひとつとして、第3部の第4章で自分自身で実践を振り返って書きながら考える作業を通してさまざまな気づきを得るための手順を紹介しています。この作業を繰り返し自分に課していきますと、確実に実践の自己検証を行なえる時期が早まり、その精度も高くなってきます。表1－3の記述にありますように〈実践の振り返り＝後作業での発見から臨床実践の場面で意識的に軌道修正が可能になるように〉身体化されてくるのです。

表1－3では、その段階を3つに分けてみました。本来は「1実践の振り返りその1」および「その2」までは、第1および第2段階の関連指標に添って提示する項目ですが、便宜上、完成地点の第3段階の終盤で段階順に記しました。以下、3つの気づきと自己検証の段階を概説します。

1　実践の振り返りその1：支援過程終了後に、ひっかかったり不全感が残った実践を検証した結果、次の支援に生かせる発見をする。↑後作業で発見できる。

この段階では支援過程の途中で援助者の身体に違和感やひっかかりを感知しても即、意識にのぼらせて検証を試みる余裕がありません。実践の出発地点からしばらくは仕事に必要な知識や技術、手順を身につけていくことで精一杯で、一つひとつの支援をクライアントに不利益を渡さないように仕上げていくことに専心することに集中しています。そのような段階では、支援過程で感知した「何か違う、変、気になる」などのひっかかりを持続させて意識にのぼらせて熟考してみるだけの身体にもなっていません。ですが、ひとつの支援が終わったとき、そのときのひっかかりや不全感が強力に残ったケースについては、振り返って自己検証をしてみようと思い立ちます。しかし、それはあくまでも対人援助職者にとって、実践能力を向上させるために必要な学習のしかたを習得している場合であって、そのことを知らないかたは不全感の累積赤字が増えていくだけで、放置しておけばそのうちにこの仕事を辞めたくなります。身体にひっかかりや不全感が残らないようでは論外ですが、私のスーパーヴィジョン実践経験からみて、事例提出者がどのような初心者であっても当方が慎重に引き出していきますと、必ず援助過程のなかで必ず一ヶ所以上は身体の奥深くに刻印・印写されている援助場面を想起でき、そのことがひっかかりとして浮上してきます。私が人間の身体感覚の上等さにいつもうなってしまう瞬間でもあるのですが、そのようなかたは自分の身体への問いかけ方を学習すればいいのだと考えます。

表1－1の第1段階f領域の冒頭部分★1－・3で「『ひっかかった』感覚を大切にして『ひっかけて』意識する～振り返り作業を試みる習慣をつける」という項目を挙げています。ですから、援助が終わったときに不全感やひっかかりが残ったケースについては、振り返る作業をしてみると、さまざまな発見があります。もちろん、その援助者の熟成段階に応じた発見内容ではありますが、次の支援に必ずや生かせるはずです。このことが臨床知を確実に増やしていく機会にもなります。できるだけ、この時期は基本を身につけた他者の目・スーパーヴァイザーに点検してもらえる機会があれば、発見の範囲や確実性、基本や臨床知の獲得な

どさまざまな面から有効です。（↓スーパーヴィジョン〈基本を身につけた他者の目〉は必要）

2　実践の振り返りその2：支援過程の途中でひっかかりが生じたときに即自己検証でき、クライアント理解や支援の不足や過ちに気づき、軌道修正して結果オーライにできる。↑ひっかかり、ひっかけて、確認できる。

この自己検証の段階は、表1－2の第2段階c〈職業的な《私》〉の☆3で掲げた指標「援助過程で生じた微妙な援助関係の変化を意識でき、ひっかかりがもて、後で検証を試みようとする姿勢が身につく」態勢を獲得できて初めて可能になります。この点は同列のfで「↑第1段階の★1－・3で試み始めた実践の振り返り作業が身についてくる」と明記したとおりです。

ここまで到達しますと、自分自身の身体感覚も職業的に研ぎ澄まされてきますし、クライアントに直接確認していく姿勢も身についてきますので、援助結果にも反映されてきます。

が、この段階でも「↓さらなる技術力向上のためにはスーパーヴィジョンが必要」です。

3　実践の振り返りその3：実践中、たとえばアセスメント面接の途中でチェック機能が即作動して軌道修正がその場でできるようになる。

ここで自己検証レベルに到達します。優れた臨床実践家は〈全身センサー〉といってもいいほどの研ぎ澄まされたアンテナを身体の内外に張り巡らしています。ですから、たとえば相談援助面接に要する時間も非熟練者よりもはるかに少ないのに豊かで質のよい情報と的確な理解に近づけます。作動時間は濃いので、かなりの集中力を要します。面接は45分が限度というのも首肯ける所以でもあります。仕事中、クライアントのみならず、援助者自身の内側に張り巡らすたくさんのアンテナのなかのひとつが、援助場面の点検機能になります。この機能が完成されますと、援助者の身体に閃いた直観をかなり使えるようになります。なにしろチェック機能が装備されているのです。自然に作動してくれますので、援助の流れはよくなり、良好な結果へと向かえます。

ここまで熟成されれば、第3段階の目標である**職業的な自動人形レベル（援助専門職）レベル3へ到達**し、同時に**職業レベルの完成＝スーパーヴィジョン実践が可能なレベルに到達**したことになります。ここで名実ともに対人援助の専門職といえます。本書では〈相互交流〉を基盤した熟成過程に視点を合わせていますので、対人援助のなかでも相談援助専門職に求められる他の社会的機能でもある〈地域社会を対象とした種々の実践〉や〈地域や社会に対する専門職としての提言や代弁者機能〉などについてはほとんどふれていません。が、私は第3段階まで熟成した対人援助専門職であれば、他の援助活動はすべて応用ですから、その道の専門家と協働して社会的に働きかけていく活動も可能になると考えています。その際に個人や小さいシステムをきちんと理解でき、支援できることの基本がきっちり身についていて、地域や社会・国のなかで自分が対象として援助してきたかた達がどのような位置にいるのかをポジショニングできて初めて、地域や社会・国への提言や社会的な活動に専門職が参画する意味があると考えています。

4 対人援助専門職を超えた世界へ：自由なわたくし&わたくしの個性をのばす

これから先は「芸の世界」に入りますので、現在修業中の私ですので十分に表現することはできません。私がこの世界で目標としていたかたやこの段階に近づきつつある同輩のかた達の存在を意識して概説します。

この段階aは「超弩級：職人芸」になり、cは「一芸に秀でる」ことを一応の目標にしました。対人援助に必要な基本的な視点や知識・技術を身につけていれば、自分が経験してきた対象領域の理解に関してはますます「b直観に根拠をつけられる」精度が上がり、深みも増してきます。さらに他領域の対象者理解への応用もききます。「芸の世界」をc領域の〈職業的な《私》〉の形成に入れることへは多少の疑問符がつきます。対人援助実践でも外科や検査領域の医師や看護師・介護士など直接身体に侵襲・介入する場面で発揮される「神の手」を除けば、多くの実践現場がそこまでの技倆を要求しているか、名人芸を駆使する場面がそうそうあるとも思えません。ここが観客の魂を震わせることを必須としている「芸に生きるかた達」との違いなのかもしれません。対象者を側面から支えていく類の臨床実践家は、第3段階まで熟成すれば堅実で誠実な援助が十分に提供できます。が、この第4段階への熟成は臨床実践家をクライアントにとってより魅力的な存在にすることは確かです。堅実さと誠実さに確実な技術・アートに裏付けられた援助者の存在そのものが、そこにいるだけで相手を癒し、こころを開かせてしまうのです。素質だけの癒し人ではない証拠に、応用もききますし、対象も選びません。これこそが〈**存在そのものがプロフェッショナル**〉です。e〈相互交流〉は自在になり、f領域の自己検証も実践時に可能になっていますので、実践の完成度は高く、後を引かずに終了します。もちろんクライアントが満足できる結果を生み出します。もはやcとd領域は融合して一体となり、この段階に入って初めてこれまでは制御の対象であったd〈わたくし的な《私》〉を自在に使えるようになります。どう転んでも〈存在そのものがプロフェッショナル〉の段階へ達していますので、専門職としての背骨は崩れません。それは冒頭で記した「1〈職業的な《私》〉と〈わたくし的な《私》〉を融合させながら、自在にクライアントに関与できる。〈もうひとりの《私》＝チェッカー〉が誕生」しているからです。この〈もうひとりの《私》＝チェッカー〉は常に自分に対する謙虚さを忘れないで腕を磨き続けさえしていけば、消えることはありません。が、「逆も真なり」ですので、油断は禁物です。芸が腐るどころか品性までも失います。→「f★－・1自分の芸を磨き続けなければ腕は低下しなくとも鈍る」そのためには、常に☆1で挙げた「クライアントの『転移』を意識でき、かつ、専門的な援助関係も活用できる。その際に援助者自身の『逆転移』を制御できる」ように自分自身を置いておくことへの意識や、表1－4の第4段階のcからf領域で記してある点検事項への目配りは必要かと考えます。そのなかのいくつかについて、以下簡単に考えていきます。

f領域★「他者を受け容れる容量をさらに大きくしていく」についてですが、対人援助職者の成熟の行き先は、おそらくこの点にあると思います。

ケアに関わる対人援助職者は、仕事として他者の人生の一過程で彼らが見舞われている悩みや苦痛、陥っている困難な状況などを、期間や関わり上の制約はあっても一挙に身に浴び、いったんは表現された全身の表情やことば・こころの叫びまでも身体に入れます。

援助者の熟練度が上がるほど身体に入れる量も大きくなります。ただしその質が問題で、深層感情への理解度が増してきますので、双方の魂が呼応する機会も増えています。ですから「d・3最終的には人間としての総合力・容量の大きさになるので、〈わたくし的《私》〉を成熟させ続ける」が課題として挙げられます。しなやかで強靭な自己をつくりあげるのです。ですが、人間の容量はどう考えても無限に拡大するとは思えません。そこは芸まで達した実践家であれば統御できると考えられます。加えて、職業生活と個人的な人生との切り替え上手な達人になっているはずです。

なお、この命題については、宗教的な支柱を有していて、なお洗練された専門職としてアートとしての技術を獲得されているかたであれば、かなり無限とも見紛うような厳しさを伴った究極の優しさを周囲に放ちます。ですが、そのためには人間界においては絶対的な孤独と孤高を引き受けられなければ究極の優しさのオーラは発生しませんので、希有な存在になります。真似はできません。

〈↓きわめて精度が高い情報解析装置つきのアナログ思考へ〉については、その上の記述「☆2ここまでの段階に到達すると、相談援助面接や援助過程の絵解きが可能ですが、デジタル的な想起はできなくなるので、第2から第3段階にかけて課してきたような自己検証のしかたではなくなる」に呼応しています。「きわめて精度の高い情報解析装置」が設置されていますので、スーパーヴァイザーにとって重要な他者の実践を読み取り、分析できるだけの力は備わっています。が、自分自身の実践になりますと瞬時に情報解析装置を働かせていますし、身体の自動化も進んでいますので、要所要所の押さえへの意識化はできてもそのあいだが抜けます。よって、たとえば逐語的な想起は困難になります。ただし、第2段階で指摘した「職場の魔法使い」との決定的な違いは、自分の実践の絵解きおよび根拠だてた臨床像の描写が可能である点にあり、f領域が熟成していることです。

第4段階で私が表現できることは現段階ではここで終了です。これからも実践を続け、熟成度が増せば新しい発想や概念が湧き出てくると思っています。私だけでなく、本書をお読みになり「この道を極める」ことに専心されるかた達に託す想いもあります。

〈熟成の行き先は……〉

最後に〈2巫女《みこ》的なるものに言語化能力がつけば最強の援助者になる。しかも、『さにわ』の存在は必要としない〉は、私のこの仕事に対する強い思い入れから発した表現です。

ここで記していることは、象徴的な意味で〈巫女〉や〈シャーマン〉〈さにわ〉ということばを使用しています。これまでの記述とは異なり、私が積み重ねてきた実践のなかで検証できている内容ではありません。別書で熟考し、表現してみようと考えている主題ですが、本書で少しだけ表現しておきたく、感覚の段階ですが入れました。

私には相談援助の仕事を始めてから熟練していく過程でさまざまな関連領域の先行図書や優れた臨床家や芸術家の英知に刺激され、新しい発想や考えが湧き続けていた時期がありました。臨床現場にこの身を浸し、仕事漬けになっていた30歳前後から40歳代の終わりごろまでだったでしょうか。表1の熟成過程からみれば、第2段階の中盤から第3段階の終盤にさしかかっていた時期にあたります。その期間のなかでもとくに個人的にも職業的にもさまざまな状況が重なり合い絡み合うという霊的・スピリチュアルな瞬間に何度も遭遇しました。ユングのいう「付置・アレンジメント」や「共時性」を実感もしました。

ひとがその人生のなかで実存的・霊的に最高潮に高揚した瞬間に遭遇する機会は、誰にでも一度や二度はあります。そのようなときの感覚は過度に研ぎ澄まされています。当時は「人がひとを援助するという行為は何なの？　それも職業としてとは？」という命題が私の探求課題にもなっていました。（※1）そのようなとき、私たちの仕事の源流は古代のシャーマンにあり、その本質を一番色濃く受け継いでいるのがソーシャルワーカーではないかと想いを馳せることがかなりありました。私のソーシャルワーカーとしての出自が医療機関、しかも高齢者ばかりを対象としていたことも影響しています。同じ高齢者でも後期高齢者が多く、前期から後期への移行期にある不安定な高齢者も含めて、「老いと死、そのあいだに厳然として介在している病と障害」に直面している老人患者とその周囲で苦悩している家族のかた達と毎日お目にかかり、この身に浴びつくしていました。ですから、私の当時のもうひとつの探求課題が「現代社会における老いと死」でした。本来私の関心はこちらのほうが強かったのですが、この課題への探求は東京都老人医療センターを辞めたときに諦め、未練も捨てました。「時代や社会の先端、いちばんラディカルな実態を常にこの身体に浴び、実感できるのは現場だ」というのが私の持論でしたから、現場の最先端にこの身を置けない自分では不可能な課題になったのです。ですが今は、自分自身が「現在の社会においてどのような老いと死を迎え、病（障害）に対処していくか」という課題どころか渦中に入っています。

話を本題に戻しますと、当時の私が存在の危機に直面し、精神分析医のところに通っていたころ、かつて関わったクライアントから突然の電話がありました。そのかたは当時の年齢からみて女性としては珍しく印度哲学を大学で専攻されていらしたかたで、文筆家でもありました。お姑さんの失語症と欝状態にきちんと対峙し、単身で海外出張中のご主人の健康への想いも重なってかなり辛い状況にあったとき、私が彼女の担当ソーシャルワーカーとして支援の真似事をしてきました。「支援の真似事」という表現は、とくにへりくだりや過度の謙遜からでているわけではありません。いまから考えるに、彼女のほうが知性も感性も含めて人間的にもはるかに豊かで、私はただお話を聞いていた程度でした。唯一、私が強力な援助者として彼女の奥深くに刻印された出来事がありました。彼女が海外におられる夫とその実母とのあいだで揺れ動いていらしたところ、お姑さんのほうが先に膠着した事態を動かす行動にでました。自殺未遂を起こしたのです。その日連絡を受けた私は即座に「姑さんの自殺未遂は、お嫁さんであるあなたのせいではない！」と強く言い切りました。

お姑さんのもしかしたら死んでしまったかもしれない思い切った出方に動揺し、涙声で報告されている彼女に対する一番のサポートでしたし、お二人の話を聞き続けてきた私の状況理解を基盤に裏付けられた確信を込めたことばでもありました。聡明な彼女はその後、ご主人のおられる海外の赴任先にお姑さんと同伴で赴きました。ご主人の仕事の性格上、妻の同伴が必要でした。なお、お姑さんの失語症は、日本では苦痛の極みであり、欝を引き起こす元凶になっていたのですが、海外ではことばが通じないことが当然ですから、かえって欝も消え、静寂な時を過ごすことができたというおまけもつきました。そのかたが帰国してからの話ですから、それから4～5年後になります。そのかたから突然電話があったのです。それも再相談ではありませんでした。通り一遍の挨拶を交わした後、「奥川さん、ところでいまお元気なの？」と彼女が本題に入ってきました。

なぜかこのときの私は正直に応えていました。

「いやー、実はあまり……」

職業的には別の応え方があったはずです。相手が違っていたら無難な返答をする場面でした。

「ああ、やっぱり……そうだと思った。あなたにはもう少し長生きしてもらわなければ……、あなたは老人、い、い、いの引導渡しだから、もう少しそこにいてもらわなければ老人たちが困るわ」。私は相手のかたはなんで私の生命の危機を察知したんだろうと訝るよりも、彼女が語った「老人の引導渡し」に反応していました。ああ、私はこの病院で老人の引導渡しをしていたのか……

彼女のことばが続きました。

「私は奥川さんにお義母さんのことで助けていただきました。あのとき、病院のかた達も含めて私は周囲から非難のことばや視線を浴びました。『私のせいではない』と言って下さったのは、〇〇先生（お姑さんの精神科主治医）と奥川さんだけだった。奥川さんは私の恩人なの、今度は私があなたを助ける番です」。えらく確信に満ちたことばでした。

それから先の出来事は、一連の不思議世界の始まりだったのですが、そのことは私の人生や人格を左右するほどのものにはなっていません。私の生きてきた歴史のなかでめったにない不思議経験をさせてもらったという愉しい財産になっています。この世には不思議世界が一杯あることと、癒しはさまざまなかたちで求められ実践されていることを体験しました。私がやっていることは、それらのなかのひとつのかたちだと考えるようになりました。そこでシャーマンの登場です。巫女もシャーマンの範疇に入ります。現代にもシャーマンやそれめいたかたがたくさん活躍しています。なかには胡散臭さを漂わせている人たちがいたとしても、彼らはなんらかのかたちで現代人の癒しびととして存在しています。それからの私は民俗学や文化人類学、社会学や精神科学などの分野で登場してくるシャーマンたちの探求を始めました。日本ではイタコ、ユタなどが有名ですが、『魔女の夢』という本のなかで、巫女であり霊媒であり、治療師でもある現代のシャーマンに出会いました。イタコは人為的に育成されたシャーマンです。ベネズエラの『魔女の夢』に登場するシャーマンの霊媒的な能力はさておき、イタコもベネズエラのシャーマンも霊感というよりも本書で述べている援助技術を駆使して悩めるひと達を援助しています。医師から枝分かれして登場した看護師などの医療スタッフをはじめ、現代の社会構造からさらにたくさんの援助専門職が派生してきました。そのなかに医療機関や地域で働くソーシャルワーカーも含まれます。それらは科学技術の進展につれてシャーマン的な要素がはぎ取られていきましたが、医療機関のなかでソーシャルワーカーとして働いてきた私は、巫女・シャーマン的な要素を根底に残しているのではないか、と感じる機会が多々ありました。

巫女的な資質をもっている対人援助者のなかでも、ソーシャルワーカーの仕事を志向し、この世界に入ってきているかた達はかなりおいでです。しかし、この仕事は巫女的な資質のみでは遂行できないことも現代社会では自明です。彼女たちはその資質を自分のなかで調教する必要があり、そのために自分自身に費やすエネルギーは想像を絶するものがあります。鋭く感度がよすぎる洞察力や核心に届きすぎてしまう早すぎることばで時に空回りしたり、何が何だかわからないうちに結果オーライの支援をしてしまいます。本当の巫女は一応神懸かりですから説明言語をもっていません。必ず〈解読者・さにわ〉の存在を必要とします。しかし、昔に生まれていたら巫女になっていただろうと思える現代のソーシャルワーカーは、ことばで説明できなければ自分自身の行為を信頼できないことと他者に対しての説明責任も果たせないので、自分自身の能力をもてあまし、その能力に見合う身の丈・知性を身につけるまでは相当苦しみます。ですが、言語化能力を身につけ、自分自身の内面の成熟が伴いますと素晴らしい援助者になります。この姿が対人援助者の理想形だといつしか考えるようになりました。→2巫女的なるものに言語化能力がつけば最強の援助者になる。しかも、「さにわ」の存在は必要としない。

私自身は残念ながら霊感も巫女的な資質も備わっていませんでした。が、熟成修業の過程で少しでも霊感以外の巫女的なるものを身につけようと考えたこともあります。クライアントを存在そのものでゆったりとした心地よい気持ちになってもらえるためにです。それが、よく対人援助やソーシャルワークの世界でいわれている「センス」なのかもしれません。いまの私は、この「センス」は資質ではなく、訓練によって身につくと確信しています。

巫女的なるものとは、センス・感性なのだろう、というのが今の私の実感です。

［註］

※1　この命題を自分が内的に納得できるところまで考え尽くさなければこの仕事は続けられないとも思い詰めていた時期もあり、その過程で生まれたものが前著の『未知との遭遇～癒しとしての面接』です。そして気持ちは多少は楽になったものの、この命題は一生続くようです。本書もその過程で生まれました。

コラム
19 専門職の「風格・佇まい」を身につける道

真にプロフェッショナルといえる対人援助職者には、ある種の「風格・佇まい」が備わっています。これは、一朝一夕で手に入るたぐいのものではなく、長年にわたる臨床実践のなかで、どれだけ自分の身体にクライアントのありのままの姿を入れ、他者である彼らの姿を援助者自身の身体で感じ、考える作業を積み重ねてきたかによります。

この特徴は身体性が強い職種に顕著にみられますが、一見「言葉勝負」のようにみえる相談援助面接も、きわめて「身体性」が強い実践です。ですから、職人さんと同様に年季が必要なのですが、「身体性が強い」ということは、反面、若いことが有利に作用する場合もあります。相手が高齢者ですと、若いかたが発している〈フェロモン・華やぎ〉だけで、相手が元気になれるのです。もちろん、素直で優しくないと宝の持ち腐れになりますが、この点が〈相互交流〉を基盤とした対人援助の妙でもあります。

ですが、初心者は初心者です。でも、仕事に就いた以上は「相談援助面接者」として、クライアントの前に立たなくてはなりません。初心者が相談援助面接に取り組む姿は、形から入っていく人や気持ちから入っていく人など、さまざまです。残念ながらすべての初心者が〝相談援助面接の基本的な知識と技術〟をきちんと身につけてから実践に入るわけではありません。私が初心者のときの医療ソーシャルワーカーとしての臨床実践の経験や、現在の仕事であるスーパーヴィジョン実践を通して眺めてみても、多くの実践者が臨床現場に入ってから本当の勉強を始めているのが現実の姿です。

スーパーヴィジョンや研修の場で、事例検討や演習を通して初心者の臨床実践を検証する際に、相談援助面接の枠組みや専門用語、たとえば「これが『アセスメント』だ」という概念や枠組みなどをまったく知らなくても、的確にクライアントを支援している新人ワーカーに出会うことがあります。いわゆる〝センスがいい〟といわれる人です。そういう人は、おおむね〈問題の中核〉をはずさないで支援できているので、基礎的な知識や技術が不足していることによって生じる若干の援助不足や手続き上の無駄や時間のロスなどがあっても、結果としてはクライアントのニーズに届いた援助を行なっています。そのようなかたは、いわば「素質」で勝負しているのですが、ことごとくチャーミングで、人を魅きつけるものをもっています。根底には、素朴で素直で、他者を思いやる気持ちが熱く、クライアントを大切にしている人です。

ただし、クライアントが複雑な問題状況にあるときは、手がでないか、または誤った方向の支援に流されてしまいがちになります。そこで、自分の思いや価値観が前面に出てしまうのです。

たとえば、私がある研修会で出会ったとてもチャーミングな新人ワーカーのかたがそうでした。そのかたは、介護保険に先立って事業化された地域福祉権利擁護事業の専門員に就いて、まだ一年経っていませんでした。そのかたの実践報告は、センスのよさとクライアントを理解することの基本を改めて考えさせられる内容でした。

専門員として初めて関わった事例でしたが、そのかたの報告は、ご自分の紹介に続いて、仕事上のエリア内の町で開かれたケース会議での出来事から始まりました。

クライアントは、ひとり暮らしの高齢男性で、最近認知症の症状が進み、失禁も出始め、今後の支援方針を協議するために町役場の担当職員をはじめ、ホームヘルパーやデイサービスの担当者およびケアマネジャーたちが参加していました。彼女の報告の要旨は次のようなものでした。

＊

その道のスペシャリストばかりが集まっていました。皆、他人事みたい。まだ入っていないが、失禁が始まったということで訪問看護師さんも参加していました。意見を求められて、「病院に入院して検査をしたらどうか」、お薬もきちんと飲んでいないことについては、「服薬管理のトレーニングとしてショート（ステイ）に入れたら」というのです。

デイサービスの担当者が「意欲がみられなくなったが、家ではどうだろう」と言うと、ヘルパーの返事は「いつも通りよ」。耳が遠いので、どのように本人の意思を確認するかについては、ヘルパーは「長年行っているので、〝ああ、この人は……のようにすればいいんだ〟ということは私たちの経験でわかっていますから」と言うのみで、「本人はどうしたいと思っているのか」で皆止まってしまいます。いよいよ私の番がきたと思いました。

＊

そのかたは、難聴でコミュニケーションがとれないクライアントとどのように接したらいいのかを親戚に尋ねていましたので、〈ひらがな〉ではなく〈カタカナ〉でしたら、筆談で通じることを伝えました。さらに、機会があるごとに本人に尋ねていたので、これからどうしたいかについても把握していました。彼女の報告を続けます。

＊

（私の問いに対して）「家がいい」と言うが動揺し、「なんで、あんたまでそういうことを言うんだ」と言われたので、わけをきくと、「親戚から〝施設に入ったら〟と言われるから」。

カーテンをいつも閉めているので私が開けると、さっと閉められるので、そのことも聞いてみると、「畳が焼けるから」と言う。「お家、大事やもんね」と本人に言ったことがあります。「〇〇さんは家に執着しているんです」と会議で伝えたんです。

すると、カーテンを閉めていることに関して、ヘルパーは「そういえば、カーテン閉めているわね。だからそれとなく開けてくるのよ」と言いました。

「ケア会議にどうして一番本人と関わっている親戚のかたがきてくれなかったんですか」と聞いたら、「自分たちでは手に負えないから施設に入ってもらいたい。近所の目があるので町で決めてくれれば自分たちは責められない。自分たちが施設に入れたと思われたくない」と、親戚に頼まれてケア会議を開いたそうです。でも、『違うんじゃあないか』と思う。会議では、「ショートステイを利用しながら施設に入れたい、その件については、私（報告者）に任せます。ショートステイ、施設ってそんなに悪いところじゃあないんだよと言ってください」と言われた。

本人は家で暮らしたいんだと言うと、「町のサービスでは限界だ」と言われてしまう。（あげくに）同僚から「あなたは感情移入しすぎよ」とも言われた。

家族に「もうちょっと協力してください」と言うのは、負担になるんでしょうか。

＊

そのかたは、実に素直に語っていました。その内容はかなり辛辣なのですが、本人が素朴な疑問点として語るので、まったく嫌味に聞こえてきません。クライアントの気持ちや考えを引き出すための基本的な視点や知識・技術を有していないかたが、他の（そのかたの言葉によれば）スペシャリストたちよりも本人の世界に近づいています。本人に確かめているからです。この点は、当事者の人生に関わる対人援助職者としての最も基本的な態度であり、エチケットです。ですから、他の「スペシャリストたち」が、プロの対人援助職者以前の段階にいるということになります。

さらに本人を思いやる心が、「家にいたいか」という質問に対する動揺を見逃さずに、本人にその理由を問い、なおカーテンの一件についても本人にいつも閉めておく理由を聞いています。ふたつのエピソードから「家に執着している」ことを洞察していますし、そのことを「お家、大事やもんね」と本人にきちんと返しています。これは、治療的なコミュニケーション技術で「感情の反射」にあたるのですが、もちろんそのかたはそんなテクニカルターム（専門用語）はご存じではありません。私の持論なのですが、コミュニケーション技術は、本人を理解しようという気組みが面接者のほうにあれば、なんとか「問いかけ方」や「応答のしかた」をその場で考え、工夫してひねり出しますので、ある程度までは自然に身につくものだと考えていた通りでした。

なによりも重要な点は、本人の意思確認抜きで、親戚からの依頼とはいえ、クライアントのこれからの生活の場を役所が主導で決めてしまいそうだということです。役所には「措置権」がありますから、恐ろしいことです。専門職は何のためにその会議に参加していたのでしょう。その新人ワーカーの『違うんじゃあないか』という感覚は基本を突いています。仕事に慣れてしまっている援助職者が陥りがちな盲点を、新人の目が射抜いていています。

そのかたの素質のよさは、セッションが進むにつれ、スペシャリストへの駄目押しともいえる事実が明らかになったところで、さらに明確になりました。

「長年の経験からそのクライアントのことはわかっている」というヘルパーは、食事介助をしていました。促さないと召し上がらないからでした。その新人ワーカーは、やはり、その点についても親戚のかたから「〇〇さんは、『これは〇〇さんのごはんだよ』と言われないと食べない」ということを聞いていました。

この点は、おそらく、クライアントの生活史から洞察可能であり、アセスメント面接実施者の身体に「何

で？」とひっかからなければならない事項です。（※1）

この「ひっかかり」や「こだわり」は、対人援助職者の内に「？（疑問符）」が常に湧くような身体になっていませんとあらわれてきません。ここがアセスメントの出発点なのです。ですから、このひとり暮らしの認知症のある高齢者は、ヘルパーをはじめとする周囲の援助者に、より重症感を強められ、援助者側は一層クライアントの生きる力を低く見積もってしまうことになります。この新人ワーカーのすごさには恐れ入ります。

しかし、先の『ちがうんじゃあないか』という感覚を抱いたとき、それを論理的に主張するには、対人援助の基本的な知識がないと困難です。また、「家族に『もうちょっと協力してください』と言うのは負担になるのか」や「『町のサービスでは、限界だ』と言われる」などの疑問に関しても、図3でお示しした支援計画を策定するためのアセスメントの枠組みが身体に入っていないと、考える材料を集められませんし、状況を突破できません。ですから、クライアントを援助者の生のままの感性で理解できても、クライアントを取りまく環境を見積もれないと、理解の域に止まるだけで、クライアントが陥っている困難な状況を切り開く支援ができないのです。ここが、図2でお示しした「臨床実践家が身体にたたき込まなければならない8つの枠組みと組み立て」を徹底して学習しなければならない理由です。

センスだけでは、いずれ頭打ちになることは目に見えています。クライアントその人とその人に生じている問題状況を、どのような根拠から見積もってニーズを抽出したのか、その過程のメカニズムと判断の根拠となるものを言葉で論理的に表現できなければ、プロフェッショナルの援助とはいえません。この段階まで自分を引き上げていくことが「プロの対人援助職者としての一通りの基本を身につけた」といえる地点です。少なくとも中堅者と称されているかた達の熟成目標です。

とくに相談援助面接は、本書のテーマである〈相互交流〉、つまりクライアントと面接者とのあいだの双方の〈関係〉と言葉や全身の表情の〈動き〉のなかから、形にしにくく、目に見えない世界で築き上げたものを〈絵解き〉して説明する必要があるのです。この〈絵解き・謎解き〉ができる段階に援助者自身を引き上げるまでの過程は、自分の実践を身体から出して実践事例を書いて、援助者自身に問いかけながら検証し続けるという、かなり孤独で忍耐が要る作業が必須です。「たまたま……したらこうなった」で、結果オーライであれば、そのクライアントには通用したとしても、他のクライアントにも応用できるわけではありません。また、相談援助職者が自分の仕事の結果を言語化できないと、他の専門職との連携や協働ワークは成立しません。

いずれにしても、図2で著した「臨床実践家が身体にたたきこまなければならない8つの枠組みと組み立て」を援助者自身の身体に入れておく必要があります。これが初心者が目指す目標になります、そのうえで、先ほど述べた中堅者の到達課題である「ダイナミクスの世界の徹底的な言語化作業」が待っています。この作業は、援助者自身が自分に対して、基本の反復による自己検証の積み重ね作業を課していかないと、手に入れることはできません。

そして、「風格・佇まい」は基本の積み重ねの延長線上で備わってくるものだと思います。

※1　第1部第3章第1節&コラム9参照

コラム

20 職業的な人格形成と個人の人格との関係――私の場合

初心者時代の相互交流：第1段階のスタート地点

私が、相談援助面接を中核的な手立てとして「人がひとを職業として援助する」仕事に就いたとき、熱意だけは人一倍あったことは自負できるのですが、いざ職業的に必要な知識や技術となると、まったくといってもいいほど何ももっていないところからの出発でした。医療ソーシャルワーカーの同僚やまわりの医師や看護師などの医療スタッフや事務部門の人達も、新装開院したばかりの医療機関のなかで「相談援助業務」を専門とした職種と一緒に働いた経験のないかた達ばかりでした。

ですから、深澤道子先生のスーパーヴィジョンを受けられるようになるまでは、相談援助業務の基盤を整えるための方法も相談援助面接の実践法もおぼつかない状態のまま、情熱だけが空回りしていました。私のことばで表現すれば、「逆立ちした昂揚状態」といった感じでした。それでも、新卒で年齢が若かろうが、経験がなかろうが、ましてやなにも知らなくとも職制上「医療ソーシャルワーカー」として配属された以上、病院が本格的に機能しはじめればクライアントは相談室を訪れてきました。

私が所属していた医療機関は原則として65歳以上の高齢者を対象としていましたので、相談室にある面接室のソファーにお座りになられるかた達は、65歳どころか、70歳、85歳と、これまでにじっくりとお話をしたこともなかったご老人たちやそのご家族のかた達ばかりでした。ご家族といっても、ほとんどが私よりはるかに年齢が上で、私の両親よりも年上のかた達も大勢おいででした。それも面接時の相談者はおひとりではなく、複数のかた達との面接がほとんどでした。

相談にみえたかた達には、私が若くて未熟であることは一目で、ちょっとお話ししただけでわかってしまうのは当然です。私のほうも冷汗は出るは、よせばいいのにそれまで使ったこともない丁寧語を発してはどもるはで、いささかの装いもできずにいて、頼りなさ丸出しでした。相談者との話のなかでわからないことがあれば、「ちょっとお待ちください」と席を外して、てんやわんやの舞台裏丸出しの駆出し時代でした。資料にあたったりと、乏しい人脈のなかからその道のプロに問い合わせてみたり、

相手がどのように感じていらしたのか、きっと当惑されておられたかた達も多かったと思います。ですが、こちら側はなんとかその場をしのぐことで精一杯で、相手の困惑などに思い至るだけの余裕もありませんでした。ですから、仕事に就いて3～4年目になった頃、入院しておられたお年寄りの息子さんが「あなたもプロらしくなりましたね。父のことでお目にかかったときは、まだ学生さんのようでしたから」と、面接の終了時に笑顔でおっしゃったとき、嬉しいやら赤面するやらでこころが騒いだことを、30年以上過ぎたいまでも鮮明に覚えています。そのかたとは、確か1年目にお目にかかっていたのです。

このフレッシュマン時代のことは、私自身の当惑した想いとセットになってさまざまなシーンがいまでも甦ってきますが、研修で出会った先達や同僚、医療従事者たちのことばや表情ばかりで、それもとぎれとぎれのものばかり。私の身体には、当時お目にかかっていたはずの外来や入院患者さんやご家族のかた達との交流はほとんど刻印されておらず、なにをやっていたのかも不明です。この時代を、私は「暗闇の一年」と命名しています。

「自分が誰に対して、どこで、何をする人なのか」……まったくポジショニングできていませんでした。さらに、クライアントとの出会いはあったはずなのに、まったくといっていいほど私の身体に刻印されていないと

いうことは、つまり、クライアントのかた達との〈交互作用〉に基づいた〈相互交流〉がほとんどできていなかったということになります。

しかし、当時の相談者のかた達からは、決して未熟者の面接者に対する非難のことばや表情をこの身に浴びたという感覚がないのです。それどころか、多くのかた達が友好的で、保護的なほほ笑みすらくださいました。

こうしたことを、臨床実践の場をいったん退き、現在の本業である「対人援助職者に対するスーパーヴィジョンを基盤にした支援、教育・訓練」の仕事に就いてから初めて、「なぜ？」と考えるようになりました。それまでは、想起すらしたことがありませんでした。

さきほど、私の「暗闇の一年」は「クライアントのかた達とのあいだで〈交互作用〉に基づいた〈相互交流〉はなかった」と記しましたが、私の身体のなかには刻印されていなくとも、クライアントと私とのあいだには、たしかに〈相互交流〉は行なわれていたのだ、ということに思い至りました。ただし、〈交互作用〉はまったくありませんでした。

私の臨床実践の場が、老人医療現場ということもあったのでしょう。当時の老人は4つの戦争（日清戦争、日露戦争、第一次世界大戦、第二次世界大戦）を経て、ドラスティックな価値転換が起こった時代を生き抜いてこられたかた達でした。しかも高度経済成長からの時代の構造的な変化は、老人たちの生活に大きな影響を与えました。そのことによる老人たちの哀しみを、私が深く理解できるようになったのは、私の対人援助職者としての容量がもっと大きくなってからでした。老人たちは多くを語らず、じっとその気持ちをこころの奥にしまっていましたから、駆出しの私には見せてくれるはずもありませんでした。彼らと向き合う私に対人援助職者としての技倆がなければ、彼らのこころの深いところにある感情を洞察することも、ましてや引き出すこともできません。仮に引き出したり、または相手が勝手に一人語りしてくれたとしても、そのことの手当てができなければ、「聴かせてもらうだけ失礼」というものです。無垢な、とりあえず聴くことが職業の内に入っている、若いというだけでフェロモンを撒き散らしている女性で、しかも一過性、これからずっと付き合わなくてもいい、来なければいいんだからとなれば、うっかり気持ちを吐露してしまった中年男性のご家族もいらしたように思います。しかし、老人たちはみな、充分に味わいのある自分の顔をもっていて、とくに明治生まれのかた達のなかには、かなり自律した矜持と気概をもっておられるかたが多かったと思います。そのような老人からみれば、私は孫娘みたいなものでした。ですからはじめから勝負にはなりません。私のほうも彼らに畏怖の気持ちをもって、「こんな私でいいの？」「知識も技術ももっていない私が『相談員でございい』とここに座っているのは申しわけない」「給料をもらっているのに恥ずかしい」など、心の底から謙虚な態度で面接室で対面していました。

とはいっても、目の前の老人や家族の皆様は本当にお困りでした。ですから、私も「だめだ、だめだ」とばかり謙遜していても事は始まりません。冷汗をかきながら「私はまだ駆出しだけど、なんとかあなた様の問題を切り開くためのお手伝いをしたい」という気持ちだけは一杯で、その気持ちだけを〈相手〉に注いでいた感じでした。この時期のことを思い起こすにあたっては、相手のかたを〈クライアント〉とはとてもいえません。

この心意気だけが相手に作用していたんだと、今になって思います。つまり、〈相手の気持ち・感情〉や〈現実の生活で起こっていること・事実〉を、一応は理解しようとはしたのでしょうが、実際には私の身体に相手の言葉や全身の表情が刻印されていないということは、相手を理解する水準にはとうてい達していなかったのだということになります。

でも、相手のかたのほうがはるかに人間力と他者を自分の身体に受け入れる容量が大きかったので、かえって名目上は援助者である私のほうが、相談する立場にあるクライアントから「お若いのに偉いですね」と激励されたり、気遣ってもらいました。困ったことが生じたから相談に来たのに、その対応者に対しての失望や気遣いが、かえって相談者の〈生きる力〉を奮い立たせたのでしょう。結果的には逆説的な援助になってはいます。

ですから、〈相互交流〉はあったのです。こちらからの気持ちの注入が相手の容量の大きさに作用したという……。しかし、私のほうが、自分の身体のなかに相手の気持ちとセットになった困難な問題状況を芯から入れることができていなかったのですから、〈交互作用〉に基づいた相互交流ではありませんでした。相手のかたのほうが、相談援助職者である私の困惑に伴った「なんとか、あなたのお役に立ちたい」という気持ちを受け入れていたのでした。

しかし、相手にかつて「生きる強さや力」がいくらあったとしても、いま、ここで、彼ら自身の病気や障害が重くて、その力が発揮できないか、彼らが置かれている問題状況の種類や性質、程度の大きさによっては、彼ら自身で問題を解決（または対処）できない事態に直面していることも多々あります。そのようなクライアントに対しては、当時の私は無力だったと痛感しています。〈気持ちだけ〉ではどんな状況でも突破できるとは限らないのです。確かな〈視点、知識・技術に基づいた相談援助面接者としての態度や価値観〉に裏打ちされた存在としてクライアントの前に立たなくては、専門職とはとてもいえません。その〈態度〉のなかに〈気持ち〉も入っているのです。

ですから、この時期の相互交流は、〈わたくし的な《私》〉のみ、しかも自分の深い感情レベルを関与させていない私が目の前にいた、ということであって、ましてや〈職業的な《私》〉はほとんど関与させることができなかったのだと、今にして思い至ります。

この〈気持ちだけ〉から〈気持ちも関与させながら技術もしっかり伴っている〉対人援助職者への熟成は、

それからいくつもの階段を螺旋状に登っていく過程を経て、やっと獲得できるものだ、ということもその後の自己検証による訓練で実感しています。

初心者時代：基本をたたきこんでいた時期の相互交流：第1段階を歩んでいた頃

2年目からスーパーヴァイザー（深澤先生）に対人援助の基本から教育していただきました。相談援助業務の基盤を作るための施設内外のポジショニングのしかたや手順、相談援助面接に必要な知識や技術の研鑽はもちろんのこと、非常に深刻な課題を抱えていらしたクライアントから定期的な面接を依頼されたとき、おののきからためらっていた初心者の背中を「私（スーパーヴァイザー）が応援するから」と押してくださったことにより、新たな実践体験に飛び込めたことなど、相談援助業務の基盤をこの時期にしっかり作っておいたことが、現在の私を支えています。

その後は仕事を身体にたたきこむように熱中してこなしていました。その推進力になったものは、私にこの仕事への動機づけが高かったことと、中学生のころから漠然と「プロフェッショナルになる」という夢をずっと抱いていた私が、スーパーヴァイザーと接するなかで、「真のプロフェッショナルってこうなんだ！」と、その存在を通して実感できたことも大きかったと思います。初心者のときに、素晴らしい「役割モデル」に出会えたことの幸運を現在でも感謝しています。さらに、新しく東京都民のためにリニューアルした医療機関に、旬にさしかかった医師を中核に優秀な若手医師たちが、新しい領域である老人医療に真摯に立ち向かい、前進的・研究的に働いていた環境にも恵まれました。初めての職場環境がいかに重要で、「役割モデルとの出会い」とともにその後の職業人生にかなり影響があるかについては、私のこれまでの16～17年に及ぶスーパーヴィジョン実践からも実感しています。しかし、それにもまして、なによりも私を育んでくださったのは、日々お目にかかってきたクライアントのかた達だったのだと実感しています。

私はこれまで、クライアントのかた達からたくさんのことばや表情の贈り物をいただいてきましたが、いまでもこころに残っているかたのことを紹介させていただきます。


初心者から中堅の相談援助職者への移行期：表1では「第2段階の半ば地点」

「暗闇の一年」からはや6年、私が相談援助の仕事に就いて7年目の春でした。私はひとりの魅力的な外国の女性との素敵な時間を共有しました。当時の私は、ある雑誌にそのかたとの出会いを日記風に書き記していましたので、そのままに近いかたちで以下、転載させていただきます。

＊

〈意外な訪問者〉

次の来談者を請じ入れようと相談室のドアを開けたとき、座って待っていた椅子から立ち上がり、私の前に現われた婦人の顔は、日本人の顔ではなかった。カルテに記載されてあった名前は確か日本名だったはずなのにと、日本語しか話せない私は不安になった。

目の色は澄んだグレイ、鼻はとんがっていて、美しい銀髪はやさしくウェーブがかかっていた。深く刻まれた味のある顔の皺、上品でシックな装いとシャンと伸ばした背筋が、その人のこれまでの人生を物語っているようだった。

その婦人の名前は小野満里（マリー）さん（仮名）、72歳。父親は日本人で母親がドイツ生まれのロシア人。カルテにはさまれた内科外来担当医師の紹介状には、「姉のことで相談にのってあげてください」と書かれてあった。

面接室に案内し、彼女の左斜めの椅子に私が腰かけるや否や、小野さんはなぜ自分が私（＝ソーシャルワーカー）のところへ来たのかという点について、一気に話しはじめた。

〈聴く・語る・問う……〉

2週間前、物忘れがひどいと心配した友人にこの病院に連れてこられた。だが、「自分はかなりの量の仕事をこなしていたのだ」と、自信たっぷりに語る。

「その日は、血液の循環をよくする薬を出してもらったのですが、今日はドクターに、『私は頭が悪くなったわけではない。もう薬はいらない』と言おうと決心して来ました。『原因はストレスです』と、寝ついている姉のことを話しますと、ドクターは『その通り！（That's Truth!）』とおっしゃいました。それで、『ソーシャルワーカーのところで相談するように』と紹介してくださいました。ですから、いま、私はここにいるのです」

彼女の語り口はたどたどしく、外国人の発音だった。一つひとつの語句を区切る話し方から、神経をかなり集中させていることが伝わってくる。日本語では疲れるし、思うように話せないのだろう。途中、"Can you speak English?" と問いかけられたとき、『どうしよう』『辛いな』のふたつの気持ちが私のなかで生じた。思っていること、悩んでいることを思う存分、スムーズに語らせてさしあげられないことに心が痛んだからだ。でも、いまさら学生時代の不勉強を悔やんだところで手遅れというものである。

昼休みの時間に差しかかっていたが、時間をかける覚悟で今度は私が、彼女と彼女のお姉さんがいま、置かれている状況について質問を始めた。……注意深く、ゆっくりと、だが、私の頭の中ではコンピューターがめまぐるしく作動していた。情報を的確にキャッチし、組み立てるためにアンテナを鋭くはりめぐらせてもいた。

〈姉のボケは……〉

満里さんの姉は78歳、ドイツで生まれた。父親が貿易商をしていた関係で、姉妹と母親は世界各地を転々としてきた。学校は日本の名門女学校を卒業。姉さんは医者になるためにヨーロッパへ渡ったが、戦争でその夢は砕かれた。戦後は母親と別れて日本へ。函館で戦災孤児の施設を開き、1974年までホームのリーダーとして活動してきた。この頃から姉は忘れっぽくなり、身体的には高血圧、コレステロールが高いなどの問題があった。

1977年、幻の声が聞こえたり、いるはずのない人間が見えると恐がるようになった。眠れない夜が続いた。そのためにホームを離れ、東京の満里さんと同居するようになった。大学病院に半年ほど入院したこともある。「老人性痴呆」の始まりだった。「そのときの診断名は何でしたか?」と問いかけても、「診断」という言葉が通じない。"diagnosis(診断)"と聞き返すと、"senile dementia(老人性痴呆症)"と答えてくれた。薬はずっと飲み続けている。

1978年、身体がめっきり弱くなり、食欲も落ちてきた。歩かなくなり、自分や妹のこと、自分がいる場所や自分がしていることがわからなくなることが頻繁になってきた。

1979年、誰かに手を引いてもらわないと歩けなくなった。現在は、寝たきりで、オムツをあてている。食欲はなく、かつて60キロもあった体重は39キロにまで減った。介助すれば、いまでも少しは歩けるときもある。3年前から家政婦を日夜つけている。ボケが始まってからの姉さんは、英、独、露語しか話さない。元来下手な日本語はいま、使えない。

〈不安定な生活〉

満里さんのストレスはどこにあるのか。満里さんはいま、ある大企業のサラリーマンに外国語を教えている。収入は月に50万から10万と不安定。一方、家政婦に支払う金額は、一日1万1800円。住んでいる家は、2年前、隣人に安く売却した。満里さん姉妹は死ぬまでその家に住んでいい約束になっている。古くからの知人で姉を慕っている隣人は、夕食を届けてくれるなど、何くれとなく親切にしてくれる。「満里さんの老後はOKなのか？」という私の問いに「私は友人も大勢いるし大丈夫！」と言い切った。

ただし、手持ちのお金は目減りする一方。さらに、夕方の6時から9時のあいだ、休憩をとる家政婦の替わりに満里さんがついていなければならない。働いている身体には辛い。

〈やはり一緒にいたい！〉

今まで、老人ホームや病院も人伝てに聞いて調べ、見て歩いた。かつて姉が入院したことのある大学病院の先生にも相談した。だが、今の大学病院は、慢性状態の寝たきりの老人患者はまず、入院させてくれない。仮に期限つきで入院させてもらっても、差額室料や付き添い家政婦費用等の出費は大きい。それにいまの姉さんは、治療というより世話（ケア）が必要なのだ。

老人ホームはドイツ人のいる有料老人ホームがいいと思ったが、満里さんの姉のいまの身体の状態では入所できない。併設の病院は人出不足で医師も週に1日来るだけだ。

寝たきりの老人を安い費用で入院させてくれる都内の病院にも、見学かたがた相談に行った。その種の病院に初めて足を踏みいれ、13人の大部屋を見せられてショックを受けた。横たわった精気のない老人が部屋一面に据えられたベッドにただ寝ている！　2人部屋ならいいと思ったが、病院のシステム上、病院付きの家政婦さんでなければ付き添えない。

それでも、部屋が空くのを待った。いざ空くと、decision（決心・日本語で表現できなかった）がつかない。姉をどうしても手放せない。

〈姉のことで頭がいっぱい！〉

話がこの時点にくると、ほとばしるように出てくる言葉はすべて英語に変わった。満里さんは気づくことなくまくしたてる。その叫びにも似た英語を要約すると、以下のような内容だった。

「私の身体の不調は病気じゃない。ストレスだ。いつも姉のことが頭から離れない。縛られている。私には自由がない。でも、母が死ぬ前に私たちふたりに残した言葉を想いだすと……『あなた達はふたりきりだ。これから……』。姉はいま、私のことすらわからないことがある。だが、お花が好きで、部屋に飾ってあげるとニコニコして喜ぶ。どうしても姉を手元から放せない。私の作業能力は低下した（と、ハンドバックから未処理の手紙や書類の束をとりだして見せる）。いつも頭の中は姉のことでいっぱい。ドクターは、2カ月ほど姉を入院させるように勧めてくれた。しかし……」

と、ここで満里さんは大きなため息をついた。

彼女が英語でまくしたてた箇所はいずれも感情的な側面だった。彼女の生きてきた歴史、心の深いところのさまざまな想い……立派な仕事をしてきた姉への敬愛と哀しみ、疲れ切っている自分、かって人生の岐路に立ったとき、幸せをつかむ道もあった。でも、いまはふたりきりだ。理性がとり払われ、自分でも気づかずに夢中で話しているうちに、自然に使いやすい英語になってしまったのだろう。

私はさえぎらなかった。一息つくたびに問い返すと日本語に戻る。そして、熱が入ってくるとまた英語、の繰り返しだった。

〈私の問いかけは……〉

満里さんは思いのたけを吐露した。今度は私の番だった。私は毎日、主として老人患者を抱える家族の悩みを聴いている。この種の相談は今までにも沢山あった。ただ、ボケたり寝たきりの老人を抱える家族の多くは、ここまで行動はしていない。つまり、自分で老人ホームを探したり、寝たきり老人を世話してくれる病院を見に行ったりすることや、その方法論を知らない家族が多い。満里さんはすでに動き出していた。気持ちの整理がつけられないのだ。彼女の言葉を借りればdecision（決心）をつけることができないのだ。

私は、これまでの彼女の話をもとに一つひとつ確認しながら整理をはじめた。

・お姉さんがいま家に居られるのは、満里さんがお元気でいらっしゃるからですね。
・満里さんがいろいろ配慮しておられるから、お姉さんはいま、十分に世話を受けられるんですよね。
・いわば、満里さんはお姉さんにとって一番大事な人（＝キーパーソン）に当たるわけです。
・いま、満里さんはお疲れになられているんですね。
・いくら周りの人が親切にしてくださるといっても、限界があるんでしょう？　満里さんがお姉さんにしてあげているようなことを期待できますか？
・満里さんは、お姉さんが生きておられる限り元気でいなければいけないんですよね。
・いま、満里さんには休養が必要なのでしょう？
・そうしたら、永久に病院に入れてしまうのではなく、2〜3ヵ月お姉さんを病院にあずかってもらうことは、今できる最善の方法ということになりますね。

〈あなたはプロフェッショナル！〉

ここまできたとき、満里さんはなんとも言い表わしようのない表情をみせて、テーブルの上にあった私の手を握りしめた。そして、目に涙を浮かべて英語で叫んだ。

〝You are professional!〟

この最初のことばは私の胸を打った。すべてを聞きとることはできなかったが、その後次のような言葉が続いた。

「あなたに相談できたことはwonderful（素晴らしいこと）だった。あなたのsincere attitude（真摯な態度）は私を救ってくれた。皆が私にいろいろアドバイスしてくれた。あるドイツの友人は『あなたがつぶれてしまう。なぜ、早く病院に入れないの』と私を叱る。でも、私の気持ちを本当にはわかってくれなかった……」

私の目も熱くなった。「ありがとう」の言葉が知らず知らず口をついてでた。この素敵な一瞬に、自分も感動したことが今でも忘れられない。私もほんとうに嬉しかった。

〈〝ぜいたくな贈り物〟〉

感動的な場面のあとは、かなり実際的に進めた。満里さんの考えを考慮すると、当時の老人病院の選択には3通りの考え方があった。

1. 郊外のサナトリウム的な病院：姉さんは花が好きだ。
2. 都心にある病院：満里さんが面会に行ける。

だが、この両者は言葉の問題が残る。発音はメチャクチャだが、簡単な5ヵ国語で対応をしている家政婦さんが付き添えない。

3. 自宅近くの病院なら、院長との交渉次第で自前の家政婦さんが付き添えるかもしれない。

電話をかけに席を立つ私に「こんな時間まで申し訳ない」と気にかけながらも、「私はいま、エリートサラリーマンに語学を教えていますが、男性が主で、女性の存在は影が薄い。久しぶりに生き生きと活動している女性に出会えました」といった。

私が、「この仕事、好きなんです」と言うと、満里さんは「そう、なんでも好きだということが大切です」と力をこめて語った。

心当たりの医療機関に問い合わせ、さまざまな条件を調査し、交渉した。その上で、満里さんにプレゼンテーションするという最終的な詰めの段階にきたとき、彼女は、

「あとは私のdecision（決心）です」と言い切った。

自分で決める。当たり前のことだが見事だった。人生の大先輩である年配の婦人から職業観、生きる姿勢を教えられた思いだった。

彼女は、「せっかくのお昼休みを食ってしまって申しわけありませんでした」と、礼儀正しくお辞儀をして部屋から去っていった。

見送る私の心は、その日の昼休みの贅沢な贈り物——彼女が残してくれた言葉と生きる姿勢——で満腹になっていた。

＊

ここまでが、私が30歳代半ばの頃に綴った文章です。職業的な面では結構、生意気なことも書いています。でも、気持ち的にはうぶな私をとても微笑ましく思うのは、年をとった証拠でしょうか。

「あなたはプロフェッショナル！」……この言葉こそ、私が目指したもの。そのことは自分ではなく、クライアントが発してくれてこその価値ある言葉でした。

仕事に就いて6年、ちょうどこの頃は、かつて暗愚に近い体当たり感覚で仕事と格闘していた時期を脱し、相談援助職者としての背骨が出来つつあり、仕事の愉しさを全身で謳歌していたように思います。

いつのまにか、限られた時間のなか、限られた方法（相談援助面接）で、設定された場で、クライアントとの相互交流を通して、信頼関係に基づいた共働作業をもとに、クライアントが抱えている悩みや対処すべき課題への手立てを見いだしていく支援ができるようになっていました。もちろん「自分が得意とする臨床領域についてては」という但し書きがつきます。また、〈交互作用〉もなんとか成立しています。

このときから25年以上経た現在、このかつて書き綴ったマリーさんへの支援内容をあらためて読んでみると、私が他の専門職よりも老人患者やその家族が置かれてしまう状況を沢山見させていただいていたので、そのことによって身につけた「臨床の知＝生きた知識」をいっぱい持っていたことが、マリーさんの気持ちを理解することができたかなりの要因を占めているような気もします。結果的には、私はマリーさんを支援できたのだと思いますが、かなりの部分はマリーさんの力に拠っていたように思います。最終的には私のほうがかえって励まされ、昼休みの時間をフルに提供したことによって、さらに彼女の支援・人生の先輩としてのエールをいただくことになりました。

この〈交互作用〉ともいえる〈相互交流〉はどうして起こったのでしょう。

マリーさんが涙を浮かべて私の手を握り、「あなたはプロフェッショナル！」と叫んだときは、私の言葉が彼女の一番必要な地点に届いた瞬間だったと考えられます。それまでは、マリーさんのお話を、彼女の思考や感情の流れを遮らないようにしながらひたすら聴くことに集中していました。〈あいづち〉はもちろんのこと、〈確認のための問いかけ・質問〉、要所要所での〈気持ちと事実の反射〉技法を主として〈言い換え〉を用いています。

この過程は、〈傾聴〉を通してマリーさんと彼女が置かれている状況とその基底にある「問題の中核」を理解しようとする試みでした。彼女の心の叫びは、彼女が一通り自分が陥っている状況の概略を話し終えたところで、私が彼女の話の〈要約〉を兼ねて、彼女が置かれている状況確認を行ないながら、彼女の気持ちを汲みつつ、現在生じている事実を弁証法的に整理していき、最後の結論で〈専門職による保証〉ともいえる〈情報サポート：この場合は、ものごとの本質に関する情報〉を行なったゆえのカタルシスだったのでした。

これらの〈治療的なコミュニケーション技法〉を、当時の私は知らず知らずに使っていたようです。

現在の私の技術水準からみれば、彼女に対する支援内容はまだまだ未熟です。しかし、「面接は一期一会」

ともいいますが、このときのマリーさんと私とのあいだに起こった〈交互作用〉は、「そのとき、その場でのふたりの組合せ」から生じた一回性のドラマでした。

この時点までは、私のほうが徹底的に〈聴くこと〉でエネルギーを消費していました。

このことによってマリーさんは弱っていた自分を解放し、さらに私を讃えることによって自分を取り戻しました。彼女はプロフェッショナルだったのです。相対する私のほうがかなり若かったゆえに、マリーさんからこのような言葉が出てきたのでしょう。30歳前後の面接者に対して、相談者のほうは広く世界を見、深く時代と関わってこられ、人生に深い皺を幾重にも刻んで生きてこられたかたでした。一方の私は年若く、まだまだ青っぽくともエネルギーに満ちあふれた、私的にも職業的にも名実ともに青年期の絶頂にさしかかっていました。その面接者を前にして、本来の実力を取り戻したマリーさんは成熟した女性として変貌していきました。当然、その後の私たちの関係はサポート・エネルギーの流れが逆転しています。

ですから、彼女が「久しぶりに生き生きと活動している女性と会いました」とおっしゃったとき、私のほうは、「この仕事、好きなんです」とまさしく年下の同性になってしまい、素直に応えていたのです。そして彼女も「そう、なんでも好きだということは大切です」と、力をこめておっしゃったのでした。

この言葉は、かつて、私が密にスーパーヴィジョンを受けていたとき、スーパーヴァイザーの深澤道子先生が、1週間に1日お見えになるごとに私たちに問いかけてくださった「挨拶」ともいえる言葉と重なっていました。

「仕事愉しい？（ここは個別化して、私に対しては）ボーイフレンドは元気？」

私の返事の後でかならず、

「そう、愉しければいいのよ。愉しいのが一番」

で、恒例の挨拶は終わりでした。

マリーさんは、サポート・エネルギーを私に注いだ後、「あとは私のdecisionです」と力強い、本来の彼女の姿になって私の前から去っていきました。

結果からみると、ＯＫな支援でした。彼女に力があったことと私に臨床知という財産がたくさん備わっていたからです。しかし、ここでの〈傾聴〉は、現在の私の技術水準からみると、まだまだ未熟です。マリーさんほどの現実認識能力や自分に生じている問題に対してなんとか打開しようとして、情報を集め、かつ調査のための行動に実際に移せるだけの機動力をもっているクライアントであれば、〈傾聴〉しながら、私がさまざまな角度から〈言い換え〉て反射し、〈情報サポート〉を入れながら進めていけば、ご自分で結論を〈ことば〉でおっしゃったでしょう。私が〈要約〉するまでもなく。

ですが、このときの私は30歳たらずで、初心者の域を脱して仕事漬けになっていた時期でも、まだまだでした。しかし、当時の私とマリーさんとのあいだで交互に作用しあった時間でした。

この出来事の数年後、熟成過程第3段階への道を私が目指すきっかけとなったクライアントとの痛切な出来事が起こりました。詳細は、拙著で記しています。その後も第3段階の半ばおよび終了地点を迎えるきっかけとなったクライアントとの出会いについては、書き記したものがあります。別の機会に発表したいと考えています。

第3部　臨床実践家としての熟成

第4章　臨床実践事例を自己検証するための一方法

第1節

実践事例を書く意味と留意点

臨床実践家が自分の身体のなかに、臨床実践の全体の「組み立て」および「情報解析装置」を装備するための「感度と思考回路」を築き上げる方法としては、臨床実践を文章にしてみることがよい訓練になります。事例検討会への提出事例でなくとも、実践力を高めるために書いてみることをお勧めします。書くことそのものの行為と、一度自分の身体の内にあったものを外に出して眺めてみる時間の両方が、考える作業になるからです。

臨床実践に就いているものの力量は、実践者が「自分の目で見て、耳で聴いたことを、こころとあたまで感じたことを、自分の身体で考える作業をどれだけ積み重ねたか」によって決まるといっても過言ではありません。つまり、全身で察知し考えたことに、さらに振り返って考える作業を課して、実践者の身体に〈知と技を〉刻印させて身体化させていくプロセスを踏む作業が大切なのです。

以下にあげた実践事例および事例検討用提出事例の書き方は、長年、私が対人援助専門職に対するスーパーヴィジョンや諸々の研修で提案しているモデルを基盤にして、少々の解説を加えたものです。(※1)「事例を提出してください」と言われても、なかなかすんなりと書けるものではありませんが、下記の項目を参考にしながら記述することを試みてください。

私たち臨床実践家に必要な視点、知識・技術は、実践場面ではクライアントが置かれている状況や援助関係の形成のしかたに応じてすべて応用ですから、基本的な枠組みを身体に組み込ませておかないと実践家としては役に立てません。

また、臨床実践は相互交流を基盤にして行なわれますから、〈職業的な《私》〉の背骨の構築が一定水準に達するまでは、〈生身の私〉の身体を通してクライアントに生じている現実の出来事やそこに張りついている感情を理解したり、手当てしたりする比重が〈職業的な《私》〉より勝りがちになります。

ですから、身体に入っている双方が行き交うなかで生じたもろもろの出来事や感情を点検する際には、どうしても生身の身体から出してみる作業が必要になってきます。そうして言葉にしていきますと、身体から距離をおけることと、文章化に伴う知的作業の効果から自身の実践を客体視することが可能になり、自分自身で思いがけない盲点の発見が可能になります。

できるだけ、あなたとクライアントとのあいだにあった出来事を「綴る」という感覚で、さまざまな場面を思い起こしながら、あなたの素直な「生《なま》の」言葉で表現されることをお勧めします。

もし、以下のように書くことが困難だったり、自分の援助スタイルに合わないようであれば、自由にお書きくださってもよいと思います。要は、どれだけ書く作業のなかで、〈Thinking〉の過程を踏むかということなのです。

実践事例を選ぶときの留意点

これまでの保健医療福祉現場実践において、クライアントへの理解のしかたや実際的な支援方法、援助者である自分とクライアントとの関わりなど、相談援助業務過程のなかでひっかかりやこだわりと感じたり、気にかかっている事例がありましたら、是非文章で描いてみることをお勧めします。臨床実践家にとっては、この身体感覚で感じ取った「ひっかかり」や「こだわり」のようなものがとても大切で、そのときに「書く」作業を通して自己検証しておくと、臨床実践能力の向上につながります。なによりも、クライアントへのよりよい支援の手立てを再発見したり、新しい支援のあり方を獲得するためにも有用です。（※2）

また、ご自分の実践の検証のためには、うまくいったと思われている実践や、なんの変哲もないと思われる通常業務のなかの事例でも、「書く」ことによる検証を試みることによって、新しい発見や洞察が可能になります。

実践事例を書くときの注意

初心者の場合は、なるべく詳しく記録したほうが、事例を考察、または事例検討の場面での発見が多いと思います。初めはなかなか文章にできないものですが、回数を重ねるごとにだんだんと書けるようになりますので、挑戦してください。慣れるにつれて徐々に大切な箇所をはずすことなく、要領を得た簡潔な文章を書くことができるようになってきます。（※3）

さらに**ご自身の援助で気になった場面については、クライアントと援助者とのあいだに生じたやりとりを逐語で記述**したほうが、援助者の洞察をさらに深めることができますので、挑戦してみてください。この場合の「逐語」は、双方で交わされた会話だけではなく、その場の情景やそのときのクライアントの表情、援助者側の考えや気持ちなどを、ト書（お芝居などの脚本で、せりふ以外の動作や舞台の装置などを指定した部分）のような感じで表現してください。（※4）

逐語で書いた際には、必ず逐語のやりとりを書いた後で再度「にらめっこ」をして、クライアントの言葉の裏にある気持ちや隠されている事柄などを、言葉と言葉のあいだ、行間から洞察する作業をしてみます。すると、面接者である自分の応答が的確であったかがみえてきます。私はこの方法は、ロールプレイによるトレーニングと並んで、またはそれ以上に感受性や治療的なコミュニケーション技術を磨くことができると実感しています。ただし、ある時期は、経験豊かでしかも臨床の世界を絵解きできる実践者かスーパーヴァイザーに点検してもらわないと、下手をすると我流の域を出ずに自家中毒に陥る可能性もあるので、注意してください。（※5）

もちろん、初心者でも書いてみる作業を通してなんらかの発見は必ずあります。しかし、初めのうちは、スーパーヴァイザーのような人と一緒に検証していったほうが、対人援助の基本理論や概念枠組みに添ったさまざまな発見が可能になりますし、自分自身で自己検証するときの参考にもなります。この作業を繰り返していくうちに、ご自身で発見できるものの質と量が増えていき、表1「臨床実践家の熟成過程」の第3段階熟成到達地点でお示ししたように「気づきのタイムラグ」を縮めていけるようになり、支援過程のなかでひっかかりが生じたときに自分自身で点検でき、軌道修正することが可能になります。

また、スーパーヴァイザーがまわりに見当たらない場合は、仲間同士で集まってグループスーパーヴィジョンを定期的に実践していけば、必ず新しい発見があります（その際の留意点や約束事はいくつかあります）。他者の目を入れるとより多角的・重層的な発見ができます。

逐語による記述があると、事例検討やスーパーヴィジョンの場で、治療的なコミュニケーション技術を研鑽するための材料にもなります（ロールプレイによる相談援助面接技法の検証ができます）。

なお、逐語で書くときはなるべく録音をとらないで、面接後に想起しながら書くように努力します。すると、以下のような効果があります。

・面接を映像で甦らせることができるようになります。（30分から1時間の面接を想起して逐語記録を作成するためには、映像として身体に入れておかなければ不可能です）

そして、その結果、

・集中力を高められます。（そうでないと、とてもでないですが、面接の始めから終りまで記憶できません）

・言語と非言語的なメッセージを同時観察できるようになります。（そうでないと、面接の展開についていけません）

・クライアントから語られる言葉や全身の表情を物語として聴き取れるようになります。

・クライアントの決定的な表情の変化を見逃さないでキャッチできるようになります。（感受性が研ぎ澄まされてきます）

・キーワードをひっかけておけるようになります。（なぜなら、キーワードを書いておかないと物語としてつないでいけないからです）

・結果として面接力がつきます。

初心者、あるいは中堅者でも自分の臨床実践に行き詰まりを感じたときには、書く作業の前後に、表6で紹介した「アセスメントのためのチェック項目」に添って検討してみることをお勧めします。必ず、新しい気づきや発見があります。他人から指摘されたり注意されたときよりも、自分自身に知的作業を課した結果による気づきのほうが、その喜びと高揚感は大きく、身体に刻印されます。

また、ここでの文章化は、既存のアセスメントやケアプラン様式に情報や解析結果を落とし込む作業とは異なります。あくまでも、ご自分の言葉で、文章として一連の流れで書いてみる作業です。その結果、クライアントその人とクライアントが置かれている全体状況が把握できるようになるはずです。

これらは実践の後作業になりますが、ここで身体化され獲得できたものは確実な経験知として職業財産となり、必ずや次からの臨床実践に生きてきます。

なお、事例検討提出用事例の場合は、読み手にとってわかりやすく整理して表現される必要がありますので、同じ専門職内でのみ通用する略語ではなく、正確な名称で書くことが重要です。

この実践事例を書いてみる試みは、あくまでも自分の臨床実践能力を高めるためのものですので、通常業務に要求されているケース記録の書き方とは目的が異なります。ただし、ケース記録を手早く、必要な事柄を記述するための訓練にもなります。

なお、事例のなかの登場人物が特定できるような記載は避けてください。たとえば「氏名」「地名」や施設の「職員名」などです。

［註］

※1　本章の初出：実践研修用指定テキストとしてOGSV研修企画が作成した『対人援助におけるスーパービジョン「OGSVグループスーパービジョン実践モデル」～対人援助の基本的視点とスーパービジョン実践の基礎～』に掲載されている「(事例提出用)実践事例の書き方～臨床実践を自己検証するための一方法～」(五十嵐雅美&奥川幸子)

※2　ひっかかり、ひっかかる：第1部第3章第1節&コラム9参照

※3　実践を振り返って文章にすることについて：文章を書くことは、それまでに書く習慣がなかったかたや苦手なかたにとっては、とても苦痛のようです。完成された文章でなくともいいのです。書いてみて、振り返ることに親しんできますと、初めはほんの少量しか書けなかったかたでも大量に書くことができるようになります。この作業を繰り返していきますと、徐々にまとめる力がついてきて、適当な分量で書けるようになってきます。次節の「実践事例の書き方」に添ったものですと、アセスメン

トデータや具体的なケアプランを除いてA４で５〜６枚ぐらいに収められるようになります。

※4　逐語で書くことについて：ここでは、とくに気になった箇所と記していますが、面接のすべてを書いてみることも一考です。また、面接は出だしの数分から15分ぐらいのあいだの【起】から【承】にかかった時点までがとても重要ですので、初期段階を逐語で書いてみて、あとの経過をまとめることも効果的です。

※5　自分で発見できることは、臨床実践家としての熟成段階に応じています。それ以上の気づきや新たな臨床知を手に入れるためには、他者の目や知見が有効です。

第2節　実践事例の書き方

提出事例の実践内容を書く前に

事例を理解する上で、施設をとりまく地域の特性や所属している施設や機関の特徴、事例提出者が置かれている立場などを、以下の項目を参考にしてお書きください。

1．地域の特性

たとえば、○○県の都市部の繁華街にあるとか、郊外の山間にあるとか、また地域の人口構成や産業など、施設運営やクライアントの生活に関係する地域の特徴を記述します。

2．施設の特徴

施設を運営している法人全体が提供しているサービスの種類と内容の概要を書きます。

・法人および配属されている母体施設の概要

開設年と設立者（公か私か）、理念、規模（利用者数やその内訳、職員数とその内訳）、提供できるサービス機能や得意な分野

・他機関や施設との連携状況

・その他、特徴的なことがありましたら、自由に記述してください。

3．事例提出者の職名と施設内での役割・機能

提出者が置かれている状況や立場なども必要に応じてお書きください。また、事例提出者のキャリアが必要なこともあります。

以上は、第1部第2章第1節で記述している自分が働いている〈場のポジショニング〉をするうえで、また、事例検討の際には参加メンバーと事例報告者が働いている場を共通理解するうえで、重要な情報になります。

提出事例の書き方

1. 表題（タイトル）

●必ず表題をつけてください。

・事例の特性、事例を検討してもらいたい点などを参考にして、表題として提示します。（表題は広告でいえば、「キャッチコピー」、つまり商品のコンセプトにあたります）

・事例の内容をすべて書き終えてから表題をつけるかたも、事例を書く前に表題が浮かんで先に書くかたもいらっしゃいます。

・副題をつける場合もあります。

↓自分で表題をつけることで、自分の実践のテーマ、つまり、そのときの実践者が抱えている職業的・私的な課題やクライアントの問題の中核（本質）をどこに据えて、何を問題にして援助したかがみえてきます。

★熟練者や感性が特に鋭いかたは、深層にある課題や問題を意識せずに表題で表現していることがあります。

2. 提出理由

●必ず書いてください。とても重要です。

・なぜ、多くの実践事例のなかからこのクライアントの事例を選んだのか、事例検討を行なう際の提出者の意図や検討してもらいたいことや強調したい点などが明らかになるように記述してください。

・事例提出者の「問題意識」や「こだわり・ひっかかり」を書いてください。
・提出者や同僚などが「なんとなく気になっている」「なんとなくこのままでは心配だ」「どうもうまくいっていないように思う」「すっきりしない」など、わだかまっていることなどを記述します。
・また、「どうもクライアントの気持ちや考えが理解できていないようだ」「すれ違っている？」「スタッフ間の支援態勢がまとまらない」「このままの援助方針で進めていっていいのだろうか」など、対人援助についての具体的な問題意識も事例提出の理由になります。
↓この項目は、援助者自身の身体感覚を大切にし、身体内にあるひっかかりを引っ張り出す行為です。ここで、これからの事項を記述していく際の「考える視点」として身体に組み込まれ、最終的に考察する段階で生きてきます。【↑身体化1】

3. 事例の内容

1　事例の概要

・「おおまかなあらすじ」をストーリー仕立てで書いてください。
・クライアントがどのような状況のもとにいるのか、イメージが湧いてくるように表現してください。
↓「要約」の練習にもなります。つまり、事例の概略をつかんでまとめて伝達できる力がつきます。この「要約」ができるようになると、ケース会議などでクライアントの全体状況の概略を参加メンバーがイメージしやすいことばで説明できるようになります。

↓苦手なかたやまとめる力にまで臨床実践力が達していないかたは、無理をしないでください。次に進み、後で挑戦してみるのも一案です。

2　クライアントの氏名・年齢・性別

・仮名、またはイニシャルなど匿名性を保ってください。

3　紹介経路

・「いつ、誰（クライアント、職員、関係機関など）から、どのような手段で、どのような内容の依頼」があったかを記述します。

・どのような経緯を経て「私・援助職者」のところに見えたか。

・「私・援助職者」への紹介者からのクライアントに関する個人情報

↓依頼内容や紹介状などにある個人情報は、紹介者や依頼者の判断による評価が含まれています。これらはあくまでも、過去の重要な情報になります。

《事前情報：クライアントと面接する前に収集した情報》［※図2－1－①に該当］

4　クライアントのプロフィール

・通常は、次項の〈アセスメント面接〉のところでお書きいただくのですが、長期にわたって支援しているかたの場合は、受理した日以降から現時点までにわかっていることをここで記述してください。また、初めてのアセスメント面接をした事例でも、ここでお書きいただいても結構です。

★もし、事例を書く時点で、以下の項目のなかで不明な箇所については、無理をして提出事例を作成するためにクライアントと面接する必要はありません。（「何のための、誰のための個人情報か」が怪し

くなりますので、ご注意ください）
《以下の項目は、ケアに関わる臨床実践の場における一般的な基本情報に該当します》
［※図２－１－②と重なっています］
①診断名、既往歴・治療歴
↓発症時期や関与してきた医療機関、通院や入退院歴、服薬状況、治癒・軽快あるいは慢性状態かなども必要。（つまり、羅列では意味をなさない）
②現在の状態：日常生活動作（ＢＡＤＬ＆ＩＡＤＬ）、身体障害者手帳や障害年金などの有無、介護保険における要介護状態区分、身体や精神の状態
③家族構成と家族関係
・家族構成は3世代をめどに、家族メンバーの年齢、職業、婚姻関係、健康状態、経済状態、居住地、（宗教）などを記述します。
↓なるべく、ジェノグラム（家族構成図）で書き、その際の記号は、男性を□、女性を○、死亡者は各々■、●、同居家族は点線で囲みます。事例の本人は、回、◎で記述し、他のメンバーとは区別します。

↓ここでは、家族力動・関係性がとても重要ですので、相関図も考えてみます。
④生活歴・生育歴、学歴や結婚歴など
・必要に応じて、または事例を理解するうえで参考にするために記述します。匿名性に配慮してください。
⑤経済状況

・基本情報に加え、場合によってはクライアントに関係する各種ローンや借金などがあれば、記述してください。

⑥家族や関係者の住宅状況

・本人が住んでいる住居について、持ち土地・借地、持ち家・賃貸、公営住宅など

・本人の居室スペース

⑦受理（クライアントの問題を）した年月日

・紹介されてきた場合は、その相談を受けた日が「受理」した日になります。

5　アセスメント面接実施内容

なるべく文章による記述に挑戦してください。そのうえで、提出者が所属している施設・機関のアセスメント様式とケアプランも添えてください。

・このアセスメント面接は、初回時、定期の再アセスメント時、クライアントの状況変化による再アセスメントなど、実施時期と理由が異なってきますので、どの時点であるかを明記してください。

・アセスメント面接は1回で終了しない場合もありますが、初回の面接がとても重要ですので、初回はとくに詳しく記述してください。逐語に近いぐらいの記述のほうが発見も多いと思います。

〈いつ、誰と（同席者はすべて書く）、どこで、どのような内容について面接したか〉

①初回面接の年月日、主訴、場所、同席者、面接の目的をどのように説明したか、援助者側のねらいとクライアントの反応など。

②初回面接で明らかにされたクライアントに関する《情報》

③初回面接でとくに援助者が重要と判断した情報
④初回面接時のクライアントの《印象》
・第一印象は必ず記述してください。
・とくにクライアントのどこに〈強さ〉や〈生きる力〉を見い出したか。
⑤初回面接時に援助者が行なった《アセスメント（ニーズ把握）》と《援助目標・計画（および実際の援助方法）》
・できるだけ文章で書くことに挑戦してみてください。
・中堅者の場合は、「臨床像」ないしは「臨床像の輪郭」を「問題の中核」を入れて描くことに挑戦してください。そのうえでニーズを優先順位の高い順に記してみます。
・一回でアセスメント面接が終了していない場合でも、「現段階でわかっていること」「確認できていないこと」「今後調査しなければわからないこと」および「クライアントとはどのような取り決めをして初回の面接を終了したか」などを明記してください。
↓これらのことを書く習慣をつけると、面接中に点検できるようになり、その後の援助経過にメリハリがついてきます。

↓面接が「契約・約束事」に始まって、「契約・約束事を確認する」に終わるためには、初回時に暫定であっても、きちんとアセスメントをしておくことがとても重要です。
⑥アセスメント面接終了時のアセスメントおよび援助（支援）計画
・アセスメントや支援計画は、常に流動的で暫定的な性質のものですが、一応のケアプラン作成時点でのものを記述してください。

→ここでは、「臨床像」を描くことに挑戦してください。

6　その後の援助経過
自由に書いてください。
・クライアントの状況の変化や援助目標の変更など、援助の転換点があれば必ず記述してください。
・経過が長い場合は、節目ごとにまとめて記述してもかまいません。たとえば、第Ⅰ期・第Ⅱ期、または前期・中期・後期など。
→ひとつの臨床実践過程には、必ず「決めどころ」となる場面があります。そこをはずさないようにするためには、初心者の場合はなるべく詳しく記述しておいたほうが、大切な箇所を見逃さないで検討できます。

7　関係機関との連携・関与
・支援経過に応じて、関係諸機関との関わりの内容をそのつど明記してください。
→できればエコマップを添えてください。

4．考察【→身体化2】
この事例を自分なりにまとめてみる過程や終了後、アセスメント面接やその後の支援過程で何を発見したか。
・「提出理由」で書いた内容を意識して書いてください。

・今後の検討課題や方針などもここで記述してください。
・さらに事例提出者としては、どのような点について皆で検討してほしいかを書いてください。

5. 事例報告

事例検討会で報告する際には、一度援助者の身体から出して客体視したもの（提出事例）を、もう一度援助者の身体に入れて通過させながら音声言語として身体の外に出す、という過程を踏みますので、さらに新たな気づきを得ることができます。身体に入れたときに、再度実践されたことがリアルに甦りますので、行間――知的な作業では落としていたこと――が浮かび上がってくるからです。【↑身体化3】

さらに、検討のなかでスーパーヴァイザーや参加メンバーからの質問に報告者が応えていく過程では、言語やそれに伴う感情は身体の中から発せられますので、またまた新しい発見が可能です。

このように「実践事例を書く」作業およびスーパーヴィジョンや事例検討会は、臨床実践を熟成させていくための手立てとして有効です。

スーパーヴィジョンや事例検討の方法はいろいろありますが、私たちが20年近くかけて築き上げてきた「OGSV（奥川グループスーパーヴィジョン）モデル」もライブ形式による方法で、効果的です。（※1）

［留意事項］

★もし、以上のように書くことが困難だったり、自分の援助スタイルに合わないようであれば、ご自由に書いてくださって結構です。

★ここで提示した項目は、ケアに関わる援助職者が相談援助機能を発揮しようと志すときに必要な、クライアントに関する「情報収集の枠組み」に添ったものですが、事例の状況によっては必要のない項目も多々あります。
★ですから、すべての項目を記述する必要はありません。事例の特徴に照らし合わせて、必要な項目を選択してお書きください。
★作成している時点でわかっている範囲で記述してください。

【註】
※1 「OGSV（奥川グループスーパーヴィジョン）モデル」について：基本的な考え方や枠組み、進め方などは『対人援助におけるスーパービジョン「OGSVグループスーパービジョン実践モデル」～対人援助の基本的視点とスーパービジョン実践の基礎～』（奥川幸子監修・OGSV研修企画・2001年）に紹介されています。

参考
相談援助面接に必要な〈治療的コミュニケーション技術〉

本書のなかでも再三申し上げていますように、コミュニケーション技術はクライアントを理解するための重要な手立てです。しかし、援助者側に目の前にいらっしゃるクライアントを理解しようという姿勢と基本的な人間理解のための知識がなければ、せっかくの技術も生きません。それも〈ダイナミクス・関係と動き〉のなかで駆使されるコミュニケーションは、援助専門職の場合は全過程において援助的であることが要求され、面接のなかでクライアントを〈手当て〉するためには、〈治療的なコミュニケーション技術〉の習得が必須です。

援助者はクライアントと同様に、彼らに生じている解決しなければならない問題から逃げてはいけませんし、きちんと対峙できるようにクライアントを支援することが大切です。「はい、はい」「あなたのまるごとすべてを受け入れます」が受容ではありません。また、〈共感〉も援助者側に基本的な視点や知識・技術、専門職の価値観に裏づけされた態度が備わっていませんと、不可能です。要は、目の前の人をなんとか理解しようと努める姿勢が相手に物語っていただくような聴き方につながり、そのことがクライアントを尊重する姿勢を貫くことになります。さらに援助者側の身体に生じる「何で?」「なんとかして目の前のかたを支援したい」という気組みが、結果的には〈コミュニケーション〉の方法に工夫をこらすことを招き、自ずとその技術も上達する、というのが私の実感です。

なお、コミュニケーション技術は単独で検証や修練を重ねるよりは、本書の第3部第4章で紹介した「実践事例を書く、自己検証してみる」のなかでも提示してありますように、臨床実践全体を検証する流れのなかで、「逐語記録」をもとに検証・研鑽したほうが実践的な訓練につながります。

目の前のクライアントの「何を」理解しなければならないのかを援助者側がわかっていなければ、次の言葉は出てきませんし、「どこを手当てしなければ、目の前のクライアントは今の状況から浮上できないのか」を理解していなければ、〈手当て〉の言葉も湧き上がってはこないからです。アセスメント力と治療コミュニケーション技術は車の両輪の関係にあります。

私たちの実践は、「いかにクライアントが生きている世界に添ったストーリーを物語れるか、それもクライアントと共通の認識にまで迫れるか」にかかっています。そのために重要不可欠なもののひとつとして〈治療的なコミュニケーション技術〉を磨く必要があるのです。

ここでご紹介するのは、いくつかの先行図書（※参考図書1＆2＆3）を参考にしながら、私の臨床実践を踏まえたうえで、相談援助面接に必要であると考えられるさまざまなコミュニケーション技法を整理したものです。他領域との関連では、カウンセリング領域で、クライアントとの相互交流を深め、さらに意図的で円熟した能力を開発する手立てになるコミュニケーション技法について開発された「マイクロ技法」があります。（※1）

相談援助面接では、カウセリング能力は要求されています。しかし、心理臨床家が実践するカウンセリングとはその目的や方法、到達目標はかなり異なっていますので、そのままのかたちでは活用できません。が、本で著されている「マイクロ技法の階層表」は技法の階層がわかりやすく分類されていて、言葉の使い方の違いがあっても参考になります。また、以下にご紹介する私の整理のなかで、「3．援助・治療的技法」のいくつかが、マイクロ技法のなかの「積極技法」とは活用のしかたが異なっていますので、その点については但し書きをつけてあります。

また、相談援助面接に必要な言語技術として整理されたものに渡部律子氏の「面接における言語反応のバラエティ」（**※参考図書4**）がありますので、ご参照ください。

［註］

※参考図書1　『マイクロカウンセリング～〝学ぶ―使う―教える〟技法の統合：その理論と実際』（アレン・E・アイビー著／福原真知子他訳編・川島書店・１９８６年）

※参考図書2　『面接のプログラム学習』（D・エバンス、M・ハーン、M・ウルマン、A・アイビー著／援助技術研究会訳・杉本照子監訳・相川書房・１９９０年）

※参考図書3　『援助の科学（サイエンス）と技術（アート）』（カロリン・クーパー・ヘームズ、デール・ハント・ジョーゼフ著／仁木久恵・江口幸子・大岩外志子訳・医学書院・１９８５年）

※参考図書4　『高齢者援助における相談面接の理論と実際』（渡部律子著・医歯薬出版・１９９９年）「表12　面接における言語反応のバラエティ」１６７～１６８頁

相談援助面接で駆使される治療的なコミュニケーション技術一覧

1. コミュニケーションを促進させる技法

(1)面接をオープンな雰囲気で始める：面接を開始するとき、クライアントが自分から話を切り出せるように導入する。

①面接者の導入語句：クライアントと対面し、自己紹介をするときに必要

◇場と状況によって面接者の導入のしかたは千差万別であることに留意する。

②面接者がオープンで開かれた態度を備えていること。

◇相手をくつろいだ状態にもっていく手法は、面接者自身の各々の個性を生かした方法を考案することが大切←巻末コラム03参照

(2)応答：促し

①促し(a)：クライアントが話しやすい状態にする、話を促進させる。

〈あいづち〉言語と非言語による

◇ここでは、できるだけ肯定的な反応を。

◇イントネーションや表情により、促す意味が異なってくる。この言語や非言語の技術も面接者の個性

を考えて、相手に好感を抱いてもらえ、はっきりと意思が伝わるような方法を各自が考案していくことが重要。

★注意！：いかにも「聞いていますよ」といった、わざとらしくやらせっぽいあいづちは嘘っぽくなる。真剣に身体を寄せれば、自ずから表情と促しのことばは湧きでる。

②促し(b)：アクセントをつける：相手の言ったことの一部を〈繰り返し〉たり、質問している声の調子で伝える。

《効果》

◇面接者（聞き手）が、クライアントの話をちゃんと聞いていること、相手の話に関心をもっていることを示す。面接者が自分の話に関心をもっていることがわかれば、クライアントはもっと話そうと思い、言葉数も多くなる。クライアントが自分が置かれている状況や悩み、不安など、相談したいことの内容を意識化できているときは、この『あいづち』だけで、豊かな情報が入ってくる。

◇自分のことを低くみなしている（自己評価が低い）か、いつも他人からなんらかのマイナス・メッセージを浴び、あきらめ半分の気持ちで話す人に対しては、相手の目を見て、温かい態度で『あいづち』をうちながら聴いていけば、こころがほどけてきて、話そうというモチベーションを高めることができる。

★注意！：「促し」の技法だけでは1時間、2時間とたってしまいます。相手の感情や認知力に焦点を当てた〈明確化〉や〈反射〉、相談援助面接場面で最大の手当てになる〈保証〉などを併用していかないと、相手の〈カタルシス〉を呼び込めないので、対処策も生まれてきません。

☆ただし、第1部第1章第4節1＆2で紹介した生きる強さや力があるクライアントたちのなかでも、彼らが陥っている問題状況の中核が精神的悩みである場合は、この「促し」技法だけで、相手が語りながらご自分の問題整理をしてくれることがあります。その場合でも、面接者の理解度は〈繰り返し〉方ひとつで相手に十分に伝わってしまうので、面接者に一番必要なものは、「クライアントが生きている世界でいかに理解できるか」にあります。

③〈言い換え〉：相手が自分の置かれている状況を知的・認知的に深く考えるための気づきをもたらす。
（内容・事実、さらに意味の反射）

◇この場合は、相手の話している内容を変えずに面接者自身の言葉で語る。

◇どちらかといえば明確化の範疇に入る。

(3) 質問

①不明な点を聞き返す：〈明確化〉→事実（内容）とクライアントの認識のしかたを確認する。

〈例〉「もう一度そこのところを詳しくお話しください」〈直接的な開かれた質問〉

「そこのところをもう少しお話ししていただけませんか？」

◇事実（というよりクライアントの認識のしかたの）確認
〈繰り返し〉および〈（内容を指定した）開かれた質問〉や〈言い換え〉

(4) 関心を寄せる

◇面接者が十分にわかっていないことや、詳しく知りたいと思っていることをクライアントに伝える。
（内容に関心をもっていることが伝わる）

◇言葉と表情の両方を一致させて使うと、もっとも効果的な『促し』になる。
★注意！
・クライアントの話が飛んだとき→クライアントが話したくないか、クライアントにとって不都合な事項などは、意識的に、あるいは意識せずに蓋をしたまま、話をジャンプさせてしまうことがあります。そういう場合は、かなりクライアントの問題の核心に近いか・秘密にしておきたいことが多いので、むやみに話すように迫ることはかえってまずい結果を招きます。ときによっては、『秘密の扉』（※1）を開けてはいけないこともあります。

［註］
※1　「秘密の扉を開けるときは覚悟がいる」：『未知との遭遇』第1部第2章－Ⅴ30～35頁

(5)〈感情の反射〉：クライアントが示している直接的、あるいは間接的に表現されたさまざまな感情を、適切な表現（言語や非言語）を使って相手に返していくこと

◇クライアントが発した言葉を単にオウム返しに言うのではなく、クライアントの言葉や姿勢・声の調子・話す速度などに注意を払って、「こころやからだの叫び」を聴いて、適切な表現（援助者の言葉や行動）で返す。
★注意！
・相手の年齢や性格、置かれている状況によっては、感情の表現を避けようとする人たちも少なからずおり、日本人にはとくに多いと実感しています。たとえば、防衛機制が強い状況にあるかたの場合は、

ご自分の感情面を他者に悟られたくないと思っていらっしゃるかたが多く、下手にこちら側が反射してしまうと気まずい思いをさせてしまい、その場の空気が一瞬冷え、相手の身体は扉を閉めてしまいます。そのような場合は、一般論で返すと直接的ではなく、柔らかな反射になります。

〈例〉「多くのかたは、あなたのような状況に陥られたら、……のようなお気持ちになられるようですね」

(6)〈沈黙〉の肯定的な活用：クライアントが自分の考えをまとめていたり、話をどう切り出そうかを考えているときなど

《効果》

・沈黙も時としてコミュニケーションの促進につながります。相手がことばを探しているときに、下手なことばをかけてしまったら、面接が台無しになってしまいます。

・相手は、ことばに詰ってもちゃんと待っていてくれるという安心感をもち、話したいことを整理する余裕を提供できます。気持ちが高ぶったときでも、落ち着くまでの余裕ができます。

★注意！：地雷を踏んでしまったとき

・気まずい沈黙もあります。相手にとって一番ふれてほしくない事項や感情を呼び覚ましてしまったようなときは、さりげなく話題を変えます。また、相手に力があるときは、事態が急展開することもあります。

・相手を怒らせてしまった場合の沈黙もあります。タイミングの悪いときに急所・とくに弱味にふれてしまったり、相手の葛藤内容の気持ちにそぐわない方向の感情にふれるような応答をしてしまったときなど。→たとえば、ビデオ「電話によるインテーク面接のBの対応例」（※1）このようなときは、

すぐに詫びて、軌道修正に努めます。

［註］

※1　『ビデオ・面接への招待』（奥川幸子・渡部律子監修・中央法規出版）

2. 情報を効果的に収集する技法

(1) 質問のしかた：（前項の(3)質問も参照）

①〈開かれた質問〉：クライアントが自分の言葉で自由に表現できるような質問

◇以下のようなときに有効

・面接を始めるとき、クライアントがオープンに話を始められるような雰囲気をつくれる。

・クライアントが置かれている状況がまだ、十分にわかっていないとき。

・クライアントのことを広く、全体的に知りたいとき。

《効果》

・クライアントが質問事項のどれから話しだすかによって、クライアントの思惑や優先順位、ひっかかっている事項がわかる→クライアントが何を想起して話しだすか。クライアントの表現力や知的能力も伺え、アセスメント情報の材料になる。

◉クライアントが初めて相談に見えたときや依頼してきたとき、初回に行なうインテーク面接では、導入はいろいろだが、たとえば挨拶や自己紹介が終わったあと、落ち着いて話を聴く態勢が整ったときは、以下のように入る。

「ところで、どうなさいましたか?」

「今日、おいでになられたのは?……」

◉相談援助場面では、基本情報としてクライアントから伺いたい事項があります。そのようなときの聞き取り方としては、教えてほしい事柄について指定したとしても、自由に応えられるような聴き方を工夫します。

〈例〉「生計はどのように立てていらっしゃいますか?」

資産から話す人はまずいません。導入は〈開かれた質問〉から入り、その後の質問は確定情報を引き出したいので、〈閉ざされた質問〉に近くなります
※「年金です」↓どのぐらい?、失礼でなければ教えてください↓「3万円」↓そのほかには、どのように足していらっしゃるのですか?↓「利子で」
↓『未知との遭遇』《事例:ムッとしていた看護婦さん》の186~188頁の面接者の引き出し方参照
② 〈閉ざされた質問〉:クライアントから正確な情報を引き出したいときや、問題を限定する必要があるときに用いると有効な方法
◇アセスメント項目については確定的な事項を聞き取らなければならないが、きちんと確かめるときに効果的な質問↓病名、かかりつけの医療機関、主治医の名前、時系列を追った病歴、住まいの間取りなど、確定情報を必要としているとき

〈例〉「病院にはかかっていますか?」という質問や「それは、いつ頃から始まりましたか?」といった質問のしかたをすると、相手は、「はい」「いいえ」や「一年前からです」といった明らかな答えを返してくれる。

《効果》

・話下手なクライアントの場合は、尋問調にならないように気をつけながら使用すると、相手が助かる場合があります。

・相手の認識や記憶、表現が不確かな内容の確認をしたいとき

・事実であることの確認をとりたいとき、つまり、クライアントの「裏の感情」と「事実に基づいていない事項」を区分けする場合にも有効

★注意!:効果的な質問のしかた

クライアントから発せられる情報はすべて個人情報なので、面接者が尋ねにくい事項はクライアントにとってもも応えにくい性格の内容が多い。このようなとき、面接者はクライアントを手当てしながら質問して情報を引き出していく。第1部第1章第4節の記述や拙著『未知との遭遇』の事例を参考にしてください。

(2)明確化する:クライアントが表現している「事実や考え、情緒などの情報」が、あいまいなときに(※1)、クライアントが本当に言いたいことや訴えたいことが何なのか(※2)を明確にしていくために使う技術

[註]

※1　クライアントは誤った情報をもとにして、あるいは推量や思い込みで認識していることを表現していないか。

※2　クライアントの表現（言葉や全身の表情）の裏側にあるものがなにか。たとえば言葉にならない想いや言葉にできないクライアントが陥っている現実など。

◇クライアントの話を面接者が理解しているかどうかをチェックするときや、クライアントの考えを具体化するときに役に立ちます。

◇クライアントの問題の中核に迫るために焦点を合わせていくときにも重要な技法。

◇相談援助面接においてアセスメント面接を実施する際には、この〈明確化〉の技術が要になります。

①〈効果的な質問〉：「いつ、どこで、だれが、何を、どのように、した（感じた、考えた）か」をくっきりとさせることが重要

②〈繰り返し〉：ここが重要な点であることをクライアントに示す→認知面への働きかけにもなり、筋道を立てたい面接のときに有効

③〈言い換え〉：クライアントが話したことを別の言葉で言い換えてクライアントの話したことの確認をとる＝〈内容の反射〉

★注意！

・面接者は簡単に「わかった」つもりになったり、早とちりをしないためにも、この〈明確化〉は大切です。

・③の場合は、面接者の解釈を入れないように注意します。

・焦点の当て方が鍵です。

(3)まとめ（要約）をする：共通認識する、確認する、まとめる。

・クライアントがある程度の量の発言を行なった後に、それを面接者がまとめること

◇クライアントがある程度の情報を語り終え、面接を終了させるときや、面接をある段階から次の段階へ移行させたいときに、それまでの面接の内容を面接者がまとめて、クライアントとのあいだで面接のテーマを確認したり、修正したりして、共通認識することが重要。

①主訴を確認するとき：クライアントの第一声が長く、かなりの分量を話されたときは、面接者側が理解した内容を要約して、これから行なう面接の目標設定を共通認識するために行なう。〈長い《言い換え》〉

②面接を展開させるとき：ある段階から次の段階へ移行させたいときに、それまでのストーリーの重要な点を面接者がまとめることによって、クライアントとのあいだの課題を確認したり、面接者の理解のしかたでいいかの確認をする。クライアントは安心して次の課題へ進める。

③面接を引き締めるとき：面接が冗長になったときに、面接者がそれまでの話を要約したうえで、面接の流れによっては課題設定したりして、面接を構成していく。

④面接を終了するとき：必ず要約を行なって、クライアントが置かれている状況への面接者の理解がクライアントのリアリティに添ったものかどうかを確認する。クライアントに修正の機会を渡すことが重要。

⑤継続面接をするとき：前回の面接の内容や課題を確認することから入って、クライアントがその間に考えたり実行したことを確認する。

《効果》

・クライアントと面接者双方の認識の違いを修正できる絶好の機会が〈要約〉をするときです。
・要約することで、面接者は自分が相談者の言いたかったことを正確に聴けていたかを確認でき、クライアントは間違いがあればそれを訂正する機会が与えられることになります。
・〈ニーズや対処策〉を承認できることは、クライアントに安心を与えます。
・次項との関連で、この〈要約〉をする際に〈反射〉や〈明確化〉をしながら行なうと、よりクライアント理解が深まり、その結果、クライアントにとっては、「面接者に十分に理解してもらえた」という納得や充足感につながります。
★注意！
・面接者は自分の言葉（言い換えた言葉）で要約すること。
・電話相談の場合は、電話を終了する前には必ず、この要約を行なう。

3．援助・治療的な技法

(1) 良好な援助関係を形成するために

①自己を提供する：クライアントに対して、面接者が有する専門的な知識・技術を、援助専門職として身につけてきた態度を通してできるかぎり自己を提供する。
◇ここでは、面接者がそれまでに培ってきた「専門的な視点、知識・技術」に裏打ちされた態度（存在）そのものが発するもの（オーラ）も含みます。
〈参考〉拙著『未知との遭遇』の事例のなかの記述（２３０〜２３３頁・ここ一番のアセスメントや信

頼関係形成の機会は、時間外でも万障繰り合わせて都合をつけるようにして、クライアントに寄り添うことの意味について記述）

②自己を開くこと：開放的な雰囲気のなかで、援助者の経験が生きるときに使用する。

◇同じ悩みや障害を抱えている仲間同志がグループで支え合う場面（セルフヘルプ・グループ）では有効に作用するが、援助者との個別面接場面ではめったに使用しません。

★注意！

・この技法は一般的な援助関係に流れやすいので、簡単には使えません。

・クライアントが置かれている状況と援助者の状況や性格、対処方法の違いを考慮して活用します。たとえば、援助者自身が病気や障害を克服した経験を開示してクライアントを励ましたつもりでも、クライアントにとっては苦痛に感じていることが多々あるようです。

(2)面接による直接的な援助

①〈情報提供〉：クライアントが置かれている状況を的確に把握したら、対処または解決法を情報としてクライアントに提示する。

◇援助専門職が行なう情報提供は、情報サポートであることに留意する。

・本書の表5およびコラム4で紹介している〈情報サポート〉とも関係している技術

↓個別支援計画を策定しなければならない業務に就いている相談援助職者（施設や機関のソーシャルワーカー）や訪問看護職、主任ホームヘルパーなどにとっては、命綱ともいえる技法

②〈助言〉：問題の解決に役立つと考えられる方法を述べること

◇〈情報提供〉と同時に行なわれることが多く、〈情報提供〉は、面接者の価値観を介在させないのに対して〈助言〉は、助言した人の価値観が含まれる。

★注意！

・クライアントの話を十分に聴き、クライアントが置かれている状況を十分に理解したうえで、慎重に行ないます。

・例外的な場合を除いては、一方的・断定的に話してはならない。相手が選択できる基盤を整えたうえで助言することが重要

(3) より治療的な援助

①〈保証〉：クライアントの問題（課題）に対する考え方や対処（解決）のしかたを承認してクライアントに安心を与える

◇私は相談援助面接の場面では、もう少し〈保証〉の範囲を広げて考えています。たとえば、どのような状況にあるクライアントでも、必ず素敵なものをもっています。それを見つけて本当のことで誉めたり、認めることが、マズローでいう〈承認欲求〉を面接そのもので手当てすることにつながります。クライアントが潜在的に有している「生きる強さや力」を引き出すためにも、この〈受容的共感的理解〉に通じる手当ては相談援助面接の全過程において大切な技法になります。

◇コラム4で紹介したように、相手の琴線にふれる（迫る）までやらなければ効果がありません。そのためには、〈保証〉する箇所ははずせません。図2の2にあたる〈問題の中核〉を的確に洞察できる

ことが鍵です。

☆　☆　☆

以下の②③④は、『マイクロカウンセリング』（※参考図書1）によれば積極技法に位置付けられていますが、私の現在の相談援助実践をふまえて若干修正しています。

②〈論理的帰結〉：クライアントの行動によって起こりうる結果を、良否にかかわらず伝えること。

◇クライアントに自分の行動の結果を気づかせ、将来に向かっての選択をさせる。

（※参考図書1の125〜127頁を参照）

↓相談援助面接への応用：ケアマネジメントや退院計画策定のためのアセスメント面接では、クライアントのアセスメントを実施しながら、同時並行でケアプランを策定していきますが、その際に、クライアントに対しては、専門職による情報提供を随時行ないながら、クライアントがご自分で考える材料を渡していきます。これらの過程および、最終的な退院、または居宅サービス計画を複数提示する際に、各々のプランを選択したときの将来予測をプレゼンテーションするときにこの技法が有効

②〈自己開示〉：面接者の考えや感じたことを、クライアントに伝える。

クライアントの自己開示を促し、クライアントの行動変容のためのよいモデルとなる。

（※参考図書1の116頁）

↓ここでいう〈自己開示〉の技法は、認知能力および対処能力が高いと見積もられたクライアントに対して、クライアントが自分に生じている問題を十分に語り終えたと同時に、面接者がクライアントの問題の中核に対して、面接者の考えや感じた点を端的に開示するだけで、クライアントが自分が陥っていた悩みの中枢を角度を変えて再認識することができ、解決方法を自ら発見でき、行動化できるだ

けの力を引き出せる効果があります。ただし、その地点に到達するまでの面接者の〈促し〉や〈傾聴〉が土台を整えるためには重要です。

④〈フィードバック〉：面接者あるいは第三者がクライアントをどうみているかというデータを与えること

◇第三者がクライアントをどうみているかというデータを用いて、自己探求、自己吟味を促すねらいのもとで活用する**（※参考図書1の116頁）**

↓相談援助面接技法では、自己開示に近い活用のしかたをしますが、ここで支援や賞賛〈評価的フィードバック〉が加わると〈保証〉になります。

⑤〈解釈〉：クライアントがどうしても言葉で表現できないこと（本当は言いたいが言えないか、的確な言葉で表現できない）を面接者が言語化すること

◇この技法は、対人援助専門職の各々の専門性によって、かなり使い方や考え方が異なっています。相談援助面接の場面では、めったに使用しません。

★注意！

・クライアントと面接者とのあいだに良好な援助関係ができていないか、その解釈の確実性に不安があるときは、絶対に使用しないこと。

・クライアントの話を十分に聴く前に使用しない。

⑥〈対決〉：面接者がクライアントに対して、言語あるいは非言語的な行為に含まれた矛盾点を気づかせる高いレベルの技法

◇この技法も面接の重大なターニングポイントで使用され、クライアントのもつ強さや力を確信し、必

ず成功すると面接者が信じたときでないと危険です。

《効果》

・相手の自律・自立をうながし、自己決定を迫る
（相手が力を出そうとしている※）
・相手に強さを求める
・真のパートナーシップを組む

――ときなど、一回の面接または支援過程のなかでの「ここ一番」の決め時に使用すると効果的な技法

★注意！

・相手に迫るときは、援助者側も責任を共有することになる→これが専門職としての倫理感です。
・相手に心と身体の準備段階が整い、援助関係が成立しているときでないと成功しません。
・相手の強さに対するアセスメントがきちんとできていることが前提になります。

［註］

※参考：『未知との遭遇』の75頁に〈対決〉の場面を書いています。

巻末コラム

01 個人情報のもつ意味について
――レイモンド・チャンドラー『湖中の女』より

レイモンド・チャンドラーの『湖中の女』（清水俊二訳・ハヤカワ文庫）は、私立探偵フィリップ・マーロウシリーズのなかでは、私立探偵と依頼人や探偵活動中に関わった人物たちとの会話や情景・人物描写に絶品の風景がちりばめられていて、対人援助に携わっている筆者には刺激を受ける場面が沢山ありました。そのなかの本書と関係した部分をここで紹介したいと思います。

私立探偵と私たち対人援助職の情報の集め方は、その方法が当然異なります。前者は、小説のなかの生身っぽい不死身のヒーローですし、殺人をはじめ犯罪がらみの事件がからんでいますので、おどしたりすかしたり、腕力にものいわせたりと、人道上からみてもすれすれの路線で、相手のふところに踏みこんで自分が欲しい情報をとっています。しかし、マーロウには、探偵というより男（人間といいたい）としての生き方哲学がありますので、そこに駆け引きはあっても相手をだましたり、ずるはしていません。

一方で、私たち対人援助職にあるものは、クライアントの個人情報を聞かせてもらわなければならないときに、面接を始める際の約束事として、または面接の途中でクライアントがためらっていると察知したならば、「お話しされたくないことはお話しされなくても結構です」と繰り返しメッセージを発信します。しかし、クライアントによっては、話すつもりがなかったことをその場の流れやなりゆき、感情の昂ぶりにゆだねて思わず話し（すぎ）てしまうこともあります。援助者のほうでは、「こんなことを聞いていていいのか」と、戸惑いつつも、つい聞きすぎてしまう事態に遭遇することがかなりあります。

このようなとき、置かれている立場や状況の違いがあっても、「個人の秘密を話してしまった・聞いてしまった」話し手と聞き手の思いには、探偵小説であろうが対人援助専門職の場合であろうが、共通したものがあります。とくに他人に弱さや私事をはからずも話してしまった当人の気持ちが、当初の「聞いてくれてありがとう」からその後の面接の展開によっては後悔へと反転するところなどは、十分に気をつけなければなりません。

クライアントが自分の私事を物語りはじめたとき、個人情報のもつ意味と深さや、そのデリケートな性格にいつも注意して、面接の目的に沿わないようであれば聞きすぎないような配慮も必要です。

以下の引用部分では、とくに聞き手であるフィリップ・マーロウの感受性とブレのないスタンディングポイントに、初めて出会った他人に自分の秘部を見せてしまったような感を持て余しつつ話してしまう話し手（フィリップ・マーロウが訪ねた別荘の管理人）の心の内を描写している場面に注目できます。

《期せずして、情報を取りに訪問した相手に心情を吐露されたわれらがマーロウは……》

私立探偵のフィリップ・マーロウは、一カ月前に姿を消した会社社長（キングズリー）の妻の行方を追っていました。メキシコで結婚するという電報が来ていましたが、情夫はその事実を否定していました、そこで、湖のほとりにある夫人の別荘へ足を運び、管理人に会いに出かけました。

その管理人は、夫婦で別のキャビンに無料で住み込み、土地を管理しているのですが、身体に障害がある在郷軍人で、恩給をもらってます。実際会った男は、きつい顔のたくましい体格の男でした。

はじめは依頼人からの紹介状を差し出し、握手をして管理人が話すままに会話をつなぐための質問をし、話の流れのなかで依頼内容にふれるような箇所にきたときにいきなり、カウンターパンチ。意表をついた、でもピタッとはまっている問いかけを食らわしました。

数週間前、山を降りたという夫人のキャビンについてのマーロウの反応に不自然な態度で応じた管理人の「ほんとうにいいキャビンなんです」の言葉に、いきなり「ベッドのぐあいがいいのかな」と尋ねたのです。このような切り込みかたは、その洞察が当たっていないと功を奏しません。マーロウはハードボイルド探偵小説のヒーローですから、いつも当たっています。察知能力抜群なのです。私たち対人援助職は、内容もさることながら軽はずみにやってはいけない方法です。

この後しばらく絶妙な会話の応酬が続きますが、ゆうべだいぶ飲みすぎたという管理人へマーロウが勧めた小道具のライ・ウィスキーが登場する場面から先を引用させてもらいます。

私は壜のキャップをとって、彼のグラスにたっぷり注ぎ、私のグラスには少なめに注いだ。私たちはグラスを合わせて飲んだ。彼は酒を舌の上で転がして、かすかな笑いが彼の顔にささやかな明るさをもたらした。

「こいつはいけるな」と、彼はいった。「ときどき、どうしてこんなになっちまったのか考えるんですよ。ここに一人っきりでいれば誰だって淋しくなる。仲間はいないし、ほんとの友だちがいない。女房がいない」**彼は言葉をとめて、視線をちらっと横に向けた。**「**とりわけ、女房がいないのがね**」

私は小さな湖の青い水をじっと見つめた。水面に覆いかぶさった岩の下で魚が一尾、きらりと光って姿をあらわし、さざ波がまるくひろがっていった。軽い風が松の梢《こずえ》を動かし、水辺に静かにうちよせる波のような音を立てた。

「女房は私を捨てて出ていったんです」と、彼はゆっくりした口調でいった。「一カ月前のことで、六月十二日の金曜日だった。あの日は忘れられない」

私はからだを硬《こわ》ばらせた。だが、彼の空《から》のグラスにウィスキーを注ぐだけの余裕はあった。六月十二日の金曜日はクリスタル・キングズリー夫人がパーティに出席するために街に出てきたはずの日だった。

「だが、こんな話、聞きたくないでしょうね」と、彼はいった。彼の輝きを失った青い目の中には話したくてたまらない気持がはっきり現われていた。

「私にかかわりのある事じゃないが」と、私はいった。**「君が少しでも気がすむのだったら……」**

彼ははっきりうなずいた。**「男が二人、公園のベンチで出会う」**と、彼はいった。**「神様について話を始める。そんな事、見たことありますか。一番仲のいい友だちにだって神様の話なんかしない男達がですよ」**

「わかってるよ」と、私はいった。

彼はウィスキーを飲み、湖の水面を見渡した。「あの女はとてもいいやつでした」と、彼は低い声でいった。「ときどき、とげのあることをいったが、いいやつでした。私とミュリエルは一目《ひとめ》惚れでした。会ったのはリバーサイドのある店でね。一年三カ月前のことです。ミュリエルのような女がいるとは思えない店でした。私たちは結婚した。私はミュリエルを愛してました。夢中でした。だが、私はあの女にはふさわしくないくだらない男でした」

私は私がまだここにいることを知らせるためにからだを少々動かしたが、その場の空気を乱したくなかったので何もいわなかった。手をつけてない飲物を持ったまま、**黙って座っていた。**飲むのは好きだが、**私を日記に使っている人間がいるときには飲みたくなかった。**

彼は淋しそうに話を続けた。「あんた、結婚ってものがどんなものか知ってなさるだろう——どんな結婚だって同じさ。しばらくたつと、私のような男は——私のようなどこにもいるような男は女の脚にさわりたくなる。ちがう女の脚にね。いいことじゃないが、そういうものなんでね」

彼は私を見た。私は彼がいっている事をどこかで聞いたことがある、といった。

彼は二杯目のウィスキーをぐっと飲んだ。私は壜を彼に渡した。一羽のアオカケスが翼を少しも動かさず、バランスをとるために止まろうともせずに、松の木の枝から枝へととびうつっていった。

「そうなんでさ」と、ビル・チェスはいった。「このへんの人間はみんな頭が少々おかしい。私もそんなふうになってるんです。私はここにいて、家賃を払わなくていいし、年金の小切手が毎月とどくし、恩給の半分が戦時国債になってるし、結構な身分なんです。そのうえ、めったにお目にかかれないかわいい女と結婚している。それなのに、いつもバカなことをしていて、それに気がついていない。あれのおかげさ」彼は湖の向こう岸のアメリカスギのキャビンを指さした。キャビンは遅い午後の太陽の中で黒ずんだ濃い赤の色をみせていた。「あの家の前の庭で」と、彼はいった。「あの窓のすぐ下で、私には一枚の草っ葉とおんなじの自堕落《じだらく》な女がはでなかっこうをしてるんです」

彼は三杯目のグラスをあけて、壜を岩の上にていねいにおいた。シャツからタバコを一本つまみ出し、親指でマッチをすって、たてつづけに煙を吐いた。**私はカーテンのうしろの泥棒のように音を立てずに、口を開いたまま呼吸《いき》をした。**

「だって、そうでしょ」と、彼はしばらく間《ま》をおいてからいった。

……（その女キングズリー夫人との浮気の様子についての話）……

彼は言葉をとめて、私をじっと見つめた。

「あんたはベッドがぐあいがよかったかと私に尋ねて、私が怒った。あんたに悪気があったわけじゃない。いろんなことを思い出させたんだ。はっきりいっておくよ——あのベッドはぐあいがよかった」

彼は話をやめた。**私は彼の言葉を空中にただよわせておいた。言葉はゆっくり落ちて消え、後に沈黙が残った。**

……（彼の女房が手紙を残して家を出ていった話が続き、浮気の相手（依頼人から行方の探索を依頼されたキングズリー夫人）の動向をマーロウが尋ねて、話が一区切りついたところで）……

彼は立ち上がって、ポケットから鍵をとり出して振った。「そんなわけで、あんたがキングズリーのキャビンを見に行きたいのなら、誰もあんたを止めません。**くだらない話を聞いてもらってありがとう。**それから、酒をありがとう。これは返しますよ」彼は壜を拾い上げて、いくらか残っている酒を私に返してよこした。

……（ところが、マーロウがキャビンの寝室に入って夫人のクロゼットを見たときに、夫人が行方不明であることを知らされた管理人が怒りをあらわにしていった）……

彼は拳《こぶし》を両わきにおろし、ゆっくり腰におしつけた。「デカだね」と、彼はうなるようにいった。「最初に頭にうかんだことにまちがいはないんだ。**うっかり何もかもしゃべっちまった。へまなことをやったもんだ。俺はとんでもねえたわけさ**」

「人間を信じるってことはりっぱなことだと思うがね」私はそういって、彼のわきを通り抜け、台所に入った。

……（用件（キングズリー夫人の部屋を一通りみせてもらった）がすんで）……

彼が鍵をかけ終わって、むずかしい顔を私の方に向けたとき、私はいった。

「私はあんたに、あんたの心臓をひっぱり出して私の目の前でしぼり上げて見せてくれと頼んだわけじゃないが、それを止めもしなかった。私がいま見たことよりもっと多くのことがあるのならべつだが、そうでないかぎり、キングズリーは夫人があんたをくどいたことを知る必要はないんだ」

引用した描写と会話は、すべてコミュニケーションの技術的視点から解説できますが、それをしてしまうとせっかくのレイモンド・チャンドラーの匂いを台無しにしてしまいますので、ここで止めておきます。

巻末コラム
02
探偵小説にみるクライアントと私立探偵のやりとり
──その1・初対面の依頼人

■私立探偵アレグザンダー・ラッシュと依頼人グレイの服の男：ダシール・ハメット「殺人助手」より
（『スペイドという男　ハメット短篇集2』・創元推理文庫・190〜192頁）

……（登場する私立探偵の部屋の様子や風貌の醜悪さを延々と述べています）

両足をデスクの上に投げだし、椅子にふんぞりかえっている醜悪な四十男──それが、彼、アレック・ラッシュなのだった。

（作者の目で記述されていますが、クライアントが入ってきました。ドアの外で待っているときの様子から面接者の観察は始まっています）

金文字で名前のかかれたドアがあいて、一人の男が部屋にはいってきた。デスクにむかっている男にくらべると、十歳は若いだろう。まあ、おおざっぱにいって、なにもかもが正反対とみてさしつかえなかった。かなりの長身で、すらっとした体格、色白で眼は茶色、鉄火場にいようが美術館にいようが、同様に目立たないだろうと思われるタイプだ。身につけているものは──服も帽子もグレイだったが──まだ新品で、きちんとプレスがゆきとどいていた。顔のほうも万事ひかえめで、わずかに口もとの肉の薄さが──神経過敏な性格をしめし──紙一重で美男子の栄を逸しているあたり、みごとというほかはなかった。

男はつかつかと部屋へふみこんでくると、ためらいがちに、その茶色の眼を、貧相な家具類から醜男《ぶおとこ》のあるじへとうつした。すまなそうな微笑が口のはたに浮かんできた。〝失礼しました、部屋をまちがえたようです〟とでも、いいたげな風情だった。

だが、やっと口をひらいたときの言葉は、ぜんぜんちがったものだった。さらに一歩踏みだすと、おぼつかなげに、こうたずねた。

「ラッシュさんですね?」

(傍点(は奥川が付けたもの)の部分は、クライアントの非言語コミュニケーションと言語コミュニケーションの不一致をあらわしています。クライアントは、つかつかと部屋にふみこんできたくせに、ためらいがちに、眼をまず、家具(静的なものであるから、視線を当てられても反応がかえってこないので安全です)に移し、部屋にいる人間(どのような反応をされるかは、あらかじめわかりません、ゆえに不安をかきたてます)へ寄せてなお、その人間をラッシュ(探偵)と確かめようとせずに、あたかも部屋を間違えたかのようにふるまっています。しかし、つぎにそのクライアントの口から放たれたことばは、探偵であることを確認するものでした。そのときも、からだを一歩踏み込ませたいきおいで、やっとの思いで第一声を発しています)

「そうですよ」

探偵はのどにつまったような、きつい嗄《かす》れ声でいった。またその語気を、氷のようにつめたい眼が強調していた。両足を床へおろすと赤い手で椅子をゆびさした。

(この探偵小説はハードボイルドなので、探偵はこのような表情や態度なのであって、いわずもがなでしょうが、探偵と対人援助職の態度や視点は異なります。ただし、クライアントが初めて援助者のところにおずおずとやってくる場合は、以下のような状況になる点では、私立探偵でも対人援助者の前でも同じ光景がみられます）

「まあ、おかけください」

グレイの服の男は、ひとまず椅子のはじっこに腰をのせた。

「さて、ご用件はなんですな？」と、アレック・ラッシュが愛想よくきいた。

「じつは、その、ぼくのおねがいしたいのは――」

男の言葉は、そこで尻切れとんぼになってしまった。

「お困りの点を率直におっしゃってください。そうすれば、こっちで判断できますから」

（この「お困りの点を率直におっしゃってください」のセリフは、クライアントの気持ちを楽にしますので、私たちの相談援助場面でも有効です。ただし、あくまでも、何を相談したいのか、何を解決しなければならないのかなどの課題を明確にできているクライアントに対してです。私たちがお目にかかるクライアントのなかには、「何に困っているのか」を明確に語れないかた達もかなりおいでです。後半は少々乱暴なセリフなので、まねをしてはいけません。こっちがクライアントの話を聴きながら判断はしますが、その際にはクライアントに対して援助者側の認識や判断を提示して、共通認識する作業を必ず入れるようにします。援助者のセリフは、「そうしていただければ、私のほうでもあなたの問題について、ご一緒に考えることができますから」になるでしょう）

探偵はそういって微笑した。

アレック・ラッシュの微笑には、ちょっと抵抗しがたい優しみがあった。微笑といっても、悪夢のなかにでてくるような恐ろしい渋面なのだが、そこがまた魅力なのだった。元来やさしい顔つきの人間が笑ったとしても、効果はすくないものである。つまり素顔と笑顔とで、受ける印象に大差がないからだ。ところが、このアレック・ラッシュが相好《そうごう》をくずすと、人喰い鬼のような仮面がわれて、残忍そうに充血した眼や野卑な義歯のおくから、およそ不似合な人なつこさがのぞき——相手の心をときほぐすような決定的な効果をあたえるのだ。

グレイの服の男は、これで気分を落ちつけて、ゆっくりとすわりなおした。

「ええ、そのほうがいいように思います。きのう、ぼくは……（と、依頼内容をとうとうと話しはじめた）」

（これもいかにもハードボイルド風の表現ですが、なかなかいけている表現だと思いませんか？　私たち援助職も初めて相談にきたクライアントをくつろがせ、安心して話しはじめられるようなものごしを身につけておきたいものです。そのためには、自分の身の丈にあった言葉とものごしを自然に表現できることが大切です。傍点は奥川）

巻末コラム
03 探偵小説にみるクライアントと私立探偵のやりとり
――その2・初めての依頼人から用件をどのように引き出すか

はじめは相手の話の流れに添って聴き、依頼の内容を要約して依頼人に確認をとってから初めて引き受けています。その後、これからの仕事に必要な情報を、要領よくメモをとりながら質問を続けています。

初回面接の段取りと手順がすべて効率的に実施されている例です。

■私立探偵サミュエル・スペードと依頼人ミス・ワンダリー：『マルタの鷹』（ダシール・ハメット著／小鷹信光訳・ハヤカワ文庫）14～22頁

エフィ（スペードの秘書）はドアを開け、おもてのオフィスに体を戻し、取手に片手をかけて足をとめ、「お入りください、ワンダリーさん」と声をかけた。

「どうも」とこたえる声がした。明瞭な発音のおかげでやっと聞きとれるかぼそい声とともに、若い女が入って来た。ためらいがちにゆっくりと歩を運び、ひかえめに探るような碧い目で、スペードを見つめている。

（「ためらいがちに」は、「その1」で紹介したグレイの服の男が探偵の部屋に入ってきたときの表情と同じです。ですが、この依頼人は女性であり、探偵は男性です。しかも、自分が異性に対して十分すぎるほど魅力的である、女が武器になることを知っています。その点が「その1」で登場したグレイの服の男とは、足の運び方の違いになってあらわれています。「つかつかと部屋へふみこんできた」グレイの服の男にたいして、ミス・ワンダリーは「ゆっくりと歩を運び」、「ひかえめ」ではありますが、探るような碧い目で、男性的なスペードを見つめます。この点は、性別の違いだけではなく、グレイの服の男は初めから事実に近い話をしていましたが、この依頼人は真っ赤な嘘話で探偵を利用する目的でやってきたことが後で判明するのですが、そのことが態度に微妙に滲み出ているとも考えられます）

背が高く、ほっそりとしなやかで、体のどこにも角張ったところはない。しゃんとのばした背筋、高い胸元、長い脚、細い手足。服装は、目の色に合わせて濃淡二種の青色の取り合せ。青い帽子の下には濃い赤い巻き毛、ふっくらした唇はもっと明るい赤色をしている。新月のように薄い、おずおずとした笑みを見せると、白い歯が輝いた。

スペードは会釈しながら立ちあがり、太い指をした手で、デスクのかたわらのオーク材の肘かけ椅子を示した。身長はゆうに六フィート。きわだったなで肩で、体は円錐形に近く、幅も厚みも同じくらい、プレスしたばかりの灰色の上衣がしっくり合っていない。

「どうも」ミス・ワンダリーは口ごもり、前と同じかぼそい声でこたえ、木の椅子に浅く腰をおろした。

（「浅く」腰をかける仕草は、クライアントのためらい、「目の前の人・探偵に話していいかどうか、依頼していいか」迷っていることを態度で表現しています）

スペードは回転椅子に深々と身を沈め、椅子を四分の一回転させて女と向きあい、おだやかな笑みを浮かべた。笑っても唇は閉じたままで、顔中のV字模様がひときわ細長くなった。

（探偵は、急ぎません。ゆったりと構えて依頼人が話しはじめるときを待っています）

トントン、トントン——チーン——ギーッ。境のドアを閉めた隣室から、エフィのタイプライターの音が聞こえてくる。どこか近くのオフィスから伝わってくる単調なモーターの振動音。

（このあと、部屋の情景描写が延々と続き、しばしの沈黙を表しています）

身をねじり、這いまわる煙草の灰を、ミス・ワンダリーは不安げな眼差しで見つめていた。椅子の端っこに浅く腰をのせ、靴底は床にぴったりついている。いまにも立ちあがろうという構えだ。黒っぽい手袋をはめた手が、膝にのせた黒っぽい、ぺちゃんこのバッグをきつく握りしめている。

（お互いに相手の力量や依頼事項の重要度について値踏みしている状態）

スペードは体を揺すって椅子の背にもたれ、たずねた。「どんなご用件でしょうか、ミス・ワンダリー」

（とうとう探偵のほうから口火を切りました。それも「体を揺すって椅子の背にもたれ」て、「いまにも立ちあがろうという構え」の相手が逃げていかないように）

女は息をつめ、スペードを見つめた。生唾を飲みこみ、早口で、「お願いできますか……わたし、その、つまり……」白く光る歯で下唇を噛み、女は口をつぐんだ。目だけは、なにかを訴えかけている。

スペードはにっこり笑い、よくわかりますよというふうにうなずいてみせた。厄介な話などなにもないといわんばかりのおだやかな仕草だった。「初めから話してください。お話をうかがえば、打つ手も考えられます。事の発端からどうぞ」

〈まず、目の前の相手に「依頼内容を話しても大丈夫か、引き受けてくれるだろうか」との思いを生唾で飲み込み、「引き受けてほしいという気持ち」を早口〈これは効果的〉で、しかもとぎれとぎれの言葉〈これも相手をひきつける〉と目〈魅力的な女性だったら、口よりも相手をとろかす〉で訴えている依頼人に対して、探偵は、仕草=非言語コミュニケーションで「あなたの気持ちをこちらはよくわかっていますよ」のメッセージをおだやかな笑顔とあいづちで送り、次に言語=言語コミュニケーションできっちりと依頼人が話しやすいように「初めから・事の発端から」と促しています。その際に「こちら側が話を聴けば、打つ手もある」と、相手を安心させると同時に探偵自身の力と仕事に対する自信をさりげなく披露しています。このシーンは我々対人援助者にも十分に活用できます。ただし、この依頼人は、探偵に自分の都合通りに働いてもらいたいという魂胆から、事実を隠し、自分の性的な魅力を十分に意識して、探偵とはいえ男性の性に訴えています。依頼人の手練手管を、場数を踏んでいる探偵が十分に意識している対応でもあるので、私たちがへたにまねをすると痛い目にあいます。つまり、相手のペースに引き込まれ、援助者としての態度を見失うのです。探偵小説の世界では、案の定、スペードはこの依頼人と一度は寝ていますが、ぎりぎりのところで情を断つ場面が出てきます。私たちはこうはいきません。それに、どんなにふるいつきたくなるような異性のクライアントであっても、対人援助者の倫理に反します〉

「始まりは、ニューヨークでした」

「なるほど」

「妹が、あの男とどこで知り合ったのかは存じません。ニューヨークのどこだったか、という意味です。あの子はわたしより五つ年下で、まだ十七歳です。わたしたち姉妹には共通の友人がいません。普通の姉妹とちがって、わたしたちはなんでも打ち明けあうほど親しくはありませんでした。ママとパパは、いまヨーロッパです。こんなことを知ったら、二人とも死んでしまうでしょう。両親の帰国前に、妹を連れ戻さねばなりません」

「なるほど」

（なめらかに話しはじめたら相手の話に聴き入り、さえぎらない。「なるほど」は効果音のようなもので、相手の話を促進させます➡コミュニケーションを促進させる技法）

「来月の初めに帰国するんです」

スペードの目が輝いた。「じゃ、まだ二週間ある」

（せっぱつまった状況のなかでも希望があることを、目の輝きと「まだ、二週間ある」という前向きな言葉で伝えています。これはクライアントの気持ちをふるいたたせますが、受けるほうに仕事に対する自信とこれまでの実績、受けた以上は成し遂げるという気概がないとなかなか吐けないセリフでもあります）

「妹からの手紙で、はじめて事のいきさつを知らされました。気も狂わんばかりになりました」女の唇がわなないた。膝の上の、黒っぽいぺちゃんこのバッグが、手の中でつぶれている。「こんなことじゃないかと心配して、姿を消しても警察にはとどけられなかったのです。でも、あの子になにかあったのではないかとおびえて、一刻も早く届けたいとは思っていました。相談をもちかける相手は一人もいなかったのです。どうしたらいいのか、途方にくれていました。なにかわたしに打つ手があったでしょうか」

「責めることはありません。そのとき、妹さんから手紙が届いたのですね」

（相談面接の場面であれば、ここは、「あなたは、ご自分を責めていらっしゃるのですね」と「感情の反射と要約」をして、本題＝妹さんからの手紙が届いてからのクライアントの行動に焦点を合わせていくところです。しかし、依頼人が置かれている状況がまだ不明な点がある段階で、スペードは、もうここで「保証：あなたが悪いんじゃないというメッセージ」を発して、依頼人の話を本題に戻しています）

「はい。わたしは、すぐ帰るように、妹に電報を打ちました。ここの局留で発信したのです。あの子は、手紙にそれしか住所を書いてきませんでした。丸一週間待ちましたが、返事はありません。一言もいってこなかったのです。ママとパパの帰国の日が刻々と迫ってきました。そこで、妹を捜そうと、サンフランシスコにやってきました。わたしが来ることを、手紙でしらせてしまったのですが、まずかったでしょうか」

「さあ、どうでしょう。なにをすべきかなんて、だれでもそう簡単には決められないもんですよ。で、妹さんを見つけたのですか」

「だめでした。セント・マーク・ホテルに滞在する予定だということをしらせ、たとえ一緒に帰る気がなくても、せめて顔だけ見せて、話をさせてほしいと頼みました。ですが、妹は姿を見せません。三日待ってもあらわれず、連絡ひとつよこしませんでした」

スペードは、金髪の悪魔然とした顔をこくりとさせると、同情深げに眉を寄せ、口元を引き締めた。

「つらいことでした」

（ミス・ワンダリーの迫真の演技は続きます。彼女の話は依頼内容の核心「妹のコニーは姿をみせないまま、かわりの男がやってきた」の場面描写にさしかかりました。話が核心に近づくと聞き手の表情も変化しています）

スペードはまたうなずいた。眉間の皺は消え、耳をそばだてている顔つきに変わった。

（ミス・ワンダリーの話の全貌がほぼあきらかになったときに、スペードの相棒の探偵が部屋に入ってきたところで、スペードがこれまでの依頼人の話を自分のことばで要約しています）

スペードが切り出した。「ミス・ワンダリーの妹さんが、ニューヨークからフロイド・サーズビーという男と駆け落ちした。二人はこの町にいる。ミス・ワンダリーはサーズビーを見かけ、今夜会う約束をとりつけた。妹さんを連れてくるかもしれないという話だが、どうもそれは口先だけらしい。ミス・ワンダリーは、妹さんを見つけ、その男と別れさせて連れ帰りたいと望んでいる」スペードは、ミス・ワンダリーに目をやった。「ということですね」

（スペードは、自分の理解のしかたが正しいか、依頼人に確認しています。この点は、私たちケアに携わる対人援助職も、クライアントの話を聴いたあとで必ず実行しなければならない作業です）

「はい」と女はあいまいにこたえた。

（ここは、なぜ、「あいまいにこたえた」のか不明ですが、おそらく、この依頼人は真っ赤な嘘をついているせいでしょうか？　私たちの場合は、援助者の要約に対してクライアントがあいまいに返事をしたときには、「どこか気になるところがありましたか？」「あいまいな（不明な）ところをおっしゃってください」と今一度クライアントに確かめる作業がいります）

スペードの愛想のいい笑みとうなずきに助けられて、困惑の色がしだいに薄れ、安心させるような態度にはげまされて頬に赤味がさした。膝のバッグを見つめ、手袋をはめた手で不安げにつまみあげようとしている。

（相棒の反応を確かめたあとで、スペードは依頼人の仕事を引き受けました）

「たやすい仕事です。今夜、ホテルに男を一人張り込ませ、サーズビーが帰るとき尾行させれば話は簡単です。あなたの妹さんを見つけるまで、後をつけさせます。もし妹さんがホテルにあらわれた場合は、あなたと一緒にニューヨークに帰るよう説得なさればいい。もちろんそれに越したことはありません。妹さんを見つけたあと、もし男と離れたがらないようでしたら、そのときはまたなにか手を考えましょう」

（私たちの場合は、「たやすい」「簡単」という言葉を探偵のように安易に使うことには慎重でありたいものですが、あとの具体的な対処策の提案のしかたと、妹の説得は「あなたがする。つまり、妹という一人の人間に対して説得をするのは身内のあなたであって、他人である私たちではない」と、クライアントが責任をもつ部分をしっかり提示している点は、私たちの実践と共通です（→責任の分担）。さらに、「もし、この提案が不発に終わってもがっかりすることはない」というメッセージを、「そのときは、またなにか手を考えましょう」と、起こりうる結果に対する対応策までオリエンテーションしていることも有用な援助の視点です）

（サーズビーという男の恐ろしさについて依頼人が語り、そのことに対処した後で、スペードは鉛筆とメモ用紙に手を伸ばして、その男についての質問を始めた）

「その男の特徴は」

「年は三十五ぐらい、あなたと同じほどの背丈で、生れつきの浅黒い肌をしています。でも、陽焼けかもしれません。髪も黒く、太い眉毛。怒ったように大声で話し、いらいらと落ち着きがありません。どこかしら、暴力の匂いがします」

メモをとりながらスペードは、顔をあげずにたずねた。「目の色は」

（もう依頼人との関係ができているので、事務的に必要な事項をつぎつぎに聴取していっています。これは、私たちの面接場面でも同じことで、クライアントの話をまずじっくり聴いた後で、話の核心をつかみ、かつ援助関係をつくったところで、フェースシートを埋めなければならない必要事項については、記録しながら聞いていきます）

「灰色がかった青色。うるんでいますが、弱々しい感じではありません。そういえば……顎にはっきりしたくぼみがあります」

「やせていますか、それとも中肉か、太めか」

「スポーツ選手タイプです。肩幅は広く、背筋をぴんと伸ばし、明らかに軍隊調の身のこなしといえると思います。けさ会ったときは、薄い灰色のスーツに灰色の帽子をかぶっていました」

「どんな仕事で食べているんですか」鉛筆をおいて、スペードがたずねた。

（注意：スペードがメモっている事項は、記憶しにくく、正確に把握しておかなければ間違いやすい事項のみです）

巻末事例

「逃げない、あわてない、否定しない」

明確な援助目標をもとに、確実な専門的知識に裏打ちされてタイミングよく使われている援助面接技術

紅林みつ子氏（奥川幸子聴き取り作成）

紅林《くればやし》みつ子さんの訪問によるクライアントへの援助事例を紹介します。紅林さんは、私の前著のなかで「『存在そのものがプロフェッショナル』であり、援助者としての私の目標でもある」と申し上げました。（※1）彼女は、身体そのものが全身センサーとして作動していますので、ご自分の仕事の段取りを言語化する必要のないかたです。本書の第3部第3章の表1「臨床実践家の熟成過程モデル」からみれば、第4段階に達しているかたです。したがって解説的な事例などには無縁の人でもあります。彼女は「訪問看護婦（※2）は訪問して、観察して、（瞬時に）判断して身体を動かす」とおっしゃいます。彼女のケアを受けた人たちからは、口をそろえて「あなたならまた来てほしい」「初めてお会いしたのに、昔から知っている人のようになつかしい」と言われてしまうかたでもあります。初対面のクライアントたちから絶大な信頼を得てしまうのです。

なによりも、訪問看護婦としての基本的な身体ケアに加えて、援助面接による心理的なケア（カウンセリング）もきちんとしてこられるので、最強の援助者でもあります。つまり、身体ケアに加えて援助面接も最高の腕前なのです。

私は、紅林さんの生涯現役であるその姿勢にも尊敬の念を抱いていますし、その芸ともいえる仕事ぶりは、

現在の看護から失われつつある技術・態度でもあると考えていますので、是非彼女の仕事を記録して残しておきたいと勝手な野望を抱いており、10数年前から聴き書きをしていました。しかし、私が彼女のとてつもない〈暗黙知の世界〉をことばにできるように励み、準備しているあいだにさっさと天国に逝ってしまわれました。とても哀しくて残念で、自分の非力を恨みました。2004年7月29日のことです。

以下の事例は、私が10年以上も前に紅林さんから聴き取ってまとめたもののひとつです。紅林さんがなにげなく対応している所作・クライアントとの応答のすべてが基本（セオリー）に忠実であることがよくあらわれている事例でもありますので、クライアントと援助者の行間のコミュニケーションを読み取っていただきたいと思っています。及ばずながら、私もコメントめいたものを記させていただきました。

さらに、私が組み立てた紅林さんの援助事例を以前、彼女の許可を得て渡部律子さん（関西学院大学教授）にも読んでいただいたときに、コメントを返してくださいました。本文中の番号①～⑰に応じた※印の解説は渡部律子さんによるものであることを記しておきます。

なお、この事例のまとめは、作成してすぐに紅林さんにもお渡ししました。彼女が講義をなさるときに活用できれば、と考えてのことでした。ですが、私よりも数段上の〝ライブのひと〟である彼女がこの実践事例を講演や演習に使用された形跡はありません。

【事例】紅林みつ子さんの訪問による援助事例

初回訪問は退院後4日目に行なっており、ここでの主題は、初回訪問から21日後の2回目の訪問援助記録が中心になります。なお、登場人物については、プライヴァシーへの考慮から若干修正しています。

《クライアントのプロフィール》

☆Sさんは75歳の男性。原発不明の骨腫瘍。狭心症もある。病名は入院中に妻から告げられている。

☆家族構成：妻と二人暮らし。
長女は四国に在住。月に1回上京してくる。
次女は○○県某市に在住。週に1～2回顔をだす。（約2時間かかる）

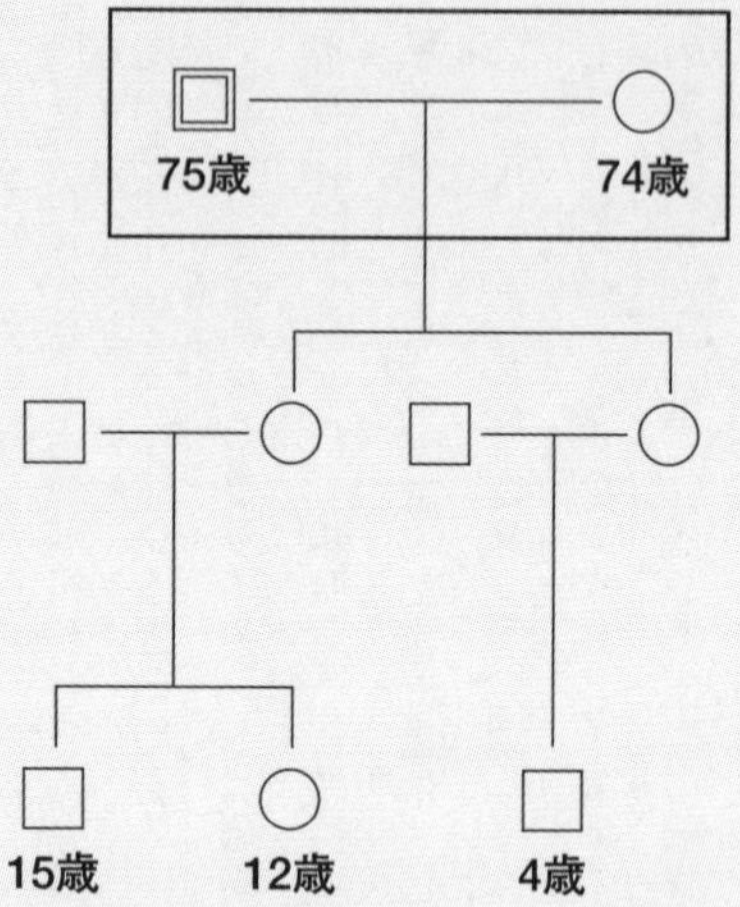

☆トピックス：Sさんは鬱傾向があるが、気に入らないことがあるとすぐ怒る。

↑初回訪問時のクライアントに対する訪問看護婦の印象

妻は世話を焼きすぎるタイプで、Sさんの意思を確認しないで物事を決定してしまうために、Sさんは不満をもっている。

☆病気の経過：詳細は不明

骨腫瘍は放射線療法により疼痛が軽減し、それまでまったく歩行不能であったが、室内歩行が可能となった。

骨腫瘍の疼痛がひどかったため、またあのときのような疼痛がくるのではないかとの不安が強かったSさんは、病名を知らされたときは落ち込んだが、最近は「仕方ない」と思っている。

訪問看護を依頼された理由は、「現在の状態ではもうこれ以上は治療の必要がない」と退院を勧められたが、Sさんの不安が強いために相談相手として話をきいてもらいたいということであった。①

※①クライアントは「不安の軽減」を欲している。

《初回訪問面接の様子》

☆**退院後4日目なので、状況把握に重点をおいた。**

・訪問時クライアントは寝ていた。起き上がろうとしたので、「どうぞ休んでいらしてください」と言った。

・クライアントは「眠れない、食べられない」と訴えた。

↑紅林さんは、訪問するときにはほとんどクライアントの病状やその他に関する事前情報をもたないで、まっさらの状態でクライアントと会う。それだけプロフェッショナルとしての自信がある。つまり、「**その場で勝負できる**」(**これが臨床の本質である**)。「前情報はいらない。その場でクライアントから情報を引き出しながら組み立てられることが大切である」

↑主治医からの依頼内容とクライアントの希望

↑ターミナル期のクライアントの身体を大切にした対応

・一見物分かりがよさそうで、実は悪い奥さんは、自分でやってしまう。

・奥さんを大事にしながら、口をはさまないように本人の話を聴いていった。

←概して弱い立場にあるケアを必要としているクライアントと、ケアの担い手である家族への上手な対応

☆訪問看護婦は**オリエンテーションに終始した。**

「家での生活に慣れるまで時間がかかりますから、それまでにはいろいろなことがありますよ。食べないものをせっかくお作りになられても、食べてくれないとイライラするでしょうが、はじめのうちは見逃してくださいね。水分だけとっていれば大丈夫ですよ」

〈危機予測とオリエンテーション〉

←豊富な経験に裏打ちされた、専門職による近い将来起こりうる危機（パニック）に対する知識と察知からクライアントの**不安を除去するための援助**

☆その後外来受診まで、訪問看護婦から2回電話をして様子伺いをしている。その結果、

本人：「外来に行って先生から指示をもらってそのあと、わからないことがあると思うから来てくださいね」

と、本人のほうから2回目の訪問をリクエストしてもらった。

←「あなたのことを気に懸けていますよ」というメッセージを送っている。

←その結果、芸あり！　クライアントが自ら訪問看護婦の援助を求めたため、関わりの主体性が生まれる。

《2回目の家庭訪問》

☆訪問時の様子：クライアントおよび家族と訪問看護婦の位置どり。

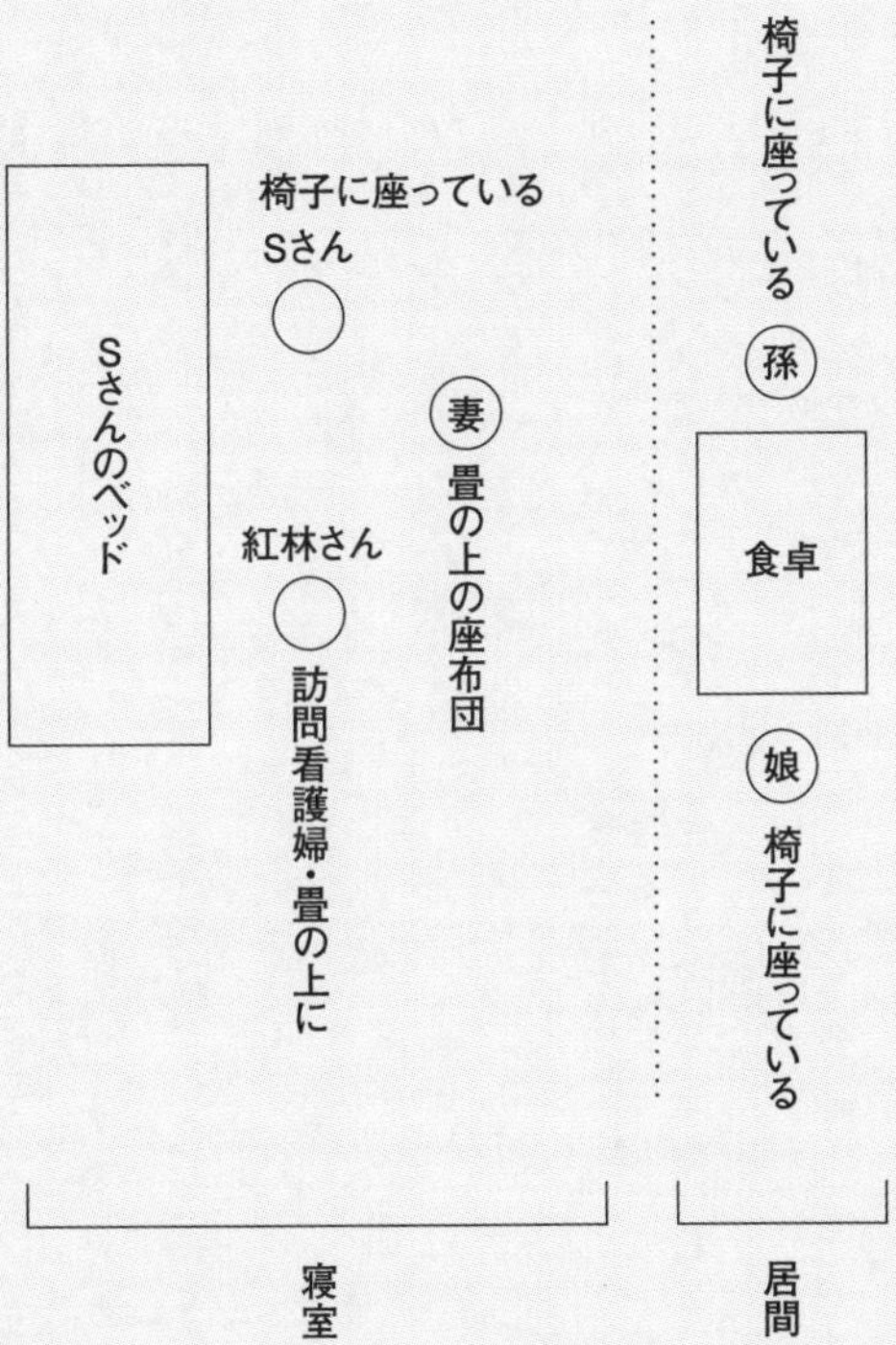

〈面接者の位置どり〉
↑訪問看護婦がどの位置に自分の身体を置くか。
★本人と向かい合い、奥さんも大事にしながら、しかも孫をフォローできる位置
↑本人は鬱傾向にあり、奥さんは世話を焼きすぎるタイプであると訪問看護婦が彼らの関係を見立てた上での対応である。

★Sさんはベッドの横の椅子に腰掛けている。
★妻は畳の上の座布団に座っている。
★四国の娘と孫が夏休みで遊びに来ていた。食卓の椅子に腰掛けている。

《面接の経過》

訪問看護婦（以下V・N）　その後いかがですか？

Sさん　**ええ、なんとなく胃がチリチリして気分が悪いんです。（胃のところを両手で押さえる）胃はもう長年調子が悪くて薬を飲んでいるんで**

↑開かれた質問から入っている。

〈この日の主訴〉

開かれた質問の結果、その日、クライアントがいちばん気にかかっている事柄を引き出した。

す。こんなに長く薬を飲んでいていいんでしょうかね。（と、憂鬱そうな顔をしている）②

V・N　Sさんの飲んでいらっしゃる胃の薬はとてもよい薬ですし、大丈夫ですよ。③

↑看護婦（専門職）による薬についての情報サポートと保証を与えている。

Sさん　そうですね。ご飯もあまり食べられないので、こんなにやせちゃって……。

↑クライアントはなおも「現実」を自分なりに「解釈」して訪問看護婦に伝えている。（しかし、これがこの日のクライアントのリアリティでもある）

V・N　お食事はどんなものを食べていらっしゃいますか？④

↑ここでネガティブな反応をしない。（同調せず）クライアントの話を大幅にそらさずにさりげなく接触状況を質問して（答えの内容を限定しながらの開かれた質問）、妻の前向きな言葉を引き出している。↑効果

Sさん　おかゆを少しずつ。

妻　昨日は「鮎魚女《あいなめ》が食べたい」と言うものですから、あっちこっち探しましたが、無かったものですから鯵を買ってきましたが、約一匹食べました。今日はさっき、舌平目が食べたいと申しました。⑤

V・N　あら、それはよかったですね。⑥

↑効果（妻の気持ちをさらに引き立てている）

美味しかったでしょう！⑦

↑技あり（本人へ向けてプラスの方向へプロモートしている）

Sさん　（笑顔でうなずく）

妻　食べたいものを言ってくれると私も楽です。

↑妻の気持ちも上がってくる。

V・N　奥さんもお食事をつくるのに張り合いがありますね。⑧

↑効果（妻の気持ちをさらにプロモートしている）

妻　そうなんです。⑨

V・N　本当にそれは嬉しいですね。⑩

↑効果（ここでもだめ押し）

※訪問看護婦が面接の「ゴール」を明確にして仕事をしています。クライアントの「心配」や「マイナス思考」を「いつでも軽減する」面接をするのではなく、「いま、このクライアントにとって最も大切なことは何か？（つまり、援助のゴール）」を念頭において面接を進めています。

※それが、クライアントの②の「不安」発言にも動揺せずに、「正しい医学知識」に基づいた「保証」を与える結果になっているのです。

※③ここで、「そう、それは困りますね」と感情の反射をしなかったのが、かえってよい結果をもたらしています。クライアントはいま、「ネガティブな考え」ばかりに支配され、現実を歪めている可能性があるからです。

※④訪問看護婦の「明確化」のための質問に妻が反応して、⑤のようにクライアントに関する情報がさらに増えています。

※⑥妻に対する「感情の反射」です。訪問看護婦のこの対応は、「行動療法理論」によれば、「強化」に該当します。ネガティブな内容ばかりを思いつく人がポジティブな面に気づいたとき、発言に対して訪問看護婦が関心を払い、そのポジティブな考え方をさらに進めてもらうために言語化しています。

※⑦「美味しかったでしょう！」は、自分の生活のネガティブな面にのみ注目していたクライアントに「新しい物事のとらえ方」をしてもらうきっかけになっています。

※⑧⑨⑩はすべて、上記と同様「行動療法理論」による「強化」に該当します。さらに⑩の「本当にそれは嬉しいことですね」は、妻（介護者で、おそらく夫から楽しいことやプラス面の事柄を聴かせてもうことが少ないであろう）に対する「感情の反射」になります。

Sさん　この頃、こうして座っているときでも急に、遠くにいる妹が後ろに立っていたり、変な風呂敷みたいな布が顔の横をなでるような感じがしたりしますけど、何でしょうね。

↑医者はせん妄だと言う。

↑ここで、訪問看護婦はどのように応じるか。プロフェッショナルであればここで一本を取りたい。

V・N　**そのことを考えつめると、おかしくなりますからね。錯覚かなあ、こういうこともあるのだなあと思っていればいいんじゃないんですか。**#⑪

↑クライアントのQOLを考えた対応

#紅林さんのことば：このときの対応の根拠を伺いました。

「要はターミナルでしょ。へんなものが見えて云々とやると、『幻覚だ！』と大きな問題になって医学的に究明しなきゃあと問題点となってしまう。クライアントはいまさら社会生活（この場合職業や地域活動）をするわけではない。今の日常で家族が困らないで、本人もそれなりに暮らせればいい。だから、病状や症状にもあまりふれない。根掘り葉掘り聞かない。必要があれば医者に言えばいい」

「高齢だし、大騒ぎしたり、悲壮になったってしょうがない。**せっかく家にいるんだから、生活に焦点を当てればいい**」

↑在宅ケアをすることの価値の変換

「要は『食べて、寝て、出す』がきちんとできていればいいのよ」

「ターミナルだからといって悲壮になることはない。明るく、気楽に」

※⑪先ほどの「この事例のゴールは何か？」を念頭においた訪問看護婦の応答。医師が言うように、「せん妄」だとして突き詰めていって「何が得られるのか？」を考えた仕事をしています。つまり、適切な「ノーマライズ」（正常化）を図っています。

Sさん　「**そうですか。せんじつめなければいいんですね。**」

V・N　夜はよく眠れますか？

Sさん　相変わらず眠れなくて……。

V・N　どのくらいの時間眠りますか？

Sさん　10時ごろ、睡眠薬を飲んでだいたい2時か3時頃までなんとか眠れますが、その後は朝までずっと起きてます。

V・N　昼間は少し休まれますか？

Sさん　それが全然眠くないのです。

V・N　睡眠薬は何を飲んでいらっしゃいますか？

Sさん　たくさんもらっているのですが、あまり効きません。座薬も使うように言われましたが、くせになるのが恐くて……。

V・N　座薬はたいへんいいんですよ。医師が処方してくださったものですから、安心してよくお使いになったほうがいいですよ。⑫薬を見せてくださいますか？

↑一本！　本人の気持ちを開放させている。

↑ご夫妻の気持ちを軽やかにしたところで、必要な情報を閉ざされた質問で引き出し、明確にしていく。

↑主治医への配慮をしておいた上で、

↑この展開のさせ方は技あり！　クライアントの話の流れのなかで、薬の話題が出たところで、ダイレクトに切り

妻　いろいろもらってあるので、私もどういうふうに使ってよいのかわからなくて。先生のおっしゃるとおりにはしているのですけれど……。　出している。

V・N　今週外来にいらっしゃいましたでしょ？

妻　そのときもまた、1種類もらってきました。

V・N　全部で5種類ですね。（と、薬を確認する）

V・N　それでは今、K先生にお薬のこと、ちょっと相談してみます。お電話をお借りします。（と、主治医に相談する）⑬

←患者の前で行なうことが重要

※⑫は③と同様、クライアントの不安を不要なものと「保証」を行ない、同時に医療の専門家として直接薬のチェックをしています。これは、クライアントの問題が、妻の薬に対する「知識の欠如」からきているのか、あるいは「薬の使い方」などを知らないこと（広い意味での資源の使用方法を知らないこと）からきているのかをチェックする試みであると考えられます。

（電話での主治医の話）

訴えが多く、夜間少々せん妄状態もあるようなので、必要時に飲むように今週1種類増やしたのですが、紅林さん（V・N）に訪問してもらい薬の状態を聞きたいと思っていたところです。

←患者に訴えられるままに薬を処方していて困っていたところだったという。

★主治医に対して「2種類の薬をベースにして、あとは座薬で調節するということでいいですね」と確認する。あとの2種類（強い薬）は現在は使用しないでよいということになる。

↑薬の種類や服薬状況すべてが患者の個人情報であるから、オープンにする。

◎この間のやりとりをSさんも家族も全員で聞いている。⑬

＊

★Sさんと妻に薬のことについてゆっくり説明する。

↑専門職による情報サポート

★次回の外来受診時に必要があれば再び調整することも説明する。

↑右と同様

＊

Sさん　たくさん薬があるのに、看護婦さんはよく薬のことわかりますね。⑭

↑Sさんの信頼感の表明

V・N　薬のこともわからなければ皆さんのお役に立てませんし。

Sさん　そうは言ってもたいへんですね。⑮

↑Sさんの信頼感の表明

V・N　夏休みで四国と○○（近県の都市名）から皆さんお集まりでお楽しみですね。

↑効果（本人の気持ちをプロモートしている）

Sさん　まあ、そうでもないのですが……（と言いつつ、嬉しそうな顔をして話す）⑯

↑言語と非言語コミュニケーションの不一致の観察

V・N　Sさんもこうして起きていらっしゃることがおできになるので、皆さん方もいらっしゃってお喜びになられますね。

↑技あり（四国から来ている家族に対してもプロモート）

Sさん　**ええ、前のように胃のほうもあまり痛くなりませんし、ご飯も美味**

しいので、気分もいいです。（と、にこにこ、いい顔になっている） ↑一本！　これぞ、プロフェッショナルの至芸

#⑰

＃　Sさんは何故、ここでコロッっと変わったのか。その原因を紅林さんに聞いてみると、以下のような返答でした。

「気持ちを受け容れてもらえ（自分中心の時間だった）、鬱屈した心を解放させてもらい、薬も5種類から3種類に減り、重症感が薄れた。孫がいたことも大きい」

V・N　それは何よりですね。お歩きになるとき、くれぐれも転ばないようにお気をつけてください。 ↑注意も忘れない。

※⑬クライアント主体の援助、クライアントと訪問看護婦は情報を共有しています。

※⑭⑮はおそらく、「信頼感の表明」と自分の「大変だった」気持ちの表現でしょう。

※⑯訪問看護婦はクライアントの「言語」と「非言語」表現の不一致に気がついています。対人援助を行なううえで、とても重要なポイントです。

※⑰は②の発言とまったく反対のことを言っています。クライアントの主訴の「言語表現」をそのまま受け容れるのではなく、「援助のゴール」を念頭におき、「ポジティブな発言」を「強化」した結果でしょう。

《もうひとつの一本！》

通常の面接場面では、一回の面接で一本とれれば申し分なしですが、この一本がとれない人が多いようです。「技あり」「効果」「有効」すらとれないで、四苦八苦している人もかなりおいでです。

しかし、紅林さんは2回目の訪問面接で三本もとっています。しかも三本のうち、二本分の場面がメモ書きの事例報告から抜けていました。私が面接場面を洞察しながら、彼女に直接「ここはどうしてこのようになったのか？」とか、「ここで、面接者は何と言ったの？」と質問していく過程で思い出しています。「本当にうまくいった面接は、面接者は内容を覚えていない」と言われますが、まさにその通りでした。このことは、この訪問看護婦（紅林さん）が上手な面接者であり、意識（計算）しないで、相手（クライアント）との間にある自然な流れ（の会話）のなかで面接が遂行されていることをあらわしています。

私が聴き取っていくなかで、彼女はさらに思い出しました。

《薬の整理の前に次のような場面があった》

Sさん　こういう病気になっちゃってしょうがないですよね。もう先が決まってますから……。#

#さて、臨床実践者はこのような場面に遭遇することが実に多いのですが、紅林さんはどのように応じたのでしょうか。

このときの紅林さんの背景にあったクライアントに対するスタンディン

グポイント（立脚点）は何だったのか。
「逃げない、あわてない、否定しない」

V・N　**（しばし、黙って顔をみてあげたの）**
そうですね。（と、否定しなかった）
Sさん　**人間、皆さんいつ誰だってどうなるかわかりませんものね。**
V・N　たしかに私も明日交通事故に会って死んじゃうかもしれませんし　↑一本！
ね。ただし、Sさんのように病気がある場合は、私たちよりはそ
ういうふうにお考えになるのでしょうね。⑱

※⑱は⑪と同様に「ノーマライズ」（正常化・普遍化）の技術を適切に使っています。ただし、「ノーマライズ」はあまり使いすぎると、クライアントから「自分の気持ちを理解してもらえていない」と思われる（＝共感できていない）結果を引き起こします。常に「面接のゴール」「クライアントが望んでいることは何か」を考えつつ使うことが重要です。

《紅林さんのこのクライアントに対するスタンディングポイント》
◎「逃げない、あわてない、否定しない」
◎何が大切かを考えて援助しています
QOL重視の対応で、病状や症状にあまりふれずに、「せっかく家にいるんだから」生きる悲壮感を漂わせ

ないようにしています。たとえば、孫が「おじいちゃん、四国に来たら」と言うと、「そうですね、今度外来受診したおりに主治医と相談していらしたらどうですか」と対応しています。

孫へのフォローも忘れていません。「本人中心にテンポよくポンポン話が展開していたので、驚いていたと思う」。だから、「ときどき、『驚いているでしょう?』と孫へも水を向けた」。

家族とのふつうの生活を崩さない対応です。

◎徹底してクライアントの立場で対応しています

薬については、その場で主治医に電話して確認しています。医者に対して面と向かってはっきり質問したり疑義を唱えたりできる患者は多くはいません。そこで、訪問看護婦が上手に間に入って患者の利益を守っています。

また、本人ときちんと向かい合った面接をしています。奥さんを大事にしながら、けれども口をはさませないように本人に話をさせています。さらに、際どい質問に対しても逃げていません。

〈後書き〉

何回読み返しても、紅林みつ子さんの実践はすばらしく、うなってしまいます。彼女の貴重な実践を私は聴き取っています。いずれも深い課題をなにげなく遂げてしまわれています。これぞエキスパートの実践、と考えられるものばかりです。彼女の実践を後に続く訪問看護婦をはじめとした対人援助職者に残しておきたいと改めて心しています。

※1 『未知との遭遇』50〜55頁

※2 「訪問看護婦」という名称について：彼女は保健師でしたが、いつも「私は訪問看護婦」と、その名称に誇りをこめておっしゃっていました。ですから、ここではこの呼び方で通したいと思います。

奥川幸子（おくがわ・さちこ）：対人援助職トレーナー・フリーランス

〈略歴〉

1972年３月東京学芸大学聾教育科卒業。同年４月より東京都養育院附属病院（現・東京都老人医療センター）で24年間、老人医療の場で医療ソーシャルワーカーとして勤務。金沢大学医療技術短期大学部および立教大学社会学部の非常勤講師として教鞭もとる。また、作家の遠藤周作氏が提唱した「病院ボランティア―患者の話を聴く―」の組織化を手伝い、研修を担当。現在はメンバーが自主的に会を運営し、さまざまな病院でボランティア活動を行なっている。「遠藤ボランティアグループ」顧問

1984年からグループスーパーヴィジョンを始め、毎月１回「奥川グループスーパーヴィジョン」として仲間同士が互いに支えあい高めあうグループに発展した。同時期より時間が許す範囲で、個人スーパーヴィジョンも引き受けてきた。

1997年より、さまざまな対人援助職に対するスーパーヴィジョン（個人とグループ対象）と研修会の講師（講義と演習）を中心に活動中。

1994年より現在まで「介護力強化病院連絡協議会（現・日本療養病床協会）ソーシャルワーカー部会顧問」

2007年４月より日本社会事業大学専門職大学院客員教授

他に国際医療福祉大学大学院乃木坂スクール講師、学習院大学社会学部非常勤講師、小平市及び東大和市ケアプラン指導員など。

[主な著書（及び共編著）]

☆『未知との遭遇～癒しとしての面接』三輪書店　1997

☆『ビデオ・面接への招待～核心をはずさない相談援助面接の技法』奥川幸子＆渡部律子監修　中央法規出版　2002

☆「いま、実践家に必要とされているスーパーヴィジョン～臨床実践の自己検証と絵解き作業ができるように援助すること」社会福祉研究　第77号

身体知と言語——対人援助技術を鍛える

2007年 3 月20日　初版第 1 刷発行
2023年 3 月20日　初版第11刷発行

著　者————奥川幸子
発行者————荘村明彦
発行所————中央法規出版株式会社
〒110-0016　東京都台東区台東3-29-1 中央法規ビル
TEL 03-6837-3196
https://www.chuohoki.co.jp/
装　幀————上村浩二
本文デザイン・DTP——タイプフェイス
印刷・製本————新日本印刷株式会社

ISBN 978-4-8058-2856-4
定価はカバーに表示してあります。

本書の内容に関するご質問については、下記URLから「お問い合わせフォーム」にご入力いただきますようお願いいたします。
https://www.chuohoki.co.jp/contact/

落丁本・乱丁本はお取り替えいたします